本册目录

宗族卷

一、党项与西夏宗族部落 …………………………………………………… (1929)

二、沿边吐蕃、回鹘等少数民族部落与族帐 ……………………………… (1964)

三、羌、戎、狄、蕃（番）、弥人、夏人、西贼、部落、
蕃部、蕃落、属（熟）羌、属（熟）户、生户等名称 …………… (1984)

表

一、党项与西夏人物异名对照表 ………………………………………… (2045)

二、西夏遗民异名对照表 ………………………………………………… (2054)

三、宋夏沿边部族人物异名对照表 ……………………………………… (2059)

四、党项与西夏部族异名对照表 ………………………………………… (2071)

五、宋夏沿边部族异名对照表 …………………………………………… (2076)

六、党项与西夏职官异名对照表 ………………………………………… (2078)

七、西夏蕃名官号一览表 ………………………………………………… (2080)

八、宋代西北汉姓蕃官一览表 …………………………………………… (2084)

九、党项与西夏地名异称对照表 ………………………………………… (2101)

十、宋夏沿边地名异称对照表 …………………………………………… (2103)

十一、宋夏沿边堡寨兴废升降年表 ……………………………………… (2108)

十二、宋夏沿边同名堡寨一览表 ………………………………………… (2125)

十三、西夏世袭表 ………………………………………………………… (2130)

十四、党项与西夏大姓世袭表 …………………………………………… (2131)

（一）麟府折氏世袭表 ……………………………………………… (2131)

（二）丰州王氏世袭表 ……………………………………………… (2132)

（三）李士彬家族世袭表 …………………………………………… (2132)

（四）高永能家族世袭表 …………………………………………… (2132)

（五）刘绍能家族世袭表 …………………………………………… (2133)

（六）李世辅家族世袭表 …………………………………………………… (2133)
十五、西夏遗民世袭表 …………………………………………………………… (2134)
（一）西夏遗民唐兀乌密氏世袭表 ………………………………………… (2134)
（二）西夏遗民老索世袭表 ………………………………………………… (2134)
（三）西夏遗民唐兀台世袭表 ……………………………………………… (2135)
（四）西夏遗民唐兀沙陀部世袭表 ………………………………………… (2136)
（五）西夏遗民西卑世袭表 ………………………………………………… (2136)
（六）西夏遗民举立沙世袭表 ……………………………………………… (2137)
（七）西夏遗民高智耀世袭表 ……………………………………………… (2137)
（八）西夏遗民来阿八赤世袭表 …………………………………………… (2137)
（九）西夏遗民李恒世袭表 ………………………………………………… (2138)
（十）西夏遗民木速忽勒世袭表 …………………………………………… (2138)
（十一）西夏遗民暗伯世袭表 ……………………………………………… (2138)
（十二）西夏遗民斡氏世袭表 ……………………………………………… (2139)
（十三）西夏遗民余阙世袭表 ……………………………………………… (2139)
（十四）西夏遗民朵吉世袭表 ……………………………………………… (2140)
（十五）西夏遗民述哥察儿世袭表 ………………………………………… (2140)
（十六）西夏遗民失刺唐吾台世袭表 ……………………………………… (2141)
（十七）西夏遗民黄头世袭表 ……………………………………………… (2141)
（十八）西夏遗民乞台普济世袭表 ………………………………………… (2142)
（十九）西夏遗民唐兀歹世袭表 …………………………………………… (2143)
（二十）西夏遗民秃弄歹世袭表 …………………………………………… (2143)
（二十一）西夏遗民师氏世袭表 …………………………………………… (2143)
十六、河湟吐蕃唃厮啰世袭表 …………………………………………………… (2144)
十七、熙河包氏世袭表 …………………………………………………………… (2145)
十八、西夏帝号表 ………………………………………………………………… (2146)
十九、西夏交聘表 ………………………………………………………………… (2148)
二十、西夏纪年表 ………………………………………………………………… (2201)
附：本书引用书目 ……………………………………………………………… (2209)
本书笔画索引 …………………………………………………………………… (2223)
后记

宗族卷

一、党项与西夏宗族部落

二画

七臼族 疑乜臼族之误，又作密党族，环州
【宋史】491/党项传/14148
【长编标】95/2193
【宋会要】兵27之45/7269
【汇编】上31；中三3284
人多族 又作星多族，西南大族
【长编标】404/9852、9854；405/9864
儿黄 党项六州部落之一
【旧唐书】198/党项羌传/5293
【新唐书】221上/党项传/6217
【资治通鉴】235/7585
【汇编】上6、12、734
乜臼族 又作密党族，环州
【长编标】194/4692
【名臣碑传琬琰集】上集10/韩献肃公绛忠弼之碑/158
【汇编】中三3278

三画

三门族 庆州
【宋史】309/阎日新传/10167
【汇编】中一1411
三汉族 夏州
【宋史】276/尹宪传/9409
【汇编】中一1016
于弥部 贺兰
【吴文正公集】42/元故荣禄大夫江西等处行中书省平章政事李公墓志铭/2下
【汇编】上370
于鲁族 又作裕噜族，丰府州
【长编标】10/234
土伯特 当作唐古特
【蒙古源流笺证】3/18下
【汇编】下6852、6853
下府王乜族 府州安丰寨
【榆林府志】47/折武恭公克行神道碑/7上
【汇编】补遗7094
下府杂母族 府州宁边寨
【榆林府志】47/折武恭公克行神道碑/7上
【汇编】补遗7095
大门族 又作德密族、特你族，庆州
【宋史】8/真宗纪3/167；258/曹玮传/8987；491/党项传/14148
【长编标】93/2139
【汇编】上31；中一1595、1597
大卢族 延州
【宋史】6/真宗纪1/113；
【长编标】47/1030
【长编影】47/19上
【汇编】中一1224
大虫族 泾原
【宋史】285/陈执中传/9602
【长编标】126/2983
【长编影】126/16上
【汇编】中二1950
大羊族 种世衡领环州蕃汉兵烧其族帐
【范文正公集】年谱补遗/19下
【汇编】中三3017
大凉族 又作大梁族，灵州河外贺兰山侧
【宋史】491/党项传/14144
【长编标】53/1170
【长编影】53/14上
【宋会要】方域21之17/7669
【文庄集】14/陈边事十策/1上
【汇编】上26；中一1332、1334；中二1797
大梁族 又作大凉族，与丰州眛克族相连
【长编标】51/1122；54/1178

【长编影】51/14 上；54/3 下
【宋会要】方域 21 之 10/7666
【汇编】上 42；中一 1307、1345

万山族 又作旺善族，灵夏绥宥州
【宋史】265/张齐贤传/9155；485/夏国传/13989
【长编标】49/1076；51/1122；56/1229
【长编影】49/12 下；51/14 上
【奏议标】130/张齐贤·上真宗论陕西事宜/1438
【奏议影】130/张齐贤·上真宗论陕西事宜/4420、4421
【汇编】上 56；中一 1235、1247、1307

万子族 又作万资族，夏州
【宋史】490/回鹘传/14115
【长编标】68/1528
【长编影】68/4 下
【汇编】中一 1473

万子族 又作万资族，泾原
【宋史】7/真宗纪 2/124；257/李继和传/8971；485/夏国传上/13989；491/党项传/14147
【长编标】50/1091；56/1229；57/1251；74/1684；83/1887；100/2316
【长编影】56/5 上；57/1 上
【宋会要】蕃夷 4 之 3/7715
【汇编】上 30、56；中一 1258、1379、1398

万刘族 鄜延
【宋史】323/赵振传/10462
【长编标】126/2981
【长编影】126/14 下
【汇编】中二 1941

万实族 又作万子族，泾原
【长编影】50/9 上

万资族 又作万子族，泾原
【长编影】74/4 上；83/1 上；100/7 上
【汇编】中一 1523

万遇族 又作旺威族，灵夏绥宥州
【宋史】485/夏国传上/13989
【长编标】56/1229
【汇编】上 56

兀二族 又作乌儿族，环州
【宋史】326/史方传/10527；335/种世衡传/10742
【长编标】135/3232
【范文正公集】13/东染院使种君墓志铭/15 上
【汇编】中一 1657；中二 2446、2450

兀三族 环庆
【宋史】326/史方传/10527
【汇编】中一 1657

兀罗族 麟州
【文恭集】19/故麟州兀罗族下班殿侍三殿差使罗佑亲男崖可本族副都军主制/241
【汇编】中三 3179

兀泥巾族 又作兀泥族，麟府
【宋史】491/党项传/14142
【宋会要】方域 21 之 3/7662
【汇编】上 25

兀泥族 又作瓦泥、威尼，府州
【宋史】491/党项传/14140、14141、14143、14146、14147
【长编标】63/1401；71/1615
【宋会要】方域 21 之 3/7662、21 之 5/7663
【榆林府志】47/折武恭公克行神道碑/7 上
【汇编】上 22、23、24、25、29、30、35、37；补遗 7094

兀赃族 又作乌藏族，泾原
【长编标】57/1255

兀瑶族 又作威克约族，丰州
【长编标】23/531
【宋会要】方域 21 之 9/7665；蕃夷 1 之 9/7677
【汇编】上 41、997

才迭族 又作擦父，泾原
【长编标】64/1425
【长编影】64/1 下
【汇编】中一 1446

上府王乜族 府州安丰寨
【榆林府志】47/折武恭公克行神道碑/7 上
【汇编】补遗 7094

上府悉利族 府州宁武寨
【榆林府志】47/折武恭公克行神道碑/7 上
【汇编】补遗 7094

山讹 又作善鄂，横山羌
【宋史】485/夏国传上/13995
【金史】134/西夏传/2868

【长编标】120/2845
【隆平集】20/夷狄传/3 下
【汇编】上 62、116、128
乞平家 抄夺返甘州回鹘贡使
【宋会要】蕃夷 4 之 7/7717
乞当族 又作策丹族，西凉府
【长编标】76/1735
【宋会要】方域 21 之 22/7672、21 之 23/7672
乞党族 丰州
【宋史】253/王承美传/8869
【长编标】24/543
【长编影】24/6 上
【宋会要】方域 21 之 9/7665
【汇编】上 41、220；中一 1002
卫埋族 又作魏埋族、威玛族，天麻川
【宋史】257/李继和传/8973
【汇编】中一 1299
卫狸族 疑为卫埋族之误，天麻川
【长编标】51/1115
【长编影】51/8 上
【汇编】中一 1299
也旧族 疑为乜白族，环州
【宋会要】职官 65 之 22/3857
【汇编】中三 3283
也律氏 疑为契丹耶律氏
【河南先生文集】8/议西夏臣伏诚伪书/1 下
【汇编】中二 2801
女乜族 府州
【宋史】491/党项传/14149
【宋会要】方域 21 之 2/7662
【榆林府志】47/折武恭公克行神道碑/7 上
【汇编】上 22、33；补遗 7094
女女族 麟府州
【宋史】491/党项传/14140
【太平寰宇记】38/16 上
【汇编】上 23、921
女女杀族 麟府州
【宋史】491/党项传/14142
【宋会要】方域 21 之 3/7662
【汇编】上 25、35
女女忙族 麟府州
【宋史】491/党项传/14142
【宋会要】方域 21 之 3/7662
【汇编】上 25、35
女女梦勒族 麟府州
【宋史】491/党项传/14142
【宋会要】方域 21 之 3/7662
【汇编】上 25、35
女女籰儿族 麟府州
【宋史】491/党项传/14142
【宋会要】方域 21 之 3/7662
【汇编】上 25、35
小力族 永平寨界
【宋史】491/党项传/14148
【长编标】51/1127
【长编影】51/19 上
【汇编】上 30；中一 1313
小卢族 延州
【宋史】6/真宗纪 1/113；
【长编标】47/1030
【长编影】47/19 上
【汇编】中一 1224
小羊族 种世衡领环州蕃汉兵烧其族帐
【范文正公集】年谱补遗/19 下
【汇编】中三 3017
小李 讹语为昔里
【蒙兀儿史记】154/色目氏族上/34 下
【汇编】上 582
小胡族 德顺军管下
【长编标】250/6094
【长编影】250/13 上
【汇编】中四 3923
小胡族 又作小湖族，鄜延
【长编标】132/3152
【长编影】132/26 下
【宋会要】职官 48 之 124/3517；兵 22 之 8/7147
【武经总要】前集 18 上/8 下
【汇编】中一 941、1526
小凉族 又作小梁族，灵州河外贺兰山侧
【宋史】491/党项传/14144
【长编标】53/1170
【长编影】53/14 上
【宋会要】方域 21 之 17/7669
【文庄集】14/陈边事十策/1 上
【汇编】上 26；中一 1332、1334；中二 1797

小梁族 又作小凉族，与丰州昧克族相连
【长编标】51/1122；54/1178
【长编影】51/14 上；54/3 下
【宋会要】方域 21 之 10/7666
【汇编】上 42；中一 1307、1345

小遇族 又作辖裕勒族，环州
【宋史】12/仁宗纪 4/240；251/慕容德丰传/8835；492/吐蕃传/14153
【长编标】183/4429
【范文正公集】年谱补遗/12 下
【汇编】中一 976、979；中二 2514；中三 3215

小湖卧浪族 鄜延
【宋史】491/党项传/14147
【汇编】上 29

小湖族 又作小胡族，保安军
【长编标】95/2194

小湖族 又作小胡族，鄜延
【宋史】491/党项传/14148
【汇编】上 31

小蕃族 当为小湖族或小胡族之误，保安军
【长编影】95/15 上
【汇编】中一 1600

子河汊 府州
【宋史】491/党项传/14141
【汇编】上 23

马家族 西凉府
【宋会要】方域 21 之 18/7670
【汇编】中一 1358

马家族 秦州宁远砦南二十里
【长编标】85/1958
【长编影】85/21 下
【武经总要】前集 18 上/27 下
【汇编】中一 932、1543

马臧族 泾原
【宋史】257/李继和传/8970
【长编标】50/1091
【长编影】50/8 下
【汇编】中一 1257

四画

王氏族 丰州王氏
【长编标】124/2920
【长编影】124/3 上

王家族 秦州制胜关西
【武经总要】前集 18 上/23 下
【汇编】中二 2836

王家族 又作王族，泾原路陇山县
【长编标】56/1225
【长编影】56/1 下
【汇编】中一 1375

王族 又作王家族，泾原路陇山县
【宋史】492/吐蕃传/14157
【宋会要】方域 21 之 21/7671
【汇编】中一 1392

井坑族 庆州
【宋史】299/崔峄传/9947
【汇编】中三 3210

韦家族 鄜延
【长编标】333/8016
【长编影】333/5 上
【汇编】中四 4466

韦移族 又作威伊特族，环庆
【宋史】491/党项传/14143
【长编标】49/1067
【汇编】上 26

韦悉族 灵、庆州
【旧五代史】138/党项传/1845
【新五代史】74/党项传/912
【五代会要】29/353
【册府元龟】987/11595 上
【汇编】上 15、18、876

五门蕃部 秦凤
【长编标】195/4729
【长编影】195/11 下

瓦井族
【宋史】350/李浩传/11079
【汇编】中四 4467

瓦泥族 又作兀泥族、威尼族，府州
【长编影】71/24 上
【汇编】中一 1485

瓦娥族 又作旺额族，横山
【长编标】132/3130
【奏议标】132/田况·上仁宗兵策十四事/1467
【奏议影】132/田况·上仁宗兵策十四事/4514

瓦窑族 府州
【宋史】7/真宗纪 2/122；491/党项传/14145
【长编标】55/1202
【长编影】55/2 上
【汇编】上 28；中一 1361

日布结罗丹族 又作日逋吉罗丹族，夏太祖李继迁种落，假降西凉者龙族
【长编影】56/15 上

日利族 又作锡里，原契丹境，附丰州
【宋史】491/党项传/14139
【长编标】23/531
【东都事略】23/附录 1 · 辽国/2 下
【宋会要】方域 21 之 9/7665；蕃夷 1 之 9/7677
【太平治迹统类】2/太祖经略幽燕/2 上
【汇编】上 21、41；一 951、997

日姜族 西凉府
【宋会要】方域 21 之 18/7670
【汇编】中一 1358

日逋吉罗丹族 又作日布结罗丹，夏太祖李继迁种落，假降西凉者龙族
【长编标】56/1240

贝家族 又作悖家族，延州
【长编影】137/12 上
【汇编】中二 2515

乌儿族 又作兀二族，环州
【长编影】135/17 上

乌尔勤族 又作鄂伽族、委乞族，庆州
【元宪集】33/宋故推诚翊戴功臣彰武军节度延州管内观察处置等使曹公行状/346
【汇编】中一 1595

乌贵族 环州
【长编标】133/3171
【长编影】133/10 上
【汇编】中二 2338

乌迷族 辽境内党项部落
【辽史】15/圣宗纪 6/173
【汇编】中一 1515

乌密氏 又作嵬名氏、威明氏，西夏王族
【元史】120/察罕传/2955
【蒙兀儿史记】154/色目氏族上/34 下
【汇编】上 242、577、579

乌藏族 又作兀赃族，泾原
【长编影】57/4 下

牛儿族 环州白鱼谷附近
【五代会要】29/353
【汇编】上 18

牛羊族 环庆
【宋史】491/党项传/14144
【长编标】54/1181
【长编影】54/6 下
【汇编】上 27；中一 1351

牛讹奴族 环州牛家山
【甘肃新通志】7/舆地志 · 山川下 · 庆阳府 · 环县/16 上
【汇编】补遗 7479

牛耶泥族 环州
【宋史】279/周仁美传/9491
【汇编】中一 1064、1116

牛家族 环州
【宋史】335/种世衡传/10742；466/窦神宝传/13600
【长编标】135/3232
【长编影】135/17 上
【欧阳文忠公全集】79/制敕/7 下
【范文正公集】13/东染院使种君墓志铭/5 上
【汇编】中一 1057；中二 2446、2450、2830

毛尸族 又作穆什族，北界蕃族
【宋史】8/真宗纪 3/160；491/党项传/14148
【长编标】87/1990
【汇编】上 30；中一 1553

毛奴族 宥州
【宋史】290/狄青传/9718
【华阳集】35/狄武襄公青神道碑/454
【汇编】中二 1860

毛羽族 府州宁边寨
【榆林府志】47/7 上
【汇编】补遗 7095

毛庞 西夏蕃姓
【杂字】2/番姓名/3 右

月利族 又作月益族、裕噜族、于鲁族，原契丹境蕃部，附丰州
【宋史】491/党项传/14139
【东都事略】123/附录 1 · 辽国/2 下
【宋会要】蕃夷 1 之 9/7677

【太平治迹统类】2/太祖经略幽燕/2 上
【汇编】上 21；中一 951、997

月益族 又作月利族，原契丹境蕃部，附丰州
【长编标】23/531
【宋会要】方域 21 之 9/7665
【汇编】上 41；中一 997

六州部落 唐朝内迁党项
【旧唐书】198/党项羌传/5293
【新唐书】221 上/党项传/6217
【资治通鉴】235/7585
【汇编】上 6、12、623、640、734

尹家 抄夺返甘州回鹘贡使
【宋会要】蕃夷 4 之 7/7717

丑奴庄族 夏州
【宋史】276/尹宪传/9409
【汇编】中一 1016

巴沟族 泾原
【长编标】104/2400
【长编影】104/1 下
【汇编】中一 1643

巴特玛族 又作白马鼻族，环州洪德寨
【长编影】99/6 上
【汇编】中一 1615

巴勒臧族 五原外
【元宪集】33/宋故推诚翊戴功臣彰武军节度延州管内观察处置等使曹公行状/345；34/宋故推诚翊戴功臣彰武军节度延州管内观察处置等使曹公墓志铭/353
【汇编】中一 1399、1400

五画

扑咩族 又作普密族，鄜延
【宋史】6/真宗纪 1/116；491/党项传/14148
【长编标】96/2207
【汇编】上 31

扑咩讹猪 又作普密额珠，夏太祖李继迁蕃部，归附宋朝
【宋史】491/党项传/14143
【长编标】50/1101
【汇编】上 26；中一 1286

札玛克部 又作章埋族，泾原
【元宪集】33/宋故推诚翊戴功臣彰武军节度延州管内观察处置等使曹公行状/345
【汇编】中一 1399、1556

古哩羌 渭州
【元宪集】33/宋故推诚翊戴功臣彰武军节度延州管内观察处置等使曹公行状/346；34/宋故推诚翊戴功臣彰武军节度延州管内观察处置等使曹公墓志铭/353
【汇编】中一 1400、1547、1578

古勒额勒 又作鬼驴耳，西夏西使城
【长编影】320/1 下
【汇编】中四 4253

布纳克族 又作保细族，银夏
【长编标】23/533
【长编影】23/18 下
【汇编】中一 998

末腋族 浑州西山
【宋史】253/李继周传/8870
【汇编】上 221

末藏族 又作密藏族，浑州西山
【宋史】253/李继周传/8870
【汇编】上 221

末幕族 又作米幕、米慕、米募、来慕、鄂摩克，乌白池
【宋史】5/太宗纪 2/100
【汇编】中一 1139

末慕族 又作末幕、米幕、米慕、米募、来慕、鄂摩克，乌白池
【长编标】40/850

龙移昧克 又号庄郎昧克，黄河北
【宋史】491/党项传/14144
【长编标】54/1178
【宋会要】方域 21 之 10/7666
【汇编】上 27、42

灭臧族 又作灭藏、密藏、密臧、密桑，泾原
【宋史】285/陈执中传/9602、贾昌朝传/9614；314/范仲淹传/10271
【长编标】126/2983；134/3202
【宋会要】兵 27 之 29/7261、27 之 31/7262
【安阳集】家传/5 上、7/5 上
【欧阳文忠公全集】20/资政殿学士户部侍郎范文正公神道碑/12 下

【范文正公集】年谱/24 上；年谱补遗/8 下；西夏堡寨/6；政府奏议下/荐举/22 下；5/上攻守二策状/13 下；13/东染院君墓志铭 16 下；褒贤集/富弼撰墓志铭/9 上
【名臣碑传琬琰集】中集 27/王懿敏公素墓志铭/804
【豫章文集】7/遵尧录 6/15 上
【汇编】中二 1950、2141、2399、2509、2592、2603、2604、2641、2645、2651、2652、2653、2730、2832；中三 3021、3487；补遗 7294

灭藏族 又作灭臧、密藏、密臧、密桑，泾原
【长编标】135/3217；138/3319、3320；139/3339、3340；153/3728
【宋会要】兵 27 之 30/7261、28 之 1/7270；蕃夷 6 之 6/7821
【奏议标】132/陈执中·上仁宗论西边事宜/1456；133/范仲淹·上仁宗攻守二策/1478、范仲淹·上仁宗再议攻守/1480、贾昌朝·上仁宗备边六事/1483
【奏议影】132/陈执中·上仁宗论西边事宜/4481；133/范仲淹·上仁宗攻守二策/4546、范仲淹·上仁宗再议攻守/4552、贾昌朝·上仁宗备边六事/4561
【鸡肋集】29/庆州新修帅府记/12 下
【武经总要】前集 18 上/18 上
【甘肃新通志】9/舆地志·关梁·泾州直隶州·镇原县/31 下
【汇编】中一 967；中三 3344、3440；中五 4943；补遗 7301

平夏党项 唐朝党项部落
【旧唐书】8/宣宗纪/249
【唐大诏令集】130/平党项德音/710
【资治通鉴】249/8045
【汇编】上 813、816、817、824

平夏部落 唐朝党项部落
【旧唐书】198/党项羌传/5293
【新唐书】221 上/党项传/6217、6218
【新五代史】74/党项传/912
【宋史】485/夏国传上/13982
【金史】134/西夏传/2876
【长编标】35/768
【长编影】35/3 下
【蒙兀儿史记】37/合失传/1 上
【五代会要】29/353
【资治通鉴】235/7585；249/8045
【汇编】上 6、12、13、15、17、49、62、136、734、824；下 6928

东山部 庆州党项
【旧唐书】198/党项羌传/5293
【新唐书】221 上/党项传/6217
【新五代史】74/党项传/912
【五代会要】29/353
【资治通鉴】235/7585；249/8045
【汇编】上 6、12、15、17、734、824

东山蕃部 绥州
【宋史】7/真宗纪 2/121
【汇编】中一 1351

东茭族 鄜延
【宋史】323/赵振传/10462
【长编标】126/2981
【长编影】126/14 下
【汇编】中二 1941

归娘族 又作珪年族，延州
【宋史】485/夏国传上/13996
【长编标】125/2949；136/3267；137/3278
【武经总要】前集 18 上/6 下、7 上
【汇编】上 63；中一 973；中三 3028

叶市族 又作叶施族、伊实族，泾原
【宋史】7/真宗纪 2/121；491/党项传/14144、14147
【长编标】54/1181；63/1409；82/1877；128/3044
【长编影】128/18 上
【宋会要】兵 14 之 17/7001
【汇编】上 27、30；中一 1350；中二 2095

叶吉特族 又作野鸡族，环庆
【长编影】57/3 下
【汇编】中一 1402

叶施族 又作叶市族、伊实族，泾原
【宋史】8/真宗纪 3/156
【汇编】中一 1520

叶勒族 又作野利族，鄜延以北
【长编影】35/3 下；138/19 下；162/1 下

卢家族 环州白鱼谷附近

【册府元龟】398/4739 上
【汇编】上 875
田氏家流族 鄜延进讨
【长编标】503/11974
【长编影】503/5 上
仡党族 旧居山后，诣府州内附
【宋会要】蕃夷 1 之 23/7684
【汇编】中一 1130
外浪族 府州
【宋史】491/党项传/14138
【长编标】82/1880
【长编影】82/17 上
【宋会要】方域 21 之 2/7662；蕃夷 7 之 11/7845
【汇编】上 21、33；中一 991、1523
外藏图克族 西夏后桥寨附近
【长编标】125/2945；126/2966
【长编影】125/7 上；126/2 上
【汇编】中二 1883
令咩 西夏蕃姓
【杂字】2/番姓名/3 右
白马族 环州白鱼谷附近
【五代会要】29/353
【册府元龟】398/4739 上
【汇编】上 18、875
白马族 环州
【宋史】198/兵志 12 马政/4932；491/党项传/14143、14145
【长编标】43/922、43/1067；54/1193
【长编影】43/14 上、43/5 上；54/17 上
【宋会要】兵 24 之 2/7179
【河南先生文集】22/按地图/2 上
【汇编】上 26、28；中一 1201、1228、1231、1359、1690；中二 2165
白马鼻族 又作巴特玛族，环州洪德寨境
【长编标】99/2296
兰州族 西凉府吐蕃所属
【宋史】492/吐蕃传/14157
【长编标】56/1241
【长编影】56/15 上
【宋会要】方域 21 之 20/7671
【汇编】中一 1391、1406
兰家族 又作懒家族，附西凉吐蕃
【长编影】63/5 上；64/12 下
【汇编】中一 1437、1454
加罗族 又作如罗族，丰州
【长编标】55/1202
【长编影】55/2 上
司家族 延州
【新五代史】47/刘景岩传/536
【汇编】上 906
尼玛族 又作泥埋族，西凉
【长编影】49/12 下
母家族 阶州
【宋史】349/刘昌祚传/11053
【汇编】中三 3522

六画

吉布琳族 又作移卑陵山族，泾原
【长编影】54/5 下
【汇编】中一 1347
西舒族 又作西鼠族，屯聚萧关
【长编影】50/9 上
西鼠族 又作西舒族，屯聚萧关
【宋史】257/李继和传/8971
【长编标】50/1091
【汇编】中一 1258
成王族 又作策旺族，泾原
【长编标】57/1255
托校族 环庆
【宋史】326/史方传/10527
【汇编】中一 1657
托跋氏 又作拓拔族，松州
【金史】134/西夏传/2876
【汇编】上 136
扬珠族 泾原
【元宪集】33/宋故推诚翊戴功臣彰武军节度延州管内观察处置等使曹公行状/344；34/宋故推诚翊戴功臣彰武军节度延州管内观察处置等使曹公墓志铭/352
【汇编】中一 1441
当宗族 西凉
【宋史】492/吐蕃传/14158
【长编标】63/1403；64/1437

【长编影】63/5 上；64/12 下
【汇编】中一 1437、1439、1454

当尊族 凉州
【宋史】5/太宗纪 2/96
【汇编】中一 1097

光宁 西夏蕃姓
【杂字】2/番姓名/2 左

吐蕃村族 灵州通远军界
【宋史】491/党项传/14138
【汇编】上 21

吃乜 西夏蕃姓
【杂字】2/番姓名/2 左

吃埿 西夏蕃姓
【杂字】2/番姓名/2 左

吃罗族 又作吃啰族、吃摽族，乌白池
【宋会要】兵 8 之 19/6896
【汇编】中一 1152

吃啰族 又作吃罗族、吃摽族，乌白池
【宋史】5/太宗纪 2/100；277/索湘传/9420；289/范廷召传/9698；350/李浩传/11079
【长编标】40/850
【宋太宗实录】79/38 上
【汇编】中一 1139、1140、1148、1158；中四 4467

吃摽族 又作吃啰族、吃罗族，乌白池
【长编影】40/8 下
【汇编】中一 1154

岁香族 宥州
【宋史】290/狄青传/9718
【华阳集】35/狄武襄公青神道碑/454
【汇编】中二 1860

岌拖族 环州
【宋史】279/周仁美传/9491
【汇编】中一 1064

岌罗腻族 又作岌伽罗腻族、岌罗腻叶族，夏州
【宋史】5/太宗纪 2/75；259/郭守文传/8999
【稽古录】17/79 上
【汇编】中一 1025、1026

岌伽罗腻叶族 又作岌伽罗腻族、岌罗腻族，夏州
【宋史】276/尹宪传/9409
【汇编】中一 1016

岌伽罗腻族 又作岌伽罗腻叶族、岌罗腻族，夏州
【宋史】250/石保兴传/8812；257/李继和传/8965；466/窦神宝传/13600；491/党项传/14139
【汇编】上 22；中一 1016、1024、1150

回纥 西夏蕃姓
【杂字】2/番姓名/3 右

伊实族 又作叶市族、叶施族，投镇戎军
【长编影】54/6 下；63/10 下；82/15 上
【汇编】中一 1350、1442

伊普族 又作移逋族，泾原
【长编标】64/1425
【长编影】64/2 上
【汇编】中一 1446

伊特克族 又作移湖族，原州熟户
【长编影】54/11 上
【汇编】中一 1355

乩咩 西夏蕃姓
【杂字】2/番姓名/2 左

延家族 德顺军
【宋会要】兵 22 之 6/7146
【汇编】中三 3507

延家族 陇山西
【宋史】258/曹玮传/898；492/吐蕃传/14156、14158
【长编标】55/1202；56/1225；63/1404
【长编影】55/2 下；56/1 下；63/6 上
【名臣碑传琬琰集】中集 43/曹武穆公玮公行状/1031
【汇编】中一 1361、1362、1375、1439、1440、1441

延族 泾原路陇山县
【宋史】492/吐蕃传/14157
【宋会要】方域 21 之 21/7671

杀牛族 庆州
【旧五代史】113/周书·太宗纪/1496
【新五代史】74/党项传/913
【长编标】132/3142
【长编影】132/18 下
【五代会要】29/353
【册府元龟】167/2014 下；987/11595 上

【资治通鉴】291/9488
【汇编】上16、19、888、912、915、916、917；中二2295

杂里　西夏蕃姓
【杂字】2/番姓名/2左

杂咩　西夏蕃姓
【杂字】2/番姓名/2左

名市族　又作密什克族，环州
【宋史】198/兵志12·马政/4932
【长编标】43/922
【宋会要】兵24之2/7179
【汇编】中一1201、1228、1690

名波族　丰州
【宋史】491/党项传/14140
【汇编】上22

多啰族　又作昝六族，西凉府
【长编影】49/15上
【汇编】中一1252

庄郎昧克　龙移昧克之语讹，《汇编》误录为“庄浪昧克”
【宋史】491/党项传/14144
【长编标】54/1178
【宋会要】方域21之10/7666
【汇编】上27、42

庄郎美克　又作庄郎昧克或号龙移昧克，丰州
【长编影】54/3下
【汇编】中一1345

庄郎族　又作庄浪族，丰州河北黑山北，《汇编》误录为“庄浪”
【宋史】491/党项传/14143
【长编标】52/1136
【长编影】52/6上
【宋会要】方域21之10/7666
【汇编】上26、42；中一1316

庄浪　西夏蕃姓
【杂字】2/番姓名/3右

庄浪族　又作庄郎族，积石军
【金史】91/结什角传/2017、2018
【汇编】下6745、6746

庆七族　宥州
【宋史】290/狄青传/9718
【汇编】中二1860

羊嘱族　镇戎军乾兴砦北
【武经总要】前集/18/20上
【汇编】中三3076

并尚　西夏蕃姓
【杂字】2/番姓名/3右

安家族　秦州上言
【长编标】18/402
【长编影】18/9下

米逋族　又作密补族，屯聚萧关
【宋史】257/李继和传/8971
【长编标】50/1091
【汇编】中一1258

米募族　又作米幕、米慕、来慕、鄂摩克、未幕，乌白池
【宋史】289/范廷召传/9698
【宋会要】兵8之19/6896
【宋太宗实录】79/38上
【汇编】中一1140、1148、1152

米禽氏　又作米擒、党项八大部之一
【新唐书】221上/党项传/6217
【五代会要】29/353
【汇编】上9、17

米慕族　又作米幕、米募、来慕、鄂摩克、未幕，乌白池
【小畜集】22/12下
【汇编】中一1158

米擒氏　又作来禽氏、米禽，党项八大部之一
【旧唐书】198/党项羌传/5290
【资治通鉴】193/6068
【汇编】上4、619

讹哆　西夏蕃姓
【杂字】2/番姓名/3右

如定　西夏蕃姓
【杂字】2/番姓名/2左

如罗族　又作加罗族，府州
【宋史】7/真宗纪2/122；491/党项传/14145
【汇编】上28；中一1361

七画

玛尔默族　又作磨糜族，泾原环庆属羌
【长编标】104/2410

【长编影】101/1 上；104/11 上
【汇编】中一 1648

玛哈族 曹玮至天都山迎降
【元宪集】33/宋故推诚翊戴功臣彰武军节度延州管内观察处置等使曹公行状/344；34/宋故推诚翊戴功臣彰武军节度延州管内观察处置等使曹公墓志铭/352
【汇编】中一 1441

玛展族 又作麻毡族，泾原
【长编影】132/2 上

玛默特族 又作麻谋族，环庆分水岭
【长编影】54/11 上
【汇编】中一 1355

杜庆族 又作都克沁族，麟府
【宋史】491/党项传/14147
【长编标】71/1615
【汇编】上 30

杨丹族 又作样丹族，西凉
【长编影】59/17 下

杨家族 环庆，诸羌与此族结盟，抗青白盐禁
【宋史】491/党项传/14141
【太平治迹统类】2/太祖太宗经制西夏
【汇编】上 23；中一 1063

克实克族 又作剋山族，过大里河南侵熟户
【长编影】81/3 下
【汇编】中一 1514

芭里 西夏蕃姓
【杂字】2/番姓名/3 右

苏尾族 又作索斡族，鄜延
【长编标】137/3278

苏家族 环州
【宋史】491/党项传/14143、14144
【长编标】49/1067；54/1181；139/3340；155/3768
【长编影】49/5 上；54/6 下；139/3 下；150/10 下
【宋会要】兵 27 之 31/7262
【汇编】上 26、27；中一 1231、1351；中三 3048

李氏 西夏王室
【长编标】314/7600；389/9472
【长编影】314/2 上；389/21 下
【奏议标】139/范纯粹·上哲宗乞不妄动以观成败之变/1570；141/文彦博·上神宗论进筑河州/1590
【奏议影】139/范纯粹·上哲宗乞不妄动以观成败之变/4827；141/文彦博·上神宗论进筑河州/4890

李金明 延州
【奏议标】125/吕诲·上英宗请重造蕃部兵帐/1379
【奏议影】125/吕诲·上英宗请重造蕃部兵帐/4256
【文庄集】14/陈边事十策/1 上
【汇编】中二 1799；中三 3316

李族 疑为金明李士彬族，延州
【宋会要】兵 28 之 11/7275

李德平族 保安军
【宋会要】兵 28 之 2/7270；方域 20 之 6/7653

吾密氏 即嵬名氏
【元史】144/卜彦铁木儿传/3436
【汇编】上 453

来里 西夏蕃姓
【杂字】2/番姓名/2 左

来离族 会州
【宋史】491/党项传/14140；492/吐蕃传/14152
【汇编】上 23；中一 928

来禽氏 又作米擒、米禽、党项八大部之一
【宋史】491/党项传/14137
【汇编】上 20

来慕族 又作米幕、米募、未幕、鄂摩克，乌白池
【宋会要】兵 14 之 14/6999
【汇编】中一 1153

折马山族 青涧城上言
【宋史】191/兵志 5/4751
【长编标】135/3229
【长编影】135/14 下
【汇编】中二 2442

折氏 党项大姓
【新五代史】74/党项传/912
【汇编】上 15

折氏 府州党项
【宋史】163/职官志 3/3837；285/贾昌朝传/

9617；357/何灌传/11226；492/瞎征传/14167

【长编标】138/3319；152/3709；192/4645；385/9397；402/9779；404/9842；518/12324；519/12348；520/12377

【长编影】138/10 上；152/13 上；192/10 下；385/7 下；402/3 下；404/11 上；518/7 上；519/7 上；520/18 下

【宋会要】方域 21 之 1/7661；21 之 4/7664

【奏议标】141/孙觉·上哲宗乞熙河先将如折氏世守/1592

【奏议影】141/孙觉·上哲宗乞熙河先将如折氏世守/4895

【夷坚志】支庚 3/1153

【庄简集】9/4 上

【宋文鉴】23/13 下

【画墁集】补遗/游公（师雄）墓志铭/4 上

【斜川集】6/跋折太尉碑阴/34 上

【弘治本延安府志】8/葭州·府谷县·古迹/24 上

【敕修陕西通志】17/关梁 2·神木县·古关隘/54 上

【榆林府志】4/府谷县·山/10 上；6/建置志·关隘/3 上；8/建置志·坟墓/16 上；47/折武恭公克行神道碑阴/7 上

【汇编】上 32、39；中二 2592；中五 4780、4807、4832、4846、4854；中六 5646、5659、5669、5678、5958、5996、6075；补遗 7093、7095、7096、7098、7102、7278、7492

折平族 又作结彭族，泾原

【宋史】492/吐蕃传/14154，14158

【长编标】63/1404

【汇编】中一 1119、1439

折四族 灵州通远军界

【宋史】491/党项传/14138

【汇编】上 21

折李族 疑为折氏与金明李氏的合称

【河南先生文集】3/攻守策头问耿传/3 下；22/按地图/2 上

【汇编】中二 2163、2165

折思族 庆州

【新五代史】74/党项传/913

【五代会要】29/353

【册府元龟】167/2014 下

【汇编】上 16、19、915

折家 出兵救援鄜延

【宋朝事实类苑】75/995

【汇编】中二 1968

折家族 府州

【五代会要】29/353

【册府元龟】976/11469 上

【汇编】上 18、871

折勒厥麻族 又作拉尔结玛族，河西内属蕃部

【宋史】491/党项传/14145

【汇编】上 28

折密桑族 泾原

【长编标】57/1251

【长编影】57/1 上

【汇编】中一 1398

把利氏 党项大姓，庆州

【新唐书】221 上/党项传/6217

【汇编】上 12

连奴 西夏蕃姓

【杂字】2/番姓名/2 左

吹折门 积石军庄浪四族之一

【金史】79/张中彦传/1790；91/结什角传/2017

【汇编】下 6725、6745、6746

吴家族 西夏后桥寨附近

【长编标】125/2945；126/2965、2966

【长编影】125/7 下；126/1 下、2 上

【汇编】中二 1882、1883、1855

吴移族 夏州

【宋史】250/石保兴传/8812；257/李继隆传/8965；491/党项传/14139

【汇编】上 22；中一 1024、1150

吴啰 西夏蕃姓

【杂字】2/番姓名/2 左

岑移族 又作沁阳族，环庆八原州

【宋史】491/党项传/14145

【长编标】54/1186

【汇编】上 27

伽裕勒族 又作贱遇族，泾原

【长编影】50/8 下

【汇编】中一 1257

免药 疑为弭药

【乐全集】22/秦州奏喃厮啰事/21 上
【汇编】中一 1587
言泥族 又作雅尔鼐族，契丹戎人，内属府州
【宋史】7/真宗纪 2/123；253/折御卿传/8863；491/党项传/14146
【长编标】56/1224
【宋会要】方域 21 之 4/7663；蕃夷 7 之 15/7847
【汇编】上 28、36、172；中一 1374、1380
床啰 西夏蕃姓
【杂字】2/番姓名/2 左
汪家族 夏界吐蕃
【长编标】319/7707
【长编影】319/7 下
没儿雀 麟府州
【太平寰宇记】38/16 上
【汇编】上 921
没儿族 麟府州
【宋史】491/党项传/14142
【宋会要】方域 21 之 3/7662
【汇编】上 25、35
没邵族 银州
【宋史】257/李继隆传/8965；491/党项传/14139
【汇编】上 22；中一 1024
没剂族 丰州
【长编标】55/1202
【长编影】55/2 上
没剂族 府州
【宋史】7/真宗纪 2/122；491/党项传/14145
【汇编】上 28；中一 1361
没细都 丰州，疑没细族之误
【长编标】24/543
【长编影】24/6 上
没细族 又作密日族，附丰州
【长编标】23/531
【宋会要】方域 21 之 9/7665；蕃夷 1 之 9/7677
【汇编】上 41；中一 997
没藏族 又作密藏族，李元昊后族
【长编标】162/3901
【杂字】2/番姓名/2 左
沁阳族 又作岑移族，环庆八州原
【长编影】54/11 上
【汇编】中一 1355
宋犀族 辽境党项
【辽史】16/圣宗纪 7/188
【汇编】中一 1602
社庆族 疑为杜庆族之误，麟府
【宋史】7/真宗纪 2/141
【汇编】中一 1484
张王族 安丰寨
【榆林府志】47/折武恭公克行神道碑阴/7 上
【汇编】补遗 7094
尾马族 麟府州
【太平寰宇记】38/16 上
【汇编】上 920
尾落族 灵州通远军界
【宋史】491/党项传/14138
【汇编】上 21
阿儿族 麟府西夏界
【长编标】133/3180
【长编影】133/17 下
阿尔族 麟州
【长编标】457/10944
【长编影】457/7 下
阿埋族 灵庆州党项
【旧五代史】43/唐书·明宗纪/589；138/党项传/1845
【新五代史】27/药彦稠传/299；74/党项传/912
【五代会要】29/353
【册府元龟】987/11595 上
【汇编】上 15、18、873、874、876
陇逋门 积石军庄浪四族之一
【金史】79/张中彦传/1790；91/结什角传/2017
【汇编】下 6725、6745、6746
妙娥族 又作密鄂克族，渭州
【宋史】7/真宗纪 2/131；258/曹玮传/8985；492/吐蕃传/14158
【长编标】63/1404
【名臣碑传琬琰集】中集 43/曹武穆公玮公行状/1031
【汇编】中一 1439、1440、1441
努玛族 麟府
【长编标】152/3708
【长编影】152/11 上

【汇编】中三 3001

纳药　德顺军界延家族

【宋会要】兵 22 之 6/7146

八画

析利氏　党项大姓

【五代会要】29/353

【汇编】上 17

耶保族　丰州

【长编标】24/543

【长编影】24/6 上

【宋会要】方域 21 之 9/7665

【汇编】上 41；中一 1002

直荡族　府州

【宋史】491/党项传/14138、14140、14141、14143

【长编标】9/213

【长编影】9/13 下

【宋会要】食货 37 之 2/5449

【太平寰宇记】38/16 上

【汇编】上 21、23、25、920；中一 948、1202

茄罗族　泾原

【长编标】57/1255

【长编影】57/4 下

昔李氏　又作昔里

【正德大名府志】10/元大名达鲁花赤昔李公墓志铭/38 上、元礼仪院判昔李公墓志铭/40 下

【汇编】补遗 7173、7174

昔里氏　小李之语讹

【蒙兀儿史记】154/色目氏族上/34 下

【汇编】上 582

者龙族　洪德寨白马鼻族巡检庆香统领蕃部

【长编标】99/2296

者龙族　又作咱隆族，西凉府蕃族

【宋史】7/真宗纪 2/123；485/夏国传上/13989；491/党项传/14144；492/吐蕃传/14156、14157、14158、14159

【长编标】55/1210；56/1228、1240、1241；59/1317；62/1385；63/1403

【东都事略】127、128/附录 5、6；129/附录 7/西蕃/1 下

【宋会要】方域 21 之 20/7671；蕃夷 7 之 23/7851

【汇编】上 27、56、102；中一 1364、1368、1369、1391、1394、1406、1417、1430、1510、1512、1643

拓拔氏　又作拓跋氏，党项八大部之一

【旧唐书】198/党项羌传/5290、5292

【新唐书】221 上/党项传/6214

【旧五代史】132/李仁福传/1746

【新五代史】74/党项传/912

【宋史】491/党项传/14137

【长编标】20/465；35/768；42/897；123/2911；363/8689

【长编影】20/20 上；35/3 下；42/15 下；123/18 上；363/14 上

【东都事略】127、128/附录 5、6

【隆平集】20/夷狄传/3 下

【宋会要】方域 5 之 8/7387

【五代会要】29/353

【奏议标】131/富弼・上仁宗论西夏八事/1452；135/富弼・上仁宗河北守御十三策/1502

【奏议影】131/富弼・上仁宗论西夏八事/4464；135/富弼・上仁宗河北守御十三策/4616

【资治通鉴】193/6068；247/7971；288/9407

【蒙兀儿史记】37/合失传/1 上

【公是集】43/拟朝廷报契丹/505

【文庄集】14/陈边事十策/1 上

【东坡全集】41/祝文/8 下

【司马文正公集】78/太子太保庞公墓志铭/8 下

【栾城集】45/贺擒鬼章表/2 上

【朝野杂记】乙集 19/边防/1180

【儒林公议】上/2 上

【汇编】上 4、5、9、15、17、20、99、112、160、619、848、907；中二 1775、1794、1797、1803、1857、1903；中三 2943、2996、3238；中五 4652、4861、4874；下 6928、6936、7005

拓跋氏　又作拓拔氏，党项大姓

【宋史】485/夏国传上/13982；486/夏国传下/14030

【长编标】113/2638；123/2893；150/3640

【长编影】113/7 上；123/2 上；150/16 上；363/14 上

【青阳先生文集】4/送归彦温赴河西廉使序/1上
【汇编】上95、575

拓跋部
【蒙兀儿史记】37/合失传/1上
【汇编】下6928

拔新族 环庆
【宋史】326/史方传/10527
【汇编】中一1657

拉尔结玛族 又作勒厥麻族、折勒厥麻族，内属河西
【长编影】54/15下
【汇编】中一1358

拉旺族 麟府
【长编标】133/3180
【长编影】133/17下

拉勒结玛族 又作勒厥麻族，麟州蕃部，后徙置宪州楼烦县
【长编影】53/15上

拨臧族 又作巴勒藏族，平凉
【宋史】258/曹玮传/8985
【名臣碑传琬琰集】中集43/曹武穆公玮行状/1032
【汇编】中一1399、1517

拨藏族 夏州界
【宋史】8/真宗纪3/154
【汇编】中一1516

卧利 西夏蕃姓
【杂字】2/番姓名/3右

卧没 西夏蕃姓
【杂字】2/番姓名/3右

尚罗族 宥州
【宋史】290/狄青传/9718
【华阳集】35/狄青神道碑/454
【汇编】中二1860

旺扎勒族 环州
【长编标】105/2443
【长编影】105/8下
【汇编】中一1654

旺威族 又作万遇族，灵夏绥银宥州
【长编影】56/5上
【汇编】中一1379

旺家族 环州
【宋史】491/党项传/14146、14147
【长编标】59/1318；81/1847
【长编影】59/10下；81/9下
【汇编】上29、30；中一1418、1516

旺善族 又作万山族，灵夏绥银宥州
【长编影】56/5上
【汇编】中一1379

旺额族 又作瓦娥族，西夏
【长编影】132/8上
【汇编】中二2274

明叶示族 又作瑚叶实族，附宋李继迁蕃部
【宋史】491/党项传/14143
【长编标】50/1101
【汇编】上26

明朱族 原州
【宋会要】蕃夷6之6/7821
【安阳集】家传/5上
【汇编】中三3440、3487

明珠族 又作敏珠尔族、敏珠族，泾原环庆属羌
【宋史】285/贾昌朝传/9617；314/范仲淹传/10271；323/高化传/10456；325/刘平传/10500、刘兼济传/10504；326/蒋偕传/10519
【长编标】101/2330；111/2589；132/3141；134/3202；135/3217；138/3319、3320；139/3339、3340；153/3728
【宋会要】兵27之29/7261、27之31/7262、28之1/7270
【奏议标】133/范仲淹·上仁宗攻守二策/1478、范仲淹·上仁宗再议攻守/1480、贾昌朝·上仁宗备边六事/1483
【奏议影】133/范仲淹·上仁宗攻守二策/4546、范仲淹·上仁宗再议攻守/4552、贾昌朝·上仁宗备边六事/4561
【元刊梦溪笔谈】13/20
【鸡肋集】29/庆州新修帅府记/12下
【欧阳文忠公集】20/资政殿学士户部侍郎范文正公神道碑/12下
【武经总要】前集18上/18上
【河南先生文集】23/按地图/1上
【范文正公集】年谱补遗/8下；西夏堡寨/6；政府奏议下/荐举22下；5/上攻守二策状/13

下；13/东染院使种君墓志铭16下；褒贤集/富弼墓志铭/9上
【名臣碑传琬琰集】中集27/王懿敏公素墓志铭/804
【豫章文集】7/遵尧录6/15上
【甘肃新通志】9/舆地志·关梁·泾州直隶州·镇原县/31下
【汇编】中一967、1624、1684；中二2084、2141、2165、2399、2509、2592、2603、2604、2618、2641、2642、2645、2651、2652、2653、2730、2832；中三3021、3344；中五4943；补遗7294、7301

罗尼天王族 环庆
【宋史】7/真宗纪2/124
【长编标】56/1242
【长编影】56/16上

罗骨族 又作隆和族，三店川
【宋史】326/田敏传/10534；491/党项传/14148
【汇编】中一1607

罗垒族 又作罗勒族，大里河附近熟户
【长编影】81/3下
【汇编】中一1514

罗勒族 又作罗垒族，大里河附近熟户
【宋史】491/党项传/14147
【长编标】81/1840
【汇编】上30

罗舒克族 又作啰述族，西夏西使城
【长编影】320/1下

和诺克族 又作黄女族，河西羌
【长编影】45/9上

委乞族 又作鄂伽、乌尔勤，归降曹玮蕃部
【宋史】8/真宗纪3/167；258/曹玮传/8987；491/党项传/14148
【长编标】93/2139、2140
【汇编】上31；中一1595、1597

季卧 西夏蕃姓
【杂字】2/番姓名/2左

季哆 西夏蕃姓
【杂字】2/番姓名/3右

的流族 西凉府蕃族
【宋会要】方域21之18/7670
【汇编】中一1358

卑宁族 凉州
【宋史】491/党项传/14143
【长编标】50/1102
【长编影】50/18下
【宋会要】蕃夷7之14/7846
【汇编】上26；中一1287

往利氏 党项八大部之一
【旧唐书】198/党项羌传/5290
【新唐书】221上/党项传/6214
【宋史】491/党项传/14137
【资治通鉴】193/6068
【汇编】上4、9、20、619

舍利族 又作日利族、锡里族，原辽境，附丰州
【长编标】10/234

舍利族 西夏后桥寨附近
【长编标】125/2945；126/2966
【长编影】125/7上；126/2上
【汇编】中二1883

金汤族 环州永和寨南
【宋史】323/赵振传/10461
【武经总要】前集18上/14上
【汇编】中一1613、1629

金明族 鄜延
【宋史】323/赵振传/10462
【长编标】126/2981
【长编影】126/14下
【奏议标】65/余靖·上仁宗乞韩琦兼领大帅镇秦州/718
【奏议影】65/余靖·上仁宗乞韩琦兼领大帅镇秦州/2362
【汇编】中二1941

金星族 又作锦星族，西夏西使城界
【长编标】320/7720

觅诺族 西凉府蕃族
【宋史】7/真宗纪2/143；492/吐蕃传/14157、14159
【长编标】56/1241；73/1670
【长编影】56/15上；73/18上
【宋会要】方域21之20/7671
【汇编】中一1391、1406、1493

狐咩族 麟府州

【榆林府志】47/折武恭公克行神道碑阴/7上
【汇编】补遗7094
周家族 西凉府
【宋会要】方域21之18/7670
【汇编】中一1358
迤讹 西夏蕃姓
【杂字】2/番姓名/2左
夜浪 西夏蕃姓
【杂字】2/番姓名/3右
庞青族 西夏境蕃族
【宋史】255/王凯传/8925
【长编标】132/3130、3179
【长编影】132/8上、133/17上
【奏议标】132/田况·上仁宗兵策十四事/1467
【奏议影】132/田况·上仁宗兵策十四事/4514
【汇编】中二2273、2353
庞拜族 积石军庄浪四族之一
【金史】79/张中彦传/1790；91/结什角传/2016、2017
【汇编】下6725、6745、6746
庞静 西夏蕃姓
【杂字】2/番姓名/3右
府州八族 府州
【长编标】102/2358
【长编影】102/9下
府州五族 府州
【长编标】102/2358
【长编影】102/9下
注丁揬令归 西使城
【长编标】319/7716
【长编影】319/16上
【汇编】中四4251
泥巾族 疑兀泥巾之误，麟府
【宋史】491/党项传/14142
【汇编】上25
泥也族 府州党项
【五代会要】29/353
【汇编】上19
泥埋族 又作尼玛族，西凉附近
【宋史】265/张齐贤传/9155
【长编标】49/1076
【奏议标】130/张齐贤·上真宗论陕西事宜/1438
【奏议影】130/张齐贤·上真宗论陕西事宜/4420
【汇编】中一1235、1247
宗哥族 又作总噶尔族，西凉
【宋史】485/夏国传上/13990；492/吐蕃传/14157
【长编标】56/1241；76/1733；99/2296、2302
【宋会要】方域21之20/7671
【汇编】上57；中一1391、1406、1578；中四4115
宗家族 西凉
【宋史】492/吐蕃传/14158
【长编标】63/1403
【长编影】63/5上
【汇编】中一1437、1439
房当氏 又作旁当氏，党项八大部之一
【旧唐书】198/党项羌传/5290
【新唐书】221上/党项传/6214
【宋史】491/党项传/14137
【五代会要】29/353
【汇编】上4、9、17、20
弥臧族 又作密藏族，环原间
【文恭集】36/宋故宣徽北院使上柱国赠太尉文肃郑公戬墓志铭/436
【汇编】中三2856
屈悉保 灵庆州
【新五代史】27/药彦稠传/299
【五代会要】29/353
【册府元龟】987/11595上
【汇编】上18、874、876
妹轻 西夏蕃姓
【杂字】2/番姓名/3右
妹勒 西夏蕃姓
【杂字】2/番姓名/2左
细乜族 麟府州
【宋史】491/党项传/14142
【宋会要】方域21之3/7662
【汇编】上25、35
细风氏 又作细封氏，党项八大部之一
【宋史】491/党项传/14137
【汇编】上20

细母族 麟府州
【宋史】491/党项传/14142
【宋会要】方域21之3/7662
【汇编】上25、35
细封氏 又作细凤氏，党项八大部之一
【旧唐书】198/党项羌传/5290
【新唐书】221上/党项传/6214
【新五代史】74/党项传/912
【五代会要】29/353
【资治通鉴】193/6068
【汇编】上4、9、15、17、619
细卧 西夏蕃姓
【杂字】2/番姓名/3右
细遇 西夏蕃姓
【杂字】2/番姓名/2左

九画

树夥族 庆州
【册府元龟】167/2014下
【汇编】上914
胡经臣族 保安军
【宋会要】兵28之2/7270；方域20之6/7653
胡家门族 庆州
【宋史】279/张凝传/9480
【长编标】51/1107
【长编影】51/4下
【东都事略】18/张凝传/9上
【汇编】中一1291、1324
胡族 当为胡继谔族，金明
【长编标】225/5459
【长编影】225/4下
【宋会要】兵28之11/7275
【汇编】中三3713
南山党项 唐代两大党项部落之一
【新唐书】8/宣宗纪/249
【唐大诏令集】130/平党项德音/710
【资治通鉴】249/8045
【汇编】上813、816、824、825
南山野狸 又作南山野利
【宋史】276/尹宪传/9409
【汇编】中一1027

茗乜族 又作茗也族，府州
【宋史】491/党项传/14140
【汇编】上22
茗也族 又作茗乜族，府州
【宋会要】方域21之2/7662
【汇编】上33
茭村族 又作裕勒沁族，永平寨界
【长编标】51/1127；103/2389；125/2941；135/3228
【长编影】51/19上；103/14上；125/3下；135/14上
【汇编】中一1641；中二2441
荡了族 韦州界
【长编标】471/11245
【长编影】471/8上
药乜 西夏蕃姓
【杂字】2/番姓名/2左
柰家族 灵州通远军界
【宋史】491/党项传/14138
【汇编】上21
柰喁三家族 灵州通远军界
【宋史】491/党项传/14138
【汇编】上21
迺来 西夏蕃姓
【杂字】2/番姓名/2左
迺税 西夏蕃姓
【杂字】2/番姓名/3右
赵家族 西凉府
【宋会要】方域21之18/7670
【汇编】中一1358
赵哆 西夏蕃姓
【杂字】2/番姓名/2左
剋山族 又作克实克族，北界蕃族
【宋史】491/党项传/14147
【长编标】81/1840
【汇编】上30
威尼族 又作兀泥族、瓦泥族，府州
【长编影】63/4上
【汇编】中一1432
威尼族 肃远寨界
【长编标】99/2297
【长编影】99/6上

【汇编】中一1615
威伊特族 又作韦移族，环庆
【长编影】49/5上
【汇编】中一1231
威玛族 又作魏埋族、卫埋族，泾原路
【长编影】83/1上
【汇编】中一1523
威克约族 又作兀瑶族，丰州
【长编影】23/17上
威明氏 又作嵬名氏，西夏王室
【长编标】407/9916
【长编影】407/19下；467/2上、2下；469/11下
【汇编】中五4910、5111、5127
拽税 西夏蕃姓
【杂字】2/番姓名/3右
拽藏族 卢关附近
【宋史】253/李继周传/8870
【汇编】上221
轻宁 西夏蕃姓
【杂字】2/番姓名/3右
咱隆族 又作者龙族，西凉府
【长编影】54/5下；55/8下；56/4上、15上；59/10上；62/3上；63/5上
【汇编】中一1364、1376、1416、1437
咱隆族 洪德寨庆桑领蕃部
【长编影】99/6上
【汇编】中一1615
咩兀族 宥州
【宋史】491/党项传/14140
【汇编】上22
咩布 西夏姓
【杂字】2/番姓名/2左
咩逋族 又作密本族，泾原
【宋史】257/李继和传/8970；491/党项传/14143、14144；492/吐蕃传/14156
【长编标】50/1091；51/1122；53/1170；54/1178、1183
【宋会要】方域21之17/7669
【汇编】上26、27；中一1257、1334、1345、1346
咩嵬族 夏州
【宋史】259/郭守文传/8999；491/党项传/14140
【汇编】上22；中一1026
咩堡族 府州宁边寨
【榆林府志】47/折武恭公克行神道碑阴/7上
【汇编】补遗7095
咩魏族 又作密威族，鄜延熟户
【宋史】491/党项传/14148
【长编标】95/2178
【汇编】上31
昧克族 又作美克族，丰州
【宋史】7/真宗纪2/122；491/党项传/14145
【长编标】55/1202
【长编影】55/2上
【汇编】上28；中一1361
贱遇族 又作伽裕勒族，泾原
【宋史】257/李继和传/8970
【长编标】50/1091
【汇编】中一1257
岔都族 柔远镇八州原、分水领、柔远镇一带蕃部
【宋史】279/张凝传/9480
【汇编】中一1324
星叶族 庆州
【长编标】154/3748
【长编影】154/12上
【汇编】中三3043
星多族 又作人多族，西南大族
【长编影】404/21上、22下；405/3下
曷党族 辽境内党项
【辽史】15/圣宗纪6/173
【汇编】中一1515
思顺族 夏国沿边一带
【宋会要】兵28之1/7270
骨勒 西夏蕃姓
【杂字】2/番姓名/3右
骨婢 西夏蕃姓
【杂字】2/番姓名/3右
骨尾族 灵庆州
【旧五代史】138/党项传/1845
【新五代史】74/党项传/912
【五代会要】29/353

【册府元龟】987/11595 上
【汇编】上 15、18、876
骨咩族 又作骨咩族、郭咩族、郭勒敏族、恭迈族，环庆
【宋史】8/真宗纪 3/167；325/任福传/10506；491/党项传/14148
【长编标】87/1990；128/3044
【宋会要】兵 8 之 21/6897
【汇编】上 30、31；中一 1595、1597；中二 2090、2096
骨咩族 又作骨咩族、郭咩族、郭勒敏族、恭迈族，环庆
【宋史】258/曹玮传/8987
【长编标】93/2139
【宋会要】兵 14 之 17/7001
【汇编】中二 2095
香叶族 麟府
【长编标】230/5601
【长编影】230/15 下
【汇编】中四 3752
便哆 西夏蕃姓
【杂字】2/番姓名/3 右
保寺族 银州开光谷西杏子平
【宋史】257/李继隆传/8965；491/党项传/14139
【汇编】上 21；中一 1024
保细族 又作布纳克族，夏州
【宋史】491/党项传/14138
【汇编】上 21
保香族 银州开光谷西杏子平
【宋史】257/李继隆传/8965；491/党项传/141379
【汇编】上 21；中一 1024
保家族 环州
【宋史】198/兵志 12・马政/4932
【长编标】43/922
【长编影】43/14 上
【东都事略】127、128/附录 5、6
【宋会要】兵 24 之 1/7179、24 之 2/7179
【汇编】上 105；中一 1201、1228、1690
保族 银州北
【宋史】5/太宗纪 2/75；491/党项传/14139
【长编标】63/1409
【长编影】63/10 下
【汇编】上 22；中一 1024、1442
鬼驴耳族 又作古勒额勒，西夏西使城界
【长编标】320/7720
音摩族 又作剡毛族，西夏西使城
【长编影】320/1 下
【汇编】中四 4253
恃胡 西夏蕃姓
【杂字】2/番姓名/2 左
洗族 银州
【宋史】5/太宗纪 2/75；491/党项传/14139
【汇编】上 22；中一 1024
洛才族 又作路才族，麟府州
【宋会要】方域 21 之 3/7662
【汇编】上 35
浑货 西夏蕃姓
【杂字】2/番姓名/2 左
总噶尔族 又作宗哥族，西凉属蕃部
【长编影】56/15 上；76/7 上；99/6 上
客户族 环州
【五代会要】29/353
【汇编】上 18
迷般嘱族 又作养迷般嘱、敏楚克巴，李继迁种落
【宋史】492/吐蕃传/14157
【长编标】56/1240
【稽古录】18/83
【汇编】中一 1391、1405
养迷般嘱 又作迷般嘱，夏州李继迁种落
【宋会要】方域 21 之 20/7671
【汇编】中一 1406
神木马儿族 白豹
【宋史】323/赵振传/10461
【汇编】中一 1629
弭药 党项别称
【旧唐书】198/党项羌传/5292
【新唐书】221 上/党项传/6215
【汇编】上 5、10
费听氏 党项八大部之一
【旧唐书】198/党项羌传/5290
【新唐书】221 上/党项传/6214

【新五代史】74/党项传/912
【宋史】491/党项传/14137
【五代会要】29/353
【资治通鉴】193/6068
【汇编】上4、9、15、17、20、619
结当族 神木寨
【长编标】329/7930
【长编影】329/15上
结彭族 折平族，泾原
【长编影】63/6上

十画

珪年族 又作归娘族，延州
【长编影】125/11上；136/19上；137/12上
【汇编】中二1857、2510、2515
珠苏威家 环庆，又作彬树罗家
【长编影】54/11上
【汇编】中一1355
埋厮族 灵庆州
【旧五代史】138/党项传/1845
【新五代史】74/党项传/912
【五代会要】29/353
【册府元龟】987/11595上
【汇编】上15、18、876
格隆族 泾原，渭州属户
【长编标】139/3355
【长编影】139/17下
格登族 又作厥屯族，延州
【长编影】137/12上
【汇编】中二2515
样丹族 又作杨丹族，西凉
【宋史】492/吐蕃传/14157、14158
【长编标】59/1326
【汇编】中一1417、1419
都克沁族 又作杜庆族，麟府
【长编影】71/24上
都啰 西夏蕃姓
【杂字】2/蕃姓名/2左
都啰啰族 从夏州往回鹘途径此地，黄羊平西行二日处
【宋史】490/高昌传/14110
【挥麈前录】4/王延德历叙使高昌行程所见/3下
【汇编】中一1011、1012
恭迈族 又作骨咩族、郭咩族、郭勒敏族、骨咩族，庆州
【长编影】93/5上；128/17下
【汇编】中一1595
索干九族 延州
【长编标】156/3778
【长编影】156/2上
【汇编】中三3053
索斡族 又作苏尾族，延州
【长编影】137/12上
【汇编】中二2515
破丑氏 庆州党项
【新唐书】221上/党项传/6217
【汇编】上12
破丑氏 河西党项
【旧唐书】57/刘师立传/2299
【新唐书】88/刘师立传/3742
【汇编】上625
破丑氏 雪山党项
【旧唐书】198/党项羌传上/5292
【新唐书】221上/党项传/6215
【汇编】上5、10
党羌 党项
【唐大诏令集】130/平党项德音/710
【樊川文集】12/上周相公书/2上；15/贺平党项表/2下
【文苑英华】795/蔡袭传/4207
【汇编】上806、813、816、822
党儿族 麟府
【宋史】326/张岊传/10523
【汇编】上234
党平族 环庆
【宋史】325/任武英传/10509
【汇编】中二2093
党宗族 又作当宗族，西凉
【宋史】492/吐蕃传/14158
【长编标】62/1385
【长编影】62/3上
【汇编】中一1430

党项

【隋书】1/高祖纪/23；3/炀帝纪/73；39/1149；40/元谐传/1171、1172；48/杨文思传/1294；53/冯昱王传/1359；62/刘行本传/1477；65/慕容三藏传/1532；83/吐谷浑传/1845、党项传/1851、女国传/1851、附国传/1858

【北史】11/高祖文帝纪/411；12/炀帝纪/452；41/杨文思传/1526；70/刘行本传/2440；73/元谐传/2515、2516；96/吐谷浑传/3189、89/党项传/3192、附国传/3194；97/女国传/3235

【旧唐书】2/太宗上/32；3/太宗下/42；10/肃宗纪/260、262；11/代宗纪/278、279、280、287；12/德宗纪上/360；15 下/宪宗纪下/470；16/穆宗纪/482；17 上/敬宗上纪/509；18 上/武宗纪/592、593、602、609、武宗纪/610；18 下/宣宗纪/628、632；19 下/僖宗纪/692；38/地理志 1/1409、1413、1414；40/地理志 3/1636、1638；41/地理志 4/1706、1707、1709、1710、1711；48/食货志上/2110；57/刘师立传/2299；58/柴绍传/2314；60/道彦传/2342、2343；61/窦轨传/2365、2366；97/张说传/3052、3053；111/崔光远传/3319；114/周智光传/3366；117/崔宁传/3401；120/郭子仪传/3459、3461；128/颜真卿传/3594；133/李晟传/3661；138/韦伦传/3781；147/杜佑传/3979、3980；148/李吉甫传/3996；151/范希朝传/4058；156/王晏宰传/4141；161/李光颜传/4221、刘沔传/4233、4234、石雄传/4235；163/胡证传/4259、崔元略传/4260、4261、卢简求传/4272；166/白敏中传/4359；177/崔从传/4579、毕诚/4609；178/郑畋传/4636；182/高骈传/4703；184/程元振传/4762；185 上/崔知温传/4791；193/郑神佐女传/5152；195/回纥传/5205；196 上/吐蕃传上/5221、5224、5237、下/吐蕃传下/5245、5259、5262、5263、5265；197/南蛮传/5277；198/党项羌传/5290、5292、5293、吐谷浑传/5298；199/百济传/5330；200/朱泚传/5390

【新唐书】1/高祖纪/16；6/肃宗纪/163、165；43 下/地理志 7/1119、1123、1132；119/白敏中传/4306；146/李吉甫传/4742；148/康承训传/4774；164/胡证传/5048；171/李光颜传/5186、李光进附传/5187；172/王子晏宰传/5204；182/刘瑑传/5372；208/田令孜传/5886；214/李丕传/6021；216 上/吐蕃传上/6078、6084、下/吐蕃传下/6104；218/沙陀传/6156；221 上党项传/6214、6215、6216、6217、东女传/6218、221/吐谷浑传/6224；222/南诏传上/6278

【旧五代史】25/唐书・武皇纪上/334；32/唐书・庄宗纪/442；40/唐书・明宗纪/549、554；43/唐书・明宗纪/587、593；50/唐书・嗣肱传/684；66/唐书・药彦稠传/880；98/晋书・安重荣传/1303；125/周书・冯晖传/1645；132/1747、1748；138/吐蕃传/1839、1845

【新五代史】4/唐本纪 4/32；5/唐本纪 5/47；6/唐・明宗纪/59、61、63、64；11/周・太祖纪/115；27/药彦稠传/299；40/李仁福传/437；47/刘景岩传/536；49/冯晖传/555；51/安重荣传/584；53/王景崇传/603；72/四夷附录 1/890；74/四夷附录 3/912、914、917

【辽史】1/太祖纪上/11、12；2/太祖纪下/16、19、20、21、22；3/太祖纪上/27、太宗纪上/34、35、36；4/太宗纪下/43、47、49、52；8/景宗纪上/93、94；9/景宗纪下/100、103；10/圣宗纪/108、109、110、111、113；11 圣宗纪 2/125、127；12/圣宗纪 3/131、133；13/圣宗纪 4/145、147、149、150；14/圣宗纪 5/156、158、159、161；15/圣宗纪 6/173、178；16/圣宗纪 7/188、189；17/圣宗纪 8/199、201；19/兴宗纪 2/228、229、230、231；20/兴宗纪 3/243；30/天祚帝纪 4/351；34/兵志上/396；36/属国军条/430、431、433；37/地理志 1/443；41 地理志 5/509；46/百官志 2/742、758、764；60/食货志下/932；64/皇子表/973、983；69/部族表/1080、1084、1104；70/属国表/1126、1127、1128、1130、1131、1133、1137、1138、1140、1142、1143、1146、1147、1148、1154、1156、1157、1158、1160、1161、1193、1194、1195；71/太祖淳钦皇后述律氏传/1199；72/宗室传/1209；74/韩延徽传/1231、1235；75/耶律觌烈传/1237、耶

律羽之传/1238、耶律突吕不传/1240、耶律图鲁窘传/1243；76/耶律鲁不古传/1247；77/耶律安抟传/1259；82/韩德威传/1291、耶律博古哲传/1293、磨鲁古传/1296；91/耶律唐古传/1362；耶律侯哂传/1368、萧普达传/1368；93/萧惠传/1374；94/耶律速撒传/1383；95/耶律大悲奴传/1393；115/西夏记/1526、1527

【宋史】5/太宗纪 2/96；86/地理志 2/2138；165/职官志 5/3903；191/兵志 5·蕃兵/4755；192/兵志 6·乡兵 3 保甲条/4769；198/兵志 12·马政/4932；251/符彦卿传/8837；258/曹琮传/8990；264/宋琪传/9126、9129、9130；266/钱若水传/9170；277/郑文宝传/9426、9427；485/夏国传上/13981；491/党项传/14137、14138；492/吐蕃传/14154

【金史】134/西夏传/2876

【长编标】2/56；9/213；27/605；35/768、769；37/807；39/835；43/922；50/1089；51/1127；123/2910；124/2922；131/3115；133/3164；235/5716

【长编影】2/16 下；9/13 下；27/4 上；35/3 上、3 下 4 上；37/2 上；39/7 上、7 下；43/14 上；50/7 下；51/19 上；124/4 下；131/20 下；133/4 上；235/19 下

【东都事略】123/附录 1·辽国/3 下

【唐会要】90/和籴/1637；98/白狗羌/1752

【五代会要】29/党项传/353

【宋会要】职官 25 之 2/2915、25 之 6/2917；选举 10 之 8/441；兵 24 之 2/7179；方域 8 之 30/7455、8 之 31/7456、21 之 1/7661、21 之 8/7665、21 之 15/7668

【奏议标】141/文彦博·上神宗论进筑河州/1591

【奏议影】141/文彦博·上神宗论进筑河州/4892

【唐大诏令集】69/南郊赦/385；99/置宥州敕/500；116/喻安西北庭诸将制/606；130/平党项德音/710

【宋朝事实类苑】7/69；12/仪注 2/5、13 上

【通典】190/吐蕃传/11 上

【资治通鉴】178/5550；190/5983；191/5988、5995、6000、6003；193/6068；194/6106、6115；195/6139；205/6482；212/6745；220/7060；221/7090、7100、9076；222/7113；222/7126、7143；223/7146、7164；225/7252；232/7493；235/7585；239/7703、7705；241/7783；242/7818；246/7952、7961、7963；247/7993；248/8021、8030；249/8043、8045、8056；268/8748；269/8809；276/9029；277/9064；278/9082；282/9197；285/9303；287/9382；288/9407；291/9485

【册府元龟】42/483 下；166/2010 下、2029 上；170/2052 下、2057 下、2059 下；359/4254 上；397/4722 上、4724 上；398/4739 上；410/4876 上；434/5160 下；621/7482 上；671/8027 下；674/8055 上；956/11241 上；970/11396 下、11398 上；972/11420 下、11421 上、11422 下、11423 下；974/11447 上；975/11456 上；976/11469 上；977/11480 上、11483 上；980/11516 上；987/11591 上、11595 上；992/11653 上；995/11687 下；996/11697 上

【辽史拾遗】12/32 下

【大金国志】40/许（元宗）奉使行程录/7 上

【契丹国志】2/太宗嗣圣皇帝纪上/11 下；契丹国志 22/控制诸国/7 下；236/兵马制度/3 上

【蒙兀儿史记】37/合失传/1 上；154/色目氏族/34 下

【元氏长庆集】33/同州刺史谢上表/6 上；56/唐故使持节万州诸军事万州刺史赐绯鱼袋刘君墓志铭/2 上

【元刊梦溪笔谈】13/16、20；19/5；25/3

【元宪集】34/宋故推诚翊戴功臣彰武军节度延州管内观察处置等使曹公墓志铭/352、355

【文庄集】14/陈边事十策/1 上

【文苑英华】304/闻庆州赵纵使君祭酒与党项战中箭而死辄书哀句/1555；370/沈亚之·夏平/1894；567/百寮贺仆固怀思死并诸道破贼表/908；584/为崔郸公谢除凤翔节度使表/3021

【玉壶清话】7/12 下；8/9 上

【玉海】86/唐赐通天御带/19 上；132/绍兴制置使/26 下

【白氏长庆集】56/代王佖答吐蕃北道节度论赞

勃藏书奉撰/50 上；57/与希朝诏/67 下
【三朝北盟会编】99/5 上
【鸡肋集】46/7 下
【李卫公会昌一品集】5/赐回鹘可汗书/29、赐回鹘书意/30；13/论田牟请许党项仇复回鹘嗢没斯部落事状/101、修疏太原以北边备事宜状/105、论太原及振武军镇及退浑、党项等部落互市牛马及骆驼等状/109；14/请发陈许汝襄阳等兵状 111 条疏边上事宜状；16/论盐州屯集党项状/138
【武经总要】前集 17/17 上；18/1 下、8 下、27 下、34 上；18 下/西蕃地界/1 上
【河南先生文集】23/按地图/3 下
【济南集】7/郭宣徽（逵）祠堂记/15 上
【梦溪笔谈校证】补 2/权智 949/557
【景文集】96/送承制刘兼济知原州诗序/968
【名臣碑传琬琰集】下集 13/文忠烈公彦博传/1451
【靖康稗史】宣和奉使录/13
【樊川文集】15/贺平党项表/2 下
【稽古录】15/48 上、51 上
【太平广记】84/34 下；105/20 下引酉阳杂俎
【元和郡县图志】4/关内道 4/16 下
【延绥镇志】1/地理志/3 下
【陇右金石录】4/56 上/［附录］重修护国寺感通塔碑考释
【甘肃新通志】6/舆地志·山川上·平凉府·隆德县/21 上、舆地志·山川上·固原直隶州·海城县/27 下；9/舆地志·关梁·固原直隶州/24 上
【敕修陕西通志】12/山川 5 同州/55 上；16/关梁 1·延安府·安塞县/25 下；42/茶马/9 上
【海城县志】6/古迹志/2 上
【汇编】上 1、3、6、9、11、12、15、16、17、18、19、20、37、48、120、121、136、145、161、162、577、608、609、610、611、612、613、614、616、617、618、619、620、621、623、625、626、629、630、631、632、633、635、638、640、641、647、648、650、653、654、659、662、664、667、671、673、674、675、676、677、678、679、680、685、687、690、692、694、695、700、705、706、707、710、711、714、715、718、719、722、723、734、735、736、737、739、746、747、748、751、752、753、754、755、757、758、761、762、763、765、766、767、771、773、775、776、777、778、780、782、784、786、787、789、797、798、800、802、803、804、811、812、813、815、817、818、819、821、824、825、826、827、830、831、833、834、835、837、844、845、846、848、851、854、855、856、857、858、859、860、861、862、863、865、866、867、871、872、873、874、875、876、878、879、884、885、887、888、890、892、893、894、895、896、901、904、907、910、917、918；中一 928、931、940、947、948、956、958、970、982、986、1000、1001、1002、1003、1009、1028、1030、1036、1038、1044、1053、1066、1068、1069、1087、1090、1091、1094、1097、1098、1099、1119、1126、1163、1193、1199、1201、1217、1228、1229、1239、1256、1289、1310、1311、1313、1334、1363、1370、1401、1418、1419、1426、1429、1456、1483、1515、1518、1551、1602、1611、1164、1645、1658、1167、1673、1169、1690、1692、1727；中二 1796、1819、1890、1893、2084、2165、2255、2298、2319、2622、2639、2785；中三 2875、2895、3006、3009、3129、3166、3168、3510、3517、3544、3579、3676；中四 3822；中六 5600、5982、5984、5997、5998、6000、6001、6004、6076、6077；下 6102；6928、6975、7010、7015、7016；补遗 7223、7224、7225、7226、7227、7235、7236、7245、7248、7250、7270

哌咩族 宥州

【宋史】290/狄青传/9718
【华阳集】35/狄武襄公青神道碑/454
【汇编】中二 1860

特你族 又作大门、德密，庆州羌

【元宪集】33/宋故推诚翊戴功臣彰武军节度延州管内观察处置等使曹公行状/346
【汇编】中一 1595

特啰 西夏蕃姓

【杂字】2/番姓名/3 右

息利族 又作悉利族，银州北
【宋史】5/太宗纪 2/76
【汇编】中一 1024

狸家族 泾原路陇山县
【长编标】56/1225
【长编影】56/1 下
【汇编】中一 1375

狸族 泾原路陇山县
【宋史】492/吐蕃传/14157
【宋会要】方域 21 之 21/7671
【汇编】中一 1392

郭咩族 又作骨咩族、郭勒敏族、恭迈族、骨咩族，附宋西夏界蕃族
【长编影】87/2 下
【汇编】中一 1553

郭莽族 麟府芦子塞
【长编标】67/1505
【长编影】67/9 上
【汇编】中一 1468

郭家族 环州大拔砦东十五里
【武经总要】前集 18 上/12 下、14 上
【汇编】中一 1095、1613

郭勒敏族 又作骨咩族、郭咩族、恭迈族、骨咩族，庆州
【元宪集】33/宋故推诚翊戴功臣彰武军节度延州管内观察处置等使曹公行状/346
【汇编】中一 1595

部道族 鄜延州
【长编标】70/1580
【长编影】70/18 上
【汇编】中一 1480

高罗跛臧族 庆州
【宋史】323/赵振传/10461
【汇编】中一 1629

旁当氏 又作房当氏，党项八大部之一
【资治通鉴】193/6068
【汇编】上 619

唐兀 党项西夏称谓
【元史】6/世祖纪 3/118；17/世祖纪 14/365；22/武宗纪 1/485、武宗纪 1/486；24/仁宗纪 11/550；40/顺帝纪 3/856；82/选举志 2/2052；96/食货志 4・枢密院条/2455；99/兵志 2/2527、2528、2533、2536；120/察合传/2955、120/镇海传/2964；121/博罗欢传/2990；133/暗伯传/3237；144/卜颜铁木儿传3436、福寿传/3441；149/刘黑马传/3516；151/贾塔剌浑传/3577；192/观音奴传/4368
【元朝秘史】5/21 下、29 下；14/1 上
【蒙兀儿史记】3/成吉思可汗本纪下/30 上、30 下；20/札木合传/6 下、20 下；21/塔阳罕传/1 上；37/漠北三大汗诸子・合失传/1 上；44/脱栾传/1 下、2 下；154/色目氏族上/34 下
【山居新话】6 下、45 上
【雍虞先生道园类稿】42/彭城郡侯刘公神道碑/1 上、立智理威忠惠公神道碑/25 下
【至正昆山郡志】2/名宦/7 上
【至正金陵新志】6/历代官制・题名/62 下、65 上
【至顺镇江志】16/宰二丹徒县/5 上；19/人材仕进侨寓/13 上
【汇编】上 242、260、381、401、453、480、522、577、584、590、591、601；下 6796、6797、6802、6803、6862、6886、6898、6901、6902、6904、6911、6912、6913、6915、6928、6933、6952、6990、6996、7040、7045、7052、7053、7054、7055、7067、7070、7073、7088；补遗 7217、7218、7219、7221

唐兀氏 党项西夏称谓
【元史】32/文宗纪 1/703；33/文宗纪 2/730；106/后妃表/2698；114/唐兀氏传/2875；123/也蒲甘卜传/3027；134/朵罗台传/3264；143/余阙传/3424；187/逯鲁曾传/4292；195/明安达尔传/4415
【新元史】182/6 上；219/7 下
【蒙兀儿史记】154/色目氏族上/34 下
【余忠宣青阳山房集】附录・余忠宣公姓氏考/12 下
【正德大名府志】10/元大名达鲁花赤昔李公墓志铭/38 上
【永乐大典】2343/18 上；2806/5 下
【至正集】33/张雄飞诗集序/14 上
【宁夏社会科学】1987 年第一期/大元赠郭武校尉军民万户府百夫长唐兀公碑铭/88

【闻过斋集】1/王氏家谱叙/22 上
【道园学古录】40/9 上
【至正金陵新志】6/历代官制·题名/33 下、41 下、58 下、59 上、61 下、62 上、63 上、63 下、64 上、64 下
【民族研究】1979 年第一期/大元肃州路也可达鲁花赤世袭之碑/69
【汇编】上 298、300、405、409、423、446、528、529、532、549、566、593、594、596、597、598、599、600、601、602、598；下 7044、7060、7061、7062、7064、7065、7066、7067、7069、7071、7072；补遗 7160、7166、7172、7195、7200、7203、7210

唐兀惕 党项西夏称谓
【元朝秘史】5/21 下；13/26 上；14/1 上、9 上
【蒙古源流笺证】3/18 下
【蒙兀儿史记】3/成吉思可汗本纪下/16 下、31 上、31 下；37/漠北三大汗诸子·合失传/1 上；44/脱栾传/2 下；71/本传/1 上；154/色目氏族上/34 下
【汇编】上 580；下 6796、6839、6852、6853、6915、6918、6925、6926、6927、6928、6953

唐古 党项西夏称谓
【畿辅通志】69/正定府/15 下
【汇编】下 7074

唐古氏 党项西夏称谓
【闻过斋集】5/友石山人墓志铭/15 下
【畿辅通志】68/保定府/24 上
【汇编】下 7068；补遗 7204

唐古忒 党项西夏称谓
【元史译文证补】15/海都补传/1 上
【蒙兀儿史记】37/漠北三大汗诸子·合失传/1 上
【汇编】下 6928

唐古特 党项西夏称谓
【蒙兀儿史记】3/成吉思可汗本纪下/30 上
【元史译文证补】1 上/15 上；1 下/21 下、22 上、后妃公主表补辑/35 上
【元朝秘史】5/21 下
【蒙古源流】4/5 上
【蒙古源流笺证】4/1 下、3 下、9 下末行注文
【汇编】下 6589、6796、6829、6898、6899、6906、6919、6922、6927、6953

唐龙镇羌族 唐龙镇
【宋史】491/党项传/14146
【汇编】上 29

唐奴族 疑为康奴，原州
【安阳集】家传/5 上
【汇编】中三 3487

悖家族 又作贝家族，鄜延
【长编标】137/3278

剡毛族 又作音摩族，西夏西使城界
【长编标】320/7720

浪讹
【杂字】2/番姓名/2 左

浪王族 宁川寨
【榆林府志】47/折武恭公克行神道碑阴/7 上
【汇编】补遗 7094

浪吉族 环庆
【宋史】326/史方传/10527
【汇编】中一 1657

浪家族 抄夺返甘州回鹘贡使
【宋会要】蕃夷 4 之 7/7717

浪黄族 麟府
【宋史】326/张岊传/10523
【汇编】上 234

浪悉讹族 银州
【宋史】257/李继隆传/8965；491/党项传/14139
【汇编】上 22；中一 1024

家口族 宥州
【宋史】290/狄青传/9718
【汇编】中二 1860

容鲁族 西夏蕃族，熙河
【金史】91/结什角传/2017
【汇编】下 6745

十一画

勒马尾族 府州
【宋会要】蕃夷 1 之 23/7846
【汇编】中一 1130

勒瓦 西夏蕃姓
【杂字】2/番姓名/2 左

勒啰 西夏蕃姓

【杂字】2/番姓名/2 左

勒浪族 又作啰朗族，府州

【宋史】6/真宗纪 1/108；491/党项传/14140、14142、14143

【长编标】37/807；45/966

【东都事略】123/附录 1・辽国/3 下

【宋会要】方域 21 之 3/7662；蕃夷 7 之 13/7846

【太平寰宇记】38/16 上

【汇编】上 22、24、26、35、920；中一 1099、1130、1205

勒浪嵬族 又作啰朗威族，麟府州

【宋史】5/太宗纪 2/96

【长编标】37/807

【东都事略】123/附录 1・辽国/3 下

【汇编】中一 1097、1098

勒浪树李儿门 府州

【宋史】491/党项传/14142

【汇编】上 23、24

勒浪嵬女儿门 府州

【宋史】491/党项传/14141

【汇编】上 24

勒厥麻族 又作折勒厥麻族、拉尔结玛族，河西内属蕃部

【长编标】54/1191

勒厥麻族 又作折勒厥麻族、拉勒结玛族，麟州蕃部，后徙置宪州楼烦县

【宋史】261/张禹珪传/9048；491/党项传/14144、14145

【长编标】53/1171

【宋会要】职官 41 之 81/3207

【汇编】上 26；中一 1227、1334

黄乜族 银夏

【宋史】491/党项传/14140

【汇编】上 23

黄女族 又作和诺克族，河西

【宋史】253/折御卿传/8863

【长编标】45/964

【宋会要】方域 21 之 4/7663

【汇编】上 35、172；中一 1211

黄罗部 麟州

【宋史】255/王凯传/8925

【长编标】23/512；133/3179

【长编影】23/1 上；133/17 上

【汇编】中二 2353

黄族 金明县

【长编标】157/3813

【长编影】157/15 下

【汇编】中三 3071

硕尔族 延州

【长编标】86/1965；104/2409

【长编影】86/1 上；104/10 上

【汇编】中一 1545、1647

硕克威族 又作熟嵬族，泾原

【长编影】63/6 上

雪山党项 雪山之下破丑氏

【旧唐书】198/5290

【册府元龟】970/11398 上

【汇编】上 5、621

啰述族 又作罗舒克族，西夏西使城界

【长编标】320/7720

啰树族 宥州

【宋史】491/党项传/14140

【汇编】上 23

啰朗族 又作勒浪族，麟府州

【长编影】45/11 上

啰朗威族 又作勒浪嵬，麟府州

【长编影】37/2 上

啜娘族 麟府州

【太平寰宇记】38/16 上

【汇编】上 920

野儿和尚族 秦州

【宋史】491/党项传/14146

【长编标】64/1428

【长编影】64/4 上

【汇编】上 29；中一 1448

野马 西夏蕃姓

【杂字】2/番姓名/3 右

野马族 西凉府

【宋史】7/真宗纪 2/123

【汇编】中一 1369

野龙族 泾州招到

【册府元龟】999/11728 下

【汇编】上 909

野利氏 党项八大姓之一
【新五代史】74/党项传/912
【汇编】上 15
野利氏 党项大族
【旧唐书】38/地理志 1/1409；198/党项羌传/5293
【新唐书】43 下/地理志 7 下/1124；221 上/党项传/6217
【旧五代史】40/唐书·明宗纪/556
【武经总要】前集 18 上/8 下
【汇编】上 12、664、848；中一 940
野利龙儿 党项六州部落
【旧唐书】198/党项羌传/5293
【新唐书】221 上/党项传/6217
【资治通鉴】235/7585
【汇编】上 6、12、734
野利族 又作叶勒族，鄜延以北
【宋史】264/宋琪传/9129
【长编标】35/768；138/3330；162/3901
【汇编】中一 1069
野利越诗 党项六州部落
【旧唐书】198/党项羌传/5293
【新唐书】221 上/党项传/6217
【资治通鉴】235/7585
【汇编】上 6、12、734
野利厥律 党项六州部落
【旧唐书】198/党项羌传/5293
【新唐书】221 上/党项传/6217
【资治通鉴】235/7585
【汇编】上 6、12、734
野乱氏 又作野辞氏，党项八大部之一
【宋史】491/党项传/14137
【汇编】上 20
野鸡第七门族 庆州
【册府元龟】167/2014 下
【汇编】上 914
野鸡族 又作叶吉特族，庆州
【旧五代史】112/太祖纪/1488；113/太祖纪/1496、1499
【新五代史】74/党项传/912、913；113/太宗纪/1499
【宋史】280/田绍斌传/9498；491/党项传/14146
【长编标】57/1254
【五代会要】29/353
【册府元龟】167/2014 下；987/11596 下
【资治通鉴】291/9485、9488
【汇编】上 16、19、28、910、911、912、914、915、916、917；中一 1194
野货 西夏蕃姓
【杂字】2/番姓名/2 左
野虽族 野鸡族之误，庆州北十五里寡妇山
【甘肃新通志】7/舆地志·山川下·庆阳府·安化县/13 上
【汇编】补遗 7237
野俚族 又作野狸族，原州
【宋史】466/窦神宝传/13601
野狸族 又作野利族，环州
【宋史】277/郑文宝传/9426
【长编标】54/1180
【长编影】54/5 下
【汇编】中一 1090、1347
野狸族 又作野利族，原州
【宋史】491/党项传/14145、14146
【长编标】55/1206
【长编影】55/5 上
【汇编】上 28、29；中一 1363
野海 党项六州部落
【旧唐书】198/党项羌传/5293
【新唐书】221 上/党项传/6217
【资治通鉴】235/7585
【汇编】上 6、12、734
野家族 延州
【长编标】82/1869
【长编影】82/8 上
【汇编】中一 1519
野蒲氏 张掖西夏大姓
【元史】132/昂吉儿传/3213
【蒙兀儿史记】154/色目氏族上/34 下
【汇编】上 301、583
野辞氏 党项八大部之一
【旧唐书】198/党项羌传/5290
【新唐书】221 上/党项传/6214
【五代会要】29/353

【资治通鉴】193/6068
【汇编】上 4、9、17、619
野窣 党项六州部落
【旧唐书】198/党项羌传/5293
【新唐书】221 上/党项传/6217
【资治通鉴】235/7585
【汇编】上 6、12、734
野溪族 庆州
【宋史】309/阎日新传/10167
【汇编】中一 1411
鄂伽族 又作委乞族、乌尔勤族，庆州
【长编影】93/5 上
【汇编】中一 1595
鄂摩克族 又作米幕、米募、来慕、未幕，乌白池
【长编影】40/8 下
【汇编】中一 1154
银瓮族 夏景宗李元昊与契丹争此族
【豫章文集】7/遵尧录 6/14 上
【欧阳文忠公全集】31/太子太师致杜祁公墓志铭/4 下
【汇编】中三 2942；补遗 7290
移卑陵山 又作吉布琳，泾原
【宋史】491/党项传/14144
【长编标】54/1180
【汇编】上 27
移逋族 又作伊普，西凉
【宋史】492/吐蕃传/14158
【汇编】中一 1439
移湖族 又作伊特克，原州
【宋史】491/党项传/14144
【长编标】54/1186
【汇编】上 27
移邈族 丰州
【长编标】24/543
【长编影】24/6 上
【宋会要】方域 21 之 9/7665
【汇编】上 41；中一 1002
敏尔珠族 又作敏珠族、敏珠尔族，泾原路
【长编影】111/13 上
【汇编】中一 1685
敏珠尔族 又作明珠族、敏珠族、敏尔珠族，环庆泾原
【长编影】101/1 上；132/18 上；135/4 下；138/9 下、11 上；139/2 下、3 下、4 上；153/13 上、13 下
【文庄集】14/陈边事十策/1 上
【汇编】中二 1799、2294、2424；中三 3022
敏珠族 又作明珠族、敏珠尔族、敏尔珠族，环庆泾原
【文恭集】36/宋故宣徽北院使上柱国赠太尉文肃郑公（戬）墓志铭/436
【涑水记闻】9/12 下
【汇编】中三 2856、3019
敏楚克巴族 又作迷般嗕族，李继迁种落
【长编影】56/15 上
阜家族 环州
【册府元龟】170/2059 上
【汇编】上 910
毚谷族 又作康古族，西凉
【宋史】7/真宗纪 2/132；492/吐蕃传/14157、14159
【长编标】56/1226、1241；63/1403；64/1437
【宋会要】方域 21 之 20/7671
【汇编】中一 1435、1391、1406
悉利族 又作息利族，银州北
【宋史】257/李继隆传/8965；491/党项传/14139
【欧阳文忠公全集】79/制敕/17 上
【汇编】上 21；中一 1024；中二 2831
悉命族 麟府州
【太平寰宇记】38/16 上
【汇编】上 921
逸的氏
【蒙兀儿史记】154/色目氏族上/34 下
【汇编】上 580
孰嵬 西夏蕃姓
【杂字】2/番姓名/3 右
章迷族 又作章密族，西凉
【宋史】492/吐蕃传/14158
【长编标】63/1403
【汇编】中一 1439
章埋族 又作札玛克族，泾原
【宋史】258/曹玮传/8985；279/陈兴传/9484；

466/秦翰传/13613
【长编标】57/1251
【长编影】57/1 上
【名臣碑传琬琰集】中集 43/曹武穆公玮行状/1032
【甘肃新通志】6/舆地志·山川上·固原直隶州·海城县/27 下
【海城县志】6/古迹志/2 上
【汇编】中一 1398、1399、1400、1401；补遗 7248、7250

章密族 又作章迷族，西凉
【长编影】63/5 上
【汇编】中一 1437

麻乜 西夏蕃姓
【杂字】2/番姓名/3 右

麻乜族 府州宁边寨
【榆林府志】47/折武恭公克行神道碑阴/7 上
【汇编】补遗 7095

麻也族 靖化堡
【长编标】510/12139
【长编影】510/8 上
【汇编】中六 5540

麻毡族 又作玛展族，泾原
【宋史】323/赵珣传/10463
【长编标】132/3123
【汇编】中二 2263

麻谋族 又作玛默特族，环庆路分水岭
【宋史】491/党项传/14145
【长编标】54/1186
【汇编】上 27

康古族 又作龛谷族，西凉
【长编影】56/2 下、15 上；63/5 上；64/12 下
【汇编】中一 1437、1454、1544

康奴卜族 又作康努、喀努、康奴、康诺，环庆泾原
【长编影】56/6 上、8 下；57/1 上；104/1 下；126/16 上；153/13 上
【汇编】中一 1382、1643；中三 3022

康奴族 又作康奴卜、喀努、康诺，泾原路
【宋史】9/仁宗纪 1/181；258/曹玮传/8984；279/陈兴传/9484；285/陈执中传/9602；325/王仲宝传/10513；326/蒋偕传/10519；466/秦翰传/13613；485/夏国传上/13989
【长编标】56/1230、1233；57/1251；104/2400；126/2983；153/3728
【宋会要】兵 14 之 17/7001；28 之 1/7270
【武经总要】前集 18 上/18 上
【范文正公集】政府奏议下荐举/22 下；13/东染院使种君墓志铭 16 下
【奏议标】132/陈执中/上仁宗论西边事宜/1456
【奏议影】132/陈执中/上仁宗论西边事宜/4481
【名臣碑传琬琰集】中集 43/曹武穆公玮公行状/1031
【甘肃新通志】9/舆地志·关梁·泾州直隶州·镇原县/31 下
【汇编】上 56；中一 967、1384、1400、1401、1643；中二 1950、2618、2730、2832；中三 3344；补遗 7301

康努族 又作康奴、康奴卜、喀努、康诺，环庆泾原
【文恭集】36/宋故宣徽北院使上柱国赠太尉文肃郑公（戬）墓志铭/436
【汇编】中一 1380；中三 2856

康诺族 又作康努、喀努、康奴、康奴卜族，环庆泾原
【涑水记闻】9/12 下
【汇编】中三 3019

梁氏 秉常母族
【长编标】219/5330；231/5613；389/9470、9472；404/9854；407/9916、9917；467/11146
【长编影】231/5 上；389/19 下、20 上、21 下；404/21 上；407/20 上、20 下；467/2 上
【奏议标】139/范纯粹·上哲宗乞不妄动以观成败之变/1569、1570
【奏议影】139/范纯粹·上哲宗乞不妄动以观成败之变/4823、4827

梁家族 泾原
【宋史】257/李继和传/8970
【长编标】50/1091
【长编影】50/8 下
【范文正公集】年谱补遗/12 下
【汇编】中一 1257；中二 2514

密日族 又作没细族，附丰州
【长编影】23/17 上

密什克族 又作名市族，环州

【长编影】43/14 上
密本族 又作咩逋族，凉州
【长编影】50/8 下；51/14 下；53/14 上；54/3 下、8 下
【汇编】中一 1309、1332、1333、1345、1351
密补族 又作米逋族，泾原
【长编影】50/9 上
密威族 又作咩魏族，宥延
【长编影】95/1 下
【汇编】中一 1599
密觉族 又作乜白族，环州熟户
【长编标】195/4730
【长编影】194/5 下；195/11 下、12 上
【汇编】中三 3274、3279
密桑族 又作灭藏、灭臧、密臧、密藏，环原间属羌
【长编影】134/13 下；135/4 下；138/9 下、11 上；139/2 下、3 下、4 上；153/13 上、13 下
【汇编】中二 2424；中三 3022
密臧门族 积石军庄浪四族之一
【金史】79/张中彦传/1790；91/结什角传/2017
【汇编】下 6725、6745、6746
密臧族 又作灭藏、灭臧、密藏、密桑，环庆泾原
【涑水记闻】9/12 下
【汇编】中三 3019
密藏族 又作没藏族，夏国主李曩霄后族
【长编影】162/2 上
【汇编】中三 3105
密藏族 又作灭藏、灭臧、密臧、密桑，原州界
【长编标】153/3728
【长编影】132/18 上
【汇编】中二 2294
隆伊克美克 又作龙移昧克，丰州
【长编影】54/3 上、3 下
【汇编】中一 1344、1345
隆和族 又作罗骨族，北界
【长编标】97/2245
【长编影】97/5 下
【汇编】中一 1607
颇超氏 党项八大部之一
【旧唐书】198/党项羌传/5290
【新唐书】221 上/党项传/6214
【宋史】491/党项传/14137
【五代会要】29/353
【资治通鉴】193/6068
【汇编】上 4、9、17、20、619
巢迷族 又作楚密克族，环庆路
【宋史】491/党项传/14145、14148
【长编标】54/1186；87/1990
【汇编】上 27、30

十二画

越移族 夏州
【宋史】250/石保兴传/8812；257/李继隆传/8965；491/党项传/14139、14142
【汇编】上 22；中一 1024、1150
厥屯族 又作格登族，鄜延
【长编标】137/3278
揭家族 鄜延
【长编标】137/3278
【长编影】137/12 上
【汇编】中二 2515
雅尔鼐族 又作言泥族，古丰州
【长编影】56/1 上
【汇编】中一 1374
掌乌族 开古渭州路时被讨
【宋史】326/郭恩传/10521
【汇编】中三 3198
喀努羌 又作康努族、康奴卜族、喀努族、康奴族，泾原
【元宪集】33/宋故推诚翊戴功臣彰武军节度延州管内观察处置等使曹公行状/344
【汇编】中一 1383
嵬名 西夏王族姓
【杂字】2/番姓名/2 左
嵬名氏 卜颜铁木儿姓
【蒙兀儿史记】154/色目氏族上/34 下
嵬名家 又作威明家，西夏王室
【长编标】 314/7601；466/11136；467/11146、11147
【长编影】314/2 下；466/9 下

【汇编】上 579；中五 5104

嵬名诸部

【宋史】486/夏国传下/14010

【宋大诏令集】235/诏谕夏国敕牓（元丰四年九月丙午）/917

【汇编】上 76

嵬名族 又作乌密族、威明族，西夏王族

【宋史】16/神宗纪 3/305

【辽史】115/西夏记/1523

【长编标】469/11211

【长编影】469/11 上

【宋大诏令集】235/招谕夏国敕牓/917

【汇编】上 117；中四 4185

嵬迎 西夏蕃姓

【杂字】2/番姓名/3 右

嵬咩族 夏崇宗李乾顺时沙门族姓

【甘肃新通志】30/祠祀志·寺观·甘州府·张掖县条/56 下

【汇编】下 6520

嵬逋族 鄜延上言

【长编标】159/3851

【长编影】159/11 上

【汇编】中三 3092

黑党项 居赤水西

【旧唐书】198/党项传/5292

【新唐书】221 上/党项传/6215

【册府元龟】396/4698 上

【汇编】上 5、10、635

遇家族 西夏后桥寨附近

【长编标】125/2945；126/2966

【长编影】125/7 上；126/2 上

【汇编】中二 1883

铺主 西夏蕃姓

【杂字】2/番姓名/2 左

策木多族 麟府

【长编标】230/5601

【长编影】230/15 下

【汇编】中四 3752

策丹族 又作乞当族，西凉

【长编影】76/8 下

【汇编】中一 1503

策旺族 又作成王族，泾原

【长编影】57/4 下

御泥布族 宥州

【宋史】491/党项传/14140、14141

【汇编】上 23

猥才族 地斤泽附近

【宋史】491/党项传/14140

【汇编】上 23

善鄂 又作山讹，横山羌

【长编影】120/23 下

【汇编】中一 1737

普密族 又作扑咩族，鄜延

【长编影】96/4 上

【汇编】中一 1601

普密额珠族 又作扑咩讹猪族，附宋李继迁蕃部

【长编影】50/18 上

【汇编】中一 1286

禄厮结家族 抄夺返甘州回鹘贡使

【宋会要】蕃夷 4 之 7/7717

裕噜族 又作月利族、于鲁族，原辽境，附宋丰州

【长编影】10/16 下；23/17 上

【汇编】中一 952、953

裕勒沁族 又作苃村族，绥州界

【长编标】45/966

【长编影】45/11 上

【汇编】中一 1212

裕勒榜族 清远军

【长编标】45/957

【长编影】45/2 下

【汇编】中一 1211

媚咩族 卢关附近

【宋史】253/李继周传/8870

【汇编】上 221

十三画

瑚叶实族 又作明叶示族，附宋李继迁蕃部

【长编影】50/18 上

【汇编】中一 1286

塌西 党项别部

【辽史】17/圣宗纪 8/199；70/属国表/1157

【汇编】中一 1645

塘乌氏 西夏王室

【伊滨集】21/书塘乌氏碑后/13 上

【汇编】上 569

蒙兀氏 察罕赐姓

【蒙兀儿史记】154/色目氏族上/34 下

【汇编】上 581

楚克密族 又作巢迷族，疑为楚密克之误，柔远寨

【长编影】54/11 上

【汇编】中一 1355

楚密克族 又作巢迷族，附宋，西夏界蕃族

【长编影】87/2 下

【汇编】中一 1553

督六族 又作多啰族，西凉府，《长编》标点本作“督”

【宋史】492/吐蕃传/14155

【长编标】49/1079

【汇编】中一 1252

嗓泥族 灵州通远军界

【宋史】491/党项传/14138

【汇编】上 21

嗓咩族 灵州通远军界

【宋史】491/党项传/14138

【汇编】上 217

睡泥族 灵州至萧关一带

【宋史】491/党项传/14142

【汇编】上 24

路乜族 又作路才族，麟府

【宋史】491/党项传/14142

【宋会要】方域 21 之 3/7662

【汇编】上 25、35

路才族 又作洛才族，麟府州

【宋史】491/党项传/14142

【汇编】上 25

路哆 西夏蕃姓

【杂字】2/番姓名/2 左

锡丹族 疑为乞当族，马衔山后

【长编标】262/6408

【长编影】262/30 下

【汇编】中四 3987

锡里族 又作日利族、舍利族，原辽境，附宋丰州

【长编影】10/16 下

【汇编】中一 952

锡利族 又作锡里族、日利族，原辽境，附宋丰州

【长编影】23/174

【汇编】中一 953

锦星族 又作金星族，西夏西使城界

【长编影】320/1 下

十四画

豑树罗家 又作珠苏威家，环庆路

【宋史】491/党项传/14145

【长编标】54/1186

【汇编】上 27

嘉勒斡多叶族 又作劄万多移族，大理河以西

【长编影】135/23 上

嘉勒藏族 又作灭臧族，泾原

【长编影】126/16 上

嘉舒克顺族 西夏唐龙镇

【长编标】152/3709

【长编影】152/12 上

【汇编】中三 3001

慕恩族 环州

【长编标】482/11471

【长编影】482/9 上

【汇编】中五 5217

慕家族 环州属羌

【宋史】333/俞充传/10702；350/张守约传/11073

【长编标】277/6781；312/7569

【长编影】277/12 下；312/10 上

【汇编】中四 4022、4123、4125

蔡令 西夏蕃姓

【杂字】2/番姓名/2 左

斯邦族 西凉府

【宋会要】方域 21 之 18/7670

【汇编】中一 1358

辖裕勒族 又作小遇族，环庆州

【长编标】19/425

【长编影】19/5 上；183/6 上

【汇编】中一 977；中三 3215
哆令 西夏蕃姓
【杂字】2/番姓名/2 左
劄万多移族 又作嘉勒斡多叶族，大理河以西
【宋史】323/周美传/10458
【长编标】135/3238
【汇编】上 232
鼻家族 环州
【宋史】198/兵志 12/4932；491/党项传/14143
【长编标】43/922
【长编影】43/14 上
【宋会要】兵 24 之 1/7179
【汇编】上 26；中一 1201、1228
貌奴族 地斤泽附近
【宋史】491/党项传/14140
【汇编】上 23

十五画

樊家族 泾原
【宋史】12/仁宗纪 4/232；491/党项传/14148
【长编标】91/2102；171/4111
【长编影】91/5 下；171/8 上
【汇编】上 30；中一 1589；中三 3174
樊诸族 秦凤路
【长编标】171/4118
【长编影】171/14 上
【汇编】中三 3173
蝦蟆族
【奏议标】138/吕陶·上哲宗请以兰州二寨封其酋长/1560
【奏议影】138/吕陶·上哲宗请以兰州二寨封其酋长/4795
德密族 又作大门、特你，庆州下
【长编影】93/5 上
【汇编】中一 1595
熟仓族 又作熟藏族，环州
【宋史】257/李继隆传/8968；466/张崇贵传/13617；491/党项传/14140、14142、14143
【宋会要】兵 14 之 15/7000
【汇编】上 23、24、25；中一 1084、1172、1218
熟嵬族 又作熟魏族、硕克威族，渭州上言
【宋史】492/吐蕃传/14158
【长编标】63/1404
【汇编】中一 1439
熟藏族 又作熟仓族，环州
【宋史】491/党项传/14141
【汇编】上 24
熟魏族 又作熟嵬族、硕克威族，渭州上言
【宋史】258/曹玮传/8985；466/窦神宝传/13601；491/党项传/14146
【汇编】上 29；中一 1289、1440
摩古勒族 又作剡毛鬼族，西夏西使城界
【长编影】320/1 下
摩灭族 熙河
【宋会要】蕃夷 6 之 18/7827
潘族 投镇戎军
【长编标】63/1409
【长编影】63/10 下
【汇编】中一 1442

十六画

薛族 投镇戎军
【长编标】63/1409
【长编影】63/10 下
【汇编】中一 1442
穆什族 又作毛尸族，西夏界蕃部，附宋
【长编影】87/2 下
【汇编】中一 1553
磨卢家 卢关附近
【宋史】253/李继周传/8870
【汇编】上 221
磨讹 西夏蕃姓
【杂字】2/番姓名/2 左
磨娟族 环庆
【宋史】326/史方传/10527
【汇编】中一 1657
磨媚族 环州
【宋史】326/卢传/10528
磨糜族 又作玛尔默族，泾原环庆属羌
【宋史】325/刘平传/10500
【长编标】101/2330

【汇编】中一 1624

懒家族 又作兰家族，西凉

【宋史】492/吐蕃传/14157

【长编标】56/1226；63/1403；64/1437

【长编影】56/2 下

【宋会要】7671/方域 21/20

【汇编】中一 1375、1392、1406

十七画

藏才中族 丰州河北

【宋史】491/党项传/14147

【长编标】75/1707

【宋会要】方域 21 之 10/7666

【汇编】上 42

藏才东族 丰州河北

【宋史】491/党项传/14141

【长编标】75/1707

【宋会要】方域 21 之 10/7666

【汇编】上 24、41、42

藏才西族 丰州河北

【宋史】5/太宗纪 2/91；491/党项传/14141、14147

【长编标】75/1707

【宋会要】方域 21 之 10/7666、21 之 11/7666

【汇编】上 24、30、41、42；中一 1059

藏才族 又作藏擦勒族，原州

【长编标】81/1854

藏才族 又作藏擦勒族，丰州

【宋史】198/兵志 12・马政/4932；253/王承美传/8869；491/党项传/14140、14143、14144

【长编标】10/233；43/922；45/969；54/1178；123/2911；124/2920；157/3802

【长编影】10/15 下；54/3 下；157/6 上

【宋会要】兵 24 之 2/7179、24 之 12/7184；方域 21 之 9/7665、21 之 10/7666、21 之 11/7666、21 之 12/7667；蕃夷 7 之 14/7846

【武经总要】前集 17/20 上

【名臣碑传琬琰集】中集 48/韩忠献公琦行状/1101

【敕修陕西通志】42/茶马/9 上

【中国考古学会第一次年会论文集】折继闵神道碑/455

【金石萃编】147/折克行神道碑/1 上

【汇编】上 23、24、26、27、30、40、41、43、44、188、198、219；中一 952、1201、1212、1228、1344、1516、1690；中三 3063、3276；补遗 7245

藏擦勒中族 又作藏才中族，黑山前后，丰州附近

【长编影】75/1 下

【汇编】中一 1499

藏擦勒西族 又作藏才西族，丰州

【长编影】75/1 下

【汇编】中一 1499

藏擦勒族 又作藏才族，原州

【长编影】81/15 上

藏擦勒族 又作藏才族，黑山前后，丰州附近

【长编影】43/14 上；45/13 上；123/17 上；124/2 下、3 上

【文庄集】14/陈边事十策/1 上

【汇编】中二 1797、1817、1818

擦父族 又作才迭族，西凉

【宋史】492/吐蕃传/14158

【汇编】中一 1439

魏埋族 又作卫埋族、威玛族，泾原

【宋史】491/党项传/14147

【长编标】83/1887

【汇编】上 30

邈二族 银夏州

【宋史】491/党项传/14141

【汇编】上 24

十九画

簿备家族 授其首领检校工部尚书

【五代会要】29/353

【汇编】上 18

二十画

嬰儿族 麟府

【宋会要】方域 21 之 3/7662

二、沿边吐蕃、回鹘等少数民族部落与族帐

一画

乙室耶刮部 又作乙室耶剌部，金朝划归夏国
【金史】134/西夏传/2866
【汇编】上 125
乙室耶剌部 又作乙室耶刮部，金朝划归夏国
【金史】3/太宗纪/49
【汇编】中六 5977

二画

丁家部 秦州境
【武经总要】前集 18 上/27 下
【汇编】中一 932
丁家族 秦州近边
【长编标】85/1958；269/6603
【长编影】85/21 下；269/18 下
【宋会要】蕃夷 6 之 2/7819
【汇编】中一 1543；中四 3999
丁零 吐蕃称白兰羌
【旧唐书】221 上/党项传/6215
【汇编】上 11
八王界族 又作八王族，仪州西南生户
【长编标】132/3142
【长编影】132/19 上
【汇编】中二 2295
八王族 又作八王界族，渭州水洛城生户
【长编标】139/3340
【长编影】139/3 下
【宋会要】兵 27 之 29/7261、27 之 31/7262
【汇编】中二 2652
九姓回纥 宋人欲使其牵制夏国
【宋史】324/张亢传/10485
【汇编】中二 2039
乃蛮 又作乃满
【元史】82/选举志 2/2052；122/槊直腯鲁华传/3013
【元朝秘史】5/21 下
【蒙兀儿史记】20/札木合传/20 上；21/塔阳罕传/1 上；34/拙赤传/1 下；49/耶律阿海传/1 上
【蒙古源流笺证】3/18 下
【元圣武亲征录】/23
【汇编】下 6796、6808、6809、6811、6825、6952、6990
乃满 又作乃蛮
【元朝秘史】14/1 上
【汇编】下 6914

三画

三苗 党项先祖
【隋书】83/党项传/1845
【汇编】上 1
于厥里 归附契丹部族
【契丹国志】236/兵马制度/3 上
【汇编】补遗 7236
下乔家族 又作下桥家族，熙河蕃部
【宋史】87/地理志 3/2167
【汇编】中六 5938
下桥家族 又作下乔家族，熙河蕃部
【宋史】87/地理志 3/2163
【汇编】中六 5807
大马家族 秦凤
【宋史】492/吐蕃传/14160
【长编标】89/2045
【长编影】89/9 上
【汇编】中一 1579、1582
大王家族 又作大壬家族，德顺军生户
【长编标】144/3486

大王族 又作大壬家族，德顺军生户
【宋史】292/郑戬传/9768
【汇编】中三 2855
大壬家族 又作大王族，德顺军生户
【长编影】144/9 下
【汇编】中二 2785
大石族 秦州戎人
【长编标】16/356
【长编影】16/20 下
【汇编】中一 958
大虫太子族 从夏州往回鹘途径此族，居地接契丹
【宋史】490/高昌传/14110
【汇编】中一 1011
大罗苏木嘉族 熙河蕃部
【长编标】255/6232
【长编影】255/2 上
【汇编】中四 3962
上丁族 秦州
【安阳集】家传 7/5 上
【汇编】中三 3486
山后生羌 熙河洮岷
【长编标】282/6903、6904；283/6925；286/6996；287/7018
【长编影】282/3 下、7 下；283/4 上；286/2 下；287/6 下
山后羌 熙河洮岷
【长编标】268/6559；272/6658、6659
【长编影】268/1 上；272/3 上
山南族 熙河湟鄯
【长编标】516/12286
【长编影】516/20 下、21 上
么啰王子族 贺兰山下回鹘
【宋会要】蕃夷 4 之 2/7714
【汇编】中一 1036
勺家族 又作杓家族，邈川南
【长编标】247/6026
【长编影】247/18 上
【宋会要】蕃夷 6 之 8/7823
【汇编】中四 3881、3901
女直 又作女真
【宋史】485/夏国传上/13982；486/夏国传下/14023
【辽史】102/耶律余覩传/1443
【元史】82/选举志 2/2052
【汇编】上 49、89；中六 5983；下 6314、6990
女国 葱岭南，数与党项争战
【隋书】83/女国传/1850、于阗传/1853、附国传/1859
【汇编】上 609、613
女真
【宋史】165/职官志 5/3903；193/兵志 7/4809；264/宋琪传/9126；449/曹友闻传/13235
【长编标】51/1122；138/3319；150/3650；156/3781；352/8450
【长编影】27/4 上；51/14 上；138/9 上；150/25 下；156/4 下；352/22 下
【宋会要】职官 25 之 2/2915、25 之 6/2917；兵 29 之 5/7295；蕃夷 2 之 37/7710
【三朝北盟会编】9/4 下；10/4 下；16/10 下；60/4 下；62/5 下；70/8 上
【契丹国志】236/兵马制度/3 上
【太平治迹统类】26/15 上
【靖康稗史】宣和奉使录/13
【松漠纪闻】上/3、7
【汇编】中一 1028；中四 4424；中六 5900、5951、5953、5972、5973、5982、5983、5985、6020、6045、6046、6058、6071、6076、6080；下 6935、6977、7015、7016；补遗 7236；
小石族 秦州戎人
【长编标】16/356
【长编影】16/20 下
【汇编】中一 958
习令波族 河湟蕃部
【宋史】87/地理志 3/2168
【汇编】中六 5854
马颇族 又作玛颇克族，熙河
【宋史】492/唃厮啰传/14162
【长编标】188/4527
【汇编】中三 3249
马禄族 又作玛勒族，通远军
【长编标】233/5664
【宋会要】兵 28 之 12/7275

四画

木波族 河湟

【金史】10/章宗纪2/236；11/章宗纪3/248；12/宣宗纪4/273；14/章宗纪上/305；15/宣宗纪中/331；84/完颜杲传/1878、完颜昂传/1886；97/仆散忠义传/1936；91/结什角传/2016、2018、91/杨仲武传/2019、2020；103/乌古论长寿传/2299；106/术虎高琪传/2341；107/张行信传/2369

【长编标】507/12091

【长编影】507/17下

【汇编】中六5505；下6258、6675、6745、6746、6835、6837、6856

车明族 秦州附近

【乐全集】23/奏夏州事宜/1上

【汇编】中三3349

日珠族 又作日脚族，熙河定羌城熟户

【长编标】271/6653

【长编影】271/18上

【汇编】中四4005

日脚族 又作日珠族，熙河定羌城熟户

【宋史】15/神宗纪2/289

【汇编】中四4005

贝斯结族 熙河铁城附近

【长编标】279/6827

【长编影】279/8上

【汇编】中四4026

公立族 又作哩恭族，熙河吐蕃

【宋史】492/唃厮啰传/14162

【汇编】中三3249

乌隗 契丹部落，献党项俘获

【辽史】4/太宗纪下/49

【汇编】上894

六心族 湟水南吐蕃

【长编纪事本末】139/5下；140/4下

【汇编】中六5731、5767

六谷 西凉吐蕃

【宋史】6/真宗纪1/118；7/真宗纪2/121、123、/125、135；257/李继和传/8970；265/张齐贤传/9157；279/陈兴传/9484；485/夏国传上/13989；492/吐蕃传/14154、14155、14156、14157、14158

【长编标】47/1029；49/1079；50/1091；51/1122；53/1155、1162；54/1180、1189；56/1228；58/1278；59/1317；65/1457；68/1528；71/1595；76/1739；83/1903；134/3193；341/8206

【长编影】47/18上；49/12上、12下、13上、14下、15上；50/8下；51/14上、14下；53/1上；54/5下、13下；56/4上；58/5上；59/9下；65/6下、13下；68/4下；71/7下；76/12上；83/14下

【东都事略】129/附录7·西蕃/1下

【宋会要】方域21之19/7670、21之20/7671、21之22/7672、21之15/7668；蕃夷7之15/7847、7之19/7849、7之24/7851

【宋大诏令集】240/赐潘罗支诏/943、潘罗支追封武威郡王制/944

【奏议标】130/张齐贤·上真宗论陕西事宜/1438；133/张方平·上仁宗因郊禋肆赦招怀西贼/1476

【奏议影】130/张齐贤·上真宗论陕西事宜/4420、4421；133/张方平·上仁宗因郊禋肆赦招怀西贼/4541

【武经总要】前集18下/9下

【稽古录】18/82下

【乐全集】19/平戎十策/13下；20/请因郊禋肆赦招怀西贼札子/24上

【汇编】中一1131、1138、1247、1248、1251、1252、1257、1307、1331、1348、1349、1357、1358、1368、1376、1378、1380、1392、1394、1396、1398、1401、1405、1406、1407、1416、1459、1463、1466、1467、1470、1476、1482、1503、1525、1527、1528、1669、1718；中二2235、2382

六谷蕃部 西凉吐蕃

【宋史】485/夏国传上/13989

【东都事略】127、128/附录5、6

【隆平集】20/夷狄传/3下

【宋会要】蕃夷7之19/7849、7之24/7851

【汇编】上56、102、113

心牟族 又作森摩族，熙河兰岷

【长编标】474/11312；476/11350

【宋会要】蕃夷6之25/7831

心波族 秦州

【宋会要】方域8之23/7452

允鄂克族 西蕃

【长编标】47/1034

【长编影】47/22下

巴令渴族 兰州归顺部落

【长编标】316/7646

【长编影】316/8下

巴罗桑族 洮湟蕃部

【长编标】404/9840

【长编影】404/10下

【汇编】中五4846

邓至 与早期党项相邻

【旧唐书】198/党项羌传/5290

【新唐书】221上/党项传/6214

【汇编】上3、9

五画

邛都部 麟州宕遵源

【大金国志】17/世宗纪/4下

【汇编】下6767

布沁巴勒族 河州

【长编标】252/6179

【长编影】252/28上

【汇编】中四3948

布证族 又作朴心族，邈川管下新归顺蕃部

【长编影】518/18下

【汇编】中六5652

末星族 又作默星族，秦凤

【长编标】90/2084

【宋会要】方域19之1/7626

丙令族 熙河

【金史】113/白撒传/2486

【汇编】下6872

丙离族 熙河

【金史】91/结什角传/2016、2017、2018

【汇编】下6745、6746

龙川族 河湟

【奏议标】141/文彦博·上神宗论进筑河州/1590

【奏议影】141/文彦博·上神宗论进筑河州/4891

龙族 岷州

【长编标】252/6156

【长编影】252/8下

【汇编】中四3941、3942

归丁族 邈川

【宋史】492/唃厮罗传/14162

【汇编】中三3385

他厮麻族 又作图沙玛族，秦州永宁砦

【宋史】492/吐蕃传/14159

【长编标】88/2015

【汇编】中一1560

瓜家族 岷州

【长编标】279/6827

【长编影】279/8上

【汇编】中四4026

瓜黎余族 熙河兰会

【金史】15/宣宗纪中/332

【汇编】下6850

白兰 与早期党项相邻

【旧唐书】196上/吐蕃传上/5221；198/党项羌传/5292

【新唐书】216上/吐蕃传上/6073；221上/党项传/6215

【资治通鉴】195/6139

【册府元龟】970/11398上

【汇编】上5、11、620、623、635

白狗羌 与早期党项相邻

【旧唐书】198/党项羌传/5292

【新唐书】221上/党项传/6215

【资治通鉴】190/5975

【汇编】上5、11、618

白狼 与早期党项相邻

【隋书】83/党项传/1845

【汇编】上1

白简 疑为白兰，与早期党项相邻

【资治通鉴】190/5975

【汇编】上618

立功族 又作哩恭族，熙河吐蕃

【长编标】188/4527

立遵族 河湟吐蕃

【宋会要】蕃夷6之1/7819

兰山族 熙河
【长编标】229/5571
【长编影】229/6 上
【汇编】中四 3740
兰章家族 熙河
【长编标】131/3113
【长编影】131/18 下
【汇编】中二 2240
奴刺 党项、吐谷浑之间
【旧唐书】6/肃宗纪/262；11/代宗纪/27；114/周智光传/3369
【新唐书】6/肃宗纪/163、165；137/郭子仪传/4603；221 上/党项传/6216
【资治通鉴】198/6249
【汇编】上 11、63、679、694、696
母家族 阶州
【宋史】349/刘昌祚传/11053
【汇编】中三 3522

六画

朴心族 又作布证族，邈川
【长编标】518/12337
【宋会要】蕃夷 6 之 35/7836
圭律家 又作鬼留家，秦渭
【长编影】90/16 下
圭洛族 邈川
【奏议标】139/范育·上哲宗论御戎之要/1574
【奏议影】139/范育·上哲宗论御戎之要/4840
耳丁族 唃厮啰属部
【乐全集】22/秦州奏唃厮啰事/21 上
【汇编】中一 1587
耳金族 又作额勒锦族，熙河结河川口附近顺夏西蕃
【东都事略】82/王韶传/5 上
【宋会要】蕃夷 6 之 9/7823、6 之 10/7823、蕃夷 6 之 16/7826
【汇编】中四 3947、3949
亚然家 又作雅仁结，熙河兰会
【长编标】111/2587
达于于越王子 从夏州往回鹘途径
【宋史】490/高昌传/14110
【挥麈前录】4/王延德历叙使高昌行程所见/3 下
【汇编】中一 1011、1013
达打 塔坦
【三朝北盟会编】29/6 上
【汇编】中六 6006
达靼 即鞑靼
【宋会要】方域 21 之 10/7666；蕃夷 4 之 12/7719
【汇编】上 42
夹山部落 河东路与辽交界地区
【宋史】485/夏国传上/13999
【长编标】150/3636；151/3679；152/3711；156/3781
【长编影】150/12 下；151/13 下、15 上；152/13 下；156/4 下
【东都事略】127、128/附录 5、6
【奏议标】135/余靖·上仁宗论契丹请绝元昊进贡事/1512
【奏议影】135/余靖·上仁宗论契丹请绝元昊进贡事/4650
【汇编】上 67、105
托硕族 疑为拓硕族，秦州蕃部
【长编标】212/5145、5160；213/5188、5189；214/5205；224/5458；228/5557
【长编影】212/2 上、16 下；213/21 上、22 上；214/16 上；224/18 上；228/16 下
【汇编】中三 3557、3563、3575、3576、3585、3706、3732
当罗族 又作党留族，水洛城北
【长编影】132/2 上、19 上；134/17 下；144/10 上
【汇编】中二 2295、2411
吐浑 又作吐谷浑、浑
【旧五代史】40/唐书·明宗纪/553；98/晋书·安重荣传/1302
【新五代史】61/明宗纪/61；51 安重荣/584；74/四夷附录 3/912
【宋史】5/太宗纪 2/96；246/宋琪/9126
【辽史】1 太祖纪上/11；2/太祖纪下/19；19 兴宗纪 2/228；34/兵卫志上/396；37/地理志 1/443；46/百官志/742；60/食货志下/932；70/属国表/1127、1130、1131、1160；115/

西夏记/1526
【长编标】12/269；37/808
【长编影】12/10 上；37/2 下
【五代会要】29/党项羌传/353
【宋会要】兵 14 之 12/6998；方域 21 之 2/7662
【奏议标】141/文彦博·上神宗论进筑河州/1591
【奏议影】141/文彦博·上神宗论进筑河州/4892
【文庄集】14/陈边事十策/1 上
【靖康稗史】宣和奉使录/13
【汇编】上 15、18、34、120；中一 955、1097、1099、1101；中二 1799；中三 3544；中四 3822；中六 5983、5998

吐谷浑 又作吐浑、退浑

【隋书】39/阴世师传/1149；83/附国传/1859
【北史】73/元谐传/2515；96/附国传/3194
【旧唐书】3/太宗纪下/44；57/师立传/2299；58/柴绍传/2314；58/马三宝传/2316；60/道彦传/2343；61/窦轨传/2365；161/刘沔传/4234；195/回鹘传/5205；196 上/吐蕃传上/5221、吐蕃传上/5237、196 下/吐蕃传下/5246、5266；198/党项传/5290、5292、5298
【新唐书】1/高祖纪/16；43 下/地理志 7/113；78/王道彦传/3525；88/刘师立传 3739；90 柴绍传/3771；95/窦轨传/3842；216 上/吐蕃传/6070、6084；221 上/党项传/6210、6213、6214、6215
【宋史】492/吐蕃传 14155
【辽史】13/圣宗纪 4/145、150
【五代会要】29/353
【契丹国志】2/太宗嗣圣皇帝纪上/11 下
【文苑英华】567/为崔大夫贺破吐蕃表/2908
【册府元龟】396/4698 上；397/4722 上；985/11566 上；992/11653 上
【宋文鉴】53/2 下
【武经总要】前集 18/1 下
【资治通鉴】175/5442；190/5966；191/5988、5993、6000、6003；194/6106
【鸡肋集】46/7 下
【甘肃新通志】30/祠寺志·寺观·巩昌府·岷州/23 下
【汇编】上 3、5、9、10、12、17、607、608、609、611、613、614、615、616、617、618、619、622、623、624、625、626、627、628、635、653、693、705；中一 1087、1200；中三 3129、3430；补遗 7223、7236、7368

吐蕃

【旧唐书】11/代宗纪/279；15/宪宗下/470；16/穆宗/482；114/周智光传/3369；117/崔宁传/3398；120/郭子仪传/3455、3459、3461、3464、120/郭子晞传/3468；121/仆固怀恩传/3488；122/张献甫传/3499；144/杜希全传/3923、144/杨朝晟传/3927；147/杜佑传/3979；152/马璘传/4066、书 152/史敬奉传/4078；161/李光颜传/4221；178/郑畋传/4636；184/程元振传/4762；195/回纥传/5205；196 上/吐蕃传上/5224、5237、5239、196 下/吐蕃传下/5245、5259、5263、5265、5266；198/党项羌传/5292
【新唐书】2/太宗纪/38；6/肃宗纪/171、肃宗纪/172；8/穆宗纪/3 上；42/地理志六/1086；43 下/地理志 7 下/1120；137/郭子仪传/4602/；143/韦伦传/4685；133/张献甫传/4551；136/白孝德传/4593；153/段秀宝传/4848；171/李光颜传/5183；172/王智兴传/5201；207/程元振传/5858；216 上/吐蕃传上/6078、6081、6084、6085、216 下/吐蕃传下/6088、6095；217/回鹘传上/6120；218/沙陀传/6153；221 上/党项传/6210、6213、6214、东女传/6215；224 上/周智光传/6370
【旧五代史】138/吐蕃传/1839
【新五代史】74/四夷附录/914
【宋史】1/太祖纪 1/12；5/太宗纪 2/96；6/真宗 1/18；198/兵志·马政/4932；257/李继和传/8970；264/宋琪传/9129；312/韩琦传/10227；332/游师雄传/10689；336/吕公著传/10776；344/李周传/10935；350/王光祖传/11078、刘仲武传/11081；449/曹友闻传/13235；463/刘承宗传/13545；485/夏国传上/13996；492/吐蕃传/14154、14155
【辽史】2/太祖纪下/22；12/圣宗纪 3/133；16/圣宗纪 7/183；70/属国表/1128、1194
【长编标】24/553；30/668；35/768、776；39/835；43/922；56/1229；57/1255；74/1684；75/1712、1717；82/1877；119/2813、2814；

123/2894；127/3004；129/3064；131/3115；138/3320；139/3338；153/3726；176/4258；191/4623；233/5645；262/6387；267/6539；274/6710；284/6953；346/8301、8302；364/8707；379/9206；382/9312；402/9779；444/10680；446/10728；474/11312；487/11570；507/12092；513/12203；514/12217；516/12266

【长编影】24/15 上；30/2 下；35/3 上、10 上；39/7 上；43/14 上；56/5 上；57/4 下；74/4 上；75/5 下、9 下；82/14 下；119/15 下、16 下；123/2 下；127/1 下；129/13 上；131/20 下；138/10 下；139/1 下；153/12 上；176/6 上；191/12 下；233/1 下；262/12 下；267/1 上；274/9 下；284/7 下；346/1 上、1 下；364/10 上；379/10 上；382/13 下；402/3 上、3 下；444/2 上；446/1 上；474/11 下；487/8 上、8 下；507/18 上；513/9 下；514/9 上；516/3 上

【唐会要】97/吐蕃传/1735

【宋会要】兵 24 之 1/7179；方域 21 之 14/7668

【奏议标】141/文彦博·上神宗论进筑河州/1591

【奏议影】141/文彦博·上神宗论进筑河州/4892

【稽古录】15/44 下、48 上

【资治通鉴】195/6139；205/6482；223/7146；225/7252；232/7475、7493；234/7540；235/7576；241/7783

【元刊梦溪笔谈】25/31

【元宪集】34/宋故推诚翊戴功臣彰武军节度延州管内观察处置等使曹公墓志铭/353

【文苑英华】567/为百寮贺仆固怀恩死并诸道破贼表/2908、为崔大夫贺破吐蕃表/2908、贺郭子仪破吐蕃表/2909

【东轩笔录】2/1 上

【册府元龟】118/1407 上；367/4363 上

【全唐文】285/张九龄文/9 上

【武经总要】前集 18 上/20 下、27 下

【河东先生集】26/郐宁进奏院记/54

【汇编】上 5、10、11、12、635、636、640、641、643、659、660、681、682、683、684、685、686、687、688、689、690、691、692、693、694、695、696、698、699、700、701、702、703、705、706、707、708、709、710、711、716、717、719、720、726、728、729、730、732、733、734、735、736、756、757、760、761、762、763、765；中一 931、932、937、1044、1053、1068、1075、1097、1118、1201、1228、1255、1257、1258、1495、1500、1500、1521、1547、1562、1564、1591、1604、1690、1733

吐蕃部

【元圣武亲征录】60

【汇编】下 6807

回回

【宋史】449/曹友闻传/13235

【元史】6/世祖纪 3/118；32/文宗纪 1/712；77/祭祀志 6/1926；82/选举志 2/2052；98/兵志 1/2509；122/昔儿吉思传/3015；151/薛塔剌海传/3563

【元朝秘史】13/26 上；14/1 上

【黑鞑事略】17

【蒙古源流笺证】3/18 下

【蒙兀儿史记】3/成吉思可汗本纪下/19 上

【汇编】下 6852、6853、6854、6913、6932、6977、6990、7061、7087、7089

回纥 又作回鹘

【宋史】8/真宗纪 3/149；198/兵志 12·马政/4932；485/夏国传上/13995；490/回鹘传/14114、14117；492/唃厮啰传 14161

【元史】118/特薛禅传/2915

【长编标】43/922；81/1854；84/1925；88/2031；119/2813；120/2845

【长编影】43/14 上；81/15 上；84/15 下；88/18 下；119/16 下；120/23 上

【宋会要】兵 24 之 1/7179、24 之 2/7179、24 之 9/7183；蕃夷 4 之 5/7716、6 之 25/7831

【元朝秘史】14/1 上

【挥麈前录】4/王延德历叙使高昌行程所见/3 下

【蒙兀儿史记】21/塔阳罕传/1 上

【汇编】上 62；中一 1013、1201、1228、1501、1502、1504、1622、1690、1733、1737；下 6857、6913、6929、6952

回鹘 又作辉和尔

【旧五代史】138/党项传/1844
【新五代史】74/党项传/912
【宋史】8/真宗纪3/148、154、170；257/李继和传/8970、8971；485/夏国传上/13990、13992；490/回鹘传/14114、14115、14116；492/吐蕃传/14156、14158、瞎征传/14167
【元史】146/耶律楚材传/3457
【长编标】21/474；47/1021；48/1057；50/1090、1092；56/1240；57/1261；66/1490；68/1520；69/1546；72/1646；74/1680；76/1733；80/1831；87/1992；89/2049；91/2098；95/2184、2185；96/2229；111/2584
【长编影】21/4上；47/11上；48/13上；50/8上、9下；66/19上；74/1上；89/12下；95/7上；96/22下；111/8下
【宋会要】职官25之2/2915、25之6/2917；刑法2之162/6576；兵14之20/7002；方域21之19/7670、21之22/7672；蕃夷4之10/7718、6之34/7835、7之12/7845、7之18/7848、7之22/7850
【宋大诏令集】240/赐潘罗支/943
【元朝名臣事略】5之1/中书耶律文正王（楚材）传/4下
【元朝秘史】14/1上
【册府元龟】999/11725上
【李卫公会昌一品集】5/赐太和公主敕书/32
【松漠纪闻】上/3
【汇编】上15、59、60、776、789、790、791；中一1257、1258、1259、1391、1395、1466、1467、1473、1481、1495、1500、1516、1600；下6913、6935、6958、7015、7016

乔家族 熙河
【宋史】87/地理志3/2166；58/百官志4/1342；金史91/移剌成传/2016、结什角传/2016、2017、2018；95/粘割斡特剌传/2108；113/白撒传/2486
【长编标】444/10681、10685
【长编影】444/3上、6下
【奏议标】139/范育·上哲宗论御戎之要/1574
【奏议影】139/范育·上哲宗论御戎之要/4840
【汇编】下6699、6744、6745、6746、6872；中五5004、5007

仲也族 熙河向汉蕃部
【长编影】518/9上
【汇编】中六5648

伦布宗族 熙河蕃部
【长编标】404/9841、9842
【长编影】404/11下
【汇编】中五4847、4848

合苏馆女真 黄头女真别称
【松漠记闻】8下；1上/5
【汇编】中六6011；下6571

朵藏族 秦州
【宋史】266/温仲舒传/9182
【汇编】中一1065

多罗巴人 湟州
【宋会要】职官67之36/3905；蕃夷6之36/7836

齐煖族 又作南錢族，邈川
【长编影】476/13上
【汇编】中五5175

交河 从附西夏
【宋史】485/夏国传上/13996
【长编标】123/2894
【长编影】123/2下
【汇编】上63

衣彪族 岷州管下
【宋会要】蕃夷6之30/7833
【汇编】中五5264

忙宗族 秦州
【乐全集】23/奏夏州事宜/1上
【汇编】中三3349

羊同 被吐蕃破
【旧唐书】196上/吐蕃传上/5221、5224
【新唐书】216/吐蕃传上/6078

羊家族 熙河
【长编标】400/9743；404/9842
【长编影】400/6上；404/12下

安家族 秦州
【长编标】18/402
【长编影】18/9下
【汇编】中一970

阴坡族 金朝部族
【金史】16/宣宗纪下/367
【汇编】下6880

七画

玛颇克族 又作马颇族，熙河
【长编影】188/3 上
【汇编】中三 3249
玛勒族 又作马禄族，通远军
【长编影】233/18 下
【汇编】中四 3772
杓吹逋族 熙河
【宋会要】蕃夷 6 之 11/7824
杓家族 又作勺家族，河州
【长编标】250/6098；252/6157、6179
【长编影】250/16 上；252/9 下、28 上
【汇编】中四 3925、3942
杓族 又作杓家，河州
【长编标】400/9743；404/9842
【长编影】400/6 上；404/12 下
【汇编】中五 4825、4848
杓鲁新族 邈川
【长编标】444/10685
【长编影】444/6 下
【汇编】中五 5007
克烈氏 蒙古
【元史】122/槊直腯鲁华传/3013
【汇编】下 6825
苏温啰族 距水洛城三十里
【武经总要】前集 18 上/23 下
【汇编】中二 2836
赤闵 河西蕃部
【元史】121/速不台传/2977
【汇编】下 6910
李宫家族 秦州西路
【长编标】138/3329；141/3387
【长编影】138/18 下；141/14 上
【河南先生文集】24/秦州申本路招讨使状/6 下
【汇编】中二 2623、2728
李族 围攻岷州
【长编标】252/6156
【长编影】252/8 下
【汇编】中四 3941、3942
两马家 秦州
【宋史】266/温仲舒传/9182
【汇编】中一 1065
来离族 护送灵武五部贡使以驼马入贡
【宋史】492/吐蕃传/14152
【汇编】中一 928
把羊族 又作把扬族，熙河
【金史】91/结什角传/2016
【汇编】下 6745
把扬族 又作把羊族，熙河
【长编标】309/7496
【长编影】309/3 上
【汇编】中四 4115
连狂羌 宕州与早期党项相邻
【旧唐书】133/李晟传/3661
【新唐书】154/李晟传/4859
【汇编】上 684
吹厮波 青唐
【长编纪事本末】140/4 下
【汇编】中六 5766
呆儿族 又作岱尔族，辽夹山部落
【宋史】313/富弼传/10253；485/夏国传上/13999
【长编标】150/3636、3638、3639；151/3675；152/3711
【奏议标】135/富弼·上仁宗论契丹不寇河东/1510
【范文正公集】政府奏议下/边事/12 上
【东坡全集】18/富郑公神道碑/32 上
【汇编】上 67；中三 2935、2956、2957
呆家 辽境
【儒林公议】下/3 下
【汇编】中三 3032
汪洛施族 探报西界信实
【长编标】380/9238
【长编影】380/17 上
【汇编】中五 4739
沙陀族 西夏遗民普里氏族源
【蒙兀儿史记】154/色目氏族上/34 下
【全唐文】646/李绛文/8 下
【汇编】上 582、747
沈千族 熙河
【奏议标】141/文彦博·上神宗论进筑河州/1590

【奏议影】141/文彦博·上神宗论进筑河州/4891
【汇编】中四 3821

张小奇族 秦州文盈关西九十里
【龙川别志】卷下/94
【汇编】中三 3560

张掖 从附西夏
【宋史】485/夏国传上/13996
【汇编】上 63

张族 吹麻城
【宋史】492/吐蕃传/14159
【长编标】88/2013
【汇编】中一 1560

阿克衮族 洮州
【长编标】404/9840
【长编影】404/10 下
【汇编】中五 4846

阿萨兰回鹘 归附辽朝
【辽史】94/耶律化哥传/1382
【汇编】中一 1518

阿墩族 从夏州往回鹘途径此族
【宋史】490/高昌传/14111
【挥麈前录】4/王延德历叙使高昌行程所见/3 下
【汇编】中一 1011、1013

陇波族 又作隆博，秦州蕃部
【宋史】492/吐蕃传/14159
【长编标】88/2015；132/3130
【奏议标】132/田况·上仁宗兵策十四事/1467
【奏议影】132/田况·上仁宗兵策十四事/4514
【汇编】中一 1560

陇逋族 又作陇博族、陇波族，熙河
【宋史】492/唃厮啰传/14162、瞎征传/14166
【长编标】188/4527；255/6231；474/11312
【长编影】255/2 上
【宋会要】蕃夷 6 之 25/7831
【奏议标】139/范育·上哲宗论御戎之要/1574
【奏议影】139/范育·上哲宗论御戎之要/4840
【汇编】中三 3249；中四 3962

阻卜
【辽史】1 太祖纪上/12；2/太祖纪下/19；11/圣宗纪 2/125；13/圣宗纪 4/145；19/兴宗纪 2/230；20/兴宗纪 3/240、241；36/兵卫志·下属国军条/433；70/属国表/1126、1127；77/耶律安摶传/1259；95/耶律大悲奴传/1393；115/西夏记/1526
【汇编】中一 1000、1030；中三 2924、3148、3155；中六 5997、6005

附国 蜀郡西北二千里
【隋书】83/附国传/1859
【汇编】上 613

纳克垒族 又作搽罗部、捺罗部，叛嘉勒斯赉归夏
【长编影】188/3 上
【汇编】中三 3249

八画

青龙族 岷州绰罗川
【长编标】247/6022
【长编影】247/14 下
【汇编】中四 3894

青归族 青唐保寨砦北一十五里
【宋史】87/地理志 3/2168
【汇编】中六 5854

青唐族 河湟
【宋史】15/神宗纪 2/281；175 食货志 3；303/范祥传/10049；318/张昪传/10362；340/吕大防传/10842；350/王君万传/11069；490/于阗传/14109；409/拂菻传/14124
【长编标】174/4203；175/4426；188/4530；214/5206；233/5653；251/6110；280/6861；514/518/12326
【长编影】174/11 下；175/6 下；188/5 上；214/12 上；233/7 下；251/2 下；280/11 上 514/12 上；518/9 上、9 下
【宋会要】蕃夷 6 之 7/7822
【奏议标】138/吕陶·上哲宗请以兰州二寨封其酋长/1560；141/文彦博·上神宗论进筑河州/1590、1591
【奏议影】138/吕陶·上哲宗请以兰州二寨封其酋长/4795；141/文彦博·上神宗论进筑河州/4891
【乐全集】22/奏第二状/22 下

【临川集】73/与王子醇书/6 下
【稽古录】20/92 下
【汇编】中三 3186、3192、3196、3250、3291、3504、3585；中四 3768、3793、3821、3822、3931；中六 5321、5421、5429、5436、5532、5583

青堂羌 青唐
【元刊梦溪笔谈】19/11；25/31
【汇编】中一 1564；中二 2615

青塘族 河湟
【安阳集】家传/5 上
【汇编】中三 3486

苽黎族 临洮
【金史】101/仆散端传/2232
【汇编】下 6842

茅女王子开道族 从夏州往回鹘途径此族
【宋史】490/高昌传/14110
【挥麈前录】4/王延德历叙使高昌行程所见/3 下
【汇编】中一 1011、1012

茅女涡子族 从夏州往回鹘途径此族
【宋史】490/回鹘传/高昌传/14110
【挥麈前录】4/王延德历叙使高昌行程所见/3 下
【汇编】中一 1011、1012

抹耳水巴族 又作穆尔瑞巴族，熙河蕃部
【宋史】328/王韶传/10580
【长编标】237/5764
【汇编】中四 3781

拓硕族 疑为托硕族，秦州蕃部
【长编标】228/5557
【长编影】228/16 上

拔思母族 辽境蕃部
【辽史】26/道宗纪 6/311
【隆平集】20/夷狄传/3 下
【汇编】上 122；中六 5465

卧羊梁劾特族 从夏州往回鹘途径此族，都督山
【挥麈前录】4/王延德历叙使高昌行程所见/3 下
【汇编】中一 1013

卧梁劾特族 从夏州往回鹘途径此族
【宋史】490/高昌传/14110
【汇编】中一 1011

罗斯结族 又作禄厮结族，熙河洮岷
【长编标】270/6621；279/6821、6827
【长编影】270/2 下；279/3 上、8 下；302/8 上
【汇编】中四 4000、4025、4026、4108

固密族 熙河助包顺等战
【长编标】248/6059
【长编影】248/20 上
【汇编】中四 3910

图沙玛族 又作他厮麻族，秦州永宁砦
【长编影】88/5 上
【汇编】中一 1568

委兀 与唐兀邻近
【元朝秘史】5/29 下；7/9 上
【汇编】下 6802、6806

岱尔族 又作呆儿族，契丹夹山部落
【长编影】150/12 下、14 上、15 上；151/10 上；152/13 下
【汇编】中三 2940、2955、3007

臬波族 秦州
【宋史】266/温仲舒传/9182
【汇编】中一 1065

波鲁土伯特 即波黎吐蕃，蒙古称吐蕃为土伯特
【元史译文证补】1 上/27 上
【汇编】下 6808

宗哥族 又作宗噶尔族、总噶尔族，秦渭河湟
【宋史】8/真宗纪 3/159、160、161、162；15/神宗 2/290；165/职官志五/3903；258/曹玮传/8986；308/张佶传/10151；490/回鹘传/14116；492/吐蕃传/14157、14159、唃厮啰传/14160、14161
【长编标】70/1577；82/1877；83/1902、1907；85/1949、1951、1953；86/1953、1967、1979；87/2002；88/2012、2015、2024；89/2044、2045、2046；90/2079；91/2102、2108、2110；93/2137；97/2253；100/2316；102/2370；103/2375；260/6345；267/6547；271/6653；273/6676、6687；280/6861；309/7496；338/8139；402/9777；514/12212、12217、12223；516/12289；517/12299
【宋会要】职官 41 之 85/3209；兵 24 之 9/7183；

方域21之20/7671；蕃夷4之6/7716、4之8/7717、6之1/7819、6之2/7819、7之17/7848、7之21/7850、7之22/7850、7之25/7852
【稽古录】18/85下
【汇编】中一1479、1501、1504、1518、1540、1541、1544、1550、1555、1559、1560、1561、1576、1578、1590；中六6076

宗噶尔族 又作宗哥
【元宪集】28/赐嘉勒斯赉男辖戬敕/297；33/宋故推诚翊戴功臣彰武军节度延州管内观察处置等使曹公行状/345、346
【汇编】中一1557、1578、1734

宕昌 与早期党项相邻
【隋书】83/党项传/1845
【旧唐书】198/党项羌传/5290
【新唐书】221上/党项传/6214
【汇编】上1、3、9

空俞族 又作崆裕勒族，秦州上言
【长编标】91/2110
【汇编】中一1590

郎阿章族 熙河
【奏议标】141/任伯雨·上徽宗论湟鄯/1594
【奏议影】141/任伯雨·上徽宗论湟鄯/4903
【汇编】中六5693

郎鬼章 河湟
【奏议标】141/任伯雨·上徽宗论湟鄯/1595
【奏议影】141/任伯雨·上徽宗论湟鄯/4907

郎家族 青唐
【长编标】250/6104
【长编影】250/22下
【长编纪事本末】139/17上、18下
【汇编】中四3929；中六5749、5750

郎族 熙河路上言
【长编影】292/6下
【宋会要】蕃夷6之14/7825
【汇编】中四4081

九画

契丹
【宋史】10/仁宗纪2/208；11/仁宗纪3/213、214、215、218、219、221、226；266/王诏传/9189；278/王德用传/9467、9468、9469；285/陈执中传/9612、9614、9616；295/孙甫传/9839、9840、叶清臣传/9852、9853；300/杨偕传/9955；310/李及之传/10179；311/吕夷简传/10210；312/韩琦传/10223、10224、10227、10228；313/富弼传/10250、10252、10253；320/王素传/10402、余靖传/10408、10409、张存传/10414；324/张亢传10482、10489；325/刘平传/10501、10502；328/蔡挺传/10575；350/杨应询传/11089、11190；446/杨震传/13167；468/童贯传/13658；485/夏国传上/13995
【辽史】53/礼志6·嘉仪下/867
【长编标】128/3028、3029；135/3220、3226、3230、3239；136/3291、3294；138/3318；139/3347、3348、3349、3353、3354、3355；140/3360、3361、3368；141/3382、3384；142/3401、3413、3425；143/3452；500/11916；509/12122；514/12222、12231、12232
【长编影】128/4上；135/15上、19下、23下；136/18下；137/1下、9下、13下、14下、15下；138/20上；139/6下、10下、16上；140/3下、4下、8下；141/9下；142/9上、11下、21下、28上；143/19上；500/15下；509/7下；514/12上
【五代会要】29/353
【宋会要】兵17之14/7044、27之27/7260；方域21之10/7666；蕃夷2之37/7710
【宋大诏令集】232/答契丹劝和西夏书/901
【奏议标】44/陈并·上哲宗答诏论彗星陈四说/457；134/富弼·上仁宗论不可待西使太过/1489；135/富弼·上仁宗论契丹不寇河东/1510、余靖·上仁宗论契丹请绝元昊进贡事/1511
【奏议影】44/陈并·上哲宗答诏论彗星陈四说/1641；134/富弼·上仁宗不可待西使太过/4577；135/富弼·上仁宗论契丹不寇河东/4646、4647、余靖·上仁宗论契丹请绝元昊进贡事/4650、4652
【长编拾补】26/引九朝编年备要/14上
【宋朝事实类苑】12/仪注2/5

【皇宋十朝纲要】5/12 上；18/14 上
【大金吊伐录】1/回札子/27
【辽史拾遗】22/13 上
【契丹国志】8/兴宗纪/4 下；18/刘六符传/5 上；21/外国贡进礼物/5 上
【元丰类稿】47/孙公行状/9 上
【东坡全集】18/富郑公神道碑/29 上
【乐全集】19/平戎十策/13 下、20/请因郊禋肆赦招怀西贼札子/24 上
【三朝北盟会编】9/4 下；9/7 上；9/7 下；9/8 下；9/10 下；9/11 下；10/2 上、4 下；11/1 下；12/4 上；16/10 下；17/6 下；29/6 上；52/1 下；62/5 下；70/8 上
【安阳集】家传 2/12 下、3/4 下、3/6 下、14 下；47/故卫尉卿致仕高公（志宁）墓志铭/7 下
【忠肃集】拾遗/王开府（拱辰）行状/305
【松漠纪闻】/8 下
【欧阳文忠公全集】24/石曼卿墓表/2 上；29/翰林侍读学士右谏议大夫杨公墓志铭/5 下；32/资政殿大学士尚书左丞赠吏部尚书正肃吴公墓志铭/8 上；102/奏议/1 下
【河南先生文集】23/制兵师/4 下
【范文正公集】西夏堡寨/6；9/答赵元昊书/6 下
【临川集】93/太常博士曾公墓志铭/2 下
【浮溪集】24/张公（根）行状/16 下
【涑水记闻】9/5 下、6 上；11/5 上
【名臣碑传琬琰集】上集 6/贾文元公神道碑/101；中集 17/贾文元公墓志铭/655、47/孙待制甫行状/1088
【靖康要录】7/405
【靖康稗史】宣和奉使录/13
【儒林公议】上/4 上；下 3 上、/9 上
【汇编】上 18、41、42、62；中二 2458、2461、2485、2514、2586、2587、2589、2590、2592、2673、2687、2692、1781、1824、1858、1866、1867、1912、1922、1939、1957、1976、1988、2043、2115、2144、2166、2170、2171、2234、2351、2364、2382、2388、2429、2431、2432、2434、2443、2444、2445、2459、2460、2469、2510、2529、2530、2531、2532、2533、2535、2537、2538、2540、2541、2542、2628、2630、2631、2642、2667、2675、2677、2678、2681、2699、2700、2701、2702、2717、2722、2724、2748、2750、2751、2757、2758、2759、2765、2766、2773、2775、2776、2795、2798、2804、2820；中六 5336、5423、5436、5493、5521、5531、5583、5787、5812、5813、5867、5904、5950、5953、5954、5955、5956、5957、5958、5959、5960、5961、5962、5963、5966、5972、5974、5978、5983、5984、6003、6004、6006、6011、6016、6034、6058、6070、6077、6081

契苾 归附后晋
【契丹国志】2/太宗嗣圣皇帝纪上/11 下
【汇编】补遗 7236

春桑 北接党项
【旧唐书】198/党项羌传/5290、5292
【新唐书】221 上/党项传/6214、6215
【新五代史】74/四夷附录 3/912
【五代会要】29/353
【汇编】上 3、5、9、11、15、17

南籛族 又作齐嫒族，熙河兰岷
【长编标】476/11350

药令族 又作裕勒凌族，永宁寨
【宋史】492/吐蕃传/14157
【长编标】57/1253
【汇编】中一 1392

药令家族 秦凤
【宋会要】蕃夷 6 之 7/7822
【汇编】中三 3504

药家族 秦州
【宋史】330/李参传/10619
【汇编】中三 3418

赵家族 熙河赵思忠部
【长编标】258/6295
【长编影】258/8 上
【汇编】中四 3971

赵族 河州
【长编标】250/6098
【长编影】250/16 下
【汇编】中四 3925

拽利王子族 从夏州往回鹘途径此族居地，唐回鹘公主居住地，境内有合罗川
【宋史】490/高昌传/14110
【挥麈前录】4/王延德历叙使高昌行程所见/3下
【汇编】中一 1011、1013
拶家族 又作咱家族，邈川东界
【长编标】247/6026
【宋会要】蕃夷 6 之 8/7823
【汇编】中四 3881
咱家族 又作拶家族，邈川东部
【长编影】247/18 上
【汇编】中四 3901
咩迷卡杏家族 又作密克默特下杏家族，泾原
【宋史】9/仁宗纪 1/179
【长编标】101/2344
【汇编】中一 1628
峗羌 青唐蕃部
【宋史】350/苗履传/11069
【汇编】中六 5624
星斯珪族 熙河
【长编标】270/6621
【长编影】270/2 下
贵川部 与党项同来降唐
【新唐书】216 上/吐蕃传上/6078
【汇编】上 641
畏兀 又作畏吾
【元史】32/文宗纪 1/712
【元朝秘史】5/21 下
【蒙兀儿史记】20/札木合传/6 下
【汇编】下 6796、6797、7061
畏兀儿 又作畏吾儿
【元史作文证补】26 上/地理志・西北地附录・释地上・畏兀儿地条/3 下
【蒙兀儿史】3/成吉思可汗本纪下/8 下；21/塔阳罕传/1 上
【汇编】下 6826、6929、6952
畏吾 又作畏兀
【元史】133/业仙鼐传/3227
【汇编】下 6931
畏吾儿 又作畏兀儿
【元史】82/选举志 2/2052；151/薛塔剌海传/3563
【汇编】下 6932、6990
毡巴柯族 熙河蕃部
【元丰类稿】22/5 下
【汇编】补遗 7158
保家族 又作呆儿族，辽夹山部落
【东都事略】西夏传/127、128/附录 5、6
【汇编】上 105
保族 又作呆儿族，辽境部落
【奏议影】135/富弼・上仁宗论契丹不寇河东/4646
禹职六族 兰州
【长编标】382/9303
【长编影】382/5 下
【汇编】中五 4753
鬼芦族 又作鬼胪族、郭罗克族，熙河
【金史】91/结什角传/2016
【汇编】下 6745
鬼胪族 又作鬼芦族、郭罗克族，熙河
【长编标】517/12303
鬼留家 又作圭律家，秦渭
【宋史】8/真宗纪 3/163；492/吐蕃传/14160
【长编标】90/2085
【汇编】中一 1585
鬼族 河州
【宋会要】蕃夷 6 之 14/7825
洗纳本令波族 鄯州
【长编纪事本末】140/8 上
【汇编】中六 5773
洗纳族 又作斯纳族，鄯州
【长编标】474/11312；477/11358、11359；516/12286
【宋会要】兵 28 之 35/7287；蕃夷 6 之 25/7831、6 之 26/7831
【长编纪事本末】140/6 上
【汇编】中六 5770
浑 即吐谷浑
【旧唐书】11/代宗纪/279；114/周智光传/3369；120/郭子仪传/3461；198/党项传/5291、5292
【新唐书】6/肃宗纪/163、165、171、172；137/郭子仪传/4603；177/卢简求传/5284；

180/李德裕传/5333；216 上/吐蕃传/6085；217 下/回鹘传/6129；221 上/党项传/6216；224 上/周智光传/6370
【宋史】254/赵赞传/8891
【唐大诏令集】69/南郊赦/385
【契丹国志】2/太宗嗣圣皇帝纪上/11 下
【文苑英华】567/为百寮贺仆固怀恩死并诸道破贼表/2908
【李卫公会昌一品集】5/赐思忠诏书/35
【汇编】中一 4、5、11、679、690、694、696、705、708、788、938；补遗 7236

总噶尔族 又作宗哥族，秦渭河湟
【长编影】70/15 上；82/14 下；83/14 上、18 下；85/13 上、15 上、15 下；86/1 下、2 下、13 上；87/13 上；88/2 上、5 上、12 上；89/8 上、9 上、9 下；90/11 上；91/6 上、11 上；93/2 下；97/12 上；99/6 上、11 上；102/19 下；103/1 下；260/14 下；267/7 上；271/18 上；273/2 下、12 下；280/11 上；309/3 上；338/2 下；402/2 下；514/8 下、13 上；516/22 下；517/4 下
【宋会要】职官 4 之 85/3209
【汇编】中一 1550、1521、1528、1530、1538、1539、1540、1545、1553、1561、1568、1571、1579、1583、1589、1590、1593、1610、1615、1616、1632、1633；中四 3982、3997、4014、4015、4034、4515；中五 4830；中六 5580、5620

室韦 归附契丹部族
【旧唐书】151/范希朝传/4058
【新唐书】170/范希朝传/5164
【新五代史】72/四夷附录/890
【宋史】264/宋琪传/9126
【辽史】2/太祖纪下/22；13/圣宗纪 4/145；70 属国表/1194；71/太祖淳钦皇后述律氏传/1199；74/韩延徽传/1231；75/耶律觌烈传/1238
【契丹国志】236/兵马制度/3 上
【靖康稗史】宣和奉使录/13
【汇编】中一 1028、1087；中六 5983；补遗 7236

突厥
【辽史】1/太祖纪上/11；34/兵卫志上/396；69 部族表/1080；75/耶律觌烈传附弟/1238
【宋会要】兵 14 之 12/6998；方域 21 之 8/7665、21 之 9/7665
【汇编】上 41、219

娄和斯族 又作喽和斯族，河西六谷蕃部
【长编影】134/6 下

迷桑族 与早期党项临接
【旧唐书】198/党项羌传/5290
【新唐书】221 上/党项传/6214
【五代会要】29/353
【汇编】上 3、9、17

神波族 又作仲也族，青唐
【长编标】518/12326
【宋会要】蕃夷 6 之 35/7836

屋地目族 又作屋地因族，从夏州往回鹘途径此族
【挥麈前录】4/王延德历叙使高昌行程所见/3 下
【汇编】中一 1013

屋地因族 又作屋地目族，从夏州往回鹘途径此族
【宋史】490/高昌传/14110
【汇编】中一 1011

退浑 即吐谷浑，麟府
【宋史】253/王承美传/8869
【宋会要】方域 21 之 9/7665
【汇编】上 41、219

结河族 熙河定羌城
【宋史】328/王韶传/10581
【汇编】中四 3946

结厮鸡柯族 熙河
【元丰类稿】22/论毡巴柯族军主结厮鸡柯族副军主制/5 下
【汇编】补遗 7158

十画

珪罗族 熙河蕃部
【长编标】444/10685
【长编影】444/6 下
【汇编】中五 5007

珪族 熙河路上言

【长编标】292/7135
【长编影】292/6 下
【汇编】中四 4081

格隆族 渭州
【长编标】139/3355
【长编影】139/17 下
【汇编】中二 2689

莽沁族 西宁州
【方舟集】16/赵郡王墓志铭/26 上
【汇编】下 6695

聂农族 湟州
【长编纪事本末】139/3 上
【汇编】中六 5727

捉厮鸡族 熙河
【元丰类稿】22/阿鄰官捉厮鸡并本族副军主制/6 上
【汇编】补遗 7158

党留族 又作当罗族，秦渭
【宋史】323/赵珣传/10463、324/刘沪传/10494
【长编标】132/3123、3142；134/3206；144/3486
【欧阳文忠公全集】105/奏议/6 上
【汇编】中二 2197、2263；中三 2868

哩旺族 又作离王族，秦州
【长编影】86/9 上
【汇编】中一 1548

哩恭族 又作立功族，熙河
【长编影】188/3 上
【汇编】中三 3249

唃氏 又作嘉勒氏，河湟唃厮啰
【宋史】119/礼志 23/2813；255 王凯传/8926；317/冯京传/10339、317/钱明逸传/10347；324/刘涣传/10493；328/王韶传/10579；344/李周传/10935
【长编标】119/2814；135/3220、3221；187/4502；340/8192；349/8379；366/8974；402/9777；471/12238；514/12223
【长编影】366/17 上；471/2 下
【长编纪事本末】140/8 下
【奏议标】41/吕大防·上英宗应诏论水灾/419；45/任伯雨·上徽宗论月晕围昴毕/470；141/任伯雨·上徽宗论湟鄯/1594、1595、文彦博·上神宗论进筑河州/1590
【奏议影】41/吕大防·上英宗应诏论水灾/1505；45/任伯雨·上徽宗论月晕围昴毕/1670、1671；141/文彦博·上神宗论进筑河州/4890、任伯雨·上徽宗论湟鄯/4902、4903
【系年要录】6/166
【续资治通鉴】66/1632
【朱文公文集】60/答王南卿/9 上
【宋文鉴】53/上皇帝书/2 下
【宋朝事实类苑】78/1022
【铁围山丛谈】2/12 上
【汇编】中一 1563；中三 3379、3386、3430、3513、3515；中四 3821、3822；中五 4679、4770、4860、5144；中六 5699、5775；下 6115、7030

唃族 又作嘉勒族
【长编标】138/3323

铎精族 积石州
【金史】101/仆散端传/2232
【汇编】下 6842

铎厮那族 渭州蕃部
【武经总要】前集 18 上/23 下
【汇编】中二 2836

郭罗克族 又作鬼胪族、鬼芦族，熙州
【长编影】517/7 下、8 上
【汇编】中六 5634、5636

郭厮敦族 秦州
【宋史】492/吐蕃传/14159、14160
【汇编】中一 1559

离王族 又作哩旺族，秦州
【宋史】258/曹玮传/8985
【长编标】86/1974
【汇编】中一 1548

唐古部 辽境
【辽史】33/营卫志下/391；35/兵卫志中/412、414；46/百官志 2/729；69/部族表/1123
【金史】7/世宗纪中/163；10/章宗纪 2/235；24/地理志上/570；44/兵志/996；47/食货志 2/1063；73/宗尹传/1674
【汇编】中一 1456

凌珪族 熙河
【长编标】489/11606

【长编影】489/8 下
【汇编】中六 5314

涅剌奥隗部 辽境
【辽史】92/独攧传/1369
【汇编】中三 3156

浪黎厮江 青唐，似为地名，待考
【长编纪事本末】140/12 下
【汇编】中六 5845

容族 熙河
【长编标】252/6156
【长编影】252/8 下
【汇编】中四 3941、3942

朗家族 熙河
【长编标】250/6104
【长编影】250/22 下

朗族 熙河路上言
【长编标】292/7135
【长编影】292/6 下
【汇编】中四 4081

十一画

黄头女真
【松漠纪闻】8 下；1 上/5
【汇编】中六 6011；下 6571

捺罗部 又作纳克垒、擦罗部，唃厮啰部下，叛归夏国
【长编标】188/4527

常阳族 熙河洮岷
【东都事略】84/刘昌祚传/4 上
【汇编】中四 4041

常家族 河州
【长编标】246/5997；248/6044；250/6098
【长编影】246/19 上；248/6 下；250/16 上
【汇编】中四 3883、3925

崆裕勒族 又作空俞族，秦州上言
【长编影】91/12 下
【汇编】中一 1591

嵬波给家族 熙河女遮谷
【长编标】316/7641
【长编影】316/4 上
【宋会要】兵 14 之 18/7001
【汇编】中四 4177

添令下族 邈川管下新归顺蕃部
【长编标】518/12337
【长编影】518/18 下
【汇编】中六 5652

添令族 湟州境
【长编纪事本末】139/4 下、9 上
【汇编】中六 5729、5734

涅剌族 契丹部落，献党项俘获
【辽史】4/太宗纪下/49
【汇编】上 894

密克默特下杏家族 又作咩迷卡杏家族，泾原
【长编影】101/12 下；102/12 下
【汇编】中一 1628

密栋族 通远军
【长编标】341/8215
【长编影】341/18 下
【汇编】中四 4542

密叠族 洮州蕃部
【长编标】404/9840
【长编影】404/10 下
【汇编】中五 4846

尉厥里族 与党项同被辽胁属
【宋史】264/宋琪传/9126
【汇编】中一 1028

隆中族 秦州
【长编标】85/1945
【长编影】85/9 下
【汇编】中一 1536

隆博部 又作陇逋部，熙河
【长编标】455/10912；507/12091
【长编影】188/3 上；455/11 上；474/11 下；507/17 下
【汇编】中三 3249、3557；中五 5004、5007、5059、5163；中六 5505

隆博族 又作陇波族、陇逋族，秦渭
【长编标】212/5145、5160；444/10681、10685
【长编影】88/5 上；132/8 上；212/2 上、16 下；444/3 上、6 下
【汇编】中一 1568；中二 2274；中三 3557、3563；中五 5004、5007

颇忠族 秦州

【长编标】83/1890
【长编影】83/4 上
【汇编】中一 1524

十二画

塔坦 助金亡辽
【大金吊伐录】1/回札子/27
【汇编】中六 6006
塔塔 从附西夏
【宋史】485/夏国传上/13996
【汇编】上 63
斯节博族 又作厮鸡波，秦州上言
【长编影】91/12 下
【汇编】中一 1591
斯吉温族 熙河湟鄯
【长编标】444/10681
【长编影】444/3 上
斯纳家族 洮东安抚司言
【长编标】279/6835
【长编影】279/15 上
【汇编】中四 4030
斯纳族 又作洗纳族，熙河
【长编影】474/11 下；477/6 上、6 下；516/20 下
【汇编】中五 5163、5179
斯博格族 邈川部族
【长编标】444/10685
【长编影】444/6 下
欺当族 河州
【东都事略】82/王韶传/5 上
【汇编】中四 3947
葩俄族 熙河兰会
【金史】14/宣宗纪上/318；15 宣宗纪中/332；101/仆散端传/2232；134/西夏传/2872
【长编纪事本末】140/6 上
【汇编】上 132；中六 5770；下 6842、6850
森摩族 又作心牟族，熙河
【长编影】474/11 下；476/13 上
【汇编】中五 5163、5175
越黜族 贺兰山下回鹘
【宋会要】蕃夷 4 之 2/7714
【汇编】中一 1036
雅仁结族 又作亚然家族，熙河兰会
【长编影】111/10 下
辉和尔 又作辉河尔、回鹘
【长编影】56/14 下；57/9 下；68/3 上；69/4 下、11 上；72/22 上；75/11 下；76/7 上；80/15 下；87/4 下；91/3 上；92/4 下
【汇编】中一 1403、1471、1478、1479、1489、1514、1553、1591
辉河尔 又作辉和尔、回鹘
【长编影】95/6 上
【汇编】中一 1599
喽和斯族 又作娄和斯族，河西六谷吐蕃
【长编影】341/11 上
喀木族 熙河兰会
【长编标】474/11314
【长编影】474/13 上
黑水女真
【长编标】262/6393
【长编影】262/18 上
黑韃靼
【大金国志】22/东海郡侯纪/3 上
【汇编】下 6825
鲁结族 熙河兰岷
【长编标】489/11606
【长编影】489/8 下
【汇编】中六 5314
鲁黎族 洮州南境
【宋史】87/地理志 3/2166
【金史】98/完颜纲传/2175
【长编纪事本末】140/12 下
【汇编】中六 5845；下 6815
禄厮结族 又作罗斯结族，熙河
【长编标】302/7351
【宋会要】蕃夷 6 之 15/7826
【长编纪事本末】139/3 上
【汇编】中六 5727
裕勒凌族 又作药令族，秦州永宁寨
【长编影】57/2 下
【汇编】中一 1401
裕勒藏族 熙河
【长编标】 470/11230、11231； 473/11281； 479/

11411
【长编影】470/12 下、13 下；473/2 下；479/10 下
【汇编】中五 5139、5140、5153、5198
强扬族 随果庄驻洮州
【长编标】404/9840
【长编影】404/10 下
【汇编】中五 4846

十三画

瑞巴族 即穆尔瑞巴族，秦凤安抚司破荡
【长编标】236/5731
【长编影】236/6 下
【汇编】中四 3785
蒙兀
【蒙兀儿史记】2/成吉思可汗本纪上/31 上；3/成吉思可汗本纪下/19 上、30 上、30 下、31 下；29/曷思麦里传/8 下；37/漠北三大汗诸子·合失传/1 上；44/脱栾传/1 下、2 下；60/周献臣传/5 上
【元史译文证补】1 下/21 下
【朝野杂记】乙集 19/边防·鞑靼款塞/1187
【汇编】下 6811、6854、6886、6898、6902、6911、6922、6925、6926、6928、6929、6976
蒙罗角 又作蒙罗觉，渭源堡附近蕃部
【宋史】328/王韶传/10580
【长编标】235/5703；236/5731；237/5764
【汇编】中四 3781
蒙罗觉 又作蒙罗角，渭源堡附近蕃部
【长编影】235/8 上；236/6 下；237/7 上
【汇编】中四 3781、3785、3790

十四画

嘉勒氏 又作唃氏，河湟吐蕃
【长编影】119/17 下；135/7 上；187/1 下；340/13 下；349/11 上；402/2 上；514/13 上
【汇编】中六 5584
嘉勒族 又作唃族
【长编标】138/13 下
磋藏丹贝叶公 河湟
【长编标】405/9868
【长编影】405/7 上
【汇编】中五 4883
厮鸡波族 又作斯节博族，秦州伏羌
【宋史】8/真宗纪 3/160；258/曹玮传/8986；492/吐蕃传/14159、14160
【长编标】91/2110
【汇编】中一 1555、1559、1590
厮纳族 熙河
【长编标】489/11606
【长编影】489/8 下
【汇编】中六 5314
擦罗部 又作纳克垒族，熙河，叛唃厮啰投附西夏
【宋史】492/唃厮啰传/14162
【汇编】中三 3249
鲜卑 东胡
【长编标】110/2563；130/3087
【蒙兀儿史记】154/色目氏族/34 下
【汇编】上 577

十五画

鞑靼
【长编标】27/605；123/2894；150/3650、3658；341/8205；346、8301；347/8325；352/8449
【长编影】27/4 上；123/2 下；150/25 下、32 上；341/10 上；346/1 上、1 下、2 上
鞑靼 归附契丹部族
【契丹国志】236/兵马制度 3/上
【汇编】补遗 7236
蕃城族 熙河
【长编标】489/11606
【长编影】489/8 下
【汇编】中六 5314
撒儿塔兀 从征西夏
【蒙兀儿史记】44/脱栾传/1 下
【汇编】下 6902
撒儿塔兀勒 从征西夏
【蒙兀儿史记】3/成吉思可汗本纪下/19 上
【汇编】下 6852
撒而塔郭勒 从征西夏

【蒙古源流笺证】3/18 下
【汇编】下 6853
撒里畏吾特勒 河西部，被蒙古攻破
【元史】121/速不台传/2977
【汇编】下 6910
撒勒只兀惕 由唐兀惕入关中
【蒙兀儿史记】3/成吉思可汗本纪下/16 下
【汇编】下 6839
瞎养呃族 熙河兰会
【奏议标】45/任伯雨·上徽宗论月晕围昴毕/470；141/任伯雨·上徽宗论湟鄯/1594
【奏议影】45/任伯雨·上徽宗论月晕围昴毕/1671；141/任伯雨·上徽宗论湟鄯/4903
【汇编】中六 5693、5699
摩旃族 又作默戬觉族，河湟吐蕃
【长编标】146/3537
摩雅克族 熙河踏白城
【长编标】252/6157、6179；267/6547
【长编影】252/9 下、28 上；267/7 上
【汇编】中四 3942、3948、3997
额勒锦族 又作耳金族，熙河
【长编标】252/6179
【长编影】252/28 上
【汇编】中四 3948

十六画

默星族 又作末星族，秦州
【长编影】85/9 下；90/15 下
默戬觉族 又作摩旃族，河湟吐蕃
【长编标】146/3537
穆尔瑞巴族 又作抹耳水巴族，河湟蕃部
【长编影】237/7 上
【汇编】中四 3790
篯南族 熙河
【宋会要】蕃夷 6 之 25/7831

十七画

豁丁族 青唐
【长编纪事本末】139/5 下
【汇编】中六 5731
邈川喃族 河湟
【奏议标】65/余靖·上仁宗乞韩琦兼领大帅镇秦州/718
【奏议影】65/余靖·上仁宗乞韩琦兼领大帅镇秦州/2361
【汇编】中二 2811
邈龙拘掠族 廓州
【长编纪事本末】139/17 下
【汇编】中 6/5749
邈拏王子 贺兰山下回鹘
【宋会要】蕃夷 4 之 2/7714
【汇编】中一 1036

三、羌、戎、狄、蕃（番）、弥人、夏人、西贼、部落、蕃部、蕃落、属（熟）羌、属（熟）户、生户等名称

三画

土人

【长编标】357/8549；444/10684；445/10714；480/11429

【长编影】357/17 下；444/4 上；445/4 下；480/12 下

【斜川集】5/孙团练墓志铭/30 上

【汇编】中五 4634、5006、5024、5097、5213

土蕃户

【长编标】158/3828

【长编影】158/6 上

山西部族

【辽史】19/兴宗纪 2/230；115/西夏记/1526

【汇编】上 120；中三 2880

山羌

【长编标】323/7791

【长编影】323/14 下

小戎

【奏议标】131/富弼・上仁宗论西夏八事/1448、1452

【奏议影】131/富弼・上仁宗论西夏八事/4448、4466

小羌

【宋史】344/王觌传 10942

【长编标】399/9725；445/10726；466/11130；469/11208；480/11422

【长编影】399/4 下；445/13 上；466/3 上；469/8 上；480/6 上

【奏议标】138/文彦博・上神宗论关中事宜/1548

【奏议影】138/文彦博・上神宗论关中事宜/4759

【闻见近录】2 上

【汇编】中一 982；中五 4781、4823、5031、5099、5124、5125、5210

小蕃

【宋史】264/宋琪传/9130

【长编标】35/769；51/1122；80/1822；89/2052；93/2139；123/2910；145/3513；151/3682；262/6393

【长编影】35/4 上；51/14 下；80/7 下；89/14 下；93/4 下；123/2 上；145/18 下；151/16 上；262/18 下

【宋会要】蕃夷 2 之 37/7710

【全唐文】107/后唐明宗文 2/1 上

【系年要录】66/1125

【汇编】上 862；中一 1069、1581、1600、1594；中二 1775、2818；中六 5984；下 6344

四画

犬戎

【长编标】25/579；169/4064；204/4955；279/6840

【长编影】25/8 上；169/11 上；204/20 上；279/18 下

【奏议标】140/上官均・上哲宗论弃地非便/1577

【奏议影】140/上官均・上哲宗论弃地非便/4849

【安阳集】家传 4/17 下

【汇编】中三 3034

内属戎人

【宋史】274/翟守素传/9362；491/党项传/14145
【汇编】上 27；中一 954

内属羌部

【宋史】491/党项传/14137
【汇编】上/21

五画

东夷

【杂字】13/论语部/13 左

归明人

【长编标】373/9034；418/10137；468/11183
【长编影】373/9 下；418/1 下；468/15 下
【宋会要】兵 17 之 4/7039、17 之 5/7040
【汇编】中五 4710、4946、4975、5034、5118、5235

归明界弓箭手

【宋会要】兵 24 之 23/7190
【汇编】中五 4594

北戎

【宋史】254/侯延广传/8884
【奏议标】137/孙觉·上神宗论自治以胜夷狄之患/1535
【奏议影】137/孙觉·上神宗论自治以胜夷狄之患/4721
【汇编】中一 971；中三 3494

北狄

【东坡全集】17/司马温公行状/8 下
【司马文正公集】20/章奏 18/12 上
【元丰类稿】30/请西北择将东南益兵札子/11 上
【杂字】13/论语部/13 左
【汇编】中三 3324、3383；中四 4115

北界蕃族

【长编标】97/2245
【长编影】97/5 下
【汇编】中一 1607

四夷

【奏议标】138/吕大防·上哲宗答诏论西事/1557、吕陶·上哲宗请以兰州二寨封其酋长/1558
【奏议影】138/吕大防·上哲宗答诏论西事/4787、吕陶·上哲宗请以兰州二寨封其酋长/4789

外蕃

【长编标】340/8177；414/10059
【长编影】340/1 上；414/6 上
【汇编】中四 4528；中五 4940

生口

【长编标】4/88；6/146；7/167；10/221；12/266；13/283；16/354；17/385；20/448；23/528；24/556；25/575；27/612；35/769；47/1030；56/1233；58/1294；59/1314；88/2017；89/2044；110/2561；118/2777；130/3079；157/3813；242/5906；273/6689；294/7166；319/7714；349/8373；366/8795、8796、8797；378/9175；389/9473；404/9840、9842；406/9876、9877；407/9916；412/10028；413/10038；444/10694；465/11116；474/11314；476/11348；501/11937；505/12029；507/12088
【长编影】4/7 上；6/3 下；7/3 上；10/5 下；12/7 下；13/4 下；16/19 上；17/20 上；20/6 下；23/14 下；24/18 上；25/4 下；27/10 上；35/4 下；47/19 上；56/8 下；58/19 上；59/7 上；88/6 上；89/8 上；110/9 上；118/4 下；130/1 上；157/18 上；242/15 上；273/14 上；294/5 上；319/14 上；349/7 下；366/17 上；378/1 上；389/19 下；404/10 下；406/1 上；407/19 下；412/9 下；413/5 上；444/13 上；465/16 下；474/12 下；476/11 下；501/7 下；505/3 下；507/14 下
【宋会要】兵 28 之 13/7275
【奏议标】138/范纯仁·上哲宗答诏论西事/1556；139/范纯粹·上哲宗乞不妄动以观成败之变/1570
【奏议影】138/范纯仁·上哲宗答诏论西事/4782；139/范纯粹·上哲宗乞不妄动以观成败之变/4828
【栾城集】13/颍滨遗老传下/7 上
【斜川集】5/孙团练墓志铭/30 上
【龙川略志】635
【汇编】中五 4682、4726、4789、4846、4848、4890、4891、4909、4936、5020、5078、

5092、5093、5097、5165、5174、5203

生户

【宋史】12/仁宗纪 4/230；191/兵志五/4750；264/宋琪传/9129

【长编标】35/768；103/2390；124/2934；132/3144；135/3222；139/3340、3352；144/3486；145/3513；148/3574、3576；149/3606、3607；150/3629；168/4039；170/4078；171/4111；174/4202；203/4925；213/5188、5189；220/5353；221/5368；224/5452、5461；272/6660；275/6726

【长编影】35/3 下；103/15 上；124/15 下；132/20 下；135/9 上；139/10 下；144/9 下；145/17 上；148/1 上、2 下；149/8 下、9 下；150/4 下；168/7 下；170/1 下；171/8 上；174/10 下；203/14 上；213/20 下；220/16 下；221/2 上；224/17 下；272/4 上；275/6 上

【东都事略】129/附录 7・西蕃/2 上

【宋会要】兵 27 之 31/7262、27 之 33/7263、27 之 40/7266、28 之 32/7285；职官 64 之 45/3843；蕃夷 6 之 7/7822

【奏议标】125/王尧臣・上仁宗乞用泾原路熟户/1378；133/范仲淹等・上仁宗论元昊请和不可许者三大可防者三/1486；136/吕诲・上仁宗论边备弛废/1521

【奏议影】125/王尧臣・上仁宗乞用泾原路熟户/4253；133/范仲淹等・上仁宗论元昊请和不可许者三大可防者三/4570；136/吕诲・上仁宗论边备弛废/4677

【元丰九域志】3/183

【乐全集】22/奏第二状/22 下

【欧阳文忠公全集】105/奏议 6 上

【武经总要】前集 18 上/7 上、32 下、34 上

【涑水记闻】11/5 下、8 上

【汇编】中一 1068、1642、1684；中二 1842、2298、2300、2680、2785、2817；中三 2864、2866、2868、2897、2908、2929、3028、3075、3159、3164、3165、3173、3184、3262、3292、3373、3504、3575、3664、3674、3707；中四 4020；中五 4682、4811、4820、4825

生户番族

【长编标】170/4078

【长编影】170/1 下

生氐

【文恭集】36/郑戬墓志铭/436

【汇编】中三 2856

生夷

【长编标】252/6158

【长编影】252/10 下

【汇编】中四 3943

生羌

【旧唐书】41/地理志 4/1699、1706

【新唐书】42/地理志 6/1085

【宋史】292/郑戬传/9768；328/王韶传/10579；330/张景宪传/10622；349/姚麟传/11058；350 苗授传/11068、张守约传/11072

【金史】24/地理志上/549；26/地理志下/653；107/张行信传/2369

【长编标】50/1098；148/3576；213/5176、5177；214/5205；224/5458；226/5503；228/5557；229/5576；230/5596、5598、5605；233/5653；246/5984；278/6797；282/6903、6904；283/6925；286/6996；287/7018；316/7638；317/7656；319/7715；320/7725；405/9868；407/9905、9906；476/11350；516/12266；517/12306；518/12325

【长编影】50/15 下；148/2 下；213/11 上、11 下；214/9 下；224/17 下；226/2 上；228/15 下；229/10 下；230/8 上、11 上、18 下；233/7 下；246/8 上；278/4 上；282/4 上；283/4 上；286/2 下；287/6 下；317/1 下；319/14 下；320/6 下；405/7 上；407/9 下、10 下；476/13 上；516/3 上；517/10 上；518/7 上

【长编纪事本末】139/17 上

【奏议标】130/杨亿・上真宗论弃灵州为便/1441

【奏议影】130/杨亿・上真宗论弃灵州为便/4432

【皇宋十朝纲要】16/10 下

【梅尧臣集编】编年校注 15/270

【汇编】上 629、630、631、663、671；中三 2855、2866、2875、3499、3513、3585、3663、3706、3717、3733；中四 3747、3749、

3754、3768、3878、4039、4040、4042、4066、4256；中五 4882、4901、4903、5176；中六 5638、5647、5748、5778；下 6856、6961、6975

生虏

【长编标】456/10922

【长编影】456/5 下

【汇编】中五 5095

生界

【长编标】342/8222；345/8275；470/11225、11226、11228；479/11412

【长编影】342/2 上；345/4 上；470/7 下、11 上、12 上；479/10 上

【宋会要】兵 28 之 39/7289

【汇编】中五 4548、4570、5135、5136、5148、5199、5255

生属户

【东都事略】127、128/附录 5、6

【汇编】上/105

生蕃

【长编标】148/3575

【长编影】148/1 下

【大金国志】21/章宗纪/4 上

【汇编】中三 2866、2879；下/6821

白狄

【小畜集】28/郭公（守文）墓志铭/23 上

【汇编】中一 1026

氐

【宋史】324/刘沪传/10494、10495

【长编标】491/11647

【长编影】491/1 下

【宋会要】职官 43 之 78/3312

【长编纪事本末】139/13 下

【华阳集】30/礼宾使刘温润等可英州刺史制/385

【宋大诏令集】94/客省使刘安等赏功转官制/344；186/宽陕西民力诏/679

【奏议标】138/司马光·上哲宗乞还西夏六寨/1554

【奏议影】138/司马光·上哲宗乞还西夏六寨/4778

【苏学士集】11/论西事状/9 上

【武经总要】前集 18 上/1 下

【范文正公集】17/邓州谢上表/2 上

【临川集】56/百寮贺复熙河路表/1 下

【梅尧臣集编】编年校注 11/179

【横塘集】8/代贺降西蕃王子表/2 下

【文恭集】36//宋故宣徽北院使上柱国赠太尉文肃郑公（戬）墓志铭/436

【甘肃新通志】6/舆地志·山川上·平凉府·静宁州/18 下；30/祠寺志·寺观·巩昌府·岷州/23 下

【汇编】中二 1932、2009、2015、2786；中三 2856、2857、3069、3129；中四 3896；中六 5323、5684、5742、5744；补遗 7291、7293、7368、7409

六画

戎

【宋史】4/太宗纪 1/58；5/太宗纪 2/98；6/真宗纪 1/118；7/真宗纪 2/124、128；167/职官志七/3969；176/食货志 4·屯田/4265；180/食货志下 2/4377；198/兵志 12·马政/4932、4933；254/侯延广传/8885；257/李继和传/8973；259/皇甫继明传/9009；266/温仲舒传/9182；268/王显传/9230；274/翟守素传/9362、9363；275/田仁朗传/9380；276/宋珰传/9391、郭载传/9397；277/宋太初传/9422；279/周仁美传/9491、张昭允传/9475；280/田绍斌传/9497；281/寇准传/9528；288/程琳传/9676；291/吴育传/9728；295/尹洙传/9838；299/张若谷传/9929；311/王随传/10203；318/张方平传/10357；322/刘庠传/10451；336/司马光传/10760；466/张崇贵传/13617；492/吐蕃传/14158

【长编标】2/54；3/68、69；4/84；5/128；10/231；13/279；16/356；18/412、418；19/423；21/472、474、475、483；22/498；23/507；24/553；25/579；36/793；37/814；39/836；44/947、948、949、951；49/1077、1079；50/1088、1090、1093、1097、1098、1102；51/1111、1124、1128；52/1134、1136、1149/1152；53/1156、1158；54/1175、1181、1184、1195、1196；56/1241、1246、1248；57/1254；58/1274；59/1330；60/

1335；63/1413、1416；68/1536；71/1603；73/1660；77/1751；79/1808；80/1822；83/1887；84/1915；85/1941；87/8 上；88/2022；91/2100；89/1992；103/2388；112/2625；124/2933；126/2996；130/3081；131/3097；132/3134、3136、3139；134/3208；138/3320；139/3349；143/3459；146/3545；148/1576；149/3603、3604；150/3625；151/3677；197/4774；205/4965；213/5176、5177；214/5199；216/5258；222/5402；228/5550；234/5673、5674；237/5771；247/6019；348/8351；366/8792；389/9471；399/9722；404/9855；429/10362；440/10604；443/10656、10658、10659；444/10683；452/10845；468/11185；480/11417；471/11249；482/11471；486/11546；503/11984

【长编影】2/15 上；3/7 上、14 下；4/3 下；5/10 上；10/13 上、14 上、17 下；13/1 下；16/20 下；18/5 上、9 下；19/2 上、3 上、4 上、5 上、6 上、9 上；21/2 下、3 上、4 上、4 下；22/5 下；23/14 上；24/22 下；25/4 下、13 下；36/9 上；37/4 下；39/7 上；44/16 上；49/5 下、11 下、14 上；50/5 下、12 上；51/3 上、8 上；52/13 下、17 下、19 上、20 上；53/14 上；54/11 上；56/14 下；56/5 上、7 上；57/3 下；58/2 上；59/21 上；60/2 下；63/14 上、17 上；68/17 上；71/14 上；73/10 下；77/2 下；79/14 下；80/7 下；83/1 上；84/5 上；85/6 上、10 下；87/8 上；88/15 下；89/11 上；103/13 下；112/18 上；124/7 上；126/27 上；130/2 下；131/4 下；132/1 上；134/17 上；138/11 上；139/12 下；143/27 上；146/16 下；148/2 上；149/7 上；150/3 下、4 下；151/12 上；197/6 上；205/3 下；213/10 下、11 上；214/6 下；216/7 上；222/4 下；228/10；234/3 上、3 下；237/14 上；247/12 上；348/9 下；366/14 下、15 上；389/20 下；399/1 下；404/23 上；429/4 下；440/17 下；443/7 下；444/4 上；452/3 上；468/16 下；471/12 上；480/3 上；482/8 下；486/6 上；503/12 上

【东都事略】28/冯继业传/1 上；78/吕诲传/3 上；115/文艺郑文宝传/2 上

【隆平集】16/王彦升传/13 上；17/翟守素传/112 上

【宋会要】礼 29 之 72/1099、45 之 12/1453；职官 14 之 2/2688、41 之 85/3209、64 之 11/3826、64 之 12/3826、64 之 45/3843、78 之 17/4184；食货 23 之 22/5185、38 之 33/5483；刑法 2 之 4/6497、2 之 71/6531、6 之 52/6719；兵 4 之 12/6998、8 之 19/6896、22 之 1/7144、27 之 4/7248；方域 5 之 4/7385、13 之 22/7541；蕃夷 7 之 13/7864

【宋大诏令集】9/仁宗谥议/40；55/庞籍拜昭文相制/277；68/韩绛罢相入官知鄧州制/333；94/客省使刘安等赏功转官制/344、责田仁朗诏/345；144/幸边陲诏/527；181/禁富人市内属戎人马诏/655；198/禁约戎人私市女口诏/732；214/严守备诏/813；218/秦州内属戎人敢肆侵掠者吏捕之诏/832；239/西蕃阿里骨起复河西节度使/938

【长编纪事本末】21/2 上

【奏议标】125/文彦博·上神宗论马监不可废/1385；132/范仲淹·上仁宗论夏贼未宜进讨/1463；133/张方平·上仁宗因郊禋肆赦招怀西贼/1476；137/杨绘·上神宗论种谔擅入西界/1533；138/范纯仁·上哲宗答诏论西事/1555；139/范育·上哲宗论御戎之要/1573；141/文彦博·上神宗论进筑河州/1590

【奏议影】125/文彦博·上神宗论马监不可废/4271；132/范仲淹·上仁宗乞先修诸寨未宜进讨/4503；133/张方平·上仁宗因郊禋肆赦招怀西贼/4541；137/杨绘·上神宗论种谔擅入西界/4712；138/范纯仁·上哲宗答诏论西事/4781；139/范育·上哲宗论御戎之要/4835；141/文彦博·上神宗论进筑河州/4891

【小畜集】28/宣徽南院使镇州都部署郭公（守文）墓志铭/23 上；29/故商州团练使翟公（守素）墓志铭并序/1 下、2 下

【元丰类稿】49/本朝政要策·任将/10 下

【元宪集】30/抚问环庆路知州部署等/319

【公是集】23/寄秦州子华侍读谏议/266

【文苑英华】296/奉使筑朔方六州城率尔而作/1508

【文恭集】17/张岊可东染院使张岊可礼宾使制/210、曹修可东染院副使兼阁门通事舍人制/

211；36/郑戬墓志铭/436
【东坡全集】36/制敕/1 上
【乐全集】19/平戎十策/13 下；22/奏第二状/22 下；23/奏夏州事宜/1 上；附录/张方平行状/23 下
【司马文正公集】卷 7/章奏 5/10 上、11 上；20/章奏 18/12 上；25/章奏 23/3 上
【玉壶清话】2/9 下；5/6 上
【白氏长庆集】55/34 下
【龙川别志】下/87
【龙学文集】14/紫微撰西斋话记/7 下
【华阳集】30/北作坊使郭咨可荣州刺史制/384
【安阳集】35 奏状/10 上；家传/7/1 上
【曲洧旧闻】6/5 上
【宋太宗实录】27/12 下；29/17 上；76/34 下、35 上
【宋文鉴】/37/7 下；69/4 上
【宋名臣言行录】续集 2/钱即/14 下
【系年要录】108/1762
【皇宋十朝纲要】2/15 下
【苏学士集】14/内园使连州刺史知代州刘公（文质）墓志/8 上
【鸡肋集】67/刑部侍郎杜公（纮）墓志铭/17 上、18 上
【龟山集】3/贺收复/10 上
【忠肃集】7/殿前副都指挥使建武军节度使贾逵谥武恪谥议/102；11/唐质肃公神道碑/152
【忠惠集】2/刘仲武知熙州兼熙河兰湟路经略安抚使制/21 上
【欧阳文忠公全集】28/尹师鲁墓志铭/11 下
【武经总要】前集 18 上/1 下、12 上、12 下、18 上、27 上、29 上；后集 13/6 上
【河南先生文集】14/故朝散大夫尚书刑部郎中直昭文馆上柱国赐紫金鱼袋陈公墓志铭/10 下；17/故金紫光大夫秘书临致仕上柱国清河县开国子食邑六百户食实封一百户张公（宗诲）墓志铭/3 下；21/奉诏及四路司指挥分擘本路兵马弓箭手把截贼马来路状/1 下、乞与郑戬下御史台照对水洛事状/4 下
【苕溪集】48/宋故武功大夫贵州刺史永兴军路马步军副都总管特赠右武大夫光州防御使累赠太师魏国公杨公（宗闵）墓碑/3 上
【范文正公集】13/资政殿大学士礼部尚书赠太子太师谥忠献范公墓志铭/12 上；13/滕君墓志铭 19 下；15/耀州谢上表/6 下；政府奏议上/20 上/答手诏五事
【临川集】18/次韶元厚之平戎庆捷/6 上；41/上五事札子/4 上
【咸平集】1/奏议上真宗论轻于用兵/29 下
【太平治迹统类】2/太祖太宗经制西夏
【栾城集】39/论西事状/15 上
【涑水记闻】3/2 下；9/4 下
【能改斋漫录】13/380
【梁溪集】144/御戎论/1 上
【彭城集】19/权泾原路兵马钤辖张之谏可转两资西上阁门使制/267；21/新知河中府叶康直可知秦州制/289、知京师张祐可知陇州制/294；22/宣德郎知京兆府长安县王鉴可权通判岷州/308；25/为宰相贺庆鬼章表/358
【斐然集】14/折彦质赠文/13 下
【景文集】118/夏宣徽/1005
【名臣碑传琬琰集】上集 4/张公旧德之碑/66；中集 15/吕谏议公绰墓志铭/636、22/张文定公方平墓志铭/724、48/韩忠献公琦行状/1105；下集 2/张稳定公齐贤传/1301
【榆林府志】47/10 上
【靖康要录】15/927
【畿辅通志】109/司马光撰礼部尚书张公墓志/14 上
【豫章文集】5/遵尧录 4/1
【甘肃新通志】8/形胜·兰州府·皋兰县/1 下；9/舆地志·关梁·阶州直隶州/49 下
【汇编】上 639、740；中一 928、933、934、935、937、950、953、954、955、958、963、967、969、970、974、975、976、977、978、986、987、988、990、994、995、1000、1004、1005、1006、1009、1010、1014、1020、1022、1026、1028、1032、1041、1045、1049、1052、1055、1056、1062、1063、1064、1065、1066、1084、1086、1087、1094、1101、1102、1103、1108、1111、1114、1120、1128、1135、1136、1137、1147、1148、1169、1207、1214、1233、1237、1248、1251、1254、1265、1267、1269、1270、1271、1296、1299、1322、1324、1326、1327、1328、1329、

1330、1332、1334、1347、1355、1368、1379、1381、1389、1390、1402、1419、1420、1443、1447、1491、1506、1511、1513、1523、1533、1536、1537、1541、1558、1575、1579、1612、1640、1651、1675、1690、1695、1742、1761、1807；中二 1814、1825、1910、1914、1918、1953、1960、2036、2233、2234、2235、2252、2262、2360、2377、2410、2781；中三 2850、2857、2859、2867、2904、2907、2908、2922、2924、2928、2931、2945、2986、3005、3055、3064、3073、3129、3137、3171、3173、3182、3245、3278、3289、3292、3296、3313、3349、3383、3413、3432、3451、3458、3470、3471、3495、3502、3613、3692、3695、3702、3720；中四 3800、3823、3841、3885、3892、3897、3898、3978、3979、4085、4094；中五 4595、4596、4641、4686、4821、4841、4845、4860、4862、4866、4950、4951、4959、4997、5005、5008、5047、5119、5121、5207、5217；中六 5294、5335、5336、5441、5682、5683、5697、5871、5921、5925；下 6136、6412、6458、7003、7014；补遗 7125、7129、7256、7299、7360、7411、7427、7429、7451、7469、7474

戎人

【宋史】491/党项传/14137

【长编标】3/68；5/128；10/230、231、236；13/279；16/356；18/397、402；19/421、423、424、425、426、430；21/472、474；22/493；23/512、528；24/539、559、562；25/575、586；32/719；35/769；37/810；41/874；44/947；49/1068、1077；50/1097、1098、1099；51/1118、1128；52/1149、1152；53/1156；54/1186；55/1210、1212；56/1232、1240、1241、1244；57/1254、1256、1260；58/1276；59/1318；60/1335；63/1413、1416；71/1591、1611/1603；77/1751；79/1808；80/1832；83/1887、1890、1902/1907；83/1887、1890、1902；85/1941、1946、1949；89/2048；103/2388；104/2427；124/2927；126/2987；130/3081；132/3134、3151；134/3205；138/3319；139/3349；142/3403；145/3501；148/3576；150/3622；158/3829；199/4823；228/5547、5548；237/5771；247/6019；290/7086；297/7226；319/7699；328/7900；366/8791、8792、8793、8796；368/8867；378/9181；381/9280；402/9780；443/10656、10658、10662；486/11546；504/12018

【长编影】3/7 上；5/10 上；10/13 下、14 上、18 上；13/1 下；16/20 下；18/5 下、9 下；19/2 上、3 上、4 上、4 下、6 上、9 上；21/2 上、3 下、4 下；22/5 下；23/1 上、14 上；24/2 下、18 上、22 下；25/4 下、14 上；32/9 上；35/4 上；37/4 下；41/13 上；44/17 上；49/5 下、13 下；50/5 上、5 下；51/10 下、19 下；52/13 下、17 下；53/2 上；54/11 上；55/8 下、10 下；56/1 上、5 上、7 上、10 下；57/3 下、5 下、9 上；58/3 上；59/10 下；60/2 下；63/14 上、17 上；71/4 上、14 上；77/2 下；79/14 下；80/15 下；83/1 上、7 上、14 下、18 下；85/6 上、11 上、13 上；89/11 上；103/13 下；104/25 上；124/7 上；126/19 下；130/2 上；132/11 下、26 下；134/17 上；138/9 下；139/10 下；142/8 上；145/6 下；148/3 上；150/1 上；158/11 下；199/2 上；228/8 上、8 下；237/14 上；247/12 下；290/1 下；297/9 下；319/1 上；328/9 上；366/14 上、14 下、17 上；368/16 上；378/7 下；381/28 上；402/4 下；443/4 下、7 下；486/6 上；504/17 下

【东都事略】127、128/附录 5、6

【隆平集】17/折御卿传/11 下

【宋会要】方域 12 之 3/7521、21 之 9/7665；礼 20 之 40/784、21 之 48/874；食货 23 之 23/5185；兵 27 之 28/7260

【奏议标】130/杨亿·上真宗论弃灵州为便 1441/；132/范仲淹·上仁宗论夏贼未宜进讨/1463、田况·上仁宗兵策十四事/1469；133/贾昌朝·上仁宗备边六事/1483、范仲淹等·上仁宗论元昊请和不可许者三大可防者三/1485；138/范纯仁·上哲宗答诏论西事/1556、吕大防·上哲宗答诏论西事/1557；139/苏辙·上哲宗乞因夏人纳款给还其地/

1566、孙觉・上哲宗乞弃兰州/1567；140/上官均・上哲宗论弃地非便/1576、1577
【奏议影】130/杨亿・上真宗论弃灵州为便/4429；132/范仲淹・上仁宗论夏贼未宜进讨/4503、田况・上仁宗兵策十四事/1469；133/贾昌朝・上仁宗备边六事/4522、范仲淹等・上仁宗论元昊请和不可许者三大可防者三/4564；138/范纯仁・上哲宗答诏论西事/4783、吕大防・上哲宗答诏论西事/4785；139/苏辙・上哲宗乞因夏人纳款给还其地/4813、孙觉・上哲宗乞弃兰州/4817；140/上官均・上哲宗论弃地非便/4845、4849
【文庄集】14/陈边事十策/1 上
【宋朝事实类苑】75/996 引倦游录
【泊宅编】3/15
【栾城集】36/乞诛窜吕惠卿状/18 上；37/论兰州等地状/4 上
【汇编】上 24、26、27、28、40、101、179；中一 934、1418；中二 1798、1825、2637、2677、2807；中四 4225；中五 4675、4676、4677、4682、4683、4689、4731、4746、4758、4993、4995、5000；中六 5294、5459、5788、6079

戎夷

【长编标】35/768；53/1160、1161；68/1520；216/5258；220/5343；346/8302；443/10657
【长编影】35/3 上；53/6 上、6 下；68/3 上；216/7 上；220/8 下；346/1 下；443/4 下
【奏议标】97/常安民・上哲宗奏为种谊生擒鬼章赏未称功/3277；140/上官均・上哲宗论弃地非便/1576
【奏议影】97/常安民・上哲宗奏为种谊生擒鬼章赏未称功/1049；140/上官均・上哲宗论弃地非便/4847
【汇编】中五 4994、5264

戎帐

【长编标】11/248；138/3327；513/12206
【长编影】11/8 上；138/16 下；513/12 下

戎狄

【长编标】36/793；37/810；44/942、947、948、950；51/1110、1115；54/1181、1183；67/1506；128/3036；129/3063；146/3545；149/3598；150/3626、3632；151/3692；154/3741；194/4696；196/4756、4757；197/4774；360/8624、8625、8626；405/9873；443/10658；452/10851；471/11245
【长编影】36/9 下；37/4 下；44/16 上；51/3 下、8 上；54/6 上、8 上；67/10 下；128/10 下；129/12 上；146/17 上；149/2 下；150/4 下、9 下；151/25 上；154/6 下；194/8 下；196/18 下；197/6 上；206/24 下；218/20 上、20 下；221/17 下；222/12 下；225/7 上、16 上；226/3 下；228/8 下、9 上；276/23 上；360/15 下；405/11 上；443/4 下；452/9 下；471/7 上
【奏议标】132/陈执中・上仁宗论西边事宜/1456、欧阳修・上仁宗论庙算三事/1458、田况・上仁宗兵策十四事/1470；133/范仲淹・上仁宗攻守二策/1478、贾昌朝・上仁宗备边六事/1483；136/司马光・上英宗乞戒边臣阔略细故/1522；137/杨绘・上神宗论种谔擅入西界/1533、孙觉・上神宗论治边之略/1536；138/司马光・上哲宗乞还西夏六寨/1554；140/上官均・上哲宗论弃地非便/1577；141/文彦博・上神宗论进筑河州/1590、1591、苏辙・上哲宗乞约鬼章讨阿里骨/1592
【奏议影】132/陈执中・上仁宗论西边事宜/4481、欧阳修・上仁宗论庙算三事/4486、田况・上仁宗兵策十四事/4526；133/范仲淹・上仁宗攻守二策/4548、贾昌朝・上仁宗备边六事/4560；136/司马光・上英宗乞戒边臣阔略细故/4681；137/杨绘・上神宗论种谔擅入西界/4712、孙觉・上神宗论治边之略/4723；138/司马光・上哲宗乞还西夏六寨/4778；140/上官均・上哲宗论弃地非便/4848；141/文彦博・上神宗论进筑河州/4891、4894、苏辙・上哲宗乞约鬼章讨阿里骨/4896
【公是集】30/龙图阁直学士兵部郎中泾原路经略使王素可谏议大夫/355
【东坡全集】25/奏议 6 上
【司马文正公集】34/请革弊札子/6 下；35/章奏 33/1 上、8 下
【欧阳文忠公全集】99/奏议 2 下
【河南先生文集】8/议西夏臣伏诚伪书/1 下
【范文正公集】5/上攻守二策状/13 下、答窃议/17 下；年谱/26 上

【栾城集】39/论西事状/15 上
【名臣碑传琬琰集】上集 3/丁文简公度崇儒之碑/51
【畿辅通志】109/司马光撰礼部尚书张公墓志/14 上
【汇编】中一 1207；中二 2033、2400、2693、2705、2746、2801、2809、2810、2827；中三 3026、3289；中五 4645、4649、4665、4674、4864、4886、4995、5147；补遗 7256

戎虏

【东坡全集】38/口宣/21 上
【汇编】中五 4875

戎俘 吐蕃

【长编标】3/69；57/1251
【长编影】3/8 上；57/1 上

戎落

【宋史】466/秦翰传/13613；491/党项传/14147
【长编标】88/2022；109/2537；132/3133
【长编影】88/10 下；109/4 下；132/11 上
【文恭集】19/故麟州兀罗族下班殿侍三班差使罗佑亲男崖可本族副都军主制/241
【华阳集】17/宣徽南院使判延州郭逵免恩命不允诏/200
【汇编】上 30；中一 1400；中三 3179、3441

西人

【辽史】19/兴宗纪 2/229；86/杜防传/1325
【宋史】4/太宗纪 1/71；15/神宗纪 2/283、298；16/神宗纪 3/304、305、306、307、308、309、310；67/五行志 4/1485；87/地理志 3/2149；167/职官志 7/3969；176/食货志上 4/4285；190/兵志 4/4720；191/兵志·5 蕃兵/4760；193/兵志 7/4809；196/兵志 10/4896；250/王彦升传/8829、250/石元孙传/8814；255/王凯传/8925；259/袁继忠传/9005；261/张禹珪传/9048；286/蔡延庆传/9638；295/孙甫传/9840、谢景温传/9848；303/田京传/10051；310/李乘之传/10178；312/韩忠彦传/10230；318/张方平传/10354；323/马怀德传/10467、赵珣传/10463；324/刘涣传/10493、许怀德传/10477、张亢传/10488；325/任福传/10506、刘平传/10501；328/安焘传/10566、薛向传/10581；330/任颛传/10617；331/沈括传/10656、楚建中传/10667；332/李师中传/10678、赵卨传/10686；334/高永能传/10726；336/吕公著传/10780；339/苏辙传/10824、10833；340/吕大防传/10842；341/孙固传/10875；342/王严叟传/10894；349/卢政传/11055、刘昌祚传/11054、姚麟传/11058；350/王文郁传/11075、刘仲武传/11082、曲珍传/11083、张守约传/11073、郭成传/11085；351/管师仁传/11112；379/韩肖胄传/11691；452/陈淬传/13295；466/张继能传/13623、张崇贵传/13619；467/李宪传/13640；485/夏国传上/13986；490/大食传/14121；492/董毡传/14164
【元史】179/杨不花传/4151
【长编标】42/886；64/1428；101/2342；105/2440；126/2979；129/3064；138/3332；140/3361；142/3421；144/3487；145/3500；150/3624、3640；151/3677、3681；154/3738、3747；155/3771、3773；156/3779、3782；157/3805、3811；159/3843；161/3884；165/3976；172/4139；177/4282；181/4384；183/4430；185/4470、4471；186/4486、4488；188/4525；191/4613；203/4922、4926；204/4948、4949；205/4965；213/5176；214/5196、5197、5202、5204、5206；216/5258；217/5278；221/5387、5388；222/5411；223/5416、5418；224/5461；226/5502、5503；227/5530；228/5550；229/5565、5568、5572；230/5592、5604；232/5633；234/5673、5674、5679、5680；235/5719；236/5730、5750；237/5768、5775；238/5797；241/5877、5881、5880、5882；242/5906；244/5942、5943；250/6081；266/6525；267/6548；270/6627；271/6637；273/6696；274/6713；275/6730；284/6961；287/7033；288/7052；290/7093、7101；295/7182；297/7218、7227；298/7240；299/7277；301/7326、7330、7331；312/7568；315/7628、7631；318/7691；319/7717；332/7997、7998；333/8024；334/8031、8057；335/8064；336/8108、8112；338/8139、8144；339/8172；341/8208；344/8264、8265；354/8478；356/8526；357/8547；358/8560、

8569；360/8608；362/8658；364/8735；365/8749、8750、8752、8753、8754；366/8786、8787、8794、8811；367/8842、8843；368/8879、8880；370/8956；372/9905；374/9063、9064；378/9175；379/9200、9201、9204、9207；380/9221；381/9283、9284；382/9306、9319；383/9339；389/9470；397/9674；400/9753；403/9807；406/9877；409/9968；414/10062；417/10127；419/10146；429/10367；433/10468；437/10546；444/10683；448/10774；452/10844、10845、10846；454/10882；455/10907；456/10922；457/10937；458/10952、10971；460/11000、11001、11003；461/11027；462/11043、11044；464/11085；465/11116；466/11126、11129、11130；468/11172、11188；470/11220、11231、11233；474/11301；478/11384；479/11407；480/11415；483/11484、11485；485/11519、11524、11525；489/11604、11606、11607；492/11680、11681；495/11784；497/11818；498/11857；499/11882、11885；500/11899、11905、11906、11911、11912、11915、11916；504/12007、12008、12012、12013；505/12031、12041、12043、12045；506/12054、12055、12056、12057、12058、12059；507/12075、12076；508/12099、12102、12103、12104、12105；509/12116、12120、12121、12124、12125；510/12134、12138、12140、12142、12144、12149；511/12155、12156、12163；512/12186、12187、12188；513/12195、12205；514/12211、12216、12223、12226、12229；515/12240、12247；516/12282；517/12296、12301；518/12336；519/12342；520/12386

【长编影】42/6 上；64/4 上；105/6 上；126/4 上、12 下；138/20 上；142/24 下；145/11 上；150/2 下、16 下；151/12 上、12 下、15 下；154/3 上、11 上；155/13 上、14 下；156/2 下、5 下；157/9 上、14 上；159/4 下；161/3 下；165/14 下；172/9 上；177/5 上；181/13 下；183/7 上；186/4 下、6 上；188/1 上；191/3 上；203/11 下、15 下；204/13 下；205/3 下；213/11 上；217/7 上；229/1 上、4 上、7 上、12 上、13 上；230/6 上、6 下、17 下；231/1 下；232/1 上、6 上、8 下、11 上；233/7 下、16 下；234/3 上、3 下、6 下；235/20 下、21 下；236/6 上、25 上、25 下；237/16 下、19 下；238/1 上、11 下；239/15 上；241/3 下、5 上、6 上、9 下；242/15 上；243/1 下；244/9 下、11 下；247/6 上；250/1 上；256/3 上；267/7 下；270/8 上；271/4 下；272/6 下；273/19 下；274/12 上；275/10 上；283/16 上；285/4 上；287/19 上；288/11 上；289/8 下；290/7 下、12 下、14 上；291/4 下；295/4 下；297/2 下、10 上；298/1 下；299/12 上；301/6 下、10 下、11 下；302/1 下；312/9 上、10 上；314/2 上、4 上、6 下、11 上；315/13 上、15 上、16 上；316/2 上、3 上、6 下、9 下；318/11 上、15 上；319/1 上、6 下、9 下、11 下、17 上；325/7 上、8 上；326/4 上；328/3 下、5 上、9 上、13 下；329/1 下、8 下、12 上、15 上、19 上；332/2 上、3 下；333/5 上、11 上；334/2 上、5 上、23 上；335/3 上、15 下、18 上；336/11 上、18 下；337/3 下；338/6 下；339/11 上；340/1 上、10 上、13 下；341/12 上；344/9 上；352/22 下；354/8 上；356/15 下；357/16 下；358/1 下、9 下；360/2 上；362/3 上；366/14 下；367/21 上；368/27 下；370/20 下；372/4 上；378/1 上；379/4 下、7 下、10 上；381/30 上；382/7 下、19 上；389/19 下；397/4 上；403/7 上；406/1 上；414/8 下；417/5 下；419/2 下；429/9 上；432/2 上；434/12 上；437/18 下；443/7 下；444/4 上；448/9 下；452/3 上；454/4 下；455/6 下；456/5 上；458/1 上、17 下；460/1 上、8 下；461/11 下；462/11 上；464/12 下；465/5 上、16 下；466/1 上、3 上；468/5 下、19 下；470/2 下、11 上；478/2 上；479/7 上、10 上；485/1 上、4 下；489/7 上、9 下；492/4 上；495/17 上；497/2 下；498/14 下；499/10 下、13 下、19 下；500/1 上、6 下、10 下、14 下、15 下、23 上；504/8 上；505/14 下、15 下、17 上；506/5 上、9 上；507/3 下、4 下；508/1 上、7 下；509/4 上、7 下、

10 下、14 下；510/3 上、7 下、8 下、10 上、12 下、16 下、17 下；511/2 上、2 下、9 上；512/9 下、11 上、11 下；513/1 上、11 上；514/3 上、7 下、12 下、13 上、17 下；515/6 上、12 上；516/17 上；517/2 上、5 下；518/17 下；519/1 下；520/27 上

【东都事略】5/仁宗纪 7 上；8/神宗纪/7 上；59 下/范纯粹传/7 下；78/吕诲传/3 上；81/邵亢传/1 下；93 下/苏辙传/3 上；107/种师道传/1 上

西土

【宋大诏令集】234/赐夏国主不得僭儗诏/911、赐夏国主乞买物诏/912；236/赐夏国主给还绥州誓诏（熙宁二年二月戊子）/916、登极赐夏国主银绢诏（元符三年）/921

西方

【宋史】198/兵志 12/4949；312/韩忠彦传/10231；340/吕大防传/10842

【长编标】349/8376；404/9840；443/10661；460/10997

【长编影】349/9 下；404/10 下；443/7 下；460/1 上

【东坡全集】25/奏议（师雄）墓志铭/4 上

【汇编】中五 4582、4605、4846、4851、4854、4886、4893、5000、5069、5242

西戎

【杂字】13/论语部/13 左

西戎

【旧唐书】196 下/吐蕃传下/5263

【宋史】242/英宗宣仁圣烈高皇后传/8626；275/安守忠传/9369；295/孙甫传/9840；325/刘平传/10501；336/司马光传/10763；355/郭知章传/11196；466/窦神宝传/13600

【元史】149/石天应传/3526

【长编标】3/68；9/204；10/236；15/318；17/385；41/870；44/942、947、948；50/1088；52/1134；60/1348；77/1754；83/1904；86/1974；100/2311；125/2956、2957；132/3136；134/3202；135/3218；136/3251；137/3291；138/3318、3319；139/3351；139/3354、3355；141/3382；142/3404、3406；143/3453、3454、3461；145/3501、3507、3509、3515；149/3598；149/3600；151/3681、3682、3692；161/3897；194/4711；205/4969；208/5066；214/5220；221/5389；252/6166；313/7584；336/8105；346/8302；365/8754；366/8794；368/8867；373/9046；378/9181；380/9222、9234、9241；381/9279、9280、9281、9282、9283；382/9305、9319；384/9363；408/9943；430/10387；436/10510；443/10658、10659、10662；465/11112、11115；486/11548；500/11910；506/12056、12057；508/12104

【长编影】3/7 上；9/5 上；10/17 下；15/2 上；17/20 上；41/9 上；44/16 上；50/6 上；52/4 下；60/14 下；77/5 下；83/16 上；86/9 上；100/1 下；125/15 下、18 上；132/13 上；134/14 上；135/5 下；136/5 下；137/13 下；139/10 下、16 上；141/9 下；142/9 上、11 下、28 上；143/19 上、28 上；145/18 下；149/6 下；151/14 下；161/14 下；194/21 上；205/7 上；208/18 上；214/25 上；221/20 下；252/17 下；313/3 上；336/13 上；346/1 上；366/14 下；368/16 上；373/21 上；378/7 下；380/3 上、14 上、20 上；381/26 下、27 下、28 上、29 上、30 上；382/19 上；408/21 上；430/7 下；436/11 上；443/4 下、7 下；465/14 下、16 下；486/9 上；500/10 下；506/5 上；508/8 下

【东都事略】87 下/司马光传/2 下

【宋会要】刑法 2 之 40/6515；兵 17 之 30/7052、22 之 4/7145；方域 5 之 3/7384、5 之 8/7387、8 之 23/7452、19 之 47/7649

【长编纪事本末】101/6 下

【宋大诏令集】102/刘延庆检校太保制/378；119/元符元年有事南郊诏/406；144/幸边陲诏/527；219/陕西河东德者/838；219/陕西河东曲赦/840；9/哲宗谥册/42

【奏议标】115/张方平·上神宗论新法/1260；124/陈次升·上徽宗论西蕃市马/1386；131/富弼·上仁宗论西夏八事/1448；132/刘平·上仁宗乞选用酋豪各守边郡/1455、田况·上仁宗兵策十四事/1470；133/张方平·上仁宗因郊禋肆赦招怀西贼/1475、范仲淹·上仁宗攻守二策/1478、范仲淹·上仁宗再议攻守/1480、1481、家昌朝·上仁宗备边六事/

1483、范仲淹等·上仁宗论元昊请和不可许者三大可防者三/1486；134/余靖·上仁宗论元昊请和当令权在我/1488、欧阳修·上仁宗论西鄙议和先防北虏/1490；135/余靖·上仁宗论契丹请绝元昊进贡事/1512；136/宋祁·上仁宗论河北根本在真定/1519、吕诲·上仁宗论边备弛废/1521；137/杨绘·上神宗论种谔擅入西界/1533；139/苏辙·上哲宗乞因夏人纳款给还其地/1565、1566、1567；141/文彦博·上神宗论进筑河州/1590、1591

【奏议影】115/张方平·上神宗论新法/3918；124/陈次升·上徽宗论西蕃市马/4276；131/富弼·上仁宗论西夏八事/4449；132/刘平·上仁宗乞选用酋豪各守边郡/4477、田况·上仁宗兵策十四事/4525；133/张方平·上仁宗因郊禋肆赦招怀西贼/4537、范仲淹·上仁宗攻守二策/4547、范仲淹·上仁宗再议攻守/4550、4554、家昌朝·上仁宗备边六事/4560、范仲淹等·上仁宗论元昊请和不可许者三大可防者三/4569；134/余靖·上仁宗论元昊请和当令权在我/4576、欧阳修·上仁宗论西鄙议和先防北虏/4581；135/余靖·上仁宗论契丹请绝元昊进贡事/4651；136/宋祁·上仁宗论河北根本在真定/4672、吕诲·上仁宗论边备弛废/4677；137/杨绘·上神宗论种谔擅入西界/4711；139/苏辙·上哲宗乞因夏人纳款给还其地/4810、4813、4817；141/文彦博·上神宗论进筑河州/4889

【中兴小纪】1/4

【元丰类稿】30/请西北择将东南益兵札子/11上；49/本朝政要策·任将条/10下

【元刊梦溪笔谈】18/19

【公是集】19/西戎乞降/220；30/程戡检校太傅宣徽南院使判延州/360

【文恭集】18/谭嘉震可依旧内园使昭州刺史制/222；37/王公（平）墓志铭/445

【东牟集】14/右朝奉郎王公（彦隆）墓志/7上

【东轩笔录】1/1上；8/4下；9/4上

【东坡全集】17/司马温公行状/8下；36/制敕/2上；41/祝文/18下；79/进紫薇花诗/2上

【乐全集】18/对诏策/2上；20/请因郊禋肆赦招怀西贼札子/24上；22/请省缘边骑兵事/16下

【司马文正公集】20/章奏18/12上；77/书启6/21下；82/祭文/6上；后山谈丛2/5上

【安阳集】家传/3/10上

【初寮集】6/定功继伐碑/1上

【宋文鉴】139/范纯佑墓志铭/8下

【宋朝事实类苑】55/71；75/994；78/1021

【系年要录】1/31

【苏学士集】1/庆州败/3上

【陇右金石录】3/41下

【鸡肋集】12/送龙图范文德孺帅庆/8下

【净德集】19/虑边论二/205；21/枢密刘公（庠）墓志铭/234

【忠惠集】6/贺破夏贼界捷表/3下

【欧阳文忠公全集】46/上书/1上；53/古诗3/5上

【欧阳修撰集】1上/皇帝万言书/11上

【武经总要】前集13/14下

【河南先生文集】22/用属国/2上；23/议攻守/1上

【苕溪集】48/宋故武功大夫杨公（宗闵）墓碑/4下、5下；宋故恩平郡夫人刘氏墓碑/17下

【范太史集】11/贺鄜延路奏米脂川大捷表/9下；18/乞夏国人使只从密院指挥状/2下

【范文正公集】5/上攻守二策状/13；9/答安抚王内翰/11上；13/天章阁待制滕君墓志铭19上；尺牍中/7上；年谱/2下；政府奏议下/9下；10/祭知环州种染院文/3下

【临川集】18/和蔡副枢贺平戎庆捷/5下

【挥麈后录】余话1/281－6

【栾城集】1/诗/1上；27/西掖告词/16下；36/乞诛窜吕惠卿传/18上；37/再论兰州等地状/4上、11上

【梁溪漫志】6/蜀中石刻东坡文字/2上

【校证补梦溪笔谈】2/948

【彭城集】9/西戎/115；21/皇城使昭州刺史郭忠绍可差知岷州制/288

【景文集】62/张尚书行状/831

【名臣碑传琬琰集】上集18/张刺史纶神道碑/290；中集19/唐质肃公介墓志铭/682；44/张中定公詠行状/1046；51/司马文正公光行状/1173

【豫章文集】2/遵尧录1/3上、7297、7307

【潞公文集】4/次韵答平凉龙图王谏/13下
【汇编】上761；中一934、948、953、958、963、988、1027、1033、1034、1057、1174、1207、1226、1551；中二1816、1865、1889、2142、2163、2164、2218、2380、2399、2489、2507、2508、2537、2558、2612、2627、2668、2680、2687、2696、2722、2744、2748、2773、2775、2782、2795、2799、2819、2832；中三2883、2896、2977、2986、2993、3050、3055、3057、3065、3073、3108、3112、3257、3259、3262、3324、3382、3383、3395、3440、3469、3497、3684、3702；中四3807、3822、3832、3897、4116、4127、4128、4201、4293、4430；中五4580、4648、4670、4671、4678、4689、4731、4741、4745，4746、4747、4748、4756、4774、4775、4782、4806、4873、4882、4916、4978、4980、4995、4998、5001、5091、5226、5227、5230；中六5296、5336、5391、5413、5421、5483、5685、5715、5916、6078；下/6085、6256、6748、6873、7003、7005；补遗7102、7238、7331、7362、7427、7440、7442、7461、7462、7463、7464、7469、7471

西夷

【东坡全集】25/奏议6上
【奏议标】131/富弼·上仁宗论西夏八事/1452
【奏议影】131/富弼·上仁宗论西夏八事/4465
【至正集】31/宣政使杨公行实序/11上
【汇编】上509；中五4886

西狄

【长编标】44/947
【长编影】44/16上
【汇编】中一1207

西羌

【隋书】62/刘行本传/1477
【旧唐书】198/党项羌传/5290
【新唐书】221上/党项传/6209
【旧五代史】138/外国传/1837
【新五代史】74/四夷附录3/912
【宋史】4/太宗纪1/59；181/食货志下3/4419；190/兵志四·河东陕西弓箭手/4721；191/兵志5/4751；258/曹玮传/8986；292/田况传/9781；294/掌禹锡传/9807；313/文彦博传/10263；314/范仲淹传/10270；317/冯京传/10339；325/王仲宝传/10514；328/薛嗣昌传/10588；334/高永能传/10726；349/刘舜卿传/11063；353/宇文昌龄传/11147；467/蓝继宗传/13633；491/党项传/14137
【辽史】87/萧孝友传/1334
【金史】14/宣宗纪上/305；79/张中彦传/1790；91/杨仲武传/2019；98/完颜纲传/2182
【长编标】30/675；44/936；45/962；131/3117；132/3144；135/3222；138/3316；139/3354、3355；145/3516；148/3593；166/3992；177/4282；216/5258；233/5653；235/5699；330/7957；349/8378；353/8457；384/9360；404/9857；405/9874、9875；416/10113；418/10137；430/10383；476/11341；490/11618；503/11974；504/12017；516/12265；518/12336
【长编影】30/9上；44/7上；45/7上；131/21下；132/21上；135/8下；138/7下；139/16上；145/20上；148/17上；166/11上；177/5下；216/7上；233/7下；235/3下；330/11上；349/11上；353/3上；384/11上；404/25下；405/12下、13上；416/7上；418/2上；430/4上；476/4下；490/1下；503/5上；504/17下；516/2上；518/17下
【东都事略】129/附录7·西蕃/1下
【隆平集】20/夷狄传/3下
【长编纪事本末】101/18下；140/9下
【五代会要】29/党项羌传/353
【宋大诏令集】8/仁宗谥议/34
【奏议标】125/王尧臣·上仁宗乞用泾原路熟户/1378；133/庞籍·上仁宗论范仲淹攻守之策/1481、贾昌朝·上仁宗备边六事/1482；134/田况·上仁宗乞访执政专以虏患为急/1495；138/吕大防·上哲宗答诏论西事/1557；139/孙觉·上哲宗乞弃兰州/1567、1568；141/苏轼·上哲宗乞约鬼章讨阿里骨/1593、冯澥·上徽宗论湟廓西宁三州/1596
【奏议影】125/王尧臣·上仁宗乞用泾原路熟户/4253；133/庞籍·上仁宗论范仲淹攻守之策/4555、贾昌朝·上仁宗备边六事/4556；134/田况·上仁宗乞访执政专以虏患为急/

4596；138/吕大防·上哲宗答诏论西事/4787；139/孙觉·上哲宗乞弃兰州/4813；141/苏轼·上哲宗乞约鬼章讨阿里骨/4899、冯澥·上徽宗论湟廓西宁三州/4907

【小畜集】28/宣徽南院使镇州都部署郭公（守文）墓志铭/22 上

【东坡全集】18/司马温公神道碑/46 上；25/奏议 2 上；25/奏议 6 上

【北山集】34/武功大夫昭州团练使骁骑尉徐公（量）行状/11 上

【司马文正公集】45/古诗/12 下

【甲申杂记】下

【补梦溪笔谈】下/2/权智/950

【陇右金石录】4/56 上/［附录］重修护国寺感通塔碑考释

【龟山集】33/钱忠定公（即，字中道）墓志铭/10 上

【净德集】19/虑边论二/205；30/送张子公/317

【忠惠集】5/代贺受降表/4 下

【范文正公集】13/张君墓志铭/21 下、资政殿大学士礼部尚书赠太子太师谥忠献范公墓志铭/12 上、褒贤集/富弼撰墓志铭/10 上

【栾城集】39/论西事状/15 上

【铁围山丛谈】2/12 上

【梁溪漫志】6/蜀中石刻东坡文字/2 上

【潞公文集】20/奏议 6 上

【延安府志】1/诗文/47 上

【甘肃新通志】6/舆地志·山川上·固原直隶州·海城县/26 上；30/祠寺志·寺观·巩昌府·岷州/23 下

【汇编】上 3、9、15、17、20、113、115、145、610；中一 972、978、1065、1211、1394、1548、1617、1761；中二 1878、2082、2118、2158、2258、2300、2414、2436、2590、2687、2819；中三 2880、2938、3313、3379、3528、3613；中四 3769、3780、3834、3835、4327、4439；中五 4622、4758、4856、4860、4868、4873、4875、4888、4904、5079、5170、5224、5243；中六 5436、5457、5607、5651、5788、5818、5820、5885；下 6675、6725、6837、6846；补遗 7123、7282、7296、7331、7369、7377、7388、7392、7408

西虏

【奏议标】137/杨绘·上神宗论种谔擅入西界/1533

【奏议影】137/杨绘·上神宗论种谔擅入西界/4713

【河南先生文集】19/大臣议边事/1 下、乞省案栅骑军/6 上

【范文正公集】别卷/4/1 上

【汇编】中二 2016、2020；中三 2940

西界人

【宋会要】职官 32 之 2/3006

西界归明及捉到人

【宋会要】兵 17 之 10/7042

西界蕃户

【宋会要】兵 27 之 34/7263

西夏人

【宋史】344/孙览传/10929

【北行日录】上/33 上

【汇编】中六 5274；下 6738

西贼

【宋史】190/兵志 4/4720；284/宋祁传/9597；292/田况传/9778；300/杨偕传/9955；323/马怀德传/10466

【长编标】111/2590；125/2944、2945；126/2976、2979、2982；127/3005；128/3035、3042、3044、3045；129/3051、3056、3057、3062；130/3085；131/3096、3103、3117；132/3135、3136、3139；133/3171、3173、3175、3176、3178；134/3189、3196、3197、3200、3204；135/3216、3222、3228、3236、3237、3238；139/3340、3347；142/3409；143/3449；144/3479、3486；145/3506；146/3535、3537；147/3565；149/3603、3615、3618；150/3630、3638；151/3665、3687；152/3709；156/3777、3778；157/3813；160/3860；168/4033；174/4195；176/4267；184/4449；192/4652；210/5108；214/5195、5196、5197、5199；215/5236、5241；216/5268；217/5278；220/5336、5345、5348、5356、5359；221/5368、5380、5385、5387、5389、5390；222/5410；224/5450；225/5477；226/5504、5510；229/5577；233/5662；250/6089；251/6112、6120；269/6603；285/6982；300/7298、7300；306/

7437；315/7620、7531；316/7638、7642、7643、7644、7645、7647；317/7656、7660；318/7692、7695；319/7704、7709、7710；320/7726、7730、7731、7732；321/7742、7745、7749；322/7763；323/7791；324/7795、7805；325/7831；326/7848、7852、7854、7855、7858；327/7865、7876、7877、7878；328/7897、7902；329/7913、7915、7925、7931、7932、7933；330/7946、7948、7952、7956；331/7978；332/8009、8005；333/8018、8021；334/8030；335/8071、8078、8081；336/8091；338/8139、8142、8143、8147；339/8171、8166；341/8201、8202、8207、8213；342/8220、8225、8226、8229、8231；343/8234、8236、8241、8250；344/8267；345/8272、8275、8282、8286；346/8302、8308、8311；347/8323、8324；348/8342、8347、8352、8361；349/8369、8372、8375、8376；350/8381、8382、8384、8387、8392；354/8480；357/8548；359/8584；362/8671；368/8862；374/9061、9062；397/9673；399/9731；400/9745；401/9767、9769；402/9778、9783、9792；404/9837、9844；405/9869、9871；406/9893；407/9916；408/9924、9929；409/9952、9976、9977、9979；410/9992；411/10003；419/10159；445/10715；448/10774；452/10843；457/10940；459/10982；460/11001；462/11043、11044；464/11094；465/11112；466/11140；467/11147、11148；468/11170；469/11208、11212；470/11219、11220、11222、11223、11225、11232、11234；471/11244；472/11264；474/11308、11309、11312；475/11322；476/11342、11348、11350；477/11353、11358；478/11383、11388、11389、11393；479/11403、11404、11405、11407、11408、11409；480/11419、11420、11421、11427；481/11447；484/11512；485/11518、11519、11524、11525、11528；486/11544、11545；487/11567、11570；488/11586、11587；489/11601、11612；490/11623、11641、11642；491/11661；494/11730、11746、11756、11757；495/11782、11784、11786；496/11795、11797、11798、11799、11808、11809；497/11818；498/11847；499/11888、11893；500/11909、11911；503/11974、11975、11976、11977、11983、11984、11985；504/11999、12000、12013；505/12034；507/12092；508/12098、12105；511/12169；516/12275、12282；518/12322；519/12350

【长编影】111/13下；125/3下、6上、6下、7上；126/1下、5上、9下、13上、15上；127/2下；128/15下、18下；129/1下、2上、3上、5下、7上、11上；130/1上、6上；131/10上、21下；132/7下、16上；133/10上、16上；134/8下、9下、15下；135/3下、14上、21上；139/10下；141/9下；142/14上、21下、24下；143/18下、19上；144/3下、9下；146/9上；147/11上；149/6下、19下；150/4下、15上；151/1上、21上；152/8下、12上；156/1上、2上；160/2上；168/2下；176/17下；192/17上；214/2下、6上、9下；216/16上；217/7上；220/8上、13上、20上、23上；221/2上、12上、18上、20上；222/11上；224/11上；225/9上；226/4下、9上；233/16上；250/8下；251/4上、11上；269/18下；285/11上；300/1下、3下；306/2上；315/5上、5下、15上；316/2上、5上、5下、6下、9下；317/1上、4下；318/11上、13下；319/6上、9下；320/7上、10上、10下、12上；321/5下、8下、12上；323/13下、14下；324/1上、9上；325/3上、16上；326/9下、13下、14上、15下、16下；327/1上、10下、12上、12下；328/6下、7上、11上、13上；329/1下、3上、11上、15上、16下；330/1下、3下、6下、10上；332/9下、13上；333/5上、8上；334/1下；335/9上、15下、18上；336/1下、10上；338/5下；339/11上；341/6上、7下、10上、11下、16下；342/2上、6下、7上、9下、11下；343/1上、2上、2下、6下、14上；344/12上；345/2上、4下、10上、13下；346/7上、9下；347/4上、4下；348/2上、6下、10下、17

下；349/3 下、6 上、9 下、11 上；350/1 上、2 上、3 下、5 下、10 下；354/10 上；357/16 下；359/5 上、6 上；362/15 上；368/12 上；374/8 上；397/3 上；399/10 上；400/7 上；401/6 下；402/1 下、6 下、14 上；404/8 上；405/9 下；406/14 上；407/19 下；408/9 下；409/1 下、23 上、25 上；410/11 上；411/7 上；419/14 下；444/4 上；448/9 下；452/3 上；457/3 下；460/1 上；462/11 上；464/20 下；465/7 下、14 下；466/8 下、9 上、13 上；467/2 下、3 上、14 下；468/3 下；469/8 上；470/2 下、6 下、7 下、11 上、16 上；471/7 上；472/5 上；474/8 上、11 下；475/3 上；476/6 上、12 上、13 上；477/1 上、5 下；478/2 上、6 上、6 下、7 上、10 下；479/4 上、7 上；480/3 上、11 下；481/11 下；484/18 下；485/1 上、4 下、9 上；486/5 下、6 上；487/2 下、8 上；488/8 下；489/5 上、14 下；490/6 上、20 上、20 下；491/12 上；494/4 上、17 下、26 下、27 下；495/17 上、20 上；496/4 上、15 下；497/2 下；498/6 下；499/15 下、19 下；500/9 上、10 下；503/4 下、6 上、7 下、12 上、14 上；504/3 上、8 上；505/7 下；507/17 下；508/1 上、7 下；511/14 下；516/10 下、17 上；518/1 上；519/8 下

【东都事略】121/童贯传/2 上

【隆平集】20/夷狄传/3 下

【宋会要】礼 20 之 3/766、20 之 40/784、21 之 48/874、62 之 48/1718、62 之 49/1719；仪制 7 之 4/1951；职官 41 之 76/3204、64 之 39/3840、64 之 40/3840、64 之 41/3841、66 之 21/3878、67 之 6/3890、67 之 7/3891、67 之 10/3892、67 之 11/3893、67 之 18/3896、67 之 27/3901；食货 1 之 30/4816、23 之 38/5193、38 之 31/5482、40 之 2/5509、59 之 4/5840、68 之 4/6310、70 之 163/6452；刑法 6 之 20/6703；兵 2 之 39/6791、4 之 17/6828、5 之 10/6844、8 之 21/6897、8 之 23/6898、8 之 25/6899、8 之 26/6900、8 之 28/6901、8 之 29/6901、8 之 30/6902、8 之 31/6902、8 之 33/6903、14 之 5/6995、14 之 18/7001、14 之 19/7002、14 之 20/7002、14 之 21/7003、18 之 2/7058、18 之 7/7061、18 之 13/7064、18 之 17/7066、18 之 25/7070、27 之 29/7261、27 之 32/7262、28 之 4/7271、28 之 5/7272、28 之 8/7273、28 之 9/7274、28 之 27/7283、28 之 28/7283、28 之 29/7284、28 之 30/7284、28 之 31/7285、28 之 32/7285、28 之 34/7286、28 之 35/7287、28 之 37/7288、28 之 39/7289、28 之 40/7289、28 之 41/7290、28 之 43/7291；方域 8 之 3/7442、8 之 27/7454、12 之 4/7521、19 之 5/7628、19 之 9/7630、19 之 18/7634、19 之 49/7650、21 之 7/7664、21 之 12/7667；蕃夷 2 之 28/7706、4 之 17/7722、6 之 6/6576、7821、6 之 16/7826、6 之 26/7831、6 之 30/7833

【奏议标】125/余靖・上仁宗论马政修之由人不在于地/4268；132/范仲淹・上仁宗论夏贼未宜进讨/1463、田况・上仁宗论攻策七不可/1466、田况・上仁宗兵策十四事/1470；133/范仲淹・上仁宗攻守二策/1477、范仲淹等・上仁宗论元昊请和不可许者三大可防者三/1487；134/欧阳修・上仁宗论西鄙议和先防北虏/1490、欧阳修・上仁宗论西贼议和利害/1492；135/余靖・上仁宗论元昊所上誓书/1514；139/范育・上哲宗论御戎之要/1575；141/文彦博・上神宗论进筑河州/1590、1591

【奏议影】125/余靖・上仁宗论马政修之由人不在于地/1383；132/范仲淹・上仁宗论夏贼未宜进讨/4503、田况・上仁宗论攻策七不可/4510、田况・上仁宗兵策十四事/4524；133/范仲淹・上仁宗攻守二策/4544、范仲淹等・上仁宗论元昊请和不可许者三大可防者三/4573；134/欧阳修・上仁宗论西贼议和利害/4589；135/余靖・上仁宗论元昊所上誓书/4657；139/范育・上哲宗论御戎之要/4842；141/文彦博・上神宗论进筑河州/4889

【东轩笔录】9/4 上

【乐全集】20/请因郊禋肆赦招怀西贼札子/24 上

【包拯集】9/议边/121

【安阳集】家传 2/8 上、2/15 下、3/1 下、3/3 上、4/16 下、7/1 上

【宋朝事实类苑】66/880

【皇宋十朝纲要】16/11 上
【欧阳文忠公全集】46/上书/1 上；97/奏议 2 上、4 上、6 下、11 上；102/奏议 1 上、奏议 1 下；104/奏议 8 下；105/奏议 14 下、16 上；115/河东奉使奏草/21 下
【河南先生文集】20/奏为乞令环庆路与泾原路相应广发兵马牵制贼势事/4 上
【范文正公集】5/上攻守二策/13 下；16/北观察使第一表/1 上、让枢密直学士右谏议大夫表/9 下；18/除枢密副使召赴阙陈让第一状/6 上；尺牍中/6 上；年谱/25 下、27 上；年谱补遗/3 上、5 下、6 下、10、11 上、13 上、14 上、20 下、21 上；西夏堡寨/6；言行拾遗 2/3 下、8 上、3/5 上、6 上；政府奏议下/荐举/22 下、24 上；遗文/8 上、9 上
【闻见近录】6 下
【栾城集】29/西掖告词/15 下
【玉海】139/咸平初置振武指挥/15 上
【涑水记闻】11/8 上；12/3 上、7 下、8 上
【续资治通鉴】66/1632
【潞公文集】18/奏议 4 下
【汇编】上 37；中一 1481、1685；中二 1845、1853、1854、1855、1856、1883、1889、1906、1907、1925、1926、1938、1946、1948、1992、2003、2074、2077、2086、2098、2102、2103、2104、2105、2106、2108、2112、2120、2153、2161、2168、2183、2209、2217、2225、2258、2279、2291、2316、2331、2332、2333、2338、2343、2347、2348、2351、2364、2380、2384、2389、2393、2395、2397、2406、2414、2423、2434、2437、2438、2441、2461、2462、2473、2494、2511、2544、2550、2572、2614、2635、2640、2642、2643、2645、2653、2671、2674、2682、2695、2707、2708、2722、2730、2739、2752、2753、2754、2764、2766、2767、2775、2783、2785、2797、2798、2803、2804、2805、2808；中三 2844、2846、2863、2896、2898、2916、2919、2921、2930、2940、2948、2967、2982、2991、2994、3001、3017、3026、3044、3047、3052、3053、3058、3094、3155、3193、3205、3261、3428、3459、3506、3514、3535、3553、3574、3580、3582、3585、3618、3623、3655、3658、3661、3665、3666、3674、3681、3682、3686、3691、3696、3704、3711、3719、3721、3725；中四 3771、3821、3822、3932、3935、3999、4049、4104、4111、4157、4158、4168、4175、4179、4180、4182、4184、4187、4191、4202、4213、4219、4223、4234、4241、4243、4257、4262、4263、4265、4272、4278、4280、4319、4322、4324、4329、4337、4351、4355、4356、4357、4358、4362、4366、4378、4379、4388、4391、4392、4395、4397、4407、4411、4412、4413、4414、4415、4429、4432、4433、4435、4438、4463、4464、4467、4469、4472、4486、4489、4490、4495、4499、4518、4527、4534、4535、4537、4539、4541；中五 4546、4550、4552、4553、4555、4557、4558、4559、4563、4568、4569、4571、4574、4575、4582、4584、4587、4588、4593、4595、4596、4601、4603、4604、4606、4608、4609、4610、4611、4612、4613、4627、4633、4636、4651、4689、4712、4814、4824、4826、4828、4831、4834、4836、4842、4844、4885、4899、4908、4909、4915、4917、4923、4924、4925、4927、4928、4949、5008、5042、5043、5046、5048、5061、5072、5082、5088、5090、5091、5098、5102、5103、5109、5110、5111、5112、5114、5116、5124、5127、5130、5131、5133、5134、5135、5140、5142、5143、5145、5150、5159、5163、5167、5171、5174、5175、5177、5178、5182、5184、5185、5187、5188、5191、5192、5193、5194、5195、5196、5207、5208、5212、5215、5220、5230、5235、5239、5240、5244、5250、5251、5254、5255、5256、5259；中六 5269、5276、5277、5278、5281、5282、5287、5288、5292、5293、5300、5301、5304、5305、5308、5317、5318、5319、5321、5322、5327、5354、5360、5364、

5366、5370、5372、5373、5376、5378、5382、5386、5392、5409、5410、5411、5420、5421、5436、5437、5441、5442、5444、5446、5453、5470、5505、5511、5514、5559、5614、5615、5645、5660、5687、5699、5779、5788、5806、5880、5889、5929、5930、5985；补遗 7246、7291、7321

西陲

【奏议标】131/富弼·上仁宗论西夏八事/1451、1452；138/司马光·上哲宗乞还西夏六寨/1553

【奏议影】131/富弼·上仁宗论西夏八事/4462、4465；138/司马光·上哲宗乞还西夏六寨/4775

西寇

【宋史】196/兵志 10/4895

【长编标】103/2383；140/3363、3369；202/4906

【长编影】103/8 下；140/5 上、10 上；202/16 下

【东都事略】29/附录·西蕃/7 下

【苏学士集】11/乞用刘石子弟/9 上、11 下

【范文正公集】18/除枢密副使召赴阙陈让第一状/6 上

【汇编】中一 962；中二 2001、2015、2147、2709、2711、2717

西番

【辽史】11/圣宗纪 2/119

【长编标】50/1089；188/4527；516/12272

【长编影】50/7 上；188/2 下；516/8 上

【奏议标】141/苏轼·上哲宗乞约鬼章讨阿里骨/1593

【奏议影】141/苏轼·上哲宗乞约鬼章讨阿里骨/4900

【潞公文集】20/奏议 5 上

【汇编】中一 1029；补遗 7329

西鄙

【长编标】3/77；42/892；49/1069；52/1146；55/1218；58/1276；64/1433；70/1562；73/1660、1670；88/2031；102/2366；146/3535、217/5271；220/5349

【长编影】3/14 下；42/10 下；49/11 下；52/14 上；55/17 上；58/4 上；64/9 上；70/2 下；73/9 上、18 上；88/18 上；102/16 下；146/8 下；217/1 下；220/14 上

【东都事略】18/张凝传/9 上；48/曾致尧传/1 上；104/姚兕传/1 上

【宋大诏令集】9/真宗谥册/39

【奏议标】130/张齐贤·上真宗论陕西事宜/1438；131/富弼·上仁宗论西夏八事/1449、1452；134/欧阳修·上仁宗论西鄙议和先防北虏/1490、韩琦·上仁宗论备御七事/1494；135/富弼·上仁宗论河北七事/1515

【奏议影】130/张齐贤·上真宗论陕西事宜/4419；131/富弼·上仁宗论西夏八事/4452、4467；134/欧阳修·上仁宗论西鄙议和先防北虏/4583；135/富弼·上仁宗论河北七事/4659

【乐全集】22/秦州奏人唃厮啰事/20 上

【包拯集】2/论赏/23

【安阳集】家传/6/7 下

【初寮集】6/定功继伐碑/1 上

【宋朝事实类苑】8/88

【欧阳文忠公全集】127/归田录/1 上

【汇编】上 49；中一 937、957、989、1026、1136、1152、1181、1183、1184、1202、1206、1235、1246、1265、1292、1295、1322、1323、1337、1369、1394、1409、1423、1452、1460、1467、1479、1490、1493、1576、1631、1632；中三 2842、3107、3161、3217、3265、3378、3578、3597、3619、3661；补遗 7440

西蕃

【旧唐书】16/穆宗纪/482；144/杜希全传/3923；152/郝玼传/4077；161/李光颜传/4221；184/鱼朝恩传/4763

【辽史】59/食货志上/925；91/耶律唐古传/1362

【宋史】5/太宗纪 2/76；7/真宗纪 2/122；8/真宗纪 3/159、161；11/仁宗纪 3/217、222、224；12/仁宗纪 4/230、239、240、242；13/英宗纪/256；14/神宗纪 1/264、265；15/神宗纪 2/278、285、294；18/哲宗纪 2/351、352；19/徽宗纪 1/362；21/徽宗纪 3/398；28/高宗纪 5/529；34/孝宗纪 2/643；154/舆服志 6/3594；165/职官志 5/3903；176/食货

志上4/4267；190/兵志4・河东陕西弓箭手/4718；258/曹玮传/8984；332/李师中传/10679；448/郑骧传/13203；486/夏国传下/14013；492/吐蕃传/14156

【金史】91/结什角传/2016

【元史】28/英宗纪2/628；122/巴而术阿而忒的斤传/3000

【长编标】45/974；47/1034；49/1076；51/1122；55/1216；68/1520；84/1917；85/1958；86/1979；99/2296；117/2765；120/2845；125/2954；126/2975；132/3129；145/3509；146/3530；158/3826；161/3888；182/4397；185/4468；187/4510；192/4647；208/5068；212/5146；216/5262；217/5273；218/5308；220/5350；226/5502；230/5595；238/5798；252/6160；273/6695；285/6991；286/6996；290/7103；299/7272；309/7494；314/7608、7611；319/7706、7716；320/7720；323/7784、7789；346/8307；348/8353；350/8384；353/8464；354/8473；363/8676；365/8771；366/8798；380/9220；382/9310、9312、9313；391/9509；400/9743；401/9766、9771；402/9778；404/9832、9842、9843、9850、9851；405/9861、9863；406/9881；407/9905、9907；413/10042、10043；414/10059；436/10499；444/10680、10690、10691；455/10912；457/10937；465/11109；474/11312；476/11341、11350、11351；479/11401；481/11439；492/11678；497/11834；503/11974；505/12028、12029、12037、12038；506/12071、12072；511/12169；513/12199、12202、12203；514/12217、12220、12227、12228、12232；515/12244；517/12313；518/12324；519/12348；520/12384

【长编影】45/17下；47/22上；49/11下；51/13下；55/14上；68/3上；84/6上；85/21下；86/13上；99/6上；117/17下；120/23上；125/14下；126/9上、10上；132/7下；145/13下；146/4上；158/8下；161/7上；182/3下；185/8下；187/8下；188/2下、4下；192/12上；208/19上；212/4上；216/10上；217/3上；218/14下；220/14上；226/2上；230/8上；238/11下；252/8上、11下；273/18上；285/18下；286/2下、3下；290/16上；309/2上；314/9上、11上；316/2上；319/6下、16上；320/1上；323/12下；325/8上；346/6上；348/11下；350/3下；353/8上；354/5上；363/2下；365/24下；366/20上；380/1上；382/10上、12上、13下、14上；391/5下；400/5下去；401/7上、10上；402/4下；404/4下、12下、13下、19下、20上；405/1上、1下；406/6上；407/10上、12上；413/9上、10上；414/6下；436/1上；444/1下、11上；455/10下；457/2上；465/11下；474/11下；476/5下、14上；479/1下；492/2上；495/17上；497/17上；503/5上；505/2下、11上；511/14下、16下；513/9上；514/4上、8上、11上、16下、19下；516/7上；517/15下；518/7上；519/6上、9上；520/24上

【东都事略】129/附录7・西蕃/1下、3上、4下

【宋会要】礼9之36/547、14之59/616、29之49/1088；职官27之38/2955、41之85/3209、67之34/3904；食货2之3/482、37之14/5455、55之31/5763、63之75/6024；方域10之12/7479、19之18/7634；蕃夷4之5/7716、4之91/7759、6之6/7821、6之7/7822、6之9/7479、7823、6之16/7826

【长编纪事本末】139/5下、9上、11下、17上、17下；140/8下；145/9下

【宋大诏令集】235/夏国秉常乞进誓文永遵臣礼赐诏/915；239/西蕃上/935、赐西蕃邈川首领保顺军节度洮州管内观察使董毡依喃厮啰例发请俸诏/937、董毡特进制/937、西蕃邈川首领董毡移镇西平节度制/937、938、西蕃邈川首领董毡进奉回诏/938、西蕃阿里骨起复河西节度制/938、939、诫约西蕃邈川首领河西节度使阿里骨诏/939、西蕃邈川首领阿里骨落起复制/939、940；236/赐夏国诏/921；240/瞎征怀远节度使制/941、西蕃首领陇拶河西节度制/941、西蕃溪赊罗撒西平节度西蕃邈川首领制/942

【奏议标】130/张齐贤・上真宗论陕西事宜/1438；132/田况・上仁宗兵策十四事/1469；

139/范纯粹·上哲宗乞以弃地易被虏之人/1563、苏辙·上哲宗乞因夏人纳款给还其地/1567、苏轼·上哲宗论前后致寇之由及当今待敌之要/1571；141/文彦博·上神宗论进筑河州/1590
【奏议影】130/张齐贤·上真宗论陕西事宜/4420；132/田况·上仁宗兵策十四事/4522；139/范纯粹·上哲宗乞以弃地易被虏之人/4804、苏辙·上哲宗乞因夏人纳款给还其地/4816、苏轼·上哲宗论前后致寇之由及当今待敌之要/4831；141/文彦博·上神宗论进筑河州/4889
【文恭集】8/论西夏事宜/95；26/赐回西蕃奖州团练使霞展敕书/324
【元朝秘史】14/1 上
【太平广记】105/20 下
【九国志】1/2 下
【文庄集】2/西蕃首领帕克巴可银青光禄大夫检校国子祭酒兼监察御史武骑尉充本族军主制/22 下
【东坡全集】21/三马图赞并引/10 上
【东斋纪事】补遗 45
【乐全集】22/秦州奏人喃厮啰事/20 上、22 下；23/1 上
【册府元龟】520 下/6215 下
【三朝北盟会编】52/1 下；61/6 上；103/3 下
【安阳集】家传 7/5 上
【系年要录】1/8；6/166；192/3225
【皇宋十朝纲要】10/4 上
【陇右金石录】3/41 下
【欧阳文忠公全集】102/奏议 1 下
【武经总要】前集 18 上/24 下
【河南先生文集】18/论城水洛利害表/8 下
【浮溪集】13/赐西蕃部族将士抚恤诏/3 下
【涑水记闻】2/6 上
【梁溪集】99/论淮西军变札子/1 上
【朝野杂记】乙级 14/官制 2·川秦茶马二司分合/1064
【横塘集】8/代贺 降西蕃王子表/2 下、代贺环庆捷奏西蕃伪王子降表/3 上
【稽古录】18/82 下
【儒林公议】上/4 上
【潞公文集】37/辞免/9 下
【汇编】上 89、91、685、725、741、755、757、758；中一 1024、1247、1255、1307、1327、1365、1366、1368、1389、1394、1454、1456、1471、1501、1533、1542、1543、1544、1550、1576、1596、1604、1615、1627、1666、1675、1713、1737；中二 1863、1921、1924、1925、2273、2804、2840、2853、3082、3093、3098、3164、3210、3214、3224、3227、3248、3249、3250、3251、3260、3291、3292、3345、3349、3368、3388、3417、3420、3421、3485、3490、3509、3558、3616、3620、3634、3635、3661、3716；中四 3746、3757、3806、3820、3822、3940、3941、3944、3949、4017、4050、4051、4052、4077、4114、4149、4151、4175、4238、4251、4253、4318、4335、4533；中五 4546、4581；中六 5274、5337、5372、5389、5436、5461、5466、5474、5558、5559、5568、5570、5576、5578、5582、5589、5592、5599、5611、5639、5646、5657、5671、5677、5706、5711、5714、5721、5731、5734、5739、5749、5750、5775、5814、5904、5909、5970、6024、6056、6076；下 6105、6115、6116、6344、6458、6474、6624、6733、6745、6759、6914、6953、7058；补遗 7225、7228、7362、7373、7409、7420

夷

【旧唐书】198/党项羌传/5291
【旧五代史】138/党项传/1844
【新五代史】74/四夷附录 3/912
【辽史】82/耶律德威传/1291
【宋史】257/李继和传/8969；266/李至传/9177；281/寇准传/9528；308/卢斌传/10141；313/富弼传/10257；315/韩亿传/10298；320/王素传/10404；458/隐逸传中/13449
【长编标】10/230；17/384；30/6 下；38/678；39/834；40/852；42/893；49/1066；50/1098、1094；65/1455；85/1950；121/2866；215/5240、5241；216/5258；228/5558；229/5571；232/5628、5631、5636；233/5652、5664；235/5699；236/5751、5752；237/

5776；241/5879；245/5963；247/6029；248/6038、6042；259/6318；321/7748
【长编影】10/13 上；17/19 下；30/6 下；38/7 下；39/7 上；40/8 下；42/12 下；49/11 下；50/12 上、16 下；65/11 下；85/13 上；121/16 上；215/13 下；216/7 上；228/15 下；229/6 上；232/1 上、5 上、6 上；233/6 下、18 下；235/3 下；236/25 上、25 下；237/16 下；241/5 上；245/13 下；247/20 上；248/1 下、8 上；259/8 下；321/15 下
【宋会要】兵 14 之 14/6999
【奏议标】136/郑獬·上神宗论种谔擅入西界/1530；137/孙觉·上神宗论自治以胜夷狄之患/1535
【奏议影】136/郑獬·上神宗论种谔擅入西界/4706；137/孙觉·上神宗论自治以胜夷狄之患/4721
【文恭集】36/郑戬墓志铭/438
【玉照新志】2/2 下
【华阳集】17/判延州郭逵乞京西一郡不允诏/200、判延州程戡乞致仕第一表不允诏/203
【净德集】30/送张子公/317
【欧阳文忠公全集】12/律诗/9 下
【河南先生文集】18/论城水洛利害表/8 下
【范太史集】40/检校司空左武卫上将军郭公墓志铭/14 上
【临川集】18/和蔡副枢密贺平戎庆捷/5 下；47/赐永兴军韩琦乞致仕不允诏/8 下；56/百寮贺复熙河路表/1 下
【通典】7/食货 7·历代盛衰户口/7 下
【名臣碑传琬琰集】中集 52/曾肇曾太师公亮行状/1183
【汇编】上 4、15、619；中一 950、961、1031、1044、1066、1112、1126、1149、1153、1154、1171、1185、1186、1248、1259、1270、1282、1463、1538、1699、1739；中二 961；中三 2853、2935、3005、3194、3346、3386、3401、3429、3442、3450、3463、3470、3494、3495、3503、3606、3614、3643、3733；中四 3740、3759、3760、3763、3764、3767、3769、3772、3780、3787、3802、3826、3872、3897、3902、3905、3958、3977、3986、4286、4500

夷戎

【长编标】367/8819
【长编影】367/1 下

夷狄

【长编标】30/672；36/789；37/815；46/999；49/1077；86/1979；90/2073；100/2310、2313；121/2858；127/3004、3017；134/3188、3192、3208；139/3345；141/3384、3388、3389；142/3412；150/3631、3640、3641、3650、3652；155/3767；158/3829；159/3839、3844；180/4358；183/4425；191/4611；192/4643；196/4743；205/4967；208/5055；217/5285；220/5351；221/5378、5385；228/5549；229/5574；230/5590；232/5628、5632；233/5652；235/5699、5706；236/5726；237/5760；238/5788；241/5879；246/6000；248/6038；250/6097；257/6281；262/6384；278/6813；286/7006；317/7664、7666；346/8307；379/9204、9208；397/9674；406/9882；437/10549；438/10556；443/10658、10660、10662；444/10685、10688；446/10736；449/10798；458/10952；461/11017；462/11043、11044；465/11116；466/11130、11131；470/11233；482/11477；505/12036；506/12057；512/12180
【长编影】30/6 下；36/6 上；37/9 下；46/14 上；49/12 下；86/13 下；90/6 下；100/1 下、4 上；121/8 下、9 上；127/1 下、12 下；134/2 上、19 上；139/8 下；141/9 下；142/16 下；150/16 上；155/9 上；158/11 下；159/1 上、5 下；180/12 上；183/3 上；191/2 上；192/8 下；196/7 上；205/5 下；208/7 下；217/13 下；220/15 下；221/3 下、10 下、18 上；228/9 上、11 上；229/6 上；230/5 下；232/2 上、5 上；233/6 下；235/4 上、10 下；236/1 下；237/3 下；238/3 下；241/5 上；246/22 上；248/2 上、18 上；250/15 下；257/11 下；262/10 下；278/18 上；286/10 下；317/7 上、10 上；346/6 上；379/7 下；397/4 下；406/6 下；437/22 上；438/10556；443/4 下、7 下；444/4 上；446/3 下；449/19 上；458/1 上；461/2 下；462/11 上；465/16 下；466/3 上；470/15 下；

482/15 上；505/9 下；506/8 上；512/4 下
【东都事略】59 下/范纯粹传/7 上
【隆平集】5/贾昌朝传/22 上
【宋会要】兵 8 之 30/6902
【奏议标】130/张齐贤·上真宗论陕西事宜/1438；133/范仲淹·上仁宗攻守二策/1478、范仲淹等·上仁宗论元昊请和不可许者三大可防者三/1485；137/杨绘·上神宗论种谔擅入西界/1533、刘述·上神宗论不可伐丧/1535、孙觉·上神宗论治边之略/1536；138/文彦博·上神宗论关中事宜/1548、范纯粹·上神宗论西师不可再举/1551、范纯仁·上哲宗答诏论西事/1556、吕大防·上哲宗答诏论西事/1557、吕陶·上哲宗请以兰州二寨封其酋长/1558、1559；139/韩维·上哲宗论息兵弃地/1563、苏辙·上哲宗乞因夏人纳款给还其地/1565、王岩叟·上哲宗论西人请地/1568、范纯粹·上哲宗乞不妄动以观成败之变/1569/；140/上官均·上哲宗论弃地非便/1576、苏辙·上哲宗论地界/1580；141/任伯雨·上徽宗论湟鄯/1594、龚夬·上徽宗乞诱论青唐/1594
【奏议影】130/张齐贤·上真宗论陕西事宜/4421；133/范仲淹·上仁宗攻守二策/4547、范仲淹等·上仁宗论元昊请和不可许者三大可防者三/4567；137/刘述·上神宗论不可伐丧/4719、孙觉·上神宗论治边之略/4721；138/文彦博·上神宗论关中事宜/4758、范纯粹·上神宗论西师不可再举/4767、范纯仁·上哲宗答诏论西事/4781、吕大防·上哲宗答诏论西事/4785、吕陶·上哲宗请以兰州二寨封其酋长/4789；139/韩维·上哲宗论息兵弃地/4805、苏辙·上哲宗乞因夏人纳款给还其地/4811、王岩叟·上哲宗论西人请地/4822、范纯粹·上哲宗乞不妄动以观成败之变/4824；140/上官均·上哲宗论弃地非便/4845、苏辙·上哲宗论地界/4859；141/龚夬·上徽宗乞诱论青唐/4900、任伯雨·上徽宗论湟鄯/4903
【东坡全集】16/故龙图阁学士滕公墓志铭/9 下；25/奏议 9 上
【龙川别志】下/86
【安阳集】家传 3/6 下、4/15 上
【陇右金石录】4/程俊札子石刻/8 下
【欧阳文忠公全集】32/吴公墓志铭/8 上；46/上书/1 上；79/敕制/8 上；99/奏议 4 上、奏议 5 上
【河南先生文集】8/议西夏臣伏诚伪书/1 下；15/李公墓志铭 13 下
【画墁集】补遗/游公（师雄）墓志铭/3 下
【范太史集】44/资政殿学士范公（百禄）墓志铭/14 下
【范文正公集】5/上攻守二策状/13 下；政府奏议下/边事/11 上、12 上
【临川集】93/太常博士曾公墓志铭 2 下
【栾城集】37/论兰州等地状/4 上、论西边警备状/14 上；41/乞罢熙河修质孤、胜如等寨札子/2 下、三论熙河边事札子/17 下；42/论前后处置夏国乖方札子/7 下
【名臣碑传琬琰集】中集 48/韩忠献公琦行状/1100
【豫章文集】5/遵尧录 4/1
【儒林公议】上/9 上
【默记】47 上
【汇编】中二 1777、1781、1786、1945、2250、2365、2399、2412、2432、2455、2489、2699、2724、2728、2740、2753、2759、2802、2827、2829；中三 2936、2942、3186；中四 3767；中五 4694、4695、4709、4724、4731、4742、4743、4744、4745、4769、4773、4781、4893、4894、4962、4993、4998、5007、5013、5025、5037、5062、5082、5092、5093、5100、5101、5172、5197、4581；下 6570；补遗 7299

夷虏

【斜川集】5/孙团练墓志铭/30 上
【汇编】中五 5097

夷夏

【长编标】360/8608；379/9201；382/9311
【长编影】360/2 上；379/4 下；382/11 下
【司马文正公集】38/章奏 36/8 下
【龙川别志】下/93
【汇编】中五 4640、4727、4735、4766、4989

夷落

【宋史】257/李继和传/8969；264/宋琪传/9129；273/董遵诲传/9343

【长编标】9/204；51/1127

【长编影】9/5 下；51/19 上

【宋大诏令集】203/责前陕西转运使尚书工部员外郎郑文宝等诏/757

【武经总要】前集 18 上/20 下

【汇编】中一 947、948、1068、1110、1118、1313

色目

【贞素斋集】2/送旌德县达鲁花赤赫斯公秩满序/20 下

【汇编】上 567

七画

两地供输民

【宋会要】兵 24 之 17/7187

两地供输人户

【宋会要】兵 27 之 2/7247

两地供输蕃部

【宋会要】兵 4 之 16/6828

投生人户

【宋会要】兵 27 之 21/7257

狄

【长编标】30/670；36/789；37/810；51/1110、1115；146/3545；150/3626、3640；229/5571；232/5628；233/5652；235/5699；237/5760；241/5879；248/1 下

【长编影】30/6 下；36/9 上；37/4 下；51/3 上、8 上；146/16 下；150/4 下、16 上；229/6 上；232/1 上；233/6 下；235/3 下；237/16 下；241/5 上；248/6038

【宋会要】兵 14 之 14/6999；方域 5 之 8/7387

【司马文正公集】7/章奏 5/10 上、11 上；20/章奏 18/12 上；25/章奏 23/3 上

【文恭集】36/郑戬墓志铭/438

【方舟集】16/赵郡王墓志铭/26 上

【奏议标】136/刘敞・上仁宗论城古渭州有四不可/1520、郑獬・上神宗论种谔擅入西界/1530；137/杨绘・上神宗论种谔擅入西界/1533、孙觉・上神宗论自治以胜夷狄之患/1535、孙觉・上神宗论治边之略/1536

【奏议影】136/刘敞・上仁宗论城古渭州有四不可/4675、郑獬・上神宗论种谔擅入西界/4708；杨绘・上神宗论种谔擅入西界/4712、137/孙觉・上神宗论自治以胜夷狄之患/4721、孙觉・上神宗论治边之略/4723

【安阳集】家传 4/17 下、7/1 上

【宋文鉴】37/7 下

【欧阳文忠公全集】12/律诗/9 下

【武经总要】前集 18/1 下

【河南先生文集】8/7 下、14/故朝散大夫尚书刑部郎中直昭文馆上柱国赐紫金鱼袋陈公墓志铭/10 下

【范文正公集】政府奏议下/9 下

【咸平集】1/奏议上真宗论轻于用兵/29 下

【梁溪集】144/御戎论/1 上

【名臣碑传琬琰集】中集 52/曾太师公亮行状/1183

【汇编】中一 1044、1084、1103、1153、1296、1299、1334、1612；中二 2789、2790；中三 2850、2931、2935、2942、2986、3005、3026、3034、3073、3129、3194、3296、3296、3383、3386、3432、3450、3458、3463、3469、3470、3494、3495；中四 3740、3759、3767、3780、3802、3826、3905；下 6695、7005；补遗 7451

羌

【隋书】83/西域传・附国传/1859

【旧唐书】40/地理志 3/1638；41/地理志 4/1706；120/郭子仪传/3464；121/仆固怀恩传/3488；133/李晟传/3661；182/高骈传/4703；196 上/吐蕃传上/5224；198/党项羌传/5292

【新唐书】6/肃宗纪/165；42/地理志 6/1085；148/田牟传/4783；216 上/吐蕃传上/6078；221 上/党项传/6214、6218

【辽史】87/萧孝穆传附弟/1334

【宋史】9/仁宗纪 1/181；11/仁宗纪 3/220；15/神宗纪 2/281；16/神宗纪 3/307；163/职官志 3/兵部/3855；186/食货志下 8/4548、4563；190/兵志 4/4719、4721、4723；191/兵志 5・番兵/4755、191/兵志 5・蕃兵/4758；201/刑法志 3/5016；253/冯继业传/8868、折可适传/8887；254/赵赞传/8891；258/曹玮传/8984、8986、8989；266/李至传

/9177、266/温仲舒传/9182；275/田仁朗传/9380；277/郑文宝传/9426；278/马知节传/9451；279/张凝传/9480；281/寇准传/9528；283/夏竦传/9573；285/陈执中传/9602、9614、9624；286/蔡延庆传/9638；288/程琳传/9675；289/高继宣传/9697；290/曹继邺传/9709；291/吴育传/9728、9729、9731；292/王尧臣传/9773、郑戬传/9768；295/叶清臣传/9850；299/崔峄传/9947；300/杨偕传/9955；303/范祥传/10049；308/卢斌传/10141；311/吕公弼传/10211、10214、庞籍传/10200；313/富弼传/10257；314/范仲淹传/10271、10272、10276；315/韩亿传/10298；318/张方平传/10354、张昪传/10363、胡宗回传/10371；319/刘敞传/10383；321/刘琦传/10433；323/赵振传/10461、10462、安俊传/10468；324/石普传/10472、10474、许怀德传/10477、张亢传/10488；325/刘平传/10502、王保忠传/10514；328/安焘传/10566、蔡挺传/10576、蔡挺附兄抗传/10578、王韶传/10581、10582、王厚传/10583、10584；330/傅求传/10621；331/马仲甫传/10647、张诜传/10649；332/陆诜传/10680、赵卨传/10686；334/林广传/10737；335/种世衡传/10742、10744、种古传/10744、种谊传/10748、种朴传/10749、种世衡传/10755；340/吕大防传/10842；344/王觌传/10942；348/陶节夫传/11038；349/姚兕传/11057、姚雄传/11060、贾逵传/11051、燕达传/11056；350/苗授传/11067、苗履传/11069、王君万传/11069、11070、350/王赡传/11071、张守约传/11072、350/李浩传/11079、刘仲武传/11082、曲珍传/11083、王恩传/11088、赵隆传/11090、11091、郭成传/11085；351/侯蒙传/11113；353/张叔夜传/11140、郑仅传/11147；354/何常传/11166；356/蔡居厚传/11210；357/何灌传/11225；369/王渊传/11485；446/杨震传/13167；448/郑骧传/13202；452/景思立传/13287、高敏传/13286；453/高永年传/13315；456/孝义侯可传/13406；458/宇文之邵传/13449；463/刘文裕传/13546；464/高遵裕传/13575、13576；466/张继能传/13623、张崇贵传/13617、13619；467/李宪传/13639；468/童贯传/13658；485/夏国传上/13984、13987；491/党项传/14137、14141；492/唃厮罗传/14162、阿里骨传/14165、瞎征传/14166

【金史】12/章宗纪 4/277；16/宣宗纪下/366；79/张中彦传/1790；91/杨仲武传/2019；结什角传/2017；98/完颜纲传/2175

【元史】157/张文谦传/3696

【长编标】3/66；10/229；45/962；49/1075、1076；50/1098；60/1337；82/1877；88/2028；103/2385、2386；105/2440；109/2534；115/2704；117/2766；119/2813；123/2901、2909；131/3114；132/3122、3129、3131、3136、3137、3142、3144；135/3232；138/3323、3324；142/3403、3406；148/3576；150/3650；151/3677、3678、3682；155/3763；158/3827；163/3933；166/3988；171/4111；172/4147；174/4203；175/4228、4240；177/4282；188/4530；213/5176、5177、5188、5189；214/5206；216/5258；220/5353；221/5376；225/5493；228/5548；229/5565、5567、5580；230/5591、5601、5604；232/5636；233/5651；234/5674、5680；236/5730；237/5767、5769；239/5817；243/5912、5913；244/5932、5937、5945；245/5964、5968；246/5984、5998；247/6007、6025；251/6109、6132；259/6324；268/6559；270/6625；279/6823、6837；280/6861；282/6904；283/6929；287/7033；290/7099；300/7303；312/7566、7569；313/7585、7592；315/7617；316/7641；321/7738、7754；322/7765；323/7784、7791、7792；324/7801、7805、7811；325/7818、7820、7822；328/7898、7905；329/7932；330/7957；331/7982；337/8118；338/8147；342/8222；344/8263；347/8324；349/8375；350/8393；366/8792；372/9005；380/9238；389/9471；399/9725；403/9825；404/9841、9842；405/9863、9870、9871、9873；406/9877、9881；409/9977；430/10394；442/10630；444/10680；445/10726；466/11129、11130；467/11146、11164；469/

11208、11209、11212；474/11314；476/11341；477/11374；478/11383；480/11422；482/11471；483/11484；491/11647、11667；492/11680；497/11818；498/11847；500/11899、11906、11908；502/11961；503/11974、11976、11983；504/12006；505/12038；507/12076、12080；508/12096；510/12133、12134、12141；514/12218；516/12286、12287、12288；517/12295、12299、12304、12305；519/12342、12347、12351；520/12383

【长编影】3/14 下；10/13 上；45/9 上；49/11 下、14 上；50/12 上、16 下；60/5 上；82/14 下；88/15 下；103/5 上、9 上；105/6 下；109/1 下；115/14 下；117/18 下；119/17 上；123/5 下；124/6 下；131/19 下；132/1 上、7 下；135/13 下；138/13 上；146/16 下；148/2 下；151/11 下、14 下；155/6 上；158/10 上；163/13 下；166/7 下；168/4 上；171/8 上；172/16 上；174/11 下；175/18 上；188/4 下；213/10 上、20 下；214/2 下、9 下；220/16 下；226/2 上；228/15 下；229/1 上、13 上；230/6 上、11 上、15 上、17 下；232/1 上、8 下；233/6 下、18 下；234/3 下、9 下；236/5 下；237/3 下、7 上、10 上、11 下；238/6 下；239/11 上；241/6 上；243/1 下；244/2 下、7 上、13 下、14 下；245/14 上、17 下；246/20 上；247/1 上、17 上、20 上；251/2 上；259/13 上；268/1 上；279/8 上；280/10 下；282/3 下；283/11 上；287/19 上；290/12 下；300/6 上；312/7 上、10 上；313/3 上、9 下；315/2 上、16 下；316/1 下、2 下、4 上、14 上；319/2 上、14 下；321/2 下、15 下；322/6 上；323/8 上、14 下、15 上；324/6 上、9 上、14 上；325/5 上、7 上、8 上；328/7 下、13 下；329/11 下、16 下、19 上、24 上；330/13 上；331/14 上；337/3 下；338/9 下；342/2 上、5 上；344/9 上；347/4 下；349/8 下；350/10 下；366/14 下；372/4 上；380/17 上；389/17 上、19 下；399/1 上、1 下、4 下；403/21 下；404/10 下、20 上；405/8 上、9 下；406/1 上；409/13 下；430/12 下；442/1 上；466/3 上；469/8 上；474/12 下；476/13 上；477/20 上；478/2 上；480/6 上；482/8 下；491/1 下、19 下；492/8 下；497/2 下；498/6 下；500/1 上、8 下、10 下；502/11 上；503/6 上、8 上、12 上；504/17 下；505/1 上、11 下；507/4 下、17 下；508/1 上；510/2 下、3 上、10 上；514/8 下；516/2 上、17 上、20 下；517/1 上、4 上、8 上；519/1 上、5 上、9 上；520/24 上

【东都事略】18/张凝传/9 上；61/种诂传/4 上；82/王韶传/3 上、4 下、王厚传/6 上；84/刘昌祚传/4 上；102/林摅传/2 下；103/管师仁传/3 下；104/姚兕传/1 上、姚麟传/1 下；115/郑文宝传/2 上；129/4 下

【续资治通鉴】13/169；65/1601

【五代会要】29/党项羌传/353

【宋会要】礼 14 之 59/616、29 之 72/1099；职官 14 之 2/2688、43 之 78/3312、43 之 86/3316、55 之 35/3616、64 之 11/3826、78 之 17/4184；食货 2 之 4/4827；刑法 2 之 71/6531；兵 9 之 1/6906、9 之 2/6906、9 之 3/6907、9 之 4/6907；兵 28 之 19/7279、28 之 32/7285、28 之 36/7287；方域 19 之 3/7627；蕃夷 6 之 30/7833

【长编纪事本末】/21/2 上；58/9 上；83/7 下；139/1 上、3 上、4 下、5 下、9 上、11 下、13 下、17 上、18 下；140/6 上、8 下、12 下

【宋大诏令集】8/哲宗谥表/37；10/哲宗哀册/49；55/庞籍拜昭文相制/277；63/章惇金紫光禄大夫加恩制/310；68/韩绛罢相入官知邓州制/333；94/客省使刘安等赏功转官制/344、童贯检校太保开府仪同三司护国军节度使制/345、削夺刘廷让官诏/346；137/灵惠应感公对昭惠灵显王制/487、昭惠显灵王封真人赐中书门下诏/489；186/宽陕西民力诏、放陕西河东大夫保甲诏/679；205/郭劝李渭责官制/765；212/韩忠彦责散官济州安置制、韩忠彦降磁州团副制/804；214/严守备诏/813；219/陕西河东曲赦/840；239/谕邈川首领唃厮啰诏/935；221/观文殿学士王韶赠金紫光禄大夫制/849

【奏议标】41/吕大防·上英宗应诏论水灾/419；42/郑獬·上英宗应诏论水灾/425；125/范纯

粹·上徽宗乞令蕃官不得换授汉官差遣/1381；131/庞籍·上仁宗论先正而后制外/1445；132/陈执中·上仁宗论西边事宜/1456、田况·上仁宗兵策十四事/1468；138/司马光·上哲宗乞还西夏六寨/1554；139/孙觉·上哲宗乞弃兰州/1567、范纯粹·上哲宗乞不妄动以观成败之变/1570、苏轼·上哲宗论前后致寇之由及当今待敌之要/1571、1572；140/范纯粹·上哲宗论息兵失于欲速/1579；141/文彦博·上神宗论进筑河州/1591、孙觉·上哲宗乞熙河选将如折氏世夺/1592、苏辙·上哲宗乞约鬼章讨阿里骨/1592、任伯雨·上徽宗论湟鄯/1595、冯澥·上徽宗论湟廓西宁三州/1596

【奏议影】41/吕大防·上英宗应诏论水灾/1505；42/郑獬·上英宗应诏论水灾/1537；125/范纯粹·上徽宗乞令蕃官不得换授汉官差遣/4262；131/庞籍·上仁宗论先正而后制外/4437；132/陈执中·上仁宗论西边事宜/4481、田况·上仁宗兵策十四事/4516；138/司马光·上哲宗乞还西夏六寨/4778；139/范纯粹·上哲宗乞不妄动以观成败之变/4828、苏轼·上哲宗论前后致寇之由及当今待敌之要/4831、4832、孙觉·上哲宗乞弃兰州/4818；140/范纯粹·上哲宗论息兵失于欲速/4854；141/文彦博·上神宗论进筑河州/4894、孙觉·上哲宗乞熙河选将如折氏世夺/4894、苏辙·上哲宗乞约鬼章讨阿里骨/4897、任伯雨·上徽宗论湟鄯/4901、冯澥·上徽宗论湟廓西宁三州/4907

【宋太宗实录】27/12下

【大金集礼】1/皇统元年册礼/648－35

【中兴小纪】9/110；36/417

【元丰类稿】21/李宪武胜军节度观察留后制/9上；22/曲珍四厢都指挥使绛州防御使/1下、奉议郎景思谊授东上阁门使鄜延第一副将制/4下、米赟等转官制/6下、王中正种谔降官制/10上；26/军功制一/3上、军功制二/3下

【元刊梦溪笔谈】5/17；19/5

【元宪集】27/赐振武军节度使知延州范雍充鄜延环庆西路沿边经略安抚使诏/289；33/宋故推诚翊戴功臣彰武军节度延州管内观察处置等使曹公行状/343、345、346；34/宋故推诚翊戴功臣彰武军节度延州管内观察处置等使曹公墓志铭/352、353

【元朝名臣事略】7之4/左丞张忠宣公（文谦）传/27下

【公是集】12/送秦州通判陆学/132

【文庄集】9/乞依谏官抗议表/12上；14/陈边事十策/1上

【文苑英华】567/为百寮贺仆固怀恩死并诸道破贼表/2908

【文恭集】8/论西夏事宜/95；14/陈叔度可大理评事制/175；17/曹修可东染院副使兼閤门通事舍人制/211；18/张昇可兵部员外郎充天章阁待制环庆路都部署经略安抚等使兼知庆州制/217、李昭述可依前刑部侍郎充龙图阁学士秦凤路马步军副都部署兼知秦州制/219；23/除庞籍特授检校太傅昭德军节度使永兴军一路兵马都部署安抚使兼知永兴军加食邑实封制/291；36/郑公墓志铭/43

【方舟集】16/赵郡王墓志铭/26上

【东坡全集】21/三马图赞并引/10上；25/奏议2上、6上、9上；40/批答/20下

【乐全集】19/请罢陕西招讨经略司事/13下、议西北边事/24下；21/论高继宣知并州并代路议经略安抚等使事/8下；22/奏第二状/22下；23/秦夏州事宜/1上

【册府元龟】560/6732上

【司马文正公集】35/章奏33/1上

【玉壶清话】5/6上

【玉照新志】1/1

【龙学文集】2/8下；15/家集/转载祖士衡奉敕撰文简向公（敏中）神道碑铭

【伐檀集】上/29下

【三朝北盟会编】75/12上

【全唐文】534/李观文/6上

【华阳集】17/宣徽南院使判延州郭逵免恩命不允诏/200、201；38/李君墓志铭/524

【夷坚志】支庚3/1153

【安阳集】3/古风/1下；13/5上；24/表状/3下、5上、6上；35/奏状/7上、11下、14上、17下；37/8上；47/2上；47/张公墓志铭/15下；家传2/8上、2/12上、3/2上、3/4下、4/15上、4/17下、5/3上、6/7下

【曲洧旧闻】6/5 上
【过庭录】16
【吴礼部诗话】15 下
【宋大诏令集】10/英宗哀册/48
【宋文鉴】53/2 下；36/6 下；81/1 上；119/8 下
【宋朝事实类苑】7/69；11/132；56/742；75/995；75/996 引湘山野录
【攻媿集】91/文华阁待制杨公（王休）行状/1244
【系年要录】37/713；94/1560
【皇宋十朝纲要】14/6 下、7 下；16/13 上、13 下
【苏学士集】11/9 上
【鸡肋集】66/李氏墓志铭/2 下
【龟山集】3/贺收复/10 上
【净德集】19/虑边论二/205；21/枢密刘公（庠）墓志铭/233；30/送张子公/317
【忠肃集】12/右司郎中李公（师中）墓志铭/167；拾遗/王开府（拱辰）行状/307
【欧阳文忠公全集】97/奏议 5 上；105/奏议 16 上；115/河东奉使奏草/21 下
【武经总要】前集 18/1 下、2、18 上、27 下、29 上
【河南先生文集】6/上吕相公书/7 下；7/贺富谏议启/5 下；8/论西夏臣伏诚伪书/1 下；17/故金紫光禄大夫秘书监致仕上柱国清河县开国子食邑六百户食实封一百户张公〔宗诲〕墓志铭/3 下
【画墁集】补遗/游公（师雄）墓志铭/10 下、11 上
【范太史集】11/贺鄜延路奏米脂川大捷表/9 下；40/检校司空左武卫上将军郭公墓志铭/7 上
【范文正公集】2/古诗 14 上；13/种君墓志铭/5 下、16 上、16 下、滕君墓志铭 19 下、东染院使种君墓志铭 18 上；14/书环州马领镇夫子庙碑阴 18 下；17/邓州谢上表 2 上；诸贤赞颂论疏/5 上、24 下；褒贤集富弼撰墓志铭/9 上
【临川集】18/百寮贺复熙河路表/5 下；41/上五事札子/4 上；47/赐守司徒检校太师兼侍中判永兴军韩琦乞致仕不允诏//8 下；56/和蔡副枢贺平戎庆捷/1 下；73/与王子醇书/6 下；87/检校太尉赠侍中正惠马公神道碑/7 下、8 上、8 下；92/户部郎中赠谏议大夫曾公墓志铭/2 上
【厚德录】3/8 下、56/742 引湘山野录
【太平治迹统类】2/太祖太宗经制西夏
【容斋三笔】11/5 上
【栾城集】29/西掖告词/13 下、14 上；32/北门书诏麻制除刘昌祚武康军节度殿前副都指挥使制/2 上；37/14 上；39/15 上；45/贺擒鬼章/2 上
【浮溪集】24/张公根行状/16 上
【涑水记闻】1/12 下；6/11 上；8/1 上；9/10 上、11 下、12 上；13/17 上
【谈苑】1/5 上
【资治通鉴】191/5993；221/7100
【梁溪集】35/拟制诏 1 · 节度使殿前都指挥使除检校少保移镇充鄜延路经略安抚使（制）/12 上
【梅尧臣集编】编年校注 11/寄永兴招讨夏太尉/179；14/范殿丞通判秦州/261；22/送顾中舍赴德顺军/610
【清波杂志】10/2 上
【清真集】参考资料 3/词话/140
【鸿庆居士集】26/王庶除直龙图阁权发遣鄜延路经略安抚使/6 上
【彭城集】14/寄韩庆州/180；19/权泾原路兵马钤辖皇城使万州团练使张之谏可转两资西上阁门使制/267；21/西上阁门使种古可知鄜州制/291；25/为宰相贺擒鬼章表/358；35/故朝散大夫给事中集贤院学士权判南京留司御史台刘公行状/467
【愧郯录】13/冷端甲条/16 上
【景文集】17/答庞龙图塞下秋意/206；19/尹学士自濠梁移倅秦州/240；21/送马军范太尉/259；118/夏宣徽/1005；125/贺安抚夏太尉/1056
【朝野杂记】乙集 19/边防/1180
【名臣碑传琬琰集】上集 4/张公旧德之碑/66、10/韩献肃公绛忠弼之碑/159、26/吕惠穆公公弼神道碑/402；中集 15/吕谏议公绰墓志铭/636、22/张文定公方平墓志铭/719、27/王懿敏公素墓志铭/804、43/曹武穆公玮行状/1031、1032、48/韩忠献公琦行状/1095、

1100、1106；下集 2/张稳定公齐贤传/1301、14/吕参政惠卿传/1478
【横塘集】8/代贺降西蕃王子表/2 下
【稽古录】17/81 上；18/86 下；20/92 下
【儒林公议】上/9 上、2 上
【默记】47 上
【元丰类稿】21/8 下
【陇右金石录】4/［附录］重修护国寺感通塔碑考释/56 上
【汇编】上 3、4、9、10、13、17、21、22、24、25、26、30、37、51、54、61、145、175、229、236、239、613、615、618、632、633、640、641、644、677、679、684、690、698、699、705、708、731、734、735、773、810、832；中一 924、931、937、938、947、950、967、969、978、1005、1007、1020、1032、1052、1062、1063、1065、1066、1081、1087、1103、1111、1149、1162、1171、1203、1203、1204、1211、1233、1237、1248、1251、1270、1271、1279、1282、1323、1324、1368、1383、1384、1399、1410、1421、1423、1446、1460、1521、1524、1547、1555、1556、1564、1565、1573、1575、1595、1615、1636、1642、1699、1736、1737、1752、1753、1754、1762、1763、1767、1770；中二 1777、1778、1781、1784、1786、1793、1795、1803、1821、1867、1878、1903，1904、1910、1917、1918、1932、1935、1941、1944、1950、1960、1968、1974、1979、1980、2009、2015、2235、2242、2243、2246、2254、2259、2262、2271、2275、2280、2304、2311、2340、2348、2350、2351、2360、2364、2371、2410、2428、2430、2438、2441、2446、2448、2449、2451、2452、2470、2482、2483、2487、2507、2509、2565、2573、2574、2575、2593、2603、2609、2610、2616、2619、2659、2666、2704、2733、2740、2781、2803、2807、2811、2812、2825、2832；中三 2850、2855、2866、2905、2919、2958、2959、2960、2962、2967、2978、3021、3026、3030、3033、3035、3045、3047、3069、3129、3158、3160、3162、3170、3172、3173、3177、3178、3179、3183、3185、3186、3188、3195、3196、3197、3198、3200、3201、3205、3210、3237、3241、3246、3250、3256、3276、3278、3292、3350、3356、3357、3367、3378、3385、3386、3404、3407、3420、3427、3429、3430、3439、3442、3443、3457、3465、3467、3471、3471、3477、3489、3493、3498、3501、3502、3503、3505、3508、3510、3513、3514、3517、3519、3549、3560、3566、3571、3574、3575、3578、3580、3586、3592、3598、3642、3643、3664、3692、3716、3718、3720、3733；中四 3737、3738、3742、3743、3750、3752、3753、3754、3763、3764、3767、3772、3776、3779、3781、3785、3789、3790、3792、3793、3794、3794、3795、3797、3798、3804、3812、3822、3823、3827、3833、3834、3835、3847、3848、3850、3857、3858、3859、3862、3863、3866、3867、3872、3874、3883、3884、3886、3894、3896、3897、3898、3901、3902、3912、3924、3925、3928、3931、3934、3939、3941、3943、3947、3956、3961、3980、3998、4008、4012、4026、4027、4032、4034、4039、4040、4041、4044、4052、4067、4073、4076、4105、4120、4125、4129、4131、4137、4154、4171、4175、4176、4178、4189、4191、4196、4200、4228、4249、4268、4286、4287、4290、4303、4314、4319、4320、4321、4322、4325、4326、4327、4330、4331、4333、4335、4342、4355、4388、4393、4404、4406、4408、4414、4415、4420、4422、4429、4432、4440、4454、4500、4505、4506、4519；中五 4548、4549、4556、4565、4588、4604、4614、4657、4658、4665、4677、4678、4699、4740、4758、4766、4768、4774、4787、4788、4789、4807、4811、4817、4819、4820、4821、4823、4824、4840、4841、4845、4847、4848、4851、4853、4855、4857、4858、

4859、4861、4862、4865、4866、4867、4872、4876、4884、4885、4887、4890、4891、4892、4919、4958、4962、4966、4990、4994、4998、5099、5121、5127、5142、5165、5175、5181、5182、5191、5209、5217、5235、5252、5264；中六 5273、5274、5300、5316、5317、5323、5333、5341、5386、5392、5412、5420、5421、5432、5437、5438、5441、5442、5443、5458、5464、5475、5495、5505、5507、5509、5510、5515、5516、5538、5539、5543、5544、5547、5569、5581、5598、5602、5603、5607、5611、5613、5615、5617、5620、5621、5623、5624、5625、5628、5629、5632、5634、5635、5636、5649、5651、5653、5657、5660、5666、5671、5675、5680、5681、5682、5683、5684、5685、5686、5694、5702、5719、5721、5722、5723、5724、5726、5727、5729、5730、5733、5734、5736、5740、5742、5744、5749、5750、5751、5755、5762、5768、5770、5776、5782、5787、5791、5798、5799、5800、5801、5802、5807、5815、5817、5845、5847、5867、5869、5871、5882、5897、5902、5903、5906、5907、5909、5916、5921、5997、6034、6074、6075、6079；下 6102、6104、6136、6238、6401、6536、6598、6675、6695、6696、6697、6698、6725、6745、6793、6813、6814、6815、6817、6820、6880、6937、6938、6989、7014、7024、7027、7028；补遗 7409

羌人

【长编标】60/1337；88/2013；103/2383；126/2983；142/3403；148/3576；150/3650；151/3682；154/3737、3738；163/3933；175/4228；226/5502；236/5730；237/5760、5769；238/5792；244/5945、5946；249/6069；250/6103；251/6110；259/6324；280/6861；287/7033；312/7566；313/7585；315/7633；319/7713；321/7739；323/7784、7792；328/7898；344/8263；347/8324；350/8393；366/8792；381/9279；382/9310、9318；389/9471；398/9716；399/9721；400/9744；404/9854、9855、9856；409/9967；416/10113；430/10394；442/10630；443/10657、10659、10660；466/11126；470/11234；474/11314；478/11383；480/11421；482/11471；492/11685；500/11899、11911；502/11961；503/11976、11984；505/12029；507/12075；510/12143、12150；516/12286、12287、12288；517/12304；519/12342

【长编影】60/5 上；88/3 下；103/9 上；126/16 上；142/8 上；148/2 下；150/25 下；151/16 下；154/2 下、3 下；163/15 下；175/9 上；226/2 下；236/5 下；237/4 上、11 下；238/7 上；244/13 下、14 上；250/21 上；251/2 下；259/13 上；280/11 上；287/19 下；312/7 下；313/3 下；315/16 下；319/13 下；321/3 上；323/8 上；328/7 下；344/9 上；347/5 上；350/10 下；366/15 上；381/26 下；382/11 下、18 下；389/20 下；398/17 下；399/1 上；400/6 上；404/22 上、23 上、24 下；409/14 下；416/7 下；430/13 上；442/1 上；443/5 下、7 下；466/1 上；470/15 下；474/13 上；478/2 下；480/6 下；482/9 上；492/9 上；500/1 上；502/11 上；503/6 下、13 下；505/3 下；507/4 上；510/11 上、17 下；516/17 上、20 上、21 下；519/1 上

【宋会要】食货 2 之 4/4827；方域 6 之 2/7406、8 之 26/7453；兵 28 之 30/7284、28 之 32/7285

【奏议标】125/范纯粹·上徽宗乞令蕃官不得换授汉官差遣/1381；135/富弼·上仁宗河北守御十三策/1506；136/韩琦·上仁宗论西北议和有大忧者三大利者一/1516；138/文彦博·上神宗论关中事宜/1548、吕大防·上哲宗答诏论西事/1557；139/苏辙·上哲宗乞因夏人纳款给还其地/1565、孙觉·上哲宗乞弃兰州/1567、1568；140/上官均·上哲纵论弃地非便/1576；141/文彦博·上神宗论进筑河州/1590、1591、孙觉·上哲宗乞熙河选将如折氏世夺/1592

【奏议影】125/范纯粹·上徽宗乞令蕃官不得换授汉官差遣/4262；135/富弼·上仁宗河北守

御十三策/4636；136/韩琦·上仁宗论西北议和有大忧者三大利者一/4665；138/文彦博·上神宗论关中事宜/4758、吕大防·上哲宗答诏论西事/4785；139/苏辙·上哲宗乞因夏人纳款给还其地/4809、孙觉·上哲宗乞弃兰州/4818、4818；140/上官均·上哲纵论弃地非便/4847；141/文彦博·上神宗论进筑河州/4891、孙觉·上哲宗乞熙河选将如折氏世夺/4895

羌户

【宋史】66/五行志4/1441；335/种谔传/10746；350/王文郁传/11075

【长编标】259/6324

【长编影】259/13上

【宋会要】瑞异2之22/2092

【汇编】中四3966、3978、3980、4026、4240

羌戎

【旧唐书】41/地理志4/1711

【宋史】191/兵志5/4750；295/叶清臣传/9850

【长编标】3/77；13/289；18/395；47/1010；49/1078；50/1093、1095、1098；88/2028；123/2898；125/2955；127/3019、3022；132/3122、3136、3144；140/3369、3370；142/3406；148/3576；150/3656；163/3930；189/4547；276/6762；365/8750；392/9532；397/9686；409/9977；443/10657；444/10693；466/11131；481/11435

【长编影】3/14下；13/10上；18/4上；47/1下；49/14上；50/12下、15上；88/16上；123/6上；125/16下；127/14下；132/1上、13下；140/10上；142/11上；148/3上；150/31下；163/13下；189/1上；276/23上；365/6上；392/9上；397/15下；409/23上；443/4下；444/13上；466/3上；481/1上

【宋会要】食货56之2/5773

【宋大诏令集】137/昭惠显灵王封真人赐中书门下诏/489

【奏议标】130/杨亿·上真宗论弃灵州为便/1441；131/庞籍·上仁宗论先正内而后制外/1445；133/张方平·上仁宗因郊禋肆赦招怀西贼/1475；136/刘敞·上仁宗论城古渭州有四不可/1520；138/司马光·上哲宗乞还西夏六寨/1553；140/上官均·上哲宗论弃地非便/1577；141/文彦博·上神宗论进筑河州/1591

【奏议影】130/杨亿·上真宗论弃灵州为便/4431；131/庞籍·上仁宗论先正内而后制外/4437；133/张方平·上仁宗因郊禋肆赦招怀西贼/4538；136/刘敞·上仁宗论城古渭州有四不可/4674；138/司马光·上哲宗乞还西夏六寨/4773；140/上官均·上哲宗论弃地非便/4848；141/文彦博·上神宗论进筑河州/4894

【文庄集】14/陈边事十策/1上

【文恭集】13/王怀德可内殿承制制/150；18/李昭述可依前刑部侍郎充龙图阁学士秦凤路马步军副都部署兼知秦州制/219

【东坡全集】40/批答/20下

【乐全集】20/请因郊禋肆赦招怀西贼札子/24上

【司马文正公集】35/章奏33/1上

【武经总要】前集18上/34上

【范文正公集】16/谢传宣表/9上、让枢密直学士右谏议大夫表9下

【元宪集】32/内降手诏垂询西陲方略/335

【栾城集】39/论西事状/15上

【汇编】上633；中二1785、1798、1799、1801、1803、1865、1942、1980、2031、2298、2300、2381、2476、2571、2588、2718；中三3162、3193；中五4663、4799、4816、4862、4864、4920、4924、4994、5019、5100、5213；中六5936

羌地

【公是集】53/太中大夫行刑部侍郎致仕上柱国赐紫金鱼袋俞公（献卿）墓志铭/638

【汇编】中一1625

羌夷

【宋史】253/冯继业传/8868

【长编标】10/230；49/1076、1077；50/1099；114/2674；121/2852；225/5486；228/5558；230/5599；232/5636；233/5646、5664；247/6029；372/9005；467/11164

【长编影】10/13上；49/12下、13上；50/16下；114/13下；121/3上；225/16下；228/17上；230/13下；232/9下；233/1上、18下；247/20下；372/4上；467/17下

【奏议标】130/张齐贤·上真宗论陕西事宜/1438；141/文彦博·上神宗论进筑河州/1591
【奏议影】130/张齐贤·上真宗论陕西事宜/4422；141/文彦博·上神宗论进筑河州/4891
【公是集】19/闻夏太尉自去安徙备西边/219
【石林燕语】2/5下
【华阳集】35/狄青神道碑/454
【宋文鉴】69/4上
【河南先生文集】18/论城水洛利害表/8下
【汇编】中一924；中二2010、2563、2743；中三2853；中五4700、4951、5114

羌虏

【长编标】430/10394
【长编影】430/12下
【宋会要】食货63之80/6026
【元丰类稿】22/6下
【文恭集】17/马怀德可西上阁门副使制/211
【栾城集】39/论西事状/15上
【彭城集】21/新知河中府叶康直可知秦州制/289
【汇编】中三3178；中五4658、4865、4866、4950、4966

羌胡

【长编标】136/3266；194/4697；221/5376
【长编影】136/18下；194/9上；221/8下
【奏议标】136/刘敞·上仁宗论城古渭州有四不可/1520
【奏议影】136/刘敞·上仁宗论城古渭州有四不可/4675
【宋文鉴】21/12下
【汇编】中五4649

羌酋

【宋史】335/种谊传/10749；444/李廌传/13117
【长编标】49/1075；153/3728；172/4147；282/6918；287/7033；349/8376；444/10680；482/11471；517/12304
【长编影】49/11上；153/13下；172/16上；282/16下；287/19下；349/9下；444/1上；482/8下；517/4下
【东都事略】129/附录7·西蕃/3下
【宋会要】兵28之41/7290
【乐全集】21/西事咨目上中书/1上
【范文正公集】2/古诗/12上
【汇编】中二2585、2574；中五4606、4817、4855、4889、4928、5002、5217、5260

羌贼

【宋史】491/党项传/14146
【长编标】133/3170；138/3324；142/3409；146/3545、3546；319/7702；320/7721；326/7848；338/8147；342/8224；346/8316；406/9886；408/9925
【长编影】133/9上；138/14上；142/13下；146/17上、18上；319/3下；320/3上；326/10下；338/9下；342/2上、5上；346/13下；406/10上；408/6上
【汇编】上28；中五4548、4549、4585、4896、4914

羌部

【宋史】492/赵思忠传/14168
【汇编】中四3957

羌族

【宋史】9/仁宗纪1/180；198/兵志12/4933；258/曹玮传/8988；264/宋琪传/9129；291/王博文传/9745；350/苗授传/11068；485/夏国传上/13989；491/党项传/14141；492/吐蕃传/14159、14160
【长编标】35/768；312/9569；480/11420
【长编影】35/3下；312/10上；480/5上
【元宪集】34/宋故推诚翊戴功臣彰武军节度延州管内观察处置等使曹公墓志铭/353
【安阳集】家传1/11下
【皇宋十朝纲要】4/2上
【忠肃集】7/殿前副都指挥使建武军节度使贾逵谥武恪谥议/102
【名臣碑传琬琰集】中集43/曹武穆公玮行状/1034
【稽古录】19/87上
【汇编】上/23、29、31、56；中一1069、1560、1590、1634、1635、1636、1637、1638、1640、1670、1672、1673、1681、1688、1699、1705、1741；中四4040、4085、4125

羌寇

【长编标】320/7727
【长编影】320/7下
【宋会要】食货63之39/6006

羌落

【长编标】254/6222；325/7818
【长编影】254/15 上；325/5 上

羌豪

【宋史】350/赵隆传/11091
【东牟集】14/右朝奉郎王公（彦隆）墓志/7 上
【北山集】34/武功大夫昭州团练使骁骑尉徐公（量）行状/11 下、12 上
【北海集】3/天武四厢都指挥使制/10 下
【汉滨集】15/故客省使雄州防御使泾原路兵马钤辖兼第十一将郭公（成）行状/16 上
【玉海】14/咸平陕西河北地图/32 下
【华阳集】30/礼宾使刘温润等可英州刺史制/385
【初寮集】5/贺环庆路奏捷表/4 下、6/定功继伐碑/1 上
【宋名臣言行录】后集 10/韩绛/2 下；续集 2/钱即/14 下
【杨文公谈苑】3 上/麻胡条
【陇右金石录】3/48 上
【鸡肋集】46/7 下
【学言稿】5/1 下
【忠惠集】2/殿前都虞侯环庆路经略安抚使知庆州制/20 下
【欧阳修撰集】1 上/上皇帝万言书/11 上
【苕溪集】48/宋故武功大夫杨公（宗闵）墓碑/3 下、4 下；48/宋故恩平郡夫人刘氏墓碑/17 下
【闻过斋集】1/22 上
【桂苑笔耕集】6/1 下
【浮溪文粹】14/朝散大夫直龙图阁张公（根）行状/12 上
【鸿庆居士集】25/24 下；33/宋故左朝请大夫直龙图阁章公（綡）墓志铭/17 上
【彭城集】21/皇城使孙昭谏可差知陇州/294；22/宣德郎知京兆府长安县王鉴可权通判岷州/308
【横塘集】8/代贺环庆捷奏西蕃伪王子降表/3 上
【潞公文集】20/论本朝兵政/8 上；20/奏议 6 上；22/奏议 5 下；25/奏议 1 上；27/奏议 6 下；29/奏议 3 下；37/辞免/9 下
【甘肃新通志】6/舆地志·山川上·兰州府·狄道州/6 下、7 上、舆地志·山川上·平凉府·静宁州/18 下；7/舆地志·山川下·阶州直隶州·本州/9 下；8/形胜·兰州府·皋兰县/1 下；9/舆地志·关梁·兰州府·河州/20 上、舆地志·关梁·阶州直隶州/49 上；13/舆地志·古迹·巩昌府·伏羌县/18 下；14/建置志·城池/4 下；29/祠祀志·祠宇下·西宁府·西宁县/31 下；91/艺文志·碑记/5 下
【陕西通志】17/关梁 2·绥德州·清涧县/48 上；59/人物 5/7 上；97/艺文 13/32 下
【榆林府志】28/艺文志/4 下；47/10 上
【汇编】中六 5897；补遗 7095、7121、7125、7210、7220、7224、7230、7236、7243、7259、7262、7281、7284、7291、7293、7298、7326、7330、7332、7333、7334、7336、7337、7342、7343、7350、7359、7360、7361、7365、7371、7372、7374、7386、7402、7403、7411、7419、7420、7424、7428、7429、7433、7437、7443、7444、7462、7463、7469、7474、

宋藩

【宋大诏令集】236/立夏国主册文/918

灵武五蕃 贡名马

【宋会要】蕃夷 7 之 2/7840

八画

青羌

【宋史】34/孝宗纪 2/655；386/范成大传/11869
【文忠集】61/资政殿大学士赠银青光禄大夫范公成大神道碑（庆历元年）/21 上
【攻媿集】91/文华阁待制杨公（王休）行状/1244
【汇编】下 6755、6757、6793

虏

【宋会要】兵 8 之 28/6901
【司马文正公集】35/章奏 36/8 下
【安阳集】家传/10/2 下
【邵氏闻见录】17/187
【栾城集】36/乞诛窜吕惠卿状/18 上
【涑水记闻】14/10 上
【校证补梦溪笔谈】2/948
【名臣碑传琬琰集】上集 6/司马文正公光忠清粹德之碑/94

【汇编】中二 2024；中四 3832、3984、4405、4425、4444；中五 4731、4736、4782

虏人

【宋会要】仪制 10 之 21/2014

河西羌部

【宋史】491/党项传/14140

【汇编】上 23

河西诸蕃

【元史】15/张拔都传/3580

【汇编】下 6857

河西蕃部

【宋史】7/真宗纪 2/123

【长编标】52/1145；56/1227

【长编影】52/16 下；56/14 下

【汇编】中一 1326、1375、1391

河西蕃族

【宋史】6/真宗纪 1/118

【汇编】中一 1325

河州羌

【长编标】82/1877

【长编影】82/14 下

陕西沿边州军蕃部

【宋会要】兵 27 之 12/7252

九画

契丹戎人

【宋史】491/党项传/14138

【长编标】56/1224

【长编影】56/1 上

【汇编】上 28、29、30；中一 1374

胡

【旧唐书】93/王晙传/2988；97/张说传/3052、3053

【文恭集】8/论西夏事宜/95；14/陈叔度可大理评事制/175；18/张升可兵部员外郎充天章阁待制环庆路都部署经略安抚等使兼知庆州制/217

【册府元龟】986/11584 上；992/11653 上

【资治通鉴】212/6745；221/7100

【汇编】上/647、649、650、651、653、655、677；中三 3179、3195、3367

胡人

【涑水记闻】14/3 下

【汇编】中四 4235

南蛮

【杂字】13/论语部/13 左

种羌

【宋大诏令集】240/阿里骨检校太尉依前河西节度仍旧西蕃邈川首领加恩制/941

【东坡全集】38/口宣/20 下、21 下；40/批答/20 下

【范太史集】28/赐太师文彦博辞免温溪心马不允诏/3 上

【彭城集】25/为宰相贺擒鬼章表/358

【汇编】中五 4861、4863、4874、5085、5190

种落

【长编标】56/1240；74/1680；86/1967；124/2923；126/2996；132/3136、3144；133/3177；134/3193；142/3412；149/3600、3604；173/4173；216/5258；340/8192；341/8208；365/8749；380/9221；409/9977；505/12029；516/12266

【长编影】56/15 上；74/1 上；86/3 上；124/5 下；126/27 上；132/13 下、20 下；133/15 下；134/6 上；142/17 上；149/4 上、7 下；173/10 上；216/7 上；340/14 上；341/12 上；365/5 下；380/1 下；409/23 下；505/3 下；516/3 上

【奏议标】138/司马光·宋哲宗乞还西夏六寨/1552

【奏议影】138/司马光·宋哲宗乞还西夏六寨/4772

酋

【宋史】491/党项传/14139

【隆平集】20/夷狄传/3 下

【汇编】上 29、115

酋长

【奏议标】138/吕陶·上哲宗请以兰州二寨/1559

【奏议影】138/吕陶·上哲宗请以兰州二寨/4791

酋豪

【长编纪事本末】140/4 下、9 下

【宋会要】职官 68 之 12/3914
【奏议标】141/冯澥·上徽宗论湟廓西宁三州/1596
【奏议影】141/冯澥·上徽宗论湟廓西宁三州/4909
【汇编】中六 5766、5818、5820、5821

贺兰蕃部

【宋史】265/张齐贤传/9155
【汇编】中一 1235

十画

夏人

【辽史】26/道宗纪 6/310；85/萧挞凛传/1313；102/耶律余覩传/1443
【宋史】6/真宗纪 1/106；16/神宗纪 3/311、312；17/哲宗纪 1/320、321、322、323、324、325、326、327、328、330、331、332、333、335；18/哲宗纪 2/339、344、345、346、347、349、351、352、353；19/徽宗纪 1/370；20/徽宗纪 2/374；22/徽宗纪 4/403、404；23/钦宗纪/427、431；29/高宗纪 6/540、543；35/孝宗纪 3/683、685；39/宁宗纪 3/760；40/宁宗纪 4/774、775、777；85/地理志 1·序/2095；87/地理志 3/2148；175/食货志上 3·和籴/4247；185/食货志下 7·坑冶/4529；190/兵志 4·河东陕西弓箭手/4722；194/兵志 8·拣选之制/4826；250/石保兴传/8811、8812；257/吴廷祚传/8948；258/曹玮传/8988；259/郭守文传/8999；266/孙诏传/9189；273/董遵诲传/9343；275/孔守正传/9371、郭密传/9378；277/刘综传/9432；291/王博文传/9745；303/陈贯传/10047；308/张佶传/10151、张煦传/10149、裴济传/10144；314/范纯仁传/10289；317/钱即传/10351；326/康德兴传/10536；328/安焘传/10566、章楶传/10589；330/杜纮传/10634；331/卢秉传/10671；332/滕元发传/10676、游师雄传/10689、10690、穆衍传/10692；335/张守约/11073、种师道传/10750、种谊传/10748；336/吕公著传/10776；338/苏轼传/10811；339/苏辙传/10825、10832；340/吕大忠传/10846；341/赵瞻传/10880；342/王严叟传/10894、10895；343/许将传/10910；344/孙览传/10929、344/李周传/10935；348/毛渐传/11040、348/钟传传/11037、陶节夫传/11038；349/刘昌祚传/11054、11055、刘舜卿传/11063、姚雄传/11059；350/王赡传/11071、王文郁传/11075、刘仲武传/11082、曲珍传/11084、郭成传/11085、赵隆传/11090；351/林摅传/11110；353/张近传/11146、蒲卣传/11153；354/何常传/11166；355/上官均传/11179、李南公传/11190、郭知章传/11197；357/河灌传/11225、11226、刘延庆传/11237；364/韩世忠传/11355；366/刘锜传/11399、吴玠传/11408；367/郭浩传/11440、11441、杨政传/11442；369/刘光世传/11479、曲端传/11489、张俊传/11469；372/王庶传/11546；402/安丙传/12194；406/崔与之传/12260；426/叶康直传/12707；433/邵伯温传/12825；446/刘韐传/13162、朱昭传/13170、杨震传/13167；447/徐徽言传/13191；466/张继能传/13620；467/李宪传/13640；468/李祥传/13649、童贯传/13659；471/邢恕传/13704、吕惠卿传/13708；492/瞎征传/14167
【金史】2/太祖纪/37；金史 9/章宗纪 1/219；13/卫绍王永济纪/292、295、296；14/宣宗纪上/303、305、306、313、314、315、318、319、321；15/宣宗纪中/329、330、331、332、336、338、339、340、343、344、345；16/宣宗纪下/352、353、354、359、362、363、364、366、369；17/哀宗纪上/376；36/礼志 9/840；71/斡鲁传/1634；72/娄室传/1650、1651、拔离速传/1665；73/宗雄传/1680、完颜希尹传/1685；74/宗翰传/1698；78/刘筈传/1772；79/徐文传/1785；91/庞迪传/2012、结什角传/2017；92/庐庸传/2042；94/夹谷清臣传/2084；95/粘割斡特剌传/2108；97/裴满亨传/2143；98/完颜纲传/2174；101/乌古论庆寿传/2239；103/乌古论长寿传/2299；110/杨云翼传/2424、赵秉文传/2429、韩玉传/2429；111/古里甲石伦传/2443；112/完颜合达传/2464、2465、2466；113/白撒传/2486、完颜赛不传/2480、赤盏

合喜传/2492、2493；116/石盏女鲁欢传/2542、承立传/2550、2551；120/乌林答琳传/2627；121/刘德基传/2651、夹谷守中/2642、粘割韩奴传/2636、2637；122/纥石烈鹤寿传/2667、纳合蒲剌都传/2663；123/杨沃衍传/2684、陀满胡土门传/2687；124/商衡传/2697、郭蝦蟆传/2708、2709；128/蒲察郑留传/2768；132/完颜元宜传/2829

【元史】124/忙格撒儿传/3055；146/耶律楚材传/3456；149/石天应传/3527；153/王檝传/3612

【长编标】38/825；103/2385；107/2493；109/2534；113/2643；126/2969；154/3737、3742；155/3758；159/3850；160/3862；164/3945；166/3987；167/4014；168/4035；175/4225、4226；178/4317；184/4456；185/4477；186/4489；208/5066；214/5195、5203、5204、5205、5218、5219、5220；215/5236、5248；216/5254；218/5304、5308；220/5350、5356；221/5388；226/5502、5515；228/5552；229/5566、5577；230/5591；231/5610；232/5631；233/5663；234/5679；236/5752；237/5778；238/5786、5787；239/5822；240/5843；241/5879；243/5914；244/5943；247/6012；248/6047；272/6663；273/6696；283/6939；289/7068；290/7099；291/7115；297/7218；298/7242；299/7277；302/7343；313/7592；314/7601、7603、7605、7611；315/7617、7621、7630；316/7640、7647、7653；317/7677、7678；318/7697；319/7607、7711；321/7754；324/7804、7806；325/7820、7822；326/7841；327/7886；328/7893、7900、7902、7905；329/7914、7923、7927、7931、7937；331/7979；334/8035、8051；335/8082；336/8107；337/8118；338/8145；340/8177、8192；341/8205；342/8224、8226、8230；343/8241；344/8263；345/8277、8280、8293；346/8301、8302、8308；348/8362；349/8369、8378；350/8381、8383；352/8449、8450；360/8623、8624；362/8658、8662；366/8792、8795、8796、8797；372/9008；381/9284、9303；382/9307、9309、9310、9311、9312、9313、9314、9317、9318；384/9369；387/9415；398/9699；399/9722、9724；400/9741、9743、9744；402/9778、9779、9780、9781；403/9800、9823；404/9840、9841、9842、9843、9844、9851、9853、9855、9857；405/9863、9864、9865、9866、9869；、9870、9874；406/9876；407/9898、9903、9905、9907；408/9925、9940、9943；409/9959、9966、9976；410/9992；412/10022；413/10658；418/10142；419/10146、10151、10158；429/10362、10367、10371；436/10501；438/10554；439/10568、10581；443/10658、10660、10661、10662；444/10682、10683、10684、10686、10687、10688、10689、10690、10691；445/10715、10718、10719、10724；446/10728、10729、10734、10735、10736；447/10759、10760；452/10844、10845、10846、10848、10849、10850；455/10907；458/10953；459/10984；460/10996、10999、11000；462/11042、11043、11044；465/11115、11117、11136；466/11128；470/11226、11230、11232；471/11250；474/11315；476/11241；478/11384、11389；479/11412、11413；480/11421；485/11527；486/11546；487/11570；492/11678；496/11809；504/12007、12010；505/12028；506/12045；509/12114、12116、12118、12122；514/12213、12232；515/12243、12244、12248；517/12307；518/12322

【长编影】38/7 下；103/10 下；107/1 下；109/1 下；113/10 下；126/4 上；154/2 上、7 上；155/1 上；159/11 上；160/3 下；164/1 上；166/6 下；167/7 下；168/4 下；175/6 上、6 下；178/12 下；184/10 下；185/9 上；186/7 上 9；208/17 下；214/1 上、3 上、10 下、11 上、23 下、24 上；215/6 下、16 下；216/1 上；218/11 下、15 上；220/14 下、20 下；221/2 下；226/3 上、7 下；228/12 上；229/1 下、12 上；230/6 上；231/1 下；232/5 上；233/7 下；234/8 上；236/25 下；237/19 下；238/1 上、1 下；239/15 下；240/18 上；241/5 下；243/3 下；244/11 下；247/6 上；248/9 上；272/7 上；273/19 下；283/16 上；

289/8 下；290/12 下；291/5 上；297/3 上；302/1 下；313/10 上；314/3 上、4 上、6 下、11 上；315/2 下、6 上、13 下；316/2 下、3 上、10 上；317/20 上、20 下；318/16 上；319/1 上、7 下；321/16 上；324/8 上、10 上；325/6 下、7 上；326/4 下；327/20 下；328/4 上、6 上、9 上、13 下；329/1 下、9 上、12 下、15 下、21 上；331/11 下；334/5 下、7 下；335/11 上；336/15 上；337/3 下；340/1 上、13 下；341/10 上；342/7 上、9 下；343/6 下；344/9 上；345/6 上、19 下；346/1 上；350/1 上、3 上；352/21 下；354/8 上、10 上；360/15 下；362/3 上、7 上；366/14 下、17 上；372/5 上；381/11 下、30 上；382/9 下、13 上、13 下、17 上；384/19 上；398/2 下；399/1 下、4 下；400/5 下；402/1 下、5 上；403/2 上、21 下；404/10 下、20 下；405/5 上、8 上；406/1 上；407/3 下、8 上、10 下、11 下；408/6 上、18 上、21 上；409/13 下、23 上；410/11 上；411/11 上；412/4 下；419/2 下、8 上；429/4 下、9 上、12 下；433/4 下、7 下；436/3 上；438/1 下；439/1 上、12 下；444/1 上、4 上、8 上；445/13 上；446/1 上；447/12 下；452/3 上、6 上；455/6 下；458/1 上；459/9 上；460/1 上；462/11 上；465/16 下；466/1 上、3 上、9 上；470/7 下、11 上；471/12 上；474/12 下；476/4 下；478/2 上、7 上；479/10 上；480/6 上；485/9 上；486/6 上；487/8 上；492/2 上；496/15 下；504/8 上；505/2 下、17 上；509/4 上、7 下；514/4 下、19 下；515/9 上、10 上、12 下、22 下；517/5 下；518/1 上

【东都事略】9/哲宗纪/2 下、3 下、6 上、6 下；11/徽宗纪/3 上；59 下/范纯粹传/7 上；82/王厚传/6 下；93 下/苏辙传/2 上、3 上；102/林摅传/2 下；104/刘仲武传/5 上；107/种师道传/2 上

【隆平集】7/参知政事李若谷传/13 下

【宋会要】职官 1 之 3/2331、51 之 9/3540、65 之 25/3859、66 之 35/3886、68 之 10/3913；兵 5 之 3/6841、5 之 12/6845、8 之 29/6901、8 之 30/6902、8 之 34/6904、9 之 1/6906、9 之 2/6906、18 之 16/7065、28 之 19/7279、28 之 30/7284、28 之 32/7285、29 之 5/7295、29 之 8/7296；蕃夷 2 之 30/7707、6 之 7/7822、6 之 17/7827、6 之 21/7829、6 之 28/7832、6 之 29/7833

【奏议标】136/韩琦·上仁宗论西北议和有大忧者三大利者一/1516；137/富弼·上神宗谏西师/1539；138/文彦博·上神宗论关中事宜/1548、文彦博·上神宗论关中事宜/1549、范纯粹·上神宗论西事不可再举/1551、司马光·上哲宗乞还西夏六寨/1555、范纯仁·上哲宗答诏论西事/1555、1556；139/范纯粹·上哲宗乞以弃地易被虏之人/1562、1563、韩维·上哲宗论息兵弃地/1563、1564、苏轼·上哲宗论前后致寇之由及当今待敌之要/1571、1572、范育·上哲宗论御戎之要/1573、1574；140/范纯粹·上徽宗论进筑非便/1584、张舜民·上徽宗论进筑非便/1584；141/袭夬·上徽宗乞诱谕青唐/1594

【奏议影】136/韩琦·上仁宗论西北议和有大忧者三大利者一/4665；137/富弼·上神宗谏西师/4732；138/文彦博·上神宗论关中事宜/4757、1549、范纯粹·上神宗论西事不可再举/4761、司马光·上哲宗乞还西夏六寨/4780、范纯仁·上哲宗答诏论西事/4781、4782；139/范纯粹·上哲宗乞以弃地易被虏之人/1562、1563、韩维·上哲宗论息兵弃地/4805、苏轼·上哲宗论前后致寇之由及当今待敌之要/4800、4804、范育·上哲宗论御戎之要/4836、4838；140/范纯粹·上徽宗论进筑非便/4870、张舜民·上徽宗论进筑非便/4873；141/袭夬·上徽宗乞诱谕青唐/4901

【长编纪事本末】139/11 下；140/1 下、11 上；144/7 上

【宋大诏令集】8/神宗谥议/36；12/宣仁圣烈谥册/58；232/又回札子/901；240/赐阿里骨诏/941

【长编拾补】26 引九朝编年备要/14 上；26/17 上；54/11 上

【契丹国志】10/天祚帝纪上/1 下

【大金吊伐录】1/24

【大金国志】4/太宗纪/3 下；5/太宗纪/4 上；17/世宗纪/4 下；19/章宗纪/5 上；22/东海

郡侯纪/2 上、3 上；26/义宗纪/3 上
【大藏经】佛祖历代通载 32/40 下
【中兴小纪】2/28；20/242；26/301
【画墁集】补遗/游公（师雄）墓志铭/3 下
【太平治迹统类】26/15 上
【文忠集】149/奉诏录 4/16 上；61/资政殿大学士赠银青光禄大夫范公成大神道碑/17 下
【方舟集】15/范元功墓志铭/19 上；16/赵郡王墓志铭/26 上
【长春真人西游记】下/25
【东坡全集】18/司马温公神道碑/46 上；25/奏议 2 上、6 上
【汉滨集】6/论诸军见攻德顺独王彦未到状/7 上
【龙川略志】635
【三朝北盟会编】10/4 下；15/1 下；25/5 上；48/13 上；52/1 下；60/4 下；61/1 上；70/8 上；75/12 上；77/6 上；107/7 下；118/3 下；195/4 下；196/1 上；212/4 下；214/1 下；217/1 下
【纪要逸编】（知不足斋丛书本）/6 上
【宋文鉴】119/8 下
【系年要录】9/227；12/279；16/332；40/749；127/2066；129/2090；131/2107；132/2126；134/2159；140/2249；181/3015；198/3352；199/3373
【皇宋十朝纲要】10 下/5 上；12/5 上、5 下、6 上、14 下；13/2 上、4 上；14/1 下、2 上、2 下、3 下、4 下、5 上、6 下；16/10 上、10 下、11 下、12 上、12 下、13 上；17/13 上；18/4 下、13 下、18 下；19/8 上
【陇右金石录】4/程俊札子石刻/8 下
【建炎笔录】中/15
【忠正德文集】8/丙辰笔录/5 上
【忠穆集】1/上边事备御十策·料彼已/5 上；2 上/上边事善后十策·论机会不可失/11 下；5/上时政书/15 上
【松漠纪闻】1 上/3、4 下、5、7、8 下
【画墁集】补遗/游公（师雄）墓志铭/6 下
【范文正公集】遗文/9 上、11 上
【南迁录】1、4
【南村辍耕录】2/3 上
【契丹国志】11/天祚帝纪中/11 上
【姚平仲小传】/1 上
【挥麈后录】4/夏人沮粘罕之气/15 上
【昨梦录】4 上
【香溪集】21/徐忠壮（徽言）传/1 下
【栾城集】37/论西边警备状/14 上；39/论西事状/15 上；41/乞罢熙河修质孤、胜如等寨札子/2 下、再论熙河边事札子/9 下、三论熙河边事札子/17 下；42/四论熙河边事札子/1 上、论前后处置夏国乖方札子、7 下
【栾城后集】13/颍滨遗老传下/7 上、11 上
【浮溪集】24/张公根行状/16 上、16 下；27/徽猷阁待制致仕蒋公（瑎）墓志铭/27 上
【程史】4/乾道受书礼/48
【梁溪集】118/与秦相公第十二书·别幅/22 上
【朝野杂记】乙集 19/边防/1180
【名臣碑传琬琰集】上集 6/司马文正公光忠清粹德之碑/94、12/明庭杰撰功绩记/176、13/韩忠武王世忠中兴佐命定国元勋之碑/193；中集 50/韩仪公丞相忠彦行状/1141；下集 12/颍滨遗老传下/1440、14/吕参政惠卿传/1478
【遗山先生集】17/寄庵先生墓碑/10 下
【靖康要录】5/324；8/458
【甘肃新通志】9/舆地志·关梁·兰州府·皋兰县/3 上
【榆林府志】4/葭州·山/15 上、16 上；21/兵志·边防/3 上
【畿辅通志】77/忠节·大名府/14 上
【汇编】中一 928、936、971、1017、1026、1093、1094、1112、1182、1204、1215、1225、1241、1302、1324、1337、1429、1611、1664、1670、1677、1681、1696；中五 4549、4551、4554、4555、4556、4559、4565、4571、4572、4573、4577、4579、4580、4582、4601、4603、4606、4608、4610、4616、4621、4623、4625、4627、4632、4637、4641、4642、4643、4650、4651、4671、4677、4681、4683、4686、4702、4708、4709、4725、4742，4743、4751、4752、4757、4758、4762、4766、4767、4768、4769、4770、4771、4772、4773、4774、4778、4781、4782、4783、4785、4796、4811、4818、4821、4823、

4825、4826、4831、4832、4833、4837、4838、4846、4847、4848、4849、4851、4852、4856、4859、4862、4865、4866、4868、4875、4876、4877、4878、4880、4881、4882、4883、4884、4885、4887、4888、4890、4900、4901、4902、4903、4904、4908、4914、4915、4916、4918、4919、4922、4923、4925、4926、4929、4930、4932、4947、4948、4950、4954、4956、4959、4961、4963、4978、4979、4985、4986、4988、4992、4995、4999、5000、5001、5005、5006、5008、5012、5013、5014、5016、5017、5021、5024、5026、5028、5029、5035、5036、5037、5040、5041、5047、5048、5049、5050、5051、5058、5061、5062、5063、5066、5068、5071、5072、5073、5074、5076、5081、5082、5083、5084、5086、5088、5091、5093、5094、5095、5098、5103、5135、5136、5137、5139、5148、5158、5165、5170、5181、5183、5184、5186、5200、5201、5205、5209、5211、5214、5217、5221、5222、5225、5230、5231、5236、5244、5247、5248、5249、5250、5253、5254、5257、5258、5261、5262；中六 5268、5272、5274、5276、5285、5287、5288、5289、5292、5294、5302、5311、5327、5346、5365、5383、5391、5392、5441、5444、5448、5450、5451、5456、5457、5461、5465、5477、5480、5485、5492、5493、5521、5523、5527、5528、5529、5530、5571、5577、5592、5594、5598、5600、5602、5605、5611、5623、5624、5633、5645、5661、5665、5689、5709、5712、5713、5714、5723、5740、5758、5760、5762、5778、5779、5780、5782、5787、5789、5791、5792、5793、5794、5795、5796、5797、5798、5799、5800、5801、5812、5813、5816、5823、5830、5866、5872、5882、5884、5886、5889、5895、5896、5900、5904、5910、5913、5924、5926、5927、5929、5930、5935、5940、5946、5947、5948、5952、5953、5969、5970、5973、5975、5976、5979、5982、5983、5988、5993、5994、5995、5996、6004、6010、6011、6012、6014、6015、6016、6018、6019、6029、6034、6042、6044、6052、6053、6055、6056、6062、6067、6070、6074、6080；下 6088、6089、6103、6108、6109、6118、6120、6123、6124、6126、6127、6128、6129、6135、6150、6254、6255、6256、6262、6314、6382、6426、6455、6483、6500、6504、6505、6506、6507、6508、6509、6510、6514、6519、6523、6545、6559、6570、6571、6578、6579、6586、6606、6684、6686、6694、6695、6686、6697、6729、6731、6741、6744、6745、6746、6767、6778、6780、6788、6790、6793、6798、6804、6825、6827、6828、6829、6830、6832、6833、6834、6835、6836、6837、6838、6840、6841、6842、6843、6844、6847、6848、6849、6850、6851、6855、6856、6857、6858、6859、6860、6861、6862、6863、6864、6865、6866、6867、6868、6869、6870、、6873、6874、6875、6876、6877、6878、6879、6880、6881、6882、6900、6902、6907、6936、6937、6938、6955、6956、6957、6959、6985

夏戎

【长编标】161/3897；163/3923；366/8792；382/9308、9309、9312；404/9844；519/12342

【长编影】161/15 上；163/7 上；366/14 下；382/9 下、13 下；404/14 上；519/1 上

【奏议标】138/吕大防·上哲宗答诏论西事/1557；139/苏辙·上哲宗乞因夏人纳款给还其地/1565

【奏议影】138/吕大防·上哲宗答诏论西事/4785；139/苏辙·上哲宗乞因夏人纳款给还其地/4810

【元刊梦溪笔谈】25/35

【系年要录】8/205

【范文正公集】13/种君墓志铭/5 下、14 上、16 上、16 下

【栾城集】29/西掖告词/15 下；37/论兰州等地

状/4 上
【儒林公议】下/12 上
【汇编】中二 2082、2087、2448、2449、2450、2832；中五 4653、4677、4745、4748、4763、4764、4771、4842；中六 5653；下 6119

夏兵

【宋史】324/张亢传/10485
【长编标】325/7820
【长编影】325/6 下
【汇编】中二 2039；中四 4332

夏羌

【宋史】350/王恩传/11088
【长编标】316/7639；482/11471；510/12141
【长编影】316/2 下；482/8 下；510/10 上
【宋会要】兵 28 之 36/7287
【夷坚三志辛】4/1410
【容斋四笔】12/11 下
【汇编】中二 2241；中五 4556、5217、5235；中六 5928

夏虏

【长编标】135/3223；364/8734
【长编影】135/9 下；364/23 上
【奏议标】137/司马光·上神宗论中国当守信义不可轻议用兵/1538
【奏议影】137/司马光·上神宗论中国当守信义不可轻议用兵/4729
【司马文正公集】77/书启 6/19 下
【涑水记闻】4/13 上；9/5 下；11/4 下、12 上；12/4 下、5 下、6 上、10 下、11 下、14
【汇编】中二 1856、1881、1895、1896、1949、1960、1992、2091、2194、2355、2438；中五 4661

夏贼

【长编标】44/947、949、951；129/3054；149/3608；207/5021；212/5146；220/5350；288/7050；315/7617；316/7641、76421；321/7752；322/7759；325/7820；339/8162；341/8204、8205、8206；342/8222、8227；343/8241；346/8302；348/8344；349/8375；402/9779；403/9823、9824；406/9881；408/9922；409/9953；410/9986；411/10003、10009；412/10022；10025、10029、10030、10031；419/10145、10158；444/10680、10682、10684、10685、10686；445/10725；448/10774；453/10860；458/10954；460/10996、10997、10998、10999；462/11044；464/11091；466/11137；467/11146；468/11184；469/11208；470/11226；473/11282；474/11302；476/11340；477/11374；478/11392；479/11408；485/11523；487/11566；505/12028；513/12202；516/12288；518/12318
【长编影】44/16 下、17 上、19 下；129/4 下；149/11 上；207/2 上；212/3 下；220/14 上；288/9 上；315/2 下；316/4 下、7 上；321/12 下；322/2 上；325/7 上；342/2 上、8 上；343/6 下；345/4 上；348/3 下；349/8 下、9 下；402/1 下；403/21 下；408/3 下；409/3 上；410/6 上；411/7 上、13 下；412/4 下、9 上、11 下、12 下；419/2 下、13 下；444/1 上、4 上；445/13 上；453/2 上；458/2 下；460/1 上；462/11 上；464/17 下；466/9 上；467/1 下、2 下；468/16 上；469/8 上；470/7 下、11 上；473/1 上；474/2 下；476/4 下、13 上；477/20 上；478/9 下；479/7 上；485/4 下；487/2 下；505/2 下；513/8 下；516/20 下；518/1 上
【宋会要】兵 2 之 40/6791、5 之 12/6845、8 之 30/6902、8 之 35/6904、18 之 19/7067、28 之 25/7282、28 之 27/7283、28 之 42/7290、28 之 43/7291；方域 5 之 41/7403、8 之 25/7453、19 之 14/7632；蕃夷 6 之 22/7829、6 之 25/7831、6 之 28/7832、6 之 30/7833
【长编纪事本末】139/4 下；140/4 下、7 下
【奏议标】45/任伯雨·鄀徽宗论月晕围昴毕/470；139/范育·上哲宗论御戎之要/1574、1575；141/任伯雨·上徽宗论湟鄯/1594
【奏议影】45/任伯雨·鄀徽宗论月晕围昴毕/1671；139/范育·上哲宗论御戎之要/4839、4842；141/任伯雨·上徽宗论湟鄯/4903
【宋大诏令集】239/赐阿里骨诏/939
【东坡全集】25/奏议 9 上；37/赦文/30 上；79/进紫薇花诗/2 上
【皇宋十朝纲要】17/15 上、16 上、18 下、19 下；18/1 上
【画墁集】补遗/游公（师雄）墓志铭/4 上；6

下；8 下
【范太史集】26/论宦者札子/5 上
【斜川集】5/孙团练墓志铭/30 上
【靖康要录】11/687
【汇编】中四 4283、4298、4333、4376；中五 4548、4552、4559、4570、4593、4604、4605、4831、4838、4839、4853、4882、4893、4912、4918、4920、4921、4925、4927、4929、4930、4934、4935、4947、4949、5003、5004、5007、5008、5031、5054、5063、5068、5069、5070、5071、5082、5084、5086、5097、5104、5110、5112、5118、5124、5135、5139、5140、5141、5154、5157、5170、5175、5181、5188、5196、5222、5229、5243、5246、5264；中六 5271、5275、5280、5298、5299、5466、5567、5621、5642、5644、5693、5699、5729、5767、5771、5787、5894、5896、5901、5907、5909、5911、6032

夏部

【宋史】270/高防传/9261
【汇编】中一 936

夏寇

【长编标】44/948；158/3829；209/5090；216/5253；408/9924；419/10153；514/12219
【长编影】44/18 上；158/11 下；209/16 下；216/2 下；408/5 下；419/10 上；514/10 下
【宋大诏令集】137/昭惠显灵王封真人赐中书门下诏/489
【涑水记闻】9/6 上
【儒林公议】下/2 上
【汇编】中二 1929、1961、1980；中五 4914、4949

贼

【新唐书】221 上/党项传/6215
【宋史】491/党项传/14139
【宋会要】方域 21 之 9/7665
【安阳集】47/故崇信军节度副使检校尚书工部员外郎尹公墓表/2 上
【汇编】上 13、27、28、38、42；中二 2554、2555；中三 2905

贼马

【宋会要】兵 5 之 4/6841

贼界

【长编标】52/1136；54/1175；125/2953；128/3028；130/3079；131/3093、3094；132/3030、3132；134/3195；135/3217；139/3338；220/5348；221/5384；222/5400；275/6734；277/6769；311/7542；314/7603；316/7637；317/7657；318/7696；319/7713；321/7737；325/7818；326/7844；330/7950；335/8066；338/8140；351/8408；412/10030；429/10362；471/11244；485/11518；488/11586；489/11601；496/11806
【长编影】52/6 下；54/1 上；125/14 下；128/3 下；130/1 上；131/1 上、1 下；132/8 上、16 下；134/8 上；135/4 上；139/1 下；220/12 下；221/16 上；222/2 下；275/12 下；277/3 上；311/10 下；314/5 上；316/1 上；317/1 下；318/15 上；319/13 下；321/1 下；325/5 上；326/14 上；330/5 上；335/5 下；338/3 上；351/5 上；412/12 上；429/4 下；471/7 下；485/11 上、1 下；488/8 下；489/5 上；496/15 下

部族

【长编标】35/769；41/873；49/1068；53/1155；54/1189；56/1240；65/1465；68/1538；72/1634；82/1877；85/1949；91/2102；92/2119；124/2920；125/2957；129/3054；132/3133；205/4964；212/5146；213/5189；230/5598；238/5786；247/6013；262/6387；271/6637；291/7111；314/7600；316/7641；320/7720；380/9220；402/9779；404/9840；407/9905；426/10300；441/10619；444/10682、10686；454/10886；455/10912；461/11015；467/11147；470/11223；474/11308；477/11358；489/11606；491/11660；493/11716；495/11781；499/11880；504/12017；505/12029；511/12171；513/12193；514/12212；515/12242；517/12299；518/12323；519/12348；520/12377
【长编影】35/4 下；41/12 上；49/5 下；53/1155；54/1 上；56/6 上；65/21 上；68/17 下；72/12 上；82/15 上；85/13 下；91/3 上；92/4 下；124/2 下；125/17 下；129/4 下；132/11 下；205/3 下；212/3 下；213/22

上；230/12 上；238/1 上；247/7 下；262/12 下；271/4 下；291/2 上；314/2 下；316/4 下；320/1 下；380/1 下；402/3 下；404/11 上；407/10 上；426/6 上；441/11 上；444/3 下、8 上；454/8 上；455/6 下；461/1 上；467/3 上；470/6 上；474/8 下；477/5 下；489/9 上；491/12 下；493/20 上；495/16 上；499/9 上；504/18 上、18 下；505/3 下；511/17 上、17 下；513/1 上；514/4 下；515/8 下；517/4 下；518/6 上；519/2 下；520/19 上

【宋会要】兵 28 之 10/7274、28 之 32/7285

【奏议标】132/刘平·上仁宗乞选用酋豪各守边郡/1455、田况·上仁宗兵策十四事/1469

【奏议影】132/刘平·上仁宗乞选用酋豪各守边郡/4479、田况·上仁宗兵策十四事/4520

诸戎

【长编标】50/1088

【长编影】50/5 下

【元宪集】34/宋故推诚翊戴功臣彰武军节度延州管内观察处置等使曹公墓志铭/352

【汇编】中一 1254、1390

陷蕃人口

【长编标】382/9310

【长编影】382/11 下

【皇宋十朝纲要】12/4 下

【汇编】中五 4766、4767、4812

十一画

族帐

【长编标】19/425；23/533；25/586；50/1091；54/1178、1183、1186、1193；57/1251；63/1403、1404；64/1432；68/1537；71/1603；74/1684；81/1840；88/2031；95/2179；97/2244；103/2383；109/2534；125/2957；126/2965、2966；129/3070；130/3080、3081、3084；131/3096；132/3133、3134；134/3198；135/3222、3236；138/3310、3329；139/3352；149/3607；173/4173；184/4449；226/5504、5513；228/5557；237/5764；246/5981；247/6025；269/6603；314/7602；319/7707；322/7762；324/7806；326/7854；341/8213；349/8375；354/8478；398/9699；409/9976；471/11245；485/11518；486/11544；488/11586；490/11623；496/11806；503/11973；505/12026；516/12286；517/12304

【长编影】19/5 上；23/18 下；25/14 上；50/9 上；54/3 下、6 下、8 下、11 上；57/1 上；63/5 下；64/8 上；68/17 下；71/14 下；74/4 上；81/3 下；88/18 下；95/1 下；97/4 下；103/9 上；109/2 上；125/17 下；126/1 下、2 上；129/18 下；130/1 下、3 下、5 下；131/4 上；132/10 下、12 下；134/11 上；135/9 下、21 下；138/1 下、18 下；139/14 下；149/9 下；173/10 上；184/5 上；226/4 下、11 上；228/16 下；237/7 下；246/5 上；247/17 下；269/4 下；314/3 下；319/8 上；322/4 上；324/10 上；326/15 上；341/16 下；349/8 下；354/8 上；398/3 上；409/23 上；471/8 上；485/1 上；486/5 下；488/9 上；490/6 下；496/14 上；503/4 下；505/1 上；516/20 下；517/4 下

族部

【宋会要】食货 63 之 50/6011

十二画

散户

【宋会要】兵 28 之 6/7272

番

【五代会要】29/党项羌传/353

【宋会要】职官 64 之 12/3826

【小畜集】29/故商州团练使翟公（守素）墓志铭并序/2 下

【玉壶清话】5/6 上

【苕溪集】48/宋故恩平郡夫人刘氏墓碑/17 下

【潞公文集】19/奏议/3 上

【甘肃新通志】9/舆地志·关梁·阶州直隶州/49 下

【汇编】上 19；中一 1028、1139、1154、1204；补遗 7325、7326、7462、7474

番人

【长编标】343/8241

【长编影】343/6 下

【三朝北盟会编】61/6 上

【汇编】中五 4559；中六 6057

番贼

【潞公文集】18/奏议 9 上

【汇编】补遗 7323

番部

【长编标】237/5758；241/5880、5881

【长编影】237/2 上；241/7 上、7 下

【五代会要】29/党项羌传/353

【乐全集】22/秦州奏唃厮啰事/21 上

【玉壶清话】2/9 下

【皇宋十朝纲要】16/11 下

【潞公文集】17/奏议/1 上；18/奏议/5 上；20/奏议/5 上

【陕西通志】10/山川 3・延安府・保安县/11 下

【汇编】上 18；中一 935、1587；中六 5782；补遗 7310、7321、7329、7485

番族

【宋史】323/赵振传/10461

【潞公文集】26/奏议/1 上

【小畜集】29/故商州团练使翟公（守素）墓志铭并序/1 下

【汇编】中一 955、1629；补遗 7358

蛮

【长编标】240/5829

【长编影】240/6 下

【汇编】中四 3819

蛮夷

【宋史】191/兵志 5・蕃兵/4758

【长编标】230/5594；382/9306；402/9779；430/10388

【长编影】230/8 上；382/7 上；402/1 下；430/8 上

【宋会要】职官 33 之 6/3036；43 之 47/3297

【司马文正公集】31/乞去新法之病民伤国者疏/8 下

【宋文鉴】53/2 下

【画墁集】补遗/游公（师雄）墓志铭/3 下、4 上

【汇编】中三 3430；中四 3745、3746、3912；中五 4628、4759、4769、4832、4854、4966；下 7016

属（熟）户

【宋史】314/范仲淹传/10276；315/韩绛传/10302；320/王素传/10404；324/张亢传/10488；328/蔡挺传/10575

【长编标】65/1448；73/1672；83/1890；131/3115；132/3122、3133、3134、3137、3138、3141、3142、3143；138/3319、3321；139/3341、3351、3355；142/3414；143/3453；144/3486；145/3513；146/3536；147/3557；152/3709；157/3813；158/3827；167/4009；168/4035；221/5376；229/5566、5579、5580；237/5769；263/6436；309/7504；398/9699；400/9743；443/10658；479/11411

【长编影】65/6 下；73/20 上；83/4 上；131/20 下；132/1 上、11 上、11 下、14 下、18 上、20 下；138/9 下、11 下；139/4 下、14 下、17 下；142/18 下；143/22 下；144/10 上；145/17 下；146/9 上；147/3 上；152/12 上；157/16 上；158/10 上；167/3 下；168/4 上；221/18 上；229/1 上、13 上；237/11 下；263/16 下；309/10 下；398/2 下；400/5 下；443/7 下；479/10 下

【宋会要】食货 23 之 38/5193、23 之 39/5194；兵 4 之 3/6821、24 之 21/7189、27 之 39/7266、28 之 1/7270、28 之 10/7274；方域 19 之 3/7627

【宋大诏令集】234/赐夏国主诏（庆历六年正月己丑）/910、赐夏国主诏（庆历六年四月甲戌）/910；235/夏国秉常乞进誓文永遵臣礼赐诏/915

【奏议标】125/吕诲・上英宗请重造蕃部兵帐/1379；132/田况・上仁宗兵策十四事/1468；133/家昌朝・上仁宗备边六事/1483；134/韩琦・上仁宗论备御七事/1494、范仲淹等・上仁宗论和守攻备四策/1497；138/范纯仁・上哲宗答诏论西事/1556

【奏议影】125/吕诲・上英宗请重造蕃部兵帐/4255；132/田况・上仁宗兵策十四事/4522；133/家昌朝・上仁宗备边六事/4561；134/韩琦・上仁宗论备御七事/4596、范仲淹等・上仁宗论和守攻备四策/4504；138/范纯仁・上哲宗答诏论西事/4873

【东坡全集】15/张文定公（方平）墓志铭/20 上

【乐全集】22/奏第二状/22 下

【华阳集】14/赐宣徽南院使判延州郭逵赴阙茶药诏/172
【安阳集】家传3/10上、6/17上；47/故客省使眉州防御使赠遂州观察使张公（亢）墓志铭/17
【系年要录】38/726
【皇宋十朝纲要】12/4下
【文恭集】8/论西夏事宜/95
【武经总要】前集18/1下
【河南先生文集】9/答秦凤路招讨使文龙图书/1上
【范太史集】40/检校司空左武卫上将军郭公墓志铭/17下
【范文正公集】政府奏议下/9下
【涑水记闻】12/17上
【名臣碑传琬琰集】上集10/韩献肃公绛忠弼之碑/158；中集27/王懿敏公素真赞/803、48/韩忠献公琦行状/1106
【稽古录】20/94下
【汇编】中二2339；中三2843、2846、2860、2861、2884、2986、3001、3083、3084、3094、3129、3143、3144、3158、3177、3274、3278、3288、3289、3291、3292、3315、3320、3322、3344、3346、3347、3368、3382、3407、3428、3442、3446、3465、3465、3509、3580、3620、3686、3700、3711、3728；中四3738、3742、3743、3798、3990；中五4682、4817、4818；下6245

属羌

【宋史】288/范雍传/9678；291/王博文传/9744；326/田敏传/10534；332/游师雄传/10689；335/种宜传/10748；349/刘舜卿传/11063
【长编标】101/2330；103/2383、2385；104/2400；105/2440；109/2534；120/2836；123/2912；124/2924；126/2981；128/3043；132/3129；134/3189；135/3220、3228、3231；138/3320；146/3542；153/3728；172/4147；214/5195、5196；221/5387；225/5493；228/5548；241/5880；279/6827；300/7303；312/7569；316/7653；329/7932；331/7982；399/9722；400/9740、9743；402/9778、9779；517/12303
【长编影】101/1上；103/12下、11上；104/2上；105/6下；109/1下；120/15上；123/18下；124/6下；126/14下；128/9下；132/7上；134/2下；135/6下、13下、17上；138/11上；146/14下；153/13上；172/16上；214/3上、3下；221/18上；225/22下；228/8下；241/6下；279/8上；300/6下；312/10上、10下；316/15上；329/17上；331/13下；399/1下；400/5上；402/1下；517/8上
【宋会要】兵27之28/7260
【宋大诏令集】55/庞籍拜昭文相制/277；239/赐阿里骨诏/939
【奏议标】125/范纯粹·上徽宗乞令蕃官不得换授汉官差遣/1381
【奏议影】125/范纯粹·上徽宗乞令蕃官不得换授汉官差遣/4261
【东坡全集】37/敕文/30上
【画墁集】补遗/游公（师雄）墓志铭/4上
【栾城集】29/西掖告词/13下
【涑水记闻】9/12下
【汇编】中一1607、16351、644；中三3019、3022、7173；中五4821、4824、4830、4831、4852、4853、4855、4856、4857、4921、4930；中六5636

十五画

蕃

【旧唐书】117/崔宁传/3398；120/郭子仪传/3455；122/张献甫传/3499；144/戴休颜传/3913
【旧五代史】115/周书·世宗纪/1522；125/周书·冯晖传/1644；146/食货志/1951
【辽史】12/圣宗纪3/131；37/地理志1/444；46/百官志2/738
【宋史】1/太祖纪1/14；6/真宗纪1/116；7/真宗纪2/128；10/仁宗纪2/198；15/神宗纪2/286；185/食货志下7·吭冶/4524；188/兵志2·将兵/4628；190/兵志4/4724；191/兵志5/4755、4757；191/兵志5·蕃兵/4757、4759；195/兵志9·阵法/4863；197/兵志

11/4911；250/王承衎传/8818；257/李继和传/8970、8971；258/曹璨传/8983；264/宋琪传/9126、9129；265/张齐贤传/9155；277/索湘传/9421；279/陈兴传/9484；279/周仁美传/9492；280/田绍斌传/9496、280/王荣传/9500；281/寇准传/9528；284/宋祁传/9598；291/吴育传/9728；295/孙甫传/9840；320/王素传/10404；324/张亢传/10489；326/康德舆传/10537；328/蔡挺传/10576；330/傅求传/10621；331/沈括传/10656；334/徐禧传/10722；349/刘昌祚传/11054；379/韩肖胄传/11690；383/虞允文传/11797；440/文苑2/柳开传/13026；466/张崇贵传/13619；471/吕惠卿传/13707；485/夏国传上/13981；486/夏国传下/14008；492/吐蕃传/14154、14156、14157、14158

【金史】15/宣宗纪中/332；58/百官志4·百官奉给/1345；80/阿离补传/1810；98/完颜纲传/2175；107/张行信传/2369；108/胥鼎传/2379

【长编标】17/384；35/768；36/785；38/825；39/835；42/896；47/1015；49/1068、1072；50/1091；51/1121；52/1146；54/1176、1181；56/1226；57/1251；59/1309；61/1360；64/1432；65/1449；66/1471；68/1521；71/1298；77/1762；80/1832；83/1895、1904；84/1921；85/1946；87/1988；1992；88/2016、2022；2026；89/2052；90/2139；92/2129；93/2139、2145；95/2193；97/2244；98/2278；102/2355；104/2421；110/2558；111/2584、2593、2594；119/2813、2814；120/2845；123/2894、2901、2911；124/2920；125/2956；126/2969；129/3054；130/3080、3081、3082、3084、3086；132/3136；134/3192；135/3217、3220、3228；139/3341、3350；143/3457；144/3486；145/3509、3514；148/3582；149/3612；150/3640；151/3682；152/3709、3710；158/3818；160/3860；212/5147；215/5244；221/5389；225/5494、5495；228/5547、5550；229/5567；231/5610；233/5655、5659、5662；238/5803；241/5887；243/5924；246/5977；247/6008、6024；250/6085、6098；251/6110；252/6173；254/6222；255/6235、6244；256/6248；266/6532；273/6695；279/6846；280/6866；290/7086；297/7220；309/7496；313/7592、7594；315/7617、7612、7624、7625、7631；316/7640、7644、7651；320/7725、7731；321/7737；326/7851；329/7915、7920；331/7980；336/8094；337/8116、8126；338/8142、8147；342/8224、8226；346/8301、8307上；347/8320；352/8449；366/8800；430/10394、10396；444/10682；457/10939；460/10999、11000；467/11153；514/12223；516/12265；517/12306

【长编影】17/19下；35/9下；36/1下；38/7下、8上；39/7上；42/12下；47/18上；49/8上、11下；50/12上、16下；51/1上、3上、13下；52/14上、14下、18上；54/3下、9上；56/8下；57/17上；59/9下；61/15上；64/9下；65/11下；66/2下；77/2上；80/7下；83/8上、14上；84/9下、10上；85/13上；87/8上；88/13下；89/9上；90/1下；92/14上；93/4下、9下；95/13上；97/6上；98/9上；102/15下；104/9下；110/6下；111/10上、16下；118/15下；119/5上、17上、17下；120/12上；123/9上、10下、19上；125/11上；126/4上；129/4下；130/2上、3下、4上、5上、9下、10上；132/17上；134/6上；135/1下、3下、5下、9下；139/6下、10下；143/28上；144/9下；145/11上、18下；148/8下；149/15上；150/16上；152/12上；158/1下；160/2上；215/13下；221/4下、23下；225/5上、5下；228/3下、8上；229/1上；231/1下；233/9下、16下、19上；238/16上；241/2下；243/12上；246/2下；247/2下、14上；250/5下、16上；251/2上；252/3下；254/14下；255/12上；256/3上；259/8下；262/11下；266/10上；279/23上；280/15下；290/1下；297/4下；309/3上；313/10上、11上；315/5下、9上、9下、15上；316/4上、6下、12下；320/6下、10上；321/2下；326/12下；329/3上、7下；331/14上；336/3下；337/

4下、10下；338/4上、9下；342/4上、6下；346/1上、6上；347/1上；352/21下；366/17上；379/4下；430/15上；444/1上；457/2上；460/5上；467/5上；514/8上；516/2下、3上；517/1上
【东都事略】84/刘昌祚传/4上
【唐会要】97/吐蕃传/1735
【宋会要】职官23之13/2889、25之6/2917、25之7/2917、35之4/3062、46之27/3834；食货23之38/5193、24之1/5195、24之31/5210、37之4/5450、37之14/5455、37之27/5462、38之31/5482、63之74/6023、63之80/6026、67之1/6253；刑法2之162/6576、4之14/6628、4之16/6629；兵4之1/6820、4之12/6826、8之18/6896、8之19/6896、8之22/6898、8之28/6901、14之14/6999、14之15/7000、14之45/7015、14之46/7015、17之21/7048、18之2/7058、21之30/7139、22之4/7145、24之16/7186、27之1/7247、27之3/7248、27之7/7250、27之22/7257、27之36/7264、27之37/7265、27之38/7265、27之39/7266、27之41/7267、28之4/7271、28之8/7273、28之10/7274、29之41/7313、29之42/7313；方域8之23/7452、8之30/7455、21之19/7670；蕃夷6之9/7823、6之30/7833
【唐大诏令集】107/诫励诸军州牧将诏/553
【宋大诏令集】213/赐李宪手诏/810；233/赐西夏诏/908；234/论夏国泾原秦凤熟户弓箭手不可更行侵扰掠过生口并须发还诏/912；235/答夏国主秉常诏/917；236/赐夏国诏/921；239/诫约西蕃邈川首领河西军节度使阿里骨诏/939；240/安抚秦州蕃部尚波于/942
【奏议标】132/田况·上仁宗兵策十四事/1469；133/孙沔·鄜仁宗谕范仲淹答元昊书/1472、范仲淹·上仁宗再议攻守/1481、范仲淹等·上仁宗论元昊请和不可许者三大可防者三/1485
【奏议影】132/田况·上仁宗兵策十四事/4522；133/孙沔·鄜仁宗谕范仲淹答元昊书/4530、范仲淹·上仁宗再议攻守/4554、范仲淹等·上仁宗论元昊请和不可许者三大可防者三/4566
【中兴小纪】18/219
【元刊梦溪笔谈】5/17；25/3、4
【元宪集】27/赐中书门下诏/290；30/抚问知永兴军/320；32/答内降手诏垂询西陲方略/341
【公是集】10/没蕃士/106
【文庄集】14/陈边事十策/1上
【文忠集】181/二老堂杂志3·记黎州事/6上
【乐全集】19/平戎十策及表/13下；20/请因郊禋肆赦招怀西贼札子/24上
【册府元龟】167/2014下；999/11727下
【汉滨集】6/论诸军见攻德顺独王彦未到状/7上
【玉海】58/熙宁蕃夷朝贡图/41下；108/元丰崇政殿奏蕃乐/15下
【龙川别志】卷下/94
【龙川略志】635
【三朝北盟会编】99/5上
【华阳集】17/判延州程晋戡乞致仕第一表不允诏/203；36/宋庠神道碑/465
【安阳集】家传3/6下、6/17上；47/故客省使眉州防御使赠遂州观察使张公（亢）墓志铭/16上、17下
【李卫公会昌一品集】5/赐思忠诏书/35；13/论太原及振武军镇及退浑、党项等部落互市牛马及骆驼等状/109；14/请市蕃马状/116
【系年要录】36/685；94/1552；165/2698；198/3331
【皇宋十朝纲要】10下/3上；12/4下
【陇右金石录】3/41下；3/48上
【净德集】19/虑边论二/205
【松漠纪闻】上/3
【欧阳文忠公全集】115/河东奉使奏草/27上；160/奏议3下
【武经总要】前集17/14上；18上/8下、12上、12下、18上、27上、27下、29下、30上、31上
【范文正公集】13/滕君墓志铭19上；18/6上；年谱补遗18下；19下
【南村辍耕录】10/11上
【栾城集】1/诗/1上；39/15上
【涑水记闻】11/8上
【梁溪集】144/御戎论/1上
【清波杂志】10/2上

【朝野类要】3/2 下

【儒林公议】上/2 上

【潞公文集】19/奏议 5 下；38/举官/3 上

【甘肃新通志】13/舆地志·古迹·平凉府·静宁州/10 下

【汇编】上 50、75、645、682、683、694、715、717、720、771、773、786、788、890、912、915、921；中一 924、925、931、935、937、940、954、959、961、965、967、974、976、983、1008、1028、1036、1049、1051、1066、1069、1075、1076、1079、1082、1094、1100、1112、1113、1115、1120、1128、1131、1132、1148、1153、1185、1186、1202、1218、1222、1223、1235、1239、1244、1245、1248、1259、1260、1269、1270、1283、1291、1296、1297、1307、1322、1325、1328、1329、1346、1353、1359、1382、1392、1395、1400、1403、1408、1416、1417、1424、1425、1428、1447、1453、1463、1465、1470、1481、1494、1506、1513、1515、1526、1528、1535、1538、1551、1558、1572、1592、1594、1596、1600、1608、1615、1630、1631、1640、1647、1650、1655、1676、1679、1680、1682、1688、1692、1698、1732；中二 1788、1789、1797、1801、1807、1808、1814、1847、1857、1903、1904、1953、2235、2243、2248、2268、2269、2297、2303、2338、2338、2357、2358、2361、2381、2612、2664、2668、2679、2708、2759、2782、2785、2795、2797、2819；中三 2846、2875、2899、2909、2916、2942、2998、3000、3001、3002、3004、3017、3023、3056、3085、3088、3094、3165、3196、3202、3211、3260、3266、3274、3346、3353、3401、3427、3447、3504、3539、3554、3560、3574、3606、3700、3723、3724、3725、3735；中四 3755、3757、3770、3771、3773、3809、3833、3845、3855、3875、3880、3887、3891、3893、3913、3922、3925、3932、3939、3949、3960、3963、3964、3977、3986、3995、4017、4031、4035、4037、4074、4091、4092、4100、4101、4115、4130、4131、4133、4158、4160、4161、4162、4168、4177、4181、4186、4210、4211、4256、4262、4269、4353、4355、4397、4400、4417、4425、4454、4496、4508、4509、4513、4516、4517、4519、4530、4537、4543；中五 4549、4551、4580、4581、4586、4621、4682、4729、4734、4766、4767、4780、4783、4812、4833、4864、4913、4929、4941、4967、4980、4985、5004、5133、5144、5202、5218、5245、5264、5265；中六 5841；下 6102、6150、6233、6259、6377、6398、6400、6595、6682、6693、6708、6712、6734、6765、6771、6774、6787、6815、6849、6850、6856、6936、6976、7011、7015、7016、7022、7089；补遗 7291、7292、7328、7336、7354、7364、7374、7448、7451

蕃丁

【长编标】327/7865；331/7978；350/8395；479/11407

【长编影】327/1 上；331/10 下；350/12 上；479/7 上

【汇编】中四 4366、4453；中五 4616、5195

蕃人

【长编标】4/90；54/1180；64/1428；77/1752；106/2470；125/2949；132/3122；139/3350；211/5123；229/5567；232/5636；238/5792；241/5887；243/5925；247/6016；256/6254；258/6287；312/7566；337/8119；374/9062；382/9310、9311；397/9671；434/10469；466/11129；469/11212；478/11396；508/12096

【长编影】4/9 上；54/17 下；64/4 上；77/3 下；106/9 上；125/11 上；132/1 上；139/12 上；211/4 上；229/1 上；232/1 上；238/6 下；241/13 上；243/13 上；247/10 上；256/7 下；258/1 下；312/7 上；337/3 下;；374/8 下；382/12 上、12 下；397/1 下；434/14 上、14 下；466/3 下；469/11 下；478/13 上；508/1 下

【宋会要】兵 21 之 30/7139、26 之 36/7244、27 之 3/7248、27 之 22/7257、27 之 23/7258

【奏议标】141/文彦博·上神宗论进筑河州/1591
【奏议影】141/文彦博·上神宗论进筑河州/4889
【汇编】中一 1051、1199、1359、1656；中四 3739、3764、3804、3823、3831、4120、4223、4506；中六 5841

蕃户

【旧唐书】38/地理志 1/1417
【宋史】265/薛惟吉传/9112；281/寇准传/9528
【金史】14/宣宗纪上/318
【长编标】88/2022；105/2436、2438；110/2566；132/3141；145/3506；156/3787；158/3826、3828；193/4680；212/5143；213/5177；224/5441；229/5566；230/5604；232/5630；233/5659；234/5678、5680、5681；235/5703；239/5817；243/5925；254/6216、6225；255/6244；257/6272；297/7222；308/7491；326/7852；331/7968；466/11138
【长编影】88/10 下；105/4 上；110/13 上；132/18 下；145/11 上；156/9 下；158/8 下；193/17 上；212/1 上；213/10 上；224/3 上；229/1 上；230/11 上、17 下；232/4 上；233/14 上；234/6 下、9 下；235/8 上；239/11 上；243/12 上；254/5 下、10 下；255/12 下；256/3 下；257/3 下；297/5 下；308/15 下；326/13 下；331/1 下；466/9 上
【宋会要】职官 43 之 78/3312、4 之 9/6824、4 之 18/6829、27 之 34/7263、27 之 44/7268、28 之 10/7274
【宋大诏令集】234/赐夏国主取问无名举兵迫大顺城诏（治平二年十月二日）/913
【奏议标】133/孙沔·上仁宗论范仲淹答元昊书/1472
【奏议影】133/孙沔·上仁宗论范仲淹答元昊书/4529
【元宪集】32/答内降手诏垂询西陲方略/341
【华阳集】37/梁庄肃公适墓志铭/496
【皇宋十朝纲要】16/15 下
【忠肃集】7/殿前副都指挥使建武军节度使贾逵谥武恪谥议/102
【欧阳文忠公全集】105/奏议 6 上
【武经总要】前集 18/1 下
【画墁集】补遗/游公（师雄）墓志铭/2 下
【汇编】上 668；中一 1066、1087、1653、1679；中二 2248、2270；中三 2869、2954、3002、3058、3082、3129、3205、3273、3387、3556、3574、3703；中四 3738、3749、3753、3760、3770、3778、3779、3781、3812、3856、3957、3959、3966、3972、4085、4093、4248、4355、4445；中五 5105、5265；中六 5744、5813；下 6842

蕃生口

【长编标】157/3813
【长编影】157/16 上
【奏议标】139/范纯粹·上哲宗乞以弃地易被虏之人/1563
【奏议影】139/范纯粹·上哲宗乞以弃地易被虏之人/4804

蕃主

【宋史】332/赵卨传/10686
【汇编】中四 4432

蕃民

【长编标】24/560；66/1471；290/7086
【长编影】24/21 上；66/2 下；290/1 下
【宋会要】兵 27 之 45/7269

蕃戎

【宋史】280/田绍斌传/9497
【长编标】35/771；39/836、837；50/1088、1093；73/1662；80/1822；85/1950；87/1996；123/2914
【长编影】35/6 上；39/8 下、9 上、50/5 下；73/10 下；80/7 下；85/10 下；87/8 上；123/19 下
【宋会要】兵 8 之 19/6896；职官 43 之 75/3311、64 之 11/3826
【元刊梦溪笔谈】21/29
【净德集】19/虑边论二/205
【太平治迹统类】2/太祖太宗经制西夏
【汇编】中一 1087、1102、1120、1137、1254、1491；中四 3834、3885；中六 5706

蕃臣

【宋史】315/韩维传/10308
【奏议标】139/韩维·上哲宗论息兵弃地/1563
【奏议影】139/韩维·上哲宗论息兵弃地/4806
【汇编】中五 4642、4643、4743

蕃夷

【长编标】38/825；42/894、895；65/1455；85/1949、1950；204/4935；211/5119；259/6318；379/9200；386/9405；388/9442；410/9988；444/10680；513/12206
【长编影】38/8 上；42/13 下、14 上；65/12 上；85/13 下；204/1 下；211/1 上；259/8 下；379/4 下；386/10 上；388/10 下；410/9 下；444/1 上；513/12 下
【宋会要】礼 20 之 40/784、21 之 48/874；职官 6 之 52/2522、13 之 46/2687、14 之 2/2688、25 之 6/2917；兵 27 之 20/7256、29 之 41/7313；方域 10 之 15/7481
【奏议标】133/家昌朝・上仁宗备边六事/1483
【奏议影】133/家昌朝・上仁宗备边六事/4562
【范文正公集】5/答窃议/17 下
【汇编】中二 2809；中五 4727、5003、5080；中六 5882、5883；下 6768、7014、7016

蕃军

【长编标】245/5971；261/6355；385/9379
【长编影】245/19 下；261/1 上；385/7 上
【汇编】中四 387、3982；中五 4780

蕃兵

【宋史】15/神宗纪 2/285；163/职官志 3・兵部/3855；176/食货志上 4/4268；188/兵志 2/4628；190/兵志 4・河东陕西弓箭手/4714、4718、4720、4721、4725；191/兵志 5/4750、4751、4757、4759、4760、4761；196/兵志 10・屯戍之制/4901、4902；286/蔡延庆传/9639；315/韩绛传/10303；317/钱即传/10351
【长编标】84/1921；86/1965；87/1996；90/2085；124/2931；130/3088；132/3140、3144；134/3200；135/3228、3229；137/3300；139/3352；144/3486；149/3599；203/4926；220/5361、5400；225/5494、5495；241/5880；245/5964；250/6094、6098；251/6132；261/6355；263/6435；266/6536；269/6584；270/6626；273/6683；275/6726；281/6881、6892；283/6941；286/7000；297/7222；298/7241；306/7437；313/7611；314/7609；316/7637、7645；320/7727；321/7737、7738、7742、7752；323/7790；327/7865；329/7916；331/7982；334/8035；335/8076；336/8102；337/8126、8127、8128、8129、8130；341/8204；348/8341；351/8408；375/9089、9090；401/9768；444/10681；485/11528；486/11544；489/11607；502/11961；507/12072、12073；510/12140；512/12188；513/12202、12204；514/12218；517/12299、12306；518/12318
【长编影】84/10 上；86/1 上；87/8 上；90/16 下；124/12 上、12 下；130/9 上；132/17 上；134/13 上；135/14 下；137/21 下；139/10 下；144/9 下；149/3 上；203/15 上；220/24 上、25 上；225/23 上；241/6 上；245/13 下；250/1 上；13 上、16 上；251/22 下；261/1 上；263/16 下；265/14 上；269/2 下；270/6 下；273/8 下；275/6 上；281/1 上、10 下；283/17 上；297/4 下；298/1 下；306/2 上；314/9 下；316/1 上、6 下；320/10 上；321/1 下、2 下、5 下、12 下；323/13 下；327/1 上；329/3 上；331/14 上；334/5 上；335/19 下；336/10 上；336/6 下；337/10 下；341/10 上；348/1 上；351/5 上；375/4 上、5 上、5 下；401/8 下；444/2 下；486/5 下；489/3 下、9 下；500/2 下；502/11 上；507/1 下、3 下；508/1 上、12 上；509/10 下、11 下；510/8 下；511/11 下；513/1 上、9 上；514/13 上、19 下；517/10 下；518/1 上
【宋会要】职官 14 之 2/2688、14 之 5/2690、43 之 85/3316；兵 4 之 28/6834、4 之 29/6834、8 之 27/6900、22 之 13/7150、27 之 37/7265、28 之 25/7282
【长编纪事本末】139/4 下
【东轩笔录】9/4 上
【册府元龟】118/1407 上
【安阳集】家传 2/14 上、3/4 下、3/10 上
【宋朝事实类苑】75/995
【系年要录】197/3319
【龟山集】33/钱忠定公（即，字中道）墓志铭/13 下
【武经总要】前集 18/1 下
【奏议标】125/范纯粹・上徽宗乞令蕃官不得换授汉官差遣/1382；131/富弼・上仁宗论西夏

八事/1451；141/文彦博·上神宗论进筑河州/1590
【奏议影】125/范纯粹·上徽宗乞令蕃官不得换授汉官差遣/4261；131/富弼·上仁宗论西夏八事/4462；141/文彦博·上神宗论进筑河州/4891
【朝野杂记】乙集19/边防/1180
【汇编】上 643；中二 1890、1968、2293、2300、2374、2442、2675、2681；中三 2884、3058、3129、3688、3704、3713；中四 3759、3805、3809、3822、3823、3827、3872、3877、3912、3921、3923、3925、3926、3937、3938、3943、3951、3962、3982、3989、3996、3999、4000、4001、4007、4015、4020、4036、4038、4044、4090、4091、4096、4111、4117、4150、4172、4182、4258、4261、4267、4272、4283、4319、4366、4376、4397、4454、4473、4491、4498、4499、4507、4509、4510、4511、4512、4516、4537、4538；中六 5268、5270、5292、5308、5315、5348、5370、5416、5417、5432、5490、5491、5492、5506、5510、5519、5532、5533、5534、5540、5563、5570、5573、5586、5592、5600、5638、5642、5687、5703、5729、5805、5814、5868、5880、5885、5985、5987、6075；下 6679、6938、7014；补遗 7417

蕃国

【宋史】154/舆服志6/3594
【宋会要】职官13之46/2687、25之1/2914
【系年要录】174/2867
【汇编】下/6600、6759、7014、7015

蕃使

【宋史】119/礼志22/2808
【朝野类要】1/13上、13下；1/7上、7下
【汇编】中六5870、5871、6077、6078；下7021

蕃卒

【宋史】1/太祖纪1/11
【长编标】3/71；95/2179；244/5943
【长编影】3/9下；95/1下；244/11下
【汇编】中一937；中四3865

蕃将

【长编纪事本末】139/9上；140/12下
【奏议标】125/范纯粹·上徽宗乞令蕃官不得换授汉官差遣/1381；141/冯澥·上徽宗论湟廓西宁三州/1597
【奏议影】125/范纯粹·上徽宗乞令蕃官不得换授汉官差遣/4262；141/冯澥·上徽宗论湟廓西宁三州/4911
【汇编】中六5734、5819、5845

蕃酋

【宋会要】职官33之6/3036；兵14之45/7015
【长编标】47/1016；56/1230；127/3008；164/3945；241/5886；255/6231；261/6357；262/6384；274/6715；375/9092；498/11856；508/12102；520/12356
【长编影】47/6下；56/6上；127/5下；164/3上；241/11下；255/2上；261/2下；262/10上；274/13下；375/6下、7上；498/14上；508/7下；520/2下
【奏议标】125/范纯仁·上哲宗论蕃官久例在汉官之下/1380
【奏议影】125/范纯仁·上哲宗论蕃官久例在汉官之下/4259
【汇编】下6709、7016

蕃客

【宋史】119/礼志22/2809
【长编标】211/5139；257/6280；412/10020；474/11308
【长编影】211/19上；257/9下；412/3下；474/8上
【宋会要】礼8之11/523、8之15/525、43之58/3302、43之59/3303、43之78/3312、43之83/3315
【汇编】中四396、4264、4316；中六5744、5803、5871；下/7018、7019

蕃贼

【宋史】191/兵志5·蕃兵/4758
【长编标】47/1029；51/1115；54/1178；57/1266；81/1842；89/2048；98/2278；104/2400；118/2790；128/3041、3044；142/3410；174/4203；176/4255；212/5162；229/5572；243/5912、5924；245/5964；247/6016；252/6150、6179；261/6362；266/6531；273/6696；331/7974；479/11407；

516/12288、12289；517/12303；518/12332、12337；520/12356

【长编影】47/19 上；51/8 下；54/4 上；57/14 下；81/5 下；89/11 上；98/9 上；104/9 下；118/15 下；128/15 下、7 下；142/14 下；174/12 上；176/7 上；212/18 上；229/7 下；243/1 下；245/14 上；247/9 下；252/4 上、28 上；261/6 下；266/9 上；273/19 下；331/7 下；479/7 上；516/20 下、23 下；517/7 下；518/14 上、18 下；520/2 下

【东都事略】61/种朴传/6 下

【宋会要】职官 64 之 4/3840；兵 9 之 6/6908、14 之 38/7011、14 之 40/7012、18 之 19/7067、7 之 25/7259；蕃夷 6 之 9/7823

【长编纪事本末】139/18 下、19 上；140/1 下

【欧阳文忠公全集】99/奏议/4 上

【武经总要】前集 5/23 上

【河南先生文集】24/秦州申本路招讨使状/6 下

【范文正公集】年谱补遗/5 下；6 下；13 上；西夏堡寨/6；言行拾遗 2/7 上；政府奏议下/荐举/23 下

【校证补梦溪笔谈】2/948

【汇编】中一 1224、1579；中二 1790、2000、2077、2087、2096、2102、2105、2141、2553、2623、2640、2642、2644、2706、2753；中三 3189；中四 3832、3849、3855、3857、3872、3912、3948、3949、4231、4451；中六 5622、5625、5634、5635、5649、5652、5668、5750、5752、5760、5778；下 6656、6672

蕃捉生

【长编标】147/3565；222/5399；281/6883；438/10554；512/12187；519/12350

【长编影】147/11 上；222/2 上；281/3 上；438/1 下；512/11 上；519/8 下

蕃部

【旧五代史】38/明宗纪/521；44/明宗纪/602；94/王傅拯传/1255；112/周书·太祖纪/1487；113/周书·太祖纪/1495；125/周书·冯晖传/1644

【辽史】25/道宗纪 5/303；86/萧和尚传/1326；93/萧惠传/1376；94/耶律化哥传/1381

【宋史】1/太祖纪 1/11；7/真宗纪 2/121、123、124、131、142；8/真宗纪 3/150、159、160、161、168；9/仁宗纪 1/181；11/仁宗纪 3/221；12/仁宗纪 4/235；14/神宗纪 1/265；15/神宗纪 2/277、286；17/哲宗纪 1/331；29/高宗纪 6/541；87/地理志 3/2147；165/职官志 5/3903；175/食货志上 3/4246；176/食货志上 4·屯田/4268、4269；181/食货志下 3/4419；181/食货志下 3·盐上/4414；183/食货志下 5·盐下/4471；184/食货志下 6·茶下/4490；186/食货志下 8/4548；190/兵志 4·河东陕西弓箭手/4713、4714、4720、4723、4725；191/兵志 5/4739、4751、4752、4755、4757、4759、4760、4761；198/兵志 12/4933、4935、4936、4949；254/药元福传/8895；257/李继和传/8971；259/郭守文传/8999；263/刘熙古传/9100；264/宋琪传/9126、9129；265/张齐贤传/9155；268/王显传/9231；279/耿全斌传/9491；280/钱守俊传/9503；284/陈尧咨传/9589；285/冯已传/9612；291/吴育传/9728；292/程戡传/9756；299/张若谷传/9929；303/范祥传/10049；304/梁鼎传/10058；311/王随传/10203；315/韩亿传/10298；318/张昇传/10362；321/吕诲传/10428；323/安俊传/10468；324/张亢传/10487；324/刘文质传/10493；326/康德舆传/10537；328/蔡挺传/10576；328/王韶传/10579；332/李师中传/10679；335/种世衡传/10742、10743；335/种朴传/10749；452 高敏传/13285；471/吕惠卿传/13707；485/夏国传上/13982；486/夏国传下/14009；492/吐蕃传/14154、14156

【金史】12/章宗纪 4/277；14/宣宗纪上/312；16/宣宗纪下/361；80/阿离补传/1810；124/商衡传/2697

【元史】60/地理志 3/1451

【长编标】2/56；9/203；19/424、425；25/575、579；29/653；35/769；37/810；39/837；43/922；44/950；49/1076；50/1098、1101；51/1112、1115、1118、1121、1122；52/1132、1140、1145、1148、1150；53/1156；54/1181、1184；55/1203、1214、1216；56/1227、1227、1228、1232、1240、1242；57/1253、1254、1261；59/1330；60/1340；61/

1360；63/1403、1413；64/1428、1432、1437；65/1449；66/1474；67/1510；68/1522、1528；71/1615；72/1631、1637；73/1667；74/1684；76/1734；77/1752；79/1793；81/1846、1847；82/1869、1872；83/1890、1899、1901、1903、1904；84/1922；85/1941、1945、1946、1953、1958；86/1973、1974、1982、1988；87/2002；88/2012、2015、2023、2026；89/2045、2046；90/2068、2081；91/2110；95/2185；97/2244、2253；99/2296；103/2383、2384、2385、2388、2390；104/2400、2403、2421、2421、2425；105/2436；106/2484；109/2537；111/2584；114/2674、2681；123/2898、2907；124/2920；125/2954、2957；126/2978、2984；127/3018；128/3044；130/3081、3082、3084；131/3094；132/3134、3142、3144、3148、3152；133/3182；134/3203；135/3214、3229；138/3319、3329、3330；139/3340、3349、3351、3352、3355；141/3387；143/3453、3457；146/3536；148/3575、3591；149/3600、3601、3606；151/3686；152/3708；157/3802、3807、3812、3813；158/3821、3827、3828；159/3850、3851；171/4111、4119；175/4222、4224、4225、4230；176/4256、4257、4272；188/4529；192/4636、4643；194/4692；195/4729；198/4789；203/4925、4926、4927；204/4939、4948、4949；206/5008、5009；210/5094、5112；211/5120、5123；212/5144、5145、5146、5147；213/5161、5162、5171；214/5203、5205；216/5254、5261；217/5273、5278；218/5307；221/5390；222/5399；224/5452、5458；226/5501、5503；227/5527；228/5542、5552；229/5577、5578；230/5595、5597、5601、5604；232/5632；233/5653、5662、5666；234/5674、5689；235/5705、5708；237/5768；238/5786、5789、5793；239/5807、5817、5821；240/5825；241/5883、5886；242/5906；243/5911、5918；244/5931；245/5951；246/5998；247/6006、6022、6024、6025、6026、6028、6032；248/6063；249/6066；250/6082；251/6111、6116；254/6222、6220、6208；255/6234；256/6255；258/6286；259/6318；260/6349；261/6364；262/6375、6400；263/6436；264/6470；265/6488；266/6536；267/6548；269/6584；270/6619、6621；271/6636、6652；272/6658；273/6687；274/6712、6713；275/6726、6730；278/6804；279/6821、6837、6846；280/6866；281/6893、6894；284/6946；286/7001；287/7035/6948、6949、6964；288/7052；289/7080；290/7086；291/7114；294/7163；297/7218、7221、7222；298/7240；299/7277；300/7300；306/7443；312/7567；313/7592、7594；314/7600、7602、7611、7612；317/7661；318/7696、7697；319/7707、7714、7715；320/7729；321/7737、7749；322/7766；323/7780；326/7845；328/7892、7897；329/7920；330/7957；332/7998；333/8017；334/8046；335/8062；337/8116、8124、8129、8130；338/8147；341/8207；345/8286；347/8334；348/8361；350/8395；354/8475；356/8519；364/8725；366/8800；368/8862；372/9013；374/9064；380/9238；385/9379；398/9699；402/9789；406/9877；434/10469；444/10681、10691；445/10714；447/10760；469/11210、11211；471/11238；473/11287；474/11310；476/11343；480/11417；489/11605、11606；495/11784；496/11811；501/11943、11945；505/12028、12029、12030、12037；506/12051、12058；507/12093；508/12097；509/12125、12126；514/12210；515/12248；516/12289；517/12295；518/12326、12337

【长编影】2/16 下；9/13 下；19/4 下、5 上；25/4 下、8 上；29/7 上；35/11 下；37/4 下；39/7 上；43/12 下；44/16 上；49/11 下、14 上；50/12 上、17 下、18 上；51/5 上、8 上、10 下、13 上、13 下；52/2 下、9 下、14 上、16 下、17 下；54/6 下、8 下、9 上、17 上；55/2 下、13 上、14 下；56/3 下、4 上、7 上；57/2 下、3 下、9 下；59/21 上；60/2 下、4 下、7 上；61/4 下；63/1 下、5 上；64/1 下、4 下、8 上、12 下；65/7 上；66/5

下；67/14 上；68/4 下；71/20 下；72/9 上、14 上；73/15 上；74/4 上；76/8 上；77/3 下、5 下；79/2 上；81/9 下；82/8 上、10 上；83/12 下、13 下、14 下、16 上；84/5 上、10 下；85/6 上、9 下、10 下、11 上、16 下、21 下；86/8 上、8 下、15 下；87/4 上；88/2 上、10 上、14 上、18 上；89/9 上、9 下；90/1 下、13 上；91/12 下；95/7 上；97/4 下、12 上；99/6 上、11 上；103/8 下、10 上、11 上、13 下、15 上；104/2 上、20 上、24 上、24 下；105/3 上；106/20 下；109/4 下；111/8 上；114/14 上、20 上；119/5 上；123/6 上、13 下；124/2 下；125/14 下；126/1 下、12 上；128/16 下；130/3 下、4 上、5 下；131/1 下；132/7 下、17 上、26 下、28 下；135/1 下；138/18 下；139/10 下、17 下；141/14 上；143/22 下；146/9 上；147/3 上；148/1 下、15 下；149/3 下、4 上、8 下；151/19 下；152/12 上；157/6 上、10 下、14 下；158/4 上、5 下、10 上、10 下；159/11 上；171/8 上、15 下；175/3 下、5 上、6 上、10 下；176/8 上、9 下；188/4 下；192/2 下、9 下；194/5 下；195/11 下；203/13 下；204/5 下、13 下、14 上；205/17 上；210/1 上、7 上、17 上；211/4 上；212/1 上、2 上、4 下、16 下；213/5 下；214/2 下；215/16 下；216/3 下、9 下；217/3 上、7 上；218/14 下；221/2 下、7 上、13 下、20 上；222/2 下；224/13 上、17 下；226/2 上；227/6 上；228/3 下、11 下；229/1 上、12 上；230/6 下、8 上、11 上、15 上；232/5 上；233/7 下、9 下、16 下、19 上；234/3 下；235/8 上、9 下；237/2 上、8 下、11 上、16 下；238/1 上、3 上、6 下、11 下、7 上；239/2 上、2 下、11 上、14 下；240/1 下；241/2 下、6 上、9 下、11 下；242/10 下、15 上；243/1 下、7 上；244/1 下；245/3 上、246/19 上、20 上；247/1 上、11 上、14 上、15 上、16 下、17 上、20 上、22 上；248/11 上；249/1 上；250/2 下；251/2 上、6 上、7 上；252/10 下；254/3 下、13 下、15 上；255/2 上、4 上；256/8 上；258/1 上、7 下；259/8 下；260/17 上；261/9 上；262/26 上、30 下、32 下；263/13 下、16 下；264/12 上、18 下；265/1 上、4 上、13 下；266/14 上；267/5 上、7 下；269/2 下；270/1 上、2 下、4 下、17 下；271/4 下、17 下；272/3 上；273/12 下、19 下；275/6 上；279/3 上、17 上、24 上；281/11 上；284/2 上、3 下、16 下；286/6 下；287/20 下、21 上；288/11 上；289/15 上、18 上；290/1 下；291/4 上；294/3 上；297/2 下、4 下、5 下；298/1 下；299/12 上；300/3 下；303/7 下；306/6 下、12 上；312/8 上；313/9 下、11 上；314/1 下、2 上、11 上；317/4 下；318/15 上；319/6 下、11 下；320/10 上；321/2 上、11 下；322/7 下；323/9 上；325/3 上；326/7 下；327/4 上；328/2 上、6 下；329/6 上；330/10 上；332/3 下；333/5 上；334/14 上；335/2 上；337/2 上、3 下、9 上、10 下；338/9 下；341/10 上；345/13 下；347/5 下、12 下；348/17 下；350/12 上；354/6 上；356/11 上；364/25 上；366/22 上；368/12 上；372/10 上；378/1 上；380/17 上；385/7 上；398/2 下；402/12 上；406/1 上；434/12 上；444/2 下、11 下；445/4 下；447/12 下；469/8 上；471/1 下；473/8 上；474/8 上；476/4 下；480/2 下；489/8 下、9 上；495/19 上；496/18 上；501/11 上；505/2 下；506/3 上、8 下；507/17 下；509/11 下；514/2 上；515/12 下；516/20 下；517/1 上；518/7 上

【东都事略】58/韩绛传/3 下；127、128/附录 5、6

【隆平集】9/枢密曹玮传/11 下；19/李纬传 14 下

【五代会要】29/党项羌传/353

【宋会要】礼 62 之 35/1712；仪制 9 之 10/1992；职官 6 之 15/2504、23 之 16/2890、25 之 2/2915、25 之 6/2917、25 之 7/2917、27 之 35/2954、41 之 76/3204、41 之 93/3213、43 之 53/3300、43 之 56/3301、43 之 58/3302、43 之 59/3303、43 之 61/3304、43 之 67/3307、43 之 74/3310、43 之 78/3312、43 之 93/3320、43 之 94/3320、46/27/3834、47 之 59/3447、64 之 11/3826、65 之 34/3863、66 之

3/3869、67 之 34/3904、3905；选举/3 之 44/4283；食货 1 之 28/4815、2 之 3/4826、2 之 4/4827、2 之 5/4827、23 之 39/5194、30 之 33/5335、38 之 31/5482、63 之 74/6023、63 之 76/6024、63 之 82/6027；刑法 4 之 14/6628、4 之 15/6629；兵 4 之 16/6828、4 之 36/6838、9 之 6/6908、14 之 14/6999、14 之 15/7000、14 之 20/7002、17 之 6/7040、17 之 7/7041、17 之 17/7046、17 之 30/7052、18 之 2/7058、18 之 5/7060、21 之 18/7133、22 之 3/7145、22 之 4/7145、22 之 6/7146、22 之 7/7147、22 之 13/7150、24 之 1/7179、24 之 9/7183、24 之 12/7184、24 之 13/7185、24 之 27/7192、27 之 1/7247、27 之 6/7249、27 之 10/7251、27 之 17/7255、27 之 18/7255、27 之 21/7257、27 之 22/7257、27 之 23/7258、27 之 24/7258、27 之 33/7263、27 之 36/7264、27 之 37/7265、27 之 39/7266、27 之 40/7266、28 之 1/7270、28 之 4/7271、28 之 6/7273、28 之 7/7273、28 之 10/7274、28 之 12/7275、28 之 13/7276、28 之 22/7280、28 之 37/7288、28 之 38/7288、29 之 11/7298、29 之 40/7312、29 之 41/7313；方域 4 之 1/7371、8 之 23/7452、8 之 24/7452、8 之 27/7454、12 之 9/7524、19 之 1/7626、20 之 7/7654、21 之 15/7668、21 之 20/7671；蕃族 1 之 13/7679、6 之 6/7821、7 之 23/7851、7 之 19/7849、7 之 24/7851

【长编纪事本末】139/4 上、9 上、11 下、17 下；140/12 下；21/2 上

【宋大诏令集】186/令赵保吉授夏台节制谕陕西诏/677；213/再答问敏中诏/809；218/延州保安军德音/835；233/答银州观察使赵保吉诏（淳化五年十一月庚戌）/905、赐赵德明诏（景德元年正月丁巳）、答西平王赵德明诏（大中祥符九年十月）/906；234/赐夏国主诏（庆历六年正月己丑）/910、赐夏国主诏（庆历六年四月甲戌）/910；240/安抚秦州蕃部尚波于诏/942、赐潘罗支诏/943

【奏议标】125/范仲淹·上仁宗乞令陕西主帅并带押蕃部使/1378、吕诲·上英宗请重造蕃部兵帐/1379；130/张齐贤·上真宗论陕西事宜/1438、杨亿·上真宗论弃灵州为便/1440、1441；132/刘平·上仁宗乞选用酋豪各守边郡/1455、范仲淹·上仁宗乞先修诸寨未宜进讨/1464、田况·上仁宗兵策十四事/1469；133/范仲淹·上仁宗攻守二策/1478、贾昌朝·上仁宗备边六事/1483、范仲淹等·上仁宗论元昊请和不可许者三大可防者三/1486；134/范仲淹等·上仁宗论和守攻备四策/1497；136/司马光·上英宗乞留意边事/1523、欧阳修·上英宗论西边可攻四事/1526

【奏议影】125/范仲淹·上仁宗乞令陕西主帅并带押蕃部使/4254、吕诲·上英宗请重造蕃部兵帐/4255；130/张齐贤·上真宗论陕西事宜/4419、杨亿·上真宗论弃灵州为便/4427、4429；132/刘平·上仁宗乞选用酋豪各守边郡/4479、范仲淹·上仁宗乞先修诸寨未宜进讨/4506、田况·上仁宗兵策十四事/4522；133/范仲淹·上仁宗攻守二策/4546、贾昌朝·上仁宗备边六事/4561、范仲淹等·上仁宗论元昊请和不可许者三大可防者三/4569；134/范仲淹等·上仁宗论和守攻备四策/4605；136/司马光·上英宗乞留意边事/4684、欧阳修·上英宗论西边可攻四事/4694

【小畜集】28/宣徽南院使镇州都部署郭公（守文）墓志铭/23 上

【元宪集】25/熟户讷呼约苏可本族军主制/262；34/宋故推诚翊戴功臣彰武军节度延州管内观察处置等使曹公墓志铭/355

【文恭集】8/论西夏事宜/95

【东轩笔录】8/4 下

【东斋纪事】45

【乐全集】22/秦州奏人唃厮啰事/20 上、20 下、奏第二状/22 下；附录/王巩撰张方平行状/19 上

【册府元龟】160/1938 上；167/2014 下；397/4725 上；420/5009 上；664/7945 上；987/11596 下；999/11728 下

【包拯集】6/按弹/68

【司马文正公集】卷 7 章奏 5/9 上；18/章奏 16/9 上；20/章奏 18/5 上、11 上

【玉海】172/35 上

【全唐文】285/张九龄文/8 下、9 上

【安阳集】家传/2/12 上、3/4 下、3/10 上、4/6 上、4/16 下、6/17 上

【宋太宗实录】27/9 下；29/17 上
【宋朝事实类苑】7/69；12/仪注 2/5；56/730；78/1022 引东轩笔录
【系年要录】6/166；94/1552
【忠肃集】12/直龙图阁蔡君（奕）墓志铭/164
【欧阳文忠公全集】105/奏议 8 上；114/奏议 1 上
【武经总要】前集 17/20 上；18 上/6 下、7 下、12 上、23 下、24 下、30 下、34 上；18 下/西蕃地界/1 上
【河南先生文集】21/乞与郑戬下御史台照对水洛事状/4 下
【范太史集】卷 40/检校司空左武卫上将军郭公墓志铭/14 上
【范文正公集】5/上攻守二策状/13 下、答窃议/17 下；16/让观察使第一状/1 上、让枢密直学士右谏议大夫表/9 下；18/6 上；尺牍中/与韩魏公/3 下；年谱补遗 3 下、4 上、10 下、13 上、20 下、23 下；西夏堡寨/6；政府奏议下/边事/10 上、11 下、12 上、18 下；荐举/22、28 上、34 下、36 下
【临川集】56/百寮贺复熙河路表/1 下
【厚德录】4/3 下、129 上
【太平治迹统类】2/太祖太宗经制西夏
【栾城集】41/再论熙河边事札子/9 下
【涑水记闻】11/5 下、8 上；12/3 上
【渑水燕谈录】2/4 上
【续资治通鉴】65/1606
【新安志】7/洪尚书（中孚）/5 下
【横塘集】8/代贺降西蕃王子表/2 下
【潞公文集】37/辞免/9 下
【陕西通志】16/关梁 1 · 延安府 · 安塞县/27 上；16/关梁 1 延安府 · 保安县/29 下
【宁夏府志】4/古迹 · 灵州条/18 上
【甘肃新通志】7/舆地志 · 山川下 · 庆阳府 · 环县条/17 上；13/舆地志 · 古迹 · 兰州府 · 皋兰县/2 上
【汇编】上 17、35、39、40、41、42、43、49、55、75、76、105、660、661、864、877、882、889、890、891、902、909、910、911、913、914、916、917；中一 928、935、936、944、947、948、952、971、976、977、1001、1002、1003、1005、1009、1010、1023、1026、1028、1035、1036、1037、1068、1070、1078、1080、1086、1087、1089、1093、1103、1107、1128、1131、1138、1148、1153、1172、1196、1201、1210、1214、1218、1225、1228、1235、1237、1246、1247、1251、1258、1268、1269、1271、1285、1286、1297、1299、1300、1303、1306、1307、1314、1321、1322、1326、1327、1342、1343、1348、1350、1351、1354、1359、1361、1362、1364、1366、1367、1376、1377、1378、1381、1390、1394、1396、1401、1402、1403、1406、1408、1420、1421、1424、1426、1431、1435、1436、1437、1443、1446、1450、1451、1454、1459、1465、1469、1472、1480、1484、1486、1487、1488、1490、1492、1493、1495、1497、1501、1502、1504、1506、1510、1513、1516、1518、1519、1520、1525、1526、1527、1528、1533、1535、1536、1537、1540、1543、1546、1548、1552、1553、1554、1559、1561、1563、1568、1569、1570、1572、1576、1579、1581、1582、1583、1590、1591、1593、1598、1600、1603、1606、1607、1610、1611、1615、1616、1629、1635、1636、1638、1639、1640、1641、1642、1643、1644、1647、1648、1649、1650、1651、1652、1654、1655、1656、1660、1663、1669、1673、1675、1677、1681、1699、1701、1728、1729、1732；中二 1784、1792、1817、1863、1932、1946、1953、1993、2003、2278、2295、2298、2300、2306、2314、2317、2358、2398、2400、2418、2420、2428、2429、2442、2446、2470、2474、2513、2518、2553、2560、2572、2592、2623、2627、2628、2641、2643、2648、2666、2675、2677、2681、2689、2709、2728、2730、2762、2776、2779、2808、2809、2814、2817、2836；中三 2843、2861、2862、2866、2877、2880、2885、2897、2898、2936、2946、2982、3001、3017、3056、3062、3063、3067、3069、3070、3079、3081、

3083、3084、3085、3092、3094、3149、3163、3173、3174、3186、3190、3191、3192、3196、3198、3199、3200、3202、3203、3211、3221、3250、3255、3260、3274、3277、3279、3282、3291、3298、3305、3315、3344、3345、3354、3363、3368、3372、3376、3378、3380、3386、3391、3395、3421、3422、3427、3428、3440、3446、3472、3490、3499、3507、3511、3550、3552、3553、3554、3555、3556、3557、3558、3562、3564、3566、3568、3571、3572、3579、3592、3608、3610、3615、3619、3620、3623、3633、3642、3643、3677、3680、3682、3689、3692、3694、3700、3704、3706、3715、3716、3724、3725、3731、3735；中四 3737、3741、3744、3745、3746、3747、3748、3752、3761、3764、3768、3769、3770、3771、3773、3776、3781、3782、3789、3795、3796、3801、3803、3804、3805、3810、3812、3815、3816、3818、3823、3825、3827、3828、3829、3830、3844、3845、3846、3849、3854、3861、3869、3883、3884、3886、3891、3892、3894、3896、3898、3900、3901、3902、3903、3908、3912、3913、3914、3917、3921、3931、3932、3933、3934、3936、3943、3952、3955、3959、3960、3961、3962、3963、3966、3968、3970、3971、3978、3982、3984、3986、3987、3988、3989、3990、3992、3993、3995、3997、3998、3999、4000、4003、4005、4015、4018、4020、4025、4030、4031、4037、4038、4044、4046、4048、4054、4060、4061、4068、4069、4072、4073、4074、4078、4083、4090、4091、4093、4095、4101、4104、4109、4112、4116、4122、4130、4133、4138、4142、4144、4145、4146、4147、4152、4166、4167、4198、4202、4239、4248、4261、4264、4267、4279、4304、4314、4316、4317、4329、4351、4358、4369、4382、4388、4394、4399、4438、4453、4458、4462、4466、4475、4483、4505、4506、4508、4509、4510、4512、4519、4537；中五 4575、4589、4591、4601、4614、4615、4624、4631、4660、4687、4689、4709、4725、4739、4780、4806、4818、4835、4891、4974、5016、5017、5023、5024、5040、5113、5125、5126、5127、5144、5155、5161、5170、5172、5195、5207、5228、5234、5245、5246、5257、5266；中六 5429、5430、5464、5465、5478、5485、5506、5533、5534、5575、5602、5622、5628、5635、5648、5652、5688、5691、5704、5706、5716、5728、5735、5739、5747、5749、5825、5828、5845、5846、5851、5856、5857、5865、5876、5877、5892、5969、6076、6077；下 6115、6148、6259、6400、6517、6688、6748、6759、6769、6816、6822、6839、6862、6878、6946、7015、7086；补遗 7158、7243、7250、7288、7295、7348、7371、7372、7395、7409、7412

蕃脚

【宋会要】食货 43 之 1/5573

【汇编】中四 4022

蕃族

【宋史】6/真宗纪 1/116、118；8/真宗纪 3/160；11/仁宗纪/213；191/兵志 5/4751；257/李继和传/8971；279/张凝传/9480；310/杜衍传/10189；325/任福传/10506、王仲宝传/10514；462/僧智缘传/13524；485/夏国传上/13989；492/吐蕃传/14154、14159

【金史】16/宣宗纪下/363；103/乌古论长寿传/2299；107/张行信传/2369；113/白撒传/2485、2486

【长编标】13/289；18/397、417；25/586；30/684；49/1072；50/1091；51/1121、1122、1127；52/1148、1152；56/1229、1231；60/1339；63/1419；70/1562；73/1672；82/1877；83/1907；86/1979；88/2016、2022；95/2178；102/2355；125/2949；131/3111；132/3141、3145；135/3216；145/3515；174/4206；192/4645；195/4732；218/5304；224/5441；226/5504；247/6023、6028；298/7240；343/8236；365/8771；381/9284；466/

11134；479/11411；515/12248
【长编影】13/10 上；18/5 上、22 上；25/14 上；30/17 下；49/8 上；50/9 上；51/13 下、19 上；52/19 上；56/5 上、7 上；60/6 下、12 下；63/19 下、20 下；70/2 下；73/20 上；82/14 下；83/18 下；86/13 上；88/5 上、10 上；95/1 下、15 上；102/7 上；125/11 上；131/15 下；132/18 下、21 上；135/3 下；145/19 下；174/14 下；192/10 下；195/14 上；218/11 上；224/3 上；226/4 下；247/25 上、20 下；298/2 上；343/2 下；381/30 上；466/8 上；479/10 上；515/12 下
【东都事略】18/张凝传/9 上；127、128/附录 5、6
【宋会要】职官 43 之 94/3320、48 之 124/3517；食货 37 之 2/5449；刑法 4 之 14/6628；兵 4 之 12/6998、4 之 36/6838、14 之 20/7002、17 之 4/7039、24 之 9/7183、28 之 6/7272；方域 21 之 22/7672
【宋大诏令集】235/赐夏国主不还绥州诏/914
【奏议标】125/王尧臣・上仁宗乞用泾原路熟户/1378、吕诲・上英宗请重造蕃部兵帐/1379、范纯粹・上哲宗论蕃官久例在汉官之下/1380；133/孙沔・上仁宗论范仲淹答元昊书/1472
【奏议影】125/王尧臣・上仁宗乞用泾原路熟户/4253、吕诲・上英宗请重造蕃部兵帐/4257、范纯粹・上哲宗论蕃官久例在汉官之下/4261；133/孙沔・上仁宗论范仲淹答元昊书/4529
【文庄集】14/陈边事十策/1 上
【东坡全集】16/故龙图阁学士滕公墓志铭/10 上
【安阳集】家传 4/6 上
【初寮集】6/定功继伐碑/1 上
【欧阳文忠公全集】105/奏议 8 上
【武经总要】前集 18 上/9 下、10 下、15 上、24 下
【范文正公集】西夏堡寨/6；政府奏议下/荐举/22 下；诸贤赞颂论疏/24 下
【涑水记闻】11/5 下
【汇编】上 39、56、100；中一 969、970、1087、1101、1142、1202、1239、1258、1306、1313、1323、1325、1328、1330、1379、1381、1424、1444、1445、1467、1469、1479、1494、1504、1521、1526、1529、1550、1552、1568、1569、1576、1593、1599、1600、1629、1647、1649、1664；中二 1797、1858、2028、2228、2248、2300、2423、2644、2730、2814、2816、2819；中三 2876、3189、3259、3545、3630、3703、3714；中五 4558、4672、4752、4970、5102、5109、5169、5170、5172、5198、5210；中六 5602、5772、5851、5878；下 6842、6856、6869、6871、6872、6879、7026；补遗 7437

蕃商

【宋史】277/卢之翰传/9424
【长编标】262/6408；487/11570
【长编影】262/30 下；487/8 上
【宋会要】职官 43 之 74/3310、43 之 75/3311、43 之 93/3320；食货 38 之 29/5481；兵 17 之 30/7052
【朝野杂记】乙集 14/官制 2・川秦茶马二司分合/1064
【汇编】中一 1092、1581；中四 3987；中六 5302、5687、5691、5706、5865、5876、5878；下 6344、6748

蕃寇

【长编标】52/1146；56/1251；93/2139；95/2192；114/2678；123/2903；243/5924；408/9920；466/11131
【长编影】52/14 下；56/15 下；93/4 下；95/13 上；114/17 下；123/10 下；243/12 上；408/2 上；466/3 上
【宋会要】兵 9 之 6/6908
【范太史集】44/资政殿学士范公（百禄）墓志铭/14 下
【汇编】中四 3855、3857；中五 4912、5101、5197

蕃骑

【长编标】413/10038
【长编影】413/5 上
【汇编】中五 4936

蕃落

【宋史】11/仁宗纪 3/214；12/仁宗纪 4/233；

20/徽宗纪 2/373；187/兵志 1/4580、4593；189/兵志 3/4644；193/兵志 7/4804；198/兵志 12/4944；258/曹玮传/8988；264/宋琪传/9129；272/曹光实传/9315；286/薛奎传/9630；311/王随传/10203

【长编标】 23/512； 25/585； 49/1075； 50/1097； 51/1121； 54/1194； 63/1413； 64/1425； 69/1548； 71/1603； 74/1680； 77/1763；83/1887；103/2390；106/2470；126/2989；173/4175；174/4194；177/4298；204/4937； 222/5409、 5412； 226/5504； 265/6484；271/6651；327/7871；328/7898；371/8991； 487/11568、 11569； 493/11710、11711；499/11875；508/12105；511/12168；515/12243

【长编影】23/1 上、18 下；25/13 下；49/11 上；50/12 上；51/13 上；54/17 下；63/14 上；64/4 上；69/5 下；71/14 上；74/1 上、5 下；77/12 上、12 下；83/1 上；103/15 上；106/9 下；126/21 上；173/12 上；174/10 上；177/7 下；204/3 下；222/10 上、12 下；226/4 下；265/1 下；271/17 下；327/5 下；328/8 上；371/20 上；487/6 下、7 上、9 下；493/15 上；499/3 下；508/12 上；511/1 下、13 下；515/9 上

【宋会要】礼 9 之 8/532、25 之 6/957；职官 57 之 32/3667；刑法 4 之 16/6629、6 之 52/6719；兵 22 之 10/7148

【奏议标】130/杨亿·上真宗论弃灵州为便/1441；132/田况·上仁宗兵策十四事/1469；133/贾昌朝·上仁宗备边六事/1483

【奏议影】130/杨亿·上真宗论弃灵州为便/4429；132/田况·上仁宗兵策十四事/4523；133/贾昌朝·上仁宗备边六事/4559

【文苑英华】281/送灵州田尚书/1426

【安阳集】家传 1/15 下

【河南先生文集】7/答秦凤路招讨使韩观察议讨贼利害书/3 下

【厚德录】3/8 下

【唐大诏令集】128/遣牛仙客往关内诸州安辑六州敕/690

【宋大诏令集】188/府州敕榜/687

【栾城集】44/乞裁损待高丽事件札子/1 上

【涑水记闻】11/12 上

【梁溪漫志】10/5 下

【汇编】上 662、832；中一 992、998、1015、1068、1204、1245、1269、1306、1360、1443、1447、1448、1479、1483、1494、1496、1507、1508、1628、1641、1651、1671、1676；中二 1822、1898、1983、2517、2569、2591、2672；中三 3134、3181、3696；中四 3879、3902、4005、4293、4374、4389、4514；中五 4698、5045；中六 5301、5303、5345、5349、5350、5402、5513、5515、5552、5557、5599、5786；下 6290、7019

蕃属

【金史】113/白撒传/2485

【汇编】下/6869

蕃徭人

【宋会要】职官 6 之 15/2504

蕃僧

【宋史】383/虞允文传/11797

【金史】113/白撒传/2486

【长编标】 84/1917； 91/2108； 93/2135； 96/2229；99/2302；153/3726；176/4258；213/5188；228/5557；249/6069；252/6156；264/6466；275/6726；277/6784；298/7257；349/8376；444/10681；518/12326

【长编影】84/6 下；91/11 上；93/1 上、2 下；96/22 下；99/11 上；153/12 上；176/9 下；213/22 上；228/16 上；249/3 下；252/8 下；264/8 下；275/6 上；277/15 上；298/15 下；349/9 下；444/1 上；518/9 下

【长编纪事本末】140/1 上

【大金国志】17/世宗纪/4 下

【梁溪集】54/乞留熙河蕃僧军前使唤札子/12 下

【朝野杂记】乙集 19/边防/1180

【汇编】中一 1590、1593、1603；中五 4606、5004；中六 5648、5759；下 6734、6767、6872、6938；补遗 7458

蕃熟户

【宋会要】职官 43 之 94/3320

【汇编】中六 5878

熟户

【宋史】8/真宗纪 3/150、167；15/神宗纪 2/

284；29/高宗纪 6/541；186/食货志下 8/4564；191/兵志 5/4750；257/李继和传/8970；258/曹玮传/8986；264/宋琪传/9129；265/张齐贤传/9155；277/郑文宝传/9426；279/张凝传/9480；291/王博文传/9745；324/刘沪传/10495；341/傅尧俞传/10883；349/贾达传/11051；466/张崇贵传/13618；485/夏国传上/13988；486/夏国传下/14007；491/党项传/14147；492/吐蕃传/14159

【长编标】35/768；42/894；47/1030；49/1074、1076；50/1090、1091、1093、1100；51/1112、1115、1121；52/1152；54/1186、1188；57/1251、1254；59/1318；63/1409；64/1425；74/1684；76/1734；77/1752；80/1822；81/1840、1842、1846、1847；82/1872；83/1899；84/1922；85/1949；86/1974；87/1993、1996；88/2011、2013、2026；95/2178、2199；103/2383；105/2443；114/2678；125/2954；126/2994；128/3044；131/3111；134/3197；139/3352；149/3607；150/3631；160/3875；192/4636；197/4774；202/4905、4906；203/4925、4926；204/4934；205/4969；206/5009；208/5062、5068；214/5203；215/5249；217/5273；221/5384；222/5399；224/5441；225/5494；226/5514；227/5527；229/5566、5577；230/5592、5593；232/5627、5635、5636；234/5677、5679；246/5982；252/6157；255/6242；256/6248；263/6436；267/6547；269/6603；271/6652、6653；273/6696；277/6781；283/6941；284/6961；287/7033；288/7050；289/7080；290/7086；291/7124；297/7218；324/7802；346/8305；364/8735；365/8754；370/8960；382/9318、9320；399/9721；400/9744、9841、9842；406/9877；452/10850；467/11154；482/11471；512/12187

【长编影】35/3 上；42/12 下；47/19 上；49/10 上、11 下；50/16 下；51/5 上、8 上；52/19 上；54/11 上、12 上；57/1 上、3 下；59/10 下；63/10 下；64/1 下；74/4 下；76/8 上；77/3 下；80/7 下；81/3 下、5 下、9 下；82/10 上；83/12 下；84/10 上、10 下；85/13 上；86/8 下；87/5 下、8 上；88/1 上、3 上、5 上、14 上；89/11 上；91/11 上；95/1 下、14 下、19 下；97/5 下；103/8 下；105/8 下；114/17 下；125/14 下；126/25 下；128/2 上；131/15 下；134/10 上；139/10 下；150/4 下；192/2 下；197/6 上；203/14 上；204/1 上；205/7 下；206/22 下；208/14 上；215/16 下；217/3 上；222/2 下；224/3 上、17 下；225/23 上；227/6 上；229/1 上、12 上；230/6 下；232/1 上、6 上、8 下；234/6 下；246/6 上；252/8 下；255/11 上；256/3 上；263/16 下；267/7 上；269/18 下；271/17 下；273/19 下；277/12 下；283/17 上；284/14 上；287/19 下；288/9 上；289/18 上；290/1 下；291/12 上；297/2 下；324/7 上；346/4 下；364/33 下；365/9 下；370/24 上；382/19 上；399/1 上；400/5 下；404/10 下；406/1 上；452/6 上；467/9 上；482/8 下；512/11 上

【东都事略】20/李继和传/3 下；127、128/附录 5、6；129/附录 7 西蕃/2 上

【宋会要】职官 41 之 85/3209、43 之 96/3321、48 之 124/3517、66 之 3/3869；食货 1 之 32/4817、38 之 31/5482、68 之 39/6273、70 之 180/6460；兵 4 之 28/6834、4 之 36/6838、18 之 2/7058、18 之 5/7060、23 之 9/7164、27 之 10/7251、27 之 22/7257、28 之 1/7270、28 之 6/7272、28 之 11/7275、28 之 19/7279、28 之 32/7285；蕃夷 6 之 6/7821、6 之 7/7822

【宋大诏令集】233/益屯备内属诸部谕赵德明诏（天圣三年七月庚子）/907；234/谕夏国泾原秦凤熟户弓箭手不可更行侵扰掠过生口并须发还诏（治平二年正月丁卯）/913、赐夏国主遵守藩仪诏/913；235/赐夏国主令发遣熟户仍不得侵践汉地诏/914、戒约夏国诏/915、赐夏国主诏（治平四年闰三月）/915、答夏国主秉常诏（熙宁四年九月庚子）/917

【奏议标】125/王尧臣·上仁宗乞用泾原路熟户/1378、范仲淹·上仁宗乞令陕西主帅并带押蕃部使/1378、吕诲·上英宗请重造蕃部兵帐/1379；130/张齐贤·上真宗论陕西事宜/1438、张齐贤·上真宗乞进兵解灵州之危/

1439；132/范仲淹·上仁宗乞先修诸寨未宜进讨/1464、田况·上仁宗兵策十四事/1468、1469、1471；133/范仲淹·上仁宗攻守二策/1477、范仲淹等·上仁宗论元昊请和不可许者三大可防者三/1486；136/吕诲·上仁宗论边备弛废/1521、司马光·上英宗乞戒边臣阔略细故/1522、司马光·上英宗乞留意边事/1523、司马光·上神宗纳横山非便/1528；138/司马光·宋哲宗乞还西夏六寨/1554；140/苏辙·上哲宗论不可失信夏人/1582；141/文彦博·上神宗论进筑河州/1591

【奏议影】125/王尧臣·上仁宗乞用泾原路熟户/4253、范仲淹·上仁宗乞令陕西主帅并带押蕃部使/4254、吕诲·上英宗请重造蕃部兵帐/4255；130/张齐贤·上真宗论陕西事宜/4420、张齐贤·上真宗乞进兵解灵州之危/4424；132/范仲淹·上仁宗乞先修诸寨未宜进讨/4506、田况·上仁宗兵策十四事/4519、4521、4528；133/范仲淹·上仁宗攻守二策/4544、范仲淹等·上仁宗论元昊请和不可许者三大可防者三/4570；136/吕诲·上仁宗论边备弛废/4677、司马光·上英宗乞戒边臣阔略细故/4681、司马光·上英宗乞留意边事/4684、司马光·上神宗纳横山非便/4699；140/苏辙·上哲宗论不可失信夏人/4865；141/文彦博·上神宗论进筑河州/4889

【长编纪事本末】58/9上；83/8上

【东坡全集】21/三马图赞并引/10上

【元宪集】24/熟户俞龙潘可银青光禄大夫检校国子监祭酒兼监察御史武骑尉制/251；25/熟户讷呼约苏可本族军主制/262；32/答内降手诏垂询西陲方略/341

【文庄集】14/陈边事十策/1上

【文恭集】8/论西夏事宜/95

【东原录】34下

【册府元龟】167/2014下

【司马文正公集】卷7/章奏5/9上；18/章奏16/9上；20/章奏18/5上、11上、12上；25/章奏23/3上；35/奏章33/1上；77/书启6/19下

【三朝北盟会编】70/8上

【安阳集】家传1/15下、2/14上、2/8上、3/3上、3/4下、3/6下、3/10上、4/6上、4/16下、7/5上

【系年要录】1/8

【苏学士集】1/庆州败/3上

【陇右金石录】3/59下

【松漠纪闻】4下；上/3

【欧阳文忠公全集】79/奏议/7下

【武经总要】前集18/8下、9下、12下、13下、14上、15上、18上、23下、24下、27上、27下、29下、34上

【范文正公集】16/让观察使第一表/1上；年谱补遗/2上、3上、3下、10上、18下；西夏堡寨/6；政府奏议上/34上

【临川集】41/上五事札子/4上

【栾城集】37/论西边警备状/14上

【涑水记闻】10/5上；11/5下、8上、20上

【梁溪集】144/御戎论/1上

【续资治通鉴】66/1618

【景文集】28/减边兵议/353

【名臣碑传琬琰集】中集43/曹武穆公玮行状/1032；下集2/张文定公齐贤传/1301

【潞公文集】17/奏议1上；18/奏议1下、9下

【甘肃新通志】9/舆地志·关梁·泾州直隶州·镇原县/31下

【汇编】上27、29、30、31、35、40、57、69、73、75、107、915；中一931、932、940、967、974、985、1068、1069、1070；1090、1095、1142、1185、1203、1224、1234、1235、1236、1244、1246、1247、1257、1258、1260、1263、1283、1297、1299、1300、1324、1328、1355、1356、1398、1402、1408、1418、1442、1446、1496、1500、1506、1513、1514、1515、1517、1520、1526、1535、1538、1541、1548、1555、1556、1558、1559、1560、1567、1568、1572、1579、1590、1593、1597、1599、1600、1601、1607、1612、1613、1635、1637、1654、1655、1681、1684、1701、1722；中二1799、1863、1882、1919、1946、1981、1982、2228、2245、2269、2298、2300、2347、2348、2374、2394、2409、2474、2513、2558、2615、2641、2644、2675、2680、2681、2760、2808、2814、2816、2817、2823、2830、2835、

2836；中三 2885、2898、2907、2931、3000、3096、3238、3255、3263、3277、3290、3353、3354、3368、3373、3375、3377、3380、3384、3391、3403、3408、3416、3428、3434、3439、3448、3483、3484、3485、3487、3504、3534、3545、3547、3608、3620、3685、3694、3703、3707、3713、3720、3723、3724；中四 3738、3741、3744、3758、3762、3763、3777、3778、3823、3876、3876、3942、3964、3990、3997、3999、4005、4018、4022、4044、4069、4073、4074、4080；中五 4661、4666、4773、4775、4811、4820、4825、4847、4848、4891、4998、5051、5113、5198、5217；中六 5273、5562、5851、5872、5935、5944、5970、6070、6080；下 6517、6753、6935；补遗 7159、7160、7301、7310、7313、7318、7324、7361、7448、7451；

熟户酋长

【长编标】197/4774

【长编影】197/6 下

熟户蕃部

【长编标】57/1254；76/1734；81/1846；82/1872；83/1899；84/1922；88/2026；130/3082；204/4948、4949；206/5008、5009；215/5249；217/5273；230/5592；271/6652；274/6716；289/7080；290/7086；297/7218；467/11154

【长编影】57/3 下；76/8 上；81/9 下；82/10 上；83/11 下；84/10 下；88/14 下；130/4 上；204/13 下、14 上；206/22 下；215/17 下；217/3 上；230/7 上；271/17 下；274/14 上；289/18 下；290/1 下；297/2 下；467/9 上

【宋会要】兵 4 之 1/6820、18 之 1/7058、27 之 22/7257

熟夷

【长编标】252/6158

【长编影】252/10 下

【汇编】中四 3943

熟羌

【宋史】15/神宗纪 2/289；303/范祥传/10049；314/范纯仁传/10285；334/林广传/10737；468/童贯传/13659；486/夏国传下/14012

【长编标】280/6861；284/6947

【长编影】280/11 上；284/2 上

【宋会要】兵 9 之 1/6906

【奏议标】132/陈执中・上仁宗论西边事宜/1456

【奏议影】132/陈执中・上仁宗论西边事宜/4481

【豫章文集】7/遵尧录 6/15 上

【画墁集】补遗/游公（师雄）墓志铭/10 下

【汇编】上 78；中三 3579；中四 3765、4005、4039、4045、4073；中六 5316、5924；补遗 7294

十八画

藩臣

【宋大诏令集】235/赐夏国主令发遣熟户仍不得侵践汉地诏/914；236/赐夏国诏/918

藩国

【宋大诏令集】235/许夏国主嗣子秉常从旧蕃仪诏（熙宁二年八月口申）/917

藩辅

【宋大诏令集】233/赵德明拜官封西平王制（景德三年十月庚午）/906、册夏国主文/909；234/册夏国主谅祚文（庆历八年四月己巳）/911、赐夏国主不得僭儗诏/911；235/立夏国主册/916；236/赐夏国主给还绥州誓诏（熙宁二年二月戊子）/916

黠羌

【宋史】288/范子奇传/9680

【长编标】399/9725；409/9977；430/10394；478/11383

【长编影】399/4 下；409/23 上；430/12 下；478/2 上

【汇编】中五 4823、4924、4966、5182、5214

表

一、党项与西夏人物异名对照表

出处 人名	《宋史》	《长编》标	《长编》影	《宋会要》	其　他	备　注
哆勿乜		哆勿乜	移勿乜			
乙吉唛丹		乙吉唛丹	叶结凌丹			
乙吴麻		乙吴麻 叶乌玛	叶乌玛			
七罗		七罗	丕禄			
入野利罗		入野利罗	伊克什罗罗			
万私保移埋	万私保移埋 万保移	万保移 万宝移 万保移埋没	万保移 万保移埋没 旺布伊特满	万私保移埋 万保移埋没		
乞哆香		乞哆香	策多克新			
没藏讹庞	兀臧讹庞	没藏讹庞	密藏罗滂 密藏鄂特彭			
卫慕氏	卫慕氏					夏太祖李继迁母
卫慕氏	卫慕氏	米母氏	默穆氏		母米氏(米母氏之误(《东都事略》)	夏太宗李德明妻
咩布移则		咩布移则	咩布移则			
嘞咛		嘞咛	约宁			
山喜		山喜	尚实			
山遇	山遇	山遇 赵山遇	善约特 善约 赵善约特	山遇	山禺(《涑水记闻》)	
马都	马都	马都克				
仁多保忠	仁多保忠	人多保忠 仁多保忠 星多贝中	人多保忠 仁多保忠 星多贝中 星多保忠	人多保忠		
仁多唛丁	仁多唛丁 仁多嵬丁	仁多唛丁 人多唛丁 星多哩鼎	人多唛丁 星多哩鼎 星多凌鼎	人多唛丁	人多零丁(《铁围山丛谈》)	
仁多楚清		仁多楚清	星多楚清			
毛示聿	毛示聿	色勒裕勒	色勒裕勒			

出处 人名	《宋史》	《长编》标	《长编》影	《宋会要》	其他	备注
毛迎啜己		毛迎啜己	美英多吉			
令介讹遇	令介讹遇	令介讹遇 凌吉讹遇 凌吉讹裕	令介讹遇 凌结鄂裕 凌结鄂遇			
令王皆保	令王皆保	令王皆保	哩旺扎布	令王皆保		
史不乩	史不乩 史乩遇			史乩遇		
叶石悖七		叶石悖七	伊实巴特玛	叶石悖七		
叶悖麻	叶悖麻	叶悖麻	伊实巴特玛			
失的儿威					失的儿威（《元史》、《蒙兀儿史记》）；失迭儿古、失都儿威、锡都儿郭、亦鲁忽不儿合（《蒙兀儿史记》）；失都儿忽（《元史译文补正》）；锡都尔固汗（《蒙古源流笺证》）	
宁令哥		宁令哥	宁凌噶		宁令（《宋朝事实类苑》、《元刊梦溪笔谈》《涑水记闻》、《儒林公议上》）；宁令受（《元刊梦溪笔谈》）佞令受（《欧阳文忠公全集》）	夏景宗李元昊子
宁令哥	宁令哥	宁令哥	宁凌噶			夏毅宗李谅祚小字
白峇牟		白峇牟	达克摩	白峇牟	白容牟（《诸臣奏议》）	
讫多埋	讫多埋	吃多理	吃多理	纥多埋		
伊朗僧鄂		伊朗僧鄂	伊朗僧鄂	异浪升崖		
关聿则		关聿则	关聿则	罔聿则		
刚浪崚	刚浪崚	刚浪凌 纲浪凌 刚浪崖	纲朗凌		刚朗凌（《涑水记闻》《范文正公集》；刚浪《宋朝事实类苑》）；刚浪陵（《东轩笔录》）	
刚浪嵬		刚浪嵬	纲朗威			

出处 人名	《宋史》	《长编》标	《长编》影	《宋会要》	其他	备注
吕承信	吕承信	吕永信	吕永信			
如定多多马	如定多多马	如定多多马	如定多特玛			
如定聿舍	如定聿舍	如定幸猞	如定兴舍		如定幸舍(《诸臣奏议》)	
成逋克成	成逋克成	成逋克成	沁布开沁			
成嵬	成嵬	成嵬	沁威			
成遇	成遇	成遇	沁裕			
米母氏		米母氏	默穆氏		母米氏(米母氏之误(《东都事略》)	夏景宗李元昊妻
米屈啾		米屈啾	密吹			
讹山		讹山	额森			
讹化唱山		讹化唱山	额化强山	讹化唱山		
讹勃啰	讹勃啰	额伯尔 讹勃啰	额伯尔			
讹勃遇	讹勃遇	讹勃遇	阿布雅	讹勃遇		
讹啰聿	讹啰聿	讹罗聿 讹啰聿 勒阿拉雅赛	勒阿拉雅赛	讹啰聿赛		
讹藏屈怀氏	讹藏屈怀氏	讹藏屈怀氏 讹藏屈㖰氏	勒额藏渠怀氏			
达加沙						达加沙(《正德大名府志》);达尔沙(《牧庵集》);荅加沙(《蒙兀儿史记》);答加沙(《雪楼程先生文集》)
你斯闷	你斯闷	你斯闷	尼斯们			
吹同乞砂		吹同乞砂	策卜腾沁沙克		乞砂(《挥麈后录》)	
吹同山乞		吹同山乞	策卜腾善沁			
张元	张元	张源	张源			

出处 人名	《宋史》	《长编》标	《长编》影	《宋会要》	其他	备注
彻彻理威					彻彻理威(《蒙兀史记》);持持理威(《牧庵集》)	
李讹哆	李讹哆 李讹哆 李吪哆	李讹哆	阿雅卜 李阿雅卜	李讹哆		
没哆氏	没哆氏	没移氏	摩移克氏			
没细好德					没细好德(《松漠纪闻》)、穆齐好德(《建炎以来系年要录》)	
没细游成宁		没细游成宁	玛新云且宁			
没移皆山		没移皆山	摩移克结星			
没藏氏	没藏氏	没藏氏	密藏氏			
花结香		花结香	喀结桑			
苏奴儿	苏奴儿	苏奴儿	索诺尔		苏木诺尔(《甘肃新通志》)	
苏沁定玛		苏沁定玛 苏沁定马		细禹轻丁理		
苏渴嵬		苏渴嵬	苏尔格威			赐名李文顺
补细吃多巳		补细吃多巳 部曲嘉伊克	齐特济勒 部曲嘉伊克	部细皆移	保细吃多巳(《东都事略》)	
补细相公		补细相公	拜锡相公			
阿移	阿移	阿移 阿克伊 阿伊克	阿移 阿克伊 阿伊克			
阿埋	阿埋	阿迈	阿迈			
阿理		阿理	阿哩			
阿遇	阿遇	阿遇	阿裕			
卧香乞		卧香乞	鄂桑格			
卧浪己	卧浪己	卧浪己	鄂朗吉			
卧普令济	卧普令济	卧普令济	鄂普凌济			
卧誉诤	卧誉诤	卧誉诤	沃裕正			
呵遇		呵遇	阿裕尔			
妹勒都逋	妹勒都逋 昧勒都逋	妹勒都逋	穆赉多卜	妹勒都逋 昧勒都逋		

出处 人名	《宋史》	《长编》标	《长编》影	《宋会要》	其他	备注
委哥宁令		委哥宁令	威噶尔宁			
庞罗逝安	庞罗逝安	庞罗逝安	庞咩偷布安			
迺令思聪					迺令思聪、迺来思聪(《金史》)	
弩涉俄疾	弩涉俄疾	弩涉俄疾	弩舍额济			
拓跋赤辞	拓跋赤辞				拓拔赤辞(《新唐书》);拓拔赤词(《新唐书》、《册府元龟》)	
拓跋思恭	拓跋思恭	拓拔思恭	拓拔思恭		托跋思恭(《金史·交聘表》);拓拔思恭(《新唐书》、《旧唐书》、《旧五代史》、《元史》)	
易里马乞	昌里马乞 (昌为易之误)	易里马乞	伊里马奇			
泪丁讹遇	泪丁讹遇	泪丁讹裕	埒丹鄂特裕勒	泪丁讹遇		
罔聿囔		罔聿囔	旺约特和尔			
罔聿谟	罔聿谟	罔聿谟	纲裕玛			
罔萌讹	罔萌讹				关萌讹(《元刊梦溪笔谈》);刚明鄂特(《续通鉴》)	
罔豫章	罔豫章	旺裕勒宁 罔豫章	旺裕勒宁			
罗莽		罗莽	罗莽	罗理		
耶布移守贵		耶布移守贵	雅布移守贵			
闹罗		闹罗	纳斡			
保德遇瓖		保德遇瓖	布达约噶			
咩吪埋	咩吪埋	哔讹埋	密乌玛			
咩迷乞遇	咩迷乞遇	咩迷乞遇	蔑密裕			
咩迷氏	咩迷氏	咩迷氏	密克默特氏		咩朱氏(朱为米之误《隆平集》)	夏太宗李德明妃
咩迷氏		咩迷氏	密克默特氏			夏景宗李元昊妃
威沁		威沁 嵬心	威沁 嵬心			
威明约默		威明约默	威明约默	嵬名姚麦		

人名＼出处	《宋史》	《长编》标	《长编》影	《宋会要》	其他	备注
嵬名特克济沙		威明特克济沙 威明特克济山 嵬名特克济沙	威明特克济沙 威明特克济山			
拽臼		拽臼	叶锦 拽臼			
拽浪撩黎	拽浪撩黎	拽浪獠黎	叶朗僚礼	拽浪潦黎		
禹藏花麻	禹臧苑麻 禹藏花麻	禹臧花麻 禹臧苑麻 裕勒藏喀木	禹臧花麻 禹臧苑麻 裕勒藏喀木 裕勒藏哈木			
结胜	结胜	结胜	结星			
荔茂先	荔茂先	荔茂先	哩穆先			
香逋		香逋	香布			
哩那没桑		哩那没桑	哩努卜密桑			
埋移香		埋移香	密香			
埋移香		埋移香	密香			赐名白守忠
悮移赏都		悮移赏都	威尚对			
浪斡		浪斡	朗斡			
栧厥嵬名	栧厥嵬名	栧厥嵬名 拽厥嵬名	叶结威明嘉勒 拽厥嵬名乜皆			
浪埋	浪埋	浪埋	浪密			
浪梅娘	浪梅娘	浪梅娘	朗密囊			
热嵬浪布		热嵬浪布	硕克威浪布			
绥移		绥移	绥移	岁移		
咿都		咿都	伊都	乙都		
都尾	都尾	都威	都威			
都卧	都卧	都卧	对乌			
都罗氏		都罗氏	多拉氏			
都逋	都逋	都逋	多卜			妹勒都逋
都啰		都啰	多拉			疑为都啰马尾
都啰马尾	都啰马尾	都啰马尾	都勒玛斡		都罗马尾(《元刊梦溪笔谈》)	

出处 人名	《宋史》	《长编》标	《长编》影	《宋会要》	其 他	备 注
都罗重进	都罗重进				都啰重进(《宋大诏令集》)	
唱嗟		唱嗟	唱嗟	唱嗺		
啰述		啰述	罗舒克			
梁乙埋	梁乙埋	梁乙埋 梁伊特迈	梁伊特迈		梁乞埋(《东都事略》、(《梦溪笔谈》)	
梁乙逋	梁乙逋	梁乙逋	梁叶普	梁乙逋	梁移逋(《元刊梦溪笔谈》)	
梁讹哆		梁讹哆	梁额叶			
盛佶	盛佶	盛佶	星结	盛佶		
移卜淳		移卜淳	伊实诺尔			
移舁		移舁	伊锡	移舁		
辄移		辄移	哲伊	辄移		
鄂齐尔		鄂齐尔	鄂齐尔		讹乞(《范文正公集》)	
鄂特丹卓麻		鄂特丹卓麻	鄂特丹卓勒玛			
野也浪啰		野也浪啰	叶木朗罗			
野利	野利		叶勒		拽利(《宋朝事实类苑》)	夏景宗李元昊大臣
野利仁荣	野利仁荣	野利仁荣	叶勒仁荣			
野利氏	野利氏 野力氏	野利氏	叶勒氏		拽利氏(《宋朝事实类苑》)	夏景宗李元昊妻
野利刚浪唛	野利刚浪唛	野利刚浪凌	叶勒纲朗凌		野戾刚浪唛(《诸臣奏议》标、影)	
野利旺荣	野利旺荣	野利旺荣	叶勒旺荣 雅尔旺营			
野利遇乞	野利遇乞	野利遇乞 迤逦遇乞	叶勒约噶 迤逦约腊			
麻女喫多革		麻女喫多革 麻女阣多革	麻女喫多革 麻女阣多革			
麻孟桑		麻孟桑	玛魁孟双			
黄移都		黄移都	黄伊特			
媚娘	媚娘	媚娘	玛囊			
瞰嵬		瞰嵬	堪威			

人名＼出处	《宋史》	《长编》标	《长编》影	《宋会要》	其他	备注
嵬名嚷	嵬名嚷	嵬名嚷	威明怀			
嵬名乞遇	嵬名乞遇	嵬名乞遇 威明伊特允凌	威明伊特允凌		嵬名乙遇唛(《皇宋十朝纲要》)	
嵬名山	嵬名山	威明善	威明善			
嵬名布哆聿介		嵬名布哆聿介	威明布哆聿玠			
嵬名守全	嵬名守全	嵬名守全	威明硕统			
嵬名吾祖	嵬名吾祖		威明吾祖			
嵬名阿埋	嵬名阿埋	嵬名阿埋	威明阿迈	嵬名阿埋	威明阿密(《汉滨集》)	
嵬名妹精嵬	嵬名妹精嵬	嵬名妹精嵬	威明墨沁威	嵬名妹精嵬		
嵬名律令		嵬名律令	威明律凌			
嵬名济	嵬名济乃 嵬名济	嵬名济	威明吉鼐	巍名济赖		
嵬名科逋		嵬名科逋	威科卜			
嵬名嚷荣		嵬名嚷荣	威明科荣			
嵬名密		嵬名密	威明密			
嵬名谕密	嵬名谕密	威明裕默	威明裕默			
嵬名寨		嵬名寨	威明寨			
嵬名革常		嵬名革常	威明噶勒藏			
嵬名麻胡		嵬名麻胡	威明玛乌			
嵬多聿则	嵬多聿则	嵬名聿则	威明舆则			
嵬伽崖妳	嵬伽崖妳	嵬伽崖妳	威伽崖密			
嵬迦		嵬迦	鄂特伽			
嵬迷裂皈		嵬迷裂皈	威密烈圭			
嵬啰嵬悉俄	嵬啰嵬悉俄				嵬啰嵬悉(《东都事略》)	
嵬理	嵬理	崖埋	叶迈		崖块(《隆平集》)	
景询	景询	景珣 景询	景珣 景询	景珣		
琳沁格		琳沁格	琳沁格	蔺征隔		
腊儿		腊儿	拉尔			
赏乞	赏乞	赏乞	尚奇			

出处 人名	《宋史》	《长编》标	《长编》影	《宋会要》	其他	备注
遇乞	遇乞	遇乞	约腊 约噶			
臧嵬		臧嵬 章威	章威			
鲜卑讹答					西壁讹答(《元史》《蒙兀儿史记》);鲜卑讹答(《蒙兀儿史记》)	
潘七布	潘七布	潘也布	攀密布			
磨美勃儿		磨美勃儿	玛克密巴勒			
薛埋		薛埋	锡哩			
曩霄	曩霄	曩霄	朗霄 曩霄			

二、西夏遗民异名对照表

人名＼出处	《元史》	《蒙兀儿史记》	增订《元代西夏人物表》	其他
李惟忠	李惟忠	李惟忠		李维忠(《吴文正公集》)
逊都台	逊都台	逊都台	逊都歹	
卜颜铁木儿	卜颜铁木儿	卜颜铁木儿	卜颜帖木儿	
察罕	察罕 茶寒	察罕 茶寒		
益德	益德	益德 逸的		
亦力撒合	亦力撒合 亦儿撒合 亦而撒合	亦力撒合		
荅哈兀		荅哈兀		答哈兀(《雍虞先生道园类稿》)
韩家讷	韩家讷 韩嘉讷 韩嘉纳	韩家讷		
达理麻	达理麻	荅里麻		
伯牙伦	伯牙伦	伯牙伦		伯也伦(《至正集》)
昔里钤部	昔里钤部 昔里甘卜	昔里钤部		昔李钤部(《雪楼程先生文集》);色尔勒结(《牧庵集》)
益立山		益立山		疾利沙(《正德大名府志》)
荅加沙		荅加沙		答加沙(《雪楼集》);达尔沙(《牧庵集》);达加沙(《正德大名府志》)
爱鲁	爱鲁	爱鲁		阿噜(《牧庵集》)
教化	教化	教化		教化的(《至顺镇江志》)
骨都歹		骨都歹		忽都答儿(《正德大名府志》)
野蒲甘卜	野蒲甘卜 也蒲甘卜	野蒲甘卜		
昂吉儿	昂吉儿 昂吉	昂吉儿		
答茶儿	答茶儿	荅察儿		
高纳麟	高纳麟 高纳璘	高纳麟		
高琐		高琐	高桢	

出处 人名	《元史》	《蒙兀儿史记》	增订《元代西夏人物表》	其他
术速忽里	术速忽里	术速忽里	木速忽里	
木速忽勒		木速忽勒		穆苏和勒(《牧庵集》);穆苏和勒善(《新元史》)
虎文烨		虎文烨	虎文辉	
暗伯	暗伯 俺伯	暗伯		
亦怜真班	亦怜真班 懿怜真班	亦怜真班		
桑哥答思	桑哥答思	桑哥荅思		
答里麻	答里麻	荅里麻		
普达失理	普达失理	普达失里		
斡扎箦	斡扎箦	斡札箦		
斡玉伦徒	斡玉伦徒	斡玉伦徒	斡玉伦图	
唐兀海牙	唐兀海牙		唐兀海平	
巴雅抡氏			拜叶伦氏	巴雅抡氏(《待制文集》)
师托克托穆尔			师脱脱木儿	师托克托穆尔(《待制文集》)
奈曼氏			乃蛮氏	奈曼氏(《待制文集》)
博啰登			勃罗登 孛罗登	博啰登(《待制文集》)
阿尔			安儿	阿尔(《待制文集》)
李孛完	李孛完		李完	
王也先不华		王也先不华	王也先不花	王额森布哈(《闻过斋集》)
那木罕		那木罕		那木翰;诺摩罕(《闻过斋集》)
安安				安安;安定(《余忠宣青阳山房集》)
福童	福童			福章(《宋学士全集》)
余德生	余德生	余德生		余得臣(《余忠宣青阳山房集》、《宋学士全集》);余德臣(《余忠宣青阳山房集》)
沙剌臧卜	沙剌臧卜	沙剌藏卜		
耶卜氏	耶卜氏			耶律氏(《余忠宣青阳山房集》)

出处 人名	《元史》	《蒙兀儿史记》	增订《元代西夏人物表》	其他
宝座		宝座	宝童	
荅儿麻八剌		荅儿麻八剌		答儿麻八(《宋学士全集》)
捌思吉朵而只	捌思吉朵而只	捌思吉朵儿只		
脱因莅		脱因莅		脱因(《吴文正公集》)
哈石霸都儿		哈石霸都儿	哈石拔都	
失剌		失剌		世剌(《虞文靖公道园全集》)
失剌唐吾台		失剌唐吾台		失剌唐兀台、式腊唐兀台(《虞文靖公道园全集》)
不花	不花	不花		不华(《虞文靖公道园全集》)
杨朵儿只	杨朵儿只	杨朵儿只		杨朵而只(《虞文靖公道园全集》)
迈里古思	迈里古思			迈里古斯(《丁鹤年集》)
忽难			忽难	月忽难(《东维子文集》)
朵罗台		朵罗台		朵罗歹(《新元史》、《道园学古录》)
朵罗台		朵罗台	托罗台	托罗岱(《牧庵集》)
来阿巴赤	来阿巴赤	来阿巴赤		来阿巴齐(《山东通志》)
别帖木		别帖木		别怙木(《道园学古录》)
托克托			脱脱	托克托(《金台集》)
丑问			丑闾	丑问(《至正金陵新志》)
木八剌			木八剌沙	木八剌(《东维子文集》)
勃罗帖穆尔			勃罗帖木儿	勃罗帖穆尔(《至正昆山郡志》)
也儿吉尼	也儿吉尼 也儿吉你	也儿吉尼	额尔济纳	额尔吉纳(《牧庵集》);也克吉儿(《新元史》)
也先帖木儿		也先帖木儿		伊齐特穆尔(《牧庵集》)
兀尼儿威		兀尼儿威		乌尼尔威(《牧庵集》)
兀纳氏		兀纳氏		乌纳氏(《牧庵集》)
日而塞		日而塞		日尔塞(《新元史》、《牧庵集》)
术都儿威		术都儿威		珠特尔威(《牧庵集》)

出处 人名	《元史》	《蒙兀儿史记》	增订《元代西夏人物表》	其他
立吉儿威		立吉儿威		拉吉尔威(《新元史》、《牧庵集》)
伦秃儿威		伦秃儿威		伦图尔威(《牧庵集》)
达实忽儿巴		达实忽儿巴		达实和尔布(《牧庵集》)
那海		那海		诺海(《牧庵集》)
厘日		厘日		纳里日(《新元史》);哩日(《牧庵集》)
阿剌普济		阿剌普济		阿拉克普济(《新元史》);阿拉克布济克、奇塔特布济克(《牧庵集》)
昂吉		昂吉		昂齐(《牧庵集》)
迪儿威		迪儿威		都迪尔威(《牧庵集》)
算只儿威		算只儿威		算尔威(《新元史》);算智尔威(《牧庵集》)
彻彻理威		彻彻理威		持持理威(《牧庵集》)
也儿吉尼(字尚文)	也儿吉尼(字尚文)			额尔吉纳(《广西通志》)
哈荅儿		哈荅儿	哈答儿	
伯颜				伯颜(《山居新话》)、巴延(《山居新话》四库本)
明安达尔	明安达尔	明安达耳		
明安特穆尔			明安帖木儿	明安特穆尔(《畿辅通志》)
阿剌威			阿拉威	阿剌威(《万历(新修)南昌府志》)
刘伯牙兀歹			刘伯牙吾歹	刘伯牙兀歹(《至顺镇江志》)
臧卜			殳城卜	臧卜(《万历宁夏志》)
桑哥实理		桑哥实理		僧格实哩(《元秘书监志》四库本)
美里吉台		美里吉台		穆尔济达(《元秘书监志》)
必申达尔			必申达儿	必申达尔(《至正金陵新志》)
胆八			丹巴	胆八(《至正金陵新志》)
谔勒哲布哈			完者不花	谔勒哲布哈(《元秘书监志》)

出处 人名	《元史》	《蒙兀儿史记》	增订《元代西夏人物表》	其他
九住哥			玖珠格	九住哥(《至正金陵新志》)
契斯			契傒斯	契斯(《正德姑苏志》)
李朵儿济			李朵儿赤	李朵儿济(《正德姑苏志》)
达哈			答哈	达哈(《广西通志》)
玛南			买诺	玛南(《燕石集》)
托多			朵朵	托多(《广西通志》)
特穆尔巴哈			帖木儿不花	特穆尔巴哈(《至正金陵新志》)
杨琏真加	杨琏真加 杨琏真伽 杨琏真珈			

三、宋夏沿边部族人物异名对照表

出处 人名	《宋史》	《长编》标	《长编》影	《宋会要》	其他	备注
一声金龙		一声余龙 一声金龙	伊实济噜			
乙讹		乙讹	且乌 伊克	乙讹		
乙麦乙唛		乙麦乙唛	齐点特伊朗	乙麦乙唛		
七香		七香	且星			
乜啰	乜罗 乜啰	乜罗	密拉			
乞蚌	乞蚌	乙蚌	乙蚌	乞蚌		
兀丁吼乞		兀丁吼乞	乌丹乌沁	兀丁兀乞		
兀佐		兀佐	乌磋			
兀征声延	兀征声延	兀征声延	乌戬新雅克	兀征声延		
兀胜		兀胜	纳木沁			
小陇拶		小陇拶 小隆赞	硕隆赞 小隆赞	小陇拶		
山陕					山陕(《三朝北盟会编》);山唛(《建炎以来系年要录》)	
马讹	马讹	马讹	马鄂克			
马尾	马尾 马泥	马尾 马泥	马斡 玛斡			
马波叱腊	马布札尔 马波叱腊	马波叱腊	马巴咱尔	马波叱腊		
丹星	丹星	丹星	丹新			
今结		今结	今支结	今结		
巴令谒	巴令谒	巴令渴	巴令渴			
巴讷支		巴讷支	巴鼐吉	巴讷支		
巴把哑		巴把哑	巴尔瓜	巴把兀		
巴毡角	巴毡角	巴毡角	巴珍觉 巴觉珍(当为巴珍觉之误)	巴毡角		
巴毡抹	巴毡抹	巴毡抹	巴珍穆	巴毡抹		

出处 人名	《宋史》	《长编》标	《长编》影	《宋会要》	其他	备注
巴斯鸡		巴斯鸡	巴斯吉	巴斯鸡		
巴斯铎		巴斯铎	巴斯多卜	巴斯铎		
心牟氏		心牟氏 森摩氏	森摩氏			
心牟钦毡	心牟钦毡	心牟钦毡	森摩乾展	心牟钦毡		
心牟温鸡		心牟温鸡	森摩温吉 摩温济特	心牟温鸡		
木丹	木丹	木丹 摩丹当博	摩丹当博			
木征	木征 瞎欺丁木征 瞎欺米征	木征 瞎欺丁木征	木征 辖奇鼎摩正 摩正 默正	木征	玛尔戬(《续资治通鉴》)	
木罗丹		木罗丹	摩罗木丹	木罗丹		
牛装	牛装	牛奖逋	努卜坚布			
王泥猪	王泥猪	王宁珠	王宁珠			
贝威		贝威	贝威 布威			
业罗	业罗	叶罗	伊朗	业罗		
东斯鸡		东斯鸡	栋锡	东斯鸡		
令修己		令修己	令修己 迈凌错吉			
冯移埋	冯移埋	冯移埋	冯伊特满			
卢凌		卢凌 卢稜	卢凌 卢稜			
叱纳		叱纳	且鼐	叱纳		
叱逋巴角		叱逋巴角	察卜巴觉	叱逋巴角		
叶篯		叶篯	雅克沁			
失吉	失吉	失吉	布济克			
奴讹	奴讹	奴讹	奴讹		牛努额(《涑水记闻》)	
奴移	奴移	奴移	驽伊	奴移		
布阿		布阿	布阿	逋讹		
必噜匝纳		必鲁匝纳 必噜匝纳	必鲁匝纳 必噜匝纳			
本令征		本令征	本琳沁			

出处 人名	《宋史》	《长编》标	《长编》影	《宋会要》	其　他	备　注
立章		立章	埒克章	立章		
边斯博格	边斯博格	边斯博格 边厮波结	边斯博格	边厮波结		
龙移	龙移	龙移	隆伊克	龙移		
伊格		伊格	伊格		乙格(《诸臣奏议》)	
刘王奴		刘王奴	刘旺诺尔	刘王奴		
刘勇丹结古		刘勇丹结古	刘勇丹济古			
华儿河笃		华儿河笃		华儿河马		
吃埋		吃埋	齐默特			
合穷波	合穷波	合穷波	和尔沁博	合穷波		
合苏	合苏	合苏	和苏			
名崖	名崖	名崖 明崖	明叶	名崖		
多罗巴	多罗巴	多罗巴	多勒瓦	多罗巴		
安子罗	安子罗	安子罗	阿萨尔			
岁丁		岁丁	索鼎	岁丁		
岁啰啜克	岁啰啜克			岁罗啜先		
庆𣯍	庆𣯍	庆𣯍	庆结			
庆香	庆香	庆香	庆桑 庆桑泊			
成逋	成逋 城逋	城逋	沁布	成逋		
曲撒四 王阿珂		曲撒四 王阿珂	吹斯𫄸 王阿噶			
朱泥唛		朱泥唛	卓鼐凌	朱泥唛		
乩𣯍庆	乩𣯍庆	乩𣯍庆	伽哲庆			
乩唱	乩唱	乩唱	伽强楚			
乩遇	乩遇	乩遇	伽裕勒	乩遇		
讷儿温		讷儿温	鼐尔温	讷儿温		
讷支蔺毡		讷支蔺毡	讷芝临占			
讷令支	讷令支	纳克凌结	纳克凌结			
那龙	那龙	纳隆	纳隆			

出处 人名	《宋史》	《长编》标	《长编》影	《宋会要》	其 他	备 注
邦战		邦战	邦毡	邦战		
邦逋支	邦逋支	邦逋支	帕勒布齐	邦逋支		
邦辟勿丁呃	邦辟勿丁呃	邦辟勿丁兀	巴尔丕勒鄂丹干	邦辟勿丁呃		
何居录越	何居录越	何居录越	赫矩鲁越	何居录越		
何郎业贤		何郎业贤	哈喇额森			
冷鸡朴	冷鸡朴	冷鸡朴	隆吉卜	冷鸡朴		
吴怙磨五					吴怙磨五(《新五代史》);吴怡磨五(《册府元龟》)	
吹凌结		吹凌结	吹凌结	屈里乜		
均凌凌		均凌凌	均凌凌		朱令唛(《诸臣奏议》);朱令陵(《续通鉴》)	
张小哥	张小哥	张小哥	张硕噶			
张纳芝临占	兰毡	张纳芝临占	张纳芝临占			
扶麻		扶麻	布玛	扶麻		
折逋喻龙波	折逋喻龙波 折逋游龙钵	折逋游龙钵 折逋遊龙钵	结布伊朗布 折逋游龙钵	折逋俞龙波		
李巴全		李巴全	李巴沁			
李巴毡		李巴毡	李巴占			
李吪腊钦	李吪腊钦	李吪纳钦 李吪腊钦	李察勒沁	李吪纳钦		
李立遵	立遵 李立遵	立遵 李立遵 李尊 李遵	李埒克遵 李尊 李遵 埒克遵	立遵 李遵		
李宏	李宏				李定(《元刊梦溪笔谈》)	
李阿迈		李阿迈	李阿迈	李阿埋		
李阿温		李阿温	李阿旺	李阿温	李河温(《续资治通鉴长编纪事本末》)	
李宗谅		李宗谅 李宗亮	李宗谅 李宗亮			
李波末裹瓦		李波末裹瓦	李博木喇干	李波末裹瓦		
李波逋		李波逋	李贝通			

出处 人名	《宋史》	《长编》标	《长编》影	《宋会要》	其他	备注
李赊罗抹		李沙勒玛 李赊罗抹 李赊啰抹	李沙勒玛	李赊罗抹		
李蔺毡纳支		李蔺毡纳支 李楞占讷芝	李楞毡纳支 李楞占讷芝 李临占讷芝 李临占汭芝 李蔺毡讷支	李蔺毡纳支		
李磨论		李磨论	李摩拉木			
杓拶		杓拶	杓赞			
杨惟忠	杨惟忠		杨惟中		杨维中(《建炎以来系年要录》)	
沈阿当令		沈阿当令	沈额特凌	沈阿当令		
灼蒙曹失卑陵		灼蒙曹失卑陵	嘉木磋沙卜哩			
玛克密		玛克密 莽乜	玛克密	莽乜		
秃逋	秃逋	秃逋	图卜			
纳木乞僧		纳木乞僧	纳木依申			
纳麻抹毡		纳麻抹毡	纳玛密戬	纳麻抹毡		
苏尚娘	苏尚娘		苏尔萨南			
苏南巴		苏南巴	孛诺木巴勒	苏南巴		
苏南结		苏南结	索诺木节	苏南结		
近腻	近腻	近腻	锦尼			
阿日丁	阿日丁	阿斯鼎	阿斯鼎			
阿令结				阿令结	阿令结(《金史》、《续资治通鉴长编纪事本末》);阿尔嘉(《建炎以来系年要录》)	
阿匝尔		阿作	阿匝尔			
阿讹		阿讹	阿克阿			
阿里骨	阿里骨 阿令骨	鄂特凌古 阿令骨 阿里骨 阿理骨	鄂特凌古 阿令骨 阿理骨	阿里骨		
阿驴		阿驴	阿鲁	阿驴		
阿宜	阿宜	阿宜	阿伊克			

出处 人名	《宋史》	《长编》标	《长编》影	《宋会要》	其他	备注
阿星		阿星	阿克信			
阿笃		阿笃	阿笃 阿道	阿笃		
阿凌		阿凌	阿克凌	阿凌		
阿敏		阿敏	阿敏	温阿明		
阿厮铎	阿厮铎	阿厮铎	阿锡达	阿厮铎		
陇拶	陇拶	陇拶 隆赞	隆赞	陇拶	隆咱尔（《方舟集》）	
陇逋了安		陇逋了安	隆博罗安	陇逋了安		
陇谕药四		陇谕药四	隆伦约斯	陇谕药四		
驴彪		驴彪	罗巴	驴彪		
周斯那支	周斯那支	周斯那支	周薩纳齐	周斯那支		
呵昔	呵昔	呵昔	格布锡	呵昔		
命子元		命子元	命资允	命子元		
和罕王		和罕王	黑韩王			
夜落纥	夜落纥	伊噜格勒 夜落纥	伊噜格勒 夜落纥	夜落隔		
夜落隔归化	夜落隔归化	夜落隔归化	伊噜格勒圭呼			
夜落隔通顺	夜落隔通顺	夜落隔通顺	伊格噜勒栋硕尔	夜落隔通顺		
尚波于	尚波于	尚波于	尚巴约			
屈丁鸡		屈丁鸡	吹达尔济			
屈子	屈子	屈子	吹资克	屈子		
屈尾	屈尾	屈尾	齐都尔齐			
屈埋		屈埋	吹迈 屈埋	屈埋		
怯陵	怯陵	怯陵	策凌	怯陵		
抹啰		抹啰	摩垒			
拓拔琳沁		拓拔琳沁	拓拔琳沁			
拓德遇		拓德遇	拓德迈			
拔黄	拔黄	拔黄	巴罕	拔黄		
拔藏党令结		拔藏党令结	巴勒藏达尔结	拔藏党令结		
旺奇巴		旺奇巴	旺奇卜			

人名＼出处	《宋史》	《长编》标	《长编》影	《宋会要》	其他	备注
泥埋	泥埋	泥埋	尼玛	泥埋	旁泥埋(《宋朝事实类苑》)	
罗保保乜	罗保保乜			杂保也		
罗凌		罗凌	罗凌		卢唛(《诸臣奏议》)	
罗埋		罗埋	罗莽			
罗厮温	罗厮温	罗厮温	娄都尔逊	娄都尔逊		
舍钦角四		舍钦角四	结嘉沁扎实			
软驴脚四		软驴脚四	顺律觉依	软驴脚四		
郝逋		郝逋	纳布克			
青诐吉		青诐吉	沁巴结			
青宜结毛		青宜结毛	长结玛	青宜结毛		
青宜结鬼章	青宜结鬼章	青宜结鬼章	青宜结果庄	青宜结鬼章		
鱼角蝉	鱼角蝉	鱼角蝉	裕木扎卜沁 岳居戢 居戬	鱼角蝉		
俞龙七		俞龙七	裕罗勒齐	俞龙七		
俞龙珂	俞龙珂	俞龙珂	裕啰格勒	俞龙珂	于龙呵(《甲申杂记》);裕陵(《玉照新志》)	
勃哆		勃哆	博伊克	勃哆		
南纳支	南纳支	南纳支	索诺木纳木扎勒	苏南讷支		
客厮铎		客厮铎	开斯多卜			
昧克	昧克	昧克	美克	昧克		
洗纳阿结		洗纳阿结	斯纳阿结			
洛吴		洛吴	娄吴	洛吴		
皆赏罗	皆赏罗	皆赏罗	节桑罗	皆赏罗		
禹藏	禹藏	裕勒藏	裕勒藏			
禹藏郢成四		裕藏颖沁萨勒 禹藏郢成四	裕藏颖沁萨勒 禹藏郢成四			
笃胪令结			多垒凌结	笃胪令结		
结叱叽		结叱叽	结察斡	结叱叽		
结成抹		结成抹	结赤木	结成抹		

出处 人名	《宋史》	《长编》标	《长编》影	《宋会要》	其他	备注
结吴叱腊	结吴叱腊	结吴叱腊	结斡恰尔			
结吴延征	结吴延征	结吴延征	辖乌延正 结斡延正	结吴延征		
结吴那征		结吴那征	辖乌纳克戬			
结呃		结呃	结瓦	结呃		
结呃龊	结呃龊	结呃龊	结斡磋	结呃龊 结呃捉 结兀龊	结叽龊(《皇宋十朝纲要》)	
结金		结金	结锦			
结彪	结彪	结布	结布			
结施卒		结施卒	结日卜聚	结施卒		
结施温		结施温	集星究	结施温		
结毡		结毡	朗格占			
结药		结药	结约	结药		
结药密	结药密	结药密	结约特			
结逋脚		嘉卜卓 结逋脚	嘉卜卓 结逋脚			
胡守中		胡守中	胡守中		胡守忠(《名臣碑传琬琰集》)	
迥讹		迥讹	崆爱			
郢成结	郢成结	郢成简	郢成简	郢成结		
郢成蔺逋叱		郢成蔺逋叱	郢城林布且 郢城琳布且			李立遵又名
郢城科		郢城科	郢城科		郢成珂(《临川集》)	
钤令结笃		钤令结笃	策凌结			
钦令征		钦令征	策凌扎卜			
钦波结		钦波结	沁布结	钦波结		
骨被		骨被	郭拜			
鬼驴		鬼驴	古勒			
鬼章	鬼章	鬼章	果庄 果藏	鬼章		
鬼章青宜结		鬼章青宜结	果庄青宜结			
党支		党支	丹淋沁	党支		
党失卑陵	党失卑陵	党失卑	当贝实	党失卑		

出处 人名	《宋史》	《长编》标	《长编》影	《宋会要》	其他	备注
兼钱	兼钱	兼钱	罝木沁			
凌结摩		凌结摩	凌结摩	锡令结牟		
哥吴		哥吴	格乌	哥吴		
唃斯波		唃斯波	嘉勒斯博			
唃斯啰	唃斯啰	唃斯啰	唃斯啰 嘉勒斯赉	唃斯啰	罝勒斯赉(《元宪集》《文庄集》《方舟集》《甘肃新通志》)	
唃摩		唃摩 嘉勒摩	嘉勒摩			
埋香	埋香	埋香	密香			
悖乜乩尾		悖乜乩尾	巴玛且斡	悖乜乩尾		
朗阿克章	郎阿章 狼阿章	郎阿章 朗阿克章	朗阿克章	郎阿章		
浪埋	浪埋	浪埋	朗密			
益麻党征	益麻党征	尼玛丹津	尼玛丹津	益麻党征	尼玛丹怎(《方舟集》《初寮集》)	河湟赵怀恩蕃名
破丑	破丑	破丑	颇酬			
耸昌厮均		耸昌厮均	松察克斯戬			
艳奴	艳奴 艳般	艳奴	延本			
贾人义				贾人义 贾仁义		
郭斯敦	郭斯敦 斯敦	廓斯敦 郭斯敦	郭斡苏都		郭苏达勒(《元宪集》)	南市归顺蕃部
郭斯敦		郭斯敦	卦斯敦			洮州吐蕃首领
郭斯敦		郭斯敦	卦斯敦			河湟蕃僧
都子	都子	都子	都资			
都香	都香	都香	多香			
都啰	都啰	都啰	多拉			
都啰漫丁	都啰漫丁		都勒满登	都啰漫丁		赐名怀顺
都啰漫娘昌		都啰漫娘昌	都罗摩尼扬昌	都啰漫娘昌		赐名怀忠
铎论		铎论	多不垒	铎论		
啜讹	啜讹	啜讹	多鄂	啜讹		

出处 人名	《宋史》	《长编》标	《长编》影	《宋会要》	其他	备注
啰胡	啰胡	啰胡	喇呼			
喏嵬	喏嵬	喏嵬	日威			
密厮歌	密厮歌	密斯噶	密斯噶			
崔悉波		崔悉波	促勒锡卜	崔悉波		
悉郎					悉郎（《五代会要》）；悉那（《新五代史》）；悉郍（《册府元龟》）	
盖吪	盖吪	盖兀	噶干	盖兀		
誃移	誃移	誃移	咱伊			
章穆辖卜		章穆辖卜	章穆辖卜	长牟瞎逋		
符骨笃末		符骨笃末	普克多木	符骨笃末		
鄂云		鄂云	鄂云	独崖		
鄂钦		鄂钦	鄂钦		兀乞（《诸臣奏议》）	
野毡		野毡	叶占	野毡		
鹿遵		鹿遵	罗遵			
麻也讹赏		麻七讹赏 麻也讹赏	麻七讹赏 麻也讹赏			
麻令一缩		麻令一缩	玛哩伊磋	麻令一缩		
喝邻半祝	喝邻半祝	喝邻半祝	格埒班珠尔	喝邻半祝		
尊毡磨壁余龙	尊毡磨壁余龙	尊毡磨壁余龙	遵锥满丕伊胡			
嵬逋	嵬逋	嵬逋	威布			
惹都	惹都	惹都	日木多			
散八昌郡		散八昌郡	散巴昌郡	繖巴沁鼐		
景青宜党令支		景青宜党令支 经沁伊达木凌节	经沁伊达木凌节	景青宜党令支		
欺巴温		欺巴温	斯班	欺巴温		河州山后首领结毡㙟
欺南陵温篯逋		欺南陵温篯逋	齐囊凌衮沁布			
温玉		温玉 温王	温裕勒			
温讷支郢成		温讷支郢成	温纳木扎尔颖沁萨勒	温讷支郢成		

出处 人名	《宋史》	《长编》标	《长编》影	《宋会要》	其　他	备　注
温声腊抹		温声腊抹	温僧拉摩			
温逋	温逋	温逋	温布	温逋		
温逋奇	温逋奇	温逋奇	温布且	温逋奇	温逋其(《诸臣奏议》)	
温溪心	温溪心	温溪心 温溪沁 温锡沁	温锡沁	温溪心		
禄尊		禄尊	禄尊 罗卜藏	禄尊		
缅什罗蒙					缅什罗蒙(《皇宋十朝纲要》);面什罗蒙(《长编纪事末事》)	
董纳芝临占	董讷支兰毡	董纳芝临占	董纳芝临占	董讷支蔺毡		
董谷	董谷	董谷 董古	董谷 董古	董谷		
董毡	董毡 董戬	董毡 董戬	董戬	董毡		
董菊		董菊	董矩	董菊		
赏样丹	赏样丹	赏样丹	尚扬丹 尚杨丹		赏云丹(《元宪集》)	
赏啰讹乞	赏啰讹乞	赏啰讹乞	尚罗格依	赏罗讹乞		
赏厮门		赏厮门	尚斯们	赏厮门		
鲁尊	鲁尊	鲁尊	罗遵	鲁尊		
溪巴温	欺巴温 溪巴温	溪巴乌 溪巴温	欺巴温 溪巴乌 溪巴温	溪巴温	锡巴衮(《方舟集》、《初寮集》)	
溪论儿		溪论儿	溪鲁尔	溪论儿		
溪邦彪篯	溪邦彪篯 邦彪篯	溪邦贝昌 溪邦彪篯 邦彪篯	溪邦贝昌 溪邦彪篯 邦彪篯	溪苏邦彪篯		
溪毡		溪毡	溪展	溪毡		
溪赊罗撒	溪赊罗撒	锡罗萨勒	锡罗萨勒	溪赊罗撒		
溪尊勇丹	溪尊勇丹	溪尊勇丹	溪遵允丹	溪尊勇丹		
蒙异保	蒙异保	蒙异保	蒙吉布	蒙异保		
蒙罗角		蒙罗角	蒙罗觉			
褚下箕	褚下箕	褚下箕	褚实奇			

出处 人名	《宋史》	《长编》标	《长编》影	《宋会要》	其他	备注
僧蔺毡单	僧蔺毡单	僧蔺毡单	锡喇卜萨木丹	僧兰毡单		
厮陁完	厮陁完	厮陁完	斯满	厮陁完		
厮鸡波	厮鸡波	厮鸡波	斯吉特布			
厮铎正		厮铎正	斯多正			
厮铎论		厮铎论	斯多伦	厮铎论		
厮铎毡		厮铎毡	斯多展	厮铎毡		
厮铎督	厮铎督	厮铎督	斯多特	厮铎督		
厮敦琶		厮敦琶	斯敦巴			
嘛唛		嘛唛	马凌			
翟符守荣	翟符守荣	翟符守荣	渠富绶荣	翟符守荣		
撒逋渴	萨逋歌 撒逋渴	撒逋格 撒逋渴	实布格			
横全	横全	横全	亨全	横全		
潘罗支	潘罗支	潘罗支	博罗齐 博啰齐	潘罗支		
瞎吴叱	瞎吴叱	瞎吴叱	辖乌察	瞎吴叱		
瞎征	瞎征	瞎征	辖正	瞎征		
瞎养呃		瞎养呃 瞎养叽	辖扬乌			
瞎毡	瞎毡	瞎毡	辖戬	瞎毡		
瞎药	瞎药	瞎药	辖约 瞎约	瞎药		
瞎药鸡罗		瞎药鸡罗	辖约格罗	瞎药鸡罗		
瞎欺丁兀錢		瞎欺丁兀錢	辖结策丹乌沁	瞎欺丁兀錢		
瞎撒欺丁		瞎撒欺丁	辖萨斯鼎	瞎撒欺丁	瞎隻欺丁(《乐全集》)	
磨毡角	磨毡角	磨毡角	默戬觉	磨毡角	摩戬(《涑水记闻》)	
磨啰瞎力骨		磨啰瞎力骨	穆尔锡里库			
錢罗结	錢罗结	绰尔结	绰尔结			
薄备撒罗					薄备撒罗(《册府元龟》);薄备撒罗(《五代会要》)	
孽娘	孽娘	孽娘	聂宁			
籍遇	籍遇	籍遇	济裕			

四、党项与西夏部族异名对照表

出处 族名	《宋史》	《长编》标	《长编》影	《宋会要》	其他	备注
七臼族	七臼族	七臼族	密觉族			纳质归化
乜臼族		乜臼族 密觉族	密觉族	七臼族		寇平远寨
人多族		人多族	星多族			
万子族	万子族	万子族	万子族 万实族 万资族	万子族		
万山族	万山族	万山族	万山族 旺善族			
万遇族	万遇族	万遇族	旺威族			
乞当族		乞当族	策丹族			
兀二族	兀二族	兀二族	乌儿族			
兀泥族	兀泥族 兀泥巾	兀泥族	瓦泥族 威尼族	兀泥族		
兀赃族		兀赃族	乌藏族			
兀瑶族		兀瑶族	威克约族	兀瑶族		
卫埋族	卫埋族	卫狸族	卫狸族			
魏埋族	魏埋族	魏埋族	威玛族			
大门族	大门族	大门族	德密族		特你(《元宪集》)	
大凉族	大凉族	大凉族 大梁族	大凉族 大梁族	大凉族 大梁族		
小李氏					小李氏、昔里氏(《蒙兀儿史记》);昔李氏(《正德大名府志》)	
小湖族	小湖族	小胡族 小湖族	小胡族 小蕃族	小胡族		
小遇族	小遇族	小遇族 辖裕勒族	辖裕勒族			
山讹	山讹	山讹	善鄂			
日利族	日利族	日利族 舍利族	锡里族	日利族		
日逋吉罗丹族		日逋吉罗丹族	日布结罗丹族			
月利族	月利族	月益族 于鲁族	裕噜族	月利族 月益族		

出处 族名	《宋史》	《长编》标	《长编》影	《宋会要》	其他	备注
毛尸族	毛尸族	毛尸族	穆什族			
王族	王族	王家族	王家族	王族		
瓦娥族		瓦娥族	旺额族			
韦移族	韦移族	韦移族	威伊特族			
如罗族	如罗	加罗族	加罗族			
叶市族	叶市族 叶施族	叶市族	叶市族 伊实族	叶市族		
归娘族		归娘族	珪年族			
扑咩讹猪族	扑咩讹猪族	扑咩讹猪族	普密额珠族			
扑咩族	扑咩族	扑咩族	普密族			
灭臧族	灭臧族	灭臧族 灭藏族 密藏族	密桑族 密藏族 嘉勒藏族	灭臧族 灭藏族	弥臧(《文恭集》);密臧(《涑水记闻》)	
白马鼻族		白马鼻族	巴特玛族			
龙移眛克族	龙移眛克族	龙移眛克族	隆伊克美克族	龙移眛克族		
吃啰族	吃啰族	吃啰族	吃摽族	吃罗族 乞啰		
名市族	名市族	名市族	密什克族	名市族		
岌伽罗腻族	岌伽罗腻族 岌伽罗腻叶族 岌罗腻族					
庄郎族	庄郎族	庄郎族	庄郎族		庄浪族(《金史》)	
庄郎眛克族	庄郎眛克族	庄郎眛克族	庄郎美克族	庄郎眛克族		
当宗族 党宗族	当宗族 党宗族	当宗族 党宗族	当宗族			
成王族		成王族	策旺族			
米逋族	米逋族	米逋族	密补族			
未幕氏	未幕氏 米募氏	未慕氏	鄂摩克氏	米募氏 来慕氏	米慕(《小畜集》)	
米禽氏	来禽氏				米禽(《新唐书》、《五代会要》);米擒(《旧唐书》、《资治通鉴》)	
西鼠族	西鼠族	西鼠族	西舒族			
妙娥族	妙娥族	妙娥族	密鄂克			
岑移族	岑移族	岑移族	沁阳族			

族名＼出处	《宋史》	《长编》标	《长编》影	《宋会要》	其他	备注
折平族	折平族	折平族	结彭族			
折勒厥麻族	折勒厥麻族	勒厥麻族	拉尔结玛族			河西内属蕃部
勒厥麻族	勒厥麻族	勒厥麻族	拉勒结玛族	勒厥麻族		麟州蕃部
杜庆族	杜庆族 社庆族（“社”为“杜”之误）	杜庆族	都克沁族			
没细族		没细族 没细都	密日族 没细都	没细族		
没藏氏		没藏氏	密藏氏			
苏尾族		苏尾族	索斡族			
言泥族	言泥族	言泥族	雅尔鼐族	言泥族		
委乞族	委乞族	委乞族	鄂伽族		乌尔勤（《元宪集》）	
房当氏	房当氏				旁当氏（《资治通鉴》）；房当氏（新旧《唐书》、《五代会要》	
拓拔氏	拓拔氏 拓跋氏	拓拔氏 拓跋氏	拓拔氏 拓跋氏		托跋氏（《金史》）	
拨臧族	拨臧族				巴勒臧（《元宪集》）	
明叶示族	明叶示族	明叶示族	瑚叶实族			
明珠族	明珠族	明珠族	敏珠尔族 敏尔珠族		敏珠（《文恭集》、《涑水记闻》）	
泥埋族	泥埋族	泥埋族	尼玛族			
细风氏	细风氏				细封氏（《旧唐书》、《新唐书》、《新五代史》、《五代会要》、《资治通鉴》）	
罗骨族	罗骨族	隆和族	隆和族			
罗勒族	罗勒族	罗勒族	罗垒族			
者龙族	者龙族	者龙族	咱隆族	者龙族		
者龙移卑陵山	者龙移卑陵山	者龙移卑陵山	咱隆吉布琳			
金星族		金星族	锦星族			
保细族	保细族	布纳克族	布纳克族			

出处 族名	《宋史》	《长编》标	《长编》影	《宋会要》	其他	备注
咩逋族	咩逋族	咩逋族	密本族	咩逋族		
咩魏族	咩魏族	咩魏族	密威族			
轃树罗家	轃树罗家	轃树罗家	珠苏威家			
茖乜族	茖乜族			茖乜族		
茭村族		茭村族 裕勒沁族	茭村族 裕勒沁族			
贱遇族	贱遇族	贱遇族	伽裕勒族			
迷般嘱族	迷般嘱族	迷般嘱族	敏楚克巴族	养迷般嘱族		
骨咩族	骨咩族 骨哔族	骨咩族 骨哔族	恭迈族 郭咩族	骨咩族 骨哔族	郭勒敏(《元宪集》)	
鬼驴耳族		鬼驴耳族	古勒额勒族			
剡毛族		剡毛族	音摩族			
尅山族	尅山族	尅山族	克实克族			
息利族	息利族 悉利族					
悖家族		悖家族	贝家族			
样丹族	样丹族	样丹族	杨丹族			
勒浪族	勒浪族	勒浪族	啰朗族	勒浪族		
勒浪嵬族	勒浪嵬族	勒浪嵬族	啰朗威族			
啰述族		啰述族	罗舒克族			
巢迷族	巢迷族	巢迷族	楚密克族 楚克密族 (楚密克之误)			
康奴族	康奴族	康奴族	康奴卜族	康奴族	唐奴(《安阳集》);康努(《文恭集》);康诺(《涑水记闻》);喀努羌(《元宪集》)	
移逋族	移逋族	伊普族	伊普族			
移湖族	移湖族	移湖族	伊特克族			
章迷族	章迷族	章迷族	章密族			
野利族	野利族	野利族	叶勒族			西夏后族
野鸡族	野鸡族	野鸡族	叶吉特族			
野狸	野狸族 野俚族	野狸族	野狸族			原州、环州蕃部

出处 族名	《宋史》	《长编》标	《长编》影	《宋会要》	其他	备注
麻谋族	麻谋族	玛默特族 麻谋族				
黄女族	黄女族	黄女族	和诺克族	黄女族		
龛谷族	龛谷族	龛谷族	康古族	龛谷族		
厥屯族		厥屯族	格登族			
喜玉族					喜万玉族(《册府元龟》);喜王族(王为玉之误《五代会要》);喜玉族(《新五代史》)	
嵬名族	嵬名族	威明族 嵬名族	威明族 嵬名族		乌密氏(《元史》《蒙兀儿史记》)	
督六族	督六族	督六族	多啰族			
路才族	路才族			洛才族		
劄万多移族	劄万多移族	劄万多移族	嘉勒斡多叶族			
熟仓族	熟仓族 熟藏族			熟仓族		
熟嵬族	熟嵬族 熟魏族	熟嵬族	硕克威族			
懒家族	懒家族	懒家族	兰家族 懒家族	懒家族		
磨糜族	磨糜族	玛尔默族 磨糜族	玛尔默族			
撩父族	撩父族	才迭族	才迭族			
藏才族	藏才族	藏才族	藏擦勒族	藏才族		

五、宋夏沿边部族异名对照表

出处 族名	《宋史》	《长编》标	《长编》影	《宋会要》	其他
乙室耶刮部					乙室耶刮部、乙室耶剌部(《金史》)
乃蛮部					乃蛮(《元史》、《元朝秘史》、《蒙兀儿史记》、《蒙古源流笺证》、《元圣武亲征录》);乃满(《元朝秘史》)
八王界族		八王界族 八王族	八王界族 八王族	八王族	
下乔家族	下乔家族 下桥家族				
勺家族		勺家族 杓家族	勺家族 杓家族	勺家族	
大王族	大王族	大王家族	大壬家族		
马颇族	马颇族	马颇族	玛颇克族		
马禄族		马禄族	玛勒族	马禄族	
公立族	公立族	立功族	哩恭族		
六谷族	六谷族	六谷族	六谷族 娄和斯 喽和斯	六谷族	
心牟族		心牟族	森摩族	心牟族	
日脚族	日脚族	日珠族	日珠族		
他厮麻族	他厮麻族	他厮麻族	图沙玛族		
末星族		末星族 般擦默星族	默星族 般擦默星族	末星族	
亚然家族		亚然家族	雅仁结族		
吐谷浑	吐谷浑 退浑 吐浑 浑	吐浑	吐浑	退浑 吐浑	
回纥	回纥 回鹘	回纥 回鹘	回纥 回鹘 辉和尔 辉河尔	回纥 回鹘	畏兀(《元史》、《元朝秘史》、《蒙兀儿史记》);畏兀儿(《元史译文补正》、《蒙兀儿史记》);畏吾、畏吾儿(《元史》)

出处 族名	《宋史》	《长编》标	《长编》影	《宋会要》	其他
托硕族		托硕族 拓硕族	托硕族 拓硕族		
朴心族		朴心族	布证族	朴心族	
呆儿族	呆儿族	呆儿族	岱尔族		
陇波族	陇波族	陇波族 隆博族	隆博族		
宗哥族	宗哥族	宗哥族	总噶尔族	总噶尔族 宗哥族	宗噶尔(《元宪集》)
抹耳水巴族	抹耳水巴族	抹耳水巴族 瑞巴族	穆尔瑞巴族 瑞巴族		
空俞族		空俞族	崆裕勒族		
罗斯结族		罗斯结族 禄厮结族	罗斯结族	禄厮结族	
南籛族		南籛族	齐燰族		
咩迷卡杏家族	咩迷卡杏家族	咩迷卡杏家族	密克默特 下杏家族		
屋地因族	屋地因族				屋地目族(《挥麈前录》)
拶家族		拶家族	咱家族	拶家族	
冼纳族		冼纳族	斯纳族		
神波族		神波族	仲也族	神波族	
药令族	药令族	药令族	裕勒凌族		
鬼胪族		鬼胪族	郭罗克族		鬼芦族(《金史》)
鬼留家	鬼留家	鬼留家	圭律家		
党留族		党留族	当罗族		
唃氏	唃氏	唃氏	唃氏	嘉勒氏	
唃族			唃族	嘉勒族	
离王族	离王族	离王族	哩旺族		
麻毡族	麻毡族	麻毡族	玛展族		
蒙罗角族	蒙罗角族	蒙罗角族	蒙罗觉族		
厮鸡波族	厮鸡波族	厮鸡波族	斯节博		
擦罗部	擦罗部	纳克垒	捺罗部		
额勒锦族		额勒锦族	额勒锦族	耳金族	
默戬觉族		默戬觉族	摩旃族		

六、党项与西夏职官异名对照表

出处 官名	《长编》标	《长编》影	《宋史》	《宋会要》	其他
丁庐	丁庐	鼎罗			
丁努	丁努 丁弩	丁努 鼎努	丁拏	丁弩	
兀卒	兀卒 乌珠 吾祖	吾祖 乌珠 兀卒	兀卒 吾祖		
兀泥	兀泥	乌尼			
叶令吴箇	叶令吴箇	叶令吴箇		业令吴箇	
宁令	宁令	宁凌	宁令		宁令谟(《石林燕语》)
春约	春约	春约		创祐	
吕则	吕则 吕则依	吕则 吕则依	吕则	吕则	
吕你	吕你	吕尼			
庆唐	庆唐 庆瑭	庆唐 庆瑭	庆唐		
扬乌	扬乌	扬乌	映吴		
别吉					别吉(《蒙兀儿史记》);必吉(《正德大名府志》)
苣良	苣良	苣良	芭良	芭良	
令能	令能	哩宁	令能	令能	
阿克尼	阿克尼 昂聂	阿克尼 昂聂	昇聂	昴聂	阿泥(《西夏书事》)
昴星	昴星	茂星	昴星		昂星(《西夏书事》)
旺令	旺令 旺精	旺凌 旺精	旺令		
祖儒	祖儒	族汝	祖儒		
凌罗	凌罗	凌罗	领卢		
素赍	素赍	素齐			
谟宁	谟宁 默宁凌	默宁 默宁凌	谟宁令		没宁令(《梦溪笔谈》)
谟固	谟固	摩格	谟箇		

出处 官名	《长编》标	《长编》影	《宋史》	《宋会要》	其　他
谟程	谟程	程谟			
鼎利	鼎利 鼎里	鼎理 鼎里	鼎利		
寮黎	寮黎	僚礼			

七、西夏蕃名官号一览表

<table>
<tr><th>蕃名官号</th><th>异　译</th><th>任职人员</th><th>时　间</th><th>事　件</th><th>备　注</th></tr>
<tr><td rowspan="2">丁努</td><td>丁努</td><td>嵬名谟铎</td><td>宋元丰八年七月</td><td>进慰表于皇仪门外</td><td></td></tr>
<tr><td>丁拏</td><td>嵬名谟铎</td><td>宋元丰八年七月</td><td>奠慰宋神宗崩</td><td></td></tr>
<tr><td rowspan="2">丁庐</td><td>丁庐</td><td>嵬名聿营</td><td rowspan="2">宋庆历五年闰五月</td><td rowspan="2">囊霄遣使谢册命</td><td rowspan="2"></td></tr>
<tr><td>鼎罗</td><td>威明叶云</td></tr>
<tr><td rowspan="2">丁弩</td><td>丁弩</td><td>罔聿则</td><td>宋庆历五年二月</td><td>使宋进贡马驼</td><td></td></tr>
<tr><td>鼎努</td><td>关聿则</td><td>宋庆历五年二月</td><td>使宋贺正旦</td><td></td></tr>
<tr><td rowspan="3">兀卒</td><td>兀卒</td><td rowspan="3">李元昊</td><td rowspan="3">宋天圣九年始</td><td rowspan="3">元昊袭位后自称</td><td rowspan="3">意为青天子</td></tr>
<tr><td>乌珠</td></tr>
<tr><td>吾祖</td></tr>
<tr><td rowspan="2">兀泥</td><td>兀泥</td><td>讹藏屈嚷氏</td><td rowspan="2">宋景祐元年十月</td><td rowspan="2">元昊立为太后</td><td rowspan="2">西夏语意太后</td></tr>
<tr><td>乌尼</td><td>勒额藏渠怀氏</td></tr>
<tr><td>广乐</td><td></td><td>毛示聿</td><td>元祐二年三月</td><td>谢宋太皇太后奠慰</td><td></td></tr>
<tr><td rowspan="2">令逊</td><td rowspan="2"></td><td>嵬名济</td><td rowspan="2">宋元符二年二月</td><td rowspan="2">诣阙讣告夏国母薨</td><td rowspan="2"></td></tr>
<tr><td>威明济寨</td></tr>
<tr><td rowspan="2">令能</td><td>令能</td><td>嵬名济</td><td rowspan="2">宋元符二年十二月</td><td rowspan="2">上誓表并进奉御马</td><td rowspan="2"></td></tr>
<tr><td>哩宁</td><td>嵬名济寨</td></tr>
<tr><td>仪增</td><td></td><td>咩元礼</td><td>金正大三年正月</td><td>使宋贺正旦</td><td></td></tr>
<tr><td rowspan="3">叶令吴箇</td><td rowspan="2">叶令吴箇</td><td>叶石悖七</td><td rowspan="2">宋元符二年六月</td><td rowspan="3">附宋后补东头供奉官</td><td rowspan="2">位在旺精之下，正钤辖之上</td></tr>
<tr><td>伊实巴特玛</td></tr>
<tr><td>业令吴箇</td><td>叶石悖七</td><td>宋元符二年六月</td><td>官与伪天使一般</td></tr>
<tr><td rowspan="3">宁令</td><td>宁令</td><td rowspan="3">野利旺荣</td><td rowspan="3">宋庆历二年十二月</td><td rowspan="3">野利旺荣上宋书自称</td><td rowspan="3">元昊大臣官号</td></tr>
<tr><td>宁凌</td></tr>
<tr><td>宁凌谟</td></tr>
<tr><td rowspan="2">必吉</td><td>必吉</td><td>昔李氏野速普花高祖</td><td rowspan="2">夏元时期</td><td>河西必吉</td><td rowspan="2">华言宰相</td></tr>
<tr><td>别吉</td><td>昔里氏荅加沙</td><td>夏亡后徙居酒泉郡沙州</td></tr>
<tr><td>吴箇</td><td></td><td>吴没兆</td><td>夏天祐民安五年正月</td><td>监修护国寺</td><td></td></tr>
<tr><td rowspan="2">创祐</td><td>创祐</td><td>讹罗聿寨</td><td>宋元祐元年六月</td><td>使宋进贡</td><td></td></tr>
<tr><td>春约</td><td>勒阿拉雅赛</td><td>宋元祐元年七月</td><td>因疆事见于宋延和殿</td><td></td></tr>
</table>

蕃名官号	异　译	任职人员	时　间	事　件	备　注
		讹罗聿	宋元祐元年六月	使宋进贡	
		讹啰聿	宋元祐元年七月	因疆事见于宋延和殿	
昴星	昴星	嵬名济	宋庆历五年十一月	以书射宋镇戎军境内	
	星茂	威明吉鼐			
	昴星	嵬名济	宋元丰五年十一月	夏西南都统，致书泾原经略司	
	昴星	嵬名济迺	宋元丰五年正月	夏西南都统，移书刘昌祚	
吕宁		勒喀玛	宋元祐二年三月	进贡马驼副使	
		拽浪撩黎	宋嘉祐二年	与宋人苏安静合议地界	
		焦文贵	宋熙宁四年八月	秉常进奉使	
			宋熙宁四年九月	由延州入贡表乞绥州	
		叶朗僚礼	宋嘉祐六年六月	与苏安静合议屈野河界	
吕则	吕则	嵬名怀普	宋元丰八年十月	讣告国母梁氏卒	
		陈聿精	宋元丰八年七月	进慰表于皇仪门外	
		田怀荣	宋元祐元年七月	以疆事见于宋延和殿	
		陈聿精	宋元丰八年七月	进慰表于皇仪门外	
		罔聿谟	宋元祐元年十月	讣告秉常卒	
	吕则依	张延寿	宋庆历五年闰五月	元昊谢册命使	
		纲裕玛	宋元祐元年十月	讣告秉常卒	
庆唐	庆唐	徐舜卿	宋嘉祐元年十二月	讣告国母没藏氏卒	
	庆瑭	威科卜	宋元符二年四月	使宋副使	
		徐舜卿	宋嘉祐元年十二月	讣告国母没藏氏卒	
		嵬名科逋	宋元符二年四月	使宋副使	
扬乌	扬乌	威明裕默	宋元祐二年三月	入谢宋太皇太后	
	映吴	嵬名谕密		进太皇太后驼马以谢奠慰	
苣良	苣良	嵬名济	宋元丰八年十月	进助山陵马一百匹	
	芭良	巍名济赖	宋元丰八年十月	进助山陵马	
		嵬名济赖			

蕃名官号	异译	任职人员	时间	事件	备注
阿克尼	阿克尼	威明科荣	宋熙宁四年八月	表乞绥州城	
	昂聂	嵬名嚷荣			
		张聿正	宋元丰八年十月	进助山陵马一百匹	
	阿泥	嵬名科荣	宋熙宁四年九月	表乞绥州城大使	
	昪聂	张聿正	宋元丰八年十月	进助山陵礼物	“昪”疑为笔误
	昴聂	张主正	元丰八年十月三日	进助山陵马	“主”疑为笔误
枢铭		靳允中	嘉祐七年	贺宋正旦	
律晶		卧屈皆	夏天祐民安五年正月	监修护国寺	
		药乜永诠			
旺令	旺令	嵬名环	宋庆历二年	与宋议和	
		嵬名嚷	宋庆历二年十二月		
	旺凌	威明怀			
	旺精		宋元符二年六月		
祖儒	祖儒	嵬名聿则	宋嘉祐元年十二月	讣告国母没藏氏卒	
		嵬名聿正	宋嘉祐七年	贺宋正旦	乃西夏之官称大者
		嵬多聿则	宋嘉祐元年	讣告国母密藏氏卒	
	族汝	威明舆则	宋嘉祐元年十二月		
移则		张文显	宋庆历五年四月	贺宋乾元节	
铭赛		梁行者乜	夏天祐民安五年正月	监修护国寺	西夏语中书
谟固	谟箇	咩迷乞遇	宋元丰六年闰六月	使宋上表进贡	
	谟固		宋元丰七年十一月		
	摩格	蔑密裕			
鼎利	鼎利	罔豫章	宋元祐元年四月	贺皇帝登宝位	
			宋元祐元年五月	贺哲宗即位	
	鼎理	旺裕勒宁	宋元祐元年四月	贺皇帝登宝位	
	鼎里		宋元祐元年五月	贺登极进贡使见于宋延和殿	
祝能	祝能	野乌裕实克	宋元祐二年三月	进奉使见于宋延和殿	
凌罗	凌罗		宋熙宁十年七月	为枢密院指挥	枢密院西夏语称
	领卢		宋治平初	移宋公文称夏国枢密为领卢	
			宋熙宁五年十一月	乞宋还王韶招诱的蕃部	
程谟	程谟	田快庸	宋元符二年二月	诣阙讣告国母薨并附谢罪状	
	谟程				

蕃名官号	异译	任职人员	时间	事件	备注
谟宁	谟宁	野利旺荣		野利旺荣官名	意为大王
	默宁				
	谟宁令				
恭罗们		色勒裕勒	宋元祐二年三月	称谢太皇太后副使	
栗铭		刘屈栗崖	夏天祐民安五年正月	监修护国寺	
素齐	素齐	咩布	宋庆历五年四月	贺宋乾元节	
	素赍	哶布			
凑铭		吴没兆	夏天祐民安五年正月	监修护国寺	
僚礼	僚礼	旺约特和尔	宋庆历三年七月	元昊请十一事欲称男不称臣	
	寮黎	罔聿嚷			
精方		王立之	金正大四年	出使金国	
精鼎		武绍德	金正大三年正月	使金贺正旦	
磋迈		花结香	宋元符二年四月	告宋早为收接公牒事	
		喀结桑			

八、宋代西北汉姓蕃官一览表①

汉名	蕃名或原名	属地或部族	所在时期	所授主要官职	备注
马乞		鄜延	宋神宗	三班差使	
马尾		勒浪嵬十六府	宋太宗	归德大将军、恩州刺史	
马忠		熙河兰会	宋神宗	达州刺史	
马泥		勒浪族十六府	宋真宗	归德大将军、恩州刺史、本州团练使	
马凌		熙河兰会	宋神宗	部落殿侍	
马都		西夏归附	宋仁宗	右班殿直	
马崖		府州界	宋仁宗		锦袍带赐之
牛讷之		熙河	宋哲宗	左藏库使、皇城使	
王文玉	原名怀玉	丰州藏才	宋真宗	内殿承制、左侍禁、知州事、权勾当蕃汉事、知丰州	王承美孙、王文恭子,承美以文玉为子
王文宝		丰州藏才	宋真宗	三班奉职	王承美子
王文恭		丰州藏才	宋真宗 宋仁宗	侍禁、供奉官、沂州都监	王承美长子
王延顺		环州	宋真宗	环州马步军都指挥使、环州蕃部都虞侯、永兴军马步都校	
王延章		河湟	宋徽宗 宋钦宗	成忠郎	赵怀恩长孙女婿
王余应		丰州藏才	宋真宗	三班	王文玉四子
王余庆		丰州藏才	宋仁宗	三班借职、知丰州、左侍禁、右屯卫将军、涪州刺史	王文玉长子
王余胜		丰州藏才	宋真宗	三班	王文玉三子
王余懿		丰州藏才	宋真宗	班官	王文玉二子
王君万		秦州	宋神宗	西头供奉官、閤门祗侯、崇仪副使、皇城使、东上閤门使、达州团练使、客省使、达州刺史、熙河路钤辖、管勾经制本路边防财用事	其子王赡

① 宋代西北蕃改汉姓主要有赐姓、报经朝廷批准改姓、私自改姓等多种形式。私改汉姓多不见史籍记载,因此,本表所列部分汉姓还有待于进一步考证。

汉名	蕃名或原名	属地或部族	所在时期	所授主要官职	备 注
王怀信		丰州藏才	宋仁宗	殿直、天门关巡辖马递铺	王文恭子
王怀钧		丰州藏才	宋仁宗	右班殿直、知丰州	王文恭子
王承美		丰州藏才	宋太祖 宋太宗 宋真宗	丰州衙内指挥使、天德军蕃汉都指挥使、知丰州、丰州刺史、丰州团练使	
王珏		河湟	宋徽宗 宋钦宗	不详	赵怀恩次孙女婿
王德钧		丰州藏才	宋真宗	借职	王承美孙
王褒		河湟	宋徽宗 宋钦宗	忠翊郎	赵怀恩次女婿
王遵		丰州	宋仁宗	殿直	
令求应	命奴赐名	秦凤	宋神宗	三班奉职	
令修己		秦凤	宋神宗	左班殿直	
冯移		巢迷族酋长	宋真宗	不详	
包才	结默赐名	熙河	宋哲宗	三班借职	包诚子
包文		熙河	宋哲宗	三班奉职	包诚子
包正		熙河	宋神宗 宋哲宗	西京左藏库副使	
包用		熙河	宋哲宗	不详	
包约	辖约赐名	熙河	宋神宗	礼宾副使、忠州刺史	又作瞎药
包良	嘉木错赐名	熙河	宋哲宗	三班借职	包诚子
包忠	斯结木磋赐名	熙河	宋哲宗	三班借职	包诚子
包明		熙河	宋哲宗	本族巡检	包诚子
包武	莽布赐名	熙河	宋哲宗	三班借职	包诚子
包诚		熙河兰会	宋神宗 宋哲宗	西京左藏库副使、供备库使、荣州团练使、文思使、皇城使、岷州刺史、恩州团练使、登州防御使、东上閤门使、岷州一带蕃部钤辖、虔州观察使	
包信	结星赐名	熙河	宋哲宗	本族巡检	包诚子
包勇	济实木赐名	熙河	宋哲宗	本族巡检	包诚子
包哈		熙河	宋哲宗	鲁结族巡检、并岷州一带蕃部巡检	包诚长子

汉名	蕃名或原名	属地或部族	所在时期	所授主要官职	备注
包顺	俞龙珂赐名	熙河兰会	宋神宗 宋哲宗	西京左藏库使、内藏库使、皇城使、青唐一带并岷、洮等州蕃部都巡检使、遥郡康州刺史、荣州团练使、阶州防御使、西上閤门使、阶州防御使、四方馆使	瞎药弟
包海		熙河	宋哲宗	遥郡刺史、差充岷州一带蕃部同巡检	包诚子
包猛		熙河	宋哲宗	右班殿直	
包喜		熙河	宋哲宗	右班殿直	
包强	索诺木赐名	熙河	宋哲宗	三班借职	包诚子
包毅	开佐赐名	熙河	宋哲宗	三班借职	包诚子
包遵	萨纳坦赐名	熙河	宋哲宗	三班奉职	包忠子
包震		岷州	宋徽宗	管本族人马	
叶额		环庆	宋哲宗	不详	
叶铤		渭州吹麻城张族	宋真宗	本族军主	
归仁		鄜延	宋神宗 宋哲宗	西京左藏库副使、内殿崇班、经略司准备差使	
白守忠	埋移香赐名	管宥州兵马	宋仁宗	西夏侍中、降宋封顺德军节度使、管宥州兵马	
白守忠	伊格改名	鄜延	不详	不详	又译乙格
白忠		环庆	宋哲宗	不详	
刘化基		鄜延	宋仁宗	保安军北巡检、内殿崇班、閤门祗侯	其父刘怀忠
刘正平		鄜延	南宋	直祕阁	刘光世孙
刘永年		鄜延	宋神宗	蕃巡检、殿直、閤门祗侯	
刘永隆		鄜延	宋神宗	不详	
刘永德		鄜延	宋神宗	不详	刘绍能侄
刘汉忠	旺律赐名	鄜延	宋仁宗	三班借职、军主	
刘光世		鄜延	宋钦宗后	三班奉职、防御使、鄜延路兵马都监、雍国公、陕西宣抚使、封太师、鄜王	刘延庆子

汉名	蕃名或原名	属地或部族	所在时期	所授主要官职	备注
刘光远		鄜延	宋钦宗	不详	刘延庆子
刘光国		鄜延	宋钦宗	不详	刘延庆子
刘光烈		鄜延	南宋	翊卫大夫、福州观察使、带御器械	刘延庆子 刘光世弟
刘光辅		鄜延	南宋	翊卫郎、拱卫大夫、文州刺史	刘延庆子
刘光弼		鄜延	南宋	夔州路兵马都监、知黔州	刘延庆子
刘尧仁		鄜延	南宋	右宣议郎	刘光世子
刘尧佐		鄜延	南宋	右承议郎	刘光世子
刘尧勋		鄜延	南宋	右宣议郎	刘光世子
刘延庆		鄜延	宋哲宗	保安军顺宁寨蕃官巡检、供备库副使	
刘伯震		鄜延	宋宁宗	忠州刺史、右屯卫将军	刘光世后代
刘克臣		鄜延	南宋	武德郎、閤门宣赞舍人	刘光世子
刘怀忠		鄜延	宋仁宗	保安军北巡检、内殿崇班、閤门祗侯	其子刘化基有功袭父位
刘怀忠		鄜延	宋仁宗	内殿崇班、閤门祗侯	刘绍能父
刘良保		鄜延	宋神宗	蕃官借职	
刘绍能		鄜延	宋神宗	右班殿直、军北巡检、洛苑使、鄜延兵马都监、左藏库使、英州刺史、鄜延路钤辖兼第三副将、权河中府都监、皇城使、简州团练使	父刘怀忠
刘舜谟		鄜延	南宋	忠训郎、閤门祗侯、御前忠锐第五副将军、东南第二副将、卢州驻扎	刘光远子
向坚		泾原	宋仁宗	左班殿直	
向进		泾原	宋仁宗	镇戎军就粮蕃落都指挥使、忠州刺史、石州刺史、泾原路缘边都巡检使、崇仪使	
安守正		附宋	宋真宗	不详	安晏子
安顺		庆州星叶族	宋仁宗	不详	其子吹博迪为三班奉职、本族巡检

汉名	蕃名或原名	属地或部族	所在时期	所授主要官职	备　注
安晏		附宋	宋真宗	殿直	附宋夏州教练使
朱再立		不详	宋哲宗	三班借职	朱守贵男
朱再荣		不详	宋哲宗	右侍禁	朱守贵男
朱守贵		不详	宋哲宗	皇城使	
朱泥唛		鄜延	宋神宗	左侍禁	
朱保忠	均凌凌赐名	鄜延	宋哲宗	殿侍	
朱顺明		不详	宋哲宗	三班借职	朱守贵孙
朱顺朝		不详	宋哲宗	三班借职	朱守贵孙
朱智用		归明	宋哲宗	不详	
米知顺		鄜延茭村等族	宋仁宗	内殿承制、礼宾副使兼权茭村等族巡检	
许利见		河东	宋神宗	文思副使、左藏库副使	
何宪		不详	宋真宗	不详	李继迁子阿移孔目官
吴名山		附宋	宋哲宗	不详	吴名革弟
吴名革		附宋	宋哲宗	内殿承旨	
吴恩		熙河来远寨	宋神宗	本族巡检	
张小哥		渭州吹麻城张族	宋真宗	顺州刺史	
张吉		庆州	宋神宗	内殿崇班	
张忠	张超尔赐名	庆州	宋神宗	三班借职	庆州蕃落卒张吉子
张绍志		泾原	宋哲宗	宫苑使	
张续	索诺卜凌斡赐名	泾原	宋哲宗	右班殿直	张绍志子
折仁理		河西折氏	宋太祖	代州刺史	
折从阮		府州折氏	后晋、后汉	静难军节度使兼侍中	折嗣伦子
折文御		府州五族	宋太宗	不详	
折令图		苛岚军	北汉	北汉苛岚军军使	
折可大		府州府折	宋哲宗	麟府都巡司准备勾当、西头供奉官、閤门祗侯、荣州团练使、知府州	

汉名	蕃名或原名	属地或部族	所在时期	所授主要官职	备注
折可适		府州折氏	宋哲宗	环庆路第七将、皇城使、贺州刺史、领遥郡团练使、带御器械、环庆路兵马都监、成州防御使、权泾原路都监、东上阁门使、权泾原路钤辖、知西安州兼管勾沿边安抚司	
折可致		府州折氏	宋仁宗	不详	折继祖孙
折克静		府州折氏	宋仁宗	殿直	折继祖男
折克行		府州折氏	宋神宗、宋哲宗	西头供奉官、礼宾使、知府州、皇城使、荣州团练使、知府州、河东第十二将、象州防御使、知府州、西上阁门使	折继闵子
折克柔		府州折氏	宋神宗	文思使、知府州、中州刺史	折继闵子
折克儁		绥德	宋神宗	文思副使、知绥德城	
折宗本		府州折氏	唐	振武缘河五镇都知兵马使	
折保忠	折马山赐名	延州芟村族巡检	宋仁宗	延州蕃官巡检、右班殿直、右侍禁、西头供奉官、阁门祗侯、供备库副使	
折突厥移		府州五族	宋太宗	安远大将军	折文御子
折海超		府州党项	宋真宗	不详	折惟昌从叔
折继世		府州折氏	宋神宗	礼宾使、忠州刺史、左骐骥使、果州团练使	
折继芳		府州党项	宋真宗	奉职	折惟昌子
折继闵		府州折氏	宋仁宗	西京作坊使、知府州、如京使、宫苑使、普州刺史	其弟折继祖
折继宣		府州折氏	宋仁宗	右班殿直、阁门祗侯、知府州、左藏库使、恩州刺史、右监门卫将军、楚州都监	折惟忠长子其弟折继闵
折继祖		府州折氏	宋仁宗宋神宗	左侍禁、西染院使、知府州、如京使、康州刺史、西作坊使、解州防御使	其兄折继闵
折继符		府州党项	宋真宗	借职	折惟昌侄

汉名	蕃名或原名	属地或部族	所在时期	所授主要官职	备注
折继猷		府州党项	宋真宗	借职	折惟昌侄
折继麟		府州党项	宋真宗	奉职	折惟昌子
折惟正		府州折氏	宋太宗	供奉官、洛苑使、知府州事	折御卿子
折惟忠		府州党项	宋真宗 宋仁宗	供奉官、閤门祗侯、六宅使、知府州事、简州团练使、耀州观察使	折御卿子
折惟昌		府州党项	宋真宗	兴州刺史、知府州	折御卿子
折惟信		府州党项	宋真宗	不详	折御卿子
折惟崇		府州党项	宋真宗	借职、殿直	折御卿子
折谏		府州	宋仁宗	三班借职、府州都孔目官、勾当府谷县	
折御勋		府州折氏	宋太祖	团练使、权知府州、泰宁军留后	折德扆子 其弟折御卿
折御卿		府州折氏	宋太祖 宋太宗	知府州、府州观察使、永安节度使	折御勋弟
折嗣伦		府州折氏	唐	麟州刺史	折宗本子
折德扆		府州折氏	宋太祖	永安节度使、 检校太师、侍中	折从阮子
李士用		延州金明	宋真宗	金明巡检都监	李士彬兄
李士绍		延州金明	宋仁宗	内殿承制、西京作坊副使、金明县都监、兼新寨解家河卢关巡检	李士彬兄
李士彬		延州金明	宋真宗 宋仁宗	金明县监押、西头供奉官、都监、东头供奉官、延州金明县都监、内殿崇班、閤门祗侯、供备库副使、六宅使、化州刺史、宿州观察使	李继周子
李士筠		延州金明	宋真宗	殿直、右侍禁、提点族帐事	李士彬弟 又译李士均
李中言		苏尾九族	不详	皇城使、赠太师魏国公	李显忠祖
李中和		不详	宋神宗	西头供奉官、 西京左藏库副使	
李元成		环庆	宋仁宗	三班奉职、右侍禁	
李巴毡		熙河	宋神宗	三班差使、本族蕃巡检	
李文直		鄜延永平寨界小力镇使	宋真宗	怀化将军	同李继周内附
李文信		延州苏尾族	宋仁宗	副军主	

汉名	蕃名或原名	属地或部族	所在时期	所授主要官职	备　注
李文顺	苏渴嵬赐姓名	西界内附万子族	宋仁宗	三班奉职	
李文真		延州界硕尔族	宋真宗	殿直、硕尔族巡检	
李世延		鄜延	宋孝宗	博州刺史	李显忠弟
李世寿		鄜延	宋孝宗	沂州团练使	李显忠弟
李世武		鄜延	宋孝宗	修武郎	李显忠弟
李世恭	原名阿迈	熙河	宋神宗	内殿承制、閤门祗侯、内藏库副使、六宅使	李忠杰子
李永奇		苏尾九族	宋徽宗后	同州观察使、鄜延路马步军副都总管、鄜州军州事、安抚使等	李显忠父
李立遵		又名李遵、立遵、河湟吐蕃首领	宋真宗	保顺军节度使	亦名郢成蔺逋叱，唃厮啰娶李立遵女，生二子：曰瞎毡，曰磨角毡
李议		鄜延	南宋	承节郎	李显忠孙
李龙罗		熙河	宋神宗	内殿崇班	
李兴		附宋	宋仁宗	供备库副使、寿州都监、寿州兵马都监、崇仪使、麟府州缘边都巡检使	
李守信		沿边	宋仁宗	东头供奉官、閤门祗侯、知胜关寨、内殿崇班、仪州寨主	
李师尹		鄜延	宋宁宗	承信郎、閤门祗侯、监潭州南岳庙	李显忠子
李师文		鄜延	宋高宗	武功大夫、东南第四将、前军准备将	李显忠子
李师古		鄜延	南宋	武略大夫、绍兴府兵马钤辖	李显忠子
李师旦		鄜延	南宋	秉义郎、监潭州南岳庙	李显忠子
李师正		鄜延	南宋	武略大夫、江南东路兵马钤辖	李显忠子
李师民		鄜延	宋高宗	修武郎、御前忠锐正将、閤门宣赞舍人	李显忠子
李师闵		鄜延	南宋	武功大夫、閤门祗侯、两浙东路兵马都监	李显忠子
李师孟		鄜延	南宋	武功郎	李显忠子
李师武		鄜延	南宋	忠训郎	李显忠子

汉名	蕃名或原名	属地或部族	所在时期	所授主要官职	备 注
李师直		鄜延	南宋	忠训郎	李显忠子
李师英		鄜延	南宋	未仕	李显忠子
李师政		鄜延	南宋	秉义郎、武经郎	李显忠子
李师禹		鄜延	南宋	保义郎	李显忠子
李师说		鄜延	南宋	承信郎、监潭州南岳庙	李显忠子
李师道		鄜延	南宋	忠训郎、武冀郎	李显忠侄
李师雄		鄜延	宋高宗	閤门祗侯、武功大夫、建康府驻扎御前前军副将	李显忠子
李师廉		鄜延	宋高宗	武功大夫、建康府驻扎御前左军副将	李显忠子
李师颜		鄜延	南宋	閤门祗侯、右武大夫、高州刺史、提举建宁府武夷山冲佑观	李显忠子
李延遇		鄜延索干九族	宋仁宗	右班殿直、索干九族巡检	
李讹哆		环庆	宋哲宗	宥州刺史、环庆沿边兼横山至宥州一带蕃部都巡检使	
李怀义		鄜延	宋仁宗	左侍禁	李士彬子
李怀宝		鄜延	宋仁宗	左班殿直、右千牛卫大将军	李士彬子
李怀矩		鄜延	宋仁宗	左侍禁	李士彬子
李良嗣		熙河	宋哲宗	左班殿直	李世恭子
李进		鄜延	宋徽宗	蕃落将	
李阿温		熙河	宋哲宗	本族副军主	李阿旺隆
李奇崖		熙河	宋神宗	本族同巡检	
李宗亮		环庆	宋神宗	右班殿直	又作李宗谅
李忠杰		河州蕃兵将	宋神宗 宋哲宗	皇城使、环州刺史、光州团练使、雄州防御使、东上閤门使	其子李世恭
李明		环庆	宋仁宗	奉职、巡检	
李欣		鄜延	南宋	不详	李显忠孙
李波逋		西凉六谷厮铎督族	宋真宗	检校官、充本族首领、郎将	
李诜		鄜延	南宋	不详	李显忠孙
李询		鄜延	南宋	承节郎	李显忠孙

汉名	蕃名或原名	属地或部族	所在时期	所授主要官职	备注
李保忠		麟州	宋神宗	西头供奉官、閤门祗候	
李思		沿边熟户	不详	不详	
李显忠	李世辅赐名	苏尾九族	南宋	延安招抚使、招抚司前军都统制、保信军节度使、浙东副总管、威武军节度使、左金吾卫上将军、权池州驻扎御前诸军都统制、节制军马、淮西制置使、京畿等处招讨使、太尉、宁国军节度使、主管侍卫马军司公事	
李笃毡		河湟	宋神宗	不详	瞎征舅
李荣		河西	宋真宗	教练使、石、隰州副都部署	
李贵		泾原	宋神宗	军使	
李凌		熙河	宋哲宗	不详	
李继义		环庆	宋真宗	庆州蕃部巡检	
李继周		鄜延金明党项	宋真宗	金明县都监兼新寨解家河卢关路都巡检、供备库使、西京作坊使、诚州刺史	李士彬父
李继福		永平砦茭村	宋真宗	归德将军、军主、永平寨界茭村军主、归德将军、顺州刺史	
李继福		绥州界裕勒沁族	宋真宗	供奉官、绥银等州新归明诸族巡检、内殿崇班	
李谊		鄜延	南宋	不详	李显忠孙
李都呼		延州	不详	茭村族军主	
李惟立		环庆	宋神宗	三班奉职、本路巡检	李宗亮子
李惟忠	安儿赐名	环庆	宋神宗	殿侍	李宗亮子
李谏		鄜延	南宋	不详	李显忠孙
李谔		鄜延	南宋	不详	李显忠孙
李朝政		延州揭家族	宋仁宗	军主	
李说		鄜延	南宋	不详	李显忠孙
李谦		鄜延	南宋	不详	李显忠孙

汉名	蕃名或原名	属地或部族	所在时期	所授主要官职	备　注
李德平		鄜延德靖寨	宋神宗	右侍禁、阁门祗侯	
李德明		鄜延	宋神宗	殿侍	李延遇子
李德明		鄜延	宋神宗	皇城使、资州团练使	其二子授三班奉职，二孙授三班借职
李德明		苏尾九族	宋神宗	皇城使、赠太师、秦国公	李显忠曾祖
李諲		鄜延	南宋	不详	李显忠孙
杜大忠		环庆	宋神宗	军将	
杜正		府州女乜族	宋太宗	不详	
杜庆光		麟府外浪族	宋真宗	不详	
来守信		唐龙镇将	宋真宗	借职	来遵子
来守顺		唐龙镇首领	宋仁宗	不详	
来怀正		唐龙镇将	宋真宗	权主簿事	来闰喜叔父
来怀顺		唐龙镇将	宋真宗	不详	来闰喜父
来闰喜		唐龙镇将	宋真宗	三班奉职	来怀顺子
来美		唐龙镇来氏	宋真宗	不详	来璘季父；与来怀正同族
来都		府州外浪族	宋太宗	不详	
来遵		唐龙镇将	宋真宗	不详	来守信父
来璘		唐龙镇来氏	宋真宗	不详	
苏尼		环庆蕃部	宋神宗	不详	熟户
苏尚娘		环州	宋真宗	临州刺史	
苏恩		环庆	宋仁宗	右侍禁	
苏都		环州熟户旺扎勒族	宋仁宗	新州刺史、本族巡检	罗阿子
苏孽娘		环州	宋真宗	临州刺史	苏尚娘子
阿宜		原州野狸族	宋真宗	怀化将军	
阿珠		秦州伏羌寨	宋真宗	都军主、峰州刺史	
周俊明	自改汉姓	鄜延	宋哲宗	不详	罗凌子
孟真		环庆	宋哲宗	不详	
实吉		环州苏家族	宋仁宗	环州苏家族巡检、三班奉职、左班殿直	
屈丁鸡		沿边	宋哲宗	三班借职	蕃官七香子
屈尾		苏家族首领	宋真宗	安化郎将	

汉名	蕃名或原名	属地或部族	所在时期	所授主要官职	备注
屈埋		鄜延	宋哲宗	三班借职	蕃官七香子
忠顺	朗阿赐名	延州部道族	宋真宗	侍禁	其族在延州之西，北连庆州蕃境
罗阿		环州熟户旺扎勒族	宋仁宗	康州刺史	苏都父
罗阿		麟府曲定府都虞侯	宋真宗	军主	
罗信	鄂钦自改	鄜延	宋哲宗	不详	
罗埋		鄜延蕃部叶示族	宋真宗	本族指挥使	
罗崖		蕃部十二府	宋仁宗	怀化将军	
罗遇		环庆	宋神宗	军使	
思顺		环庆	宋仁宗	新州刺史	
栋怀义		不详	宋哲宗	作坊使、赠东上閤门使、忠州防御使	
胡宁		环州	宋真宗	供奉官、閤门祗侯	
胡守中		鄜延保安军	宋仁宗	不详	
胡守清		鄜延保安军	宋真宗	不详	
胡怀节		鄜延保安军小湖族	宋真宗	巡检	
胡经臣		鄜延保安军胡经臣族	宋英宗	不详	
胡继谔		鄜延保安军小胡族	宋仁宗	小胡族巡检、内殿承制、閤门祗侯、虢州都监	居延州西路
赵世长	阿凌赐名	熙河	宋哲宗	内殿崇班、仍赐名世长、差充本族巡检	赵醇忠子永寿男
赵世良	约尚赐名	环庆	宋神宗 宋哲宗	定边城蕃部巡检、内侍押班、左班殿直	赵怀明子
赵世忠	李襄渠卜赐名	环庆	宋哲宗	奉职、本族巡检	
赵世昌		洮州把羊族	南宋	遥领莱州防御使、忠翊校尉、袭把羊族长	赵顺忠孙 赵永吉子
赵世顺	李罗垒赐名	环庆	宋哲宗	差使	赵怀明侄
赵世恭	尚裕赐名	环庆	宋哲宗	借职	赵怀明侄
赵世朝		河湟	宋徽宗 宋钦宗	早卒	河湟吐蕃赵怀恩孙
赵世勤	尚格赐名	环庆	宋哲宗	奉职	赵怀明子
赵宁国		河湟	宋孝宗	敦武郎、威州兵马都监	赵怀恩子
赵永吉		熙河	宋哲宗	管勾族分	赵醇忠子

汉名	蕃名或原名	属地或部族	所在时期	所授主要官职	备注
赵永寿		熙河	宋哲宗	忠州刺史	赵醇忠子
赵永保		熙河	宋哲宗	皇城使、遥郡刺史	赵醇忠子
赵永信	吕永信赐姓	熙河兰会	宋哲宗	甘州团练使、凉州一带蕃部都巡检	曾布《日录》，吕永信乃仁多楚清。男楚清、苏沁定玛，赐姓赵
赵永顺		熙河	宋哲宗	管勾族分	赵醇忠子
赵永福		熙河	宋哲宗	皇城使、遥郡刺史	赵醇忠子
赵光朝		河湟	宋徽宗 宋钦宗		河湟吐蕃赵怀恩孙
赵光嗣	赐姓	西夏附宋	宋太宗 宋神宗	供奉官、礼宾副使、礼宾副使、夏州防御使、虔州观察使	
赵存忠	巴毡抹赐名	熙河	宋神宗	不详	木征弟
赵安国		河湟	宋徽宗 宋钦宗	成忠郎	河湟吐蕃赵怀恩子
赵师古		河湟	南宋	木波、乔家等四族都钤辖、宣武将军	结什角侄
赵庆朝		河湟	宋徽宗 宋钦宗	成忠郎	河湟吐蕃赵怀恩孙
赵余庆		庆州柔远寨	宋神宗	柔远寨蕃部巡检、庄宅副使、蕃部都巡检、西京左藏库使、右骐骥副使、成州团练使	赵明子
赵余德		环庆大顺城	宋神宗	庆州大顺城界蕃巡检、内殿崇班、右骐骥副使、供备库副使、文思使、果州团练使	赵明子
赵怀义	邦辟勿丁兀赐名	熙河	宋神宗	右侍禁、左藏库副使	木征长子
赵怀忠	都啰漫娘昌赐名	泾原	宋哲宗	三班奉职	
赵怀忠	面什罗蒙赐名	湟河	宋徽宗	节度观察留后	
赵怀明	李阿雅卜赐名	环庆	宋哲宗	刺史	
赵怀顺	威明善赐名	鄜延	宋神宗	不详	又作嵬名山
赵怀顺	都啰漫丁赐名	泾原	宋哲宗	三班奉职	
赵怀恩	益麻党征赐名	河湟	南宋	武功大夫、思州观察、陇右郡王、都总领河南蕃兵将	又译尼玛丹怎

汉名	蕃名或原名	属地或部族	所在时期	所授主要官职	备注
赵怀德	陇拶赐名	河湟	宋哲宗 宋徽宗	河西军节度使、知湟州、感德军节度使、封安化郡王	
赵沁定玛	苏沁定玛赐姓名	熙河	宋哲宗	供备库副使、卓罗右厢一带蕃巡检	又译苏沁定马，仁多楚清子
赵良嗣	仁多楚清赐名	西夏附宋	宋哲宗	西头供奉官	吕永信子
赵阿令结		洮州	宋孝宗	同知洮州	
赵宗杰		环庆	宋神宗	殿侍	赵余德子
赵宗彦		环庆	宋神宗	三班奉职	
赵宗祐		环庆	宋神宗	茶酒班殿侍	
赵宗锐		环庆	宋哲宗	不详	
赵忠	巴鄂多尔济赐名	熙河	宋神宗	不详	木征子
赵忠顺	若沮没移赐姓名	熙河	宋哲宗	不详	
赵忠顺		河湟	南宋	不详	河湟吐蕃赵怀恩子
赵昌朝		河湟	宋徽宗 宋钦宗	成忠郎	河湟吐蕃赵怀恩孙
赵明		环庆大顺城	宋仁宗 宋英宗	东头供奉官、柔远寨都巡检使、内殿承制、东染院使、庆州蕃部都巡检使、内藏库使、顺州刺史	子赵余庆、赵余德
赵法温		河湟	宋神宗	胜州刺史	河湟吐蕃赵怀恩父赐名
赵秉义	盖兀赐名	熙河	宋神宗	右侍禁	木征次子
赵绍忠	瞎吴叱赐名	熙河	宋仁宗 宋神宗	副军主、崇仪副使、内藏库副使	又译辖乌察，木征弟
赵思忠	木征赐名	熙河	宋仁宗 宋神宗	河州刺史、荣州团练使、秦州钤辖、合州防御使、镇洮军留后	又译默正
赵拱朝		河湟	宋徽宗 宋钦宗		河湟吐蕃赵怀恩孙
赵显朝		河湟	宋徽宗 宋钦宗	成忠郎	河湟吐蕃赵怀恩孙
赵济忠	结吴延征赐名	河湟	宋神宗	崇仪副使	木征(赵思忠)弟

汉名	蕃名或原名	属地或部族	所在时期	所授主要官职	备　注
赵结成玛		河岷	宋神宗	不详	
赵说		不详	宋神宗	三班借职	赵光嗣曾孙
赵顺忠	结什角赐姓名	河湟把羊族	南宋	遥领莱州防御使	其子赵永吉
赵继忠	董古赐名	河湟	宋神宗	礼宾副使、蕃部钤辖、崇仪副使	赵思忠弟赐名
赵铁哥		洮州把羊族	南宋	把羊族都管	赵世昌子
赵康朝		河湟	宋徽宗 宋钦宗	忠翊郎	河湟吐蕃赵怀恩孙
赵惟吉		岷州蕃兵将	宋神宗	西京左藏库副使	
赵翊朝		河湟	宋徽宗 宋钦宗		河湟吐蕃赵怀恩孙
赵嗣勤	成逋赐名	熙河	宋哲宗	不详	赵忠顺(若沮没移)子
赵熙朝		河湟	宋徽宗 宋钦宗	早卒	河湟吐蕃赵怀恩孙
赵毅	巴勒索诺木赐名	熙河	宋神宗	不详	木征子
赵醇忠	巴毡角赐名	熙河	宋神宗	崇仪副使、洮州汉蕃钤辖、六宅副使、左骐骥使、皇城使、荣州刺史、光州团练使	瞎毡子，木征弟。木征姓赵名思忠，其弟董谷曰继忠、结吴延征曰济忠、瞎吴叱曰绍忠、巴毡角曰醇忠、巴毡抹曰存忠
郝守素		鄜延	宋神宗	殿直	
柴植		环庆	宋神宗	殿直	
高文玉		鄜延	宋太宗 宋真宗	不详	
高文岯		鄜延	宋太宗 宋真宗	绥州团练使、石、隰缘边都巡检使、汝州防御使、峡州防御使	高文岯从孙高永能
高文俊		鄜延	宋神宗	三班借职	蕃官高福进子
高世才		鄜延	宋神宗	副将	高永能子
高世忠		麟州	宋神宗	西头供奉官、阁门祗侯	
高世亮		鄜延	宋神宗	供备库使、皇城使、忠州刺史	高永能子

汉名	蕃名或原名	属地或部族	所在时期	所授主要官职	备注
高永年		河东、麟州阿尔族	宋哲宗 宋徽宗	庄宅副使、麟州阿尔族都巡检、崇仪使、内殿崇班、知岷州、知湟州、四方馆使、利州刺史、熙、秦两路兵都统制	
高永亨		鄜延	宋神宗	内殿承制、供备库使、如京使、权鄜延路都监	高永能从弟
高永坚		河东	宋神宗	如京副使、庄宅副使、统领官、右骐骥副使	
高永贵		鄜延	宋神宗	三班借职	蕃官高福进孙
高永能		鄜延	宋英宗 宋神宗	供备库副使、知绥德城事、鄜延都监、六宅使、鄜延钤辖、东上阁门使、宁州刺史、四方馆使、荣州团练使、房州观察使	
高永德		鄜延	宋神宗	三班借职	蕃官高福进孙
高昌祚		鄜延	宋神宗	借职、右班殿直	高永能孙
高昌朝		鄜延	宋神宗	右班殿直、右侍禁	高永能孙
高昌裔		鄜延	宋神宗	不详	高永能孙
高继升		鄜延	宋仁宗	知石州、洛苑使、礼宾副使、崇仪副使	高文岯长子
高福进		鄜延	宋神宗	东头供奉官	子文俊、孙永德、永贵，并为三班借职
梅怀德		环庆	宋神宗 宋哲宗	三班奉职	
梅重信		环庆	宋神宗	供备库副使	
章鄂特		兰州	宋神宗	三班奉职、本族巡检	
温王		洮岷	宋神宗	不详	
温玉		熙州	宋神宗	皇城使、丹州刺史、荣州团练使	
董矩		河湟	宋哲宗	不详	又译董菊，董戬侄溪巴温儿
韩福	韩怀亮改名	神卫军士	元昊未叛时内附	不详	
蒙布		环庆荔原堡	宋神宗	右侍禁、内殿崇班、内殿承制、阁门祗侯	

汉名	蕃名或原名	属地或部族	所在时期	所授主要官职	备 注
慕化		环庆肃远寨	宋神宗 宋哲宗	左侍禁、东头供奉官、巡检、皇城使、管勾环州永和、平远等寨蕃兵人马公事、遥郡刺史、准备差使	
慕恩		环州乌贵族	宋仁宗	环州乌贵族蕃官巡检、右侍禁、閤门祗侯、蕃官供备库副使、洛苑副使	
潘征		泾原生户六族	宋仁宗	本族军主	
钱怀义	兀丁乞赐姓名	熙河	宋神宗	三班奉职	木征子

九、党项与西夏地名异称对照表

出处 地名	《长编》标	《长编》影	《宋会要》	《宋史》	其　他
乜离抑	乜离抑	密内部			
义和寨	义和寨	义合寨			
也吉里海牙					也吉里海牙(《元史》、《蒙兀儿史记》);额里海牙(《蒙兀儿史记》)
兀剌城					兀剌城、兀剌海城、斡罗孩城(《元史》);兀纳城、兀剌海城、斡罗孩、斡罗孩城(《蒙兀儿史记》
大里河	大里河 大理河	大里河 大理河		大里河	
大和拍攒	大和拍攒	大科卜遵			
女遮谷	女遮谷	女遮谷 汝遮谷		女遮谷	
已布	已布	伊布 恰布			
井那寨	井那寨	经纳寨			
韦章巴史骨堆	韦章巴史骨堆	威章巴实尔因			
韦精山	韦精山 惟精山	威经山		惟精山	
布尼雅堡	布尼雅堡	布娘堡			
曲六律掌	曲六律掌	吹埒罗章	吹埒罗章		
曲律三六	曲律三六	吹喇萨木罗			
讹也山成寨	讹也山成寨	阿密善正寨			
讹也成布寨	讹也成布寨	阿密沁布寨			
讹庞遇胜寨	讹庞遇胜寨	鄂特彭裕勒星寨			
努扎	汝遮 努扎	努扎			
吴移	吴移	乌伊			
吾移越布寨	吾移越布寨	威约卜寨	吾移越布寨		
折薑会	折薑会	戳章会			

出处 地名	《长编》标	《长编》影	《宋会要》	《宋史》	其他
灵州城					灵州城(《元朝祕史》、《蒙兀儿史记》);滴儿雪开城(《元史译文补正》);朵儿蔑该巴剌合速(《蒙古源流》)
纳干堡	纳干堡 闹讹堡	纳干堡 纳斡堡			
良乜	良乜	陵美			
赤沙、骆驼路	赤沙、骆驼路	赤沙、橐驼路			
卓罗	卓罗 卓啰	卓罗 卓啰			
卧尚庞	卧尚庞 卧贵庞	鄂尚绷			
孟乜	孟乜	蒙默特			
波济立埒克	波济立埒克	巴勒济埒克			
罔越崖寨	罔越崖寨	网裕勒爱寨			
罗韦	罗韦	罗围			
罗逋川	罗逋川 擦珠川	罗逋川 啰逋川	啰逋川	啰逋川	
南牟会	南牟会 鼐摩会	鼐摩会			
革罗城	革罗城	喀罗城			
铁毛山	铁毛山 铁牟山	铁毛山 铁牟山	铁牟山		
盖朱城	该朱城 盖朱城	该朱城 盖朱城			
鄂特彭裕勒星寨	鄂特彭裕勒星寨	讹庞遇胜寨			
麻也吃多讹寨	麻也吃多讹寨	玛克密策寨	麻也吃多讹寨		
麻也遇崖寨	麻也遇崖寨	玛克密约叶寨	麻也遇崖寨		
堪哥平	堪哥平 开噶平	堪哥平 开噶平	堪哥平	堪哥平	
道光都隔	道光都隔	都网都格	道光都隔		
摄移坡	摄移坡	鼐博坡			

十、宋夏沿边地名异称对照表

出处 地名	《长编》标	《长编》影	《宋会要》	《宋史》	备注
乞神平堡	乞神平堡	策黴丕勒堡			
己布寨	己布寨	恰布寨			
广吴岭	广吴岭	网威岭			
之字平	之字平	之子平	之子平	之字平	
五牟谷堡	五牟谷堡	鄂摩克谷堡			
历精城	历精城	哩沁城			
双峰桥	双峰桥 双烽桥	双峰桥 双烽桥			
心波	心波	新伯			
木宁	木宁	默宁			
木邦山	木邦山 玛尔巴山	玛尔巴山			
瓦川	瓦川	瓦蹑			
瓦当觜	瓦当觜	旺丹左			
瓦吹	瓦吹	斡楚			
瓦吹峡	瓦吹峡	斡楚峡			
瓦亭路	瓦亭路	瓦宁路			
东冷牟	东冷牟	东楞摩			
兰家堡	兰家堡 鼐宗堡	兰家堡 鼐宗堡			
布娘堡	布娘堡	布尼雅堡			
必利城	必利城	巴哩城			
白洛觜	白洛觜 白落觜	博罗觜	白洛觜	白洛觜	
白洛觜新寨	白洛觜新寨	博罗觜新寨			
巩令城	巩令城 观凌城	观凌城	巩令城	巩令城	
巩哥关	巩哥关	恭噶关	巩哥关	巩哥关	
当标城	当标城	丹巴城	当标城	当标城	
汝遮川	汝遮川	努札川		汝遮川	
汝遮峗堡	汝遮峗堡	努扎峗堡			

地名 \ 出处	《长编》标	《长编》影	《宋会要》	《宋史》	备注
汝遮堡	汝遮堡	努扎堡		汝遮堡	
汝遮寨	汝遮寨	汝遮寨 努札寨		汝遮寨	
乩罗	乩罗 伽罗	伽罗 伽罗			
乩洛宗堡	乩洛宗堡	乩洛宗堡 伽罗总堡			
羊牧隆城	羊牧隆城 扬博隆城	扬博隆城	羊牧隆城	羊牧隆城	
耳朵城	耳朵城	耳朶城	耳朵城	耳朶城	
讲朱城	讲朱城 讲珠城 嘉木卓城	嘉木卓城			
讲朱寨	讲朱寨	嘉木卓寨			
讷迷堡	讷迷堡 纳迷堡	纳迷堡	纳迷堡	纳迷堡	
那娘山	那娘山	纳木囊山			
克胡山新寨	克胡山新寨	格虎山新寨			
克胡寨	剋胡寨 克胡寨	克胡寨	克胡寨		
床地掌	床地掌	床地掌 创迪章 状地掌	床地掌		
把京玉	把京玉	巴珍旺			
良乜	良乜	稜美			
赤犍谷	赤犍谷	赤捷谷			
赤犍谷掌	赤犍谷掌	赤犍谷掌 赤捷谷章	赤犍谷掌		
阿儿不合					阿儿不合(《元朝祕史》、《蒙兀儿史记》;阿力麻里《元朝祕史》
阿尔	阿尔	安二		安二	
床川寨	床川寨	状川寨		床川寨	
陇朱黑城	陇朱黑城	隆珠黑城		陇朱黑城	
兔毛川	兔毛川	兔毛川 兔毫川		兔毛川	
卓啰	卓啰	喀罗			
宗哥河	宗哥河	总噶尔河			

出处 地名	《长编》标	《长编》影	《宋会要》	《宋史》	备注
宗哥城	宗哥城 总噶尔城	总噶尔城	宗哥城	宗哥城	
帕美官道谷	帕美官道谷	葱梅官道谷			
抹邦	抹邦	玛巴尔			
抹邦山	抹邦山 玛尔巴山	玛尔巴山			
武延咸泊川	武延咸泊川	乌尔戬咸巴川			
罗猜	罗猜	陇宗		陇宗	
质孤河	质孤河	智固河			
质孤堡	质孤堡 智固堡	质孤堡 智固堡	质孤堡	质孤堡	
青南讷心	青南讷心 青南纳心	青讷纳森心 齐讷纳森 青讷纳森 齐讷纳森心	青南讷心	青南讷心	
青眉浪	青眉浪	青美朗		青眉浪	
鸣沙川	鸣沙川 鸣砂川	鸣沙川		鸣沙川	
俄枝	俄枝 野爹	伊济	俄枝		
南市城	南市城 南使城	南市城 南使城	南市城	南市城	
南牟会	南牟会 鼐摩会	南牟会 鼐摩会	南牟会	南牟会	
峗朱龙	峗朱龙	峗济噜			
搒啰咙	搒啰咙	咱尔隆		搒啰咙	
斫龙	斫龙 喀罗	所斫龙 喀罗 研龙	斫龙		
架麻平	架麻平	喀木滂		架麻平	
洛施	洛施	罗日			
浑垂山					浑垂山(《元史》、《蒙兀儿史记》);雪山《元朝祕史》、《蒙兀儿史记》
结胜	结胜	结星			

出处 地名	《长编》标	《长编》影	《宋会要》	《宋史》	备注
结珠龙嵬	结珠龙嵬	聚卜结隆嵬			
结珠龙寨	结珠龙寨	聚卜结隆		结珠龙寨	
背罔川	背罔川	贝旺川			
胡卢河	胡卢河 葫芦河	胡卢河 葫芦河	胡卢河 葫芦河	葫芦河	
轻啰朗	轻啰朗	呢啰朗			
轻啰浪口	轻啰浪口	奇罗朗口			
间川寨	间川寨 吕川寨	吕川寨	间川寨		
香桓楼	香桓楼	星哈罗			
埋井峰	埋井峰	埋井峰 满济彭	埋井峰		
埋浪庄	埋浪庄	默隆庄	埋浪庄		
桦泉骨堆	桦泉骨堆	喀沁郭特	桦泉骨堆		
浮图寨	浮图寨 浮屠寨	浮图寨 浮屠寨	浮图寨 浮屠寨	浮图寨 浮屠寨	
减猥川	减猥川	碱隈川			
减猥城	减猥城	碱隈寨			
啰兀城	罗兀城 啰兀城	罗兀城 啰兀城 娄城	罗兀城 啰兀城	啰兀城	
啰兀城堡	啰兀城堡	娄城堡			
奢俄寨	奢俄寨	沙阿寨			
密藏堡	密藏堡	密章堡			
混胪谷	混胪谷	库鲁克谷			
移公城	移公城	叶公城			
萧磨移隘	萧磨移隘	萧玛伊克隘			
龛谷寨	龛谷寨 康古 康谷	龛谷寨 康古	龛谷寨	龛谷寨	
塔子觜	塔子觜	塔子觜 塔子岔			
泥棚	泥棚	泥棚			
掌野狸坞	掌野狸坞	章爱哩乌			
揆吴	揆吴	贵乌			

出处 地名	《长编》标	《长编》影	《宋会要》	《宋史》	备注
揬移	揬移	揬哆			
斯鲁丹	斯鲁丹	斯鲁丹 斯归丁	厮归丁		
道光都隔	道光都隔	都纲都格			
楚陇城	楚陇城 楚栋陇堡	楚陇城 楚栋陇堡			
溪哥城	溪哥城	锡尔噶 锡勒噶尔城			
锹镢川	锹镢川	锹攫川	锹镢川		
静边镇	静边镇	靖边镇			
德靖	德靖	德青	德靖	德靖	
熨斗平堡	熨斗平堡 熨斗坪堡	熨斗平堡 熨斗坪堡	熨斗平堡	熨斗平堡	
鹿哥	鹿哥	罗格			
踏白城	阿纳城 踏白城	阿纳城 踏白城	踏白城	踏白城	
额勒克色	额勒克色	额勒克色会			
蹉鹘	蹉鹘	蹉库			
颠耳关	颠耳关	丹喇关 巅耳关	巅耳关	巅耳关	
礓诈寨	礓诈寨	礓诈寨	嘉木扎寨		
床穰寨	床穰寨	床穰寨 和尔扬寨 和尔寨 尔扬寨			
蟾牟山	蟾牟山 蟾羊山	蟾牛山			
劄心城	劄心城	多僧城			

十一、宋夏沿边堡寨兴废升降年表

事件 纪年	兴	废	升	降	其他	备注
宋太祖建隆二年	置秦州定西寨、永宁寨等					
宋太祖建隆三年	置秦州伏羌城（即伏羌砦）					《元丰九域志》、《玉海》作宋太祖建隆二年置
宋太祖开宝元年	置秦州三阳寨					《武经总要·前集》作宋仁宗庆历中置秦州三阳寨
宋太祖开宝七年	置渭州平凉小卢新寨					
宋太祖开宝九年	置秦州床穰寨					
宋太祖开宝间	置秦州白石堡					
宋太祖开宝中	置渭州新寨					
宋太宗太平兴国元年	置原州截原寨；置秦州置弓门寨					
宋太宗太平兴国二年前置	置秦州长山砦					
宋太宗太平兴国二年	置秦州冶坊堡；重修青化堡（即青化砦）		延州永安镇为保安军			
宋太宗太平兴国四年	置秦州冶坊寨、冶坊堡					
宋太宗太平兴国六年	置延州南峰寨、贺家寨、毬场寨、麻谷寨、黑泊寨、蒿平寨；置绥德军黑水砦（黑水堡）					
宋太宗太平兴国八年	置渭州平凉县定川寨；重修延州青化寨、丰林县骆家寨					
宋太宗太平兴国中	筑秦州陷山寨					
宋太宗雍熙二年	置岷州临江寨				临江寨属秦州	
宋太宗雍熙三年	置火山军横谷寨、董家寨					

事件 纪年	兴	废	升	降	其他	备注
宋太宗雍熙六年	置定远军军城寨；置熙州当川堡				秦州马务堡改隶岷州	
宋太宗雍熙七年	置岷州遮羊堡、谷藏堡、宕昌寨					
宋太宗端拱元年	置原州西壕寨					
宋太宗淳化四年五月			延州石堡寨升为威塞军			
宋太宗淳化五年四月		诏废夏州旧城				
宋太宗淳化五年	李继周修塞门等寨					
宋太宗至道元年	置河中府临晋县永和镇					
宋太宗至道元年五月			诏灵州定远镇改建威远军			
宋太宗至道三年	置原州新门寨				秦州旧尚书寨改名永宁寨	
宋太宗至道后		废延州塞门寨				
宋真宗咸平元年	置原州开平寨、开边寨；置镇戎军开远堡					
宋真宗咸平二年	置镇戎军东山寨					
宋真宗咸平三年	置麟州宁远寨					《甘肃新通志》作宋真宗天禧元年；《长编》作宋哲宗元符二年
宋真宗咸平四年闰十月	筑绥州城					
宋真宗咸平五年	泾州废县置长武寨					《宋会要·方域》作长武镇废为寨
宋真宗咸平六年	置镇戎军彭阳城					
宋真宗咸平中	筑镇戎军城；筑庆州淮安镇、东山寨；筑环州肃远寨并赐名；重修环州木波镇	废麟州神树堡			李继迁陷灵州怀远镇	

纪年＼事件	兴	废	升	降	其他	备注
宋真宗景德间	赵德明筑兴州城					
宋真宗大中祥符元年	筑庆州耳朵城					又作耳朵城
宋真宗大中祥符二年	置屈野河东横阳、神堂、银城三寨					
宋真宗大中祥符三年八月		废仪州大泉岭寨				
宋真宗大中祥符三年	置镇戎军宁远堡					
宋真宗大中祥符七年	筑秦州陇竿城、大落门新寨；筑通远军威远寨				秦州臬篦改名肃远寨	
宋真宗大中祥符八年七月	秦州请置大落门城					
宋真宗大中祥符八年					通远军威远寨改名镇	
宋真宗大中祥符九年三月	秦州请筑南市城					
宋真宗大中祥符中	置镇戎军开远堡；庆州业乐、柔远寨；重修置秦州；置秦州静边镇、静边寨、威远寨					
宋真宗天禧元年	置渭州羊牧隆城；置通远军来远寨；置德顺军静边寨；置秦州小洛门寨					《宋会要·方域》作宋真宗天禧二年置静边寨
宋真宗天禧元年六月					南使城赐名靖边镇	
宋真宗天禧元年十一月	置秦州清水城					《宋史·周美传》作宋仁宗庆历中筑清水城
宋真宗天禧二年	置岷州长道县良恭镇				宁远砦属巩州	
宋真宗天禧三年	置通远军宁远寨					《宋史·地理志》作宋神宗熙宁五年属通远军
宋真宗天禧四年	置保安军延子城；置麟州新泰县横杨寨					

纪年 \ 事件	兴	废	升	降	其他	备注
宋真宗天禧五年	置环州通远县定边、平远寨					
宋真宗天禧元年	置渭州羊牧隆城					
宋真宗天禧中	筑环州平远寨、团堡寨；筑秦州安远寨、将鸡寨；筑德顺军静边寨					
宋真宗乾兴元年	陇州以南栅店置来远镇；置镇戎军乾兴寨					《武经总要·地前集》作宋真宗天禧中筑乾兴寨
宋真宗乾兴二年			李德明城怀远镇升为兴州			
宋仁宗天圣元年	延州修平川寨；修筑镇戎军杏林堡改为天圣砦				延州延子城改名德靖	
宋仁宗天圣五年	置原州平安寨					
宋仁宗天圣六年	置丰林县承平寨；置德顺军得胜寨					
宋仁宗天圣八年	置镇戎军三川寨、天圣砦					
宋仁宗天圣十年	修赤蒿城堡改宁远城,隶河州					
宋仁宗天圣中	置环州定远寨				绥平寨改名永平寨	
宋仁宗开宝元年	置秦州成纪县三阳砦					
宋仁宗宝元初	筑鄜延大郎堡、丰林堡					
宋仁宗宝元中	置绥德军米脂寨					
宋仁宗康定元年前置	置定边军东谷砦					
宋仁宗康定元年	置延州丰林县延安寨、甘泉城；置绥德军清涧城；修延安府延川县永平砦	废延州承平砦、南安寨				
宋仁宗康定二年	置保安军保胜寨；修丰林城					《武经总要·前集》作宋仁宗庆历中筑保安军保胜寨等

纪年＼事件	兴	废	升	降	其他	备注
宋仁宗康定中	筑府州府谷县东胜堡、安丰砦；修府州府谷县建宁堡	废绥德军长宁寨、怀宁寨；废延州永平寨；弃延州顺安砦				
宋仁宗康定间				改延州金明县为寨		
宋仁宗庆历元年前	置庆州马岭寨					
宋仁宗庆历元年九月	置府州安定堡、金城堡、宣威砦、东胜堡					
宋仁宗庆历元年十月	修河东宁远寨；增筑秦州外城，称韩公城					
宋仁宗庆历元年	置火山军下镇寨			丰林县万安镇改为寨		
宋仁宗庆历二年前	筑镇戎军安边砦、安西堡					
宋仁宗庆历二年正月	筑秦州东西关城					《河南文集》作宋仁宗庆历二年八月筑
宋仁宗庆历二年四月	置绥德军白草寨					
宋仁宗庆历二年	置庆州大顺城；置镇戎军高平寨、定川寨、高平砦；置阶州沙滩寨、西关城、高平等寨；置麟州镇川堡、建宁寨；置绥德军安定堡、安塞堡、佛堂堡；置延州杏子河寨、平戎寨、招安寨、细腰城；置鄜延柳谷堡；置府州清塞堡、中候寨；置秦州韩公城、土明堡；置原州大虫巉堡	废平凉县定川寨				《甘肃新通志》作宋仁宗庆历三年置高平寨；《甘肃新通志》作宋仁宗庆历三年置细腰城

事件 纪年	兴	废	升	降	其他	备注
宋仁宗庆历三年正月			渭州笼竿城升为德顺军			
宋仁宗庆历三年	置德顺军中安堡				德顺军羊牧隆城改名为寨	《甘肃新通志》、《隆德县志》作宋哲宗元祐八年德顺军羊牧隆城改名为寨
宋仁宗庆历四年	置保安军顺宁寨;置原州绥宁寨、细腰葫芦峡城;置德顺军水洛;置泾原石门堡改名王家城				丰林县龙田平改名龙安寨	
宋仁宗庆历四年春正月		诏罢修水洛城				
宋仁宗庆历五年前	置麟府克胡寨					
宋仁宗庆历五年	置延州丰林县安定堡;置保安军园林堡;置原州立马城堡、耳朵城堡、靖安堡、平安寨;置阶州武平寨;置秦州陇城寨、达隆堡、陇城;置麟州银城县银城寨;置麟州肃定、神木堡、惠宁堡、神堂寨、横阳堡、镇川堡;置泾原立马城;复置延州丰林县承平寨;置延州南安寨;修复延州丰林县栲栳寨、镰刀寨、南安寨;修秦州陇城川堡				细腰城隶原州	《宋会要·方域》作宋仁宗庆历六年延州丰林县置高头、平安寨堡
宋仁宗庆历六年九月	置延州安塞堡					
宋仁宗庆历六年	置河州宁城寨					
宋仁宗庆历七年				成纪县旧夕阳镇建为绥远寨		

纪年＼事件	兴	废	升	降	其他	备注
宋仁宗庆历八年	置麟州连谷县神木寨、静羌寨；置德顺军通边寨、柳泉寨					
宋仁宗庆历十年		废保安军保胜寨				
宋仁宗庆历中	筑原州佛空坪堡；筑秦州达隆谷堡；置延州原安寨、绥平寨；修延州丹头镇；修原州镇空平等堡；修麟州神堂堡；重修庆州耳朵城；修绥德军南安寨改名顺安寨；重修延州长宁寨赐名怀宁寨				移渭州静边寨隶德顺军	
宋仁宗庆历年间	修复府州府谷县西安堡、靖化堡、宁府寨、安丰寨、百胜寨、神树堡					
宋仁宗皇祐二年	置通远军哑儿堡					
宋仁宗皇祐四年	置渭州古渭寨					
宋仁宗皇祐五年	置通远军广吴堡					
宋仁宗皇祐初	筑熙河熟羊城、首阳镇					
宋仁宗至和三年	修复府州府谷县河滨、斥侯					
宋仁宗嘉祐元年	置德顺军得胜寨；修复庆州安化县金村堡					
宋仁宗嘉祐四年二月					诏存府州中候、百胜寨；诏存麟州镇州寨	
宋仁宗嘉祐六年		废火山军偏头寨；废府州府谷县永宁寨、宣威寨				

纪年＼事件	兴	废	升	降	其他	备注
宋仁宗嘉祐七年	置丰州堡宁寨、永安寨、保宁寨					
宋仁宗嘉祐八年		废邠州新平县炭泉镇				
宋英宗治平元年		废麟州新秦县横扬寨				
宋英宗治平三年	置麟州连谷县拦干堡					
宋英宗治平四年	置吴堡寨隶麟州；置原州鸡川寨；置德顺军治平寨；置镇戎军信坌堡、凉棚堡			收复绥德军，废为绥德城		
宋英宗治平四年三月	筑环庆荔原堡					《宋会要·方域》作宋英宗治平四年闰三月二十三日
宋神宗熙宁元年七月	筑秦州大甘谷口寨赐名甘谷城；置秦州擦珠谷堡并赐名通渭堡					
宋神宗熙宁元年	置镇戎军熙宁寨、东西口堡、硝坑堡；置秦州吹藏、大甘、陇诺堡、甘谷城、通渭堡	废火山军桔槔寨		省升平县为镇		
宋神宗熙宁二年				废绥州置绥德城		
宋神宗熙宁三年五月	筑庆州闹讹堡					
宋神宗熙宁三年	置火山军荻水寨；置湟州绥平堡	废原州新门寨入原州开边；废原州截原寨入新城镇；废秦州山丹、纳迷、乾川堡、菜园堡	建秦州伏羌寨南城，改寨为城；改秦州床穰堡为镇	丹州汾水废县置镇	收复西宁州安儿城赐名保塞堡	

纪年＼事件	兴	废	升	降	其他	备注
宋神宗熙宁四年	置金櫃镇；筑抚宁城；置秦州尖竿、陇阳堡、开远堡；置延州荒堆寨；置绥德军宾草堡、啰兀城；置通远军三岔堡	废庆州平戎镇；废秦州冶坊堡；废镇戎军安边堡		庆州华池、乐蟠废县置镇		
宋神宗熙宁五年	置麟州新秦县唐龙镇；置熙州乞神平堡、北关堡，庆平堡，通谷堡、渭源堡；置镇戎军张义堡、渭川堡；复秦州冶坊堡；修复镇洮城	废秦州者达当、七麻堡	古渭寨升为通远军	延州丰林县废为镇；延州肤施废县置金明寨；银州改银川城；隰州文成县改为镇	秦州乜羊堡、宁远砦隶通远军；环州定边砦隶陇州	
宋神宗熙宁六年五月				改熙州康乐城为寨		
宋神宗熙宁六年	置岷州荔子寨、荔川寨；置通远军盐川寨；置熙州当川堡、马䮾寨、南关堡、康乐寨；置河州宁河砦、定羌城、河诺城			河东永乐废县置镇	岷州临江寨隶秦州；收复兰州梈罕城	《宋会要·方域》作宋神宗熙宁七年置定羌城；《甘肃新通志》作宋神宗熙宁七年置宁河寨；《榆林府志》作宋哲宗元符二年于窟薛岩上建宁河寨
宋神宗熙宁七年二月	置熙河赞纳克城					
宋神宗熙宁七年四月	进筑熙河珂诺城					
宋神宗熙宁七年五月	置岷州和尔川砦					
宋神宗熙宁七年	置河州东谷堡、阔精谷堡、南山堡；置鄜州三川镇；置熙州结阿堡、结河堡、南川寨；置岷州宕昌寨、遮阳堡、闾川寨、麻川寨、川寨；复阶州峰贴峡寨；置河州南山堡，寻改名南川砦	废通远军来远寨；废巩州广吴堡		鄜州三川县废为镇，隶洛交县；改东华池镇为寨；河州宁城县香子城改名宁河寨；渭州安化废县置镇	河州河诺城改名定羌城；岷州遮羊堡隶巩州	《宋会要·方域》作宋神宗熙宁六年置南川堡

事件 纪年	兴	废	升	降	其他	备注
宋神宗熙宁八年闰四月	置秦州百家镇、永宁寨等、鸡川寨					
宋神宗熙宁八年七月	置通远军熟羊寨、盐川寨					
宋神宗熙宁八年	置河州阔精堡；置通远军熟羊砦		岷州马务堡改为镇；通远军威远寨改为镇；岷州滔山寨改为镇	延川县延水废县置镇；秦州床穰镇改为堡		
宋神宗熙宁九年十月	置德顺军在城、静边寨、治平寨					
宋神宗熙宁九年	置镇戎军在城					
宋神宗熙宁十年	置岷州铁城堡；修复庆州平戎镇					
宋神宗熙宁中	筑晋宁军葭卢寨					
宋神宗元丰元年九月					李宪攻取兰州及西使城	
宋神宗元丰元年					遮羊堡复隶岷州	
宋神宗元丰二年	置绥德军花佛堡	废庆州平戎镇；废庆州安化县府城寨、金村堡；废环州通远县大拔砦				
宋神宗元丰三年	置河州西原堡、北河堡；环州通远县以阿原烽置阿原堡					

事件 纪年	兴	废	升	降	其他	备注
宋神宗元丰四年	置通远军定川城、定西城；置兰州东关堡、吹龙寨、皋兰堡、巩哥关、龛谷寨；置延州嗣武寨；置绥德军克戎寨；置怀德军灵平砦、啰严城	废庆阳府平戎堡等；废镇戎军东水口堡			兰州西使城改名定西城；收复绥德军义合寨、米脂寨；收复延安塞门寨；收复石州葭芦寨；收复细浮图砦，隶延州延川县	
宋神宗元丰五年九月	筑鄜延永乐城，赐名银川寨					
宋神宗元丰五年十二月					熙河乞罢修女遮堡	
宋神宗元丰五年	置石州吴堡寨、葭芦寨；置通远军榆木岔、通西砦、熨斗平堡；置兰州质孤堡、胜如堡；置镇戎军古寨堡；置环州百鱼平、木瓜平堡；置晋宁军吴堡砦	兰州胜如堡、质孤堡并废	兰州定西城易建通远军		通远军汝遮堡改名定西城；秦凤通西寨改名吹东龙堡；收复葭芦砦，隶石州；收复庆州安化县礓诈寨改名安疆寨	
宋神宗元丰六年五月					楚栋陇堡赐名通西寨，隶通远军	
宋神宗元丰六年	兰州置阿干堡、西关堡；增筑兰州定西城；置兰州巩哥关并改名东关堡				兰州通西寨隶通远军	
宋神宗元丰七年	置熙州临洮堡	废通远军乜羊堡、渭川堡、广吴堡、来远寨、哑儿堡、皋栏堡			延州顺安砦隶绥德军；延州浮图砦隶绥德城	
宋神宗元丰中					绥德军米脂寨改为城	

事件 纪年	兴	废	升	降	其他	备注
宋哲宗元祐元年三月					以葭芦、米脂、浮图、安塞四寨易永乐陷没夏国人口	
宋哲宗元祐元年					收复庆州平戎镇	
宋哲宗元祐二年八月			原葭芦寨特建升为晋宁军			
宋哲宗元祐二年闰九月					以青唐为鄯州，邈川为湟州，宗哥城为龙支城	
宋哲宗元祐四年					诏给赐西夏米脂、葭芦、礓诈、安疆、克戎、怀宁、浮图等寨	
宋哲宗元祐五年	修筑兰州皋兰堡、巩哥关					
宋哲宗元祐六年		庆州华池寨废为华池东、西二寨			髯要拆绥德军安定堡地为增子堡、土门堡	
宋哲宗元祐七年		废龛谷寨				
宋哲宗元祐中		鄜延弃米脂、浮图二寨				
宋哲宗绍圣三年	筑通远军汝遮城赐名安西城；复修兰州龛谷					
宋哲宗绍圣四年	筑泾原平夏城；筑鄜延克胡山寨；筑兰州金城关；修复石州葭芦寨；修绥德军开光堡；修兰州龛谷堡；筑熙河定远城并改名获耕堡；鄜延路修复浮图寨赐名克戎寨；筑鄜延克胡山寨赐名平羌寨		平夏城升为怀德军		德顺军扁江新寨改名镇羌寨；镇戎军旧好水寨改名灵平寨；收复石州葭芦寨	

纪年 \ 事件	兴	废	升	降	其他	备注
宋哲宗绍圣四年正月	筑湟州蕃市城					
宋哲宗绍圣四年四月	章楶奏置前石门等寨					
宋哲宗绍圣四年六月	筑庆州安疆寨；筑熙河青石峡赐名西平砦					
宋哲宗绍圣四年五月					延州升平塔赐名威戎城	
宋哲宗元符元年二月	置延州威羌砦；章楶于没烟前口进筑九羊谷					《宋会要·方域》作宋哲宗预付二年四月置延州威羌砦
宋哲宗元符元年三月	筑环庆兴平城；筑怀德军塔子觜赐名石门堡					
宋哲宗元符元年四月	置绥德军开光堡					
宋哲宗元符元年五月	置庆州横山砦					
宋神宗元符元年九月	置火山军三交川堡并赐名三交堡；置熙河扎实嘉裕勒河赐名通会堡					
宋哲宗元符元年	筑庆阳府通塞堡；筑麟府榆木川寨；建秦凤通会寨，后改会宁；置湟州通会堡；筑怀德军九羊等寨；筑火山军三交堡；筑怀德军石门关；筑环庆之子平寨；修复德顺军古高平堡；修复庆阳府定边城；修筑延州肤施县开光堡；筑灰家觜新寨并改名兴平城；进筑绥德军旧罗密谷岭寨改名临夏寨				延安平戎寨太平湫神祠赐名灵渊；延州那娘山赐名殄羌寨，杏子河新寨改名平戎寨；泾原旧没烟后寨改名荡羌寨、旧没烟前峡改名通峡寨；府州安丰砦外第九砦赐名宁川堡；晋宁军榆木川赐名神泉寨；秦凤东北冷牟赐名新泉砦	《甘肃新通志》作宋哲宗元符二年筑石门关；《宋会要·方域》作宋哲宗绍圣四年杏子河新寨改名平戎寨，作宋哲宗元符二年四月延州那娘山赐名殄羌寨

纪年 事件	兴	废	升	降	其他	备注
宋哲宗元符二年四月	筑泾原秋苇平新砦;西安州筑㴐水赐名天都寨;筑兰州定边城;筑鄜延赤崄峰堡;筑鄜延卢关					《宋会要·方域》、《陕西通志》作宋哲宗元符元年
宋哲宗元符二年五月	筑环庆白豹城;筑定边军骆驼巷,赐名绥远寨					
宋哲宗元符二年六月	筑环庆土桥堡					
宋哲宗元符二年七月	筑环庆三岔寨					
宋哲宗元符二年九月	筑熙河东北森摩寨,赐名新泉寨			废延安府招安寨为招安驿		
宋哲宗元符二年闰九月				以廓州为宁砦城		
宋哲宗元符二年冬	建西安州定戎砦					
宋哲宗元符二年	德顺军秋苇川置临羌寨;筑庆阳府绥远寨;筑府州府谷宁边寨;筑保安军金汤城;筑麟府通秦堡;筑鄜延暖泉寨;筑德顺军高平堡;筑麟州大和砦、大和堡、太和砦、太和堡;筑晋宁军乌龙砦;筑安西青南纳心,赐名会川城;筑环庆路新之字平关城;筑环州清平关;筑泾原碱隈寨赐名定戍寨;收复绥德军米脂寨;收复河州谋朱城、讲朱城、邈川城;进筑火山军旧乌龙川北岭寨改名乌龙寨;进筑麟府小红崖赐名弥川堡,精移堡赐名通秦堡;	废绥德军白草、顺安寨;废延州丹头砦	南牟会新城升为西安州;绥德城升为绥德军;葭芦寨升为晋宁军;旧邈川城建升为湟州;建青唐城升为鄯州	廓州废为城	大和寨堡隶麟府路,通秦、弥川、宁河寨堡隶岚石路;旧庆州金汤寨改为金汤城;改宗熙河哥城为龙支城;河州旧香子城赐名宁河寨;海城改名东牟会;环州萌门三岔新城赐名宁羌寨;赐名西安州定戎堡;收复湟州宁川堡	《甘肃新通志》作宋徽宗崇宁年间建定戎堡

事件 纪年	兴	废	升	降	其他	备注
	收复乐州瓦吹砦、宁洮寨、陇朱黑城、南宗堡、通湟寨、臕哥堡					
宋哲宗元符三年	筑兰州通川堡;王厚收复怀羌城			熙州臕哥堡赐名安川堡		
宋徽宗建中靖国元年		弃乐州(旧邈川城)				
宋徽宗崇宁元年三月	筑西安州绥戎堡					
宋徽宗崇宁元年四月					兰州取该珠城	
宋徽宗崇宁元年	筑会州水泉堡;筑熙州正川堡					
宋徽宗崇宁二年六月					庆州当标城改名安疆寨	《宋会要·方域》作宋徽宗崇宁四年
宋徽宗崇宁三年四月	筑熙河五牟谷堡				收复西宁州林金城改宁西城;收复兰州兰宗堡	
宋徽宗崇宁二年	筑西宁州绥边砦;筑熙河洒金平赐名绥远关;进筑会州省章峡并赐名绥远关				会州打绳川赐名怀戎堡;赐名西宁州清平砦;河州一公城改名循化城;湟州达南城改名大通城;收复河州讲朱城、谋朱城;收复兰州通川堡;王厚收复峡口堡	《汉滨集》作宋徽宗崇宁元年三月筑西安州怀戎堡;《宋会要·方域》作宋徽宗崇宁三年进筑会州省章峡并赐名绥远关
宋徽宗崇宁三年	乐州乩当川置来宾城;湟州南宗置临川寨,逵南宗改通津堡;廓州堡敦谷置绥平堡,修筑赐名米川城;筑西宁州	升秦州永宁寨为县等;			收复西宁州龙支城,安儿城赐名保塞寨,溪兰宗赐名清平寨,牛城改宣威城;	《甘肃新通志》作宋徽宗崇宁二年赐名保塞寨

事件 纪年	兴	废	升	降	其他	备注
	绥边寨；积石军丁令谷置砦赐名怀和寨；河州筑甘扑堡赐名来同堡；西宁州建筑改绥边砦宗谷寨，胜铎谷筑五步城，赐名德固寨；置延州御谋城	宁塞城赐名廓州			收复河州来羌城；绥德军修复赐名嗣武寨，旧名啰岩城；赐名乐州安陇寨等；收复乐州结啰城改名肤公城；收复西宁州安儿城赐名保塞寨	
宋徽宗崇宁四年			河州宁河砦升为县			
宋徽宗崇宁五年二月	泾原筑余丁城赐名镇西					
宋徽宗崇宁五年	筑环州安边城、安边城、归德堡；筑渭州甜井子赐名甘泉堡		通渭县以寨升为县	银州为银川城	以银川改银川城；西安州乌鸡三岔新寨赐名通安寨，岭朱龙山新寨赐名宁安寨，武延川岭朱龙山下新寨赐名宁安砦	
宋徽宗崇宁中			赐石堡寨为威德军			
宋徽宗大观二年	筑环庆神堂堡		临洮城升为州；平夏城升为威德军；溪哥城建积石军			
宋徽宗大观三年		废熙河怀戎寨				
宋徽宗大观中					邠州龙泉镇改为清泉镇	
宋徽宗政和三年	环州通远县以火罗沟置罗沟堡				河东旧阿翁寨改名仁孝寨；环州朱灰台赐名朱台堡	
宋徽宗政和四年		废银城连谷二县				

纪年 \ 事件	兴	废	升	降	其他	备注
		并入新秦县				
宋徽宗政和六年四月	筑定边军佛口城					
宋徽宗政和六年六月	修复湟州古骨龙会州清水城					
宋徽宗政和六年	筑秦州镇安城；筑庆州威宁堡、骆驼城、麦川堡、威宁堡；筑秦州清水河新城赐名德威砦；筑古骨龙城改名震武城				会州接应堡改名静胜堡；湟州丘让改名善治堡，接应堡改名大同堡；赐渭州席苇平新城名为靖夏城	《宋史·地理志》作通济桥堡赐名善治堡
宋徽宗政和七年	德顺军密多台置威多寨，以飞井坞置飞井寨；环庆以石子门置石门堡				震武军瞎令古城改名德通城	
宋徽宗政和八年					鄜延天降山新城赐名制戎城	
宋徽宗宣和元年	泾原路自萧关进筑八百步寨；刘延庆等取夏国永和寨		改湟州为乐州，旧邈川城		泾原进兵入西界夺精野寨	
宋徽宗宣和二年					鄜延龙安寨改名德安寨；绥德军龙泉寨改名通泉	
宋徽宗宣和六年	府州独移庄岭建堡，赐名宁疆				熙州溢机堡改名安羌城；府州铁炉骨堆新寨改为震威城	《宋会要·方域》作宋徽宗政和六年府州旧铁炉骨堆新寨改名震威城
金宣宗兴定初				罢麟州镇西军为神木寨		
金宣宗元光元年正月					复取夏人所陷大通城	

十二、宋夏沿边同名堡寨一览表

地名	归属州军	兴废升降情况	出　处	备　注
东关城	岢岚城水砦外		《范文正公集・西夏堡寨》	
	秦州	宋仁宗庆历中韩琦筑	《宋会要・方域》 《甘肃新通志》	俗名韩公城
宁川堡	府州安丰砦外第九砦	宋哲宗元符元年赐名	《宋史・地理志》 《陕西通志》 《榆林府志》	
	湟州	宋哲宗元符二年收复,三年赐名,寻弃之.宋徽宗崇宁二年收复	《宋史・地理志》 《长编纪事本末》 《宋会要・兵》	
宁远寨	宋仁宗天禧二年置属巩州,神宗熙宁五年属通远军,徽宗崇宁三年升为县		《宋史・王君万传》 《元丰九域志》 《长编》 《宋会要》 《安阳集》 《潞公文集》 《甘肃新通志》	
	府州	宋哲宗元符二年四月新筑端正平寨赐名	《宋史》 《长编》 《玉海》 《武经总要・前集》 《东坡全集》 《乐全集》 《安阳集》 《苕溪集》 《涑水记闻》	
宁河寨	河州旧香子城	宋神宗熙宁六年五月置,徽宗崇宁四年升为县	《宋史》 《元丰九域志》 《长编》 《东都事略》 《宋会要》 《系年要录》 《甘肃新通志》 《榆林府志》	
	晋宁军，地名窟薛岭		《宋史・地理志》 《长编》 《陕西通志》	

地名	归属州军	兴废升降情况	出　处	备　注
平戎砦	环庆	范仲淹置	《长编》 《奏议》 《宋会要》 《范文正公集》 《甘肃新通志》	
	延州,旧杏子河新寨	宋仁宗庆历二年置,宋哲宗绍圣四年赐名	《宋史·地理志》 《长编》 《宋会要》 《范文正公集》 《甘肃新通志》 《陕西通志》	
	秦州成纪县		《宋史·地理志》	
永宁寨	府州府谷县	宋仁宗嘉祐六年	《宋会要》 《宋史·地理志》	
	通远军		《宋史·地理志》	
安边寨	镇戎军	宋仁宗庆历二年前筑,宋徽宗熙宁四年废	《长编》 《宋会要》	
	秦州	宋真宗天禧二年三月辛亥曹玮请名新筑大洛门寨为	《长编》 《宋会要》	
安远寨	延州	宋仁宗康定元年二月陷	《宋史》 《长编》 《长编纪事本末》 《宋大诏令集》 《宋会要》 《武经总要·前集》 《奏议》 《东都事略》 《皇宋十朝纲要》 《华阳集》 《安阳集》 《河南先生文集》 《范文正公集》 《涑水记闻》 《潞公文集》 《名臣碑传琬琰集》 《初寮集》 《范太史集》 《陕西通志》 《甘肃新通志》	
	秦州	宋仁宗天禧二年置	《宋史》 《宋大诏令集》 《武经总要·前集》 《元丰九域志》	

地名	归属州军	兴废升降情况	出处	备注
安定堡	绥德军	宋仁宗庆历二年置	《宋史》 《金史》 《长编》 《玉海》 《宋会要》 《武经总要·前集》 《元丰九域志》 《姑溪居士后集》 《画墁集》 《陕西通志》 《榆林府志》	
	府州		《宋史》 《长编》	
来远寨	秦州		《宋史》 《宋会要》 《武经总要·前集》 《安阳集》 《元丰九域志》	
	丰州		《长编》 《司马文正公集》 《武经总要·前集》	
赤城镇	鄜州		《宋会要》 《元丰九域志》 《延安府志》	
	秦州		《长编》 《宋会要》	
鸡川堡	原州靖安领		《宋史》 《宋会要》 《元丰九域志》 《玉海》 《安阳集》	
	秦州	宋英宗治平四年置	《宋史·地理志》	
定川寨	秦州清水县	宋仁宗庆历二年筑	《宋史·地理志》	
	镇戎军		《宋史》 《长编》 《奏议》 《武经总要·前集》 《东都事略》 《隆平集》 《宋文鉴》 《元丰九域志》 《文恭集》 《乐全集》《石林燕语》 《安阳集》 《欧阳文忠公全集》 《河南先生文集》 《栾城集》	

地名	归属州军	兴废升降情况	出处	备注
定川寨	镇戎军		《涑水记闻》 《稽古录》 《范文正公集》 《儒林公议》 《甘肃新通志》 《嘉靖固原州志》	
	渭州		《长编》 《宋会要》 《安阳集》 《河南先生文集》 《范文正公集》	
定平砦	延州	宋真宗大中祥符九年前置	《宋史》 《长编》	
	秦州陇城县		《宋史·地理志》 《元丰九域志》	
定戎堡	秦州穰寨领		《宋史·地理志》 《元丰九域志》	
	西安州		《宋史·地理志》 《甘肃新通志》	
	庆州		《宋史·地理志》	
临川堡	秦州床穰寨领		《宋史·地理志》	
	怀德军		《宋史》 《长编》	
	绥德军		《宋史》 《宋会要·兵》 《延安府志》	
神堂堡	定边军	宋徽宗大观二年置	《宋史·地理志》 《宋会要·方域》	
	麟州	宋哲宗绍圣四年三月壬戌夏人犯	《宋史·哲宗纪》 《长编》	
绥远寨	定边军	宋哲宗元符二年六月置	《宋史·地理志》 《长编》 《初寮集》 《甘肃新通志》	
	秦州		《宋史·地理志》 《长编》 《宋会要·方域》	
通津堡	湟州	宋徽宗崇宁三年以达南宗改	《宋史·地理志》 《长编纪事本末》 《宋会要·方域》 《皇宋十朝纲要》 《新安志》	
	麟州		《长编》 《宋会要》	

地名	归属州军	兴废升降情况	出处	备注
通津堡	麟州		《武经总要·前集》 《元丰九域志》	
新寨	延州	宋哲宗元符二年筑	《宋史》 《武经总要·前集》 《范太史集》 《华阳集》	
	渭州	宋哲宗元符二年暖泉山新寨赐名	《宋史》 《武经总要·前集》 《宋会要》	
暖泉寨	绥德军	宋哲宗元符二年暖泉山新寨赐名	《宋史·地理志》 《长编》 《宋会要》 《陕西通志》	
	晋宁军	宋哲宗元符二年筑	《宋史》 《陕西通志》	
蒿店寨	乾州		《宋会要·食货》	
	渭州	宋仁宗天禧二年筑	《宋会要》 《武经总要·前集》	
静边寨	秦州		《宋史·地理志》 《宋会要》	
	德顺军		《宋史》 《金史》 《长编》 《武经总要·前集》 《甘肃新通志》 《安阳集》 《河南先生文集》 《涑水记闻》 《名臣碑传琬琰集》 《北山集》 《元丰九域志》 《隆德县志》	
土门堡	秦州		《宋史·地理志》	
	保安军		《长编》 《武经总要·前集》 《涑水记闻》 《隆平集》	

十三、西夏世袭表

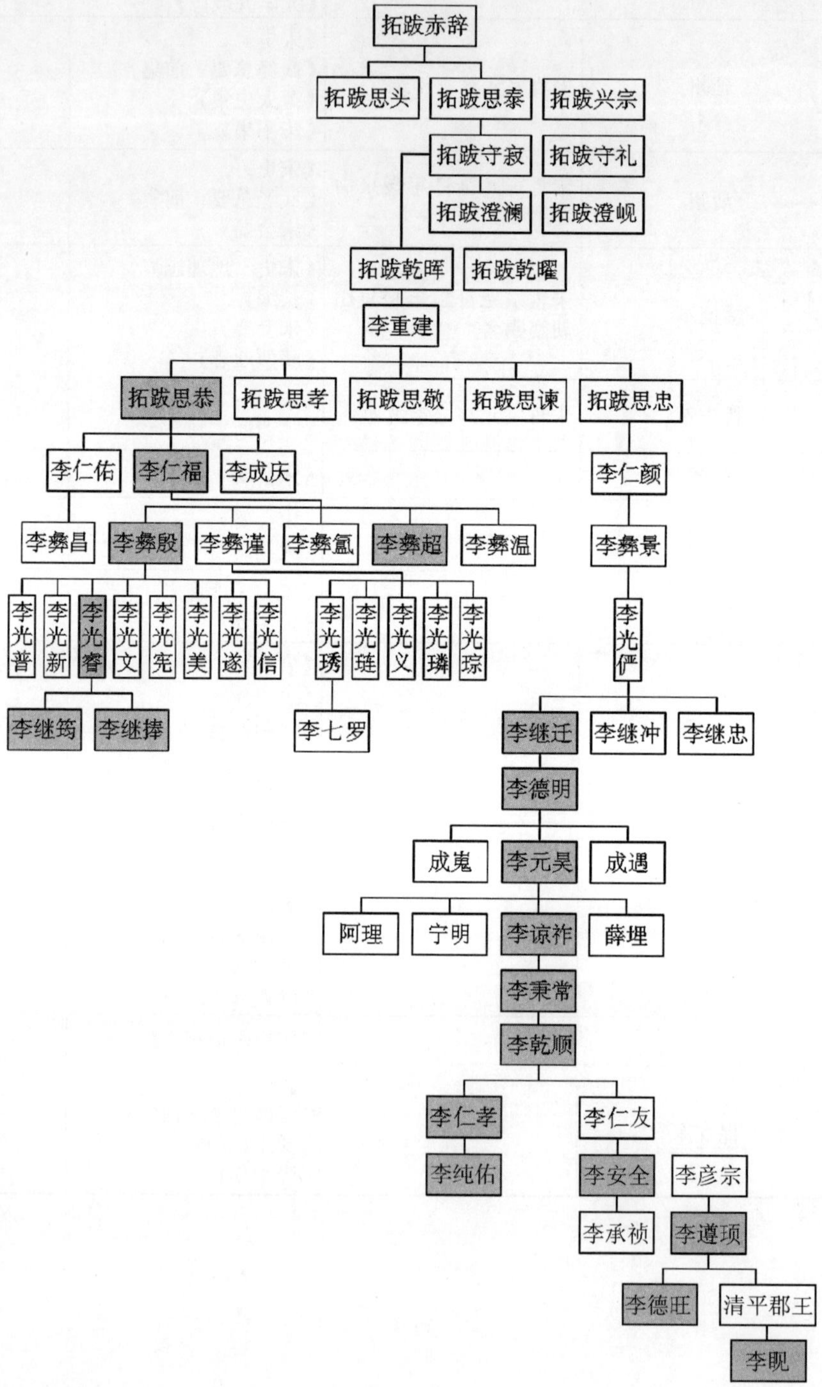

说明：无线连接者，表明只知行辈。

注：底色加深为夏州拓跋政权节度使或西夏国主（皇帝）。

十四、党项与西夏大姓世袭表

（一）麟府折氏世袭表

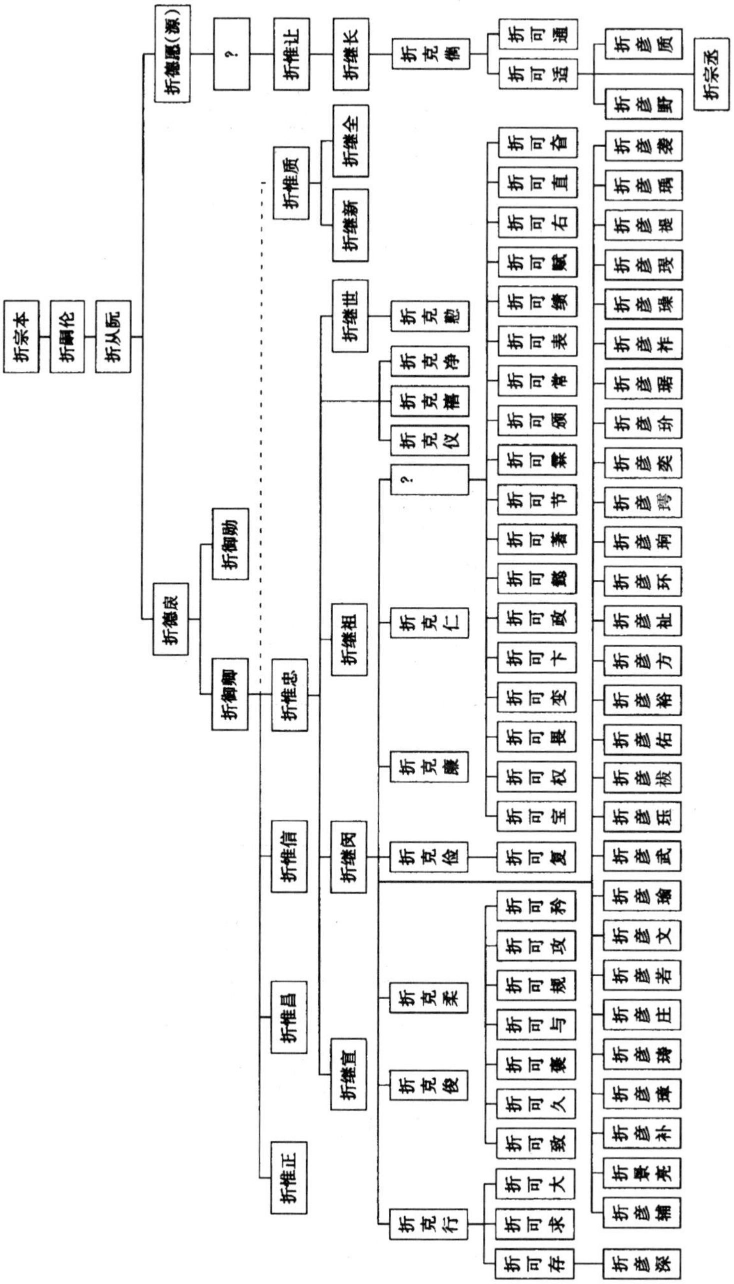

说明：

《姑溪居士后集 20/1 上/折渭州墓志铭》记有："郑国公从阮，生礼宾副使德源，德源生惟让"。又《宋史》卷253《折德扆》中有：折德扆"父从阮……弟德愿"。"德源"当为"德愿"。

（二）丰州王氏世袭表

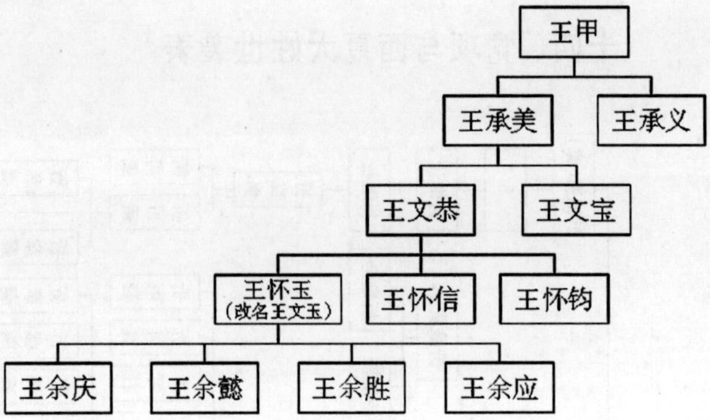

（三）李士彬家族世袭表

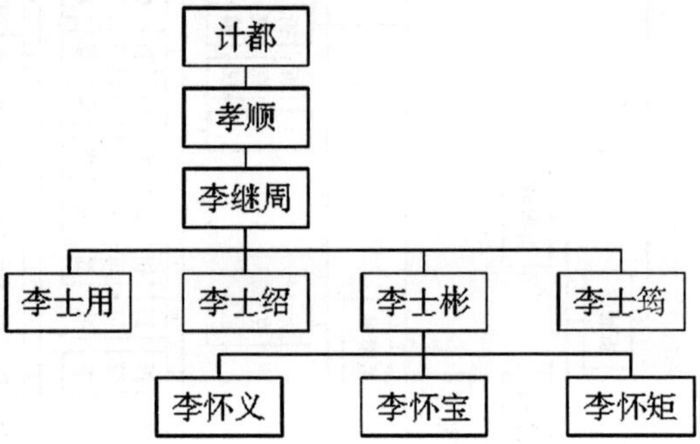

（四）高永能家族世袭表

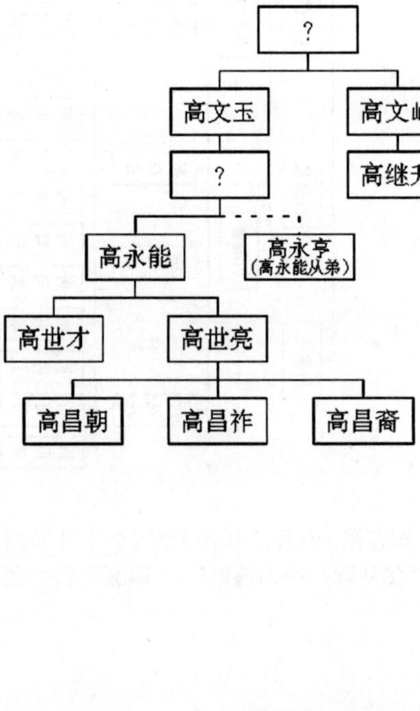

（五）刘绍能家族世袭表

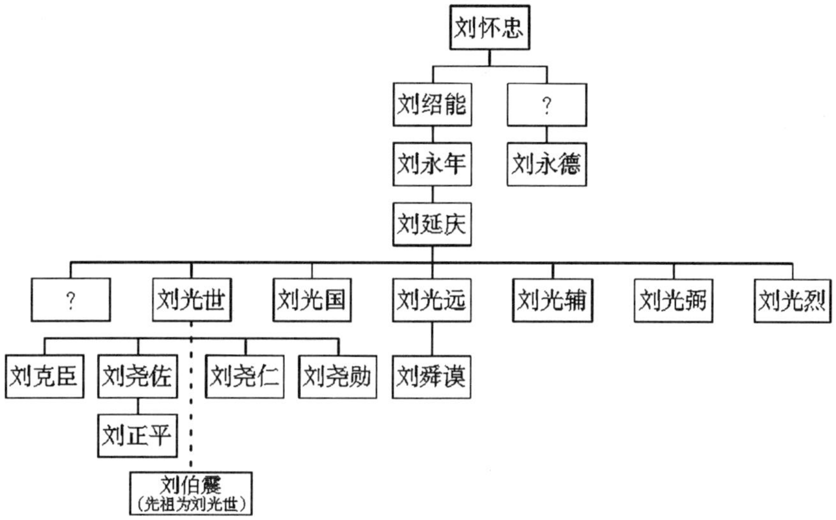

（六）李世辅家族世袭表

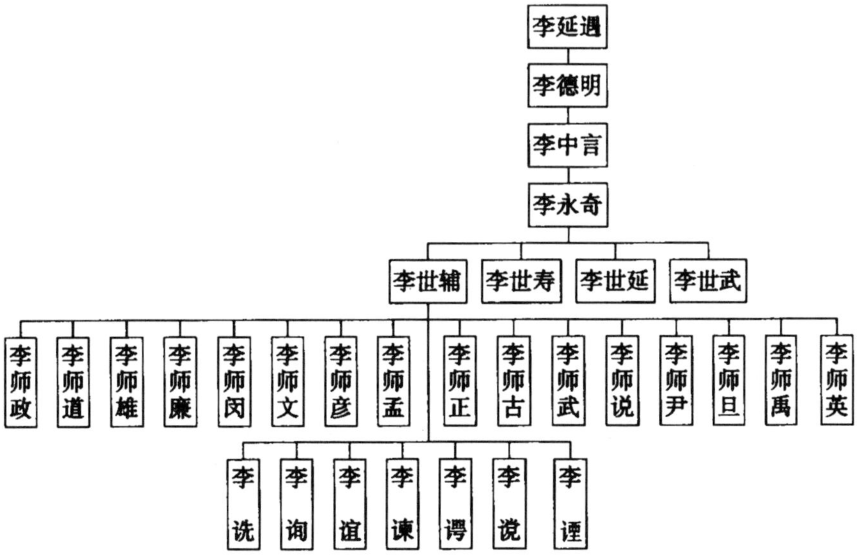

十五、西夏遗民世袭表

（家族世袭不清用虚线表示，妻、妾用虚线框，婿用双线框表示）

（一）西夏遗民唐兀乌密氏世袭表

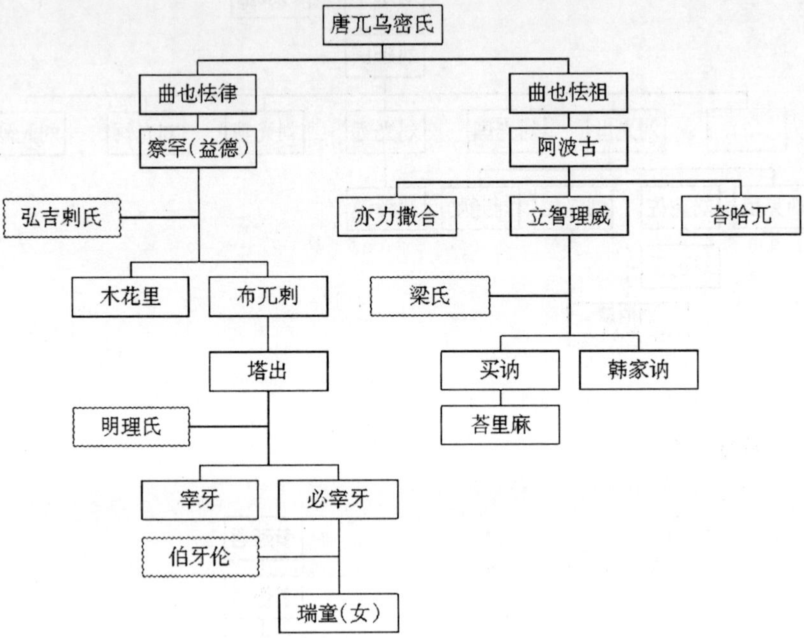

说明：以《蒙兀儿史记》世系为准。

（二）西夏遗民老索世袭表

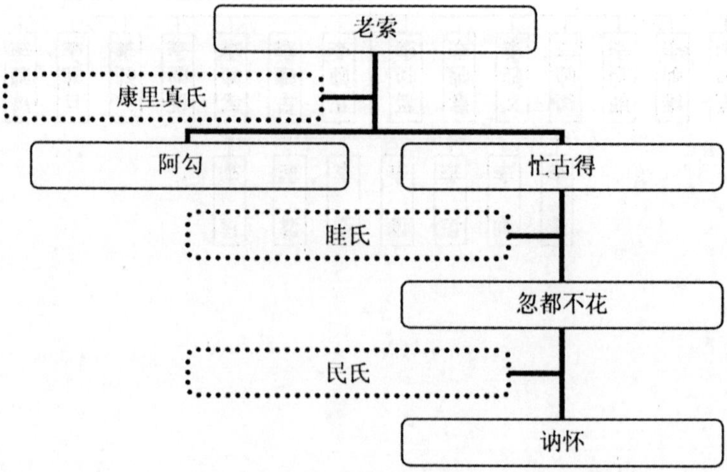

(三) 西夏遗民唐兀台世袭表

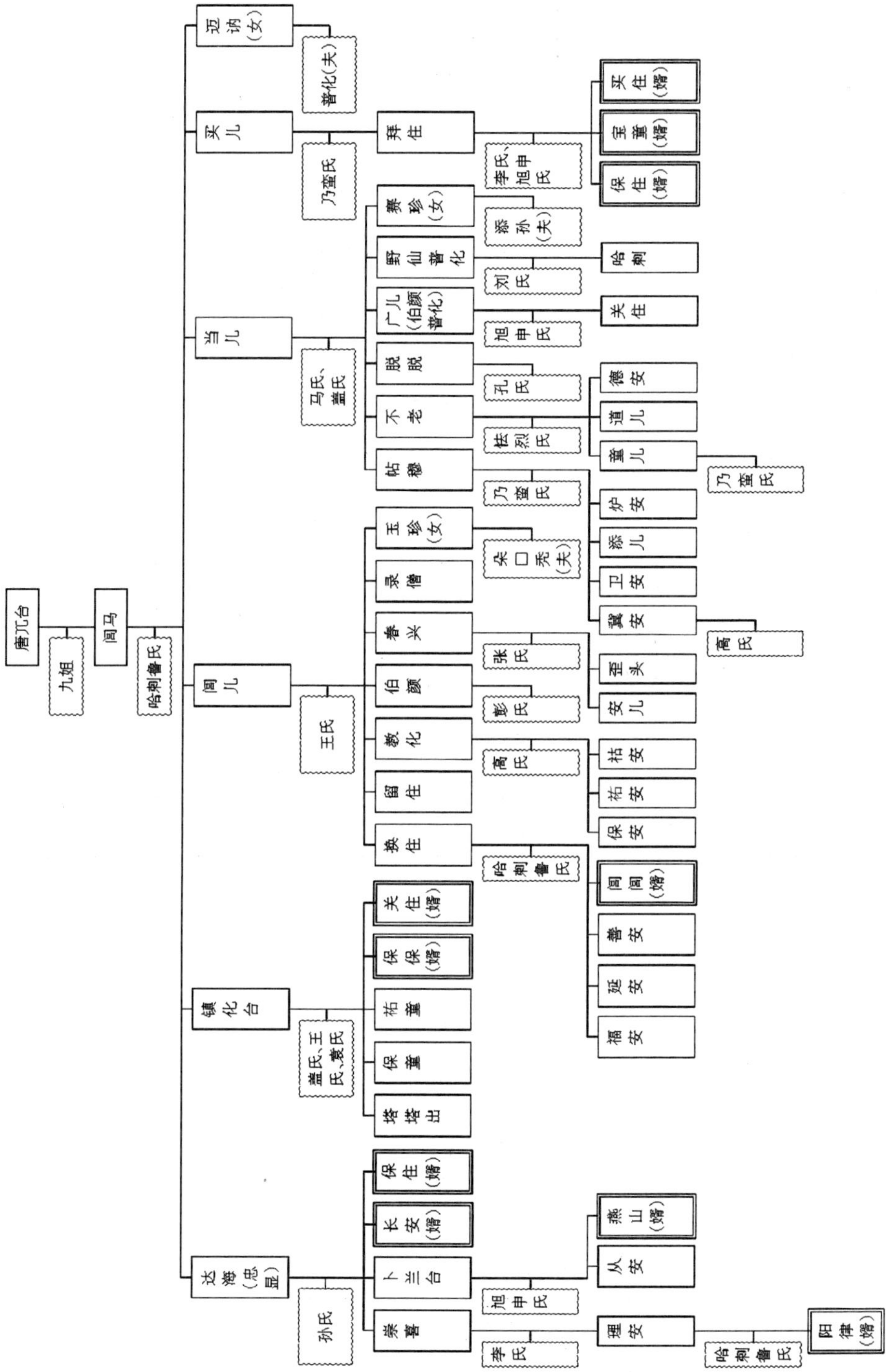
唐兀台
九姐
闾马
哈剌鲁氏
迈讷(女)
普化(夫)
买儿
乃蛮氏
拜住
李氏、旭申氏
买住(婿)
宝童(婿)
保住(婿)
当儿
马氏、盖氏
赛珍(女)
添孙(夫)
野仙普化
刘氏
哈剌
广儿(伯颜普化)
旭申氏
关住
脱脱
孔氏
德安
不老
佐烈氏
道儿
童儿
乃蛮氏
帖穆
乃蛮氏
护安
添儿
卫安
冀安
高氏
闾儿
王氏
玉珍(女)
朵口秃(夫)
录僧
普兴
张氏
歪头
伯颜
彭氏
安儿
教化
高氏
祜安
祐安
保安
留住
换住
哈剌鲁氏
闾闾(婿)
善安
延安
福安
镇化台
盖氏、王氏、葛氏
关住(婿)
保保(婿)
祐童
保童
塔塔出
达海(忠显)
孙氏
保住(婿)
长安(婿)
卜兰台
旭申氏
燕山(婿)
从安
崇喜
李氏
理安
哈剌鲁氏
阳律(婿)

（四）西夏遗民唐兀沙陀部世袭表

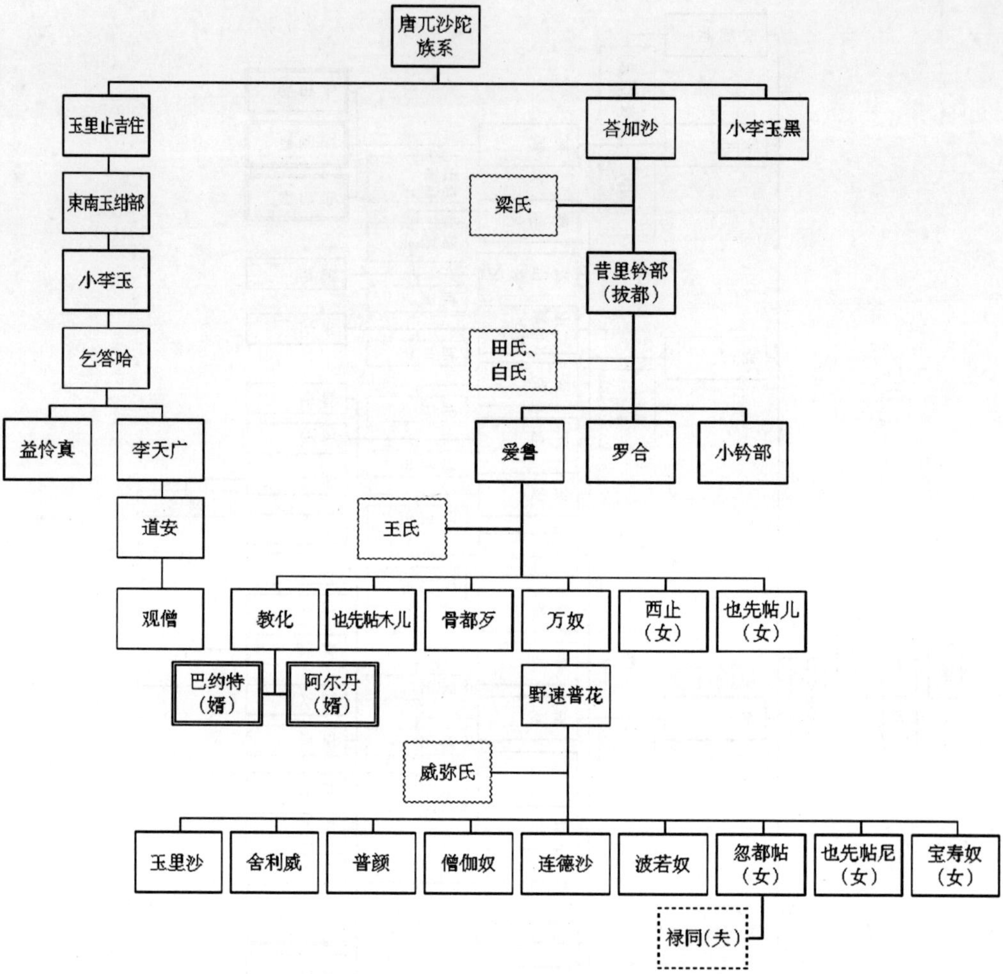

说明：爱鲁子女姓名出自不同文献。

（五）西夏遗民西卑世袭表

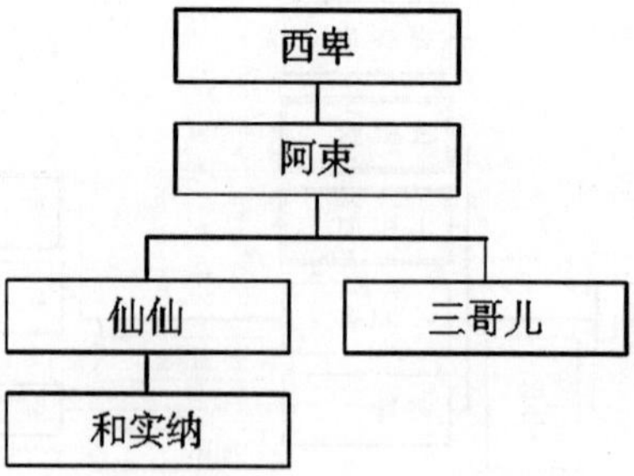

（六）西夏遗民举立沙世袭表

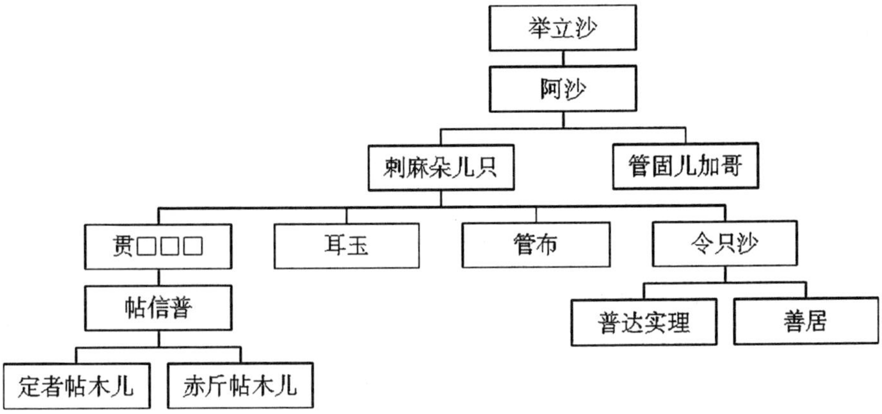

（七）西夏遗民高智耀世袭表

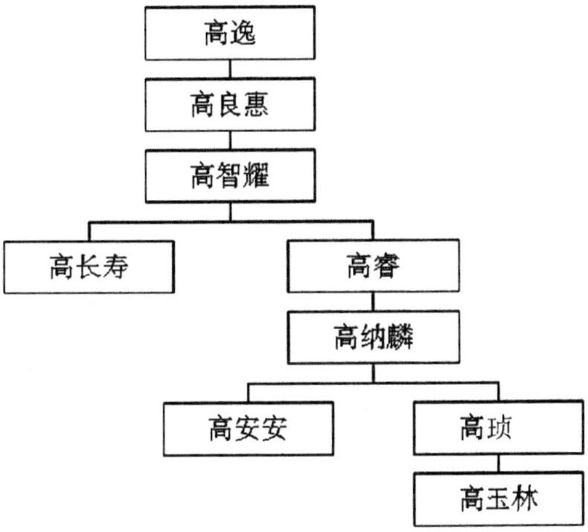

（八）西夏遗民来阿八赤世袭表

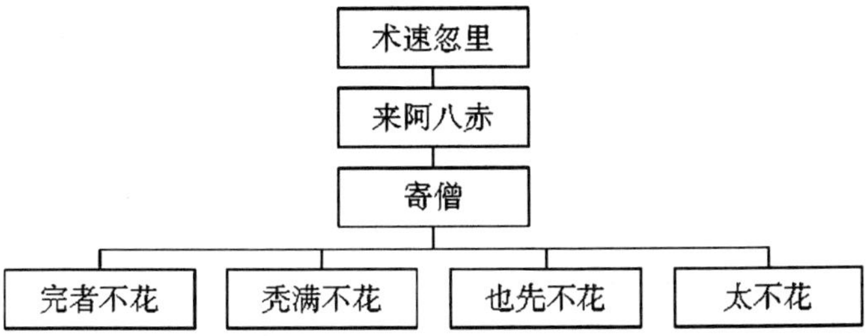

（九）西夏遗民李恒世袭表

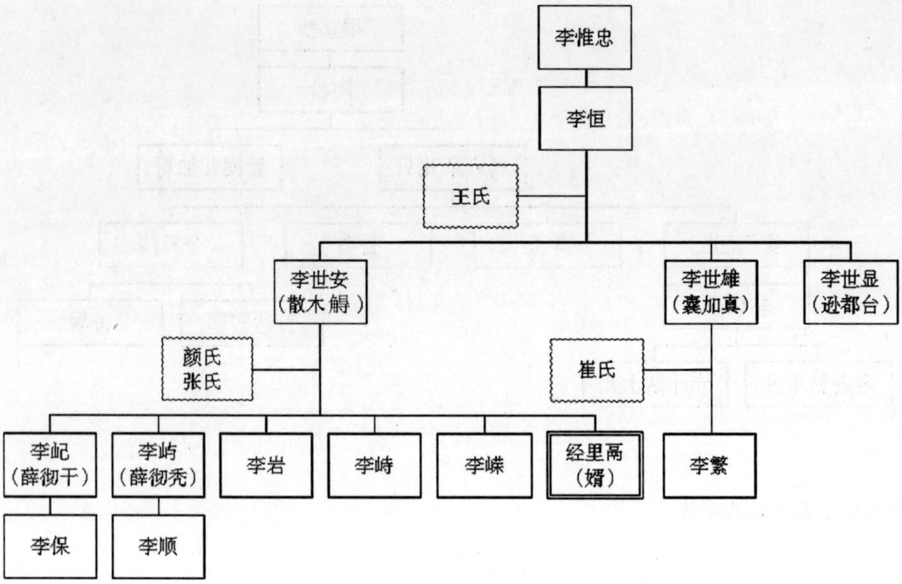

（十）西夏遗民木速忽勒世袭表

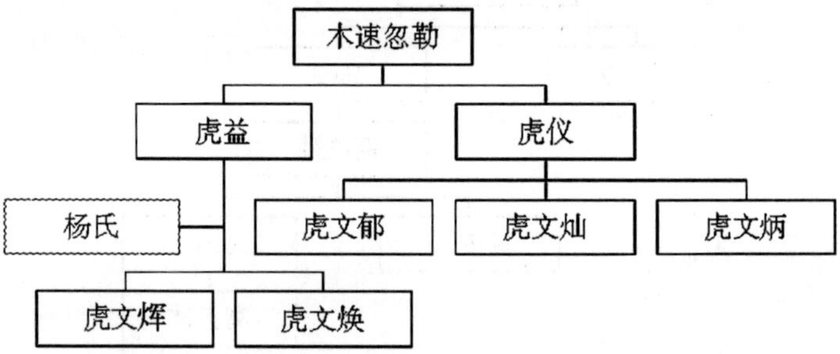

（十一）西夏遗民暗伯世袭表

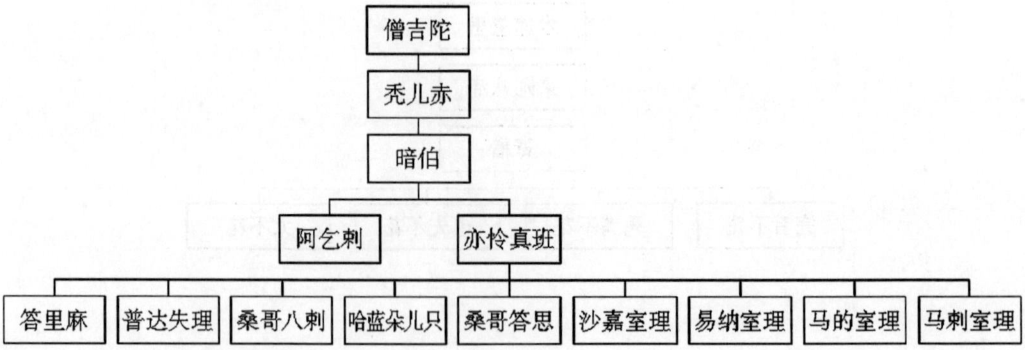

（十二）西夏遗民斡氏世袭表

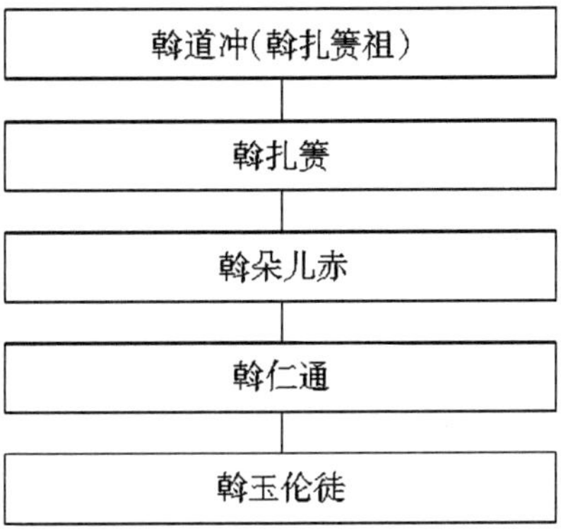

（十三）西夏遗民余阙世袭表

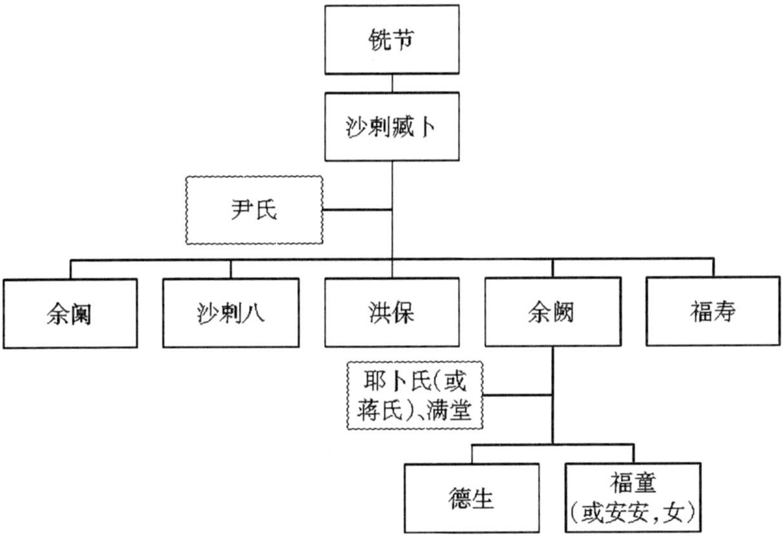

（十四）西夏遗民朵吉世袭表

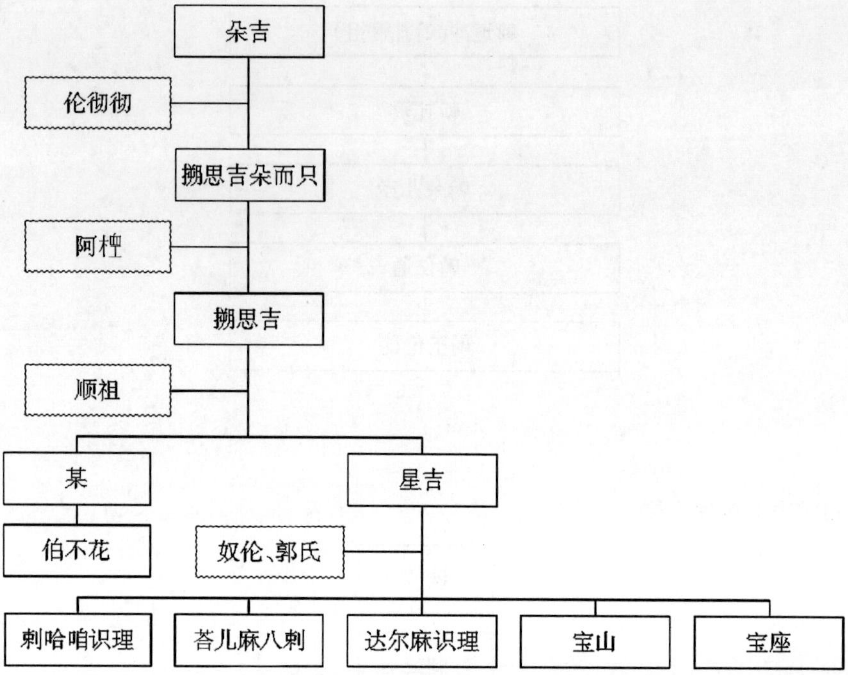

（十五）西夏遗民述哥察儿世袭表

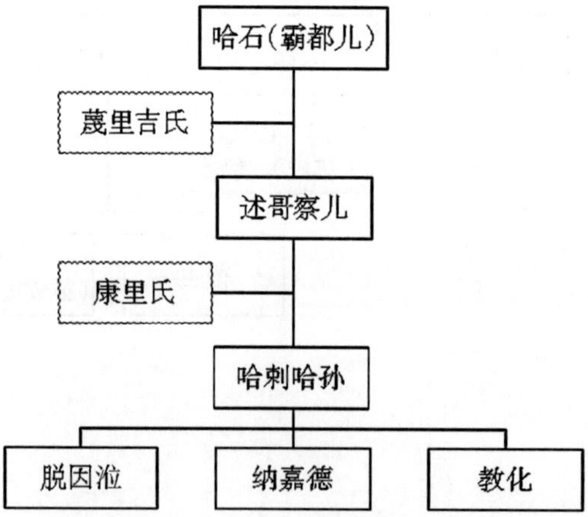

（十六）西夏遗民失剌唐吾台世袭表

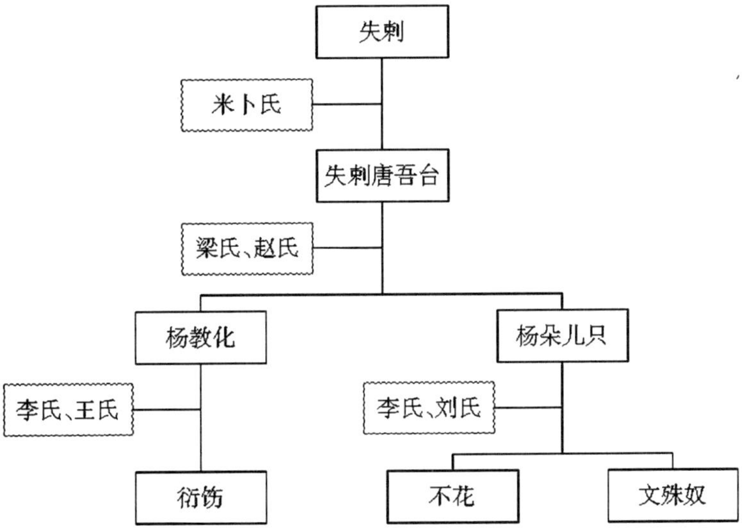

（十七）西夏遗民黄头世袭表

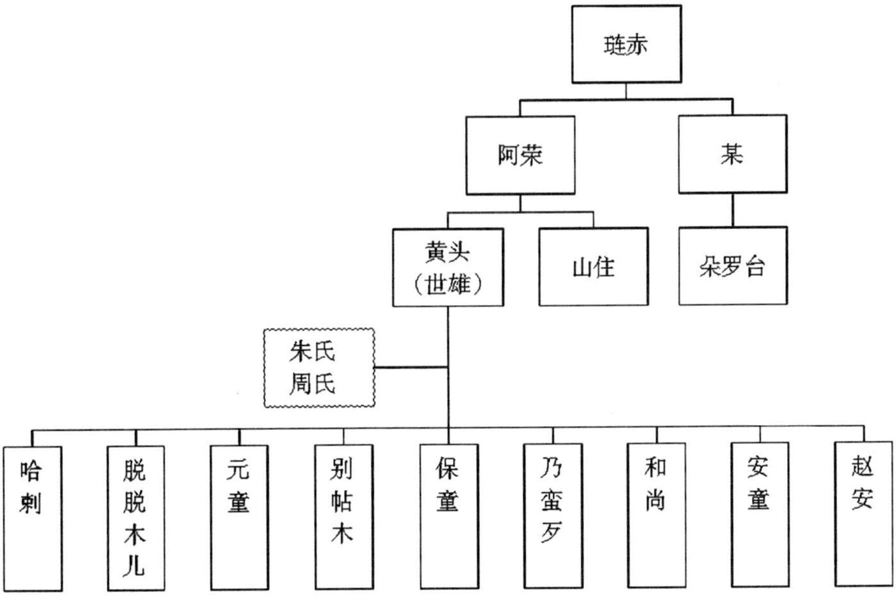

（十八）西夏遗民乞台普济世袭表

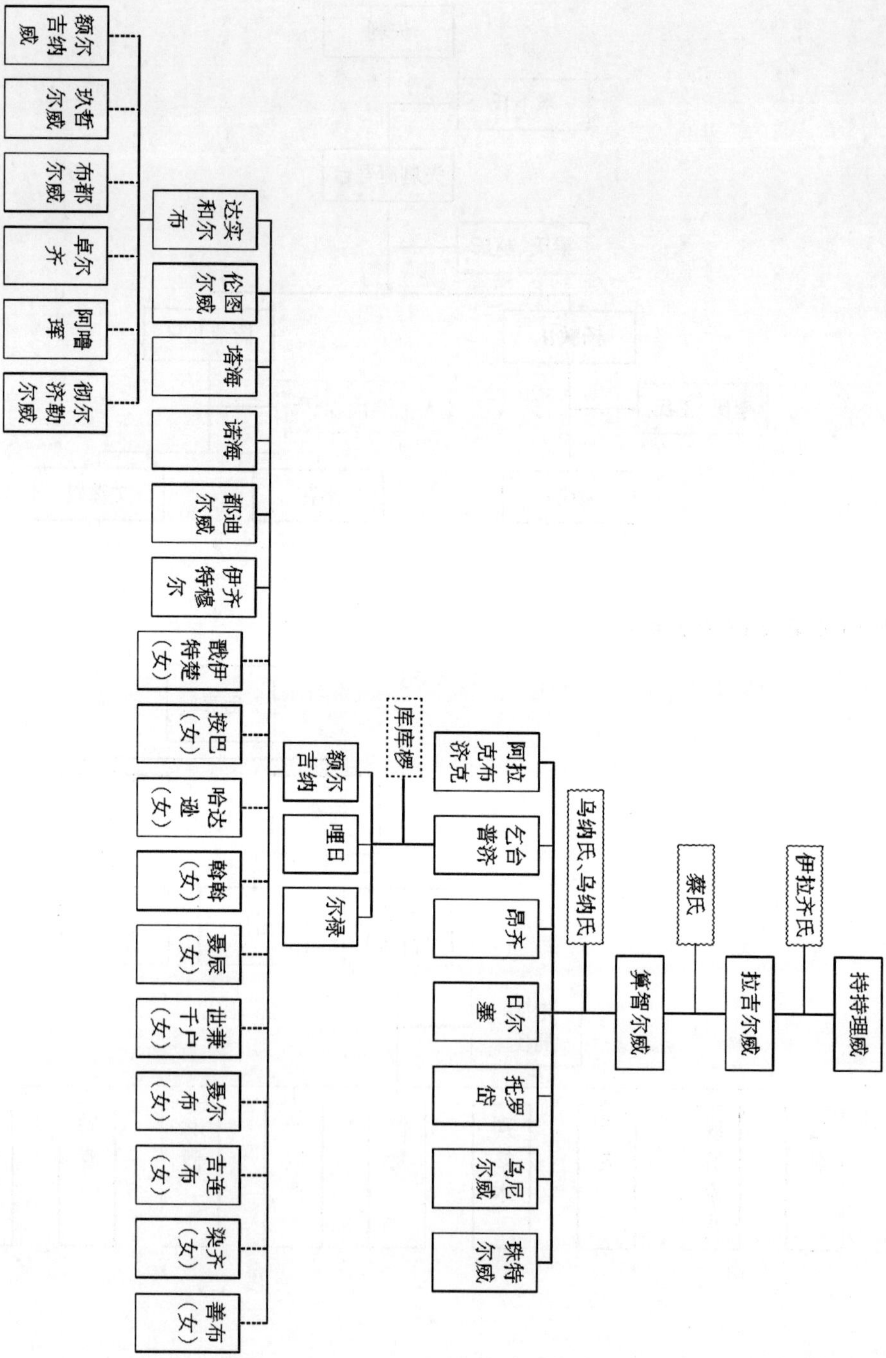

说明：以《牧庵集》为依据，乞台普济的女孙与男曾孙，未载属于哪个儿子的支系，暂列如此。

（十九）西夏遗民唐兀歹世袭表

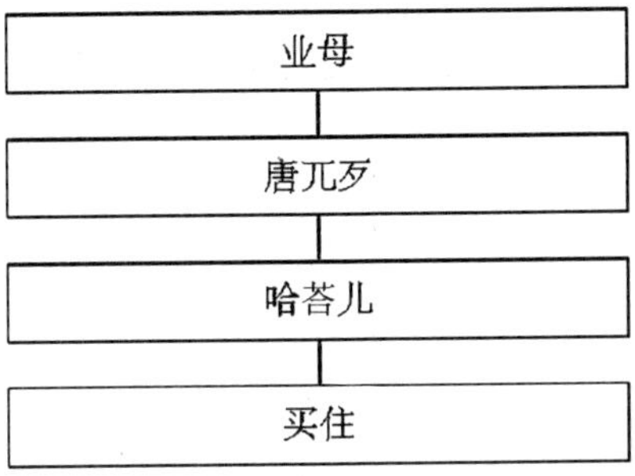

（二十）西夏遗民秃弄歹世袭表

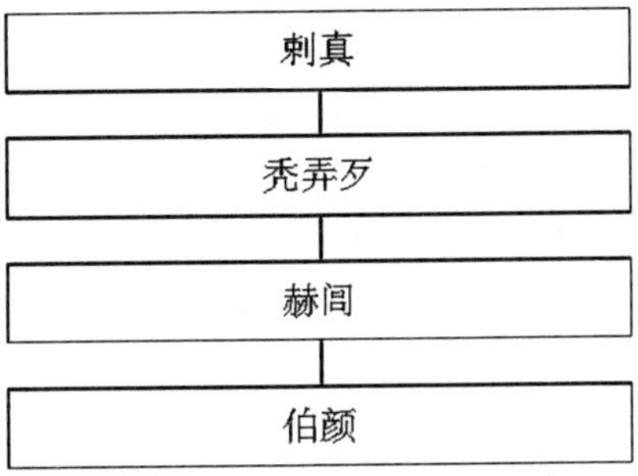

（二十一）西夏遗民师氏世袭表

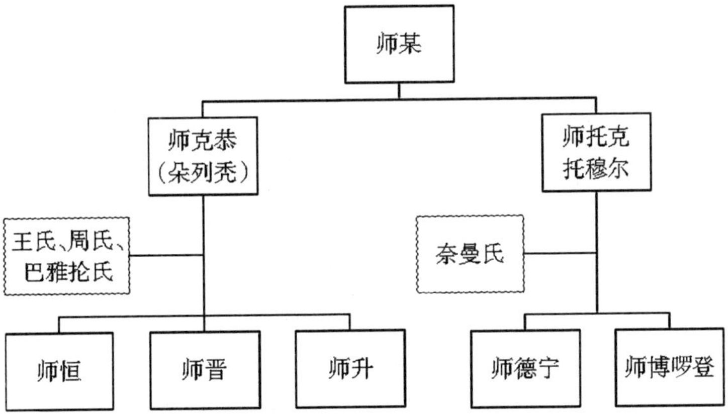

十六、河湟吐蕃唃厮啰世袭表

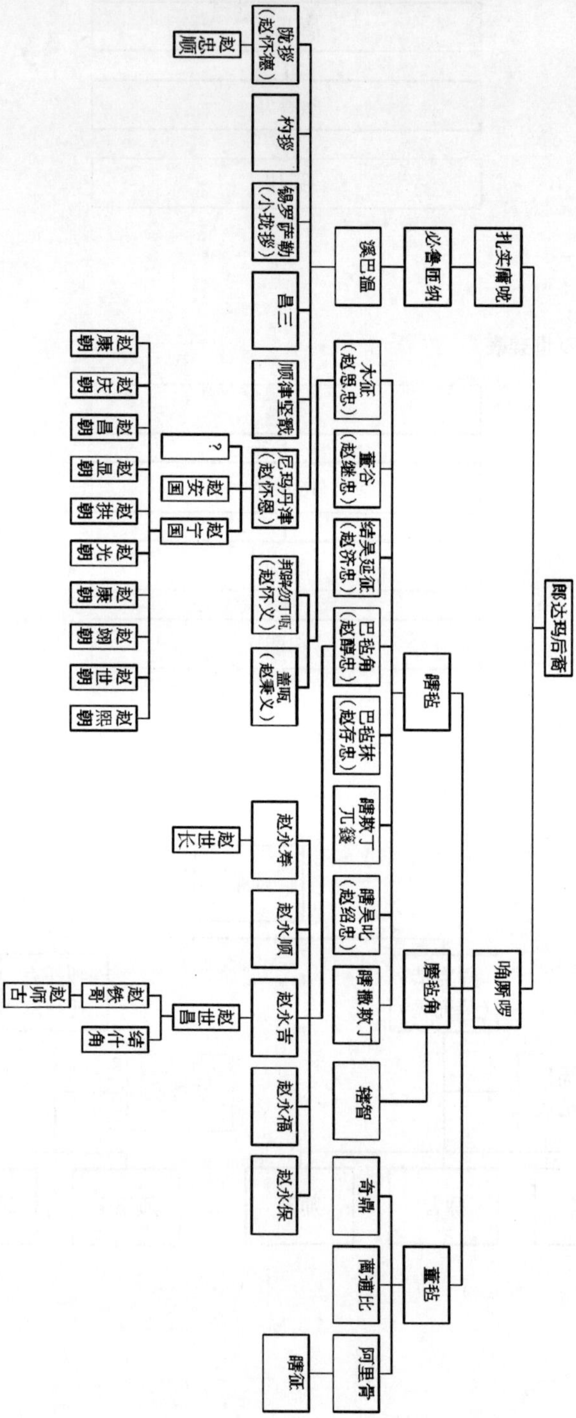

十七、熙河包氏世袭表

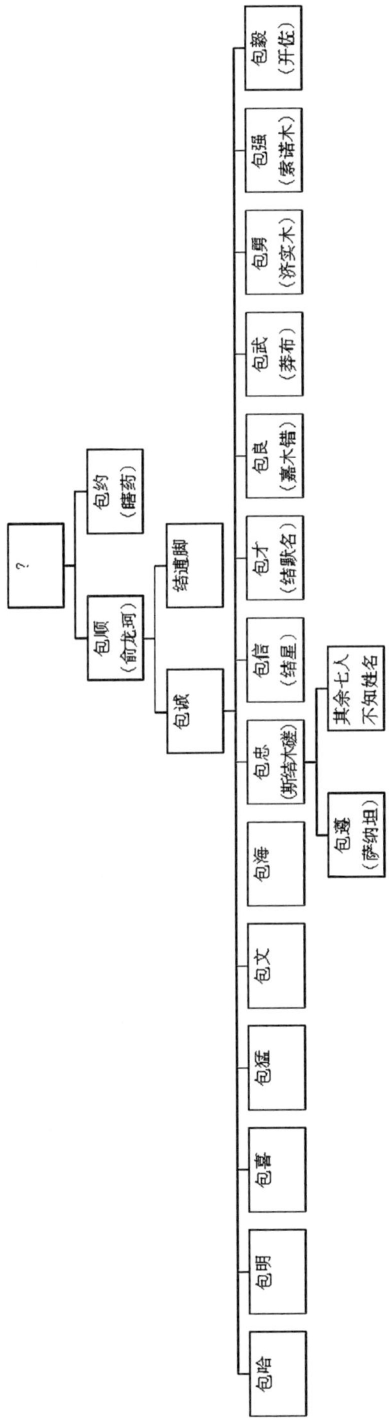
?
包约（瞎药）
包顺（俞龙珂）
结逋脚
包诚
包毅（开佐）
包强（索诺木）
包勇（济实木）
包武（莽布）
包良（嘉木错）
包才（结默名）
包信（结星）
包忠（斯结木蹉）
其余七人不知姓名
包遵（萨纳坦）
包海
包文
包猛
包喜
包明
包哈

十八、西夏帝号表

庙号	陵号	谥号	姓名	生卒年	年号	世袭
太祖	裕陵	神武皇帝	李继迁	公元963－1004年		
太宗	嘉陵	光圣皇帝	李德明	公元981－1031年		太祖子
景宗	泰陵	武烈皇帝	李元昊	公元1003－1048年	显〔明〕道(1032－1033)	太宗子
					开运(1034－1034)	
					广运(1034－1035)	
					大庆(1036－1037)	
					天授礼法延祚(1038－1048)	
毅宗	安陵	昭英皇帝	李谅祚	公元1047－1067年	延嗣宁国(1049－1049)	景宗子
					天祐垂圣(1050－1052)	
					福圣承道(1053－1056)	
					奲都(1057－1062)	
					拱化(1063－1067)	
惠宗	献陵	康靖皇帝	李秉常	公元1061－1086年	乾道(1067－1068)	毅宗长子
					天赐礼盛国庆(1069－1073)	
					大安(1074－1084)	
					天安礼定(1085－1086)	
崇宗	显陵	圣文皇帝	李乾顺	公元1083－1139年	天仪治平(1087－1089)	惠宗子
					天祐民安(1090－1097)	
					永安(1098－1100)	
					贞观(1101－1113)	
					雍宁(1114－1118)	
					元德(1119－1126)	
					正德(1127－1134)	
					大德(1135－1139)	
仁宗	寿陵	圣德皇帝	李仁孝	公元1124－1193年	大庆(1140－1143)	崇宗子
					人庆(1144－1148)	
					天盛(1149－1169)	
					乾祐(1170－1193)	
桓宗	庄陵	昭简皇帝	李纯佑	公元1177－1206年	天庆(1194－1205)	仁宗子

庙号	陵号	谥号	姓名	生卒年	年号	世袭
襄宗	康陵	敬穆皇帝	李安全	公元1170－1211年	应天(1206－1209)	越王李仁友子
					皇建(1210－1210)	
神宗		英文皇帝	李遵顼	公元1163－1226年	光定(1211－1223)	齐王李彦宗子
献宗			李德旺	公元1181－1226年	乾定(1224－1226)	神宗子
末主			李睍	公元？－1227年	宝义(1227－1227)	清平郡王子

十九、西夏交聘表

年 代	宋	辽(契丹)	吐蕃、回鹘
宋太平兴国七年、辽乾亨四年(982)	夏州节度留后李继捧入朝献地,族弟李继迁出奔地斤泽。(《宋史》卷485《夏国传上》)		
宋太平兴国八年、辽统和元年(983)	三月,李继迁入贡,宋遣内侍秦翰赍敕招之,继迁不听。(《西夏纪》卷1)		
宋雍熙元年、辽统和二年(984)			
宋雍熙二年、辽统和三年(985)			
宋雍熙三年、辽统和四年(986)		二月,李继迁遣使附契丹。契丹授继迁定难军节度使、特进检校太师、都督夏州诸军事。(《辽史》卷11《圣宗纪二》) 十月,遣使入贡契丹。(《辽史》卷115《西夏记》) 十二月,李继迁请婚契丹,愿永作藩辅。诏封耶律襄之女为义成公主下嫁,赐马三千匹。(《辽史》卷11《圣宗纪二》)	
宋雍熙四年、辽统和五年(987)			
宋端拱元年、辽统和六年(988)	宋授李继迁洛苑使、银州刺史。(《宋史》卷485《夏国传上》)	三月,李继迁遣使来贡。(《辽史》卷12《圣宗纪三》)	
宋端拱二年、辽统和七年(989)		正月,李继迁乞与李继捧和好,圣宗不许。(《辽史》卷12《圣宗纪三》) 三月,以宗女封义成公主,下嫁李继迁。按,统和四年许婚,至此正式结婚。(同上)	
宋淳化元年、辽统和八年(990)		正月,李继迁遣使来谢。(《辽史》卷115《西夏记》) 三月,李继迁遣使来贡。(《辽史》卷13《圣宗纪四》) 九月,李继迁遣使献宋俘。(《辽史》卷115《西夏记》) 十月,以败宋军来告。(同上) 十二月,以下宋麟、鄜等州来告,辽遣使封继迁为夏国王(同上)	

年　代	宋	辽(契丹)	吐蕃、回鹘
宋淳化二年、辽统和九年(991)	七月,李继迁奉表请降,宋授以银州观察使,赐姓名赵保吉。(《宋史》卷5《太宗纪二》)	二月,李继迁遣使告伐宋捷。(《辽史》卷115《西夏记》) 四月,李继迁遣李知白来谢册封。(同上) 七月,以下宋银、绥二州,遣使来告。(同上) 十月,李继迁以宋所授敕命,遣使来上。(同上) 十二月,契丹以继迁潜附于宋,遣韩德威持诏谕之。(同上)	
宋淳化三年、辽统和十年(992)	四月,李继迁请通陕西互市。诏从之。(《西夏书事》卷5)	二月,李继迁以韩德威俘掠,遣使来奏,圣宗赐诏安慰。(《辽史》卷13《圣宗纪四》) 十月,李继迁遣使入贡。(同上)	
宋淳化四年、辽统和十一年(993)			
宋淳化五年、辽统和十二年(994)	四月,宋削赵保吉所赐姓名。(《宋史》卷5《太宗纪二》) 七月,李继迁遣牙校以良马来献,犹称所赐姓名,答诏因称之。(《长编》卷36) 八月丁酉,李继迁遣其将佐赵光祚、张浦到绥州见黄门押班张崇贵,求纳款。崇贵会张浦等于石堡寨,椎牛酾酒犒谕,仍赐锦袍、银带。(同上) 乙巳,李继迁遣弟廷信奉表待罪。太宗召见廷信,面加慰抚,赐赍甚厚。(同上) 十一月,宋太宗遣张崇贵持诏谕李继迁,赐以器币、茶药、衣物等。(同上)		
宋至道元年、辽统和十三年(995)	正月,李继迁遣使以良马、骆驼来贡。(《宋史》卷5《太宗纪二》) 三月,太宗令卫士数百射于崇政殿,召夏使张浦观之。(《长编》卷37) 六月,宋遣使授李继迁鄜州节度使,继迁不奉诏。(《宋史》卷5《太宗纪二》) 宋授夏使张浦郑州团练,留京师。继迁表言郑文宝诱其部长嵬啰、嵬悉,遂贬文宝蓝山令。(《宋史》卷485《夏国传上》)	三月,李继迁遣使贡于契丹。(《辽史》卷13《圣宗纪四》) 八月,夏国遣使进马。(同上) 十二月,夏国以败宋人,遣使来告。(同上)	
宋至道二年、辽统和十四年(996)		正月,夏国遣使来贡。(《辽史》卷13《圣宗纪四》)	

年代	宋	辽(契丹)	吐蕃、回鹘
宋至道三年、辽统和十五年(997)	三月,宋太宗崩,太子即位,是为真宗。(《宋史》卷5《太宗纪二》) 十二月,李继迁遣使修贡,求备藩任。真宗姑务宁静,因从其请,授李继迁为定难节度使,遣内侍右班都知张崇贵赍诏赐之。(《长编》卷42)	二月,李继迁遣使贡于契丹。(《辽史》卷13《圣宗纪四》) 三月,辽封夏国王李继迁为西平王。(同上) 六月,李继迁遣使契丹谢册封。(同上) 十二月,李继迁遣使贡于契丹。(同上)	
宋咸平元年、辽统和十六年(998)	年初,李继迁遣押衙刘仁谦表让恩命,诏不允,赐仁谦锦袍、银带。(《宋史》卷485《夏国传上》) 四月,李继迁遣弟李继瑗至宋谢恩。宋授继瑗亳州防御使,封继迁母卫慕氏卫国太夫人,子德明为定难军行军司马。(《宋史》卷6《真宗纪一》、卷485《夏国传上》)	二月,李继迁遣使至契丹贡奉。(《辽史》卷13《圣宗纪四》)	
宋咸平二年、辽统和十七年(999)			
宋咸平三年、辽统和十八年(1000)		十一月,契丹授西平王李继迁子德昭(即德明,下同)朔方军节度使。(《辽史》卷14《圣宗纪五》)	
宋咸平四年、辽统和十九年(1001)	八月,李继迁遣牙将贡马于宋,犹称所赐姓名。(《西夏纪》卷3)	三月,夏国遣李文贵至契丹贡奉。(《辽史》卷14《圣宗纪五》) 六月,李继迁遣使奏下宋恒、环、庆三州,赐诏褒美。(《辽史》卷115《西夏记》)	
宋咸平五年、辽统和二十年(1002)		正月,李继迁遣使契丹进贡驼、马。(《辽史》卷14《圣宗纪五》) 六月,李继迁遣刘仁勖来告下宋朝灵州。(《辽史》卷115《西夏记》)	十月继迁以铁箭诱西凉吐蕃六谷部,潘罗支拒之,戮夏使一人,执一人。(《宋史》卷492《吐蕃传》)
宋咸平六年、辽统和二十一年(1003)		五月,西平王李继迁薨,其子李德昭遣使来告。(《辽史》卷14《圣宗纪五》) 六月,契丹赠李继迁尚书令,遣西上閤门使丁振吊慰。(同上) 九月,李德昭遣使来谢吊慰。(同上)	二月,继迁复送铁箭潘罗支,令其归附。(《长编》卷54)

年代	宋	辽(契丹)	吐蕃、回鹘
宋景德元年、辽统和二十二年(1004)	《宋史》卷485《夏国传上》记载,继迁于景德元年(1004)正月二日卒;《宋史》卷7《真宗纪二》系之景德元年二月,与《辽史》记载不同,当考。 鄜延钤辖张崇贵遗书德明,德明回书称未葬,难发表章,乞就便具奏。宋赐德明诏谕,以信人未至,故未遣使吊问。(《长编》卷56)	三月,李德昭遣使上继迁遗物。(《辽史》卷14《圣宗纪五》) 七月,契丹遣使封李德昭为西平王。(同上) 十月,西平王李德昭遣使谢册封。(同上)	
宋景德二年、辽统和二十三年(1005)	六月丁亥,德明遣牙将王旻奉表归款,宋赐王旻锦袍、银带,遣侍禁夏居厚赍诏答之。(《长编》卷60) 甲午,张崇贵自延州入奏,诏谕当使德明自为誓约,纳灵州土疆,止居平夏,遣子弟入宿卫,送掠去吏民,尽散蕃汉兵及质口,封境之上有侵扰者禀朝旨,凡七事。则授德明定难节度使、西平王,赐金帛缗钱四万贯匹两,茶二万斤,给内地节度使俸,听回图往来,放青盐之禁,凡五事。仍遣阁门通事舍人焦守节偕往,呼德明亲信示之,如能顺命,即降恩制。既而德明使张浦至延州面议及致书疏,但多邀求,不肯自为誓约也。(同上) 九月癸丑,德明遣都知兵马使白文寿来贡。(《长编》卷61) 十二月,德明又遣教练使郝贵来贡。(同上)	二月,夏国遣使告下宋青城。(《辽史》卷14《圣宗纪五》)	
宋景德三年、辽统和二十四年(1006)	五月壬寅,德明遣兵马使贺永珍来贡。甲辰,又遣兵马使贺守文来贡。(《长编》卷63) 先是,向敏中及张崇贵与德明议立誓约,久未决。德明虽数遣使修贡,然于七事不肯承顺,累表但云乞先赐恩命,徐议之。(同上) 六月丁丑,德明复遣左都押衙贺永正等来贡。甲午,诏秦翰与张崇贵移牒德明,自今勿复侵扰境外。(同上) 七月癸卯,德明又遣使贡马百五十匹,谢前答赐之物。宋赐袭衣、金带及器币等答焉。乃诏张崇贵谕其使,自今答赐,勿复谢恩。(同上) 八月,德明欲以良马、骆驼千计入贡。宋朝提出如果德明不同意亲弟入质,朝廷则不许贸易往来及放行青盐之禁,但可以约和。(同上) 九月癸卯,宋以德明累表归顺,降诏慰谕。(《长编》卷64) 癸丑,德明移牒鄜延路,索蕃部指挥使色木结皆以等。宋报夏人,其投归在德明纳誓表前。(同上)		

年代	宋	辽(契丹)	吐蕃、回鹘
	丁卯，鄜延钤辖张崇贵入奏，德明遣牙校刘仁勖来进誓表，请藏盟府。（同上） 十月庚午，宋以德明为定难节度使、西平王，给俸如内地。（同上） 甲午，德明上言曹玮招纳夏界蕃部。诏以德明誓表遍谕边臣。（同上） 丁丑，宋以内侍左右班都知张崇贵为赵德明旌节官告使，太常博士赵湘副之。赐德明袭衣、金带、金鞍勒马、银万两、绢万匹、钱二万贯、茶二万斤。（同上） 癸未，延州向敏中等上言，赵德明遣人致书，以驼马土物送遗。诏令复书，以礼物答之。（同上） 十一月乙巳，赵德明遣使贡御马二十五匹，散马七百匹，驼三百头，以谢朝命。（同上） 庚申，赵德明又遣使来贡。（同上）		
宋景德四年、辽统和二十五年(1007)	三月，赵德明遣牙吏贡马五百、骆驼二百，谢给俸廪。诏赐德明袭衣、金带、器币。德明又请进奉使赴京，市所须物。从之。（《长编》卷65） 五月，赵德明母罔氏卒，授德明起复镇军大将军、左金吾卫上将军。命殿中丞赵稹为吊赠、官告等使，德明以乐迎告至其母柩前。明日禫衣受赐，泣曰："蕃夷母丧，蒙天子吊赠，起复之命，宠荣极矣！"（同上） 闰五月，赵德明移牒延州，请罢修葺保安军驿舍。（同上） 六月己酉，赵德明遣使贡马百五十匹，助修皇后园陵。（同上） 庚申，延州向敏中言，德明近多次移牒索早先归附宋朝的夏州民刘严等，宋廷不许。（同上） 七月，赵德明请许蕃民赴保安军榷场贸易，从之。（《长编》卷66） 九月，赵德明将葬母，宋遣殿直袁瑀致祭。瑀至夏州，遗忘抚问辞，且发言轻易。及还，坐落职，赎金十斤。（同上） 十月乙未，麟州言赵德明请于州西置榷场互市，宋以延州已置，不许。（《长编》卷67） 庚申，真宗从张崇贵言，遣使赐赵德明冬服及仪天历。德明又请诣五台寺修设，追荐其母。真宗令崇贵答以不敢闻奏。若诚愿则听致施物于鄜延，委崇贵差人送五台山。（同上）	七月壬申，西平王李德昭母薨，契丹遣使吊祭。甲戌，契丹遣使起复。（《辽史》卷14《圣宗纪五》）。按《长编》记载德明母五月卒。	

年　代	宋	辽(契丹)	吐蕃、回鹘
宋大中祥符元年、辽统和二十六年(1008)	正月,夏州饥,请易粟,许之。(《宋史》卷7《真宗纪二》) 宋以天书降,加赐赵德明守正功臣,益食邑一千户,食实封四百户。(《宋史》卷485《夏国传上》) 四月,赵德明请市青盐,宋帝诏以德明所纳誓书谕之,盖素不载青盐事。(《长编》卷68) 十月,宋真宗东封,德明遣使来献,礼成,加兼中书令,益食邑千户,实封四百户。(《宋史》卷485《夏国传上》)		
宋大中祥符二年、辽统和二十七年(1009)	三月,赵德明移牒鄜延路,请罢庆州开浚壕堑,诏许之。(《长编》卷71) 六月,宋真宗诏械送夏州间谍,令赵德明裁遣。(同上) 十一月,夏州进奉使白守贵等请市弓矢及弩,宋帝以弩在禁科,不许,余从之。(《长编》卷72)	十二月,契丹遣使来告国母萧氏卒。(《辽史》卷115《西夏记》)	
宋大中祥符三年、辽统和二十八年(1010)	夏境饥,上表宋朝求粟百万。(《宋史》卷485《夏国传上》)	九月,契丹遣使册西平王李德昭为夏国王。(《辽史》卷15《圣宗纪六》)	
宋大中祥符四年、辽统和二十九年(1011)	正月,赵德明奉表诉明爱等侵耕其绥州界,乞遣使按视。诏张崇贵详度,令明爱等还内地。(《长编》卷75) 二月,赵德明遣使入贡于宋。(同上) 四月壬子,赵德明遣使贡马贺祀汾阴。赐德明衣带、鞍勒马、器币。时贡马子弟与京城民相殴,诏以事付鄜延路,令移文德明,就彼决遣之。(同上) 甲子,定难节度使赵德明守中书令。(同上)		
宋大中祥符五年、辽开泰元年(1012)	四月,赵德明请割绥州土田、人口隶当道,诏陕西转运司取德明誓书,与边臣详定报之。初,德明以此为请,边臣言当隶延州,德明复遣使诣阙上诉,故有是命。(《长编》卷77) 十月,宋以圣祖降,加德明守太保。(《宋史》卷485《夏国传上》) 十一月,宋遣西京左藏库使王应昌使夏州,以加恩官诰赐赵德明。(《长编》卷79) 宋禁夏州进奉使造军器归本道。(同上)	四月,夏国遣使契丹进良马。(《辽史》卷15《圣宗纪六》) 十一月,契丹赐夏国使东头供奉官曹文斌、吕文贵等官爵。(同上)	

年 代	宋	辽(契丹)	吐蕃、回鹘
宋大中祥符六年、辽开泰二年(1013)		七月,契丹遣使夏国,诏李德昭犄角伐党项。(《辽史》卷15《圣宗纪六》) 八月,契丹遣引进使李延弘来赐夏国王李德昭及义成公主车马。(《辽史》卷115《西夏记》)	
宋大中祥符七年、辽开泰三年(1014)	二月,赵德明遣使来献方物,宋加宣德功臣号。(《宋史》卷485《夏国传上》)		
宋大中祥符八年、辽开泰四年(1015)	西夏于石州浊轮谷筑堡,将建榷场,宋沿边安抚司止之。(《宋史》卷485《夏国传上》) 四月,宋真宗诏蕃部熟户逃亡西界者,移牒追取。(《长编》卷84)		
宋大中祥符九年、辽开泰五年(1016)	十月,赵德明遣牙校刘仁勖贡马二十匹,因上言自向敏中归阙,张崇贵云亡,后来边臣罕守旧制,擅举甲兵,渐乖盟约。诏答各遵纪律,共守封疆。 自赵德明纳款,凡有表奏,并令延州承受入递,其使者不复诣阙。其后向敏中言,"事有当诣阙者,令延州伴送。"及仁勖至延州,以其所奏异于他日,留仁勖,具以闻。诏特许赴阙。(《长编》卷88)		
宋天禧元年、辽开泰六年(1017)	正月,宋加赵德明太傅,食邑千户,实封四百户。(《宋史》卷485《夏国传上》)		
宋天禧二年、辽开泰七年(1018)			吐蕃王并里尊遣使来假道。(《辽史》卷16《圣宗纪七》)
宋天禧三年、辽开泰八年(1019)	春,赵德明继母卒,遣使来告。以屯田员外郎上官佖为吊赠兼起复官告使,阁门祗侯常希古为致祭使。(《宋史》卷485《夏国传上》) 冬,宋朝郊祀,加赵德明崇仁功臣号。(同上)		
宋天禧四年、辽开泰九年(1020)	正月,宥州蕃族腊儿率众劫熟户,被金明县监押李士彬斩杀。真宗诏部署司以其事报赵德明。(《长编》卷95)	契丹主亲将兵五十万,以狩为言,来攻凉甸,赵德明率众逆拒,败之。《宋史》卷485《夏国传上》。	

年代	宋	辽(契丹)	吐蕃、回鹘
宋天禧五年、辽太平元年(1021)	五月,赵德明落起复,遣入内都知蓝继宗为官告使,至西夏赐之。德明与继宗射,继宗每发必中,德明赠以所乘名马。(《长编》卷97)	契丹遣金吾卫上将军萧孝诚赍玉册金印,册赵德明为尚书令、大夏国王。(《宋史》卷485《夏国传上》) 十一月,李德昭遣使来贡。(《辽史》卷16《圣宗纪七》)	
宋乾兴元年、辽太平二年(1022)	二月,宋真宗崩,太子嗣位,是为仁宗。 宋加赵德明纯诚功臣号。德明自与宋约和以来,每岁旦、圣节、冬至皆遣牙校来献不绝,而每加恩赐官告,则又以袭衣五、金荔支带、金花银匣副之,银沙罗、盆、合千两,锦彩千匹,金涂银鞍勒马一匹,副以缨、複,遣内臣就赐之。又遣閤门祇侯赐冬服及颁仪天具注历。(《宋史》卷485《夏国传上》) 赵德明表请大食国贡使取道西夏,宋朝不许。(《宋史》卷490《大食传》)	十月契丹遣堂后官张克恭使夏国,贺夏国王李德昭生日。(《辽史》卷16《圣宗纪七》)	
宋天圣元年、辽太平三年(1023)	宋加赵德明尚书令。(《西夏纪》卷5)		
宋天圣二年、辽太平三年(1024)	宋使康德舆来赐冬服。(《西夏纪》卷5)		
宋天圣三年、辽太平五年(1025)	七月,宋发兵平属羌,虑西夏为疑,遣使谕赵德明。(《长编》卷103)	十一月,夏国遣使入贡。契丹以德昭强盛,厚赐使者。(《西夏纪》卷5)	
宋天圣四年、辽太平六年(1026)	二月,应西夏之请,宋于并代路置和市。(《长编》卷104)	十月,契丹遣使问夏国五月与宋交战之故。(《辽史》卷17《圣宗纪八》)	
宋天圣五年、辽太平七年(1027)	二月,赵德明遣都知兵马使白文美来告东南蕃部多逃入汉界。诏鄜延经略司据数遣还夏国,其先落蕃户口,亦诏德明护送境上。(《长编》卷105)		
宋天圣六年、辽太平八年(1028)		六月,契丹遣吴克荷贺夏国王李德昭生日。(《辽史》卷17《圣宗纪八》)	
宋天圣七年、辽太平九年(1029)		二月,李德明为元昊请婚契丹,许之。(《西夏书事》卷11)	
宋天圣八年、辽太平十年(1030)	十二月辛丑,加赐西平王赵德明功臣号(《宋史》卷9《仁宗纪一》) 丁未,赵德明遣使献马七十匹,乞赐佛经一藏,从之。(《长编》卷109)		

年 代	宋	辽(契丹)	吐蕃、回鹘
宋天圣九年、辽太平十一年(1031)		六月,契丹圣宗崩,子宗真即位,是为兴宗。遣使夏国告哀。(《辽史》卷115《西夏记》) 九月,夏国遣使契丹吊慰。(《辽史》卷18《兴宗纪一》) 十月,夏国遣使来赙。(同上) 是岁,契丹以兴平公主下嫁夏国王李德昭子李元昊,以元昊为夏国公、附马都尉。(同上)	
宋明道元年、辽重熙元年、夏显道元年(1032)	九月,环州言西人寇边,诏部署司严饬兵备,又令鄜延路移文夏州戒约之。(《长编》卷111) 十一月,定难节度使、守太傅、尚书令兼中书令、西平王赵德明封夏王。 赵德明卒,子元昊继立,延州以闻。诏辍朝三日,命开封府判官、度支员外郎朱昌符为祭奠使,六宅副使、内侍押班冯仁俊副之。赐赙绢七百匹、布三百匹,副以羊、酒等。将葬,赐物称是。皇太后所赐亦如之。(同上) 十一月癸巳,授元昊特进、检校太师兼侍中、定难节度使、夏银绥宥静等州观察处置押蕃落使、西平王。以司封员外郎杨告为旌节官告使,礼宾副使朱允中副之。(同上)	十一月丙戌,夏国遣使来贺。 辛卯,夏国王李德昭薨,册其子夏国公李元昊为夏国王。(《辽史》卷18《兴宗纪一》)	
宋明道二年、辽重熙二年、夏显道二年(1033)	四月,宋遣供备库副使李用和持太后遗留物赐西平王赵元昊。(《长编》卷112)	正月,遣使如契丹贡奉。(《辽史》卷18《兴宗纪一》) 十二月,契丹禁夏国使沿路私市金、铁。(同上)	
宋景祐元年、辽重熙三年、夏开运(广运)元年(1034)	元昊母卫慕氏薨,遣使来告哀。起复镇军大将军、左金吾卫上将军。以内殿崇班王中庸为致祭使,起居舍人郭劝为吊赠兼起复官告使。元昊赂遗郭劝等百万,拒之不受。(《长编》卷115) 十二月,赵元昊献马五十匹,求佛经一藏,宋仁宗诏特赐之。(同上)		
宋景祐二年、辽重熙四年、夏广运二年(1035)	宋加元昊中书令。(《宋史》卷485《夏国传上》) 七月,西界首领遇讹等数寇边,鄜延路移牒约束。(《长编》卷117)		

年　代	宋	辽(契丹)	吐蕃、回鹘
宋景祐三年、辽重熙五年、夏大庆元年(1036)			
宋景祐四年、辽重熙六年、夏大庆二年(1037)			
宋宝元元年、辽重熙七年、夏天授礼法延祚元年(1038)	正月,元昊请遣人供佛五台山,乞令使臣引护,并给馆券,从之。(《长编》卷121) 九月,元昊从父山遇投宋,知延州郭劝命监押韩周执送元昊。元昊不肯受,曰:"延州诱我叛臣,我当引兵赴延州,于知州厅前受之。"韩周劝谕良久,乃肯受。(《长编》卷122) 十月,元昊在兴庆府筑坛受册,自号大夏始文英武兴法建礼仁孝皇帝,改元天授礼法延祚,自诣西凉府祠神,遣使至宋告其称帝。(同上) 十二月,鄜延路钤辖司言赵元昊称帝。(同上)	三月,夏国遣使来贡。(《辽史》卷18《兴宗纪一》) 四月,夏国王李元昊妃兴平公主薨,兴宗遣北院承旨耶律庶成持诏来问。公主生前与元昊不睦,故诘之。(同上)	
宋宝元二年、辽重熙八年、夏天授礼法延祚二年(1039)	正月,元昊使至宋都汴京。初,夏使称"伪官",知延州郭劝、鄜延钤辖李渭留其使,具奏元昊虽僭中国名号,然阅其表函,尚称臣,可渐以礼屈,愿与大臣熟议。诏许夏使赴京师,郭劝遣韩周伴引。夏使至东华门,方去本国服。元昊在表中请宋朝许以西郊之地,册为南面之君。夏使回,不肯受诏及赐物,宋亦却其献物,令韩周复送至境上。郭劝、李渭因不察敌情,坐落职。(《长编》卷123) 二月,宋废保安军榷场。(同上) 六月,宋诏削赵元昊官爵,揭榜于边,募能擒元昊者,授以定难节度使。(同上) 闰十二月,元昊复遣贺九言赍"嫚书",纳旌节及所授敕告并所得赦牓,置神明匣,留归娘族而去。(《长编》卷125)		
宋康定元年、辽重熙九年、夏天授礼法延祚三年(1040)	正月,鄜延、环庆经略司上言,元昊遣伪供备库使毛迎啜己等至境上,欲议通和。诏所上表如不亏臣礼,即受之。(《长编》卷126)	宋遣使契丹,请出面与夏说和,兴宗命枢密副使杜防使夏说之。(《辽史》卷86《杜防传》)	

年代	宋	辽(契丹)	吐蕃、回鹘
宋庆历元年、辽重熙十年、夏天授礼法延祚四年(1041)	正月,元昊使人于泾原乞和,又遣塞门寨主高延德至延州与范仲淹相约。仲淹既见延德,察元昊未肯顺事,且无表章,不敢报告朝廷,乃自为书谕以逆顺,遣监押韩周随高延德至夏。(《长编》卷130) 二月丙戌,宋仁宗闻元昊执送塞门寨主至保安军,诏令赴京师,但范仲淹已遣延德还夏州。(《长编》卷131) 韩周至夏州,留四十余日,元昊方令野利旺荣为书报范仲淹,别遣使与韩周俱还。范仲淹当夏使面焚其书,而暗中录副本以闻。书凡二十六纸,其不可闻者二十纸,仲淹悉焚之,余又略加删改。书既达,大臣皆谓仲淹不当辄与元昊通书,又不当焚其报。(同上) 十一月,诏延州,若元昊遣人进表章,即拘留之,先具事宜以闻。(《长编》卷134)	九月,夏国遣使来献宋俘。(《辽史》卷19《兴宗纪二》)	
宋庆历二年、辽重熙十一年、夏天授礼法延祚五年(1042)	宋仁宗密诏知延州庞籍招纳元昊,提出"元昊苟称臣,虽仍其僭号亦无害,若改称单于、可汗,则固大善"。庞籍乃与元昊重臣野利旺荣数遣李文贵往返计议。(《长编》卷138)	契丹遣萧塔列葛使夏,告谕伐宋事,约元昊出别道以会。(《辽史》卷85《萧塔列葛传》)	
宋庆历三年、辽重熙十二年、夏天授礼法延祚六年(1043)	正月癸巳,西夏六宅使、伊州刺史贺从勖持元昊书至保安军议和。元昊自称"男邦泥定国兀卒曩霄上书父大宋皇帝"。(《长编》卷139) 二月庚戌,宋知制诰梁适假龙图阁直学士、右谏议大夫使延州,与庞籍商议招纳元昊之礼。遂许夏使贺从勖赴京师。(同上) 四月癸卯,签书保安军判官邵良佐假著作郎,随夏使贺从勖使夏州。宋朝提出议和条件:今后元昊上表,只称旧名,朝廷当册封为夏国主,赐诏不名,许自置官属;夏使至京,宴坐朵殿,宋使至夏,一如接见契丹使人礼;置榷场于保安军;岁赐绢十万匹、茶三万斤,生日与十月一日赐赉之;许夏国进奉乾元节及贺正旦;缘边兴复寨栅,并如旧。(《长编》卷140) 七月乙酉,元昊复遣吕你如定等与邵良佐俱来,所要请凡十一事,其欲称男而不称臣,犹执前议。(《长编》卷142) 八月癸丑,宋遣大理寺丞张子奭与右侍禁王正伦使夏州。(同上) 元昊再遣杨守素如宋,乞称臣、市青	正月,契丹遣同知析津府事耶律敌烈、枢密院都承旨王惟吉使夏,谕元昊与宋和。(《辽史》卷115《西夏记》) 二月己酉,夏国以契丹主加尊号,遣使来贺。 甲寅,耶律敌烈等使夏国还,奏李元昊罢兵。(同上) 三月,夏国遣使契丹献俘。(《西夏书事》卷16) 四月,夏国遣使契丹贡马、驼。(《辽史》卷19《兴宗纪二》) 七月,遣使上表契丹,请伐宋,不许。(《辽史》卷115《西夏记》) 十月,夏人侵党项,契丹遣延昌宫使高家奴诘之。(同上)	

年 代	宋	辽(契丹)	吐蕃、回鹘
	盐及增岁币等。(《西夏纪》卷10) 十一月,宋使张子奭自西夏回京。(《长编》卷145) 十二月,元昊又遣张延寿等来议事。(同上)		
宋庆历四年、辽重熙十三年、夏天授礼法延祚七年(1044)	二月,夏使张延寿还。(《西夏书事》卷17) 五月丙戌,元昊始称臣,自号夏国主,复遣尹与则、杨守素来议事。(《长编》卷149) 七月,契丹遣使宋朝,告举兵伐夏,若"元昊乞臣,幸无亟许"。(《长编》卷151) 九月丁丑,元昊复遣丁守素、尹悦则等来议事。(《长编》卷152) 九月甲申,宋廷拟册封元昊,仍令延州先移文夏人。(同上) 十月庚寅,赐元昊誓诏。元昊早已上誓表,因辽朝来报,故拖至十月才颁誓诏。(同上) 十一月,元昊败辽兵,遣使赍表至宋献俘。宋仁宗诏却其俘而受表。(《长编》卷154) 十二月乙未,册命元昊为夏国主。以尚书祠部员外郎张子奭充册礼使,东头供奉官张士元充副使。仍赐对衣、黄金带、银鞍勒马、银二万两、绢二万匹、茶三万斤。册以漆书竹简,凡二十四,长尺一寸。赐金涂银印,方二寸一分,文曰"夏国主印",龟钮锦绶;金涂银牌,长七寸五分,阔一寸九分。约称臣,奉正朔,改所赐敕书为诏而不名,许自置官属。夏使至京,就驿贸易,宴坐朵殿。宋使至夏国,相见以宾客礼。置榷场于保安军及高平寨,第不通青盐。然宋朝每遣使往,馆于宥州,终不至兴、灵焉。(《长编》卷153)	正月,元昊遣使献于契丹。(《西夏书事》卷17) 五月,契丹征诸道兵伐夏。(《辽史》卷19《兴宗纪二》) 七月辛酉,夏国遣使来朝。(同上) 八月丁巳,夏国复遣使来,契丹以夏使不实对,笞之。(同上) 十月丁酉,元昊上表谢罪。(同上) 己亥,元昊遣使来奏,欲收叛党以献,从之。(同上) 辛亥,元昊遣使来进方物。(同上) 壬子,北院枢密副使萧革言元昊伏罪,兴宗赐酒许和。(同上) 十二月,西夏归还契丹附马都尉萧胡覩。又遣使契丹贡奉。(《辽史》卷115《西夏记》) 丁巳,元昊遣使送还俘虏。契丹亦还羁押的夏国使人。(同上)	
宋庆历五年、辽重熙十四年、夏天授礼法延祚八年(1045)	二月,夏国遣丁弩关聿则等来贺正旦,自是岁以为常。时聿则因留延州议事,故后至也。(《长编》卷154) 四月,遣人至宋贺乾元节。(《宋史》卷11《仁宗纪三》) 五月壬戌,归宋将石元孙。(《长编》卷155) 闰五月丙午,遣使至宋谢册封。又遣僧吉外吉法正谢赐藏经。(《长编》卷156)	正月甲申,夏国遣使进鹘。(《辽史》卷19《兴宗纪二》) 六月庚辰,夏国遣使来贡。(同上)	

年 代	宋	辽(契丹)	吐蕃、回鹘
	七月,宋使至西夏贺生日。(《西夏纪》卷11) 八月庚辰,诏保安军移文宥州,令遵守誓约,以夏国未肯明立封界故也。(《长编》卷157) 十月辛未,宋遣使至夏国颁历。(《宋史》卷11《仁宗纪三》) 夏国请岁赐毋逾岁暮,不许。(《西夏纪》卷11) 十二月壬子,诏延州自今夏国有合议边事,先具经画利害以闻,其常事,听一面移文宥州。(《长编》卷157) 元昊遣杨守素至保安军,索在汉人户。(同上)		
宋庆历六年、辽重熙十五年、夏天授礼法延祚九年(1046)	正月己丑,宋诏夏国主,其缘边封界只以誓诏所载为定。先是,夏国遣杨守素持表及地图来献卧尚庞、吴移、已布等九处城寨,并理索边界人四百余户。然所献城寨并在汉地,只以蕃语乱之,其投来边户,亦元属汉界,不当遣还。(《长编》卷158) 本月,西夏遣使至宋贺正旦。(《西夏纪》卷11) 四月壬申,夏国请求将禁止边臣纳过境蕃部事附入誓诏。甲戌,诏从其请。(同上) 七月,宋使至西夏贺生日。(同上) 九月辛卯,夏国主言,先以兵马收获承平州分水向西一带境土,既分赏得功将校,今边臣故有所争,未协累年之议。(《长编》卷159) 甲午,宋遣刑部员外郎张子奭往保安军,与夏国所遣人面议之,仍谕夏国主。(同上) 十一月己卯,宋遣著作佐郎楚建中往延州同议夏国封界事。(同上)		
宋庆历七年、辽重熙十六年,夏天授礼法延祚十年(1047)	九月,宋应西夏请求,移保安军榷场于顺宁寨。(《长编》卷161)		

年代	宋	辽(契丹)	吐蕃、回鹘
宋庆历八年、辽重熙十七年、夏天授礼法延祚十一年(1048)	正月,元昊卒,幼子谅祚即位。(《宋史》卷485《夏国传上》) 二月丁丑,夏国遣杨守素来告哀。宋命开封府判官、祠部员外郎曹颖叔为祭奠使,六宅使、达州刺史邓保信为吊慰使,赐绢一千匹,布五百匹,羊百口,米面各百石,酒百瓶。及葬,又赐绢一千五百匹,余如初赙之数。(《长编》卷163) 四月己巳,以祠部员外郎任颛为册礼使,封元昊子谅祚为夏国主。(《长编》卷164) 九月丁酉,夏国遣使来谢祭奠。(《长编》卷165) 十二月辛巳,夏国遣使来谢封册。(同上)	二月,夏国王李元昊薨,其子谅祚遣使来告,契丹遣右护卫太保耶律兴老、将作少监王全慰奠。(《辽史》卷20《兴宗纪三》) 三月丙午,夏国李谅祚遣使上其父元昊遗物。(同上)	
宋皇祐元年、辽重熙十八年、夏延嗣宁国元年(1049)	夏国遣使宋朝,进奉贺正马、驼。(《西夏纪》卷12)	正月,夏国遣使契丹贺正,留之不遣。(《辽史》卷20《兴宗纪三》) 六月壬戌,举兵伐夏。(同上) 辛巳,夏国使来贡,复留之不遣。(同上)	
宋皇祐二年、辽重熙十九年、夏天祐垂圣元年(1050)	三月甲午,保安军言,夏国以战败契丹来献捷,本军以誓诏无泛遣人例,已拒还之。(《长编》卷168)	正月辛丑,契丹遣使夏国问罪。(《辽史》卷20《兴宗纪三》) 十月辛未,夏国王李谅祚母遣使契丹,乞依旧称臣。兴宗诏别遣信臣诣阙,当徐议之。(同上) 十二月壬子,夏国王李谅祚遣使上表,乞依旧臣属。(同上)	
宋皇祐三年、辽重熙二十年、夏天祐垂圣二年(1051)		二月甲申,契丹前北院都监萧友括等使夏国,索党项叛户。(《辽史》卷20《兴宗纪三》) 五月癸丑,萧友括等使夏还,李谅祚母表乞代党项权进马、驼、牛、羊等物。(《辽史》卷115《西夏记》) 己巳,夏国遣使求唐隆镇及乞罢所建城邑,诏答之。(《辽史》卷20《兴宗纪三》)	
宋皇祐四年、辽重熙二十一年、夏天祐垂圣三年(1052)	二月己丑,诏夏国岁遣首领进奉,其引伴、押伴,自今选练习边事人。(《长编》卷172) 十月,宋遣閤门祇侯周永清押时服至宥州,夏人受赐不跪,永清诘之,恐而跪。(《西夏纪》卷12)	十月,谅祚遣使乞弛边备,兴宗遣萧友括奉诏谕之。(《辽史》卷20《兴宗纪三》)	

年代	宋	辽(契丹)	吐蕃、回鹘
宋皇祐五年、辽重熙二十二年、夏福圣承道元年(1053)	二月,西夏移牒索古渭州地。(《西夏纪》卷12)	三月癸亥,夏国李谅祚以赐诏许和,遣使来谢。(《辽史》卷20《兴宗纪三》) 九月壬辰,夏国李谅祚遣使进降表。《辽史·西夏记》作七月。(同上) 甲午,兴宗遣南面林牙高家奴等奉诏来抚慰。(同上)	
宋至和元年、辽重熙二十三年、夏福圣承道二年(1054)		正月戊子,夏使来贡方物。(《辽史》卷20《兴宗纪三》) 五月己巳,夏国李谅祚乞进马、驼,诏岁贡之。(同上) 壬辰,夏国遣使来贡。(同上) 七月己巳,夏国李谅祚遣使契丹求婚。(同上) 十月丙辰,夏国李谅祚遣使契丹进誓表。(同上)	
宋至和二年、辽清宁元年、夏福圣承道三年(1055)	四月庚子,宋赐夏国大藏经。(《长编》卷179)	二月甲寅,夏国遣使来贺。(《辽史》卷20《兴宗纪三》) 八月,兴宗崩于行宫。(同上) 癸巳,遣使报哀于夏。(《辽史》卷21《道宗纪一》) 九月壬午,遣使夏国,赐先帝遗物。(同上) 九月,夏国遣使贺道宗即位。(《辽史》卷115《西夏记》) 十一月,夏国遣使契丹,会兴宗葬。(《西夏书事》卷19)。按《辽史·道宗纪》只载宋、高丽遣使会葬,而无西夏。	
宋嘉祐元年、辽清宁二年、夏福圣承道四年(1056)	七月,西夏移文保安军,乞宋朝抽还修古渭寨军及索叛去张纳芝、临占。(《长编》卷183) 八月壬子,宋仁宗诏秦凤路经略司,古渭寨乃秦川属地,张纳芝、临占世为蕃官,令保安军以此报西夏。(同上) 十月,西夏国母没藏氏卒。(《长编》卷184) 十二月甲子,夏国主谅祚遣祖儒嵬名聿则、庆唐徐舜卿等来告哀。(同上) 戊辰,宋遣开封府判官冯浩为祭奠使、文思副使张惟清为吊慰使,如夏吊慰。(同上)		

年　代	宋	辽(契丹)	吐蕃、回鹘
宋嘉祐二年、辽清宁三年、夏䜩都元年(1057)	三月癸巳,夏国主遣使以其母遗留马、驼来献。(《长编》卷185) 六月戊午,夏国主谅祚遣使至宋谢吊祭。(《长编》卷186) 十二月,遣使至宋进奉贺正马、驼。(《西夏纪》卷12) 十二月,宋赐诏夏国主,所赎《大藏经》的七十匹常马,俟来年冬贺嘉祐四年正旦时附进。(《欧阳文忠集》卷86《赐夏国赎大藏经诏》)	十二月庚戌,辽太皇太后崩。(《辽史》卷21《道宗纪一》)	
宋嘉祐三年、辽清宁四年、夏䜩都二年(1058)		正月壬申,遣使报哀于夏国。(《辽史》卷21《道宗纪一》) 五月癸酉,夏国遣使会太皇太后葬。(同上)	
宋嘉祐四年、辽清宁五年、夏䜩都三年(1059)	十二月,夏国遣使进奉马、驼贺正旦,宋诏答之。(《欧阳文忠集》卷88《赐夏国主进奉贺正旦马驼诏》)		
宋嘉祐五年、辽清宁六年、夏䜩都四年(1060)	保安军牒索叛蕃胡守中,还之。(《长编》卷192)		
宋嘉祐六年、辽清宁七年、夏䜩都五年(1061)	四月,赵抃论纵夏酋入境。初,夏国每年进奉乾元节,差使副各一员,今岁更旧例,罢去副使,独遣酋长二人入境。宋延帅程戡不能止遏,致西人无畏惮,赵抃弹之。(《西夏纪》卷13) 六月庚辰,宋太原府代州钤辖苏安静上麟州屈野河界图,宋夏两国划定屈野河边界。(《长编》卷193) 十一月己巳,夏国主谅祚言,本国窃慕汉衣冠,今国人皆不用蕃礼,明年欲以汉仪迎待朝廷使人。从之。(《长编》卷195)		
宋嘉祐七年、辽清宁八年、夏䜩都六年(1062)	正月,夏使祖儒嵬名聿正、枢铭靳允至宋贺正旦。宋赐诏答之。(《宋大诏令集》卷234) 四月己丑,夏国主谅祚上表宋朝,求太宗御制诗草、隶书石本,欲建书阁宝藏之。且进马五十匹,求《九经》、《唐史》、《册府元龟》及本朝正至朝贺仪。诏赐《九经》,还其马。谅祚又求尚主,诏答以昔尝赐姓,不许。(《长编》卷196) 六月癸未,宋遣供备库副使张宗道赐谅祚生辰礼物。(同上)		

年　代	宋	辽(契丹)	吐蕃、回鹘
宋嘉祐八年、辽清宁九年、夏拱化元年(1063)	正月癸丑,宋仁宗诏夏国主谅祚:所遣进奉人石方称宣徽南院使,非陪臣官号,自今宜遵用誓诏,无得僭拟。(《长编》卷198) 三月辛未,宋仁宗崩。(同上) 四月癸酉,宋遣左藏库副使任拱之告哀夏国,并赍大行皇帝遗诏及遗留物赐之。(同上) 辛巳,放夏国使人入见。(同上) 丙戌,以国子监所印《九经》及正义、《孟子》、医书赐夏国,从其请也。(同上) 七月丙辰,夏国主谅祚遣使入宋吊慰,见于皇仪门外。夏使固求入对,不许。谅祚所上表辄改姓李,赐诏诘之,令守誓约。(《长编》卷199)	契丹禁民鬻铜于夏。(《辽史》卷115《西夏记》)	
宋治平元年、辽清宁十年、夏拱化二年(1064)	正月乙酉,司门郎中李定等奏:差押伴夏国使人习上寿仪,退就幕次,赐酒食,所供微薄。使人窃笑,初不下箸,甚不称朝廷来远之意。(《长编》卷200) 宋英宗诏劾御厨监官及客省吏人。(同上) 治平初,西夏求复榷场,不许。(《宋史》卷485《夏国传上》) 九月庚午,宋英宗赐诏夏国主谅祚,戒自今精择使人,毋使生事,以夏国贺登极进奉人吴宗等欲佩鱼及以仪物自从故也。(《长编》卷202) 是秋,宋英宗以夏国主谅祚数出兵寇掠秦凤、泾原路,诏遣文思副使王无忌赍诏诘问。(同上) 宋赐夏国治平二年历日。(《华阳集》卷23《赐夏国主历日诏》)		
宋治平二年、辽咸雍元年、夏拱化三年(1065)	正月丁卯,诏夏国主谅祚毋于沿边侵扰。上年秋,宋英宗遣王无忌赍诏责谅祚,谅祚迁延弗受诏,而因其贺正使附表自言起兵之由,归罪于宋朝边吏,辞多非实,故复以诏戒谕焉。谅祚终勿听。(《长编》卷204) 十二月甲辰,夏国主谅祚使人来贺正旦。(《长编》卷206) 丁未,西夏使人来贺寿圣节。(同上)	五月辛巳,夏国遣使贡奉。(《辽史》卷22《道宗纪二》)	

年　代	宋	辽(契丹)	吐蕃、回鹘
宋治平三年、辽咸雍二年、夏拱化四年(1066)	十月癸未,宋遣西京左藏库副使何次公赍诏赐夏国主谅祚,问所以入寇之故,仍止其岁赐银帛。(《长编》卷208) 十一月,西京左藏库副使何次公使夏归,谅祚附表云:“受赐累朝,敢渝先誓”,然尚多游辞,归罪于其边吏。宋廷复赐诏诘之,令专遣别使进誓表,具言今后严戒边上酋长,各守封疆,不得点集人马,辄相侵犯;沿边久系汉界熟户并顺汉西蕃,不得更行劫掳及逼胁归投;所有汉界不逞叛亡之人,亦不得更有招纳,苟渝此约,是为绝好,余皆遵依先降誓诏。朝廷恩礼,自当一切如旧。(同上)	是岁,契丹改国号曰大辽。(《长编》卷207)	
宋治平四年、辽咸雍三年、夏拱化五年(1067)	正月丁巳,宋英宗崩。(《宋史》卷14《神宗纪一》) 宋遣供备库副使高遵裕告哀夏国,并以英宗遗留物赐之。(同上) 宋内殿崇班魏璪来赐治平三年冬服、银绢。(《宋史》卷485《夏国传上》) 闰三月甲申,夏国主谅祚遣使来献方物谢罪。宋廷赐诏答之。仍赐银绢各五百两匹。(《长编》卷209) 秋,夏国遣使入宋奉慰及进助山陵。(《宋史》卷485《夏国传上》) 八月戊午,复西夏和市。(《宋史》卷14《神宗纪一》) 十一月,鄜延经略司言,夏国宥州牒称,蕃部嵬名山等五百户内附,乞以嵬名山等还本国。(《长编拾补》卷2) 丁亥,夏人欲执景珣来献,以易嵬名山,判延州郭逵拒之。(同上) 癸卯,鄜延路经略司言,西夏以议榷场事为由,诱杀知保安军杨定、都巡检侍其臻、顺宁寨张时庸。(同上) 十二月谅祚薨,其子秉常嗣立,乞遣使告哀。(同上)	十一月壬辰,夏国遣使进回鹘僧、金佛、梵觉经。(《辽史》卷22《道宗纪二》) 是月,夏国王李谅祚薨。(同上)	
宋熙宁元年、辽咸雍四年、夏乾道元年(1068)	三月庚辰,夏国主秉常告哀使薛宗道等十三人至,宋廷命河北转运使韩缜、陕西经略司勾当公事刘航就都亭驿问伤杨定事,及掳掠熟户、不遣使贺即位、降诏不承等事。宗道言杀杨定者李崇贵等现已禁锢,候朝旨至即拘送。又陈夏国主母悔过之意。(《长编拾补》卷3上) 四月丙戌,延帅郭逵言夏国遣人进誓表,执送杀杨定者伪六宅使李崇贵等至界首。(同上) 十二月庚戌,宋赐秉常诏,许行封册。(《皇宋十朝纲要》卷9)	二月壬子,夏国遣使辽朝报哀。(《辽史》卷22《道宗纪二》) 三月丙子,辽道宗遣使西夏吊祭。(同上) 乙未,夏国李秉常遣使献其父谅祚遗物。(同上) 十月戊辰,辽朝册李秉常为夏国王。(同上) 十二月辛亥,夏国遣使来贡。(同上)	

年　代	宋	辽(契丹)	吐蕃、回鹘
宋熙宁二年、辽咸雍五年、夏天赐礼盛国庆元年(1069)	二月,宋遣河南监牧使刘航等使夏册秉常为夏国主。(《宋史》卷486《夏国传下》) 三月戊子,夏国主秉常上誓表,纳塞门、安远二砦,乞绥州,诏许之。(《宋史》卷14《神宗纪一》) 八月,西夏表请去汉仪,复用蕃礼,从之。(《宋史》卷486《夏国传下》) 十月,西夏遣使宋朝谢册封。(同上)	七月戊辰,夏国遣使辽朝谢册封。(《辽史》卷22《道宗纪二》) 闰十一月戊申,夏国王李秉常遣使乞赐印绶。(同上)	
宋熙宁三年、辽咸雍六年、夏天赐礼盛国庆二年(1070)	十月辛酉,诏延州毋纳夏使。时判延州郭逵言:"西界将来关报贺正旦使等牒至,未审许与不许收接。"诏以郭逵名义回答,以尝寇庆州,不敢收接引伴。(《长编》卷216) 是岁,宋复绝夏岁赐,断和市。(《长编》卷215)		
宋熙宁四年、辽咸雍七年、夏天赐礼盛国庆三年(1071)	五月丙戌,环庆路经略使王广渊言:"夏国韦州监军司牒环州,欲依旧通和,环州与之回答。"鄜延路赵卨亦奏西人至绥德城,与知城折克隽相见,言国主欲得绥州如旧。(《长编》卷223) 己丑,环庆路经略使王广渊言:"西人乞降问罪诏书,方敢进状罪表。"宋神宗批,西人现来顺宁寨求和,环、庆州不须遣人往问。(同上) 六月甲戌,知环州种诊擅回西夏韦州牒,许与夏国通和,坐降一官。(《长编》卷224) 九月庚子,夏国主秉常遣使入贡,表乞绥州,愿依旧约。宋神宗诏答之。(《长编》卷226) 十二月戊午,诏放麟州蕃部结胜还夏国,量给口券、路费。仍令经略司指挥,牒宥州于界首交割。(《长编》卷228)	二月,遣使如辽乞援,宋人探报辽发三十万兵助之。(《长编》卷220) 八月,遣使如辽贺天安节。(《宋史》卷15《神宗纪二》及卷334《沈起传》)	
宋熙宁五年、辽咸雍八年、夏天赐礼盛国庆四年(1072)	正月己丑,宋鄜延路牒宥州,令于界首交割降羌。(《长编》卷229) 丁酉,鄜延路赵卨乞牒宥州诘责西夏数掠绥德。宋神宗诏卨依庆历七年正月指挥,遇有人马杀逐出界,仍牒报宥州。(同上) 丁未,延州以夏人牒来上,牒称除绥州外,各有自来封堠濠堑更无整定。回牒答之。(同上) 二月辛酉,宋廷令知绥德城折克隽与夏人"折难商量"绥德地界。(《长编》卷330)		四月,夏国主秉常妹与吐蕃董毡子结婚。(《长编》卷233)

年代	宋	辽(契丹)	吐蕃、回鹘
	辛未,令保安军移牒宥州,将于麟州界上发遣归夏蕃户。(《长编》卷230) 四月丁卯,祕书丞章惇押伴夏使不赴驿宿,特罚铜八斤。(《长编》卷232) 乙亥,宋廷命祕书丞章惇删修《都亭西驿条制》。夏人久不朝,故《西驿条制》重复杂乱,承用者无所适从,故有是命。(同上) 六月癸亥,环庆路经略司言,夏人送还荔原堡逃去熟户嵬逋等七十八人。先是,夏人未尝以逃户来归,至是,欲请和也。(《长编》卷234) 八月壬午,夏国进誓表不依旧式,只谢恩而不设誓,又不言诸路商量地界事。(《长编》卷237) 辛卯,诏陕西河东诸路经略司,夏国进誓表,朝廷已降诏依庆元(历)五年正月壬午誓诏施行,沿边各守疆场,无令侵掠。(同上) 己巳,改命田湮押赐夏国生日礼物,代供备库副使任怀政,以其为任福侄故也。(同上) 九月丁巳,夏国宥州牒延州言:"王韶筑城堡,侵夺旧属夏国蕃部。"宋神宗曰:"西人何敢如此?"令作牒报之。(《长编》卷238) 十二月,遣使进马赎《大藏经》,宋神宗诏赐之而还其马。(《宋史》卷486《夏国传下》)按《长编》卷248系在熙宁六年十二月。		
宋熙宁六年、辽咸雍九年、夏天赐礼盛国庆五年(1073)	四月乙未,诏鄜延路经略司,自今毋得以路分都监以上引伴西人赴阙。(《长编》卷244)	十二月壬辰,夏国遣使辽朝贡奉。(《辽史》卷23《道宗纪三》)	
宋熙宁七年、辽咸雍十年、夏天赐礼盛国庆六年(1074)			
宋熙宁八年、辽太康元年、夏大安元年(1075)	三月,西夏遣使进奉山陵后期,宋神宗诏先至永厚陵设祭,后至阙奉慰。(《宋史》卷486《夏国传下》)		

年　代	宋	辽(契丹)	吐蕃、回鹘
宋熙宁九年、辽太康二年、夏大安二年(1076)	五月庚午,鄜延路经略司言,延州怀宁寨、绥德城界西人侵占两不耕生地,乞移文宥州诘问,从之。(《长编》卷275) 七月,熙河路经略司言,夏人来牒以索盗偷人畜为由,请高太尉、王团练赴三岔堡会议。牒称大安二年。宋神宗诏鄜延路经略司,令保安军牒宥州,责以夏国久禀正朔,今妄称年号,又移牒非其地分,邀边臣会议,皆违越生事。(《宋史》卷486《夏国传下》)此处年号有误,当考。	三月辛酉,辽太后崩。 癸亥,遣使如夏报哀。戊寅,辽遣使赠皇太后遗物。(《辽史》卷23《道宗纪三》) 六月戊子,夏国遣使辽朝吊慰。(同上)	
宋熙宁十年、辽太康三年、夏大安三年(1077)	二月丙戌,诏鄜延路经略司,如西界修小堡寨,更不牒问,若违誓诏,修建城池,当牒问即奏候朝旨。自今诸路移牒宥州,除常程事外,准此。(《长编》卷280) 壬寅,环庆路经略司奏,准朝旨分析,已牒鄜延路经略司指挥保安军移牒宥州,问创修城寨因依。(同上) 七月乙亥,诏宥州牒称"凌罗指挥"者,自今并奏听旨。夏人谓枢密院为"凌罗"也。(《长编》卷283) 九月乙卯,环庆经略司言,庆州西谷寨有人侵入西界,杀夺人马。止据西人侵入汉界射伤熟户,回牒宥州。从之。(《长编》卷284)		
宋元丰元年、辽太康四年、夏大安四年(1078)	三月庚寅,熙河路经略司言,西人锁珠旺蕃部兀胜于地牢,五日放回。诏令保安军牒宥州诫约之。(《长编》卷288) 四月庚申,夏人于宋熙河路界内掘坑,画十字,立草封,神宗令鄜延路经略司移牒诫约之。(《长编》卷289) 七月戊辰,鄜延路经略使吕惠卿言,宥州牒称麟、府二州边人侵耕生地,乞降回宥州牒本。(《长编》卷290) 十月,阎门祗侯赵戡押赐夏国主中冬时服。赵戡辄收接蕃书,次年正月丁酉,令开封府劾罪。(《长编》卷296) 十二月丙午,鄜延路经略使吕惠卿言:"宥州牒请遣官与夏国边官将苏御带分立文字,依理识认,并毁废所侵耕生地,及将西界前后逃背捉杀人马界首交会。本司近准朝旨定写,牒送马五匹至宥州,索所掳人马及根治作过头首诫断。"(《长编》卷295)		

年　代	宋	辽(契丹)	吐蕃、回鹘
宋元丰二年、辽太康五年、夏大安五年(1079)	十一月,西夏移牒河东,请交会人户。(《西夏纪》卷16)	十月戊戌,夏国遣使辽朝贡奉。(《辽史》卷24《道宗纪四》)	
宋元丰三年、辽太康六年、夏大安六年(1080)	九月,宋朝遣使赐夏国生日礼物及中冬时服。(《长编》卷308)		
宋元丰四年、辽太康七年、夏大安七年(1081)	六月壬午,宋神宗令保安军以经略司之命牒西夏宥州,云:夏国世世称藩,朝廷岁时赐与。比年以来,遵奉誓诏,修谨贡职,恩义甚称。今闻国主为强臣内制,不能专命国事,亦未可测存亡。非久朝廷将差降赐生日及中冬国信使人入界,未审至时何人承受,及本国见今何人主领,请速具报,以须闻达朝廷,令中书、枢密院审详施行。(《长编》卷313) 八月辛酉,夏国二万人于无定河临川堡出战,宋神宗令保安军移牒宥州诘问。(《长编》卷315) 乙亥,鄜延路经略司言,保安军遣人赍牒宥州,据顺宁寨申,西界驿路自界首把口,人及民户尽发赴近里,公牒无凭交割。宋神宗诏鄜延路经略司更不移牒。(同上) 丁丑,河东路经略司言,丰州弓箭手沈兴等二人被西人所执,已牒理索。宋神宗诏诸路已议进讨,如有掳去人口,更勿行牒。(同上) 九月丙午,宋敕牓招谕夏国。(《长编》卷316)	宋朝五路进讨,西夏遣使求救于辽。(《西夏记》卷16) 按《宋史·夏国传》,元丰"五年正月,辽使涿州遗书云:夏国来称,宋兵起无名,不测事端"。(《长编》卷322与此同。)	
宋元丰五年、辽太康八年、夏大安八年(1082)	十一月,夏人以书系矢,射之镇戎军境上,刘昌祚以白经略使卢秉,秉命毁弃之。西夏又遣宋俘赍书于卢秉,仍移牒。卢秉闻上。宋神宗诏秉谕夏人依故事于鄜延通问。(《长编》卷331)	二月己巳,夏国获宋将张天一,遣使来献。(《辽史》卷24《道宗纪四》) 六月丙辰,夏国遣使辽朝贡奉。(同上)	四月,西夏遣使许董毡斫龙以西地求和,又因辽朝说和于董毡。(《长编》卷325)

年 代	宋	辽(契丹)	吐蕃、回鹘
宋元丰六年、辽太康九年、夏大安九年(1083)	正月壬午,知延州赵卨奏,近西人赍到文字,已具闻奏。窃虑再遣人赍文字来界首,坚要赴本司出头,未审许与不许收留。宋神宗诏:如西人再将到文字,仰缴连闻奏,差来人留住听候朝旨。续诏:其留住人止作经略司意度,不得称听候朝旨。(《长编》卷332) 四月甲戌,鄜延路经略司奏,西夏宥州牒保安军,欲遣使、副赴阙进奉。(《长编》卷334) 闰六月乙亥,夏国主秉常奉表乞修职贡,神宗诏答之。(《长编》卷336) 戊寅,诏陕西、河东经略司,朝廷已许夏国通贡,诫约边吏,无辄出兵。仍诏押伴夏国使人王震,以此意说谕使、副。(同上) 七月,夏国请睦使还,未逾旬日,复差使、副谢恩。(《长编》卷337) 十月癸酉,夏国主秉常遣使奉表,复修职贡,仍乞还所侵地,撤被边戍兵。宋神宗诏其地界已令鄜延路指挥保安军移牒宥州施行,岁赐候疆界了日依旧。(《长编》卷340) 十一月癸丑,夏国主秉常兄嵬名济使人以书抵诸帅倨嫚,他部或拒不受之,或受而谕以当奏朝廷。赵卨得书,叱去使人。(《长编》卷341) 十二月己卯,宋神宗诏:来年岁赐夏国银并赐经略司为招纳之用。(同上)	八月己卯,宋神宗诏:闻契丹遣人使夏国及宗哥,虑是西人干求契丹,欲因和解董毡。(《长编》卷338)	十二月丙子,宋神宗对董毡奉人曰:自归属本朝后,常与夏人通好乎?对曰:昨夏国屡来言,若归我,即官爵恩好如所欲。臣等拒之。(《长编》卷341)
宋元丰七年、辽太康十年、夏大安十年(1084)	十一月夏国主秉常遣谟固咩迷乞遇入贡。(《长编》卷350)		八月丙申,宋熙河路奏:西蕃董毡送到蕃字,以夏国遣首领来青唐城,欲同董毡首领入汉议通和事。(《长编》卷348)
宋元丰八年、辽大安元年、夏大安十一年(1085)	三月戊戌,宋神宗崩。太子即位,是为哲宗。(《宋史》卷16《神宗纪三》) 六月丙戌,宋枢密院言,夏国遣使诣阙陈慰,虑诸路谓西人通贡,遂弛边备。(《长编》卷357) 戊子,枢密院又言,旧例,合差官押赐遗留夏国主银器一千五百两,绢一千五百匹。诏如故事,仍令学士院降遗诏。(同上)	十月戊辰,夏国王李秉常遣使辽朝,报母梁氏哀。(《辽史》卷24《道宗纪四》)	

年　代	宋	辽(契丹)	吐蕃、回鹘
	七月乙巳,夏国陈慰使丁努嵬名谟铎、副使吕则陈聿精等进慰表于皇仪门外,退赴紫宸殿,赐帛有差。(《长编》卷358) 十月甲子,夏国遣芭良嵬名济、昂聂张聿正进助山陵马一百匹。(《长编》卷360) 丁丑,宋诏夏国遣使进奉,以新历赐之。(同上) 癸未,夏国使吕则嵬名怀普等见于延和殿,以其母梁氏之丧来告也。(同上) 丁亥,宋诏学士院回诏,依嘉祐元年例,支赐孝赠及安葬物色。遣朝奉郎、刑部郎中杜纮充祭奠使,东头供奉官、閤门祗侯王有言充吊慰使,仍借供备库使。(同上) 十二月乙丑,夏国遣使宋朝,进国母遗马、驼。(《长编》卷362)		
宋元祐元年、辽大安二年、夏天安礼定元年(天仪治平元年)(1086)	正月辛丑,宋哲宗诏鄜延路经略司,以改元报夏国。(《长编》卷364) 二月庚辰,夏国主秉常遣使入贡。诏学士院降诏答之。先是,秉常母死,朝廷遣使赙赠,至是入贡故也。(《长编》卷366) 闰二月丙申,宋顺宁寨主许明申称,西人叶乌玛等来界首,言兴州衙头差下贺登宝位人使多时,为国信不来,未敢过界。诏鄜延路经略司指挥保安军,“如西人再来计会,即答与‘昨来皇帝登宝位,为夏国未修常贡,朝廷难为先遣押赐使命。若夏国差人贺皇帝登宝位,朝廷必须依例差人宣赐。’如西人将到公牒,亦仰此意回牒。”仍令经略司,如牒过使、副姓名,过界日月,即令鄜延经略司依旧差官引伴。(《长编》卷368) 四月辛卯,枢密院言,夏国遣鼎利罔豫章等诣阙贺皇帝登宝位。诏以西京左藏库副使王克询押赐。(《长编》卷374) 五月庚申,夏国贺登宝位进贡使鼎里旺裕勒宁等见于延和殿。(《长编》卷377) 六月壬寅,夏国遣间使春约讹罗聿进贡,以刑部郎中杜纮押伴。(《长编》卷380) 七月癸亥,夏国以疆事遣使春约讹啰聿、副使吕则田怀荣见于延和殿。(《长编》卷382)	十月,夏国王秉常薨,辽朝遣使诏其子乾顺知国事。(《辽史》卷115《西夏记》) 十二月,夏国李乾顺遣使上其父秉常遗物。(同上)	

年代	宋	辽(契丹)	吐蕃、回鹘
	乙丑,夏国主秉常卒。(同上) 庚午,夏国使宋贺坤成节。(同上) 癸未,宋遣供备库使张懋押赐夏国生日礼物,内殿崇班安愈押赐中冬时服,仍假閤门祗候。(《长编》卷383) 十月壬辰,夏国主嗣子乾顺以父秉常卒,遣吕则罔聿谟等八人来告哀。(《长编》卷389) 庚子,宋以金部员外郎穆衍充夏国祭奠使。(《长编》卷390) 壬子,宋哲宗诏夏国主嗣子乾顺虽未经封册,缘以曾差使诣阙告哀,所有中冬时服,特差安愈押赐,仍差张懋充吊慰使。(同上) 十一月戊辰,枢密院言,夏国近遣进物色,系进奉太皇太后、皇帝两殿。哲宗诏依明道元年例,共差穆衍、张懋再押赐赠奠安葬物各一番,学士院别降祭文、诏录各一。(《长编》卷391) 戊寅,宋枢密院言,夏国遣使、副诣阙贺兴龙节,依例赐银绢茶,回日降诏。(《长编》卷392) 十二月己丑,夏国遣使贺兴龙节。(《长编》卷393) 癸巳,夏国进御马五匹、常马二十五匹、骆驼二十头。(同上) 戊申,夏国遣使贺正旦。(同上)		
宋元祐二年、辽大安三年、夏天仪治平二年(1087)	正月,宋遣权枢密院都承旨公事刘奉世为册礼使,崇仪副使崔象先副之,册乾顺为夏国主、节度使、西平王。(《宋史》卷486《夏国传下》) 二月丁亥,宋降诏册乾顺为夏国主,按庆历八年封册谅祚,熙宁二年封册秉常更不赐印。(《长编》卷395) 三月戊辰,夏国进奉使祝能野乌裕实克等见于延和殿。时,乾顺遣大使祝能野乌裕实克、副使吕宁勒喀玛等进马、驼二百七十头匹,诣阙称谢。大使扬乌威明裕默、副使恭罗们色勒裕勒等称谢太皇太后。(《长编》卷396) 是月,宥州牒送陷蕃人三百一十八口。(《长编》卷397) 四月,夏国移文争朱梁川地土。(《长编》卷401) 七月辛酉,宋枢密院言,夏国嗣子乾顺已加封册,而未遣使报谢。其生日,令都亭西驿所下鄜延经略司,未得牒会,如西人送到生日公牒,勿受。从之。(《长编》卷403)		吐蕃阿里骨与夏国相梁乙逋通,约以熙、河、岷三州还西蕃,兰州、定西城还夏国。鬼章又阴以印信文字结汉界属户,四月遂举兵寇洮州。(《长编》卷400) 八月,夏国遣大首领嵬名阿乌往青唐计事。(《长编》卷404) 十月乙酉,宋翰林学

年代	宋	辽(契丹)	吐蕃、回鹘
	八月癸巳,宋哲宗诏责夏国权臣梁乙逋。(《长编》卷404) 十月丙甲,宋诏《新历》勿颁夏国,以乾顺谢封册及贺坤成节使未至故也。(《长编》卷406) 十一月丙辰,诏鄜延路经略司,如夏人欲通和,即令疆吏告谕,先具谢表及尽纳陷没人,分画边界毕,乃敢奏达候旨通贡。(《长编》卷407)		士苏轼上言,今闻吐蕃阿里骨女嫁西夏梁乙逋子。(《长编》卷406)
宋元祐三年、辽大安四年、夏天仪治平三年(1088)	五月癸丑,宋枢密院言,去冬西夏累求纳款,朝廷并依赵卨所奏,许令应答,然至今不绝犯边。近梁乙埋再遣人称欲伏罪讲和,今又聚兵犯塞门。(《长编》卷410) 八月辛卯,枢密院言,鄜延路七月移牒宥州,逾月方有回文,专请疆土,殊无悔罪谢恩之意,又托名议事,实欲迁延,以款我师。(《长编》卷413) 九月丁巳,熙河路言,夏国若遣人赍文字议和,许与不许收接。诏许收接,仍令鄜延路计会。(《长编》卷414) 己未,鄜延路经略司言,宥州遣人来延州陈述事理,已令至日差官引伴赴州。宋诏赵卨除依详前后所降朝旨应答外,虽西人言语倔强,邀乞意坚,亦节次婉顺以理开谕,即不得一起折难,遽然阻绝,务要迁延,不绝其意,以缓入寇之谋。按此时哲宗尚未亲政。(同上) 十月戊寅,诏赵卨,夏国遣使诣阙谢恩,即选官引伴赴阙。(《长编》卷415) 十二月丙申,宋枢密院言,宥州报夏人遣使谢封册,继以疆场来议。诏赵卨:“谢封册使未过界,遣使议疆场事,即以礼却之;若过界后牒至,即开谕俟谢恩毕徐议。”(《长编》卷418)	七月丙辰,辽朝遣使册李乾顺为夏国王。(《辽史》卷25《道宗纪五》)	
宋元祐四年、辽大安五年、夏天仪治平四年(1089)	正月甲申,宋诏夏国遣人诣阙谢封册,将过界,令逐路经略司谕沿边兵将官,不得纵容人马以探事为名,入西界杀掳人口,别致生事。(《长编》卷421) 二月乙卯,夏国遣使谢封册,诏学士院降回诏。(《长编》卷422) 六月丁未,夏国遣使入宋贡奉。(《长编》卷429) 辛亥,赵卨言,夏人近遣使诣阙谢恩,续遣使贺坤成节,请严诫边吏,勿侵犯引惹。(同上) 丁巳,宋赐夏国主诏书。(同上) 丁卯,宋遣崇仪使董正叟押赐夏国	六月甲寅,夏国遣使来谢册封。(《辽史》卷22《道宗纪二》)	

年代	宋	辽(契丹)	吐蕃、回鹘
	主生日礼物，如京副使李玩押赐夏国主中冬时服。(同上) 七月庚辰，夏国遣使贺坤成节。(《长编》卷430) 是月，诏令保安军牒宥州，应立界处，恐山斜不等，仰所委官随宜分画。(同上) 宋颁夏国《历日》。(《西夏纪》卷19) 八月，西夏宥州数次牒宋，议送归永乐城陷蕃人口以易四寨。(《长编》卷432) 十月，夏宥州牒宋，相度所非赐城寨，依绥州例定界。宋廷令保安军回牒，依绥州。(《长编》卷434) 十一月壬辰，诏赵卨将夏国送还永乐城陷没人口一百五十五人，各支与盘缠及衣装，分作三番，差使臣部送至阙。(《长编》卷435) 是月，宥州牒称已指挥所委官，临时有可相近取直处，令相照接连取直分画。(同上) 十二月辛丑，夏国遣使贺兴龙节。(《长编》卷436) 是月，宥州牒，去城十里作熟地，外十里两不耕作草地。(同上)		
宋元祐五年、辽大安六年、夏天祐民安元年(1090)	正月，遣使贺哲宗及太皇太后正旦，并进马、驼。(《西夏纪》卷19) 甲午，宥州牒宋，除塞门屈曲分画，其余比接诸城取直画定，其间地土虽甚阔远，亦割属汉。(《长编》卷437，《长编》卷439系在三月，备考) 三月丁卯，西夏未归永乐城陷蕃宋将景思谊，诏令鄜延因此移牒宥州。(《长编》卷439) 癸未，鄜延路言，夏人商量分画界至，催索公牒。诏鄜延路经略司令保安军移牒宥州。(同上) 四月，令保安军牒宥州质孤、胜如建置年月。宥州牒兰州所管至第三寨取直。令保安军牒，兰州地界请计会熙州。(《长编》卷441) 五月丙子，鄜延路经略司言，宥州牒请废兰州胜如等处堡。(《长编》卷442) 壬辰，西夏宥州牒保安军，兰州地界如前月。令保安军牒，再会熙州。(同上) 六月，令保安军牒宥州，熙河地界如前。(《长编》卷444)		

年　代	宋	辽(契丹)	吐蕃、回鹘
	七月乙亥，夏国遣使贺坤成节。(《长编》卷445) 十月乙未，鄜延路经略司言，西夏宥州牒称，先为定画疆界，有诏汉界留出草地十里，蕃界依数对留。欲于蕃界令存留五里为草地，夏国于所存五里内修立堡铺。宋许蕃汉各留五里为两不耕地，但双方不得于草地内修建堡铺。(《长编》卷449) 十二月乙未，夏国遣使贺兴龙节。(《长编》卷452) 乙卯，夏国遣使贺正旦。(《长编》卷453)		
宋元祐六年、辽大安七年、夏天祐民安二年(1091)	三月乙亥，西夏遣嵬名麻胡等至鄜延议疆界。(《长编》卷456) 七月己巳，夏国遣使来贺坤成节。(《长编》卷461) 同日，鄜延路经略司言，夏国宥州牒称拆毁镇戎军界上封堠八个，请勿再修。(同上) 八月癸丑，诏经略司令保安军移牒宥州。送还作过夏人。(《长编》卷464) 九月，因西夏大举寇掠麟府，宋押赐夏国主生日礼物及中冬时服使安伦等至延安府后称疾不前。(《长编》卷466) 十月丁卯，宋勒住夏国岁赐。(《长编》卷467)		
宋元祐七年、辽大安八年、夏天祐民安三年(1092)		六月，夏遣使辽朝乞援。(《辽史》卷115《西夏记》)	西蕃阿里骨遣人献邈川于夏。(《长编》卷476)
宋元祐八年、辽大安九年、夏天祐民安四年(1093)	正月辛卯，枢密院言，西夏假辽朝之命，牒保安军请和。宋哲宗诏夏国如果能悔过，遣使谢罪，可差人引伴赴阙。其辞引北朝非例，令经略司以此谕之。(《长编》卷480) 四月丁未，夏国主乾顺遣使谢罪，献兰州，乞赐塞门寨，诏答不许。(《长编》卷483)		
宋绍圣元年、辽大安十年、夏天祐民安五年(1094)	正月丙申，西夏入贡于宋。(《宋史》卷18《哲宗纪二》) 二月，西夏进马助太皇太后山陵。复遣使再议易地，诏不允。(《宋史》卷486《夏国传下》)		

年 代	宋	辽(契丹)	吐蕃、回鹘
宋绍圣二年、辽寿隆元年、夏天祐民安六年(1095)	是岁,宋朝罢分画疆界。(《西夏纪》卷20)	十一月甲辰,夏国向辽进贡贝多叶佛经。(《辽史》卷26《道宗纪六》)	
宋绍圣三年、辽寿隆二年、夏天祐民安七年(1096)		十二月乙亥,夏国遣使献宋俘。(《辽史》卷26《道宗纪六》)	
宋绍圣四年、辽寿隆三年、夏天祐民安八年(1097)	八月丙申,诏罢赐夏国《历日》。(《长编》卷490)	六月辛丑,夏国遣使来告宋筑城要地,请辽说和。(《辽史》卷115《西夏记》)	
宋元符元年、辽寿隆四年、夏永安元年(1098)		六月戊寅,夏国为宋所攻,遣使辽朝求援。(《辽史》卷26《道宗纪六》) 十一月乙巳,辽遣知右夷离毕事萧药师奴、枢密直学士耶律俨使宋,讽与夏和。(同上) 辛酉,夏国复遣使辽朝求援。(同上)	
宋元符二年、辽寿隆五年、夏永安二年(1099)	正月,夏国母梁氏卒。(《宋史》卷486《夏国传下》) 二月,西夏宥州牒宋,称正月二十日国母薨,定差使令逊嵬名济、副使谟程田快庸等诣阙讣告,兼附谢罪表状。宋指挥顺宁寨,却之不受。(《长编》卷506) 四月己卯,鄜延路经略使吕惠卿据顺宁寨将李子明等申,有西人创格裕等到,言衙头差大使庆瑭嵬名科逋、副使磋迈花结香等来计会。今国主已恭顺朝廷,告早为收接公牒事。审会昨夏国差到嵬名布啰聿介到来,已降朝旨令进献作过蕃酋珪布默玛、凌吉讹裕等,即许收接告哀谢罪表章,回报去讫。诏吕惠卿指挥说谕。(《长编》卷508) 五月戊申,西夏大使嵬名科逋等只赍公牒来,宋令顺宁寨将官作本处意度,说与西人,既章表见在衙头,回去说知国主,差使副或使臣送来,候得表状,奏取朝廷指挥。(《长编》卷510) 癸丑,鄜延路经略使吕惠卿言,夏使得谕,于初三日归西界。(同上) 六月庚辰,西夏遣告哀使至顺宁寨。	正月,辽诏夏国主李乾顺伐拔思母等部。(《辽史》卷115《西夏记》) 三月,辽遣签书枢密院使萧德崇、枢密直学士李俨使宋,劝宋停止进筑。(《长编》卷507) 十一月,夏国以宋人罢兵,遣使来谢。(《辽史》卷115《西夏记》)	

年　代	宋	辽(契丹)	吐蕃、回鹘
	保安军以只赍告哀公牒,却无谢罪表章,不予转呈。(《长编》卷511) 七月甲辰,宋鄜延路奏,已收接宥州公牒,令来使赍白札子谕夏国主,令遣使赴阙。诏令回牒谕之。(《长编》卷512) 癸丑,夏宥州牒宋,已遣告哀谢罪人使十二人赴延州,七月十日过界。(《长编》卷513) 八月己丑,西夏宥州牒称"人使未见赴阙,已是疑阻"。鄜延经略司答曰:"人使已于二日赴阙,候到朝廷,必有处分。"(《长编》卷514) 乙未,西夏宥州牒鄜延欲以国母亡,遣使遗进。宋廷诏令受宥州牒,谕以候奏得朝旨,再牒报。(同上) 九月庚子,夏国谢罪使至阙,见于崇政殿。(《长编》卷515) 丁未,宋赐夏国主乾顺诏。(同上) 辛酉,宋诏夏国梁氏是有罪之人,难议收受遗进及行吊祭之礼,以国主能悔过谢罪,已降诏候遣使进纳誓表,特与收接。(同上) 十月庚戌,鄜延奏西夏宥州牒遣使进誓表。(《长编》卷517) 丁巳,西夏宥州回牒已再约束首领不得犯汉界。(同上) 甲子,宋诏保安军移牒宥州,无得犯青唐界。(同上) 十一月己卯,宋诏差工部员外郎韩跂押伴夏使。(《长编》卷518) 十二月庚子,夏遣使副令能嵬名济等诣阙,进上誓表谢恩,及进贡御马。诏依例回赐银器、衣著各五百两匹。(《长编》卷519) 壬寅,宋答夏国誓诏。又诏夏国主誓表内"诫国人而"字下一字犯真宗皇帝庙讳,令保安军移牒宥州,闻知本国,应失点检经历干系人,并重行诫断。(同上)		
宋元符三年、辽寿隆六年、夏永安三年(1100)	正月,宋哲宗崩,徽宗即位。(《宋史》卷18《哲宗纪二》) 九月,西夏遣使来奠慰及贺即位。(《宋史》卷486《夏国传下》) 十月,西夏复遣使来贺天宁节。(同上) 宋赐夏国《历日》。(同上) 十二月,宋赐夏国主诏。(同上)	十一月,夏国王李乾顺遣使请尚公主。(《辽史》卷26《道宗纪六》)	

年代	宋	辽(契丹)	吐蕃、回鹘
宋建中靖国元年、辽乾统元年、夏贞观元年(1101)		正月,辽道宗崩,天祚帝即位。(《辽史》卷26《道宗纪六》) 二月乙未,辽遣使西夏告哀。(《辽史》卷27《天祚皇帝纪一》) 六月,夏国遣使辽朝慰奠。(同上) 十二月,夏国遣使贺辽天祚帝即位。(同上)	
宋崇宁元年、辽乾统二年、夏贞观二年(1102)		六月丙午,夏国王李乾顺复遣使请尚公主。(《辽史》卷27《天祚皇帝纪一》) 壬子,夏国王李乾顺为宋所攻,遣李造福、田若水至辽求援。(同上)	夏国主乾顺复以女妻西蕃首领赵怀德。(《西夏纪》卷22)
宋崇宁二年、辽乾统三年、夏贞观三年(1103)	十二月,西夏遣使入宋贺正旦。(《西夏书事》卷31)	六月辛酉,夏国王李乾顺再遣使请尚公主。(《辽史》卷27《天祚皇帝纪一》) 十月庚申,夏国复遣使辽朝求援。(同上)	
宋崇宁三年、辽乾统四年、夏贞观四年(1104)	七月,西夏遣使至阙密奏事宜。(《皇宋十朝纲要》卷16) 九月辛未,宋诏赐夏国主冬服。(同上)	六月甲寅,夏国遣李造福、田若水求援。(《辽史》卷27《天祚皇帝纪一》)	
宋崇宁四年、辽乾统五年、夏贞观五年(1105)		正月乙亥,夏国遣李造福等来求援,且乞伐宋。(《辽史》卷27《天祚皇帝纪一》) 丁酉,辽遣枢密直学士高端礼等讽宋罢伐夏兵。(同上) 三月壬申,辽以族女南仙封成安公主,下嫁夏国王李乾顺。(同上) 六月甲戌,夏国遣使来谢,并贡方物。(同上) 十二月己巳,夏国复遣李造福,因若水求援。(同上)	
宋崇宁五年、辽乾统六年、夏贞观六年(1106)	四月,宋允于西夏讲和。(《西夏纪》卷22) 七月,西夏遣使赴阙上表谢罪。(《皇宋十朝纲要》卷16)	六月辛巳,夏国遣李造福等来谢。(《辽史》卷27《天祚皇帝纪一》) 十月乙亥,西夏遣刘正符、曹穆来告宋夏通好。(同上)	

年　代	宋	辽(契丹)	吐蕃、回鹘
宋大观元年、辽乾统七年、夏贞观七年(1107)	是岁,西夏遣使入贡于宋。(《宋史》卷486《夏国传下》)		
宋大观二年、辽乾统八年、夏贞观八年(1108)	是岁,西夏遣使入贡于宋。(《宋史》卷20《徽宗纪二》)	夏国王李乾顺以成安公主生子,遣使来告。(《辽史》卷115《西夏记》)	
宋大观三年、辽乾统九年、夏贞观九年(1109)	二月,西夏遣使至宋泾原定疆界,不果。(《西夏纪》卷32) 是岁,西夏遣使入贡于宋。(《宋史》卷20《徽宗纪二》)	三月戊午,夏国以宋不归侵地,遣使来告。(《辽史》卷27《天祚皇帝纪一》)	
宋大观四年、辽乾统十年、夏贞观十年(1110)	正月丁卯,夏国遣使入贡于宋。(《宋史》卷20《徽宗纪二》)	六月癸未,夏国遣李造福等入贡于辽。(《辽史》卷27《天祚皇帝纪一》)	
宋政和元年、辽天庆元年、夏贞观十一年(1111)	是岁,西夏遣使入贡于宋。(《宋史》卷20《徽宗纪二》)		
宋政和二年、辽天庆二年、夏贞观十二年(1112)	十月,夏国遣使宋朝贺天宁节。(《西夏书事》卷22)	六月戊戌,夏国李乾顺妻成安公主来朝。(《辽史》卷27《天祚皇帝纪一》)	
宋政和三年、辽天庆三年、夏贞观十三年(1113)	三月,夏国遣使入贡于宋。(《西夏书事》卷32)	六月丙辰,夏国遣使入辽进贡。(《辽史》卷27《天祚皇帝纪一》)	
宋政和四年、辽天庆四年、夏雍宁元年(1114)	十月,夏人因辽使附上宋朝誓表。(《皇宋十朝纲要》卷17)		
宋政和五年、辽天庆五年、夏雍宁二年(1115)	十月戊午,夏国遣使入贡于宋。(《宋史》卷21《徽宗纪三》)		
宋政和六年,辽天庆六年、夏雍宁三年(1116)	是岁,夏国遣使入贡于宋。(《宋史》卷21《徽宗纪三》)		

年代	宋	辽(契丹)、金	吐蕃、回鹘
宋政和七年、辽天庆七年、夏雍宁四年、金天辅元年(1117)			
宋重和元年,辽天庆八年、夏雍宁五年、金天辅二年(1118)			
宋宣和元年、辽天庆九年、夏元德元年、金天辅三年(1119)	六月己亥,夏国遣使宋朝纳款谢罪,宋诏六路罢兵。(《宋史》卷22《徽宗纪四》) 十月,夏国遣使宋朝贺天宁节,投以誓诏,不取,童贯不能屈,但迫馆伴强之,使持还,及边,遂弃之而去。(《宋史》卷486《夏国传下》)		
宋宣和二年、辽天庆十年、夏元德二年、金天辅四年(1120)	是岁,夏国遣使入贡于宋。(《宋史》卷22《徽宗纪四》)		
宋宣和三年、辽保大元年、夏元德三年、金天辅五年(1121)		宣和中,夏人知宋朝有事北边,遂与辽国书,约夹攻宋朝,天祚帝不听。(《东都事略》卷128《西夏传》,《西夏纪》将此系在西夏元德二年)。	
宋宣和四年、辽保大二年、夏元德四年、金天辅六年(1122)		辽天祚帝播迁,夏国王乾顺遣兵来援,被金师所败。(《辽史》卷115《西夏记》) 七月辛未,夏国遣使问辽天祚帝起居。(《辽史》卷29《天祚皇帝纪三》)	
宋宣和五年、辽保大三年、夏元德五年、金天会元年(1123)		五月乙卯,夏国王李乾顺遣使请辽天祚帝临其国。(《辽史》卷29《天祚皇帝纪三》) 六月,辽天祚帝遣使册李乾顺为夏国皇帝。(同上) 金朝宗望至阴山,以便宜与夏国议和,许以割地。(《金史》卷134《西夏传》)	
宋宣和六年、辽保大四年、夏元德六年、金天会二年(1124)	是岁,夏国遣使入宋贡奉。(《宋史》卷22《徽宗纪四》)	正月,夏人始奉誓表,请以事辽之礼事金。辽割下寨以北、阴山以南、乙室耶刮部吐禄泺以西地赐之。(《金史》卷134《西夏传》)	

年　代	宋(南宋)	金	蒙古
		三月,夏使把里公亮等来上誓表。(《金史》卷60《交聘表上》) 闰三月,金遣王阿海、杨天吉赐誓诏于夏。(同上) 十月,夏使谢赐誓诏。(同上) 戊午,夏使贺天清节。(同上)	
宋宣和七年、辽保大五年、夏元德七年、金天会三年(1125)	钦宗即位,西夏遣使来贺正旦。(《宋史》卷486《夏国传下》)	正月癸酉,夏使贺正旦。(《金史》卷60《交聘表上》) 乙未,夏使奉表致奠于和陵。(同上) 十月壬子,夏使贺天清节。(同上)	
宋靖康元年、夏元德八年、金天会四年(1126)	宋赐夏国主诏书。时金人攻宋,夏亦起兵,鄜延路缴进夏檄书。宋帝命草诏赐夏国主,以解其意。(《西夏纪》卷23)	正月丁卯,夏使贺正旦。(《金史》卷60《交聘表上》) 十月丁未,夏使贺天清节。(同上) 是岁,金复取许割夏人的河东八馆之地,夏人请和,金执其使。(《宋史》卷486《夏国传下》)	
宋靖康二年(建炎元年)、夏正德元年、金天会五年(1127)		正月辛卯,夏使贺正旦。(《金史》卷60《交聘表上》)。 九月,金帅兀术遣保静军节度使杨天吉约侵宋,夏国主乾顺许之。(《宋史》卷486《夏国传下》) 十月辛未,夏使贺天清节。(《金史》卷60《交聘表上》)	
宋建炎二年、夏正德二年、金天会六年(1128)	正月,宋以主客员外郎谢亮为陕西抚谕使兼宣谕使,从事郎何洋为太学博士,持诏书赐夏国主李乾顺。亮至,乾顺倨然见之,留居几月,无果而还。(《宋史》卷486《夏国传下》)	正月丙戌,夏使贺正旦。(《金史》卷60《交聘表上》) 十月丙寅,夏使贺天清节。(同上)	
宋建炎三年、夏正德三年、金天会七年(1129)	二月,西夏移檄宋延安府,索鄜延。(《宋史》卷486《夏国传下》) 七月,宋复以主客员外郎谢亮假太常卿,再使夏国。(同上)	正月庚辰,夏使贺正旦。(《金史》卷60《交聘表上》) 十月庚寅,夏使贺天清节。(同上)	
宋建炎四年、夏正德四年、金天会八年(1130)	正月,宋使谢亮至夏国,夏国主乾顺已称制,遂还。(《宋史》卷26《高宗纪三》)	正月甲辰,夏使贺正旦。(《金史》卷60《交聘表上》) 十月甲申,夏使贺天清节。(同上)	
宋绍兴元年、夏正德五年、金天会九年(1131)	八月,宋诏夏本敌国,毋复颁《历日》。(《宋史》卷486《夏国传下》) 十一月,宋川陕宣抚副使吴玠遣使通夏国书。(同上)	正月己亥,夏使贺正旦。(《金史》卷60《交聘表上》) 十月戊寅,夏使贺天清节。(同上)	

年代	宋(南宋)	金	蒙古
宋绍兴二年、夏正德六年、金天会十年(1132)	九月,宋吕颐浩言:“闻金夏交恶,夏国屡遣人来吴玠、关师古军中。”(《宋史》卷486《夏国传下》)	正月癸巳,夏使贺正旦。(《金史》卷60《交聘表上》) 十月壬寅,夏使贺天清节。(同上)	
宋绍兴三年、夏正德七年、金天会十一年(1133)		正月丁巳,夏使贺正旦。(《金史》卷60《交聘表上》) 十月丙申,夏使贺天清节。(同上)	
宋绍兴四年、夏正德八年、金天会十二年(1134)	七月壬子,宋命吴玠通信夏国。(《宋史》卷27《高宗纪四》) 十二月,宋将吴玠奏,夏国数通书,有不忘本朝意。(《宋史》卷486《夏国传下》)	正月辛亥,夏使贺正旦。(《金史》卷60《交聘表上》) 十月庚寅,夏使贺天清节。(同上)	
宋绍兴五年、夏大德元年、金天会十三年(1135)		正月金太宗崩,熙宗即位。遣使如夏报即位。(《金史》卷4《熙宗纪》) 十二月癸亥,金定夏国朝贺、赐宴、朝辞仪。(同上)	
宋绍兴六年、夏大德二年、金天会十四年(1136)		正月己巳,夏使贺正旦。(《金史》卷60《交聘表上》) 乙酉,夏使贺万寿节。(同上) 六月,金以主名报夏国。(《西夏书事》卷34)	
宋绍兴七年、夏大德三年、金天会十五年(1137)		正月癸亥,夏使贺正旦。(《金史》卷60《交聘表上》) 己卯,夏使贺万寿节。(同上) 九月,西夏遣使乞地于金,金主以积石、乐、廓三州与之。(《西夏纪》卷23)	
宋绍兴八年、夏大德四年、金天眷元年(1138)		正月戊子,夏使贺正旦。(《金史》卷60《交聘表上》) 甲辰,夏使贺万寿节。(同上)	
宋绍兴九年、夏大德五年、金天眷二年(1139)	十月,宋还招抚使王枢等一百九十名夏国俘虏。(《宋史》卷29《高宗纪六》)	正月壬午,夏使贺正旦。(《金史》卷60《交聘表上》) 戊戌,夏使贺万寿节。(同上) 十月癸酉,夏国王李乾顺薨,子仁孝嗣位,遣使如金告丧。(同上)	
宋绍兴十年、夏大庆元年、金天眷三年(1140)	三月,宋命川陕宣抚副使胡世将与夏人议入贡,夏人不报。(《宋史》卷29《高宗纪六》)	正月丁丑,夏使贺正旦。(《金史》卷60《交聘表上》) 癸巳,夏使贺万寿节。(同上) 五月,金遣使封仁孝为夏国王,加开府仪同三司、上柱国。(《金史》卷134《西夏传》) 九月庚申,夏国遣使谢赙赠。(《金史》卷4《熙宗纪》) 戊辰,夏国遣使谢封册。(同上)	

年代	宋(南宋)	金	蒙古
宋绍兴十一年、夏大庆二年、金皇统元年(1141)		正月辛丑,夏使贺正旦。(《金史》卷60《交聘表上》) 壬寅,夏使请上尊号。(同上) 丁巳,夏使贺万寿节。(同上) 己未,夏国请置榷场,许之。(《金史》卷4《熙宗纪》) 十二月癸巳,夏国贺受尊号。(同上) 是年,金朝始遣贺生日使。(《金史》卷134《西夏传》) 金以西夏诛慕洧,诏诘之。(同上)	
宋绍兴十二年、夏大庆三年、金皇统二年(1142)		正月乙未,夏使贺正旦。(《金史》卷60《交聘表上》) 辛亥,夏使贺万寿节。(同上)	
宋绍兴十三年、夏大庆四年、金皇统三年(1143)		正月己丑,夏使贺正旦。(《金史》卷60《交聘表上》) 乙巳,夏使贺万寿节。(同上)	
宋绍兴十四年、夏人庆元年、金皇统四年(1144)	五月,夏遣使如宋,贺天中节。(《西夏纪》卷24引《大金国志》) 十二月,夏遣使如宋贺正旦。(《西夏纪》卷24)	正月癸丑,夏使贺正旦。(《金史》卷60《交聘表上》) 己巳,夏使贺万寿节。(同上)	
宋绍兴十五年、夏人庆二年、金皇统五年(1145)		正月丁未,夏使贺正旦。(《金史》卷60《交聘表上》) 癸亥,夏使贺万寿节。(同上) 四月庚辰,金遣右卫将军撒海、兵部郎中耶律福为横赐夏国使。(同上)	
宋绍兴十六年、夏人庆三年、金皇统六年(1146)		正月辛未,夏使贺正旦。(《金史》卷60《交聘表上》) 丁亥,夏使贺万寿节。(同上) 庚寅,金以边地赐夏国。(《金史》卷4《熙宗纪》)	
宋绍兴十七年、夏人庆四年、金皇统七年(1147)		正月乙丑,夏使贺正旦。(《金史》卷60《交聘表上》) 辛巳,夏使贺万寿节。(同上)	
宋绍兴十八年、夏人庆五年、金皇统八年(1148)		正月庚申,夏使贺正旦。(《金史》卷60《交聘表上》) 丙子,夏使贺万寿节。(同上) 二月壬子,金遣哥鲁葛波古等为横赐夏国使。(《金史》卷4《熙宗纪》)	

年 代	宋(南宋)	金	蒙古
宋绍兴十九年、夏天盛元年、金天德元年(1149)		正月甲申,夏使贺正旦。(《金史》卷60《交聘表上》) 庚子、夏使贺万寿节。(同上) 十二月金海陵王弑熙宗,遣人报夏,夏人问"圣德皇帝何为见废?"不肯纳。金朝乃使有司以废立之故移文报之。(《金史》卷134《西夏传》) 同月,夏贺正旦使至广宁,遣人谕以废立之事,于中路遣还。(《金史》卷60《交聘表上》)	
宋绍兴二十年、夏天盛二年、金天德二年(1150)		正月辛巳,金遣使以废立事报谕夏国。(《金史》卷5《海陵王纪》) 七月戊戌,西夏遣御史中丞杂辣公济、中书舍人李崇德贺登宝位。再遣开封尹苏执义、祕书监王举贺受尊号。(《金史》卷60《交聘表上》)	
宋绍兴二十一年、夏天盛三年、金天德三年(1151)		正月,夏使贺正旦。又遣使贺金主生日。(《金史》卷5《海陵王纪》) 九月甲子,夏使上表,请不去尊号。(《金史》卷60《交聘表上》) 庚戌,金以修起居注萧彭哥为夏国生日使。(《金史》卷5《海陵王纪》)	
宋绍兴二十二年、夏天盛四年、金天德四年(1152)		正月丁酉,夏使贺正旦。(《金史》卷5《海陵王纪》) 壬子,夏国遣使贺金主生日。(同上) 九月丙午,金遣吏部郎中萧中立为夏国生日使。(同上)	
宋绍兴二十三年、夏天盛五年、金贞元元年(1153)		正月辛卯,夏使来贡。(《金史》卷5《海陵王纪》) 丙午,夏国遣使贺金主生日。(同上) 九月丁亥,金以翰林待制谋良虎为夏国生日使。(同上)	
宋绍兴二十四年、夏天盛六年、金贞元二年(1154)		正月甲寅,金主以疾不视朝,赐夏正旦使就馆燕。(《金史》卷60《交聘表上》) 己巳,夏使贺金主生日。(同上) 三月戊辰,夏使王公佐贺金朝迁都。(同上) 九月辛亥,夏使来谢恩,且市儒释书。(同上) 十二月丁未,夏使来贡方物。(同上)	

年 代	宋(南宋)	金	蒙古
宋绍兴二十五年、夏天盛七年、金贞元三年(1155)		正月己酉,夏使贺正旦。(《金史》卷5《海陵王纪》) 甲子,夏使贺金主生日。(同上)	
宋绍兴二十六年、夏天盛八年、金正隆元年(1156)		正月癸卯,夏使贺正旦。(《金史》卷60《交聘表上》) 戊午,夏使贺生日。(同上)	
宋绍兴二十七年、夏天盛九年、金正隆二年(1157)		正月戊辰,夏使贺正旦。(《金史》卷60《交聘表上》) 癸未,夏使贺生日。(同上) 四月,金遣宿直将军温敦斡喝为横赐夏国使。(同上) 九月,遣宿直将军仆散乌里黑贺夏国主生日。(同上)	
宋绍兴二十八年、夏天盛十年、金正隆三年(1158)		正月壬戌,夏使贺正旦。(《金史》卷60《交聘表上》) 丙寅,夏奏告使还,命左宣徽使敬嗣晖谕之。(同上) 丁丑,夏使贺金主生日。(同上) 九月庚午,金遣宿直将军阿鲁保贺夏国主生日。(同上)	
宋绍兴二十九年、夏天盛十一年、金正隆四年(1159)		正月丙辰,夏使贺正旦。(《金史》卷60《交聘表上》) 辛未,夏使贺金主生日。(同上) 三月丙辰,金遣兵部尚书萧恭经画夏国边界。(同上) 九月,金遣昭毅大将军、宿直将军加古挞懒贺夏国主生日。(同上)	
宋绍兴三十年、夏天盛十二年、金正隆五年(1160)		正月庚辰,夏使贺正旦。(《金史》卷60《交聘表上》) 乙未,夏使贺金主生日。(同上)	
宋绍兴三十一年,夏天盛十三年、金大定元年(1161)	金主完颜亮南侵,宋宣抚使吴璘檄西夏,俾合兵共讨之。(《宋史》卷486《夏国传下》)	正月甲戌,夏使贺正旦。(《金史》卷5《海陵王纪》) 己丑,夏使贺金主生日。(同上) 八月,金遣萧谊忠贺夏国主生日。(同上)	
宋绍兴三十二年、夏天盛十四年、金大定二年(1162)		四月,夏遣左金吾卫上将军梁元辅、翰林学士焦景颜、押进枢密副都承旨任纯忠贺登宝位。再遣武功大夫贺义忠、宣德郎高慎言贺万春节。(《金史》卷61《交聘表中》)	

年代	宋(南宋)	金	蒙古
		辛巳,宴夏使于贞元殿,金世宗察其食不精腆,杖掌食官六十。(《金史》卷6《世宗纪上》) 癸未,夏使朝辞,乞互市,从之。(同上) 八月癸酉,夏国左金吾卫上将军苏执礼、匦匣使王琪、押进御史中丞赵良贺金主尊号。(《金史》卷61《交聘表中》) 九月庚子,金遣尚书左司员外郎完颜正臣为夏国主生日使。(同上) 十二月辛未,以夏国乞兵复宋侵地,金国遣尚书吏部郎中完颜达吉体究陕西利害。 西夏武功大夫芭里昌祖、宣德郎扬彦敬等贺正旦。(同上)	
宋隆兴元年、夏天盛十五年、金大定三年(1163)	宋孝宗令宰相陈伯康致书西夏。欲重结为友帮,不果。(陆游《渭南集》卷13)	三月壬辰,夏遣武功大夫讹留元智、宣德郎程公济贺万春节。(《金史》卷61《交聘表中》) 五月,金以宿直将军阿勒根和衍为横赐夏国使。(同上) 七月甲寅,诏市马于夏国。(同上) 九月癸巳,以宿直将军仆散习尼列为夏国主生日使。(同上) 十月己巳,夏遣金吾卫上将军苏执礼、匦匣使李子美谢横赐。(同上)	
宋隆兴二年、夏天盛十六年、金大定四年(1164)		正月丁亥,夏遣武功大夫嵬哆执信、宣德郎李师白贺正旦。(《金史》卷61《交聘表中》) 三月丙戌,夏国武功大夫纽卧文忠、宣德郎陈师古贺万春节。(同上) 九月,金遣宿直将军宗室乌里雅为夏国主生日使。(同上) 十二月,夏国殿前太尉梁惟忠、翰林学士、枢密都承旨焦景颜使金,乞免索正隆末年所虏人口。(同上)	
宋乾道元年、夏天盛十七年、金大定五年(1165)		正月辛亥,夏武功大夫讹罗世、宣德郎高岳使金贺正旦。(《金史》卷61《交聘表中》) 三月庚戌,夏使贺万春节。(同上) 八月癸巳,夏使贺金主受尊号。(《金史》卷6《世宗纪上》) 九月,金遣宿直将军术虎蒲查为夏国主生日使。(《金史》卷61《交聘表中》)	

年　代	宋(南宋)	金	蒙古
宋乾道二年、夏天盛十八年、金大定六年(1166)		正月丙午,夏武功大夫高遵义、宣德郎安世等贺正旦。(《金史》卷61《交聘表中》) 三月甲辰,夏武功大夫曹公达、宣德郎孟伯达、押进知中兴府赵衍贺万春节。(同上) 戊申,夏御史中丞李克勤、翰林学士焦景颜奏告,乞免索正隆末年所虏人口,金主许之。(同上) 四月戊戌,金遣使横赐夏国。(同上) 九月辛亥,金遣使贺夏国主生日。(同上) 十二月戊戌,夏御史中丞贺义忠、翰林学士杨彦敬使金谢横赐。(同上)	
宋乾道三年、夏天盛十九年、金大定七年(1167)	五月,夏国相任得敬遣间使至四川宣抚司,约共攻西蕃,宣抚使虞允文报以蜡书。(《宋史》卷486《夏国传下》) 七月,任得敬间使至四川宣抚司。(同上)	正月庚子,夏武功大夫刘志真、宣德郎李师白等贺正旦。(《金史》卷61《交聘表中》) 三月己亥,夏武功大夫任得仁、宣德郎李澄等贺万春节。(同上) 九月乙亥,金遣宿直将军唐括鹘鲁为夏国主生日使。(同上) 十二月,夏国遣殿前太尉芭里昌祖、枢密都承旨赵衍奏告,以其臣任得敬有疾,乞遣良医诊治。金主诏赐之医。(同上)	
宋乾道四年、夏天盛二十年、金大定八年(1168)		正月甲子,夏武功大夫利守信、宣德郎李穆贺正旦。(《金史》卷61《交聘表中》) 二月,金世宗诏保全郎王师道佩银牌使夏医疾。(《金史》卷134《西夏传》) 三月癸亥,夏武功大夫咩布师道、宣德郎严立本等贺万春节。(《金史》卷61《交聘表中》) 四月,任得敬疾有疗,夏遣任得聪来谢。任得敬附表及礼物,金世宗却之不受。(《金史》卷134《西夏传》) 九月,金遣引进使高希甫为夏国主生日使。(《金史》卷6《世宗纪上》)	
宋乾道五年、夏天盛二十一年、金大定九年(1169)		正月戊午,夏武功大夫庄浪义显、宣德郎刘裕等贺正旦。(《金史》卷61《交聘表中》) 三月丁巳,夏武功大夫浑进忠、宣德郎王德昌等贺万春节。(同上) 五月丙辰,金遣宿直将军完颜赛也为横赐夏国使。(同上) 九月,金遣宿直将军仆散守忠为夏国主生日使。(同上)	

年代	宋(南宋)	金	蒙古
宋乾道六年、夏乾祐元年、金大定十年(1170)	宋四川宣抚司再以蜡书遗任德敬,约以夹攻,会德敬伏诛,夏国将宋使及蜡书一并献给金朝。 (《建炎以来朝野杂记·乙集》卷19)	正月壬子,夏武功大夫刘志直,宣德郎韩德容等贺正旦。(《金史》卷61《交聘表中》) 三月壬子,夏武功大夫张兼善、宣德郎李师白等贺万春节。丁丑,诏以夏奏告使于闰五月十六就行在。(同上) 闰五月乙未,夏权臣任得敬中分其国,胁国主李仁孝遣左枢密使浪讹进忠、参知政事杨彦敬、押进翰林学士焦景颜等上表为得敬求封。金世宗不许,并遣使详问。(同上) 七月庚子,宋以蜡书遗任得敬,夏执其人并书报金。(同上) 九月庚寅,金遣尚书户部郎中夹古阿里补为夏国主生日使。(同上) 十一月癸巳,夏以诛任得敬,遣殿前太尉芭里昌祖、枢密直学士高岳等上表陈谢。(同上)	
宋乾道七年、夏乾祐二年、金大定十一年(1171)		正月丙子,夏遣武功大夫煞执直、宣德郎马子才贺正旦。(《金史》卷61《交聘表中》) 三月乙亥,夏使贺万春节。(同上) 八月丁卯,金遣使贺夏国主生日。(同上)	
宋乾道八年、夏乾祐三年、金大定十二年(1172)		正月庚午,夏使如金贺正旦。(《金史》卷61《交聘表中》) 三月己巳,夏遣武功大夫党得敬、宣德郎田公懿贺万春节。又遣殿前马步军太尉讹罗绍甫、枢密直学士吕子温、押进匦匣使芭里直信等贺加金主尊号。(同上) 四月癸亥,金遣宿直将军唐括阿忽里为横赐夏国使。(同上) 九月辛巳,金遣殿前右卫将军粘割斡特剌为夏国主生日使。(同上) 十二月癸亥,夏国殿前太尉罔荣忠、枢密直学士严立本等使金谢横赐。(同上)	
宋乾道九年、夏乾祐四年、金大定十三年(1173)		正月乙丑,夏武功大夫卧落绍昌、宣德郎张希道等贺正旦。(《金史》卷61《交聘表中》) 三月癸巳,夏武功大夫芭里安仁、宣德郎焦蹈等贺万春节。(同上) 九月辛卯,金以宿直将军胡什赉为夏国主生日使。(同上)	

年　代	宋(南宋)	金	蒙古
宋淳熙元年、夏乾祐五年、金大定十四年(1174)		正月己丑,夏武功大夫煞进德、宣德郎李师旦等贺正旦。(《金史》卷61《交聘表中》) 三月戊子,夏武功大夫芭里安仁、宣德郎焦蹈等贺万春节。(同上) 九月乙未,金遣宿直将军宗室崇肃为夏国主生日使。(同上)	
宋淳熙二年、夏乾祐六年、金大定十五年(1175)		正月,夏武功大夫李嗣卿、宣德郎白庆嗣等贺正旦。(《金史》卷61《交聘表中》) 四月,金遣横赐使来。(《西夏纪》卷25) 闰九月己未,金遣符宝郎斜卯和尚贺夏国主生日。(《金史》卷61《交聘表中》) 十二月丙午,夏国遣中兴尹讹罗绍甫、翰林学士王师信等如金谢横赐。(同上)	
宋淳熙三年、夏乾祐七年、金大定十六年(1176)		正月戊申,夏武功大夫嵬宰师宪、宣德郎宋弘等贺正旦。(《金史》卷61《交聘表中》) 三月丙午,夏武功大夫骨勒文昌、宣德郎王禹珪贺万春节。(同上) 九月癸丑,金遣使贺夏国主生日。(同上)	
宋淳熙四年、夏乾祐八年、金大定十七年(1177)		正月壬寅,夏武功大夫讹略德昌、宣德郎杨彦和等贺正旦。(《金史》卷61《交聘表中》) 三月辛丑,夏武功大夫芭里庆祖、宣德郎梁宇等贺万春节。(同上) 九月丁酉,金遣尚书兵部郎中石抹忽土为夏国主生日使。(同上) 十月,夏国进献百头帐,金世宗诏不受。(同上) 十一月,夏国主李仁孝再以表上,金世宗诏许与正旦使同来。(同上) 十二月甲午,夏国东经略使苏执礼如金横进。(同上)	
宋淳熙五年、夏乾祐九年、金大定十八年(1178)		正月丙申,夏使贺正旦。(《金史》卷61《交聘表中》) 三月乙未,夏武功大夫嵬名仁显、宣德郎赵崇道等贺万春节。(同上) 四月己丑,金以太子左赞善阿不罕德甫为横赐夏国使。(同上) 九月辛未,金遣侍御史完颜蒲鲁虎为夏国主生日使。(同上) 十二月戊午,夏遣殿前太尉浪讹元智、翰林学士刘昭谢横赐。(同上)	

年代	宋(南宋)	金	蒙古
宋淳熙六年、夏乾祐十年、金大定十九年(1179)		正月庚申,夏武功大夫张兼善、宣德郎张希圣等贺正旦。(《金史》卷61《交聘表中》) 三月己未,夏遣武功大夫来子敬、宣德郎梁介等贺万春节。(同上) 九月戊午,金遣太子左卫率府率裴满胡剌为夏国主生日使。(同上)	
宋淳熙七年、夏乾祐十一年、金大定二十年(1180)		正月甲寅,夏武功大夫安德信、宣德郎吴日休等贺正旦。(《金史》卷61《交聘表中》) 三月癸丑,夏武功大夫罔进忠、宣德郎王禹玉贺万春节。(同上) 九月壬戌,金遣少府少监宗室赛补为夏国主生日使。(同上) 十二月癸卯,金主诏有司,夏使入界,如遇当月小尽,限二十五日至都,二十七日朝见。(同上) 丙午,夏国奏告使御史中丞罔永德、枢密直学士刘昭等入见金主。(同上)	
宋淳熙八年、夏乾祐十二年、金大定二十一年(1181)		正月戊申,夏遣武功大夫谋宁好德、宣德郎郝处俊贺正旦。(《金史》卷61《交聘表中》) 三月丁未,夏武功大夫苏志纯、宣德郎康忠义等贺万春节。(同上) 四月戊辰,金遣滕王府长史把德固为横赐夏国使。(同上) 八月乙丑,金遣尚书吏部郎中奚胡失海为夏国主生日使。(同上)	
宋淳熙九年、夏乾祐十三年、金大定二十二年(1182)		三月辛未,夏使贺万春节。(《金史》卷61《交聘表中》) 九月乙酉,金遣尚辇局使仆散曷速罕为夏国主生日使。(同上)	
宋淳熙十年、夏乾祐十四年、金大定二十三年(1183)		正月丁卯,夏武功大夫刘进忠、宣德郎李国安等贺正旦。(《金史》卷61《交聘表中》) 三月丙寅,夏武功大夫吴德昌、宣德郎刘思忠等贺万春节。(同上) 九月己巳,金遣宿直将军完颜斜里虎为夏国主生日使。(同上)	
宋淳熙十一年、夏乾祐十五年、金大定二十四年(1184)		正月辛卯,夏武功大夫刘执中、宣德郎李昌辅等贺正旦。(《金史》卷61《交聘表中》) 二月丙戌,金遣横赐夏国使。(同上) 三月庚寅,夏武功大夫晁直信、宣德郎王庭彦等贺万春节。(同上) 五月,夏国主以金世宗幸上京,愿遣使入贺。世宗以道路遥远,不允。(同上)	

年代	宋(南宋)	金	蒙古
		八月癸亥,金遣侍御史遥里特末哥为夏国主生日使。(同上) 十月丙辰,金世宗诏上京地远天寒,行人跋涉艰苦,来岁贺正旦、生日、谢横赐使,权止一年。(同上)	
宋淳熙十二年、夏乾祐十六年、金大定二十五年(1185)		十一月丙申,夏国以车驾还京,遣御史大夫李崇懿、中兴尹米崇吉、押进匭匣使李嗣卿等如金贺尊安。(《金史》卷61《交聘表中》)	二月,西辽大石牙林假道西夏伐金,不果。(《宋史》卷486《夏国传下》)
宋淳熙十三年、夏乾祐十七年、金大定二十六年(1186)	四月,宋诏吴挺结夏国,当时论议可否及夏人从违,史皆失书。(《宋史》卷486《夏国传下》)	正月庚辰,夏武功大夫麻骨进德、宣德郎刘光国等贺正旦。(《金史》卷61《交聘表中》) 三月己卯,夏武功大夫麻骨德懋、宣德郎王庆崇等贺万春节。(同上) 八月己丑,金遣宿直将军李达可为夏国主生日使。(同上)	
宋淳熙十四年、夏乾祐十八年、金大定二十七年(1187)		正月癸卯,夏使贺正旦。(《金史》卷61《交聘表中》) 三月癸卯,夏武功大夫遇忠辅、宣德郎吕昌龄等贺万春节。(同上) 九月己酉,金遣武器署令斜卯阿土为夏国主生日使。(同上) 十二月,夏殿前太尉讹罗绍先、枢密直学士严立本谢横赐。(同上)	
宋淳熙十五年、夏乾祐十九年、金大定二十八年(1188)		正月丁酉,夏武功大夫麻奴绍文、宣德郎安惟敬贺正旦。(《金史》卷61《交聘表中》) 三月丁酉,夏武功大夫浑进忠、宣德郎邓昌祖等贺万春节。(同上) 九月甲午,金遣鹰坊使崇夔为夏国主生日使。(同上)	
宋淳熙十六年、夏乾祐二十年、金大定二十九年(1189)	二月,宋孝宗传位于太子,是为光宗。(《宋史》卷35《孝宗纪三》)	正月壬辰,夏武功大夫纽尚德昌、宣德郎字得贤贺正旦。金主大疾,不能视朝,遣还夏使。(《金史》卷61《交聘表中》) 癸巳,金世宗崩,皇太孙即位,是为金章宗。(《金史》卷8《世宗纪下》) 甲辰,金朝遣使夏国报哀。(《金史》卷9《章宗纪一》) 三月,夏国殿前太尉李元贞、翰林学士余良如金吊慰。(《金史》卷61《交聘表中》)	

年代	宋(南宋)	金	蒙古
		四月,夏国御史中丞邹显忠、枢密直学士李国安如金祭奠。(同上) 五月,夏国知兴中府事廼令思敬、祕书少监梁介如金贺登位,知中兴府事田周臣押进使。(同上) 六月,金朝移报夏国,天寿节于九月一日来贺。(《金史》卷9《章宗纪一》) 八月丙辰,夏使贺天寿节。(同上) 九月戊辰,金朝遣宫卫尉把思忠为夏国主生日使。(同上)	
宋绍熙元年、夏乾祐二十一年、金明昌元年(1190)		正月丙辰,夏武节大夫唐彦超、宣德郎扬彦直贺正旦。(《金史》卷62《交聘表下》) 五月,金遣鹰坊使移剌宁为横赐夏国使。(《金史》卷9《章宗纪一》) 八月己酉,夏武节大夫拽税守节、宣德郎张仲文贺天寿节。知中兴府罔进忠谢横赐。(《金史》卷62《交聘表下》) 九月己未,金遣使贺夏国主生日。(《金史》卷9《章宗纪一》)	
宋绍熙二年、夏乾祐二十二年、金明昌二年(1191)		正月庚戌,夏武节大夫王全忠、宣德郎张思义贺正旦。金朝许夏使贸易三日。(《金史》卷62《交聘表下》) 辛酉,金太后崩,丙寅,遣使报哀于夏国。(《金史》卷9《章宗纪一》) 三月丁巳,夏左金吾卫正将军李元膺、御史中丞高俊英如金吊慰。(《金史》卷62《交聘表下》) 丁卯,夏国遣知中兴府李嗣卿、枢密直学士永昌奉奠金太后。(同上) 八月乙巳,夏武节大夫孰嵬英、宣德郎焦元昌贺天寿节。(同上) 九月丁巳,金遣西上閤门使白琬为夏国主生日使。(《金史》卷9《章宗纪一》)	
宋绍熙三年、夏乾祐二十三年、金明昌三年(1192)		正月乙巳,夏武节大夫赵好、宣德郎史从礼贺正旦。(《金史》卷62《交聘表下》) 八月丁卯,夏武节大夫罔敦信、宣德郎韩伯容贺天寿节。(同上) 九月甲戌,金遣郊社署令唐括合达为夏国主生日使。(《金史》卷9《章宗纪一》)	

年　代	宋(南宋)	金	蒙古
宋绍熙四年、夏乾祐二十四年、金明昌四年(1193)		正月己巳,夏武节大夫吴啰遂良、宣德郎高崇德贺正旦。(《金史》卷62《交聘表下》) 五月丙寅,金遣尚厩局使石抹贞为横赐夏国使。(《金史》卷10《章宗纪二》) 八月辛酉,夏遣武节大夫庞静师德、宣德郎张崇师贺天寿节。同时遣御史中丞哂令思聪谢横赐。(《金史》卷62《交聘表下》) 九月戊辰,金遣使贺夏国主生日。(《金史》卷10《章宗纪二》) 是月,夏仁宗李仁孝薨,子纯祐立,是为夏桓宗。(《宋史》卷486《夏国传下》) 十一月壬申,夏遣御史大夫李元吉、翰林学士李国安来报哀。(《金史》卷62《交聘表下》) 十二月甲午,夏殿前太尉咩铭友直、枢密直学士李昌辅如金奉遗进礼物。(同上) 甲辰,金主遣使敕祭慰问夏国。(《金史》卷10《章宗纪二》)	
宋绍熙五年、夏天庆元年、金明昌五年(1194)	七月,宋光宗有疾,皇太子即位,是为宁宗。(《宋史》卷37《宁宗纪一》)	正月癸亥,夏使贺正旦。(《金史》卷62《交聘表下》) 辛巳,金遣中宪大夫、国子祭酒刘玑,尚书右司郎中乌古论庆裔等充夏国主李纯佑封册起复使,以左司都事李仲略为读册官,册纯佑为夏国主。(《金史》卷62《交聘表下》、《金史》卷96《李仲略传》) 四月壬寅,夏大使御史中丞浪讹文广、副使枢密直学士刘俊才、押进知中兴府野遇克忠来报谢。(《金史》卷62《交聘表下》) 八月,夏武节大夫野遇思文、宣德郎张公辅贺天寿节。(同上) 闰十月,金遣引进使完颜衷为夏国主生日使。(《金史》卷10《章宗纪二》)	
宋庆元元年、夏天庆二年、金明昌六年(1195)		正月丁亥,夏武节大夫王彦才、宣德郎高大节贺正旦。(《金史》卷62《交聘表下》) 三月丙申,夏御史大夫李彦崇、知中兴府事郝庭俊谢赐生日。(同上) 八月己卯,夏武节大夫宋克忠、宣德郎吴子正贺天寿节。(同上) 九月辛卯,金遣尚书左司郎中粘割胡上为夏国主生日使。(《金史》卷10《章宗纪二》)	

年代	宋(南宋)	金	蒙古
宋庆元二年、夏天庆三年、金承安元年(1196)		正月辛巳,夏武节大夫员元亨、宣德郎元叔等贺正旦。(《金史》卷62《交聘表下》) 五月壬辰,金遣尚药局副使粘割忠为横赐夏国使。(《金史》卷10《章宗纪二》) 八月甲戌,夏武节大夫同崇义、宣德郎吕昌邦贺天寿节。(同上) 九月乙巳,金遣国子监丞乌古论达吉不为夏国主生日使。(同上)	
宋庆元三年、夏天庆四年、金承安二年(1197)		正月乙亥,夏武节大夫嵬名世安、宣德郎李师广贺正旦。(《金史》卷62《交聘表下》) 八月戊戌,夏武节大夫啰略守忠,宣德郎王彦国贺天寿节。同时遣知中兴府事李德冲、枢密直学士刘思问等请复榷场。(同上) 九月乙巳,夏使朝辞,金主诏答许复保安、兰州榷场。(《金史》卷10《章宗纪二》) 十二月丁酉,夏殿前太尉李嗣卿、知中兴府事高德崇来谢复榷场。(同上)	
宋庆元四年、夏天庆五年、金承安三年(1198)		正月己亥,夏武功大夫隗敏修、宣德郎钟伯达贺正旦。(《金史》卷62《交聘表下》) 五月戊申,金遣客省使移剌郁为夏国主生日使。(《金史》卷11《章宗纪三》) 八月甲午,夏使贺天寿节。(《金史》卷62《交聘表下》)	
宋庆元五年、夏天庆六年、金承安四年(1199)		正月癸巳,夏武节大夫李庆源,宣德郎邓昌祖等贺正旦。(《金史》卷62《交聘表下》) 五月壬寅,金遣兵部郎中完颜撒里合为夏国主生日使。(《金史》卷11《章宗纪三》) 庚申,金遣宿直将军徒单仲华为横赐夏国使。(同上) 八月己丑,夏武节大夫纽尚德昌、宣德郎李公达贺天寿节。殿前太尉廼令思聪、枢密直学士杨德先谢横赐。(同上)	
宋庆元六年、夏天庆七年、金承安五年(1200)		正月戊子,夏武节大夫连都敦信、宣德郎丁师周贺正旦。夏主附奏为母疾求医,金主诏遣太医时德元、王利贞往夏诊治,仍以御剂药赐之。(《金史》卷62《交聘表下》)	

年　代	宋(南宋)	金	蒙古
		八月壬子,夏武节大夫连都敦信,宣德郎丁师周贺天寿节。又遣南院宣徽使刘忠亮、知中兴府高永昌如金谢恩。(同上) 十月丁未,金遣宿直将军完颜观音奴为夏国主生日使。(《金史》卷11《章宗纪三》)	
宋嘉泰元年、夏天庆八年、金泰和元年(1201)		正月壬子,夏武节大夫卧德忠、宣德郎刘筠国贺正旦。(《金史》卷62《交聘表下》) 三月乙丑,夏左金吾卫上将军野遇思文、知中兴府田文徽等来谢恩。(同上) 八月戊寅,夏武节大夫柔思义、宣德郎焦思元等贺天寿节。(同上) 十月甲辰,金遣刑部员外郎完颜纲为夏国主生日使。(《金史》卷11《章宗纪三》) 十一月,金人浚濠入界,夏国诘之,不报。(《西夏书事》卷39)	
宋嘉泰二年、夏天庆九年、金泰和二年(1202)		正月丁未,夏武节大夫白克忠等贺正旦。(《金史》卷62《交聘表下》) 八月庚子,夏武节大夫天籍辣忠毅、宣德郎王安道等贺天寿节。又遣殿前太尉李建德、知中兴府事杨绍直等谢横赐。(同上) 十月,金遣宿直将军纥石烈毅为夏国主生日使,瀛王府司马独吉温为横赐夏国使。(《金史》卷11《章宗纪三》)	
宋嘉泰三年、夏天庆十年、金泰和三年(1203)		正月辛未,夏武节大夫崔元佐,宣德郎刘彦辅等贺正旦。(《金史》卷62《交聘表下》) 八月甲子,夏使贺天寿节。(同上) 十月壬戌,金遣蓟州刺史完颜太平为夏国主生日使。(《金史》卷11《章宗纪三》)	
宋嘉泰四年、夏天庆十一年、金泰和四年(1204)		正月乙丑,夏武节大夫梅讹宇文、宣德郎韩师正等贺正旦。(《金史》卷62《交聘表下》) 八月癸丑,夏武节大夫李德广、宣德郎韩承庆等贺天寿节。(同上) 十月甲寅,金遣提点尚衣局完颜燮为夏国主生日使。(《金史》卷12《章宗纪四》)	

年代	宋(南宋)	金	蒙古
宋开禧元年、夏天庆十二年、金泰和五年(1205)		正月己未,夏武功大夫遇惟德、宣德郎高大伦等贺正旦。(《金史》卷62《交聘表下》) 闰八月辛巳,夏遣武节大夫赵公良、宣德郎米元懿等贺天寿节。又遣殿前太尉酒来思聪、知中兴府通判刘俊德等谢横赐。(同上)	
宋开禧二年、夏应天元年、金泰和六年、蒙古太祖元年(1206)		正月癸未,夏武节大夫纽尚德、宣德郎郑勗等贺正旦。(《金史》卷62《交聘表下》) 乙丑,夏国李安全废其主纯佑自立,以纯佑母罗氏名义,遣使金朝求封册。(同上) 七月,金主诏宣问罗氏所以废立之故,安全复以罗氏来表。(同上) 九月辛丑,金遣朝议大夫、尚书左司郎中温迪罕思敬、朝请大夫太常少卿黄震为夏国主李安全封册使。(同上) 十二月乙丑,夏御史大夫谋宁光祖、翰林学士张公甫等谢封册,押进使知中兴府梁德枢等入见。(同上)	
宋开禧三年、夏应天二年、金泰和七年、蒙古太祖二年(1207)		正月丁丑,夏武节大夫限敏修、宣德郎邓昌福等贺正旦。(《金史》卷62《交聘表下》) 七月,金主诏赎放还夏国人口,敢有藏匿者以违制论。(《金史》卷12《章宗纪四》) 八月甲辰,夏武节大夫啰哆思忠、宣德郎安礼等贺天寿节。(《金史》卷62《交聘表下》) 十二月,金遣符宝郎乌古论福龄为夏国主生日使。(《金史》卷12《章宗纪四》)	
宋嘉定元年、夏应天三年、金泰和八年、蒙古太祖三年(1208)		正月辛未,夏武节大夫浑光中、宣德郎梁德懿等贺正旦。(《金史》卷62《交聘表下》) 三月甲申,夏枢密使李元吉、观文殿大学士罗世昌等来奏告。(同上) 五月辛亥,夏殿前太尉习勒遵义、枢密都承旨苏寅孙来谢赐生日。(同上) 十月己卯,夏武节大夫李世昌、宣德郎米元杰等贺天寿节,御史大夫权鼎雄、枢密直学士李文政等谢横赐,参知政事浪讹德光、光禄大夫田文徽等来奏告。(同上) 十一月,金主崩,卫绍王嗣位。(《金史》卷13《卫绍王纪》)	

年代	宋(南宋)	金	蒙古
宋嘉定二年、夏应天四年、金大安元年、蒙古太祖四年(1209)		十月,蒙古兵围中兴府,夏国遣使乞援于金,金人不应。(《西夏书事》卷40)	蒙古兵围中兴,遣太傅讹答入中兴,招谕夏主,夏主纳女请和。(《元史》卷1《太祖纪》)
宋嘉定三年、夏皇建元年、金大安二年、蒙古太祖五年(1210)			
宋嘉定四年、夏光定元年、金大安三年、蒙古太祖六年(1211)		正月乙酉,夏使贺正旦。(《金史》卷62《交聘表下》) 七月,夏国主安全废,李遵顼嗣位,是为夏神宗。(《金史》卷134《西夏传》)	
宋嘉定五年、夏光定二年、金崇庆元年、蒙古太祖七年(1212)		正月,夏使贺正旦。(《金史》卷62《交聘表下》) 三月,金遣使册李遵顼为夏国主。(同上) 十二月,夏国主李遵顼遣使谢封册。(同上)	
宋嘉定六年、夏光定三年、金至宁元年(贞祐元年)、蒙古太祖八年(1213)			
宋嘉定七年、夏光定四年、金贞祐二年、蒙古太祖九年(1214)	七月,西夏左枢密使万庆义勇遣二僧赍蜡书入宋,议夹攻金人,不报。(《宋史》卷486《夏国传下》)	八月,夏国致书金国,大概言金边吏侵略,乞禁戢。不答。未几,夏人攻庆、原、延安、积石等州,乃诏有司移文责问。(《金史》卷134《西夏传》) 十一月,金诏有司答夏国牒。(《金史》卷14《宣宗纪上》)	
宋嘉定八年、夏光定五年、金贞祐三年、蒙古太祖十年(1215)			

年代	宋(南宋)	金	蒙古
宋嘉定九年、夏光定六年、金贞祐四年、蒙古太祖十一年(1216)		六月,金鄜延路奏,夏人牒报用彼光定年号。诏封还其牒。(《金史》卷134《西夏传》)	
宋嘉定十年、夏光定七年、金兴定元年、蒙古太祖十二年(1217)		五月,金宣宗欲与夏国议和。夏神宗李遵顼闻之,戒谕将士无犯西鄙。(《金史》卷134《西夏传》)	
宋嘉定十一年、夏光定八年、金兴定二年、蒙古太祖十三年(1218)		三月,夏人移文保安、绥德、葭州,乞复互市,以寻旧盟,不许。(《金史》卷134《西夏传》)	
宋嘉定十二年、夏光定九年、金兴定三年、蒙古太祖十四年(1219)	三月,西夏枢密使、都招讨甯子宁与四川制置司议伐金,宋利州路回书答之。(《宋史》卷486《夏国传下》) 六月,宋利州路复以书约夏国夹攻金人。(《宋史》卷40《宁宗纪四》) 十二月,甯子宁遣使复申前说,且责以宋人失期。四川宣抚使安丙应之。(《宋史》卷486《夏国传下》)	二月,西夏统军司移文边境,欲与金人讲和。(《金史》卷15《宣宗纪中》) 十二月,金主诏有司移文夏国。(《金史》卷134《西夏传》)	
宋嘉定十三年、夏光定十年、金兴定四年、蒙古太祖十五年(1220)	正月,夏人复以书来四川,议夹攻金人。(《宋史》卷40《宁宗纪四》) 八月壬申,四川宣抚使安丙遣书夏人,定议夹攻金人。癸未,四川宣抚司命利州统制王仕信引兵赴熙、巩州会夏人。(《宋史》卷40《宁宗纪四》) 九月辛卯,夏人引兵围巩州,并至宋趣师。(同上) 乙巳,程信、王仕信引兵与夏人会于巩州城下。既而攻巩州不克,宋夏各引兵退。(同上) 十月丁巳,宋利州副都统约夏人共攻秦州,夏人不从。(同上)	二月,金以夏人公文言语不逊,诏词臣草牒折之。(《金史》卷134《西夏传》)	

年代	宋(南宋)	金	蒙古
宋嘉定十四年、夏光定十一年、金兴定五年、蒙古太祖十六年(1221)	十月丙寅,夏人复以书来四川趣会兵。(《宋史》卷40《宁宗纪四》)		十月,西夏遣兵从蒙古太师木华黎攻金葭州、绥德。(《西夏纪》卷27)
宋嘉定十五年、夏光定十二年、金元光元年、蒙古太祖十七年(1222)	西夏遣百余骑入凤州,邀宋共攻金人,宋都统李冲正告曰:通问当遣使持书,夏人不言而返。(《宋史》卷406《崔与之传》)		六月,蒙古来约伐金,许之。(《元史》卷149《石天应传》)
宋嘉定十六年、夏乾定元年、金元光二年、蒙古太祖十八年(1223)		十二月,金主崩,太子即位,是为哀宗。(《金史》卷16《宣宗纪下》) 是岁,夏神宗自称太上皇,传位于太子德旺,是为献宗。(《金史》卷134《西夏传》)	
宋嘉定十七年、夏乾定二年、金正大元年、蒙古太祖十九年(1224)		十一月,西夏遣使来修好。(《金史》卷62《交聘表下》) 金朝自天会(1123—1137)议和,八十年间与夏人未尝有兵革之事,及贞祐(1213—1216)之初,小有侵略,以致构难,十年不解,一胜一负,精锐皆尽,而两国俱弊。(《金史》卷134《西夏传》)	十一月,西夏遣使蒙古请降。(《西夏书事》卷42)
宋宝庆元年、夏乾定三年、金正大二年、蒙古太祖二十年(1225)		九月,夏金达成和议,夏称弟,各用本国年号。夏遣光禄大夫吏部尚书李仲谔、南院宣徽使罗世昌、中书省左司郎李绍膺来报聘。(《金史》卷62《交聘表下》) 十月,金遣聂天骥、张天纲使夏讲和。(同上) 十二月,金遣使夏国报成,国书称"兄大金皇帝致书于弟大夏皇帝阙下"。(同上) 西夏遣徽猷阁学士李弁使金议互市,往返不能决,金朝遣杨云翼往议,乃定。(《金史》卷110《杨云翼传》)	三月,蒙古使至夏国责以质子,不遣。(《西夏书事》卷42)

年 代	宋(南宋)	金	蒙古
宋宝庆二年、夏宝义元年、金正大三年、蒙古太祖二十一年(1226)		正月丁巳,夏遣精鼎匭匣使武绍德、副仪增、御史中丞咩元礼等贺正旦。(《金史》卷62《交聘表下》) 七月,夏国主德旺薨,南平王李睍即位。(《宋史》卷486《夏国传下》) 十月,夏使如金报哀。(《金史》卷17《哀宗纪上》) 十一月甲戌,金国遣使西夏贺正旦。(《金史》卷62《交聘表下》) 丙子,夏以兵事方殷,来报各停使。(同上) 是月,金遣使吊祭。(同上)	
宋宝庆三年、夏宝义二年、金正大四年、蒙古太祖二十二年(1227)		夏遣精方匭匣使王立之使金,未复命,夏国亡。(《金史》卷62《交聘表下》)	

二十、西夏纪年表①

公元	干支	西夏	宋	辽、北辽、西辽	金
1032	壬申	景宗(嵬名元昊)明道1	仁宗(赵祯)明道1	兴宗(耶律宗真)重熙1	
1033	癸酉	2	2	2	
1034	甲戌	开运1 广运1	景祐1	3	
1035	乙亥	2	2	4	
1036	丙子	大庆1	3	5	
1037	丁丑	2	4	6	
1038	戊寅	天授礼法延祚1	宝元1	7	
1039	已卯	2	2	8	
1040	庚辰	3	康定1	9	
1041	辛巳	4	庆历1	10	
1042	壬午	5	2	11	
1043	癸未	6	3	12	
1044	甲申	7	4	13	
1045	乙酉	8	5	14	
1046	丙戌	9	6	15	
1047	丁亥	10	7	16	
1048	戊子	11	8	17	
1049	己丑	毅宗(嵬名谅祚)延嗣宁国1	皇祐1	18	
1050	庚寅	天祐垂圣1	2	19	
1051	辛卯	2	3	20	
1052	壬辰	3	4	21	
1053	癸巳	福圣承道1	5	22	
1054	甲午	2	至和1	23	
1055	乙未	3	2	道宗(耶律洪基)清宁1	
1056	丙申	4	嘉祐1	2	

① 本表来自史金波《西夏社会》,特此感谢!

公元	干支	西夏	宋	辽、北辽、西辽	金
1057	丁酉	奲都 1	2	3	
1058	戊戌	2	3	4	
1059	己亥	3	4	5	
1060	庚子	4	5	6	
1061	辛丑	5	6	7	
1062	壬寅	6	7	8	
1063	癸卯	拱化 1	8	9	
1064	甲辰	2	英宗（赵曙） 治平 1	10	
1065	乙巳	3	2	咸雍 1	
1066	丙午	4	3	2	
1067	丁未	5	4	3	
1068	戊申	惠宗（嵬名秉常）乾道 1	神宗（赵顼） 熙宁 1	4	
1069	己酉	天赐礼盛国庆 1	2	5	
1070	庚戌	2	3	6	
1071	辛亥	3	4	7	
1072	壬子	4	5	8	
1073	癸丑	5	6	9	
1074	甲寅	大安 1	7	10	
1075	乙卯	2	8	大（太）康 1	
1076	丙辰	3	9	2	
1077	丁巳	4	10	3	
1078	戊午	5	元丰 1	4	
1079	己未	6	2	5	
1080	庚申	7	3	6	
1081	辛酉	8	4	7	
1082	壬戌	9	5	8	
1083	癸亥	10	6	9	
1084	甲子	11	7	10	
1085	乙丑	天安礼定 1	8	大安 1	

公元	干支	西夏	宋	辽、北辽、西辽	金
1086	丙寅	2	哲宗(赵煦)元祐 1	2	
1087	丁卯	崇宗(嵬名乾顺)天仪治平 1	2	3	
1088	戊辰	2	3	4	
1089	己巳	3	4	5	
1090	庚午	天祐民安 1	5	6	
1091	辛未	2	6	7	
1092	壬申	3	7	8	
1093	癸酉	4	8	9	
1094	甲戌	5	绍圣 1	10	
1095	乙亥	6	2	寿昌(隆)1	
1096	丙子	7	3	2	
1097	丁丑	8	4	3	
1098	戊寅	永安 1	元符 1	4	
1099	己卯	2	2	5	
1100	庚辰	3	3	6	
1101	辛巳	贞观 1	徽宗(赵佶)建中靖国 1	天祚帝(耶律延禧)乾统 1	
1102	壬午	2	崇宁 1	2	
1103	癸未	3	2	3	
1104	甲申	4	3	4	
1105	乙酉	5	4	5	
1106	丙戌	6	5	6	
1107	丁亥	7	大观 1	7	
1108	戊子	8	2	8	
1109	己丑	9	3	9	
1110	庚寅	10	4	10	
1111	辛卯	11	政和 1	天庆 1	
1112	壬辰	12	2	2	
1113	癸巳	13	3	3	
1114	甲午	雍宁 1	4	4	

公元	干支	西夏	宋	辽、北辽、西辽	金
1115	乙未	2	5	5	太祖(完颜阿骨打) 收国 1
1116	丙申	3	6	6	2
1117	丁酉	4	7	7	天辅 1
1118	戊戌	5	重和 1	8	2
1119	己亥	元德 1	宣和 1	9	3
1120	庚子	2	2	10	4
1121	辛丑	3	3	保大 1	5
1122	壬寅	4	4	保大 2 北辽宣宗(耶律淳) 建福 1 北辽萧德妃德兴 1	6
1123	癸卯	5	5	保大 3 北辽梁王(耶律雅里) 神历 1	太宗(完颜晟) 天会 1
1124	甲辰	6	6	保大 4 西辽 德宗(耶律大石) 延庆 1	2
1125	乙巳	7	7	保大 5 延庆 2	3
1126	丙午	8	钦宗(赵桓) 靖康 1	3	4
1127	丁未	正德 1	南宋 高宗(赵构) 建炎 1	4	5
1128	戊申	2	2	5	6
1129	己酉	3	3	6	7
1130	庚戌	4	4	7	8
1131	辛亥	5	绍兴 1	8	9
1132	壬子	6	2	9	10
1133	癸丑	7	3	10	11
1134	甲寅	8	4	康国 1	12
1135	乙卯	大德 1	5	2	熙宗(完颜亶) 13
1136	丙辰	2	6	3	14

公元	干支	西夏	宋	辽、北辽、西辽	金
1137	丁巳	3	7	4	15
1138	戊午	4	8	5	天眷 1
1139	己未	5	9	6	2
1140	庚申	仁宗(嵬名仁孝)大庆 1	10	7	3
1141	辛酉	2	11	8	皇统 1
1142	壬戌	3	12	9	2
1143	癸亥	4	13	10	3
1144	甲子	人庆 1	14	感天后(塔不烟)咸清 1	4
1145	乙丑	2	15	2	5
1146	丙寅	3	16	3	6
1147	丁卯	4	17	4	7
1148	戊辰	5	18	5	8
1149	己巳	天盛 1	19	6	海陵王(完颜亮)天德 1
1150	庚午	2	20	7	2
1151	辛未	3	21	仁宗(耶律夷列)绍兴 1	3
1152	壬申	4	22	2	4
1153	癸酉	5	23	3	贞元 1
1154	甲戌	6	24	4	2
1155	乙亥	7	25	5	3
1156	丙子	8	26	6	正隆 1
1157	丁丑	9	27	7	2
1158	戊寅	10	28	8	3
1159	己卯	11	29	9	4
1160	庚辰	12	30	10	5
1161	辛巳	13	31	11	世宗(完颜雍)大定 1
1162	壬午	14	32	12	2
1163	癸未	15	孝宗(赵昚)隆兴 1	13	3
1164	甲申	16	2	承天后(耶律普速完)崇福 1	4

公元	干支	西夏	宋	辽、北辽、西辽	金
1165	乙酉	17	乾道 1	2	5
1166	丙戌	18	2	3	6
1167	丁亥	19	3	4	7
1168	戊子	20	4	5	8
1169	己丑	21	5	6	9
1170	庚寅	乾祐 1	6	7	10
1171	辛卯	2	7	8	11
1172	壬辰	3	8	9	12
1173	癸巳	4	9	10	13
1174	甲午	5	淳熙 1	11	14
1175	乙未	6	2	12	15
1176	丙申	7	3	13	16
1177	丁酉	8	4	14	17
1178	戊戌	9	5	末主(耶律直鲁古) 天禧 1	18
1179	己亥	10	6	2	19
1180	庚子	11	7	3	20
1181	辛丑	12	8	4	21
1182	壬寅	13	9	5	22
1183	癸卯	14	10	6	23
1184	甲辰	15	11	7	24
1185	乙巳	16	12	8	25
1186	丙午	17	13	9	26
1187	丁未	18	14	10	27
1188	戊申	19	15	11	28
1189	己酉	20	16	12	29
1190	庚戌	21	光宗(赵惇) 绍熙 1	13	章宗(完颜璟) 明昌 1
1191	辛亥	22	2	14	2
1192	壬子	23	3	15	3

公元	干支	西夏	宋	辽、北辽、西辽	金
1193	癸丑	24	4	16	4
1194	甲寅	桓宗(嵬名纯佑)天庆1	5	17	5
1195	乙卯	2	宁宗(赵扩) 庆元1	18	6
1196	丙辰	3	2	19	承安1
1197	丁巳	4	3	20	2
1198	戊午	5	4	21	3
1199	己未	6	5	22	4
1200	庚申	7	6	23	5
1201	辛酉	8	嘉泰1	24	泰和1
1202	壬戌	9	2	25	2
1203	癸亥	10	3	26	3
1204	甲子	11	4	27	4
1205	乙丑	12	开禧1	28	5
1206	丙寅	襄宗(嵬名安全)应天1	2	29	6
1207	丁卯	2	3	30	7
1208	戊辰	3	嘉定1	31	8
1209	己巳	4	2	32	卫绍王(完颜永济) 大安1
1210	庚午	皇建1	3	33	2
1211	辛未	神宗(嵬名遵顼)光定1	4	34	3
1212	壬申	2	5		崇庆1
1213	癸酉	3	6		至宁1 宣宗(完颜珣) 贞祐1
1214	甲戌	4	7		2
1215	乙亥	5	8		3
1216	丙子	6	9		4
1217	丁丑	7	10		兴定1
1218	戊寅	8	11		2
1219	己卯	9	12		3

公元	干支	西夏	宋	辽、北辽、西辽	金
1220	庚辰	10	13		4
1221	辛巳	11	14		5
1222	壬午	12	15		元光 1
1223	癸未	13	16		2
1224	甲申	献宗（嵬名德旺）乾定 1	17		哀宗（完颜守绪）正大 1
1225	乙酉	2	理宗（赵昀）宝庆 1		2
1226	丙戌	3	2		3
1227	丁亥	末主（嵬名睍）宝义 1	3		4

本书引用书目

书名	作者	版本
安阳集	［宋］韩琦	清乾隆四年(1739)刊本
白氏长庆集	［唐］白居易	1955 年文学古籍刊行社
巴西集	［元］邓文原	台湾商务印书馆影印文渊阁四库全书本
包拯集	［宋］张田编	1963 年中华书局
保越录	［元］徐勉之	1959 年商务印书馆丛书集成初编补印本
北大学报		1978 年第二期
北海集	［宋］綦崇礼	台湾商务印书馆影印文渊阁四库全书本
北梦琐言	［宋］孙光宪	1981 年 11 月云自在龛丛书本
北山集(四十卷)	［宋］程俱	台湾商务印书馆影印文渊阁四库全书本
北山集(三十卷)	［宋］郑刚中	台湾商务印书馆影印文渊阁四库全书本
北史	［唐］李延寿	1974 年中华书局标点本
北行日录	［宋］楼钥	知不足斋丛书本
泊宅编	［宋］方勺	1983 年中华书局唐宋史料笔记丛刊本
补梦溪笔谈校正	［宋］沈括	1956 年上海出版公司
草庐吴文正公集【吴文正公集】	［元］吴澄	清乾隆二十一年(1756)万氏刻本
草木子	［明］叶子奇	台湾商务印书馆影印文渊阁四库全书本
册府元龟	［宋］王钦若	1960 年中华书局影印本
茶山集	［宋］曾幾	台湾商务印书馆影印文渊阁四库全书本
长春真人西游记	［元］李志常	丛书集成初编本
朝野类要	［宋］赵升	1983 年江苏广陵古籍刻印社笔记小说大观本
重修隆德县志	陈国栋	1988 年宁夏历代方志萃编本
敕修陕西通志【陕西通志】	［清］刘于义	坊刻本
初寮集	［宋］王安中	台湾商务印书馆影印文渊阁四库全书本
吹剑录外集	［宋］俞文豹	知不足斋丛书本
春明退朝录	［宋］宋敏求	1980 年中华书局唐宋史料笔记丛刊本
春渚纪闻	［宋］何薳	1983 年中华书局唐宋史料笔记丛刊本
存复斋文集	［元］朱德润	四部丛刊续编集部
大藏经佛祖历代通载	［元］释念常	上海频伽精舍本

书名	作者	版本
大金吊伐录	[金]撰人不详	1982 年上海书店中国历史研究资料丛书本;守山阁丛书本
大金国志	[元]宇文懋昭	清嘉庆丁巳(1797)扫叶山房藏板
大金集礼	撰人不详	台湾商务印书馆影印文渊阁四库全书本
丹阳集	[宋]葛藤仲	台湾商务印书馆影印文渊阁四库全书本
待制集	[元]柳贯	台湾商务印书馆影印文渊阁四库全书本
党项与西夏资料汇编	韩荫晟	2000 年宁夏人民出版社
道光平罗纪略【平罗纪略】	[清]徐保宁	1988 年宁夏历代方志萃编本
道光续修中卫县志	[清]郑元吉	1988 年宁夏历代方志萃编本
道园学古录	[元]虞集	四部丛刊本
丁鹤年集	[元]丁鹤年	湖北先正遗书
定庵类稿	[宋]卫博	台湾商务印书馆影印文渊阁四库全书本
东窗集	[宋]张扩	台湾商务印书馆影印文渊阁四库全书本
东都事略	[宋]王偁	清嘉庆三年(1798)扫叶山房校刊本
东京梦华录	[宋]孟元老	丛书集成初编本
东莱诗集	[宋]吕本中	台湾商务印书馆影印文渊阁四库全书本
东牟集	[宋]王洋	台湾商务印书馆影印文渊阁四库全书本
东南纪闻	撰人不详	台湾商务印书馆影印文渊阁四库全书本
东坡全集	[宋]苏轼	清道光壬辰(1832)眉州三苏祠藏板
东坡志林	[宋]苏轼	1981 年中华书局唐宋史料笔记丛刊本
东维子文集	[元]杨维桢撰	台湾商务印书馆影印文渊阁四库全书本
东轩笔录	[宋]魏泰	1983 年江苏广陵古籍刻印社笔记小说大观本
东原录	[宋]龚鼎臣	台湾商务印书馆影印文渊阁四库全书本
东斋记事	[宋]范镇	1980 年中华书局唐宋史料笔记丛刊本
独醒杂志	[宋]曾敏行	知不足斋丛书本
俄藏黑水城文献	中国社会科学院民族研究所等	上海古籍出版社
伐檀集	[宋]黄庶	宋人集丁编本
樊川文集	[唐]杜佑	四部丛刊集部
范太史集	[宋]范祖禹	四库珍本初集本

书名	作者	版本
范文正公集(别集、政府奏议、尺牍、年谱及年谱补遗、言行拾遗事录)	[宋]范仲淹	四部丛刊初编本
方舟集	[宋]李石	台湾商务印书馆影印文渊阁四库全书本
霏雪录	[明]镏绩	台湾商务印书馆影印文渊阁四库全书本
斐然集	[宋]胡寅	台湾商务印书馆影印文渊阁四库全书本
浮溪集	[宋]汪藻	四部丛刊初编本
浮溪文粹	[宋]汪藻	台湾商务印书馆影印文渊阁四库全书本
滏水集	[金]赵秉文	清光绪癸卯(1903)海丰吴氏校刊本
甘肃全省新通志【甘肃新通志】	[清]长庚	1909年坊刻本
高峰文集	[宋]廖刚	台湾商务印书馆影印文渊阁四库全书本
庚申外史	[明]权衡编	丛书集成初编本
公是集	[宋]刘敞	丛书集成初编本
攻媿集	[宋]楼钥	丛书集成初编本
姑溪居士前集	[宋]李之仪	清宣统三年(1911)金陵督粮道署刊本
姑溪居士后集	[宋]李之仪	北京图书馆抄本
古今纪要逸编【纪要逸编】	[宋]黄震	1983年江苏广陵古籍刻印社笔记小说大观本
固原州志	[清]王学伊	1967年台湾学生书局新修方志丛刊本
广西通志	[清]洪铁	台湾商务印书馆影印文渊阁四库全书本
光绪花马池志迹【花马池志】	撰人不详	1988年宁夏历代方志萃编本
光绪平远县志【平远县志】	[清]陈日新	1988年宁夏历代方志萃编本
归潜志	[金]刘祁	1983年江苏广陵古籍刻印社笔记小说大观本
圭塘小亭(别集、续集)	[元]许有壬	台湾商务印书馆影印文渊阁四库全书本
龟山集	[宋]杨时	台湾商务印书馆影印文渊阁四库全书本
龟溪集	[宋]沈与求	台湾商务印书馆影印文渊阁四库全书本
贵耳集	[宋]张端义	1958年中华书局
桂苑笔耕集	[唐]崔致远	四库丛刊初编集部
过庭录	[宋]范公偁	丛书集成初编本
海城厅志	[清]朱亨衍	1962年宁夏图书馆油印本
海城县志	[清]杨金庚	1962年宁夏图书馆油印本
海陵集	[宋]周麟之	台湾商务印书馆影印文渊阁四库全书本

书名	作者	版本
韩昌黎集	[唐]韩愈	国学基本丛书简编本
韩魏公集	[宋]韩琦	国学基本丛书本
汉滨集	[宋]王之望	台湾商务印书馆影印文渊阁四库全书本
翰苑群书	[宋]洪遵辑	知不足斋丛书本
河南通志	[清]顾栋高	台湾商务印书馆影印文渊阁四库全书本
河南先生文集	[宋]尹洙	四部丛刊初编本
鹤林玉露	[宋]罗大经	1983 年江苏广陵古籍刻印社笔记小说大观本
鹤年诗集【丁鹤年集】	[元]丁鹤年	台湾商务印书馆影印文渊阁四库全书本
黑鞑事略	[宋]彭大雅	丛书集成初编本
墨客挥犀	[宋]彭乘	1983 年江苏广陵古籍刻印社笔记小说大观本
横山县志	刘济南	1968 年台湾学生书局新修方志丛刊本
横塘集	[宋]许景衡	台湾商务印书馆影印文渊阁四库全书本
弘治保定郡志	[明]张才	天一阁明代方志选刊
弘治延安府志【延安府志】	[明]李宗仁	1962 年陕西图书馆影印北图胶卷
弘治宁夏新志	[明]胡汝砺	抄本
鸿庆居士集	[宋]孙觌	台湾商务印书馆影印文渊阁四库全书本
侯鲭录	[宋]赵令畤	知不足斋丛书本
后山谈丛	[宋]陈师道	民国十一年(1922)文明书局宝颜堂秘籍续集本
厚德录	[宋]李元纲	1983 年江苏广陵古籍刻印社笔记小说大观本
华阳集	[宋] 王珪	丛书集成初编本
华阳集	[宋]张纲	台湾商务印书馆影印文渊阁四库全书本
画墁集	[宋]张舜民	知不足斋丛书本
皇宋十朝纲要	[宋]李𡌴	民国十六年(1927)东方学会铅印本
挥麈录(前录、后录、三录、余话)	[宋]王明清	1962 年上海中华书局宋代史料笔记丛刊本
晦庵先生朱文公文集(续集、别集)【朱文公集】	[宋]朱熹	四部丛刊集部
鸡肋编	[宋]庄绰	1983 年中华书局唐宋史料笔记丛刊本
鸡肋集	[宋]晁补之	四部丛刊初编本
畿辅通志	[清]李卫	台湾商务印书馆影印文渊阁四库全书本
稽古录	[宋]司马光	清光绪己卯(1879)年江苏书局刊本

书名	作者	版本
济南集	[宋]李廌	宋人集丙编本
嘉定镇江志	[宋]卢宪	1980年台湾大化书局宋元地方志丛书本
嘉靖固原州志【固原州志】	[明]杨经	1985年宁夏人民出版社
嘉靖宁夏新志	[明]管律	1961年上海古籍书店影印明嘉靖刻本
嘉庆灵州志迹【灵州志迹】	[清]郭楷	1988年宁夏历代方志萃编本
嘉泰会稽志	[宋]施宿	1980年台湾大化书局宋元地方志丛书本
嘉祐集	[宋]苏洵	清道光壬辰(1832)眉州三苏祠藏板
建炎笔录	[宋]赵鼎	丛书集成初编本
建炎复辟纪	撰人不详	丛书集成初编本
建炎维扬遗录	撰人不详	丛书集成初编本
建炎以来系年要录【系年要录】	[宋]李心传	丛书集成初编本
建炎以来朝野杂记【朝野杂记】	[宋]李心传	丛书集成初编本
江西通志	[清]谢旻	台湾商务印书馆影印文渊阁四库全书本
江邻幾杂志	[宋]江休复	1983年江苏广陵古籍刻印社笔记小说大观本
金台集	[元]马祖常	台湾商务印书馆影印文渊阁四库全书本
金石萃编	[清]王昶	清光绪癸巳(1893)年鸿宝斋石印
金石续编	[清]陆绍闻	清光绪癸巳(1893)年鸿宝斋石印
金史	[元]脱脱等	1975年中华书局标点本
金文靖集	[明]金幼孜	台湾商务印书馆影印文渊阁四库全书本
金文雅	[清]庄仲方编	清光绪辛卯(1891)江苏书局重刻本
金源札记	[清]施国祁	丛书集成初编本
金志	[元]宇文懋昭	丛书集成初编本
京口耆旧传	撰人不详	台湾商务印书馆影印文渊阁四库全书本
经济文集	[元]李士瞻	湖北先正遗书
景定建康志【建康志】	[宋]周应合	1980年台湾大化书局宋元地方志丛书本
景文集	[宋]宋祁	丛书集成初编本
净德集	[宋]吕陶	丛书集成初编本
靖康稗史七种(宣和乙巳奉使金国行程录、瓮中人语、开封府状、南征录、汇青宫译语、呻吟语、宋俘记)	确庵、耐庵	1967年台北文海出版社
靖康传信录	[宋]李纲	丛书集成初编本

书名	作者	版本
靖康纪闻	[宋]丁特起	丛书集成初编本
靖康要录	[宋]汪藻	1967 年台北文海出版社
九国志	[宋]路振	1983 年江苏广陵古籍刻印社笔记小说大观本
九灵山房集	[元]戴良	四部丛刊集部
旧唐书	[后晋]刘昫	1975 年中华书局标点本
旧闻证误	[宋]李心传	1981 年中华书局唐宋史料笔记丛刊本
旧五代史	[宋]薛居正	1976 年中华书局标点本
筠溪集	[宋]李弥逊	台湾商务印书馆影印文渊阁四库全书本
康熙隆德县志	[清]常星景	1988 年宁夏历代方志萃编本
康熙新修朔方广武志【朔方广武志】	[清]李品錡	1988 年宁夏历代方志萃编本
柯九思史料	宗典编	1936 年上海人民美术出版社
睽车志	[宋]郭彖	1983 年江苏广陵古籍刻印社笔记小说大观本
愧郯录	[宋]岳珂	知不足斋丛书本
老学庵笔记	[宋]陆游	宋人百家小说本
乐郊私语	[元]姚桐寿	台湾商务印书馆影印文渊阁四库全书本
乐全集	[宋]张方平	四库珍本初集本
冷斋夜话	[宋]释惠洪	1983 年江苏广陵古籍刻印社笔记小说大观本
李卫公会昌一品集	[唐]李德裕	商务印书馆国学基本丛书本
梁溪漫志	[宋]费衮	知不足斋丛书本
梁溪集	[宋]李纲	台湾商务印书馆影印文渊阁四库全书本
辽史	[元]脱脱等	1974 年中华书局标点本
辽史拾遗	[清]厉鹗	清道光辛巳(1821)振绮堂校刊本
辽史证误三种	冯家升	1964 年中华书局
辽志	[宋]叶隆礼	丛书集成初编本
临川先生文集	[宋]王安石	四部丛刊初编本
临汉隐居诗话	[宋]魏泰	知不足斋丛书本
柳待制文集	[元]柳贯	四部丛刊集部
柳河东集	[唐]柳宗元	商务印书馆国学基本丛书简编本
龙川别志	[宋]苏辙	1982 年中华书局唐宋史料笔记丛刊本

书名	作者	版本
龙川略志	[宋] 苏辙	1982 年中华书局唐宋史料笔记丛刊本
龙学文集	[宋]祖无择	宋人集丙编本
隆平集	[宋]曾巩	清康熙四十年(1701)刻本;明万历丁酉(1597)刊本
隆庆仪真县志	[明]申嘉瑞等	天一阁明代方志选刊
陇右金石补录	[民国]张维	1943 年甘肃省文献征集委员会校印
陇右金石录	[民国]张维	1943 年甘肃省文献征集委员会校印
卢溪文集	[宋]王庭珪	台湾商务印书馆影印文渊阁四库全书本
芦川归来集	[宋]张元干	台湾商务印书馆影印文渊阁四库全书本
潞公文集	[宋]文彦博	台湾商务印书馆影印文渊阁四库全书本
栾城初集	[宋]苏辙	清道光壬辰(1832)眉州三苏祠藏板
栾城后集	[宋]苏辙	清道光壬辰(1832)眉州三苏祠藏板
栾城三集	[宋]苏辙	清道光壬辰(1832)眉州三苏祠藏板
栾城应诏集	[宋]苏辙	清道光壬辰(1832)眉州三苏祠藏板
鄮峰真隐漫录	[宋]史浩	台湾商务印书馆影印文渊阁四库全书本
梅溪集	[宋]王十朋	台湾商务印书馆影印文渊阁四库全书本
梅尧臣集编	[宋] 梅尧臣	1980 年上海古籍出版社
蒙鞑备录	[宋]孟珙	1959 年商务印书馆丛书集成初编补印本
蒙古秘史	谢再善译	1951 年开明书店
蒙古源流笺证	小彻辰萨囊台吉、[清]沈曾植笺证、[清]张尔田校补	1962 年中华书局
蒙兀儿史记	[清]屠寄	1962 年中华书局影印本
蒙斋笔谈	[宋]郑景望	1983 年江苏广陵古籍刻印社笔记小说大观本
梦溪笔谈校证	[宋]沈括	1956 年上海出版公司
民族研究		1979 年第一期
民国台州府志	[民国]喻长霖	中国方志丛书
名臣碑传琬琰集	[宋]杜大珪	1969 年台北文海出版社
明一统志	[明]李贤	台湾商务印书馆影印文渊阁四库全书本
默记	[宋]王铚	知不足斋丛书本
番汉合时掌中珠	[西夏]骨勒茂才	上海古籍出版社俄藏黑水城文献本

书名	作者	版本
木讷斋文集	[元]王毅	清光绪丙子(1876)本斋藏板
牧庵集	[元]姚燧	清乾隆甲午(1774)年武英殿聚珍版
南村辍耕录	[明]陶宗仪	武进陶氏影元刊本
南迁录	[宋]张师颜	1959年商务印书馆丛书集成初编补印本
能改斋漫录	[宋]吴曾	1979年上海古籍出版社
欧阳文忠公全集	[宋]欧阳修	清乾隆壬子(1792)悖叙堂藏板
欧阳修撰集	[宋]欧阳澈	台湾商务印书馆影印文渊阁四库全书本
彭城集	[宋]刘攽	丛书集成初编本
毘陵集	[宋]张守	台湾商务印书馆影印文渊阁四库全书本
蒲室集	[元]释大昕	元至元刻本(北图善本胶卷)
耆旧续闻	[宋]陈鹄	知不足斋丛书本
契丹国志	[元]叶隆礼	清乾隆癸丑(1793)承恩堂藏板
乾隆宁夏府志【宁夏府志】	[清]张金城	1988年宁夏历代方志萃编本
乾隆银川小志【银川小志】	[清]汪绎辰	1988年宁夏历代方志萃编本
乾隆中卫县志【中卫县志】	[清]黄恩锡	1988年宁夏历代方志萃编本
潜山集	[宋]朱翌	知不足斋丛书本
青溪寇轨	[宋]方勺	1983年中华书局唐宋史料笔记丛刊本
青崖集	[元]魏初	四库珍本初集
青阳先生文集	[元]余阙	1934年四部丛刊续编集部
青阳先生忠节附录	[明]张毅	傅增湘家抄本(北图善本)
清波杂志	[宋]周辉	四部丛刊续编子部、知不足斋丛书本
清容居士集	[元]袁桷	四部丛刊集部
清虚杂著三种《见闻近录》、《甲申杂记》、《随手杂录》	[宋]王巩	知不足斋丛书本
清夜录	[宋]俞文豹	宋人百家小说本
清真集(别名片玉词)	[宋]周邦彦	1981年中华书局中国古典文学基本丛书本
秋涧集	[元]王恽	台湾商务印书馆影印文渊阁四库全书本
秋涧先生大全文集	[元]王恽	四部丛刊集部
曲洧旧闻	[宋]朱弁	知不足斋丛书本
全唐文	[清]董诰等	清光绪辛丑(1901)广雅书局刊本
容斋三笔	[宋]洪迈	清同治十一年(1872)洪氏藏板

书名	作者	版本
容斋四笔	[宋]洪迈	清同治十一年(1872)洪氏藏板
容斋随笔	[宋]洪迈	清同治十一年(1872)洪氏藏板
容斋五笔	[宋]洪迈	清同治十一年(1872)洪氏藏板
容斋续笔	[宋]洪迈	清同治十一年(1872)洪氏藏板
儒林公议	[宋]田况	1983年江苏广陵古籍刻印社笔记小说大观本
三朝北盟会编	[宋]徐梦莘	1987年上海古籍出版社
三苏全集		清道光壬辰(1832)眉州三苏祠藏板
山东通志	[清]杜诏	台湾商务印书馆影印文渊阁四库全书本
山居新话	[元]杨瑀	知不足斋丛书本
山居新语	[元]杨瑀	台湾商务印书馆影印文渊阁四库全书本
檆溪居士集	[宋]刘才邵	台湾商务印书馆影印文渊阁四库全书本
苕溪集	[宋]刘一止	台湾商务印书馆影印文渊阁四库全书本
邵氏闻见录	[宋]邵伯温	1983年中华书局唐宋史料笔记丛刊本
申斋刘先生文集	[元]刘岳申	元代珍本文集汇刊本
沈下贤集	[唐]沈亚之	四部丛刊集部
渑水燕谈录	[宋]王辟之	知不足斋丛书本
十驾斋养心录	[清]钱大昕	四库备要本
师山集(师山遗文、师山遗文附录)	[元]郑玉	台湾商务印书馆影印文渊阁四库全书本
石林燕语	[宋]叶梦得	1983年江苏广陵古籍刻印社笔记小说大观本
石田先生文集	[元]马石田	壬戌十月上海古书流通处影印元四家集
始丰稿	[明]徐一夔	清光绪甲午(1894)钱塘丁氏嘉惠堂刻武林往哲遗著本
书史会要	[明]陶宗仪	台湾商务印书馆影印文渊阁四库全书本
述善集校注	焦进文、杨富学	甘肃人民出版社
庶斋老学丛谈(老学丛谈)	[元]盛如梓	知不足斋丛书本
双溪醉隐集	[元]耶律铸	北图抄本
司马文正公集	[宋]司马光	清刻本
松漠纪闻	[宋]洪皓	丛书集成初编本
宋朝事实	[宋]李攸	武英殿聚珍版
宋朝事实类苑	[宋]江少虞	1981年上海古籍出版社

书名	作者	版本
宋朝诸臣奏议(影印本)	[宋]赵汝愚	1970年台北文海出版社
宋朝诸臣奏议(标点本)	[宋]赵汝愚	1999年商务印书馆
宋名臣言行录(前集、后集)	[宋]朱熹	台湾商务印书馆影印文渊阁四库全书本
宋名臣言行录(续集、别集、外集)	[宋]李幼武	台湾商务印书馆影印文渊阁四库全书本
宋会要辑稿	[清]徐松	1957年中华书局复制重印精装本
宋史	[元]脱脱等	1977年中华书局标点本
宋大诏令集	撰人不详	1962年中华书局
宋太宗实录	[宋]钱若水	1912年上海国粹学报社古学龛刊第一集铅印本
宋文鉴	[宋]吕祖谦	清光绪十二年(1886)江苏书局刊本
宋学士全集	[明]宋濂	清康熙四十八年(1709)新镌
宋学士文集	[明]宋濂	四部丛刊初编本
苏学士文集	[宋]苏舜钦	四部丛刊初编本
涑水记闻	[宋]司马光	学津讨原本
隋书	[唐]魏征等	1973年中华书局标点本
太仓稊米集	[宋]周紫芝	台湾商务印书馆影印文渊阁四库全书本
太平寰宇记	[宋]乐史	清乾隆癸丑(1793)南昌万氏刻本
太平御览	[宋]李昉	四部丛刊三编子部
太平治迹统类	[宋]彭百川	适园丛书本
谈苑	[宋]孔平仲	民国十一年(1922)文明书局宝颜堂秘籍续集本
唐大诏令集	[宋]宋敏求	1959年商务印书馆
唐会要	[宋]王溥	1955年中华书局排印本
苕溪集	[宋]刘一止	台湾商务印书馆影印文渊阁四库全书本
铁围山丛谈	[宋]蔡条	知不足斋丛书本
铁崖文集	[元]杨维祯	明弘治间刊本(北图、科图善本)
桯史	[宋]岳珂	1981年中华书局唐宋史料笔记丛刊本
通典	[唐]杜佑	清光绪丙申(1896)浙江书局刊本
通鉴长编纪事本末【长编纪事本末】	[宋]杨仲良	清光绪十九年(1893年)广雅书局刊
玩斋集	[元]贡师泰	台湾商务印书馆影印文渊阁四库全书本
宛陵先生集	[宋]梅尧臣	四部丛刊初编本
万历固原州志	[明]刘明宽	1985年宁夏人民出版社

书名	作者	版本
万历宁夏志【宁夏志】	[明]朱梅	1988年宁夏历代方志萃编本
万历云南通志	[明]李元阳	西南稀见方志文献本
万历(新修)南昌府志	[明]范涞	1990年书目文献出版社
万历朔方新志【朔方新志】	[明]解学礼	1988年宁夏历代方志萃编本
伪齐录	[宋]杨尧弼	藕香零拾丛书本
文昌杂录	[宋]罗元英	台湾商务印书馆影印文渊阁四库全书本
文定集(别名玉山集)	[宋]汪应辰	台湾商务印书馆影印文渊阁四库全书本
文恭集	[宋]胡宿	丛书集成初编本
文会谈丛	[宋]上官融	宋人百家小说本
文物		1978第十二期
文苑英华	[宋]李昉	1966年中华书局影印本
文忠集	[宋]周必大	台湾商务印书馆影印文渊阁四库全书本
文庄集	[宋]夏竦	四库珍本初集本
闻过斋集	[元]吴海	台湾商务印书馆影印文渊阁四库全书本
吴堡县志	[清]谭瑀	1968年台湾学生书局新修方志丛刊本
吴礼部诗话	[元]吴师道	知不足斋丛书本
梧溪集	[元]王逢	知不足斋丛书本
五代会要	[宋]王溥	1936年商务印书馆丛书集成初编聚珍本
五代史记纂误	[清]吴兰庭	知不足斋丛书本
五峰集	[宋]胡宏	台湾商务印书馆影印文渊阁四库全书本
五凉全志校注	[清]张玿美	1999年甘肃人民出版社
五总志	[宋]吴坰	知不足斋丛书本
武经总要	[宋]曾公亮	四库珍本初集本
西陲石刻录	[民国]罗振玉	云窗丛刻本
咸淳临安志	[宋]潜说友	1980年台湾大化书局宋元地方志丛书本
咸平集	[宋]田锡	民国十二年(1923)南城李氏宜秋馆刊宋人集丁编本
相山集	[宋]王之道	台湾商务印书馆影印文渊阁四库全书本
香溪集	[宋]范浚	台湾商务印书馆影印文渊阁四库全书本
小畜集(外集七卷)	[宋]王禹偁	四部丛刊初编本
孝肃包公奏议	[宋]张田编	丛书集成初编本

书名	作者	版本
斜川集	[宋]苏过	知不足斋丛书本
新安志	[宋]罗愿	1980年台湾大化书局宋元地方志丛书本
新唐书	[宋]欧阳修	1975年中华书局标点本
新五代史	[宋]欧阳修	1974年中华书局标点本
新译简注蒙古秘史	道润梯步译校	1979年内蒙古人民出版社
新译校注蒙古源流	萨囊彻辰、道润梯步译校	1981年内蒙古人民出版社
新元史	[清]柯绍忞	铅印本
续梦溪笔谈校证	[宋]沈括	1956年上海出版公司
续松漠纪闻	[宋]洪皓	宋人百家小说本
续宋编年资治通鉴【续宋通鉴】	[宋]刘时举	1939年商务印书馆丛书集成初编本
续资治通鉴长编(影印本)【长编影】	[宋]李焘	清光绪辛巳(1881)浙江书局校刊本
续资治通鉴长编(标点本)【长编标】	[宋] 李焘	1992年中华书局
续资治通鉴长编拾补【长编拾补】	[清]秦湘业	清光绪九年(1883)浙江书局刊本
学言稿(学言诗稿)	[元]吴当	台湾商务印书馆影印文渊阁四库全书本
雪楼程先生文集	[元]程文海	清宣统庚戌(1910)阳湖陶氏涉园开版影刊洪武本
燕石集	[元]宋褧	台湾商务印书馆影印文渊阁四库全书本
延绥镇志	[清]谭吉璁	1968年台湾学生书局新修方志丛刊本
杨文公谈苑	[宋]黄鉴	宋人百家小说本
养蒙先生文集	[元]张伯淳	北京图书馆抄本
姚平仲小传		宋人百家小说本
伊滨集	[元]王沂	四库珍本初集本
伊川击壤集	[宋]邵雍	宋人集丁编本
夷白斋稿	[元]陈基	四部丛刊三编集部
夷坚志	[宋]洪迈	1981年中华书局出版
遗山先生集	[金]元好问	清道光三十年(1840)刻本
雍虞先生道园类稿	[元]虞集	元至正十四年(1354)金伯祥刻本(北图善本胶卷)
游宦纪闻	[宋]张世南	1981年中华书局唐宋史料笔记丛刊
于湖集	[宋]张孝祥	台湾商务印书馆影印文渊阁四库全书本
于湖居士文集	[宋]张孝祥	1980年上海古籍出版社

书名	作者	版本
余忠宣青阳山房集	[元]余阙	清刻本(北图善本)
榆林府志	[清]李熙龄	台湾学生书局新修方志丛刊本
虞文靖公道园全集	[元]虞集	清光绪元年(1875)陵阳书局重刊(蜀本)
语石	[清]叶昌炽	清宣统己酉(1909)年刊本
玉海(附辞学指南)	[宋]王应麟	台湾商务印书馆影印文渊阁四库全书本
玉壶清话(别名玉壶野史)	[宋]释文莹	知不足斋丛书本
玉照新志	[宋]王明清	丛书集成初编本
豫章文集	[宋]罗从彦	台湾商务印书馆影印文渊阁四库全书本
元朝秘史	[清]李文田注	清光绪二十九年(1903)史学斋编译,石印书局版
元朝名臣事略	[元]苏天爵	1962年中华书局影印元建安余氏勤有堂刊本
元丰九域志	[宋]王存	1984年中华书局中国古代地理总志丛刊
元丰类稿	[宋]曾巩	四部丛刊初编本
元和郡县图志	[唐]李吉甫	清光绪六年(1880)金陵书局校刊本
元和姓纂	[唐]林宝	清光绪六年(1880)金陵书局校刊本
元刊梦溪笔谈	[宋]沈括	1975年文物出版社影印
元秘书监志	[元]王士点等	台湾商务印书馆影印文渊阁四库全书本
元圣武亲征录	[清]何秋涛校	1959年商务印书馆丛书集成初编补印本
元史氏族表	[清]钱大昕	辽金元传记资料丛刊
元史	[明]宋濂	1976年中华书局标点本
元史类编	[元]邵远平	清乾隆乙卯(1795)年扫叶山房刊本
元史译文证补	[清]洪钧	清光绪丁酉(1897)刊本
元氏长庆集	[唐]元稹	四部丛刊集部
元诗选三集	[清]顾嗣立	台湾商务印书馆影印文渊阁四库全书本
元文类	[元]苏元爵	修德堂重订本
元宪集	[宋]宋庠	丛书集成初编本
元行省宰相平章政事年表	吴廷燮	宋元方志丛刊本
元统元年进士录	[元]撰人不详	宋元传记资料丛刊
岳武穆遗文	[宋]岳飞	台湾商务印书馆影印文渊阁四库全书本
云阳集	[元]李祁	清嘉庆甲戌(1814)校书堂藏版

书名	作者	版本
云庄集	[宋]曾协	台湾商务印书馆影印文渊阁四库全书本
雍正浙江通志	[清]李卫	台湾商务印书馆影印文渊阁四库全书本
杂字	[西夏]撰人不详	上海古籍出版社俄藏黑水城文献影印本
张说之文集	[唐]张说	四部丛刊集部
招捕总录	撰人不详	1936年商务印书馆丛书集成初编本
正德姑苏志	[明]王鏊	台湾商务印书馆影印文渊阁四库全书本
贞素斋集	[元]舒頔	清道光戊戌(1838)重梓
止斋集	[宋]陈傅良	台湾商务印书馆影印文渊阁四库全书本
至顺镇江志	[元]撰人不详	1980年台湾大化书局宋元地方志丛书本
至正集	[元]许有壬	台湾商务印书馆影印文渊阁四库全书本
至正金陵新志	[元]张铉	台湾商务印书馆影印文渊阁四库全书本
至正昆山郡志	[元]杨譓	1980年台湾大化书局宋元地方志丛书本
中国藏西夏文献		甘肃人民出版社、敦煌文艺出版社
中国考古学会第一次年会论文集	中国考古学会编辑	1979年文物出版社
中吴纪闻	[宋]龚明之	1983年江苏广陵古籍刻印社笔记小说大观本
中兴小纪	[宋]熊克	商务印书馆国学基本丛书本
中兴御侮录	撰人不详	丛书集成初编本
忠惠集	[宋]翟汝文	台湾商务印书馆影印文渊阁四库全书本
忠穆集	[宋]吕颐浩	台湾商务印书馆影印文渊阁四库全书本
忠肃集	[宋]刘挚	丛书集成初编本
忠正德文集	[宋]赵鼎	台湾商务印书馆影印文渊阁四库全书本
朱一斋先生文集【一斋集】	[明]朱善继	明成化二十二年(1486)朱维鉴刻本(北图善本)
麈史	[宋]王得臣	知不足斋丛书本
庄简集	[宋]李光	台湾商务印书馆影印文渊阁四库全书本
资治通鉴【通鉴】	[宋]司马光	1976年中华书局标点本
紫山大全集	[元]胡祗遹	民国十三年(1924)河南官书局刊三怡堂丛书本
紫微集	[宋]张嵲	台湾商务印书馆影印文渊阁四库全书本
宗忠简集	[宋]宗泽	台湾商务印书馆影印文渊阁四库全书本
昨梦录(别名退轩笔录)	[宋]康与之	宋人百家小说本

本书笔画索引

一画

一丈 1925
一寸 1925
一个月 1884
一日 1884
一公 231
一公城 231
一尺 1925
一年二年 1884
一年撒温 748
一声余龙 693
一声金龙 693
一条城 231
一枪三剑箭 1829
一斋 1035
一清 1884
乙玉 1888
乙宁 1888
乙吉唆丹 565
乙讹 565，645，1888
乙麦乙唆 645
乙吴麻 565
乙灵纪 565
乙波 1888
乙屈 645
乙轻 645
乙室王府 1360
乙室耶刮部 1964
乙室耶刺部 1964
乙都 565
乙格 645
乙蚌 645
乙啜 645

二画

二十一娘 557
二十一族大首领 1573
二日 1884
二防御 1079
十二辰属 1884
十二府大首领 1573
十二府首领 1573
十二星宫 1884
十二监军 1079
十二监军司 1079
十二盘 26，232
十二盘堡 26，232
十二盘路口 429
十二盘寨 26，232
十七娘 557
十八州部落使 1118
十八郎寨 546
十八监军司 1079
十八娘 557
十川 232
十五娘 557
十六司 1079
十六府大首领 1573
十地菩萨 1880
十里井 26
十朝纲要 1902
丁丁合 1888
丁文简公 790
丁令谷 429
丁令宗谷 429
丁师周 565
丁守素 565
丁庐 1079
丁罕 791
丁努 1079
丁拏 1079
丁弩 1079
丁星原 232
丁香 1858
丁香川 486
丁保衡 791
丁度 791
丁振 783
丁家部 1964
丁家族 1964
丁领 1888
丁惟清 791
丁谓 791
丁维清 791
丁焴 791
丁零 1964
丁赞 791
七月而霜 1916
七朱川 232
七臼族 1929
七级木浮图 1880
七级渠 53
七吾 1888
七里平 26
七里宝山 486
七罗寨指挥使 1363
七宝山 53
七郎山寨 232
七星 1900
七香 645
七崖嵬 232
七移 645
七麻堡 232
七襄平 232
七襄平、雅克青哈至金明已来巡检使 1237
七襄平、雅克青哈至金明路 429
七嵬 232
卜元吉 1035
卜兰台 1035
卜宗城 232
卜结陇川 232
卜祥 565
卜聚玛伊克 645
卜颜铁木儿 1035
八王界族 1964
八王族 1964
八月霜雪降 1916
八节 1884
八百步寨 232
八州原 232
八州原下寨 232
八帕克巴原 232
八佾 1900
八都儿 1035

八狼戍 232
八狼砦 232
八狼寨 232
八馆 418
人马 1884
人头堡 233
人多保忠 565
人多唆丁 565
人多族 1929
人多零丁 565
人寿百岁，七十者稀 1925
人性顽悍 1873
人参 1858
人星 1884
人顺砦 233
入定诵咒 1880
入案 1870
入野利罗 565
儿女了毕 1882
儿黄 1929
几道 791
九十九泉 428
九井原 53，233
九牛弩 1829
九牛砲 1829
九龙车 1829
九羊谷 233，429
九羊谷、白草原趋天都大路 429
九羊谷寨 233
九羊砦 233
九羊寨 233，419
九州台 233
九州台堡 233
九阳堡 233
九住哥 1035
九姐 1035
九姓回纥 1634，1964
九经 1902
九经疏 1903
九星原 419
九拜为三拜 1877
九皇原路 53
九原郡 71，517
九监军司 1079
九陵水 429，475
九域图志 1903
九散 1858
九寨图 1903
九霄 1884
九巉 233
乃来平 26
乃怒 1888
乃蛮 1964
乃蛮歹 1035
乃蛮氏 1035
乃满 1964
刁撒城 233
刁赞 791
刀 1829，1830
力乙 1888
力吉里寨 26
力讹 1888
了钟堡 233
乜臼族 1929
乜羊 233
乜羊堡 233
乜羽 645
乜罗 645
乜保 645
乜离抑 26
乜离抑部 26
乜啰 645
乜崖 565
乜遇 645
乜厮褒 640

三画

三十九井 27
三十井 26，233
三山 234
三山儿 486
三山堡 486
三川口 233
三川县 71
三川谷 429
三川砦 234
三川堡 234
三川路 429
三川寨 234，419
三川寨巡检 1363
三川寨都监 1363
三川镇 234
三门族 1929
三门寨 234
三弓八牛床子弩 1830
三叉口 234
三太尉 1079
三分山谷 430
三公 1079
三水县 71，217
三旦八 1035
三乍桥 27
三白堡 234
三司 1079
三司正 1079
三司郎君 1079
三百堡 234
三会川 27，54
三合拔都 1029
三危山 430
三交 783
三交口 783
三交川 234
三交川岭 430
三交川岭堡 234
三交川堡 234
三交县 517
三交峰 486
三交堡 235，430
三关城 235
三关堡 235
三汉族 1929
三阳务 419
三阳砦 235
三阳寨主 1363
三阳寨使 1363
三阳寨监押 1363

三阳镇 235
三防御 1079
三抄 1830
三谷口 235
三岔 235
三岔口 235
三岔关 486
三岔堡 235
三岔寨 235
三角 27，65
三角川 27，230
三角城 235
三苗 1964
三松木 235
三松岭 235，430
三使 1353
三京招抚处置使 1238
三京招抚司都统制 1237
三京招抚使 1238
三京等路招抚处置使 1238
三京等路宣抚处置使 1238
三店川 235
三店沟 235
三店寨 235
三弦 1900
三封县 480
三茭川 236
三茭河 430
三界流转 1880
三咩 236
三香 565
三泉县 517
三泉寨 236
三亭 236
三班奉职 1137，1238，1306，1307
三班差使 1238，1307
三班借职 1137，1238，1239，1307，1308
三都口 236
三都谷 430
三都谷至渭州静边堡路 430
三都谷路 430
三都寨 236
三哥儿 1035
三畔 565
三铁 557
三诺巩哥岭 430
三祐 1819
三堆 27
三砦都首领 1573
三族大首领 1573
三族首领 1573
三族砦 236
三族砦监押 1239
三埴山 419
三雅褐 1840
三嵯谷 517
三塘铺 486
三楞 1858
干戈 1830
干布城 236
干当公事 1363
干当公事官 1363
干当熙河公事 1363
干连 1870
干饼 1816
干姜 1840
干盐池堡 236
干粮 1816
干蝎 1858
于龙呵 693
于兴 791
于弥部 1929
于厥里 1964
于鲁族 1929
于阗 1634
于阗王 748
于阗进奉使人 748
于阗国王黑韩王 748
于阗国黑韩王 748
工院 1080
工部员外郎 1159
工部侍郎 1159
工部提领 1159
士女 1883
士元 1035
土人 1984
土山柏林 1916
土门山 486
土门砦 236，486
土门堡 236
土地饶沃 1916
土地神 1880
土西 236
土坚腴 1916
土兵 1573
土伯特 1929
土沙 1916
土明堡 236
土宜三种 1916
土星 1884
土侯谷 430
土脉干燥夹砂 1916
土屋 1813
土桥堡 236
土著 1873
土埴寨 236
土棚屋室 1813
土蕃 1634
土蕃户 1984
土壤辽旷 1916
土壤沃旷 1916
下马关川 486
下乔家族 1964
下邽 236
下虎寨 236
下府王乜族 1929
下府杂母族 1929
下峡堡 237
下班殿侍 1239，1308
下桥家族 1964
下硖砦 237
下硖堡 237
下雪 1916
下蜗牛堡 237
下寨 27
下寨子 237
下镇砦 237

下镇寨　237
大人指挥　1870
大人嗔怒　1870
大力川　430
大义寨　237
大门族　1929
大小合蝉床子弩　1830
大小设遮谷　430
大小劳山　486
大小实结谷　430
大小首领　1574
大小铁锡二山　430
大马家族　1964
大王井　27
大王家族　1964
大王族　1965
大夫　1080
大元　1634
大元帅府都统制　1239
大元城　237
大木万本　1916
大中大夫　1159
大内　65
大壬家族　1965
大水泺　546
大甘谷口寨　237
大甘谷口寨城　237
大甘堡　237
大石　237，1634
大石瓜　1840
大石林牙　783
大石样金渡黑银花鞍辔　1830
大石族　1965
大北岔　419
大卢　237
大卢川路　430
大卢族　1929
大饥　1916
大汉　783
大汉衣冠　1819
大宁　237
大宁郡　71
大宁路总管　1159
大宁镇　237
大圣　1813
大司农　1159
大司徒　1159
大辽　1634
大辽国　1634
大地　1916
大臣　1080
大虫　1862
大虫太子族　1965
大虫后巉　237
大虫坑　237
大虫谷口　237
大虫谷道　430
大虫前后巉　237
大虫前巉　237
大虫族　1929
大虫堪　237
大虫巉　237
大虫巉堡　237
大同川　230
大同军节度使　1360
大同府　546
大同堡　238
大同路广胜库达鲁花赤　1159
大同路武州达鲁花赤　1159
大回鹘龟兹可汗王　748
大会平　238
大名　546
大名府副总管　1159，1239
大名乾川　238
大名路　546
大名路达鲁花赤　1159
大名路行军万户　1160
大名路荅鲁合臣　1160
大名路总管府达鲁花赤　1160
大名路都达鲁花赤　1160
大名路滑州判官　1160
大羊族　1929
大麦　1816
大吾堆　27
大豆　1840
大扶寨　238
大旱　1916
大里　238
大里川　27
大里河　54，430
大吴神流堆　238
大邑县　517
大岘川　54，430
大岘城　238
大佛寺　1912
大佛殿　1913
大谷　419
大沙堆　27
大宋　1635
大尾羊　1840
大陇山　430，476
大陇捞　693
大纸　1830
大青　1867
大枉　1882
大枝　238
大板寨　238
大拔城　238
大拔砦　238
大非川　517
大昌镇　419
大明府路马步军副总管　1239
大明泊　238
大罗苏木嘉族　1965
大和　238
大和谷　238，431
大和拍攒　27
大和砦　238
大和堡　238
大和寨　238
大使　1080，1239
大金　1635
大斧　1855
大府盐提点　1160
大河　431
大宗正也可扎鲁火赤　1160
大宗正府也可札鲁忽赤　1160
大宗正掾　1160
大定城　27，238

大郎堡 239
大胡河 431
大柏油堡 486
大柳平 239
大柳谷 230
大柳树 239
大毡 1819
大科卜遵 27
大顺川 431
大顺城 239，419
大顺路 431
大顺寨 240
大泉岭寨 240
大衍阵图 1903
大食 1635
大食勿巡国 1635
大食国 1635
大食国蕃客蒲押提黎 748
大度山 517
大恒历院 1080
大酋 1574
大首领 1574，1578
大将 1239
大将军 1118，1234
大洛门 240
大洛门寨 240
大洛乾川 240
大浑津寨 240
大神山 431
大都西北关厢巡捕 1160
大都留守 1160
大都烧钞库大使 1160
大都督府尹 1080
大都督府主 1080
大都督府安抚下番落使 1125
大都路达鲁花赤 1160
大都路总管府达鲁花赤 1160
大夏 1613
大夏国 1613
大夏国主 1080，1137
大夏始文英武兴法建礼仁孝皇帝 1080
大夏皇帝 1157
大原 240
大振门 481
大铁泉堡 27
大铁碣山 431
大铁鍻山 431
大狼水砦 230
大狼水寨 230
大狼砦 240
大凉族 1929
大袖 1819
大通河 431
大通河古城 240
大通河桥 431
大通城 240，419
大理川 431
大理水 431
大理评事 1118，1125
大理河 54，431
大黄 1840
大硃 1867
大雪深三尺 1916
大捧 1080
大砦泉 54
大盘山 476
大彩 1819
大麻川 240
大鸿胪 1160
大梁族 1929
大尉 1080
大隆萨 240
大彭县开国男 1125
大散关 517
大落门 240
大落门城 240
大落门砦 240
大落门新砦 240
大落门新寨 240
大落门聚 27
大落门寨 240
大厥堡 240
大掌牟 693
大黑水 486
大堡津 431
大斌县 71
大湖河 476
大鼓 1900
大榆 241
大碌 1867
大像砦 241
大像堡 241
大鹏沙 1858
大慈都 1036
大障湾 241
大僧阿俟忽伦 748
大僧忽都兔王 749
大槃山 431
大寨泉 431
大墩梁山 486
大蕃官 1579
大横水 431
大横岗 54
大震关 432
大潭 241
大潭县 71
大潭镇 241
大燕 1635
大薮 1916
大藏经 1903
大礜 1017
丈鼓 1900
万人取则 1899
万山族 1930
万子族 1930
万井口 241
万天益 791
万户 1160
万户谷 432
万户峪 486
万世 241
万奴 1036
万吉都督府 517
万机济理书 1903
万岁寨 241
万全 241
万全砦 241
万全寨 419

万庆义勇 565
万刘族 1930
万安川 419
万安军达鲁花赤 1161
万安城 241
万安呰 241
万安寨 241，419
万安镇 241
万讹 645
万寿观使 1239
万私保移埋 565
万卑州 517
万宝移 565
万实族 1930
万保移 566
万保移埋没 566
万泉 241
万俟政 791
万资族 1930
万家墩 486
万惠岭 432
万遇族 1930
万箭崖 486
万藏结逋药 566
兀二族 1930
兀丁兀乞 693
兀丁叽乞 693
兀三族 1930
兀口捞 1889
兀乞 645
兀术 1017
兀尼儿威 1036
兀名 566
兀佐 693
兀纳氏 1036
兀纳城 27
兀纳城钤部官 1080
兀纳剌城 27
兀罗族 1930
兀征声延 693
兀卒 1080，1888
兀泥 1080，1889
兀泥巾族 1930
兀泥常 645
兀泥族 1930
兀剌城 27
兀剌孩城 27
兀剌海城 28
兀胜 693
兀室 1017
兀赃 645
兀赃族 1930
兀勒香□ 566
兀喇城 28
兀瑶 645
兀瑶族 1930
兀臧讹庞 566
兀擦 1889
兀哆 566
与吐谷浑结婚 1882
与吐蕃姻援 1882
与合力口罗 1889
才迭族 1930
上丁族 1965
上下永宁关 432
上下铁窟 241
上天 1884
上木竹谷 432
上木鱼川 241
上书平 28
上古城 242
上石门 242
上石楞坡 230
上平关 242，432
上平关使 1137
上平呰 242
上平寨 242
上寿仪 1877
上护军 1161
上邽城 242
上贤村 242
上府王乜族 1930
上府悉利族 1930
上官均 792
上官佖 792
上柱国 1118，1125，1135，1137，1158，1161，1162，1234，1240，1308
上轻车都尉 1162
上追镇 242
上将军 1137
上硖呰 242
上硖堡 242
上梁 1813
上骑都尉 1162
上蜗牛 242
上源西驿 432
□娘 644
口唇 1868
口铺 432
巾子 1830
巾子岌 28
山人 65
山马 1036
山子 645
山丹 242
山丹州 483
山丹花 1917
山丹县 71
山丹城 483
山丹峡口 242
山丹堡 242
山水暴涨 1917
山东按察司副使 1162
山东宣慰司副都元帅 1162
山东统军使 1162
山东道宣慰司副都元帅 1162
山北辽东道肃政廉访司佥事 1163
山北辽东道肃政廉访副使 1163
山北路都部署司 1360
山西 502
山西部族 1984
山西部族节度使 1360
山西堡 242
山后生羌 1965
山后羌 1965
山后镇 230

山羊 1862
山讹 1930
山阴司 1360
山住 1036
山谷险峻 1917
山羌 1984
山林甚多 1917
山金司 1360
山河 242
山河砦 242
山河镇 242
山陕 646
山南西道都防御使 1353
山南江北道肃政廉访使 1163
山南族 1965
山南廉访使 1163
山南廉访副使 1163
山禺 566
山前堡 242
山神 1880
山神庙沟 486
山唛 566
山海喉 646
山砦 242
山堂 1036
山喜 566
山遇 566
山摧 1917
千户 1163
千年枣 1840
千里不毛 1917
乞平家 1931
乞失里黑 1029
乞台普济 1036
乞当族 1931
乞邻古撒城 28
乞砂 566
乞神平 242
乞神平堡 242
乞埋 640
乞党族 1931
乞蚌 646
乞答哈 1036
乞嗺 646
川子 28
川芎 1858
川谷稍宽平 1917
川纱 1819
川陕 502
川陕荆襄都督府参谋官 1240
川陕宣抚使 1363
川陕宣抚使都统制 1363
川陕宣抚副使 1363
川陕宣谕使 1363
川陕都督 1363
川茶 1840
川原夷旷 1917
川勒 28
川锦 1819
川霄 28
义成公主 1080
义合 242
义合砦 242
义合寨 28，243，419
义合镇 243
义兴冶 243
义连铺 432
义谷 243
义和寨 28
义和镇 28
义征 243
义征川 243
义诚县 517
义修 749
义勇 1579
义勇军节度使 1308
义渠郡 71
夕阳下镇 243
夕阳上镇 243
夕阳镇 243
久且洛生 771
久住 1036
久良津 243
久良津和市 1925
久良津榷场 1925
凡川 28
凡川会 28
凡六日、九日则见官属 1877
么迎 1889
么啰王子 646
么啰王子族 1965
么竭 1884
勺家族 1965
及里木 1036
广儿 1036
广仁禅院 1913
广平县 517
广平县开国子 1234
广平路 546
广平路总管 1163
广东廉访司佥事 1163
广西 546
广西行中书省平章政事兼肃政廉访 1163
广西宪副 1163
广西道肃政廉访使 1163
广西道肃政廉访副使 1163
广西道廉访使 1163
广西廉访佥事 1163
广西廉访副使 1163
广州观察使 1240
广州路达鲁花赤 1163
广吴岭 243，432
广吴岭堡 244
广吴堡 244
广武 244
广武县 480
广武城 486
广武砦 244
广武堡 244
广武寨 244
广南西道左右两江宣抚使 1164
广威县 71
广衍仓使 1164
广洛县 480
广惠王 1080
广割岭 244
广德路总管府判官 1164

门山　244
门山县　71，217
门枪节院军使　1125
门帘　1813
门楼　1813
之子平　244
之子平寨　244
之字平　244
己布寨　244
已布　28
已史　28
已彪　694
弓　1830
弓门城　244
弓门砦　244
弓门寨　244，419
弓手　1580
弓矢　1819
弓矢韣　1819
弓弩手　1580
弓弩手指挥　1580
弓钟砦　245
弓袋口水寨　245
弓箭　1865
弓箭十指挥　1363
弓箭手　1580，1584
弓箭手队法　1870
弓箭手司　1363
弓箭手阵图　1903
弓箭手巡检　1308，1363
弓箭手指挥　1363
弓箭手指挥使　1308，1363，1364
弓箭手都虞侯　1364
弓箭手寨户　1584
弓箭司　1584
卫山县　517
卫庆宗　792
卫安　1036
卫克勲　792
卫国太夫人　1137
卫国公　1164，1240
卫居宝　792
卫居实　792
卫居寔　792
卫埋族　1931
卫狸族　1931
卫超　792
卫辉路辉州判官　1164
卫慕氏　566
也儿吉尼　1036
也儿吉你　1037
也可扎鲁火赤　1164
也可札鲁忽赤　1164
也旧族　1931
也失迷　1037
也吉里海牙　28
也先不华　1037
也先不花　1037
也先帖儿　1037
也先帖木儿　1037
也先帖尼　1037
也克吉儿　1037
也罕的斤　1029
也怜帖木儿　1037
也律氏　1931
也速迭儿　1037
也遂　1029
也遂可敦　1029
也蒲甘卜　1037
女乜族　1931
女女杀族　1931
女女忙族　1931
女女梦勒族　1931
女女族　1931
女女籰儿族　1931
女未嫁者先与汉人通，年近三十始能配其种类　1882
女直　1965
女国　1965
女栅　1873
女真　1965
女贯　1889
女奚烈古里间　1017
女萌骨堆　245
女萌烽　432
女崖　566
女宿　1884
女遮川　432
女遮谷　54
女遮峪　487
女遮堡　245
小力族　1931
小三阳砦　245
小大王　1081
小山　487
小弓门砦　245
小丑　646
小石族　1965
小卢　245
小卢关　432
小卢谷　245，432
小卢浪　566
小卢族　1931
小卢新寨　245
小永宁　245
小圣　1813
小戎　1984
小羊族　1931
小米　1840
小红崖　245，432
小麦　1840
小赤　245
小芜黄　1816
小芦新寨　245
小劳山　487
小李　1931
小李玉　1037
小李玉黑　1037
小李望　487
小豆　1840
小抄　1830
小羌　1984
小陇山　432
小陇挱　694
小纸　1830
小范老子　792
小学　1899
小定西　245

小胡族 1931
小胡等族巡检 1364
小南山 487
小勃律 554
小峡口 245
小峡口河北关 487
小峡口河南关 487
小铃部 1037
小保 1081
小泉峡 487
小首领 1584
小洛门 245
小洛门砦 245
小洛门寨 245
小神山 432
小监 1081
小铁锔山 432
小铁碣山 432
小部川县 517
小凉族 1931
小斛禄 783
小康堡 245
小梁族 1932
小隆赞 694
小落门 245
小落门砦 245
小遇族 1932
小湖卧浪族 1932
小湖卧浪族军主 1240
小湖族 1932
小湖族都虞侯 1240
小榆 245
小蕃 1584，1984
小蕃文字 1889
小蕃族 1932
小鞠韄 783
飞井坞 246
飞井坞寨 246
飞井堡 246
飞井寨 246
飞乌泉 246
飞火炮 1830
飞龙院 1081
飞鸟泉 1917
飞州 517
飞鸢堡寨 246
飞鸦川 246
飞泉砦 246
飞泉寨 246，419
飞禽 1862
叉手展拜 1877
习失 1017
习令波族 1965
习显 1017
习勒遵义 566
子山 471
子午山 432
子午岭 432
子午狗道岭 432
子午镇 246
子丑 1884
子约 1037
子河汊 1932
子河汉 246，433
子细取问 1870
子夏山 433
子税 1855
子耧 1855
马 1840
马一 646
马乞 646
马川堡 246
马子才 566
马元方 792
马支山 54
马屯山 433，476
马牙硝 1858
马牛 1862
马氏 694
马为美 792
马户川 28
马纨牟米阿点撒罗 749
马巴咱尔 646
马布札尔 646
马平川 28
马申 792
马用诚 792
马务堡 246
马务镇 246
马兰山 517
马兰川 246
马兰平 246
马宁 792
马训 792
马吉峰 476
马扪堡 246
马年 1884
马仲甫 792
马仲良 792
马伦 792
马池特 646
马军刀 1830
马军都指挥使 1137
马军都虞侯 1240
马军副都指挥使 1240
马军第二都军使 1125
马讹 646
马防 793
马坊村 246
马芹 1858
马村下寨 246
马步军都元帅 1164
马步军都总管 1364
马步军都总管兼知镇江军府事 1240
马步军都总管兼知镇江军府事兼管内劝农使 1240
马步军都校 1234
马邑州 517
马邑郡 481
马希仲 793
马怀德 793
马尾 566
马驳 1889
马武 246
马齿菜 1840
马忠 694
马岭 54，433，476
马岭大川口 246

马岭山 433
马岭川大路 433
马岭坂 419
马岭县 480，518
马岭坡 246
马岭寨 246
马岭镇 247，518
马知节 793
马牧城 518
马和 793
马的室理 1037
马乳酿酒 1873
马朋退 1858
马泊 247
马泥 646
马波叱腊 646
马诚 793
马练川 28，247
马练平 247
马练城 28，247
马绍忠 793
马栏城 247
马栏堡 247
马栏镇 487
马剌室理 1037
马昭忠 793
马贵 793
马勋 793
马毡 1819
马重英 640
马重积 1889
马洵美 793
马院 1081
马都 567
马都克 567
马翅谷 487
马悦 640
马凌 646
马家谷 247
马家族 1932
马家巉 247
马鄂克 646
马崖 646
马崇正 793
马衔山 54
马隆 793
马颇族 1965
马骔呰 247
马骔寨 247
马琮 793
马跑泉 487
马铺寨 247
马毯 1819
马御山 247
马禄族 1965
马斡 567
马简川 247
马蔺 1830
马蔺平 247
马斡 646
马臧族 1932
马端 793
马鞍 1830
马德怀 794
马遵 694
马璘 771
马蹄川 247
马默 794
马蹶川 247
马鬃山 54
马鬃寨 247
马鞭 1830
乡弓手 1584
乡石崖川 487
乡羊坊堡 487
乡贡进士 1164

四画

扎抓 1865
扎实 567
扎实庸咙 694
扎实嘉裕勒 248
扎鲁火赤 1164
厅子部 248
厅直行首 1138
历日 1884
历精 248
历精耶卑城 248
历精城 248
友石山人 1038
友石先生 1038
匹段 1819
巨材 1917
巨家庄 248
巨堑 1917
巨蟹 1884
丰州 72，518
丰州牙内指挥使 1240
丰州团练使 1240
丰州防御使 1240
丰州兵马监押 1364
丰州刺史 1240
丰州城 248
丰州指使 1364
丰州监押 1240
丰州衙内指挥使 1241
丰安军 518
丰利山 518
丰林县 73
丰林城 248
丰林堡 248
丰林镇 248
丰谨 794
王万海 794
王广渊 794
王之彦 794
王子纯 794
王子醇 794
王子融 794
王夫人 1038
王无忌 794
王元 794
王元之 794
王元琬 771
王元德 1017
王不留行 1858
王友 794
王友郁 794

王君卿 804
王阿海 1017
王阿葛之 749
王纯臣 804
王纲 783
王青 804
王若冲 749
王英 804
王枢 567
王杰 804
王招玮 804
王果 804
王杲 804
王明 804
王旻 567
王固策 567
王岩叟 804
王罗 567
王凯 804
王和 804
王和尚 804
王秉 804
王侁 804
王炎 805
王沿 805
王泥猪 647
王泽庄 248
王定 805，1017
王官 248
王居卿 805
王屈轻 647
王承乂 750
王承义 750
王承训 771
王承衎 805
王承美 750
王珏 694
王荆公 805
王荣 805
王厚 805
王拱 806
王拱辰 806
王拱辰别录 1903
王临 806
王显 806
王昭远 806
王昭明 806
王贵 806
王钦臣 807
王钦若 807
王修 1038
王保 807
王信 807
王禹玉 567
王禹珪 567
王禹偁 807
王亭镇 28
王亮 807
王庭彦 567
王庭筠 807
王庭镇 29
王彦才 567
王彦升 807
王彦国 567
王彦忠 780
王彦超 807
王将军 1038
王举 568
王举元 808
王济 808
王浑庞 783
王祖道 808
王祕 808
王诲 808
王珪 808
王素 808
王真 568
王桓 808
王栖曜 771
王顾 808
王振 808
王恩 808
王恩普 809
王铁鞭 809
王卿 557
王逢 771
王馀庆 750
王馀应 750
王馀胜 750
王馀懿 750
王益柔 809
王涉 809
王涣 809
王家大寨 487
王家平 248
王家沙窊 487
王家圳村 487
王家城 248
王家族 1932
王宰 771
王陶 809
王翚 1830
王继元 809
王继英 809
王逵 809
王常 809
王晞韩 809
王晙 771
王崇极 809
王崇拯 809
王偁 1038
王庶 809
王族 1932
王惟 810
王惟吉 784
王惟德 810
王渊 810
王随 810
王隐 647，810
王维新 810
王琪 568，810
王琥 810
王琼 810
王超 647，810
王博 810
王博文 810
王博闻 810
王觌 810
王雅 811

王遇 811
王景仁 750，811
王景先 811
王景崇 780
王傅拯 780
王舜臣 811
王詠 811
王普 811
王道 811
王遂 694
王曾 811
王湛 811
王温恭 811
王滋 811
王谦 812
王瑰普 812
王瑀 812
王瑜 812
王献 812
王楫 1029
王鉴 812
王嗣宗 812
王嗣祖 812
王嵩 812
王廓 812
王愍 812
王韶 813
王端 813
王震 814
王箴 815
王皞 815
王德用 815
王德昌 568
王德厚 815
王德钧 750
王德真 1029
王德基 815
王褒 694
王遵 647
王潮州 1038
王额森布哈 1039
王翰 1039
王臻 815
王盥 568
王赡 694
王翼 815
王黼 815
王懿 815
王懿敏 815
亓赟 815
开元州 518
开平寨 248
开边砦 248
开边堡 248
开边寨 248，419
开机 1819
开光 29
开光川 487
开光州 249
开光县 73
开光谷 433
开光岭 249，433
开光铺 487
开光堡 249，419
开米县 518
开州 518，546
开远砦 249
开远堡 249，419
开佐 695
开沁尚 568
开析司 1364
开国公 1241
开国男 1125
开府中书平章 1164
开府仪同三司 1126，1135，1138，1158，1164，1165
开封尹 1081
开封府 1081
开城路 487
开荒川 487
开啰岭 436
开渠 1855
开斯多卜 647
开道使 1241
开噶平 29
开赟 815
开疆堡 249
井玉 1889
井那砦 29
井那寨 29
井坑族 1932
井泉樵苏 1917
井亮米 815
井亮采 815
井盐 1840
井宿 1884
井鼠寨 29
天下马步禁军都元帅 1165
天山 433
天广 1039
天门关 249
天门关巡辖马递铺 1241
天井关 433
天火 1884
天水县 73
天水郡 73
天水郡开国侯 1138
天水郡侯 1138
天圣砦 249
天圣砦主 1364
天圣寨 249，419
天圣寨主 1364
天成山 487
天庆观 1913
天齐王 784
天阴 1917
天旱 1917
天府川 249
天河 1885
天降山砦 249
天降山新城 249
天柱军使 1118
天保军 518
天保郡 518
天浑津 433
天浑津堡 249
天浑津寨 249
天浑寨 249
天津界 250

天宫里　546
天神地祇　1880
天祚帝　784
天都大王　1081
天都山　54，433
天都王　1081
天都城　250
天都监军　1081
天都寨　250
天桥子　250
天监　1081
天晓　1885
天秤　1885
天胶木　1858
天涧　434
天涧路　434
天乾　1885
天晚　1885
天麻　1858
天麻川　250
天朝关　434
天景山　487
天窗　1813
天鼓　1885
天蝎　1885
天德　29
天德军　70，73，217，518
天德军节度使　1135，1360
天德军防御使　1353
天德军蕃汉都指挥使　1241
天德城　230
天德路　476
天籍辣忠毅　568
夫人　1081，1165
夫妇　1883
夫草　1855
元　1635
元丰九域图　1903
元太宗　1029
元太祖　1029
元仁宗延祐三年十一月二日　1810
元仁宗延祐元年　1810
元仁宗延祐间　1810
元仁宗皇庆元年　1810
元文宗　1030
元文宗天历二年　1810
元文宗至顺二年　1810
元文宗至顺元年　1810
元世祖　1030
元世祖中统建元六月二十三日　1809
元世祖至元二十二年　1809
元世祖至元二十三年　1809
元世祖至元二十五年　1809
元世祖至元十七年　1809
元世祖至元十八年　1809
元世祖至元十六年　1809
元世祖至元八年　1809
元世祖至元八年七月二十八日　1809
元世祖至元三十年　1809
元世祖至元元年　1809
元世祖至元初　1809
元帅　1081
元帅府都统制　1241
元宁　647
元成宗大德二年　1810
元成宗大德十一年　1810
元成宗大德五年　1810
元成宗元贞元年　1809
元武宗　1030
元武宗至大二年　1810
元武宗至大元年　1810
元武宗至大元年五月　1810
元武宗至大四年　1810
元武宗至大四年六月　1810
元英宗至治二年二月　1810
元叔　568
元昊　568
元昊台　487
元和市　250
元厚之　815
元顺帝至元二十一年　1811
元顺帝至元十七年　1811
元顺帝至元三年三月十九日　1811
元顺帝至元元年七月　1811
元顺帝至元六年四月　1811
元顺帝至元四年　1811
元顺帝至正二十一年　1811
元顺帝至正十六年六月　1811
元顺帝至正十四年　1811
元顺帝至正三年三月十三日　1811
元顺帝至正三年正月　1811
元顺帝至正五年　1811
元顺帝至正四年七月五日　1811
元顺帝至正辛巳　1811
元顺帝至正辛巳冬　1811
元顺帝至正间　1811
元顺帝至正癸巳　1811
元宪宗　1030
元泰定帝泰定四年　1810
元泰定帝致和元年九月二十八日　1810
元宾　1039
元符陇右日录　1903
元谐　771
元舜　815
元童　1039
无　1889
无为军制置使　1241
无水　1917
无水泉　1917
无定川　55
无定河　55，434，483
无定河川　29，435
无定居　1873
无泉水薪蒸　1917
无瑕　1819
韦丁　250
韦万　815
韦川　29
韦子川　250
韦仲平　772
韦伦　771
韦州　1

韦州山 487
韦州监军 1081
韦州监军司 1081
韦州堡 29
韦州堡 488
韦州静塞 1081
韦定 815
韦宙 772
韦胜 772
韦皋 772
韦海 750
韦家族 1932
韦娘原 29
韦移移崖 575
韦移族 1932
韦悉族 1932
韦麻 1889
韦章 29
韦章巴史骨堆 29
韦章埧 250
韦亶 815
韦韬 816
韦精山 55，435
韦精川 250
云山县 518
云山郡 518
云中 502
云中县 70
云中府路 218
云中郡伯 1039，1165
云中都督府 518
云中副留守 1364
云内 250
云内州 1，218
云内军 1
云成 816
云州 70，518
云州城 250
云安郡夫人 1241
云来 816
云岩 1039
云岩山 476
云岩镇 250，419
云南 546
云南左丞 1165
云南右丞 1165
云南行中书省右丞 1165
云南行中书省参知政事 1165
云南行省左丞 1165
云南行省左丞相 1165
云南行省右丞 1165
云南行省右丞相 1165
云南行省理问 1166
云南省右丞 1166
云南省理问 1166
云南都元帅 1166
云南诸路宣慰使 1166
云南诸路宣慰使都元帅 1166
云南等处行中书省右丞 1166
云南等处宣慰都元帅 1166
云南道宣慰使兼都元帅 1166
云南廉访使 1166
云南廉访副使 1166
云朔 503
云梯 1830
云箫 1900
云麾将军 1241
专管勾笼竿城事 1364
专管勾鄜延路军马公事 1364
木八剌 1039
木丹 695
木丹讼逥 695
木瓜 1840
木瓜平堡 250
木瓜园 488
木瓜原 250
木瓜铺 251
木瓜堡 251，419
木瓜堡川 488
木瓜源 251
木令征 695
木令遵 647
木宁 29
木邦山 251
木场 251
木场谷 29
木匠 1865
木华黎 1030
木合黎 1030
木羽弩箭 1830
木花里 1039
木杨口 251
木罗丹 695
木征 695，1889
木念兹 1039
木鱼 251
木鱼川 251
木鱼川入怀远大路 435
木波 251
木波岭 251
木波砦 251
木波族 1966
木波堡 518
木波寨 251
木波镇 251，420
木宗城 251
木契 1911
木星 1885
木峡 251
木峡口 251
木香 1840，1858
木信之 816
木速忽勒 1039
木贼 1836
木梳 1819，1830
木匮山 251
木植 1813
木鹅梯 1830
木敦谷 435
木槛 1830
木寨 29
木履 1819
木橛子 1830
木藏城 251
五十六 1039
五门蕃部 1932
五门蕃部巡检 1241
五女川 488
五井川 251

五井堡　251
五月五日　1879
五月见青　1917
五月草始生　1917
五队将　1241
五龙山　435
五龙川　252
五龙水　435
五代　1636
五兰峁儿　488
五台　252
五台山　1913
五台寺　1913
五百步城　252
五合川　230
五色金花笺　1925
五交原　252
五交镇　252，420
五州管内都军指挥使　1138
五军都提举　1241
五阵图　1903
五牟谷　435
五牟谷堡　252
五花城　230
五里　252
五里奴　575
五里墩　252
五里墩堨　435
五谷　1840
五谷口　252
五谷黑城子　488
五押招讨大将军　1360
五味子　1840，1858
五侍郎　816
五音为一音　1900
五原　252，518
五原县　1
五原郡　1
五原塞　252
五原镇都巡检使　1364
五脏　1868
五常六艺　1873
五路义勇保甲上番条约　1870
五路对境图　1903
五路条约　1870
五路都对境图　1903
五源　1
支子平　252
不儿罕　575
不毛　1917
不失于物，不累于己　1873
不老　1039
不华　1039
不产材木　1917
不许留连　1870
不花　1039
不花帖木儿　1039
不秃　1030
不和市　29
不育五谷　1917
不经掌　252
不耻奔遁　1873
不娶同姓　1882
不敢不听　1870
不婚同姓　1882
不敬尊长　1873
不循礼法公事　1873
不慕中国　1873
不懃谷　252
太一金鉴诀　1904
太乙金鉴诀　1900
太上皇　1082
太山公　750
太子　1082
太子太师　1234
太子太保　1166
太子太傅　1118，1166
太子少詹事　1167
太子左清道率府率　1138
太子右内率府副率　1242
太子右清道率府副率　1242
太子司仪　1166
太子司议秘书监　1166
太子家令　1166
太子詹事　1167
太王　1082
太不花　1039
太中大夫　1167
太平车　1830
太平州指使　1138
太平州宣抚使　1242
太平监　252
太卢川　488
太白山　488
太师　1082，1118，1138，1167，1242
太后　1082
太阳　1885
太阴　1885
太扶寨　252
太和谷　488
太和砦　253
太和堡　253
太和寨　420
太府卿　1167
太学　1899
太宗　1082
太宗御制诗草　1904
太宗御制诗章隶书石本　1904
太保　1082，1126，1138，1167
太保山　428
太祖　1082
太原　73，518
太原府　73，218
太原府代州兵马钤辖　1364
太原府代州钤辖　1364
太原府代州副部署　1364
太原府代州路钤辖　1364
太原府代州路都监　1364
太原府路兵马钤辖　1242，1364
太原府路兵马都监　1242，1364
太原府路钤辖　1364
太原府路钤辖兼第一将　1365
太原府路都监　1242，1365
太原府路副总管　1365
太原府路副都总管　1365

太原泾原路总管 1365
太原郡 480，554
太原郡太夫人 1118
太原郡君 1308
太原路兵马钤辖 1242
太原路金银铁冶达鲁花赤 1168
太原路都监 1365
太常 1168
太常礼仪院判 1168
太常署丞 1168
太尉 1082，1135，1138，1168，1242
太尉公 750
太傅 1082，1126，1138，1168，1169，1243
太静乡 546
犬子 1841
犬戎 1984
尤能别珍宝，蕃汉为市者，非其人为侩则不能售价 1873
车儿会沟 488
车儿堡 420
车子铺 1365
车明族 1966
车茹川 519
车前子 1858
车道岘 253
车碾 1830
车箱坂 420
车箱峡路 435
戈州 1
屯田制置使 1365
互市 1925
牙内指挥使 1139
牙内都虞侯 1308
牙头祗侯殿直 1082
牙吏 1082
牙利 519
牙齿 1868
牙将 1083，1126，1585
牙校 1083
瓦 1813
瓦川 29
瓦川会 29
瓦井族 1932
瓦龙谷堡 253
瓦平寨 253
瓦宁路 435
瓦当嶭 253
瓦吾谷 435
瓦吹 253
瓦吹峡 253，435
瓦吹砦 253
瓦吹寨 253
瓦和市 253
瓦征声延 696
瓦泥乞移 647
瓦泥族 1932
瓦搒 647
瓦亭山 435
瓦亭砦 253
瓦亭砦都监 1365
瓦亭路 435
瓦亭寨 253，420
瓦亭寨主 1365
瓦亭寨驻泊都监 1365
瓦亭寨都监 1365
瓦亭寨督寨主 1365
瓦都城 254
瓦桥 435
瓦桥关 435
瓦浪 254
瓦娥族 1932
瓦堂川 254
瓦窑族 1933
瓦瑶 647
瓦躧 29
瓦躧凡川会 29
少中大夫 1169
少尹 1083
少水泉 1918
少师 1083，1243
少华山 435
少府监丞 1243
少保 1243
少傅 1083
日木多 647
日木多泉 254
日斤水 435
日月 1885
日布结罗丹族 1933
日尔塞 1039
日出 1885
日而塞 1040
日利族 1933
日没 1885
日限 1885
日荣 647
日威 575，647
日姜族 1933
日珠族 1966
日逋吉罗丹 696
日逋吉罗丹族 1933
日脚族 1966
日密垒 254
中大夫 1169
中山坡 55
中山堡 254
中卫大夫 1243
中卫县 488
中书 1083
中书左（右）丞 1169
中书左丞 1169
中书左丞相 1169
中书右丞 1169
中书右丞相 1169
中书平章 1170
中书平章军国重事 1170
中书平章政事 1170，1167
中书令 1083，1126，1139，1234，1309
中书礼部员外郎 1170
中书刑部主事 1170
中书侍郎平章事 1083
中书舍人 1083，1170
中书参知政事 1170
中书相 1083
中书省左司郎 1083

中书省平章政事　1170
中书检校　1170
中龙寨　420
中冬时服　1819
中议大夫　1170，1171
中至大夫　1171
中伦寨　420
中州刺史　1243
中兴　1083
中兴尹　1083
中兴府　1
中兴等路提刑按察使　1171
中兴路　546
中兴路副管民官　1171
中兴路新民总管　1171
中安堡　254，420
中丞　1171
中岘堡　488
中条山　435
中陇山　476
中奉大夫　1171
中林堡　488
中尚监　1171
中国　1636
中国文字　1889
中国衣冠　1819
中岭　254
中岭堡　254
中侍大夫　1243
中受降城　519
中京　218
中城砦　254
中城堡　254
中政院使　1171
中省官兼判枢密院事　1083
中顺大夫　1171，1172
中亮大夫　1243
中宪大夫　1172
中都　254
中原　254
中候寨　254
中郭普　255
中部县　74
中部郡　74，218
中普堡　255
中路堡　420
中寨　1
中寨监军　1083
内八府宰相　1172
内史府咨议　1172
内外都巡检使　1365
内台御史　1172
内园使　1243
内府宰相　1172
内学　1899
内黄县达鲁花赤　1172
内宿　1083
内宿司　1083
内属戎人　1984
内属羌部　1985
内殿承旨　1139
内殿承制　1139，1243，1244，1309
内殿崇班　1139，1244，1245，1309
内藏库使　1245，1309
内藏库副使　1309
贝母　1858
贝多叶佛经　1904
贝旺川　29，255
贝威　647，1084，1585，1889
贝家族　1933
贝家族都虞侯　1245
贝斯结族　1966
冈越崖寨　29
仁义忠信　1873
仁多保忠　575
仁多保宗　575
仁多泉　29
仁多洗忠　575
仁多唛丁　575
仁多嗺丁　575
仁多嵬丁　575
仁多楚清　575
仁孝寨　255
仁和县君　1310
仁宗　1083
仁保忠　575
仁祖　816
仁温布　696
仁虞院使　1172
仁颟　816
仆里笃　784
仆里鳖米　647
仆固名臣　640
仆固怀恩　640
仆固瑊下　640
仆哥城　30
仆射　1083
仆射谷　255
仆散习尼列　1017
仆散乌里黑　1018
仆散守中　1018
仆散曷速罕　1018
仆散端　1018
化平县　218
化外胜州刺史　1310
化外庭州团练使　1310
化州　519
化州刺史　1245
仇公遇　772
仇祖德　816
仇鞴　1877
从仕郎　1172
从吉　575
从安　1040
从事郎　1172
从善　1040
从道　1040
乏水　1918
今支结　696
今日　1885
今日一日　1885
今年　1885
今结　696
仓　1889
仓库　1855
仓曹参军　1139
父母　1883

父死子继 1870
分水岭 255，435
分析 1870
公主 1083
公主泉 255
公立族 1966
公安 1040
公孙路 816
公松 1870
公服 1820
公宗堡 255
风川寨 255
风气广莫 1918
风角集占 1904
风沙 1918
风雨 1918
风俗 1873
风起 1918
风紧 1918
风雹 1918
风雹霜旱之灾 1918
凤川城 255
凤川监押 1365
凤川寨 255
凤川寨监押 1365
凤川镇 255
凤正里 30
凤州 74，519
凤州防御使 1365
凤州刺史 1353
凤凰 1862
凤凰山 488
凤翔节度使 1353
凤翔节度使兼中书令 1366
凤翔四面行营副都统 1118
凤翔军 218
凤翔府 75，519
凤翔府钤辖 1366
凤翔府通判 1366
凤翔钤辖 1366
凤翔总管判官 1566
凤翔秦凤阶成等路驻泊马部军副都部署 1366
凤翔路 218
凤管 1900
乌丁原 255
乌卜章 30
乌卜章寨 30
乌儿族 1933
乌川 255
乌仁关 435
乌仑山 488
乌仑川 255
乌仑河 55
乌仑砦 255
乌仑寨 255
乌丹 647，696
乌丹乌沁 696
乌水河 55
乌水河北原 55
乌水原 55
乌古论长寿 1018
乌古论世显 1018
乌古论达吉不 1018
乌古论延寿 1018
乌古论庆寿 1018
乌古论桓端 1018
乌古论粘没曷 1018
乌古论福龄 1018
乌古孙弘毅 1018
乌古孙仲端 1018
乌古敌烈部都详稳 1360
乌龙 255
乌龙川 255
乌龙谷 256，436
乌龙河 488
乌龙砦 256
乌龙铺 488
乌龙寨 256
乌白池 30
乌尔勤族 1933
乌尔戬川 256
乌尔戬咸巴川 256
乌兰 30
乌兰山 488
乌兰关 436
乌兰寨 256
乌头 1858
乌宁 647
乌尼 1084，1889
乌尼尔威 1040
乌当 647
乌延口 55
乌延川 30
乌延岭 436
乌延城 30，519
乌伦寨 420
乌伊 30
乌州 519
乌池 30
乌克绅 1018
乌里雅 1018
乌沙堡 546
乌鸡 256
乌鸡三岔新砦 256
乌鸡川 256
乌纳氏 1040
乌纳城 30
乌林答谋甲 1018
乌林答琳 1018
乌枚 1841
乌埏口 256
乌贵族 1933
乌迷族 1933
乌珠 1084，1889
乌原 30
乌凌噶思谋 1018
乌海 519
乌陵用章 1018
乌蛇 1858
乌峭寨 256
乌崇福 772
乌笼州 519
乌密氏 1933
乌隗 1966
乌戬新雅克 696
乌磋 696
乌咯革咯 575
乌藏族 1933

勿巡国　1639
勿你　1889
勿郎　1889
勿□移　1889
勾当　1084
勾当丰州蕃汉公事　1245
勾当公事　1245，1366
勾当北面转运使　1366
勾当府谷县　1245
勾追　1870
午未　1885
午狼务　256
午腊蒻山　55
牛　1841
牛儿　647
牛儿族　1933
牛心亭　30
牛心堆　519
牛仙客　772
牛头山　488
牛羊　1862
牛羊川　256
牛羊柏　30
牛羊族　1933
牛讷之　696
牛讹奴族　1933
牛努额　648
牛耶泥族　1933
牛知柔　780
牛栏砦　256
牛奖逋　648
牛家山　488
牛家族　1933
牛家族巡检　1245
牛黄　1841，1858
牛圈　30
牛圈池　488
牛圈界堠　256
牛宿　1885
牛装　648
牛温仁　784
牛温舒　784
牛渥　557
牛蒡叶　1858
牛精谷　256，436
牛鞍堡　256
牛膝　1858
手帕　1820
手脘　1868
手掌　1868
毛尸族　1933
毛友　816
毛文捷　816
毛文璨　557
毛文赡　557
毛示聿　575
毛奴族　1933
毛吉　816
毛贞远　557
毛延泳　557
毛合尖　816
毛羽族　1933
毛连　1830
毛迎啜己　575
毛汶　557
毛昌达　816
毛罗　1841
毛庞　1933
毛注　816
毛驼山　436
毛政　816
毛栅　1813
毛思齐　816
毛莹　557
毛崇厚　557
毛惟昌　575
毛渐　816
毛幕　1831
毛袠　1820
毛毼段　1841
毛褐　1841
毛罽　1813
毛毷　1841
气脉　1868
气候　1918
气候多风寒　1918
壬癸　1885
升平县　75
升平塔　256
升平镇　256
升啰岭　257
升麻　1841，1858
夭枉　1882
长干　257
长山　257
长山岭　436
长山堡　257
长山寨　257
长平　257
长史　1353
长白　1040
长乐川　257
长乐州　257
长宁寺少卿　1172
长宁寨　257
长宁镇　257
长幼　1883
长州　519
长安　76，1040
长安县　76
长安岭　436
长牟瞎逋　696
长孙良臣　816
长孙革　816
长进马　1841
长芦监运司利民场司令　1172
长沙川　30
长鸡岭　55
长武　218
长武县　76
长武城　519
长武城使　1353
长武砦　257
长武路　436
长武寨　257
长武镇　257
长青　257
长岭　257，436
长波川　30

长泽县 2，519
长垣县尹 1172
长城 436
长城坂 257
长城君 1040
长城岭 55，436
长城岭路 436
长城岭寨 257
长泉县 519
长洲县荅鲁合臣 1172
长结玛 696
长盐池 488
长唐兀卫 1172
长袖绯衣 1820
长嗟 648
长道县 76
长道寨 257
长鼓 1900
长鞦 1820
长摩萨格 697
长樵砦 257
长樵寨 258
长燋堡 258
斤斧 1831
爪甲 1868
月孛 1885
月利族 1933
月忽难 1040
月益族 1934
丹山堡 258
丹巴城 258
丹头县 76
丹头驿 436
丹头砦 258
丹头堡 258
丹头寨 258
丹头镇 258
丹延 76
丹州 76，218，519
丹州军事推官 1366
丹州刺史 1310
丹州推官 1366
丹阳驿 476
丹岩县 519
丹岭县 519
丹波秃令结 697
丹星 697
丹徒县主簿 1172
丹徒县达鲁花赤 1172
丹淋沁 697
丹寅岭 436
丹喇关 436
丹新 697
计用章 816
计议措置边防公事所 1366
计议措置边防事 1366
计议措置边防事所 1366
计守义 817
计都 648
计都星 1885
计置鄜延路粮草 1366
认管你 1040
卞玉 1820
卞咸 817
六心族 1966
六州部落 1934
六宅使 1084，1245
六宅使知州事 1245
六宅副使 1310
六每 1889
六谷 258，1640，1966
六谷十八族首领 1585
六谷大首领 1585
六谷王 1310
六谷首领 1585
六谷都巡检使 1310
六谷蕃部 1966
六迎 1889
六觊 1889
六弦 1900
六胡州 520
六胡州刺史 1353
六骨 1889
六亲和合 1873
六院军将 1361
六班直 1084
六逋宗城 258
六畜 1841
六彪 648
六毬 1890
六盘 476
六盘山 436，483
六盘山寨 258
六盘水 437
六盘关 258，437
六盘关砦 258
六盘关寨 258
六盘砦 258
六盘寨 258
六葱谷 435
六腑 1868
六路经略军马司 1366
六路统军 1084
六窠沙 30
六窠砂 31
六趣轮回 1880
文人 1084
文公 817
文水县 76
文戍 750
文州 76，520
文州礼店元帅府达鲁花赤 1173
文州刺史 1245
文伯要觧 1040
文状 1870
文林 1173
文林郎 1139
文昌山 489
文忠 1173
文城镇 258
文思使 1245，1310
文思院 1084
文思副使 1245，1246，1310
文禹 648
文彦博 817
文洎 817
文宣帝 1084
文盈关 437

文殊奴 1040
文殊殿 1913
文卿 1040
文献昭圣皇后 1040
文潞公 818
方山 437
方山县 76
方山原 258
方术 1880
方偕 818
方渠 258，520
方渠县 481
方渠城 489
方渠砦 258
方渠镇 481，520
方谏 818
亢宿 1885
火山军 76，218
火山军路 437
火山县 77
火子 65
火井县 520
火失不花 1040
火夺都 1040
火杴 1831
火罗沟 258
火炉 1831
火炉鏾 1831
火药火炮箭 1831
火栏 1831
火星 1885
火星入南斗 1885
火炮 1831
火砲 1831
火家集 489
火球 1831
火弹 1831
火葬 1882
火蒺藜 1831
火锥 1820
火筯 1831
火箭 1831
为迎 1890
为遏 1890
斗打 1870
斗宿 1885
户部主事 1173
户部尚书 1173
户部侍郎 1169
户部郎中 1173
心氏 697
心白首领 1585
心牟氏 697
心牟冷麻钦 697
心牟钦 697
心牟钦毡 697
心牟掩提 697
心牟族 1966
心牟温鸡 697
心命 1868
心肺 1868
心波 259
心波族 1967
心宿 1885
心腑 1868
邓子乔 818
邓至 1967
邓州 520
邓国夫人 1246
邓昌祖 575
邓咸安 818
邓保信 818
邓洵武 818
邓珪 818
邓继宣 818
邓绾 818
双山堡 489
双女 1885
双池 31
双林堡 259
双鱼 1885
双河堡 489
双泉砦 259
双峰桥 259
双堆 31
双堆峰 437
双埠 31
双烽 437
双烽桥 259，437
双塠 31
双韵 1900
以十二月为岁首 1885
以乐迎告至其母柩前，明日衣禫衣受赐 1877
以金相瑟瑟为首饰 1820
以贫为丑 1873
以指染血涂佛口，或捧其足而呜之 1873
以富为荣 1873
引进使 1173，1310
引进客省使 1246
引伴 1366
孔山 437
孔公孽 1858
孔氏 1040
孔文仲 818
孔目官 1084
孔雀 1862
孔温裕 772
允鄂克族 1967
允稜举特且 575
尹与则 575
尹氏 1040
尹师鲁 818
尹州 520
尹学士 819
尹泽 819
尹宝 819
尹洙 819
尹宪 819
尹悦则 575
尹家 1934
尹继伦 819
尹遇 648
尹遇合 259
尺 1831
尺秤 1831
丑奴庄族 1934
丑问 1041

丑时中　1040
丑迎　1890
丑闾　1041
巴儿术　1030
巴义溪　31
巴乌凌斡　697
巴令谒　648
巴令渴　648
巴令渴族　1967
巴尔丕勒鄂丹干（斡）　697
巴尔瓜　697
巴尔斯博恰　697
巴宁会　259
巴延萨尔塔固尔　575
巴州长史　1353
巴讷支　697
巴约特　1041
巴玛且斡　648
巴把兀　697
巴把呃　697
巴库斯　698
巴沟族　1934
巴罕　648
巴讹支　576，698
巴罗罗遵　698
巴罗桑族　1967
巴金岭　437
巴金城　259
巴金符　698
巴宜　648，819
巴经谷　437
巴珍旺　259
巴珍觉　698
巴珍穆　698
巴毡　698
巴毡角　698
巴毡抹　698
巴觉珍　698
巴哩城　259
巴特玛　698
巴特玛族　1934
巴特玛族巡检　1246
巴凌　259，698
巴凌川　259
巴凌巡检　1310
巴朗古卓斡　698
巴桑多尔济结　698
巴桑济　698
巴勒济郢城　698
巴勒济埒克　31
巴勒索诺木　698
巴勒凌结　698
巴勒斯丹　698
巴勒臧　648
巴勒臧族　1934
巴勒藏达尔结　698
巴鄂多尔济　698
巴鄂卓克辰　699
巴斯吉　699
巴斯多卜　699
巴雅尔　648
巴雅抡氏　1041
巴温　699
巴新永策多　648
巴厮鸡　699
巴厮铎　699
巴鼐吉　699
巴赞　259
巴鞠　576
毌沆　820
书写机宜文字　1366
书写机密文字　1366
书写熙河路经略司机宜文字　1366
书按山　437
水土之主　1880
水口堡　259
水东口　259
水令逋　648
水宁关　477
水达达屯田总管府达鲁花赤　1173
水军　1084
水红花　1918
水谷　437
水陂　259
水泊　1918
水波克抡罗扑龙井罗噶尔　55
水波岭　437
水波城　31
水波镇　31
水星　1885
水泉堡　259
水洛口　489
水洛川　489
水洛县　489
水洛城　259，420
水洛城都监　1366
水洛城通秦州道路　437
水洛亭　260
水洛寨　260
水神　1880
水盏　1900
水部员外郎　1126
水涨　1918
水涨失道　1918
水患　1918
水逻　260
水银　1841
水麻　1890
水清冽　1918
水深土厚　1918
水晶　1841

五画

邛州　520
邛州堡　31
邛都部　1967
功德　1084
功德使　1173
打当　1890，1925
打米谷　437
打拉池　489
打样　1890
打啰城　31
打啰城川　31
打绳川　31，260
打绳川城寨　261

打喇池堡 489
打喇赤 489
打壁峪关 489
打磴口 489
扑水原 261
扑地河 437
扑咩讹猪 1934
扑咩族 1934
扑麻龙堡 261
札合敢不 1030
札玛克部 1934
札罕不 1030
札鲁忽赤 1173
艾 1873
艾渠 56
艾蒿砦 31
艾蒿寨 261
艾蒿镇 261
艾貌 1030
节义峰 261，437
节义烽 261
节占城 261
节制江东军马 1246
节制江南东路军马 1246
节制两浙、江南军马 1246
节制陕西六路军马 1367
节制陕西军马 1367
节制殿前马司及池州驻扎御前诸事 1246
节度行军司马 1126
节度观察留后 1311，1367
节度判官 1126
节度判官兼掌书记 1126
节度押衙 1119，1139
节度押解 1126
节度使 1118，1126，1139，1234，1311，1367
节度副使 1126，1234
节度随军文林郎 1140
节度衙推 1126，1140
节院使 1246
节桑罗 648
古儿罕 1030
古川道 437
古子蔓 1841
古北口 420
古由克 1031
古会州 218
古安西城 261
古里甲石伦 1018
古鸡山 437
古迭 784
古城 31，261
古城子 261
古骨龙 31
古骨龙谷 437
古骨龙城 261
古将台 489
古浊轮川 261
古哩羌 1934
古高平 261
古高平堡 261
古郭隆 261
古勒 699
古勒额勒 1934
古萧关 476
古塔鼐宗堡 261
古道场 261
古道堡 261
古道寨 261
古渭州 77
古渭城 261
古渭砦 262
古渭寨 262
古渭寨都监 1367
古寨堡 262
古壕门 262
石人铺砦 262
石人铺寨 262
石人堡 262
石门 31，262
石门口 263
石门山 437
石门川 263
石门子 263
石门后峡 263
石门关 263
石门驿 438
石门城 263
石门峡 263，438
石门前后峡 263
石门前峡 263
石门硖 263
石门铺 263
石门堡 263，264
石门路 438
石门墕 489
石门寨 264
石门镇 489
石马山 438
石马川 438
石子门 264
石井 489
石天应 1031
石元孙 820
石中立 821
石仁政 750
石方 576
石丕 821
石平 821
石归宗 821
石台谷 438
石台神砦 264
石存 640
石匠 1865
石灰 1841
石尖山 438
石竹花 1918
石延年 821
石全正 821
石全政 821
石全彬 821
石州 2，77，218，520
石州刺史 1311
石州定胡县监押 1367
石州监军司 1084
石州祥祐 1084
石红峡 1915
石杏 821

石报进 750
石佛峡 438
石岔里 489
石陇县 520
石青 1867
石抹贞 1018
石抹仲温 1018
石抹忽土 1018
石顶 1813
石昌木波路 438
石昌镇 264
石岭关 438
石知颙 821
石城 489
石城山 489
石胡 264
石胡砦 264
石胡镇 264
石要岭 438
石炭 1841
石峡 56
石峡口 489
石峡子 264
石峡水 489
石保兴 821
石神奴 640
石陨 1885
石逊 821
石盏女鲁欢 1018
石盏合喜 1019
石辂 821
石涝池 490
石涝池堡 490
石家寨 230
石埭 546
石菖蒲 1841
石梯子 264
石硖 264
石堂山 438
石曼卿 821
石崖窑村 490
石窑寺 1913
石棚泉堡 264
石雄 772
石堡城 264
石堡砦 31，264，265
石堡寨 265
石堡镇 31
石舜臣 821
石斌 821
石普 821
石温其 821
石楼 265
石楼山 438
石楼县 78
石觜堡 265
石稞驿 438
石福 822
石墙子 265
石墙子、拽木岔贼马来路 56
石熙政 822
石榴 1841
石膏 1858
石嘴头 490
石嘴峰 490
石隰州兵马钤辖 1367
石隰州都巡检使 1367
石隰州部署 1367
石隰州副都部署 1367
石隰州缘边都巡检 1367
石隰都巡检使 1367
石隰部署 1367
石隰副部署 1367
石隰缘边同巡检使 1367
石隰路兵马都部署 1367
石隰路总管 1367
石隰路部署 1367
石壕镇 265
石磷 822
石擦村 490
石鏊子 490
石曦 822
石霸 822
左千牛卫上将军 1246
左千牛卫将军 1246，1311
左卫射士 1173
左支信 576
左屯卫将军 1311
左中奉大夫 1246
左仆射 1119
左文通 822
左右司员外郎 1173
左右厢十二监军司 1085
左尼率 1890
左军副将 1246
左羽林大将军 1119
左羽林军大将军 1119
左丞 1173
左丞相 1173
左村泽 31
左伴兄 576
左武大夫 1246，1311
左武卫将军 1119
左枢密使 1085
左押衙 1085
左侍禁 1246，1311
左侍禁巡检 1247
左金吾卫大将军 1119
左金吾卫上将军 1085，1140，1247
左金吾卫正将军 1085
左封 520
左胜 265
左神武大将军 1311
左神武军大将军 1311
左神策军行营先锋兵马安塞军等使 1119
左班殿直 1247，1311
左都押衙 1085，1140
左都押衙官 1126
左监门卫将军 1247
左副都元帅 1174
左厢 2
左厢押蕃落副使 1311
左厢神勇 1085
左厢监军司 1085
左领军卫上将军 1247
左翊蒙古侍卫百夫长 1174
左翊蒙古侍卫亲军 1174

左骐骥使 1247，1311
左散骑常侍尉骑都尉 1140
左朝议大夫 1247
左朝请大夫 1247
左温 750
左藏库使 1247，1311
左藏库副使 1247，1311
右三班借职 1140
右千牛卫上将军 1140，1247
右千牛卫将军 1140
右卫千夫长 1174
右屯卫将军 1247
右仆射 1085，1119
右文殿修撰 1248
右司员外郎 1174
右军将军 1248
右丞 1174
右丞相 1085，1174
右武大夫 1248，1312
右武卫翊府右郎将 1119
右枢密院 1085
右侍仪 1174
右侍禁 1085，1140，1248，1312
右金吾卫大将军 1140，1312
右金吾卫上将军 1140
右承务郎 1248
右承事郎 1248
右承侍郎 1248
右宣议郎 1248
右骁卫将军 1248
右班殿直 1140，1248，1249，1312，1313
右监门卫大将军 1119，1126
右监门卫大将军员外置同正员 1119
右监门卫长史 1126
右监门卫长史同正 1140
右监门卫将军 1119，1249
右监门将军 1119
右通直郎 1249
右厢甘州路 2
右厢军 1085
右厢卓罗一带都巡检使 1140
右厢监军 1085
右厢朝顺 1085
右厢孽祖 1085
右领军卫大将军 1119
右清道率府副率 1140
右谏议大夫 1085
右骐骥使 1313
右骐骥副使 1249
右朝议大夫 1249
布兀剌 1041
布贝 648
布尼雅堡 31，265
布达约噶 576
布色岱尔 1041
布州 520
布玛 699
布谷口 265
布沁 576
布沁巴勒族 1967
布证族 1967
布阿 648
布纳克族 1934
布衫 1820
布威 648
布济克 699
布都尔威 1041
布哩克 699
布娘堡 31，265
布袋 1831
布雅 648
去岁 1885
去岁伤旱 1918
玉 1841
玉山县 520
玉门关 438
玉门军 78
玉石 1841
玉出干必阁赤 1041
玉圭 1831
玉华镇 420
玉州 520
玉花 1918
玉里止吉住 576
玉里沙 1041
玉版 1831
玉兔 1885
玉京关 438
玉珍 1041
玉城镇 265
玉带 1820，1831
玉柱峰 490
玉亭镇 31
玉庭镇 32
玉勒名马 1841
玉盘 1831
玉越斧 1831
玉楼山 438
玉鞍勒 1831
玉鞍辔 1831
玉鞦 1831
玉鞧辔 1831
末邦山 265，438
末那 1890
末星族 1967
末腋族 1934
末魁 1890
末藏族 1934
未幕族 1934
未慕军主 1085
未慕族 1934
击缶 1900
击鼓 1901
正川堡 265
正义 1904
正厅 1086
正月 1885
正旦使 1086
正议大夫 1174
正尼祖 1890
正名晐 576
正军 1925
正奉大夫 1175
正官 1086
正钤辖 1086
正统司 1086

正原堡 265
正监军 1086
正卿 1041
正副军主 1585
正副首领 1585
正副寨主 1086
正堂 1813
正惠公补传 1904
正暮口罗 1890
甘、伊、凉等州图 1904
甘卜 1041
甘扑堡 265
甘北 265
甘立 1041
甘师道 822
甘师颜 822
甘州 2，78，483，546，1640
甘州团练使 1140，1313
甘州回纥 1640
甘州回鹘 1640
甘州军事判官 1367
甘州府 3
甘州郎中 1175
甘州城 32
甘州监军 1086
甘州路 483
甘州路治中 1175
甘谷县 218
甘谷城 78，265
甘谷堡 266
甘谷寨 266
甘沙首领 1585
甘松 1858
甘松县 520
甘肃 483，547
甘肃平章 1175
甘肃行中书省 483
甘肃行省 483
甘肃行省右丞 1175
甘肃行省平章政事 1175
甘肃军 3，1086
甘肃省左丞 1175
甘肃等处行中书省右丞 1175
甘肃等处行中书省平章政事 1175
甘肃等处宣尉使 1175
甘草 1841，1842，1858
甘泉 32，266
甘泉县 78
甘泉城 266
甘泉堡 266
甘峪寨 420
甘凉首领 1585
甘菊 1858
甘蔗 1842
甘遵 699
甘露 1918
甘露降 1918
世式 1041
世间扬名 1899
世剌 1041
世顺 648
世祖始文本武兴法建礼仁孝皇帝 1086
世兼千户 1041
世基 822
世雄 1041
本令征 699
本司前军都统制 1249
本当堡 266
本州马步军都指挥使 1249
本州左都押牙 1126
本州团练使 1249
本州防御使 1119，1249，1313，1367
本州都监 1368
本州都部署 1368
本州蕃部都监 1313
本军万户 1175
本府百户 1175
本草 1858
本部军主 1313
本部都军主 1313
本族军主 1313
本族巡检 1141，1250，1313，1314
本族指挥使 1250
本族都军主 1314
本族都巡检 1314
本族都巡检使 1250
本族都指挥使 1314
本族副军主 1314，1315
本族副军都主 1315
本族副兵马使 1250
本族副都指挥使 1315
本族蕃巡检 1315
本琳沁 699
本朝正至朝贺仪 1904
本敦谷 438
本路马步军都部署 1368
本路同巡检 1368
本路行营都监 1368
本路巡检 1250
本路兵马都部署 1368
本路招讨经略安抚都监 1368
本路招讨经略安抚副使 1368
本路经略使 1368
本路钤辖 1250，1368
本路钤辖兼知镇戎军 1368
本路都钤辖 1368
本路都监 1250，1368
本路副都总管 1368
本寨都监 1368
术虎高琪 1019
术虎蒲查 1019
术都儿威 1041
术速忽里 1041
可丑 576
可州 520
可汗王 751，1315
可掘沙为井 1918
可谓孝乎 1873
可敦城 231
可敦馆 420
丙丁 1885
丙龙堡 266
丙龙寨 266
丙令族 1967
丙离族 1967

龙口 266
龙口川 266
龙口平 266
龙口平寨 266
龙川 267
龙川城 267
龙川族 1967
龙门 267
龙门口 267
龙门川 267
龙马川 32
龙马岭 267，438
龙马泉 438
龙支 267
龙支城 267
龙化 32
龙化川子 267
龙公川 267
龙氏 699
龙札谷 438
龙平关 267
龙田平 267
龙州 3，79，480
龙州城 490
龙州堡 490
龙兴寺 1913
龙兴路达鲁花赤 1175
龙安 267
龙安庄 267
龙安砦 267
龙安寨 267
龙坊 267
龙沟堡 268
龙尾峰 490
龙虎卫上将军 1175
龙图老子 822
龙图阁直学士 1141，1250
龙图阁学士 1250
龙图阁待制 1250
龙城关 490
龙柏花 1918
龙柏砦 32
龙拶 699
龙骨山 483
龙竿城 268
龙泉 438
龙泉川 521
龙泉城 268
龙泉砦 268
龙泉堡 268
龙泉新寨 268
龙泉寨 268
龙泉镇 268
龙涎香 1842
龙神 1880
龙神卫四厢都指挥使 1251
龙神卫四厢都指挥使 1368
龙神卫都指挥使 1251
龙盐 1842
龙脑 1842，1858
龙眼 1842，1858
龙蛇 1842
龙移 648
龙移川 268
龙移昧克 1934
龙笛 1901
龙族 1967
龙落川 268
龙湫 490
龙德 268
戊己 1885
灭臧族 1934
灭藏族 1935
平川寨 268
平王 1086
平五栿 1813
平水 490
平卢郡 554
平乐府达噜噶齐 1176
平乐镇 490
平戎 268
平戎十策 1904
平戎万略 1904
平戎川 490
平戎砦 268
平戎策 1904
平戎堡 268
平戎道 268
平戎寨 268，420
平戎镇 269
平西军节度使 1566
平西营 269
平西砦 269
平西寨 269
平夷县 79
平兴 269
平江公 1041
平江达鲁花赤 1176
平江府总管 1176
平江路长洲县达鲁花赤 1176
平江路达鲁花赤 1176
平江路总管府达鲁花赤 1176
平安砦 269
平安寨 269，420
平安寨堡 269
平阳、太原两路宣抚使 1176
平阳村 269
平阳城 269
平阳郡夫人 1251
平远所 490
平远砦 269
平远寨 269，420
平羌砦 269
平羌寨 269
平沙 65
平虏所 490
平虏城 490
平虏桥砦都部署 1369
平定 438
平定之路 439
平定军 79
平定寨 270
平泉 270
平泉村 270
平泉堡 270
平夏 3，65
平夏川 270
平夏城 270
平夏城灵平寨主簿 1369

平夏党项 1935
平夏部落 1935
平高县 79
平准 1086
平凉 79
平凉行省 218，1566
平凉军 79，219
平凉县 79
平凉府 219
平凉府判官 1566
平凉府治中兼节度副使 1566
平凉经略使 1368
平凉城 521
平凉郡 79，219
平海军承宣使 1251
平康县 521
平章 1176
平章军国重事 1176
平章政事 1086，1176
平等寨 270
平溪 490
东大树村 270
东上阁门使 1251，1315
东上捞 270
东山 439
东山县 219
东山部 1935
东山砦 270
东山寨 270，420
东山蕃部 1935
东川 270
东女之崖 270
东冈镇 490
东水口堡 270
东水泉堡 270
东古城 490
东石岭 439
东平郡 554
东平等处民户总管 1177
东平等处管民总管 1177
东平镇 483
东北冷牟 270
东北面招讨使 1119
东北森摩寨 270
东头供奉官 1251，1315，1316
东西口堡 271
东西川口城 271
东西水口堡 271
东西关 271，439
东西两川蒙古汉军万户 1177
东夷 1985
东华门 554
东华池镇 271
东关城 271
东关堡 271，420
东关堡巡检使臣 1369
东关镇 32
东阪 32
东牟会 32
东谷砦 271
东谷堡 271
东谷寨 271
东谷寨主 1369
东谷寨监押 1369
东谷镇 271
东迎城 271
东冷牟 272
东坡先生 822
东昌路 547
东受降城 272，521
东河湾堡 272
东宜 272
东经略使 1086
东城都虞侯 1141
东城副兵马使 1141
东城砦 272
东城堡 272
东茇 272
东茇族 1935
东南第二副将 1251
东南第四将 1251
东面招讨使 1119
东面招讨党项等使 1353
东胜堡 272
东弯堡 272
东染院使 1252
东染院副使 1252
东都府 3
东晋 1640
东夏州 521
东原 272
东陵县 521
东偏头税场 272
东黑山 439
东楞摩 272
东路巡检 1369
东路都巡检 1369
东路都巡检使 1369
东厮鸡 699
东鞍堡 272
东镇 272
旧土砦 272
旧水谷砦 272
旧水谷寨 272
旧水堡 272
旧石昌 272
旧安边营 490
旧那娘山新寨 273
旧纪 1904
旧杏子河新寨 272
旧金汤新寨 273
归丁族 1967
归义节度使 1316
归义州 521
归义军 1640
归义军节度 1369
归义军节度使 1316
归义军留后 1316
归义军衙内都虞侯 1316
归子口 273
归仁 521，648
归仁县 3
归化州 219
归化县 521
归化将军 1234，1316
归化镇 521
归正 1585
归正县 521

归州 521
归远县 521
归远寨 273
归明 1585
归明人 1585，1985
归明弓箭手 1585
归明界弓箭手 1985
归忠保顺可汗王 1316
归定县 521
归诚郡 521
归顺 1585
归顺人 1585
归顺州 521
归顺县 521
归顺旗 1832
归唐县 521
归娘谷 439
归娘岭 273
归娘族 1935
归娘族军主 1252
归朝 1585
归朝官 1586
归德大将军 1252
归德川 273
归德司戈 1316
归德州 79，521
归德县 522
归德知府 1177
归德府 547
归德郎将 1252
归德将军 1234，1252，1316
归德堡 273，420
北与口罗 1890
北乡镇 273
北王府 1361
北开州 522
北斗 1885
北石砦 273
北务村 273
北汉 1640
北戎 1985
北廷可汗 751
北华州 480
北关 273
北关堡 273
北作坊使 1252
北谷口 476
北谷川 476
北狄 1985
北拓镇 273
北拦坡 273
北岭上堡 273
北岭寨 273
北京宣慰使 1177
北河堡 273
北柘镇 274
北面招讨使 1119，1127
北界首领 1586
北界蕃族 1985
北庭 503
北夏州 522
北原 274
北浪口 274
北象山 491
北朝 1640
北朝安抚司 1361
北遏 1890
北路巡检使 1369
北衙都知兵马使 1141
北横山堡 274
北魏孝明帝孝昌中 1665
叶 1890
叶木朗罗 576
叶公城 274
叶乌玛 576
叶示归埋 576
叶示归理 576
叶石悖也 576
叶占 699
叶仙鼐 1031
叶令吴箇 1086
叶市族 1935
叶市族路 56，439
叶吉特族 1935
叶迈 576，1890
叶州 522
叶防 822
叶护 522
叶罗 649
叶施族 1935
叶结贝威野砦 32
叶结威明嘉勒 576
叶结凌丹 576
叶悖麻 576
叶朗傣礼 576
叶泰 822
叶勒 576
叶勒仁荣 576
叶勒氏 576
叶勒文义 649
叶勒约噶 577
叶勒纲朗凌 577
叶勒旺荣 577
叶勒族 1935
叶康直 822
叶清臣 822
叶锦 577
叶额 649
叶额实客通 649
叶錢 649
叶燮会 274
叶燮寨 274
叱吕氏 577
叱纳 699
叱逋巴角 699
叱腊龊 699
卢乙 1890
卢儿堡 274
卢士良 772
卢大明 751
卢山县 522
卢山郡 522
卢之翰 823
卢子关城 274
卢子砦 274
卢氏 577
卢甘 1640
卢训 823
卢关 274，439

卢关一带都巡检 1369
卢关寨 274
卢守懃 823
卢讷 823
卢知翰 823
卢秉 823
卢河川路 439
卢政 823
卢钧 772
卢觊 823
卢逢原 823
卢益 823
卢凌 649
卢家族 1935
卢唆 649
卢蒐 577
卢嵬 1890
卢斌 823
卢鉴 823
卢稜 649
兄弟 1883
兄弟女妹 1883
四十二族首领 1586
四川行省左右司员外郎 1177
四川行省左丞 1177
四川行省参知政事 1178
四川宣抚司 1369
四川宣抚使 1369
四川道廉访司事 1178
四川廉访司佥事 1178
四门砦 274
四门寨 274
四方馆使 1252，1317
四夷 1985
四夷龟鉴 1904
四夷述职图 1904
四州马步都虞侯 1127
四州防遏使 1127
四州戴金环大首领 1086
四言杂字 1904
四季 1886
四孟朔 1879
四面都统 1119
四顾砦 274
四顾堡 274
四顾寨 274
四厢都指挥使 1252
四捷军详稳 1361
四番都统军 1361
四路马步军都总管 1369
四路安抚使 1369
四路安抚经略招讨使 1369
四路招讨 1370
四路招讨司 1370
四路招讨使 1370
四路战守约束 1904
四路都招讨 1370
四路都招讨使 1370
四路都部署 1370
四路都部署司 1370
四路部署 1370
四斡耳朵怯怜口千户 1178
业令吴箇 1086
业乐镇 274，420
业母 1041
业燮寨 275
目州 522
且乌 649
且星 649
且鼐 699
甲乙 1886
甲玉 577
甲匠 1865
甲胄 1832
申师厚 824
申酉 1886
申陈 1870
田仁朗 824
田公懿 577
田氏 1041
田氏家流 32
田氏家流族 1936
田文徽 577
田永吉 824
田屿 824
田守度 824
田牟 772
田怀荣 577
田怏庸 577
田况 824
田良彦 824
田若水 577
田周臣 577
田京 825
田承君 824
田绍迪 824
田绍斌 824
田巷口 32
田钦祚 824
田朏 825
田洎 772
田家流 275
田敏 825
田谨 825
田琼 825
田畴 1856
田瑞 1019
田锡 825
田缙 772
田璟 825
由乙 1890
由那 1890
史万山 780
史天祥 1031
史元 772
史不乩 577
史从礼 577
史方 825
史吉 825
史乩遇 577，649
史志聪 825
史宜父 825
史诚 825
史屈子 577
史重贵 825
史宪忠 772
史能 825
史崇信 825
史敬奉 772

史献　772
史罨　1890
史福　825
出与头子　1871
出尖四楞箭　1832
出护延州军兼缘边巡检　1370
出纳　1086
出梨　1890
付尧俞　825
付家坪　491
代北　275
代并副都部署　1370
代州　79
代州刺史　1234，1252，1370
代州钤辖　1370
代国公　1178
代郡　80
仙仙　1042
仙芝水　439
仙州　522
仡党族　1936
仪天历　1886
仪天具注历　1886
仪凤乡　32
仪同三司　1178
仪州　80
仪州防御使　1370
仪州制胜寨主　1370
仪州寨主　1253
仪位达磨　275
仪鸾副使　1253
仪渭都巡检使　1370
仪增　577，1086
他斯麻族　1967
犯法　1871
外母啰正　1086
外后日　1886
外底堡　275
外浪族　1936
外蕃　1985
外藏图克族　1936
卯色　1867
印　1911
印记　1911
印州堡　32
印字山　491
印匣　1911
印绶　1911
饥　1918
令丁谷　275
令人　1317
令王儿没崖　577
令王皆保　577
令介成庞　577
令介讹遇　577
令分讹遇　578
令公　1087
令尹　1087
令史　1178
令只沙　1042
令征　649
令狐谦　649
令狐愿德　751
令泥落　1890
令终　1882
令咩　1936
令修己　649
令追知证　1871
令逊　1087
令能　1087
令桑　1890
令勒　1890
令嗘　649
令渎　1890
令精谷　439
尔扬寨　275
尔结罗　275
尔珠　275
尔雅　1904
尔禄　1042
冬瓜　1842
冬至　578，1879
丛州　522
斥卤枯泽　1918
斥候　1178
斥候堡　275
瓜　1842
瓜州　3，483
瓜州团练使　1317
瓜州防御使　1317
瓜州刺使　1317
瓜沙门　1640
瓜沙等州观察处置押蕃落等使　1317
瓜沙等州观察处置营田押蕃落等使　1317
瓜沙等州观察处置管勾营田押藩落等使　1317
瓜家族　1967
瓜蒌　1858
瓜黎余族　1967
用单日　1873
包才　699
包氏　699
包文　700
包正　700
包用　700
包约　700
包孝成　1019
包良　700
包武　700
包明　700
包忠　700
包诚　700
包厚　700
包拯　826
包拯传　1905
包哈　700
包顺　700
包信　701
包勇　701
包海　701
包猛　701
包喜　701
包强　701
包震　701
包毅　701
包遵　701
处州路总管　1178

处置营田押蕃落等使 1317
乌鼠山 439，477
乌鼠同穴山 56
生口 1985
生日 1873
生户 1986
生户番族 1986
生氏 1986
生地骨堆 275
生夷 1986
生羌 1986
生虏 1987
生金 1842
生界 1987
生姜 1858
生铁 1865
生绢 1842
生跋焦 1874
生属户 1987
生蕃 1987
生熟铁 1842
矢 1832
矢击弦 1874
失吉 701
失里伯 1031
失迭儿古 578
失的儿威 578
失相儿忽 578
失剌 1042
失剌唐兀台 1042
失剌唐吾台 1042
失都儿忽 578
失都儿威 578
禾麦不登 1919
禾波镇 275
丘护 275
白土川 32
白万进 751
白巾 275
白马川 275
白马砦 275
白马族 1936
白马湾 547
白马强镇 1087
白马鼻族 1936
白马鼻族巡检 1253
白马寨 275
白木 1859
白日 1886
白氏 649，1042
白文寿 578
白文亮 557
白文美 578
白方进 826
白水军 481
白水军 80
白水泊 476
白玉 826，1842
白札子 1925，1926
白石 275
白石山 439
白石县 80
白石城 275
白石泉 275
白石堡 275，276
白石镇 276
白布 1842
白龙堆 32，276
白令光 557
白兰 1967
白头公 1859
白乔家会铺 276
白华 1019
白庆嗣 578
白羊 1886
白米 1842
白州 522
白州防御使 1253
白州刺史 1253
白池 32，276
白池军主 1087，1253
白守忠 578，649
白守荣 826
白守贵 578
白麦 1842
白进 751
白芷 1859
白花蛇 1859
白花鹰 1842
白芥子 1859
白严河 439
白严河镇 276
白克忠 578
白豆州 522
白狄 1987
白沙 276
白沙镇 276
白奉林 557
白环水 476
白坡 276
白拔烈 32
白忠 649
白岩河 439
白岩河镇 420
白供奉 578
白鱼峰 276，439
白狗羌 1967
白波兵马都监 1370
白波流 276
白衫 1820
白承睿 826
白城子 491
白城谷 439
白政 826
白草 276，1842，1919
白草平 32
白草原 32
白草砦 276
白草寨 277，421
白药子 1859
白相公 649
白昭信 826
白勋 826
白峇牟 578
白毡 1842
白保全 558
白保勋 558
白保恩 558
白信 649

白彦敬 1019
白洛嵛 277
白洛嵛新寨 277
白姥 578
白盐池 33
白铁胡 558
白豹 33
白豹和市 277
白豹城 277，421
白豹寨 277
白豹寨都指挥使 1087，1253
白豹镇 33
白狼 1967
白家津 439
白窄衫 1820
白容牟 578
白崖堡 491
白敏中 772
白琬 1019
白塔 277
白塔地 277
白敬立 558
白落嵛 277
白遇 826
白峊河 277
白智宣 578
白湄 547
白登台 277
白登州 522
白蒿 1816
白榆林砦 277
白榆林堡 277
白简 1967
白滩儿 33
白鹘 1842
白蜜 1842
白褐马 1842
白撒 1019
白鹤 1862
白鹦鹉 1842
白骥镇 277
白露 1919
白氎 1820
白氎布 1842
氐 1987
册礼使 1370
册府元龟 1905
乐人打诨 1901
乐士宣 826
乐山 439
乐川县 522
乐之曲 1901
乐之器 1901
乐业镇 277
乐州 3，80，219
乐安郡君 1253
乐进 826
乐容州 522
乐容州都督府 522
乐盘镇 421
乐厮波温 701
乐蟠县 81
乐蟠镇 278
冯元德 826
冯仁俊 826
冯从顺 826
冯业 826
冯延登 1019
冯伊特满 649
冯行己 827
冯守规 827
冯讷 827
冯如晦 827
冯进 827
冯纳 827
冯忠信 784
冯京 827
冯拯 827
冯思永 827
冯诰 827
冯晖 780
冯浩 827
冯谅 827
冯继业 828
冯移埋 650
冯景 828
冯景元 828
冯答兰帖木 1042
冯澥 828
冯瓘 828
讬州 522
讬拔谷 33
讫多埋 578
训狐城 278
记闻 1905
汀州总管 1178
汉人弓箭手 1586
汉乞砦 33
汉川 278
汉弓箭手 1586
汉户及归明界弓箭手 1586
汉户弓箭手 1586
汉户牙人等于城寨内商量和买 1874
汉仪 1877
汉印 1911
汉衣冠 1820
汉阳水 439
汉阳府知府 1178
汉阳郡夫人 1141
汉村 278
汉国夫人 1253
汉学 1899
汉官 1371
汉语 1890
汉都虎 1031
汉萝蔔 1842
汉堰 1856
汉源渠 56
汉蕃弓箭手 1586
汉蕃弓箭兵 1586
汉蕃勇敢 1586
礼乐 1877
礼泉观使 1253
礼部员外郎 1178
礼部尚书 1178
礼部侍郎 1178
礼宾院 1371
礼宾副使 1141，1253，1317

主案 1087
主管马军司 1253
主管马军司公事 1253
主管本军沿边安抚司公事 1253
主管台州崇道观 1253
主管军马 1253
主管侍卫马军司公事 1253
主管侍卫步军司 1253
主管侍卫步军司公事 1253
主管河州农田水利 1371
主管殿前司 1253
主管殿前司公事 1254
主管熙州 1371
主管麟府军马 1371
主管麟府路军马 1371
市易务 1371
市易司 1371
立马城 278
立马城堡 278
立子谷 439
立功族 1967
立吉儿威 1042
立身行道 1899
立便断止 1871
立虚寨 1926
立章 701
立赏平 33
立智理威 1042
立遵 701
立遵族 1967
玄圣文宣王庙 1913
玄胡 1859
兰山族 1968
兰会 81
兰会正钤辖 1087
兰会安抚司 1371
兰会经略安抚副使 1371
兰会路 81
兰会路沿边安抚司 1371
兰会路缘边安抚司 1371
兰州 3，81，219，483
兰州水军千户 1566
兰州市易务 1371
兰州西城 278
兰州军事推官 1371
兰州刺史 1353
兰州金城关玉关西关堡主簿 1371
兰州府 84
兰州沿边安抚司 1371
兰州城 278
兰州钤辖 1254
兰州都总管 1371
兰州部落子巡检 1141
兰州推官 1371
兰州族 1936
兰州提控 1566
兰池都督府 522
兰县 491
兰岷州安抚司 1371
兰岷经略司 1372
兰岷路 84
兰岷路经略司 1372
兰宗堡 278
兰毡 650
兰毡只鸡 702
兰毡单 702
兰香 1842
兰泉 439
兰泉县 84
兰泉废城 278
兰逋叱 702
兰逋赤 702
兰逋征捉郎 751
兰皋 278
兰浪寨 33
兰家族 1936
兰家堡 278
兰章家族 1968
兰湟路 84
兰溪宗堡 278
写作使 1087
宁川堡 278
宁川寨 278
宁乡水 439
宁丰郡 84
宁丰砦 278
宁韦堡 278
宁仁 231
宁化军 84
宁氏 650
宁术割 1019
宁令 578，1087
宁令受 579
宁令哥 579，1890
宁边州 219
宁边砦 278
宁西城 278
宁西峰 279，440
宁西堡 279
宁州 3，84，219，481，522
宁州、丹州等刺史 1127
宁州防御使 1254，1372
宁州刺史 1353，1372
宁州都监 1372
宁州通判 1372
宁安砦 279
宁安寨 421
宁远大将军 1317
宁远县 523
宁远城 279，421
宁远将军 1318
宁远砦 279
宁远堡 279
宁远寨 279
宁远寨主 1372
宁远寨兵马监押 1372
宁条梁 491
宁羌寨 279
宁武宁国军节度 1254
宁武军节度使 1254
宁武寨 280
宁国公 1178
宁国军节度使 1254
宁国军节度副使 1372
宁明 579
宁和 280
宁和桥 440

宁府砦 280
宁府寨 280
宁府寨监押 1372
宁河县 84
宁河桥 440
宁河砦 280
宁河堡 280，421
宁河寨 280，421
宁定州 523
宁居砦 280
宁城砦 280
宁城寨 280
宁星和市 280，1926
宁保都督府 523
宁洮砦 281
宁洮寨 281，421
宁夏 483，547，1613
宁夏甘肃释都总统 1179
宁夏甘肃释教都总统 1179
宁夏县 491
宁夏府 483
宁夏郡夫人 1179
宁夏郡公 1179
宁夏郡侯 1179
宁夏路 547
宁朔王夫人 1179
宁朔县 3，523
宁朔郡 4，523
宁朔郡王 1179
宁凌 1087
宁凌噶 579
宁浪□□□ 579
宁砦城 281
宁寇军 481
宁塞节度使 1119
宁塞城 281
宁塞郡开国公 1318
宁塞郡公 1318
宁塞郡国公 1318
宁塞砦 281
宁塞堡 281
宁静州 523
宁疆砦 281
闪电 1919
闪竿滩 281
闪病 1874
半春菜 1842
半夏 1859
头巾 1820
头目 1868
头发 1868
头项 1890
头首 1586
必申达尔 1042
必兰阿鲁带 1019
必吉 1890
必利城 281
必宰牙 1042
必塔 1042
必鲁匝纳 702
必摄 784
必噜匝纳 702
[永乐川] 副将 1254
永丰 281
永丰县 523
永木岭 476
永世 828
永平川 281
永平旭定清宁宁保忠顺静塞万吉等七州都督府 1353
永平府通判 1179
永平都督府 523
永平砦 281
永平寨 281，421
永平寨主 1372
永平寨界小力镇使 1254
永平寨界茭村军主 1254
永平寨监押 1372
永乐川 282
永乐川砦 282
永乐川第四埭 282
永乐城 282
永乐客话 1905
永乐埭 283
永乐镇 283
永宁关 440
永宁关浮梁 440
永宁村 283
永宁冶 283
永宁城 283
永宁桥 491
永宁砦 283
永宁堡 283
永宁寨 283，284
永宁寨西城 284
永宁寨监押 1372
永宁镇 491
永西寨 421
永年公 1042
永庆寨 284
永州 4，84，523
永州别驾 1141
永兴、秦凤、河北东西灾伤 1919
永兴、秦凤等连岁灾伤 1919
永兴帅臣 1372
永兴军一路都部署安抚使 1372
永兴军马步都校 1254
永兴军节度使 1372
永兴军节度管内观察处置等使 1372
永兴军权驻泊京东第三将 1372
永兴军兵马钤辖 1372，1373
永兴军府 85
永兴军府兼马步军部署 1373
永兴军驻泊钤辖 1373
永兴军驻泊都总管 1373
永兴军驻泊都部署 1373
永兴军钤辖 1373
永兴军总管 1373
永兴军秦凤等路都总管司 1373
永兴军秦凤路转运司 1373
永兴军秦凤路察访司 1373
永兴军都部署 1373
永兴军部署 1373
永兴军通判 1373

永兴军副都总管　1373
永兴军清远弩手指挥使　1373
永兴军等路转运司　1373
永兴军等路转运判官　1374
永兴军等路提刑司　1374
永兴军等路察访使　1374
永兴军路　85
永兴军路马步军副总管　1374
永兴军路马步军副都指挥使　1374
永兴军路安抚司　1374
永兴军路安抚使　1374
永兴军路兵马钤辖　1374
永兴军路兵马都监　1374
永兴军路转运司　1374
永兴军路转运判官　1374
永兴军路转运使　1374
永兴军路经略安抚司　1374
永兴军路经略安抚使　1254
永兴军路钤辖　1374，1375
永兴军路总管　1374
永兴军路都总管　1375
永兴军路都部署　1375
永兴军路副都总管　1375
永兴军路提点刑狱　1375
永兴军路提举司　1375
永兴运判　1375
永兴钤辖　1375
永兴秦凤转运判官　1375
永兴秦凤等路察访　1375
永兴秦凤路转运司　1375
永兴秦凤路察访　1375
永兴都监　1375
永兴部署　1375
永兴等路州都监　1375
永兴堡　284
永兴路　85
永兴路马步军副都指挥使　1375
永兴路都监　1375
永兴寨　284
永安山　428
永安节度　1234，1254
永安节度使　1254
永安军　87
永安军节度　1234
永安军节度观察留后　1255
永安军节度使　1234，1254
永安军留后　1255
永安县太君　1318
永安城　284
永安城镇将　1353
永安留后　1255
永安砦　284
永安堡　284
永安寨　284
永安镇　284
永寿县　87，219
永寿镇　285
永利州　523
永昌　579
永昌路　483
永昌路达鲁花赤　1179
永昌镇　285
永固砦　285
永固堡　285
永和关　285，440
永和州　523
永和城　33
永和砦　285
永和寨　285
永和镇　285，421
永宗　34
永定　4
永定州　523
永郎能没轻　1890
永洛城　34
永济尚师　1042
永济和尚　1042
永济堡　491
永祚堡　421
永哥　579
永唐里　547
永通桥　440
永康军　87
永锡　1042
永慈县　523
永福　547
永嘉郡夫人　1318
永德军钤辖　1375
加古挞懒　1019
加罗族　1936
对乌　579
对垒　1832
弘吉剌氏　1042
弘农郡　554
弘家奴　1042
奴伦　1042
奴讹　650
奴剌　1968
奴哥　784
奴移　650
召西　1891
台州　523
圣人　1874
圣文英武崇仁至孝皇帝　1087
圣文皇帝　1087
圣节　1879
圣林寨　285
圣泉　285
圣容寺　1913
圣塔谷　477
圣景山　440
圣德皇帝　1087
丝雨　1919
丝鞋　1820
司川　285
司马光　828
司马光日记　1905
司马里　828
司马君实　829
司户参军　1375
司吏　1087
司吏行遣　1871
司法　1376
司徒　1179
司徒平章　1180
司家河　491
司家族　1936

司理　1376
边臣要略二十卷　1905
边防司　1376
边防杂事　1905
边定砦　285
边郡刺史　1318
边斯博格　702
边厮波结　702
边寨弓箭手　1586
边壕　1919
辽　1640
辽天祚帝天庆三年六月　1681
辽天祚帝保大二年　1682
辽天祚帝保大二年六月　1682
辽天祚帝保大三年　1682
辽天祚帝乾统二年　1681
辽天祚帝乾统十年　1681
辽天祚帝乾统八年　1681
辽天祚帝乾统九年　1681
辽天祚帝乾统三年　1681
辽天祚帝乾统三年十月　1681
辽天祚帝乾统元年　1681
辽天祚帝乾统五年　1681
辽天祚帝乾统六年三月　1681
辽天祚帝乾统六年六月　1681
辽天祚帝乾统六年正月　1681
辽天祚帝乾统四年　1681
辽太宗天显十年三月戊午　1674
辽太宗会同五年　1674
辽太祖　784
辽太祖神册元年　1674
辽东　547
辽东海道漕运使　1180
辽圣宗　784
辽圣宗开泰二年　1676
辽圣宗开泰二年秋七月　1676
辽圣宗开泰七年闰四月　1676
辽圣宗开泰九年冬十月　1677
辽圣宗开泰元年　1676
辽圣宗开泰五年三月　1676
辽圣宗开泰中　1677
辽圣宗太平二年十月壬寅　1677
辽圣宗太平十一年六月甲申　1677
辽圣宗太平八年春正月　1677
辽圣宗太平元年　1677
辽圣宗太平元年十月壬子　1677
辽圣宗太平六年二月庚午　1677
辽圣宗统和二十一年八月　1676
辽圣宗统和二十一年五月丁巳　1676
辽圣宗统和二十一年六月　1676
辽圣宗统和二十二年十月　1676
辽圣宗统和二十二年七月　1676
辽圣宗统和二十二年三月　1676
辽圣宗统和二十七年十二月　1676
辽圣宗统和二十八年九月乙酉　1676
辽圣宗统和二十三年　1676
辽圣宗统和二十五年七月壬申　1676
辽圣宗统和二十四年　1676
辽圣宗统和二十年　1676
辽圣宗统和二十年六月　1676
辽圣宗统和二十年春正月甲寅　1676
辽圣宗统和十二年　1675
辽圣宗统和十二年九月壬子　1675
辽圣宗统和十八年冬十一月甲戌　1676
辽圣宗统和十九年三月乙亥　1676
辽圣宗统和十九年六月　1676
辽圣宗统和十三年　1675
辽圣宗统和十五年三月　1675
辽圣宗统和十五年六月　1675
辽圣宗统和十五年春正月　1675
辽圣宗统和十六年　1675
辽圣宗统和十六年春二月庚子　1675
辽圣宗统和十四年春正月丙寅　1675
辽圣宗统和十年二月乙丑　1675
辽圣宗统和十年十月　1675
辽圣宗统和七年　1675
辽圣宗统和七年春正月　1675
辽圣宗统和八年十二月　1675
辽圣宗统和八年十月　1675
辽圣宗统和八年九月　1675
辽圣宗统和八年三月　1675
辽圣宗统和八年正月　1675
辽圣宗统和九年二月丙午　1675
辽圣宗统和九年十二月　1675
辽圣宗统和九年十月　1675
辽圣宗统和九年七月　1675
辽圣宗统和九年四月　1675
辽圣宗统和元年春正月甲申　1674
辽圣宗统和六年　1674
辽圣宗统和四年　1674
辽圣宗统和四年二月癸卯　1674
辽圣宗统和四年十月　1674
辽圣宗统和初　1674
辽兴宗　784
辽兴宗重熙二十一年十月丁亥　1679
辽兴宗重熙二十二年七月　1679
辽兴宗重熙二十二年三月癸亥　1679
辽兴宗重熙二十三年十月　1680
辽兴宗重熙二十三年七月　1680

辽兴宗重熙二十三年五月 1679
辽兴宗重熙二十三年正月戊子 1679
辽兴宗重熙二十四年 1680
辽兴宗重熙二十四年二月甲寅 1680
辽兴宗重熙二十年二月甲申 1679
辽兴宗重熙二十年五月 1679
辽兴宗重熙二十年六月 1679
辽兴宗重熙二年 1677
辽兴宗重熙二年十二月 1677
辽兴宗重熙二年正月乙酉 1677
辽兴宗重熙十一年 1677
辽兴宗重熙十一年十二月 1677
辽兴宗重熙十二年 1678
辽兴宗重熙十二年二月 1678
辽兴宗重熙十二年十月 1678
辽兴宗重熙十二年七月 1678
辽兴宗重熙十二年正月 1678
辽兴宗重熙十二年四月 1678
辽兴宗重熙十七年 1678
辽兴宗重熙十八年 1678
辽兴宗重熙十八年十月 1679
辽兴宗重熙十八年七月 1679
辽兴宗重熙十八年八月 1679
辽兴宗重熙十八年九月 1679
辽兴宗重熙十八年六月 1679
辽兴宗重熙十八年正月己亥 1679
辽兴宗重熙十八年正月戊戌 1679
辽兴宗重熙十九年 1679
辽兴宗重熙十九年十二月 1679
辽兴宗重熙十九年十月 1679
辽兴宗重熙十九年三月 1679
辽兴宗重熙十九年五月 1679
辽兴宗重熙十九年六月 1679
辽兴宗重熙十九年正月辛丑 1679
辽兴宗重熙十三年 1678
辽兴宗重熙十三年十二月 1678
辽兴宗重熙十三年十月 1678
辽兴宗重熙十三年八月 1678
辽兴宗重熙十三年六月 1678
辽兴宗重熙十三年四月 1678
辽兴宗重熙十五年 1678
辽兴宗重熙十四年正月甲申 1678
辽兴宗重熙十年 1677
辽兴宗重熙七年 1677
辽兴宗重熙七年三月辛亥 1677
辽兴宗重熙九年 1677
辽兴宗重熙元年 1677
辽兴宗重熙元年十一月丙戌 1677
辽兴宗重熙元年十一月辛卯 1677
辽兴宗重熙间 1680
辽兴宗重熙初 1677
辽阳行枢密院事 1180
辽阳行省左丞 1180
辽阳行省右丞 1180
辽阳行省参知政事 1180
辽国 1641
辽景宗保宁九年冬十月甲子 1674
辽景宗保宁五年春正月甲子 1674
辽景宗保宁中 1674
辽景宗保宁四年 1674
辽景宗乾亨二年三月丁亥 1674
辽道宗 784
辽道宗大安二年十二月 1680
辽道宗大安二年十月 1680
辽道宗大安八年六月 1681
辽道宗大安元年十月 1680
辽道宗大安五年六月 1681
辽道宗大安四年七月 1681
辽道宗大康二年正月 1680
辽道宗大康八年二月 1680
辽道宗大康五年 1680
辽道宗寿隆七年 1681
辽道宗寿隆三年六月 1681
辽道宗寿隆五年十一月 1681
辽道宗寿隆五年正月 1681
辽道宗寿隆六年十一月 1681
辽道宗寿隆四年十一月 1681
辽道宗寿隆四年六月 1681
辽道宗咸雍九年 1680
辽道宗咸雍三年十一月壬辰 1680
辽道宗咸雍三年十二月 1680
辽道宗咸雍元年五月辛巳 1680
辽道宗咸雍五年七月 1680
辽道宗咸雍五年闰十一月 1680
辽道宗咸雍四年二月 1680
辽道宗咸雍四年十二月 1680
辽道宗咸雍四年十月 1680
辽道宗清宁九年正月 1680
辽道宗清宁元年 1680
辽道宗清宁元年九月 1680
辽道宗清宁四年正月壬申 1680
辽道宗清宁四年四月 1680
辽穆宗 784
尼玛 650
尼玛丹怎 702
尼玛丹津 702
尼玛哈 1019
尼玛族 1936
尼庞古 650，1019
尼庞古三郎 1019
尼法仙 751
尼斯们 579
尼雅满 1019
民氏 1043
民居用土 1813
民庶青绿 1820
弗香 650

皮公弼 829
皮西 1891
皮仲容 829
皮行竹队牌 1832
皮迎 1891
皮肤 1868
皮靴 1820
皮裘 1820
皮曩 1842
母米氏 579
母驮香 650
母家族 1936，1968

六画

邦州 87
邦金川 440
邦泥定国 1613
邦泥鼎国 1613
邦战 702
邦毡 702
邦逋支 702
邦彪钱 702
邦辟勿丁兀 702
邦辟勿丁呃 702
邦辟勿兀兀 702
邦磋堡 285
刑逢原 829
刑部主事 1180
刑部员外郎 1180
刑部尚书 1180
刑部侍郎 1180
刑部郎中 1087，1180
刑恕 829
邢佐臣 829
邢希载 829
邢君牙 773
邢玠 829
邢玠道 829
邢恕 829
式样 1821
式腊唐兀台 1043
戎 1987
戎人 1990
戎夷 1991
戎芦川 468
戎帐 1991
戎狄 1991
戎虏 1992
戎服 1821
戎俘 1992
戎首 1587
戎落 1992
巩心堡 285
巩令城 285
巩州 87，219
巩州元帅 1566
巩州行元帅府 1566
巩州行元帅府事 1566
巩州提控 1567
巩沁城 285
巩昌 285
巩命城 285
巩洛 554
巩哥关 285，440
巩藏岭 440
地大震 1919
地巾三山 56
地不毛 1919
地斤三山 56
地斤泽 34
地尾 286
地势平易 1919
地势平敞 1919
地势渐宽平 1919
地软 1856
地图 1905
地卑湿 1919
地泻卤，种植皆立枯 1919
地皆沙湿 1919
地架 1813
地高气晚，间岁种收 1919
地宽平 1919
地黄 1859
地黄叶 1816，1843
地裂 1919
地榆 1859
地粳卤 1919
地震 1919，1920
地震二百余日 1920
朴心族 1968
朴龙城 34
朴硝 1843，1859
朳哥比叱 702
机宜司 1376
权干当熙河兰会路经略司 1376
权太原府路钤辖 1376
权中书省掾 1180
权勾当公事 1376
权勾当熙河兰会路经略司 1376
权勾当蕃汉事 1255
权本路钤辖 1376
权本路都监 1318
权本路副部署 1376
权归义军节度兵马留后 1318
权主管同经制熙河兰会等路边防财用 1376
权主管经略司 1376
权主管秦凤路经略司 1376
权主簿事 1255
权永兴军都部署 1376
权永兴军等路转运使 1376
权发遣太原府路钤辖 1376
权发遣太原府路都钤辖 1376
权发遣本路兵马都监 1376
权发遣本路钤辖 1376
权发遣本路都监 1377
权发遣本路副总管 1377
权发遣兰会路经略安抚司公事 1377
权发遣同经制熙河兰会路边防财用 1377
权发遣同经制熙河路边防财用事 1377
权发遣延州 1377
权发遣庆州 1377

权发遣环庆路转运判官 1377
权发遣环庆路驻泊总管 1377
权发遣环庆路经略司 1377
权发遣环庆路经略安抚司 1377
权发遣环庆路经略安抚使 1377
权发遣环庆路经略使 1377
权发遣河州兼洮西沿边安抚司公事 1377
权发遣泾原路兵马钤辖 1567
权发遣泾原路兵马都监 1377
权发遣泾原路转运副使 1377
权发遣泾原路经略司公事 1377
权发遣泾原路经略安抚司公事 1377
权发遣泾原路经略使 1377
权发遣泾原路副总管 1378
权发遣陕西转运判官 1378
权发遣陕西转运副使 1378
权发遣陕西转运副使公事 1378
权发遣陕西府路转运判官 1378
权发遣陕西提点刑狱 1378
权发遣陕西路转运判官 1378
权发遣陕西路转运使 1378
权发遣陕西路转运副使 1378
权发遣陕府西路转运副使公事 1378
权发遣保安军 1378
权发遣总管 1378
权发遣秦凤等路转运判官 1378，1379
权发遣秦凤等路转运副使 1379
权发遣秦凤等路提点刑狱 1379
权发遣秦凤等路提点刑狱公事 1379
权发遣秦凤路转运判官 1378
权发遣秦凤路转运副使 1378
权发遣秦凤路经略安抚司公事 1379
权发遣秦凤路经略安抚使兼马步军都总管 1378
权发遣秦凤路钤辖 1378
权发遣秦州 1379
权发遣秦州兼管勾秦凤经略安抚都总管司 1379
权发遣都大提举成都府利州陕西等路买马监牧公事 1379
权发遣通远军 1379
权发遣提点河东路刑狱、兼提举义勇保甲 1379
权发遣提举永兴军等路刑狱 1379
权发遣提举秦凤等路常平 1379
权发遣渭州 1379
权发遣鄜延路安抚司公事 1379
权发遣鄜延路转运判官 1379
权发遣鄜延路经略司 1379
权发遣鄜延路经略司事 1379
权发遣鄜延路经略安抚司公事 1379
权发遣鄜延路经略使 1379
权发遣鄜延路钤辖 1379
权发遣鄜州 1379，1380
权发遣熙州 1380
权发遣熙州兼管勾熙河兰会路经略司 1380
权发遣熙河兰巩路兵马钤辖 1380
权发遣熙河兰会经略司公事 1380
权发遣熙河兰会路经略司公事 1380
权发遣熙河兰会路经略司事 1380
权发遣熙河兰会路经略安抚司公事 1380
权发遣熙河兰岷路经略司公事 1255，1380
权发遣熙河兰岷路经略安抚司事 1255
权发遣熙河兰岷路经略安抚都总管司公事 1380
权发遣熙河兰岷路经略使 1380
权发遣熙河兰岷路钤辖 1380
权发遣熙河经略使 1380
权发遣熙河路经略司 1380
权发遣熙河路经略安抚都总管司公事 1380
权西凉府留后 1380
权同判武学 1380
权同经制熙河路边防财用 1380
权同提举永兴秦凤等路保甲 1380
权同管干第二将公事 1255
权同管勾河东缘边安抚司 1380
权庆州东路巡检 1380
权庆州北路都巡检 1380
权庆州都监 1380
权并代部署 1380
权州事 1255
权安抚副使 1381
权军中右职 1127
权把岭 56
权兵马监押 1381
权判渭州 1381
权冶坊监押 1381
权环庆经略司 1381
权环庆都钤辖 1381
权环庆路经略司事 1381
权环庆路钤辖 1381
权环庆路都监兼第三将 1381
权环庆路都监兼第四将 1381
权环庆路副总管 1381
权枢密院客省使 1180
权转运司公事 1381
权转运判官 1381
权知兰州兼管勾沿边安抚司公事 1381

权知西凉州 1318
权知军州事 1127
权知军府事 1318
权知环州 1381
权知岷州兼都总管岷州蕃兵将 1381
权知京兆尹 1119
权知府州 1255
权知河州 1381
权知泾州 1381
权知夏州 1141
权知夏州军府事 1141
权知夏州事 1127
权知夏绥节度使 1119
权知夏绥银节度事 1119
权知巩州宁远砦 1381
权河中府都监 1255
权河东转运使 1381，1382
权河东经制使 1382
权河东都转运使 1382
权河东路转运使 1382
权河阳节度掌书记 1382
权泾原州总管 1382
权泾原钤辖 1382
权泾原第十一正将 1382
权泾原第十将 1382
权泾原路兵马钤辖 1382
权泾原路驻泊钤辖 1382
权泾原路驻泊都钤辖 1382
权泾原路经略司事 1382
权泾原路经略安抚副使 1382
权泾原路经略制置使 1382
权泾原路钤辖 1255，1382，1383
权泾原路都钤辖 1383
权泾原路准备使唤 1318
权泾原路副总管 1383
权泾原路第三将 1383
权陕西东路行台都元帅 1567
权陕西转运司事 1383
权陕西转运判官 1383
权陕西转运使 1383
权陕西转运副使 1383
权陕西转运副使制置解盐兼提举买马监牧 1383
权陕西制置使 1383
权陕西都转运使 1384
权陕西路转运判官 1384
权陕西路转运使 1384
权陕西路都转运使 1384
权陕府西路转运判官 1384
权参知政事 1255
权经略司 1384
权茭村等族巡检 1255
权钤辖 1384
权宣抚处置司参议官 1384
权秦凤等路转运使 1384
权秦凤路转运判官 1384
权秦凤路钤辖 1384
权秦州伏羌寨监押 1384
权都巡检 1384
权都监 1384
权夏州观察判官事 1384
权监押 1384
权家庄 286
权通远军都监 1384
权通判岷州军州 1384
权通判岷州军州事 1384
权通判通远军 1384
权通判德顺军事 1385
权第十二将 1256
权领环庆路经略司 1385
权淮西宣慰副使 1180
权葭芦寨主 1256
权提点秦凤等路刑狱 1385
权提点秦凤等路刑狱公事兼都大提举 1385
权提点秦凤路刑狱 1385
权提举永兴军等路常平 1385
权提举崇福宫 1256
权提举熙河路蕃部 1385
权鼎雄 579
权善才 773
权签书泾原秦凤经略安抚司判官事 1385
权签书泾原秦凤经略安抚判官 1385
权签书熙河兰岷路经略安抚都总管司事 1385
权鄜延经略使 1385
权鄜延钤辖 1385
权鄜延路马军副都总管兼第一将 1385
权鄜延路转运使 1385
权鄜延路经略司 1385
权鄜延路都钤辖 1385
权鄜延路都监 1385
权鄜延路副总管 1385
权鄜延路副总管兼第一将 1385
权鄜延路副都总管 1385
权塞门寨都监 1386
权静边砦 1386
权熙河兰会经略副使 1386
权熙河兰会路经略司 1386
权熙河兰会路钤辖兼知河州 1386
权熙河兰会路都钤辖 1386
权熙河兰会路都监 1386
权熙河兰岷路经略司公事 1386
权熙河兰岷路都监 1386
权熙河钤辖 1386
权熙河路经略司 1386
权熙河路总管 1386
权管勾本司机宜文字 1386
权管勾同经制熙河兰会等路边防财用 1386
权管勾延州事 1386
权管勾环庆路转运判官公事 1386
权管勾转运判官 1386
权管勾转运判官事 1386
权管勾岷州 1386
权管勾河东转运司事 1387
权管勾河东转运判官 1387
权管勾河东都转运司 1387
权管勾河州及安抚司公事 1387

权管勾泾原路转运判官 1387
权管勾泾原路经略使司事 1387
权管勾陕西转运使 1387
权管勾陕西转运通判 1387
权管勾陕西都转运司公事 1387
权管勾陕西路转运判官 1386
权管勾经略司 1387
权管勾经略安抚司事 1387
权管勾秦凤路经略安抚司公事 1387
权管勾秦凤路常平等事 1387
权管勾秦凤路蕃部公事 1387
权管勾都运司 1387
权管勾通远军 1387
权管勾鄜延路经略司 1387
权管勾熙州 1387
权管勾熙州事 1387
权管勾熙河兰会路经略司 1387
权管勾熙河兰会路经略司公事 1387
权管勾熙河兰会路经略安抚司公事 1387
权管勾熙河秦凤路转运司公事 1388
权管勾熙河秦凤路转运司事 1388
权管勾熙河秦凤路转运判官公事 1388
权管勾熙河路转运司 1388
权管勾熙河路经略司 1388
权管勾镇戎军 1388
权管勾麟府路军马公事 1388
权管秦凤路经略司 1388
权镇戎军平夏城监押 1388
芍陂屯田千户所达鲁花赤 1180
芍药 1859
芍药花 1920
芍葵花 1920
芝川 286
芑良 1087
圭律家 1968
圭洛族 1968
寺子岔堡 286
寺城寨 286
吉乡县 87
吉布琳族 1936
吉外吉法正 579
吉当县 523
吉先 829
吉庆 829
吉州防御使 1256
吉州刺史 1256
吉那 34
吉甫 1043
吉连布 1043
吉昌 1043
吉河 286，440
吉祥文卿 1043
老子 1874
老观堡 491
老鸦 1862
老鸦关 491
老鸦关渡 492
老索 1043
老鸮 1862
老鼠 1862
耳丁族 1968
耳玉 1043
耳朵关 440
耳朵城 286
耳坠 1821，1868
耳环 1821
耳金族 1968
耳骨延 702
耳窍 1868
耳塞 1868
亚中大夫 1180
亚然家 1968
吏部尚书 1087，1181
西人 1992
西土 1994
西上閤门使 1256，1318
西山 441，523
西山谷 441
西川 441
西义州 523
西子城 286
西止 1043
西仁州 523
西方 1994
西水口 286
西古城 492
西平王 1087，1127，1135，1141，1142，1318
西平公 1119
西平节度 1318
西平节度使 1319
西平军节度 1319，1388
西平军节度押蕃落等使 1319
西平军节度使 1319
西平府 4
西平郡 4，87，523
西平郡开国公 1119
西平郡开国侯 1319
西平砦 286
西北西南两路都统 1567
西北路招讨司 1567
西北路招讨使 1361
西卢 1891
西归州 523
西市城 286
西市监军司 1087
西市新城 286
西头供奉官 1142，1256，1319
西宁州 4，87，220，483
西宁州同知 1181
西宁州陇右节度 1388
西宁城 286
西宁都护 1388
西宁寨 286
西边寨主 1388
西尼□罗 1891
西台监察御史 1181
西台御史 1181

西戎 1994
西戎州 524
西戎州都督 1120
西吉州 524
西夷 1996
西吃 1891
西华池镇 287
西关 441
西关城 287
西关堡 287，421
西州地图 1905
西州回纥 1642
西州回鹘 1642
西州龟兹 1642
西州龟兹国 1642
西州刺史 1319
西州浊轮谷 34
西州程记 1905
西江 441，483
西安州 88，220，480
西安州城 287
西安州临羌寨征逋堡主簿 1388
西安砦 287
西安堡 287
西安寨 287
西寿保泰 1087
西寿统军 1088
西寿监军 1088
西寿监军司 1088
西赤城 287
西赤城镇 287
西赤堡 421
西作坊使 1256
西谷砦 287
西谷寨 287
西狄 1996
西迎 1891
西羌 1996
西羌首领 1587
西沧州 524
西陉寨 288
西青砦 288
西青堡 288
西虏 1997
西固 288
西罗城 288
西岭 56
西岭山 56
西和市 288
西和州 88
西使县 524
西使城 34
西使监军司 1088
西使新城 288
西卑 1043
西征记 1905
西金州 524
西受降城 524
西京 4，547
西京左藏库使 1256，1319
西京左藏库副使 1256，1319
西京兵马都部署司 1361
西京兵马都部置司 1361
西京作坊使 1142，1256
西京作坊副使 1257
西河 56，554
西河郡开国侯 1257
西河郡太夫人 1088，1142
西驿所 441
西经略司都案 1088
西城砦 288
西城堡 288
西荆堡 288
西南边大详稳司 1361
西南巡边官 1361
西南招讨司 1567
西南招讨使 1361
西南面五押招讨司 1361
西南面同巡检 1361
西南面安抚使 1361
西南面安抚使司 1361
西南面巡检 1361
西南面巡检司 1361
西南面招讨司 1361
西南面招讨使 1361
西南面招讨都监 1361
西南面招讨副使 1361
西南面拽刺详稳司 1361
西南面都招讨司 1362
西南面都招讨府 1362
西南都统 1088
西南路巡查司 1362
西南路巡查将军 1362
西南路招讨司 1362，1567
西南路招讨使 1362
西南路详稳司 1362
西柳拔川 288
西面行营都总管 1388
西面行营都部署 1388
西面行营诸军都统 1120
西面总管司 1388
西面部署 1388
西面缘边部署 1388
西界 1613
西界人 1997
西界正钤辖 1088
西界右厢把边头首 1088
西界归明及捉到人 1997
西界对境图 1905
西界驿路 56
西界首领 1587
西界蕃户 1997
西界蕃官首领 1587
西帝 1088
西染院使 1257
西洛 288
西盐州 524
西夏 1615
西夏人 1997
西夏土主庙 1913
西夏中兴等路提刑按察使 1181
西夏中兴路按察使 1181
西夏中兴路提刑按察使兼劝农使 1181
西夏六十 1043
西夏文书讷 1043
西夏主 1088

西夏回回军　1926
西夏军　1926
西夏李氏墓　1915
西夏李继迁祖墓　1915
西夏李德明墓　1915
西夏国　1621
西夏国主　1142
西夏国西平王府　1362
西夏国进奉使　1088
西夏使　1088
西夏侯　1181
西夏须知　1905
西夏首领　1587
西夏僧都统　1181
西原堡　288
西顾堡　421
西贼　1997
西贼水军　1088
西贼首领　1587
西倾山　492
西唐州　524
西凉节度使　1320
西凉州　4，88，483
西凉州印　1911
西凉安抚使　1388
西凉府　4，88，483
西凉府六谷　1642
西凉府六谷大首领　1320，1588
西凉府六谷首领　1588
西凉府六谷都大首领　1320，1588
西凉府六谷都首领　1588
西凉府左厢押蕃落副使　1320
西凉府都总管　1320
西凉首领　1587
西海　441
西海郡　480
西陲　503，2001
西陲利害　1905
西域　503
西域般擦　1588
西厢　4
西啰谷　34
西梁院使　1257
西寇　2001
西续　1891
西朝　1621
西雅州　524
西集州　524
西御史台侍御　1181
西舒族　1936
西番　2001
西寒岭　441
西鄙　503，2001
西路行营都监　1388
西路巡检　1389
西路经略司兼安排官□两处都案　1088
西路总管司　1389
西路都司巡检　1389
西路都同巡检　1389
西路都巡检　1389
西路都巡检使　1389
西路缘边安抚使　1389
西鼠族　1936
西撩哆新寨　288
西撩哆寨　288
西塞　503
西寨岭　288
西蕃　1642，2001
西蕃大首领　1588
西蕃图　1905
西蕃首领　1320，1588，1589
西蕃都护　1320
西蕃邈川首领　1320，1589
西磕　1891
西壁氏　579
西壕寨　288，421
西魏　1642
西麟州　524
有市井而无钱货　1874
有恒　1043
灰家觜　289
灰家觜新寨　289
灰篠子　1816，1843
存中　1043
达于于越王子　1968
达化县　4
达石帖木儿　1043
达龙谷堡　289
达打　1968
达尔沙　579
达尔麻识理　1043
达加沙　579
达违州　524
达克鄂对陵结　34
达克博　650，703
达克摩　579
达谷　289
达罕堡　289
达怛国　1643
达实和尔布　1043
达实忽儿巴　1043
达实契丹　1643
达南寺　1913
达南宗　289
达南城　289
达哈　1043
达海　1043
达理麻　1043
达隆堡　289
达鲁花赤　1181
达靼　1643，1968
达靼诸国距汉境远近图　1905
达磨　289
迈　1891
迈公　1044
迈布　650
迈讷　1044
迈里古思　1044
迈里古斯　1044
迈院判　1044
迈凌错吉　650
迈善卿　1044
戌亥　1886
戌州　524
成王　650
成王族　1936

成公意 773
成平寨使 1257
成吉思汗 1031
成州 89
成州宁州镇洮军推官 1389
成州团练使 1257
成州防御使 1257
成州观察使 1248
成州刺史 1257
成安 547
成安公主 579
成安县荅鲁合臣 1181
成纪县 89，220
成闵 829
成忠郎 1257，1320
成屈 579
成皆勃 579
成都府兵马钤辖 1321
成都路 547
成都路同知崇庆事 1181
成恭 829
成逋 650，703
成逋克成 580
成遇 580
成嵬 580
成德军 4
百丈县 524
百子会 289
百户 1181
百叶 1843
百头帐 1843
百关 289
百花曲 1816
百里镇 289，421
百鱼平 289
百胜砦 289
百胜堡 289
百胜寨 289
百胜寨主 1258
百家镇 290
页河子 492
页河镇 492
死跋焦 1874
夹山 231，428
夹山部落 1968
夹耳 1856
夹谷守中 1019
夹谷阿里补 1019
夹谷海寿 1019
夹谷清臣 1019
夹谷瑞 1019
托子 1832
托子桥 441
托尼精 1891
托多 1044
托克托 1044
托罗岱 1044
托罗岱管军千户 1182
托驼路 56
托校族 1936
托硕族 1968
托绿□缚 1891
托跋氏 1936
托跋思恭 558
执州 524
扫星 1886
扫篙 1856
扬乌 1088
扬彦直 580
扬彦敬 580
扬珠族 1936
扬博隆城 290
扬楚等七州宣抚使 1258
扬楚等州宣抚使 1258
轨州 524
轨州刺史 1234
邪卜不花 1044
邪没龙川 290
邪洛陇川 290
尧骨 784
毕仲游 829
毕利川 290
毕利城 290
毕家砦 290
毕诫 773
毕宿 1886
毕斯布结 703
过腰带 421
匡州 524
臣氏 558
至凉州 524
夷 2003
夷山 580
夷戎 2004
夷狄 2004
夷虏 2005
夷波 1891
夷夏 2005
夷落 2005
夷磨 1891
贞孝 1182
贞迎 1891
贞献 1182
贞献公 1182
贞简 1182
师子口 34
师子堡 290
师升 1044
师托克托穆尔 1044
师克恭 1044
师某 1044
师恒 1044
师晋 1044
师博啰登 1044
师德宁 1044
尘土 1920
尘设 1832
尖竿城 290
当一川之口 1920
当儿 1044
当川县 220
当川堡 290
当支抹 703
当贝实 703
当归 1843，1859
当州 524
当罗族 1968
当征结 703
当宗族 1936

当标城 290
当标砦 290
当标寨 291
当尊 650
当尊族 1937
光宁 1937
光宁滩 34
光圣皇帝 1088
光羊口 290
光州 524
光州团练使 1321
光进 829
光禄 1088
光禄大夫 1088，1127，1142，1182，1235
光禄塞 290
吐延水 441，477
吐谷浑 1643，1969
吐浑 1643，1968
吐浑川 291
吐浑河 441
吐浑首领 1590
吐鲁哈必阇赤 1182
吐禄泺 421
吐蕃 1643，1969
吐蕃村族 1937
吐蕃都总管 1321
吐蕃部 1970
吐蕃路都招讨使 1088
吃乜 1937
吃当砦 34
吃多理 580，650
吃讹 1891
吃那河 56
吃罗铁壁 291
吃罗族 1937
吃吂砦 34
吃埋 650
吃莫川 492
吃莫河 441
吃啰岔堡 291
吃啰族 1937
吃兜芽 1843
吃麻 1891
吃逕 1937
吃滓 1891
吃摽族 1937
则末 1891
则胃 1891
则麻 1891
刚明鄂特 580
刚悍而朴直 1874
刚浪陵 580
刚浪唛 580
刚浪唛遇 580
刚浪崖 580
刚浪嵬 580
刚朗凌 580
吕大防 830
吕大忠 830
吕川寨 291
吕子温 580
吕日将 773
吕中 830
吕公著 830
吕公绰 830
吕公弼 831
吕公孺 831
吕月将 773
吕文仲 831
吕文贵 580
吕文惠 831
吕由诚 831
吕宁 1088，1089
吕永信 580
吕吉 831
吕夷简 831
吕则 1089
吕仲甫 832
吕许公 832
吕观文 832
吕你 1089
吕希倩 773
吕昌邦 580
吕昌龄 580
吕承信 580
吕政 832
吕昱 703
吕重 751，832
吕诲 832
吕真 832
吕效忠 580
吕陶 832
吕晦叔 832
吕惟正 832
吕清 832
吕密 650，832
吕惠卿 832
吕温卿 834
吕渭 834
吕蒙正 834
吕颐浩 834
吕微仲 834
吕端 834
吕潍 834
吕整 834
吊祭夏国使 1567
吊敦背 1821
吊慰 1877
吊慰使 1389
吊赠官告等使 1389
吊赠兼起复官告使 1389，1390
岁丁 650
岁旦 1880
岁奴 580
岁旱 1920
岁尾 650
岁罗啜先 650
岁星 1886
岁香族 1937
岁美泥 650
岁啰啜克 650
岁移 580，651
岁赐 1926
岌伽罗腻叶族 1937
岌伽罗腻族 1937
岌拖族 1937
岌罗腻族 1937

早寒 1920
同中书门下平章事 1120，1142，1321
同勾当陕西随军转运使事 1390
同节制陕西军马 1390
同节制陕西诸路军马 1390
同节度副使 1120
同平章事 1127，1258
同主管河东沿边安抚司公事 1390
同主管陕西买马司 1390
同主管经制熙河路边防财用 1390
同州 89，220，525
同州观察使 1258
同安堡 291
同巡检 1321
同巡检使 1258
同佥行枢密院使 1182
同佥宣徽院事 1182
同昌郡 425
同制置陕西青白盐事 1390
同知太府院事 1182
同知中政院事 1182
同知功德使司事 1182
同知平凉府事 1567
同知兰州事 1567
同知州事 1182
同知江西宣慰司事 1182
同知江西宣慰司使 1182
同知江西宣慰事 1182
同知江西道宣慰司使 1183
同知江州路事 1183
同知江州路总管府事 1183
同知两浙盐漕事 1183
同知邵武路事 1183
同知枢密院事 1183
同知松江府事 1183
同知尚膳院事 1183
同知泗州 1183
同知泗州事 1183
同知泽州军州事 1158
同知临洮尹 1567
同知临洮府事 1567
同知昭武大将军 1321
同知洮州 1321
同知洮州事 1567
同知宣政院事 1183
同知宣徽院事 1183
同知都漕运事 1183
同知称海宣慰司事 1183
同知浚州事 1183
同知通远军节度使 1567
同知通政院事 1183，1184
同知副都元帅 1184
同知淮西宣慰副都元帅 1184
同知湖南宣慰司事 1184
同知湖南宣慰使司事 1184
同知湟州 1321
同知湟州军州事兼本州管下部族同都巡检使 1321
同知潮州路总管府事 1184
同波北堡 291
同泾原路经略 1390
同官 291，525
同陕西经略安抚招讨使 1390
同陕西都部署兼经略安抚缘边招讨等使 1390
同经制熙河兰会路边防财用 1390
同经制熙河路边防财用 1390
同经制熙河路边防财用事 1390
同城 291
同城戍 291
同总领岷州蕃兵将 1321
同总领湟州蕃兵将兼知临宗砦 1390
同总领熙州蕃兵将 1390
同总领熙河 1390
同总领蕃兵将 1258
同统制 1258，1390
同统制官 1258，1390
同都转运使 1390
同家川 291
同家堡 291
同家堡子 291
同家堡巡检 1390
同崇义 581
同提与秦州西路蕃部及市易等公事 1390
同提举成都府利州秦凤熙河等路茶场公事 1390
同提举秦州西路蕃部 1391
同签书泾原路经略安抚总管司公事 1391
同签书泾原路经略总管司公事 1391
同签军马司事 1258
同鄜坊延丹河西巡检 1391
同鄜坊延丹缘边都巡检使 1391
同管勾军马司公事 1391
同管勾陇右军马司公事 1391
同管勾河东沿边安抚司公事 1391
同管勾河东沿边安抚司事 1391
同管勾河东缘边安抚司 1391
同管勾沿边安抚司公事 1391
同管勾泾原兵马事 1391
同管勾泾原路经略安抚部署司公事 1391
同管勾陕西买马司 1391
同管勾经制熙河路边防财用 1391
同管勾经制熙河路边防财用事 1391
同管勾秦凤路经略司机宜文字 1391
同管勾秦凤路经略机宜文字 1391
同管勾秦凤路经略使机宜文字 1391
同管勾都总管司事 1391
同管勾都部署司事 1391
同管勾缘边安抚司 1392
同管勾麟府路军马公事 1258

同察访永兴秦凤等路常平等事 1392
同德济难功臣 1184
网威岭 291
网裕勒爱寨 34
因此加官 1899
因果识见颂 1905
团山子铺 291
团头 1856
团州城 291
团练 1089
团练使 1089，1142，1235，1258，1321
团保寨 291
团牌 1832
团堡 291
团堡砦 291
回山 441
回中 291
回归本家 1882
回乐 34，291
回乐峰 56
回乐砦 291
回回 1644，1970
回回军 1926
回纥 1644，1937，1970
回纥瓜 1843
回纥怀化司戈兰逋质 751
回廊 1813
回鹘 1645，1970
回鹘、鞑靼首领 1590
回鹘公主 703
回鹘国 1645
回鹘首领 1590
回鹘僧 751，1880
曲也怯律 581
曲也怯祖 581，1045
曲六律掌 34
曲水平 34
曲充 834
曲岭 525
曲定府都虞侯 1258
曲珍 835
曲律三六 34
曲律山 56，441
曲律六掌 34
曲律六掌平 34
曲破 1901
曲萨瑚 703
曲源河 492
曲端 835
曲撒四王阿珂 703
曲撒四王阿南珂 703
肉血 1868
肉桂 1859
肉酥 1816
竹牛 1843
竹牛角 1843
竹牛岭 292，441
竹尖岭 441
竹扃 835
竹竿形路 441
竹领 1891
迁贼 581
乔氏 703
乔成 1019
乔麦 1843
乔豆 1843
乔阿公 703
乔青 835
乔松 835
乔家关 492
乔家族 1971
年月 1886
年节 1880
朱氏 1045
朱允中 835
朱龙 292
朱令陵 651
朱令唆 651
朱台符 835
朱台堡 292
朱吉 835
朱再荣 651
朱灰台 292
朱光庭 836
朱光浚 836
朱观 836
朱辛 836
朱沙 1045
朱青 836
朱玫 773
朱若吉 836
朱昌符 836
朱泥唆 651
朱定国 836
朱挺 751，836
朱昭 836
朱昪 836
朱顺明 651
朱保忠 651
朱泚 773
朱勇 836
朱圉山 441
朱梁川 292
朱景 836
朱智用 581
朱遂 773
朱温 773
传国印 1911
传思郎 1045
传信牌 1832
传箭 1874
休哥 784
休做人情 1871
伏云路 441
伏允 641
伏龙山 442，477
伏归砦 292
伏龟山 442
伏羌县 89，90
伏羌城 292，421
伏羌砦 292
伏羌寨 292
伏羌寨监押 1392
伏虎龙头山 442
伏洛津寨 292
伏落关 442
伏落津 442

伏落津路 442
伏落津寨 34
伏落寨 292
伏罪入状 1871
伏藁城 292
仲山 477
仲也族 1971
仲凯 1045
仲实 1045
仲祯 1045
任中师 836
任氏 581
任允孚 837
任世京 837
任布 837
任令公 581
任奴川 293
任守臣 837
任守信 837
任伯雨 837
任怀政 837
任怀亮 837
任纯忠 581
任诚 837
任政 837
任拱之 837
任祐之 837
任谅 837
任黄裳 837
任得仁 581
任得敬 581
任得聪 581
任遇子 581
任福 837
任熙明 838
任端 838
任颛 838
任德明 839
任德敬 581
任德聪 581
伤损 1871
伦布宗 703
伦布宗城 293
伦布宗族 1971
伦布宗堡 293
伦约克 651，703
伦秃儿威 1045
伦彻彻 1045
伦图尔威 1045
伪天使 1089
伪太尉衙 1813
伪齐 1645
伪环州刺史 1089
伪钤辖 1090
伪首领 1590
伪宣敕 1905
伪置郡守 1090
伊儿开 35
伊氏 651
伊布 35
伊兰鼐堡 293
伊齐特穆尔 1045
伊州 90
伊州刺史 1090，1322
伊克 651
伊克什罗罗 581
伊克沁威 651
伊里马奇 581
伊怀宝 839
伊拉齐氏 581
伊罗勒 703
伊实 651
伊实巴特玛 581
伊实济噜 703
伊实诺尔 581
伊实族 1937
伊济 293
伊济军营 35
伊都 581
伊埒 1045
伊埒哲伯 1045
伊格 651
伊格噜勒栋硕尔 751
伊特古 651
伊特克族 1937
伊特凯 651
伊特香 582
伊朗 651
伊朗颇斡 651
伊朗僧鄂 582
伊普族 1937
伊锡 582
伊缜 839
伊噜格勒 751
伊噜格勒圭呼 751
伊默噜 703
似婆温 751
乩六岭 293
乩当川 293
乩当城 293
乩名 293
乩名道 442
乩罗 293
乩咩 1937
乩毡岭 442
乩洛宗堡 293
乩唱 651
乩啰 35
乩遇 651
乩移庆 651
华儿河马 703
华儿河笃 703
华州 90，220
华池 293
华池川路 442
华池水 442
华池县 90
华池油平 35
华池砦 293
华池路 442
华池寨 293，421
华池寨主 1392
华池镇 293
华阴县 90
华严 751
华沼 293
华亭县 90，220
华夏同音 1905
华原 525

延川水 442
延川县 90
延川城 293，294
延子城 294
延长县 90，220
延水县 90
延水镇 294
延正 651
延本 652
延庆水 442
延庆环三州义勇 1392
延庆使 1184
延州 90，220，525
延州大路 442
延州马步军都总管 1392
延州水北教练使 1127
延州节度观察留后 1127
延州节度判官 1392
延州东路巡检 1258，1392
延州东路都巡检 1392
延州东路清涧城承平寨并保安军北巡检 1392
延州西路同巡检 1392
延州西路同都巡检 1392
延州西路巡检使 1392
延州西路都巡检使 1392
延州安塞军防御使 1120
延州防御使 1120
延州观察使 1392
延州巡检 1392
延州兵马都监 1392
延州刺史 1120，1127
延州制勘公事所 1392
延州金明县都监 1258
延州经略司 1392
延州城 294
延州南安砦主 1392
延州指使 1393
延州钤辖 1393
延州总管 1393
延州都巡检使 1393
延州都监 1393
延州监军兼阿都关卢关路都巡检 1393
延州留后 1127
延州部署 1393
延州部署司 1393
延州通判 1393
延州野家族蕃部指挥使 1259
延州第六将主簿 1393
延州清涧城兵马监押 1393
延州清涧城都监 1393
延州缘边都巡检使 1393
延州路 442
延州路兵马都总管 1393
延州路钤辖 1394
延州路都部署 1394
延州管内观察制置等使 1394
延州蕃官巡检 1259
延安 1045
延安招抚使 1090
延安府 95，220
延安城 294
延安总管 1567
延安郡 97
延安路 484
延安路兵马总管 1567
延安寨 294
延县 220
延恩县 4，525
延家族 1937
延祥镇 294
延族 1937
延福县 97
延福驿 442
延厮铎 652
延避州 525
自受用佛 1880
自然铜 1859
自镇戎军至渭州，沿泾河大川直抵泾邠 442
向子諲 652
向夫人 652
向氏 652
向文简公 839
向用贤 839
向训 781
向进 839
向坚 839
向怀德 839
向宝 839
向拱 781
向家峡 294，442
向敏中 839
向德军 97
行大宗正府伊克扎尔固齐 1184
行云南等路中书省 1184
行中书省左丞 1184
行中书省江西 1184
行中书省事 1184
行中书省参知政事 1184
行台御史 1184
行在五军制置使 1259
行在都巡检使 1259
行百步 1859
行庆州 525
行军千户 1184
行军司马 1127，1142
行军环珠 1905
行枢密院判官 1184
行尚书右丞 1184
行尚书省右丞 1185
行府州刺史 1235
行省左右司郎中 1185
行省左丞相 1185
行省右丞 1185
行省郎中 1185
行洮州刺史 1322
行宣政院使 1185
行宫三司正 1090
行夏州刺史 1143
行原州 525
行凉州 525
行营兵马钤辖 1394
行营都监 1394
行御史 1185
行御史台中丞 1185
行道求修 1880

行湖南宣慰使 1185
行简 839
行詹事丞 1185
行鄯州刺史 1322
后山砦 294
后日 1886
后石门 294
后汉 1645
后汉高祖 781
后汉高祖天福十二年四月 1673
后汉高祖乾祐元年 1673
后汉隐帝乾祐二年九月十五日 1673
后汉隐帝乾祐三年八月十九日 1673
后妃 1090
后周 1646
后周太祖 781
后周太祖广顺二年 1673
后周太祖广顺二年十一月 1673
后周太祖广顺二年壬子岁正月十七日 1673
后周太祖广顺二年六月 1673
后周太祖广顺三年 1673
后周太祖广顺三年十一月 1673
后周太祖广顺三年三月 1673
后周太祖广顺三年六月 1673
后周太祖广顺三年正月 1673
后周太祖广顺元年 1673
后周太祖广顺元年正月二十五日 1673
后周太祖广顺间 1674
后周太祖广顺初 1673
后周世宗 781
后周世宗显德二年 1674
后周世宗显德元年 1674
后周世宗显德元年三月 1674
后周世宗显德中 1674
后周世宗显德四年丁巳 1674
后周世宗显德四年五月 1674
后周世宗显德初 1674
后周恭帝 781
后河川 294
后临拽于 704
后晋出帝开运二年十月二十八日 1673
后晋出帝开运三年二月五日 1673
后晋出帝开运初 1673
后晋出帝天福八年三月五日 1672
后晋出帝天福九年二月八日 1673
后晋出帝天福六年九月五日 1672
后晋高祖天福七年二月 1672
后晋高祖天福七年七月十四日 1672
后晋高祖天福八年二月二十四日 1672
后晋高祖天福中 1672
后晋高祖天福六年三月五日 1672
后晋高祖天福初 1672
后桥川口 35，442
后桥堡 35
后桥堡川路 442
后桥寨 35
后唐 1646
后唐末帝清泰二年 1672
后唐末帝清泰二年十月十日 1672
后唐末帝清泰二年七月 1672
后唐末帝清泰元年 1672
后唐末帝清泰元年九月二十三日 1672
后唐同光二年 1671
后唐庄宗 781
后唐庄宗同光三年 1671
后唐庄宗同光中 1671
后唐庄宗同光后 1671
后唐武皇 781
后唐明宗 781
后唐明宗天成二年九月 1671
后唐明宗天成中 1671
后唐明宗天成四年 1671
后唐明宗长兴元年正月 1672
后唐明宗长兴元年岁次庚寅拾月辛卯朔拾玖日己酉 1672
后唐明宗长兴四年 1672
后唐明宗长兴四年十月 1672
后唐明宗长兴四年八月 1672
后唐明宗长兴初 1671
后康古 294
后梁 1646
后梁太祖开平二年 1671
后梁太祖开平中 1671
后梁太祖开平四年 1671
后梁太祖乾化元年 1671
后梁末帝贞明、龙德及后唐同光中 1671
后梁末帝贞明三年 1671
后梁末帝贞明五年 1671
后魏 1646
邠、宁、泾、原等州流民 1920
邠王 1185
邠宁 97
邠宁节度 1394
邠宁节度使 1354，1394
邠宁东北面招讨使 1120
邠宁四面行营都招讨使 1120
邠宁庆节度观察使 1354
邠宁庆节度使 1354
邠宁庆等州节度观察处置等使 1120
邠宁灵环庆等州副都部署 1394
邠宁环庆仪渭州镇戎军两路都部署 1394
邠宁环庆两路都部署 1394
邠宁环庆灵州路副部署兼安抚使 1394
邠宁环庆泾原仪渭经略使 1394
邠宁环庆泾原仪渭镇戎军经略

使 1394
邠宁环庆泾原路经略使 1394
邠宁环庆驻泊钤辖 1394
邠宁环庆钤辖 1394
邠宁环庆都钤辖 1394
邠宁环庆都监 1394
邠宁环庆都部署 1394
邠宁环庆部署 1394，1395
邠宁环庆清远都巡检使 1395
邠宁环庆清远副都部署 1395
邠宁环庆清远等州军都巡检使 1395
邠宁环庆路 97
邠宁环庆路马步军都部署 1395
邠宁环庆路安抚都监 1395
邠宁环庆路兵马都钤辖兼知邠州 1395
邠宁环庆路兵马部署安抚使 1395
邠宁环庆路驻泊兵马钤辖 1395
邠宁环庆路驻泊兵马都钤辖 1395
邠宁环庆路钤辖兼巡检 1395
邠宁环庆路都监 1395
邠宁环庆路都部署 1395
邠宁环庆路部署司 1395
邠宁环庆路副都部署兼知邠州 1395
邠宁泾原环庆三路都部署 1395
邠宁泾原环庆州副部署 1395
邠宁泾原路钤辖兼安抚都监 1395
邠宁驻泊都监 1395
邠宁都巡检 1395
邠宁部署 1395
邠宁副都部署 1396
邠宁等州节度 1396
邠宁等路经略判官 1396
邠宁路钤辖 1396
邠宁鄜坊两道节度使 1354
邠吉王 1185
邠州 97，98，220，525
邠州节度 1396
邠州节度使 1235，1354
邠州司法参军 1396
邠州观察使 1396
邠州刺史 1120，1354
邠州驻泊都监 1396
邠州驻泊部署 1396
邠州城 294
邠州部署 1396
邠州路部署 1396
邠州管内观察使 1396
邠县 525
创迪章 294
创祐 1090
创格裕 582
全惟几 840
全福 840
会川 4
会川城 294
会兰县 4
会宁关 56，442
会宁县 4
会宁郡 5
会宁郡君 1143
会州 5，99，220，525
会州团练使 1322
会州会川城新泉寨怀戎堡主簿 1396
会州防御使 1143
会州观察使 1396
会州刺史 1259，1322，1396，1567
会州熙河第八将 1396
会安关 477
会油平 35
会要 1905
会通 443
会通关 443
合川县 526
合川郡 99，526
合子 1821
合水关 443
合水县 99
合水寨 294，421
合水镇 295
合龙谷 56
合龙谷路 56
合龙岭 443
合申 1621
合失 1621
合仪寨 295
合达 1019
合州防御使 1322
合州刺史 1259
合江 443
合苏 652
合苏馆 421
合苏馆女真 1971
合穷波 652
合罗角 652
合岭镇 295
合河关 443，482，526
合河津 443
合河津关 443
合剌合察儿 35
合格 1901
合流平 295
合领关 443
合淝 547
合道 526
合道城 492
合道寨 295
合道镇 295，421
合撒儿 1031
合黎 56
合黎水 56
伞盖 1865
杀牛族 1937
杀金平 295
杀鬼招魂 1874
杀越都 652
杀獐川 295
杀獐川堡 295
犲狼 1862

兆州 525
饧果 1843
邬密公 1045
杂母买 652
杂色罗锦 1843
杂里 1938
杂咩 1938
杂保乜 652
杂剧 1901
杂辣公济 582
杂熟屈则鸠 582
朵□秃 1045
朵儿只班 1045
朵儿蔑该 5
朵儿蔑该巴剌合速 35
朵歹 1045
朵吉 1045
朵罗歹 1045
朵罗台 1046
朵藏族 1971
负担 1926
负赡 1926
争名趋利 1874
争竞 1871
色木结皆以 582
色目 2006
色尔勒结 1046
色伊喇勒 652
色辰岱楚 582，704
色明 704
色贾 1891
色勒裕勒 582
名山县 526
名马 1843
名王 1090
名市族 1938
名似 751
名波族 1938
名波族十二府大首领 1590
名皆 1891
名郭 1891
名崖 652
名悉俄 652
各子口水寨 295
多卜 582
多大木 1920
多不垒 704
多为商贾于燕，载以橐驼过夏地 1874
多叶谷 443
多尔济 1046
多尔济巴勒 1046
多尔通 582
多产良木 1920
多农谷堡 295
多材植 1920
多拉 582
多拉氏 582
多罗 704
多罗巴 704
多罗巴人 1971
多岱 1046
多泥泞 1920
多荒隙 1920
多香 652
多垒凌结 704
多勒瓦 704
多鄂 652
多啰族 1938
多移谷 443
多移岭 443
多斯结 704
多禄东贺 652，1019
多略 582
多僧城 295
多藏蓄 1874
凫雁 1843，1862
旭申氏 1046
旭州 526
旭定都督府 526
危宿 1886
刘几 840
刘干 840
刘士清 558
刘乞銘 582
刘子平 840
刘王奴 704
刘元秀 582
刘五常 785
刘太尉 652
刘友端 840
刘中守 1046
刘仁勖 582
刘仁谦 582
刘化基 652
刘仅 840
刘从广 840
刘从愿 840
刘公 652
刘公弼 840
刘氏 751，840
刘六符 785
刘文庆 582
刘文秀 840
刘文质 840
刘文珪 582，840
刘文裕 840
刘玉 840
刘正夫 840
刘正平 653
刘正彦 840
刘正符 841
刘世卿 841
刘节度 653
刘平 841
刘平叔 653
刘打 582
刘用 842
刘汉忠 653
刘让 1046
刘永年 653
刘永渊 842
刘永隆 653
刘永锡 842
刘永德 653
刘发 842
刘玑 1020
刘吉 842
刘有方 842

刘成 842
刘执中 582
刘尧仁 653
刘尧佐 653
刘尧勋 653
刘尧卿 842
刘贞 1020
刘师立 773
刘光世 653
刘光远 657
刘光时 657
刘光国 582
刘光烈 657
刘光辅 657
刘光弼 657
刘廷让 842
刘延庆 657
刘仲冯 842
刘仲达 582
刘仲武 843
刘仲宽 1046
刘行本 773
刘庆 843
刘庆离 785
刘忙古斛 1046
刘兴 843
刘安 843
刘安世 843
刘进 843
刘进忠 582
刘戒 843
刘均 843
刘志直 583
刘志真 583
刘严 583
刘甫 843
刘何 844
刘佐 844
刘伯牙兀歹 1046
刘伯震 658
刘希古 844
刘希奭 844
刘怀忠 658
刘怀德 844
刘忱 844
刘沔 773
刘沟堡 295
刘沪 844
刘完泽 1046
刘良保 658
刘奉世 845
刘青 845
刘玠 845
刘奇彻 583
刘旺诺尔 704
刘昌 773
刘昌祚 845
刘忠显 658
刘忠亮 583
刘忠廉 785
刘知俊 781
刘牧 846
刘岳 846
刘狗儿 583
刘忞 846
刘炜 1046
刘法 846
刘宝臣 846
刘宗杰 846
刘宗周 558
刘定 846
刘宜孙 846
刘实 846
刘肃 847
刘屈栗崖 583
刘承规 847
刘承忠 847
刘承宗 847
刘承钧 781
刘承珪 847
刘承嗣 847
刘承蕴 847
刘绅 847
刘绍能 658
刘政 847
刘荣 583
刘相公 658
刘奎 751
刘拯 847
刘昭 583
刘思问 583
刘思忠 583
刘思恭 1020
刘贻孙 847
刘钧 847
刘恷 848
刘顺卿 848
刘禹卿 848
刘侯 658
刘俊才 583
刘俊德 583
刘庠 848
刘奕 848
刘彦柔 558
刘彦能 558
刘彦辅 583
刘彦温 558
刘彦颙 558
刘彦遵 848
刘将军 848
刘宣抚 658
刘贺 848
刘勇丹济古 704
刘勇丹结古 704
刘軨 848
刘珩 848
刘珣 848
刘琉 1020
刘都护 848
刘都统 658
刘莘老 848
刘莹夫 558
刘振孙 848
刘贽 848
刘挚 848
刘挚日记 1905
刘晔 849
刘航 849
刘兼济 849

刘涉 849
刘涣 849
刘家川堡 295
刘家崖窑 492
刘家堡 295
刘家港 547
刘容 1046
刘祯 558
刘通 849
刘继宗 849
刘逵 850
刘梦符 558
刘袭礼 850
刘晦叔 850
刘崇让 850
刘铨 850
刘惟吉 850
刘惟辅 850
刘惟简 850
刘清 850
刘淳 850
刘谌 850
刘隐 850
刘颇 773
刘综 850
刘琯 850
刘敬万 558
刘敬瑭 558
刘援 850
刘敞 851
刘遇 851
刘程 851
刘御史 658
刘復 851
刘舜卿 851
刘舜谟 658
刘阆 851
刘普 851
刘湛 851
刘温润 851
刘渥 851
刘裕 583
刘谦 851
刘锜 852
刘锡 852
刘筠 852
刘筠国 583
刘源 774
刘熙古 852
刘德仁 583
刘德西 852
刘德基 1020
刘潼 774
刘璠堡 295
刘璠堡本军指挥使 1396
刘赟 583
刘濛 774
刘廱 852
齐 1646
齐吉克台 296
齐再升 852
齐安郡夫人 1259，1322
齐讷纳森 296
齐讷纳森心 296
齐玛克堡 296
齐国忠武王 1090
齐宗矩 852
齐宗举 852
齐诚 852
齐点特伊朗 658
齐峤 558
齐帝州 526
齐都尔齐 658
齐特济勒 583
齐家寨 296
齐暖城 296
齐媛族 1971
齐整 1878
齐默特 658
齐藏珍 781
齐囊凌衮沁布 704
亦儿撒合 1047
亦力撒合 1047
亦而撒合 1047
亦执里不花 1047
亦即纳城 35
亦怜真班 1047
亦剌合 1031
亦集乃路 484
亦腊喝翔昆 1031
亦鲁忽不儿合 583
交川县 526
交川郡 526
交戍城 526
交床 1832
交河 1646，1971
交城县 100
交城镇 296，421
交趾行省右丞 1185
交椅 1832
衣儿格依城 35
衣尚锦绣 1874
衣服 1821
衣带 1821
衣重甲 1874
衣彪族 1971
衣彪族首领 1590
衣袋 1832
产恃 852
庄公岳 852
庄宅使 1322
庄宅副使 1259，1322
庄郎昧克 1891，1938
庄郎美克 1938
庄郎族 1938
庄浪 1938
庄浪义显 583
庄浪同知 1185
庄浪州 484
庄浪县 220
庄浪族 1938
庄陵 1915
庆 1891
庆七族 1938
庆山奴 1020
庆元 658
庆元路翁州书院山长 1185
庆平堡 296，422
庆平镇 296

庆州　100，220，526
庆州大顺城界蕃部巡检　1259
庆州大路　443
庆州东路巡检　1396
庆州东路都巡检　1396
庆州北都巡检　1396
庆州北路都巡检司　1397
庆州北路都巡检使　1397
庆州北路都监　1397
庆州西谷寨主　1397
庆州团练使　1397
庆州安塞指挥　1397
庆州兵马都监　1397
庆州刺史　1322，1354，1397
庆州沿边都巡检使　1397
庆州肃远寨蕃官都巡检　1259
庆州驻泊钤辖　1397
庆州经略司　1397
庆州荔原堡都巡检　1397
庆州荔原堡都监　1397
庆州钤辖　1397
庆州柔远寨蕃官　1259
庆州都督府　526
庆州监军　1397
庆州监押　1397
庆州监酒　1397
庆州通判　1397
庆州缘边都巡检使　1397，1398
庆州路副都部署　1398
庆安　1047
庆阳军　103
庆阳府　104，220
庆阳总管　1567
庆远军承宣使　1259
庆国夫人　1185
庆国公　1185
庆香　659
庆结　659
庆原路　220
庆唐　1090
庆桑　659
庆桑泊　659
庆喜　1047
庆鼎察香　583
庆瑭　1091
庆畚　659
忙古得　1047
忙宗族　1971
忙毡角　704
忙迷　583
忙哥帖木儿　1047
忻州　526
灯草　1832
灯树　1832
灯盏　1832
灯球　1832
州主　1091
州衙推　1127
冲卜　1047
次首领　1590
决断　1871
汗衫　1821
江东马步军副总管　1259
江东西安抚使　1259
江东建康道经历　1185
江东宣抚使　1259
江东宪府事　1185
江东淮西宣抚使　1259，1260
江东道肃政廉访司经历　1185
江东道宣慰使　1185
江东道提刑按察使　1185
江东路提刑按察使　1185
江东廉访司经历　1185
江东廉访使　1186
江西　547
江西马步军副都总管　1260
江西乡贡进士　1186
江西左丞　1186
江西平章政事　1186
江西行中书省右丞　1186
江西行省左丞　1186
江西行省左丞相　1186
江西行省平章　1186
江西行省平章政事　1186
江西行省丞相　1186
江西行省参知政事　1186
江西行省宣使　1186
江西行省理问　1186
江西安抚大使兼淮东宣抚使　1260
江西兵马钤辖　1260
江西兵马副总管　1260
江西兵马副都总管　1260
江西肃政廉访使　1186
江西参知政事　1186
江西省平章政事　1186
江西宣慰　1186
江西宣慰使　1187
江西都元帅　1187
江西部使者　1187
江西副总管　1260
江西等处行中书省　1187
江西等处行中书省左右司都事　1187
江西等处行中书省平章政事　1187
江西等处行中书省丞相　1187
江西等处行中书省事　1187
江西道廉访使　1187
江西湖东道肃政廉访司事　1187
江西湖东道肃政廉访使　1187
江西湖北道廉访使　1187
江西廉访使　1187
江西廉访副使　1187
江西福建行省郎中　1187
江州　547
江州彭泽县达噜噶齐　1187
江州路副都总管　1260
江河　1920
江南　547，554
江南东路马步军副总管　1260
江南东路马步军副都总管　1260
江南东路兵马钤辖　1260
江南东路宣抚使　1260
江南东路副总管　1260
江南东路淮南西路宣抚使

1260
江南行台大夫 1187
江南行台侍御史 1188
江南行台治书侍御史 1187
江南行台监察御史 1188
江南行台御史大夫 1188
江南行台御史中丞 1188
江南行台镇抚 1188
江南行御史台治书侍御史 1188
江南行御史台御史大夫 1188
江南浙西道廉访司知事 1188
江南诸道行御史台大夫 1188
江南诸道行御史台御史大夫 1188
江南等处行御史大夫 1188
江南湖北道肃政廉访使 1188
江浙左丞相 1188
江浙平章 1188
江浙行省左丞 1188
江浙行省左丞相 1188
江浙行省右丞 1189
江浙行省平章政事 1189
江浙行省参知政事 1189
江浙等处行中书省参知政事 1189
江惟正 852
江制行省左丞 1189
江制行省平章政事 1189
江淮 547
江淮行省参知政事 1189
江淮制置使 1260
江淮等处财富都总管府达鲁花赤 1189
江渊 1020
江落驸马 583
江源县 526
江源郡 526
江端友 852
汲光 852
汲逢 852
池州 547
池州录事 1189
池州驻扎 1260
池州驻扎都统制 1260
池州驻扎诸军都统制 1260
池州驻扎御前统制 1260
池州驻扎御前都统制 1261
池州驻扎御前诸军都统制 1261
池州都统 1261
池州都统制 1261
池州诸军都统制 1261
池州置司 1261
池评 852
汝□冷 1891
汝州 526
汝密垒 35
汝遮 35
汝遮山 443
汝遮川 443
汝遮谷 56
汝遮城 296
汝遮峗堡 296
汝遮堡 35
汝遮寨 296
汤谷 296，443
汤景仁 852
汤厮甘 296
羊 1816，1843，1862
羊马店 297
羊马毡毯 1843
羊毛 1813
羊皮浑脱 1832
羊皮囊 1832
羊同 1971
羊牧 297
羊牧隆城 297
羊货 1843
羊胛骨 1874
羊狼寨 422
羊家族 1971
羊裘 1821
羊嘱族 1938
羊髀骨 1874
并代州钤辖 1398
并代州都监 1398
并代州都部署 1398
并代兵马钤辖 1398
并代环庆两路副部署 1398
并代钤辖 1398
并代总管 1398
并代总管司 1398
并代都钤辖 1398
并代部署 1398
并代部署司 1398
并代副都总管 1398
并代副都部署 1399
并代副部署 1399
并代路 104
并代路经略安抚等使 1399
并代路钤辖 1399
并州 104
并州都督 1354
并州副部署 1399
并里尊 704
并尚 1938
关中 503
关内 505，526
关内道 482
关右 505
关右河西巡检 1399
关东 505
关西 297，506
关师古 852
关聿则 583
关住 1047
关岭 443
关河 443
关陕 506
关南 506
关桥堡 492
关萌讹 583
关辅 507
宇文之邵 853
宇文昌龄 853
宇文虚中 853
守王条制 1878
守荣 583

守殿中省尚辇奉御员外置同正员 1120
安二 297
安人谷 443
安人堡 297
安儿 659
安儿城 297
安儿峡 443
安大保 853
安万东 751
安川堡 297
安子罗 704
安乡关 297，443
安乡城 297
安乡城桴桥 444
安乡侯 1261
安乡郡 104
安丰砦 297
安丰路 548
安丰寨 298
安仁 298
安仁军 104
安仁县 526
安仁谷 492
安化 35
安化州都督府 527
安化县 104，105，220，221，527
安化县苔鲁合臣 1189
安化郎将 1261，1322
安化峡 298
安化郡 5，105
安化郡王 1322
安化郡夫人 1261，1322
安化郡君 1322
安化楼 444
安化镇 298
安从进 781
安仑 853
安世 584
安丙 853
安平寨 298
安北大都护 1354
安北都护 1235
安仪 853
安乐州 527
安宁寨 298
安礼 584
安永国 853
安边书 1906
安边巡检 1399
安边城 298
安边城巡检 1399
安边营 492
安边砦 298
安边策 1906
安边堡 298
安边寨 298，422
安吉 659
安吉王 1189
安西 298
安西细毡 1843
安西城 298
安西堡 299
安西路 444
安成 853
安成郡王 1261
安夷镇 299
安师文 853
安伦 853
安全 584
安庆 548
安庆泽 35
安米成 752
安州 5，105，548
安州川 36
安州刺史 1261
安守正 584
安守忠 853
安安 1047
安进 752
安远大将军 1189，1261，1322
安远将军 1323
安远将军使 1143
安远砦 36，299
安远堡 299
安远寨 299，424
安远寨主 1400
安远寨都监 1400
安远镇 492
安抚大师 1399
安抚大使 1261
安抚大使兼宣抚使 1261
安抚司 1399
安抚判官 1399
安抚使 1261，1399，1400
安抚陕西 1400
安抚经略使 1400
安抚洮西沿边公事 1400
安抚都监 1400
安抚党项大使 1354
安抚副使 1400
安抚副使兼管勾秦凤路军马事 1400
安抚措置司 1400
安邑 105，300
安住 1047
安羌城 300
安羌堡 300，422
安陇寨 300，422
安武军节度 1261
安武军节度使 1261
安国公 853
安国军 220
安国寨 300
安国镇 300，422
安固镇 300
安和寨 300
安河城 300
安定 1047
安定州都督府 527
安定县 480
安定定西保川西宁军马都弹压 1567
安定郡君 1323
安定堡 300，422
安定堡马家平总押 1400
安居县 527

安城郡王 1261
安南寨 301
安厚卿 853
安思顺 774
安骨卢 752
安重荣 781
安重诲 781
安笃剌 1047
安顺 659
安信 752
安信县 527
安俊 853
安首卢 752
安泰 854
安盐州 5
安晏 584
安息 1844
安息香 1844，1859
安家族 1938，1971
安陵 1915
安继昌 854
安焘 854
安悉香 1844
安康王 1323
安康郡夫人 1262
安康郡太君 1323
安康郡君 1323
安惟敬 584
安惇 854
安密 752
安谔支 752
安鼎 854
安童 1048
安善惠 584
安道 854
安愈 854
安塞 301
安塞县 105
安塞砦 301
安塞堡 301
安塞寨主 1400
安福 752
安殿民 752
安静县 482
安慕容 640
安寨堡 422
安德信 584
安疆砦 36
安疆寨 301，422
字得贤 584
兴元金州万户府达鲁花赤 1189
兴平 302
兴平公主 1091
兴平会 302
兴平城 302，422
兴平寨 302
兴宁军 220
兴宁县 5
兴宁府都督 1120
兴迈 659
兴庆府 5
兴州 5
兴州刺史 1262
兴州衙头 1091
兴国路大冶县达鲁花赤 1190
兴博 584
兴嫩 584
米卜氏 1048
米川县 6，105
米川城 302
米元杰 584
米元懿 584
米世隆 854
米母氏 584
米吉 854
米吃多 659
米州 527
米兴 752
米谷镇 302
米知顺 659
米屈啾 584
米胡川 444
米逋族 1938
米钵山 492
米钵寺 1913
米脂 36，302
米脂川 444
米脂县 220
米脂谷 477
米脂城 302
米脂砦 36
米脂寨 36，302，422
米崇吉 584
米募族 1938
米禽氏 1938
米斌 854
米慕族 1938
米厮哥 659
米暨 774
米擒氏 1938
米赟 854
讲议 1878
讲朱 303
讲朱城 303
讲朱等四城巡检 1323
讲朱寨 304
讲和使 1091
讲珠城 304
讷儿温 704
讷下亦麻 704
讷支蔺毡 659
讷令支 704
讷芝临占 659
讷怀 1048
讷迷堡 304
讷呣约苏 659
讷厮结 704
许几 854
许天启 854
许元 854
许元凯 854
许公孙 855
许氏 659
许迁 855
许伦 855
许州 527
许兴 855
许均 855

许利见 659，855
许怀德 855
许良肱 855
许明 855
许咸吉 855
许思纯 855
许彦圭 855
许将 855
讹丁 1891
讹山 584
讹乞 584
讹也山成寨 36
讹也成布寨 36
讹屯山成寨 36
讹屯遇胜寨 36
讹化唱山 584
讹合 1891
讹麦 659
讹味 1891
讹罗世 584
讹罗聿 584
讹罗绍先 584
讹罗绍甫 584
讹庞 584
讹庞遇胜寨 36
讹革多移 659
讹勃啰 584
讹勃遇 585
讹要 1891
讹重略 1891
讹留元智 585
讹勒 1891
讹啰聿 585
讹啰聿寨 585
讹遇 585
讹答 585
讹鲁补 1020
讹哆 1938
讹哆德昌 585
讹藏屈怀氏 585
讹藏屈嚷氏 585
论卜 1048
论孔热 640
论所言不行札子 1906
论语小义 1906
论语注 1906
论说 1878
论莽罗 640
设伏兵 1926
设筵已毕 1816
祁氏 558
祁州达鲁花赤 1190
祁连山 56
军儿 1048
军马司 1400
军马寨 304
军北巡检 1262
军主 1091，1135，1237，1262，1323，1324
军头司 1401
军民万户府百夫长 1190
军民万户府百户 1190
军向导 1263
军角四 704
军使 1263，1324，1401
军城寨 304
军前行中书省左右司郎中 1190
军都指挥使 1324，1401
军校 1091
军暮尾埋 659
军器少监 1263
农田 1091
农田司 1091
农器 1856
那 1891
那丁原 304
那川县 527
那木罕 1048
那木翰 1048
那龙 659
那吉州 527
那罗牟堡 304
那聂 1891
那逋 704
那海 1048
那娘 304
那娘山 444
那娘山新寨 304
那娘山寨 304
那融 856
异山 444
异浪升崖 585
尽天年 1882
尽皆指挥 1871
阮易简 856
阳三川 492
阳平 304
阳平务 304
阳关 444
阳武寨 304
阳律 1048
阳晋水 444
阳琼 856
阳焰 1920
阶成州钤辖 1401
阶州 105
阶州防御使 1324
阶州驻泊都监 1401
阴山 477
阴世师 774
阴会迁 752
阴阳 1874
阴阳和合 1874
阴坡族 1971
阴河城 527
阴谅臣 856
防风 1859
防团 1263
防河军大使 1120
防河使 1120
防遏使 1127
防御 1263
防御使 1091，1120，1263，1324，1401
防御部落使 1120
收刈 1856
如此打拷 1871
如州 527

如来　1880
如连山　640
如罗族　1938
如京使　1263，1324
如京副使　1263
如定　585，1938
如定多多马　585
如定多特玛　585
如定兴舍　585
如定聿舍　585
如定幸舍　585
如定幸猞　585
好为盗　1874
好水　304
好水川　304
好水河　444
好水砦　305
好水寨　305
好畤县　527
观化堡　305
观文殿大学士　1091
观兵亭　305
观音山　493
观音奴　1048
观凌城　305
观僧　1048
观察支使　1127，1143
观察押司官　1143
观察使　1091，1143，1263，1324，1401
观察衙推　1128，1143
观檐洒子　1832
欢乐平　36
欢乐烽　444
欢嘉　1891
牟尼札布　659
牟尼拉　305
牟谷口　305
牟城　305
牟新寨　305
买儿　1048
买友　585
买术　1048
买讷　1048
买住　1048
孙天觉　856
孙升　856
孙长卿　856
孙氏　1048
孙文　856
孙文显　856
孙用正　856
孙永　856
孙吉　856
孙延寿　585
孙全照　856
孙兆　856
孙庆　856
孙孝先　856
孙志直　774
孙甫　856
孙抃　857
孙沔　857
孙坦　857
孙茂宗　857
孙直　857
孙固　857
孙迥　857
孙和甫　857
孙佶　857
孙侃　857
孙宗信　857
孙承训　774
孙经略　857
孙贯　858
孙贲　858
孙咸宁　858
孙轸　858
孙览　858
孙昭谏　858
孙贵　858
孙适　858
孙恂　858
孙觉　858
孙祖德　858
孙真　858
孙资政　858
孙晞　858
孙距　859
孙琦　859
孙超　640
孙惹子　585
孙覢　859
孙量　859
孙竢　859
孙路　859
孙廉　860
孙赞　860
孙鳖抃　860
驮畜　1862
驰毛川路　444
红土城　493
红山　1915
红古堡　493
红石峡　1915
红花　1844
红豆　1844
红结绶　1821
红盐池　493
红崖坞　36
红绿皮　1844
红楼　305
红缨　1821
红德城　493
红鞓衬　1821
红鞓腰带　1821
纥石烈王家奴　1020
纥石烈牙吾塔　1020
纥石烈良弼　1020
纥石烈猪狗　1020
纥石烈毅　1020
纥石烈鹤寿　1020
纥多埋　586
约宁　586
约苏　586
约束　1878
约尚　660
约遇　586
约腊　586
纪氏　752
纪州　527

纪质 860
纪育 860
丞相 1190
巡访 1092
巡抚陕西沿边诸州 1401
巡检 1092，1143，1263，1264，1324，1401，1402
巡检司 1092
巡检使 1324，1402
巡检使臣 1402
巡检都监 1264
巡警缘边州军 1402

七画

玖珠格 1049
玖哲尔威 1049
玛巴尔 305
玛尔巴一带大首领 1590
玛尔巴一带巡检 1324
玛尔巴山 305，444
玛尔布 586
玛尔布城 305
玛尔城 305
玛尔戬 704，705
玛尔默族 1938
玛伊克 36
玛克占觉 705
玛克朗 305
玛克密 660
玛克密巴勒 586
玛克密约叶寨 36
玛克密娘 305
玛克密策多寨 36
玛克密策寨 36
玛南 1049
玛哈族 1939
玛哩伊磋 705
玛展族 1939
玛勒 305
玛勒族 1972
玛颇克族 1972
玛瑙 1821，1844
玛魁 1092
玛魁孟双 586
玛新云且宁 586
玛斡 660
玛默特族 1939
玛囊 586
寿安郡君 1324
寿昌县 105
寿宜结牟 705
寿陵 1915
麦 1844
麦川堡 306
麦门冬 1859
麦文昞 860
麦允言 860
麦永庆 860
麦曲 1816
麦朵山 57
麦里 1031
麦吴 1892
麦迎 1892
麦泾堡 306
麦面 1816
麦索温 752
麦诺 1892
麦麸 1816
麦䴬 1816
麦麨 1816
戒坛院 1913
进士 1190，1899
进士科 1899
进义校尉 1190，1264
进义副尉 1190
进奉使 1092，1324
进退 1878
远川 445
远州 527
远志 1859
远近湫砦 306
远近湫堡 306
远离三涂 1880
远望山 445
运奔 1878
攻城云梯 1832
均凌凌 660
坊州 106，221，527
杜大忠 660
杜文广 586
杜白 586
杜师益 860
杜仲 1859
杜庆光 660
杜庆族 1939
杜安 860
杜祁公 860
杜防 785
杜杞 860
杜佑 774
杜作 705
杜希全 774
杜纮 860
杜承睿 860
杜绍 860
杜胡川 445
杜贵 860
杜衍 860，861
杜胋川 306
杜彦光 774
杜彦德 705
杜家堡 306
杜能 861
杜常 861
杜冕 774
杜翊世 861
杜惟序 861
杜清碧 861
杜谓 861
杜詹 861
杜澄 861
杜瓒 861
材植 1813
杓 1832
杓子 1832
杓吹逋族 1972
杓掺 705
杓家族 1972

杓族 1972
杓鲁新族 1972
杓赞 705
杨七郎 861
杨大荣 861
杨万 861
杨亿 861
杨义 861
杨已良 586
杨天吉 1020
杨元 861
杨元孙 861
杨云翼 1020
杨从溥 558
杨公 1049
杨氏 558，559，705，1049
杨丹族 1939
杨文广 862
杨文思 774
杨巴凌 586
杨允恭 862
杨双泉 1049
杨玉 862
杨可世 862
杨永庆 862
杨吉 862
杨再兴 1020
杨光习 862
杨延中 862
杨仲训 781
杨仲武 1020
杨仲通 862
杨朵儿只 1049
杨朵而只 1049
杨守素 586
杨守斌 862
杨安民 862
杨进 862
杨告 862
杨应辰 862
杨应良 862
杨应询 862
杨怀志 862
杨怀忠 863
杨沃衍 1020
杨武通 774
杨国公 1264
杨忠 863
杨知进 863
杨和 863
杨征溪心 705
杨宗闵 863
杨定 863
杨承吉 863
杨绍 863
杨绍直 586
杨政 863
杨拱 863
杨拯 864
杨畏 864
杨思 864
杨骨盖 752
杨重训 864
杨重勋 864
杨顺 864
杨保 864
杨保吉 864
杨彦和 586
杨彦敬 587
杨洙 864
杨诰 587
杨绘 864
杨班湫 306，422
杨耆 864
杨恭勇 660
杨家城 493
杨家族 1939
杨琏真加 1049
杨琏真伽 1049
杨琏真珈 1049
杨教化 1049
杨崇勋 864
杨偕 864
杨惟中 660
杨惟忠 660
杨维中 660
杨琼 864
杨超 705
杨敬述 774
杨朝晟 774
杨覃 864
杨雄 865
杨景 865
杨景宗 865
杨復 865
杨斌 865
杨道喜 587
杨遂 865
杨暗普 1049
杨嵩 865
杨廓 587
杨满堂 865
杨嘉 752
杨斡烈 1020
杨谭 865
杨震 865
杨德先 587
杨遵 865
杨麟 865
邯中 306
豆津 445
丽州 527
克乌寨 306
克戎寨 306，422
克夷门 36
克罗朗 36
克实克族 1939
克胡 36
克胡山新寨 306
克胡山寨 306
克胡砦 306
克胡寨 306，422
克速古儿赤 1190
克烈氏 1972
克特口 306
克流速、不鲁合、不周兀等处万户 1191
克浪买 660
克韩王 752

孛 1892
孛□罗 1892
孛王庙 1913
孛术鲁合住 1020
孛兰奚 1049
孛托 1892
孛罗 1031，1049
孛哈里 548
孛浪。1892
孛诺木巴勒 705
孛弱 1892
孛堇 1020
孛鲁 1031
孛鲁合答儿 1049
孛斡儿出 1031
孛撒 1020
贡珠堡 306
贡献 1878
志能 1049
志德州 527
声律 1901
声塔平 36，306
声塔平新寨 307
芙蓉谷 445
芜荑 1844
苇子驿 445
苇子湾 307
苇城 36
芸苔 1844
花川堡 307
花马儿平章 1049
花马池 493
花石峁 307
花石崖 493
花匠 1865
花李 1049
花佛岭堡 307
花佛堡 307
花果 1844
花毡 36
花饼 1816
花结香 587
花麻 587
花蕊布 1844
芹河 493
芥菜 1844
苁蓉 1844，1859
苁蓉苗 1816，1844
苍术 1859
苍头峁 493
苍耳 37
苍耳平 37
苍耳坪 493
芳丛县 527
芳州 527
芳池州都督府 527
芦子川 307
芦子平 37
芦子关 57
芦子塞 307
芦水 493
芦关 57，445
芦关一路都巡检 1402
芦关砦 307
芦关塞 445
芦沟村 548
芦洑 548
芦移堡 307
芭不 1892
芭豆 1859
芭里 1939
芭里庆祖 587
芭里安仁 587
芭里直信 587
芭里昌祖 587
芭良 1092
芭罢 1832
芭温度 705
芭撒鸠令光 660，705
苏兀罗 752
苏子美 865
苏子容 865
苏木 1867
苏木诺尔 587
苏氏 558，745
苏东坡 865
苏尔格威 587
苏尔萨南 660
苏尼 587，661
苏奴儿 587
苏执义 587
苏执礼 587
苏吃曩 587
苏州 554
苏守信 587
苏安静 865
苏志纯 587
苏克彻尔 1049
苏伯格特依 1031
苏沁定马 587
苏沁定玛 587
苏君 865
苏尾九族巡检 1264
苏尾九族都巡检使 1264，1294
苏尾都巡检使 1264
苏尾族 1939
苏尾族都虞侯 1264
苏尚娘 661
苏南巴 705
苏南讷支 705
苏南抹令哐 705
苏南结 705
苏南党征 705
苏信 661
苏都 661
苏轼 865
苏哷 1049
苏恩 661
苏铎 866
苏颂 866
苏涓 866
苏家族 1939
苏继彦 781
苏移 661
苏寅孙 588
苏宷 866
苏越罗 588
苏御带 588

苏温啰族　1972
苏渴嵬　588
苏賨孙　588
苏辙　866
走马　1092，1403
走马承受　1403，1404
走马承受公事　1404
走马城　307
走兽　1862
赤干　1859
赤土谷　445
赤土岭　445
赤山岭　528
赤斤帖木儿　1049
赤水　528
赤石子　1859
赤白　1866
赤地千里　1920
赤皃峰　307
赤羊川　37
赤坞镇　307
赤豆　661，1844
赤谷　307，1844
赤谷川　445
赤闼　1972
赤沙　37
赤沙、橐驼路　57
赤沙川口　307
赤沙岭　445
赤沟川　477
赤岭　445
赤城川　445
赤城路　445
赤城镇　307，422
赤剋□罗　1892
赤柽路　57
赤泉水　445
赤洪水　445
赤盏合喜　1020
赤捷谷　445
赤捷谷章　307
赤崖堡　307
赤崖湫砦　307
赤崖湫堡　307
赤㟼峰堡　307
赤犍谷　445
赤犍谷掌　307
赤蒿城堡　308
赤嵩城　308
赤槁城　308
赤藁城　308
孝经　1906
孝顺　661
孝顺父母　1874
杏子平　37
杏子坪　37
杏子河　57，445
杏子河新寨　308
杏子河寨　308
杏子城　308
杏子堡　308，422
杏子镇　308
杏友信　661
杏仁　1844
杏林原　37
杏林堡　308
杏家族都指挥使　1325
杏黄　1867
杏梅　1844
杏煎　1844
李七罗　588
李八萨王　640
李三觳轸　1050
李士用　661
李士均　661
李士良　866
李士诏　661
李士京　866
李士绍　661
李士彬　661
李士筠　662
李士廉　867
李士衡　867
李大防　867
李大信　588
李万山　705
李万全　640
李山甫　867
李及　867
李及之　867
李凡毡罗遵　705
李广文　867
李子　1844
李子明　867
李子美　588
李子砦　308
李子堡　308
李子寨　308
李王　588
李王元昊墓　1915
李王渠　57
李夫人　1050
李元吉　588
李元成　662
李元贞　588
李元亨　867
李元规　867
李元昊　588
李元凯　867
李元振　867
李元辅　867
李元嗣　867
李元膺　588
李太尉　588，662
李中　867
李中言　662
李中和　662，867
李贝通　705
李内彭　308
李升　868
李仁义　868
李仁友　588
李仁立　559
李仁孝　588
李仁宝　559
李仁裕　559
李仁福　559
李仁颜　559
李公　662

李公达 588
李公直 1021
李公恽 868
李公绪 868
李公裕 868
李公弼 662
李氏 559，589，662，705，1050，1621，1939
李文 662，868
李文贞 662，868
李文直 662
李文定公 868
李文政 589
李文贵 589
李文顺 589
李文信 589，662
李文真 662
李文悦 774
李文扆 868
李文喜 589
李文冀 589
李巴占 662
李巴全 705
李巴沁 705
李巴毡 662，705
李允正 868
李允则 868
李允亨 868
李世延 662
李世安 1050
李世寿 662
李世武 662
李世昌 589
李世忠 868
李世南 774
李世显 1050
李世恭 705
李世辅 662
李世雄 1050
李丕谅 868
李石 774，868，1021
李龙川 1050
李龙罗 706
李业 774
李叶 589
李田 706
李叱纳钦 706
李叱腊钦 706
李仕安 868
李仕衡 868
李仪 868
李令谦 559
李用和 869
李主心 6
李立之 869
李立遵 706
李宁 869
李让 869
李议 663
李永奇 663
李圣文 752
李弁 589
李邦直 869
李吉 752
李吉甫 774
李达 869
李达可 1021
李成 869
李夷行 869
李至 869
李师中 869
李师文 663
李师尹 663
李师正 663
李师古 663，870
李师旦 663
李师白 589
李师民 663
李师闵 663
李师武 663
李师英 663
李师直 663
李师林 1021
李师孟 663
李师政 664
李师禹 664
李师说 664
李师雄 664
李师道 664
李师锡 870
李师廉 664
李师颜 664，861
李光 870
李光义 559
李光文 589
李光远 589
李光俨 559
李光信 589
李光美 589
李光宪 589
李光琏 559
李光琇 559，589
李光琮 559
李光普 589
李光遂 590
李光新 590
李光睿 590
李光颜 775
李光璘 559
李光叡 590
李屿 1050
李回 774
李屺 1051
李廷信 590
李延弘 785
李延庆 752
李延贵 752
李延信 590
李延遇 664
李延嗣 870
李延福 752
李仲容 870
李仲谔 590
李朵儿只 1051
李朵儿济 1051
李庆源 590
李兴 590
李兴翰 775
李宇 870

李守元 590
李守仁 870
李守忠 870
李守贵 590
李守信 664
李守恩 870
李安 870
李安业 775
李安全 590
李安福 752
李讹哆 590
李讹移岩名 590
李讹啰 590
李远 870
李孝孙 870
李孝昌 775
李孝恭 775
李志 870
李克 870
李克文 590
李克用 782
李克忠 870
李克信 591
李克宪 591
李克勤 591
李克睿 591
李村 308
李杞 870
李孛完 1051
李吪哆 591
李听 775
李钊 870
李佖 871
李余懿 871
李希及 871
李希道 871
李孚 871
李亨 871
李应祥 871
李怀义 664
李怀光 775
李怀宝 664
李怀矩 664
李怀素 871
李兑 871
李沙州 752
李沙勒玛 706
李沂 871
李沆 871
李宋卿 871
李宏 664
李良臣 871
李良辅 591
李良嗣 706
李评 871
李君谅 871
李君锡 664
李阿迈 706
李阿旺 706
李阿埋 706
李阿理 664
李阿雅卜 591，664
李阿温 706
李阿温旺 706
李纬 871
李纯佑 591
李奉明 664
李玩 872
李武堡 308
李青 591
李若谷 872
李若愚 872
李茂贞 782
李奇尔华 706
李奇济 664
李奇崖 706
李抱玉 775
李尚默 664
李旺东堡 493
李旺堡 493
李国臣 775
李国安 591
李国珍 559
李昌 872
李昌图 1021
李昌辅 591
李昌龄 872
李明 664，872
李迪 872
李忠 706，872
李忠杰 706
李忠辅 665
李忠愍 872
李忠襄 665
李岩 1051
李罗垒 665
李知白 591
李知和 872
李秉常 591
李岳 872
李欣 665
李金明 591，665，1939
李周 872
李京 872
李河温 707
李泝 8672
李波末裹瓦 707
李波机瞎 707
李波逋 707
李宗师 872
李宗闰 665
李宗闵 872
李宗杰 873
李宗易 873
李宗诚 665
李宗亮 665
李宗谅 665
李宗詠 873
李定 665，873
李郎君 591，592
李诚之 873
李祉 873
李诜 665
李询 665，873
李详 873
李建德 592
李肃之 873
李屈移 592
李承之 873

李绍膺 592
李经 873
李荣 592，873
李胡 785
李南公 873
李勃 1051
李威明叶 665
李临 873
李临占讷芝 707
李临占汭芝 707
李郢成 707
李显 874
李显忠 665，666
李昭述 873
李昭亮 873
李昭珙 874
李覎 592
李贵 592，665，874
李思□ 559
李思 667
李思古 874
李思孝 559
李思忠 667，775
李思恭 560
李思谏 560
李思敬 560
李思道 874
李思瑶 560
李思澄 560
李峙 1051
李钦 667
李钦祖 1051
李秬 874
李重贵 874
李重诲 874
李重遂 560
李复 874
李笃毡 707
李俨 785
李顺 1051
李顺忠 667
李保 1051
李保忠 667
李信 874
李禹亨 874
李禹珪 874
李勉 775
李庠 875
李彦国 1051
李彦宗 592
李彦咩 667
李彦崇 592
李彦琪 875
李彦颧 775
李恒 1051
李养星阿点魏哥 752
李将军 592
李觉萨 667，707
李宣 875
李宫家族 1972
李宪 875，876，877
李祐 775
李神福 877
李昶 877
李绚 877
李逊 877
李珣 877
李都克占 707
李都统 667
李都呵 667
李埒克遵 707
李栻 775
李桢 1051
李振辞 876
李晟 775
李造福 592
李俣 877
李凌 667，707
李浦 877
李浩 877，878
李浚 878
李家石堡 493
李家妹 592
李家堡 308
李宴 878
李宾 878
李诺平 308
李诺坪 308
李祥 878
李谅祚 592
李谊 667
李恕 878
李继义 667
李继元 593
李继迁 593，594，595，596
李继迁等墓 1915
李继冲 596
李继昌 878
李继明 878
李继忠 596
李继和 878
李继周 667
李继勋 878
李继捧 596
李继隆 878
李继瑗 596
李继筠 596
李继福 667
李继颜 595
李乾顺 597
李萨尔均 707
李萨勒 707
李常 878
李唛已 667
李崇贵 597
李崇德 597
李崇懿 597
李赊罗抹 707
李赊啰抹 707
李偁 752
李象之 878
李麻勿 752
李康 879
李康伯 879
李康保 548
李族 1939，1972
李翊 878
李望之 879
李惟立 668

李惟希 879
李惟忠 668，1039
李惟熙 879
李清 597，668
李清臣 879
李深 879
李密撒 668
李谏 668
李谭 668
李谔 668
李谘 879
李绪 752
李维忠 1052
李琼 879
李琮 879
李超 879
李博木喇干（斡） 707
李彭年 879
李朝政 668
李惠 879
李提克星 707
李赏樵卜 668
李鼎 775
李遇 597，782
李遇昌 597
李嵘 1052
李復圭 879，880
李舜举 880
李舜聪 880
李敦复 597
李奠 880
李尊 708
李道 880
李道宗 775
李道彦 775
李遂 880
李渭 880
李谠 668
李谦 668
李谦浦 880
李缦先 880
李毂 881
李献甫 1021
李楫 881
李楞占讷芝 708
李楞毡纳支 708
李鄠 775
李照用 881
李照甫 881
李嗣本 881
李嗣卿 597
李锡新 708
李简 881
李鹰 881
李粢 881
李溱 881
李溥 881
李福 775
李彀 881
李蔺毡讷支 708
李蔺毡纳支 708
李厮坚谷口 308
李厮郝金 668
李愿 776
李哆 668
李端愿 881
李察 881
李察尔节 708
李察勒沁 708
李震 881
李撒耳君 708
李颙 881
李稷 882
李德 882
李德广 598
李德平 668
李德平族 1939
李德庆 882
李德冲 598
李德旺 598
李德明 598，668
李德昭 598
李德卿 1052
李摩拉木 708
李遵 708
李遵顼 598
李潜 560
李澄 598，882
李戬 882
李寮 776
李履中 882
李璠 882
李默戳党 668，708
李赞 882
李穆 598
李磨论 668，708
李赟 882
李繁 1052
李襄渠卜 668
李濬 882
李彝玉 560
李彝兴 560
李彝昌 561
李彝昌墓 1915
李彝俊 561
李彝殷 561
李彝敏 561
李彝超 561
李彝景 561
李彝温 561
李彝嗣 561
李彝氲 561
李彝雍 561
李彝谨 561
李彝瑨 562
李彝震 562
李彝憨 562
李彝璘 562
李譓 882
李巘 1052
吾也而 1031
吾祖 1092，1892
吾移越布寨 37
吾密氏 1939
严立本 598
严训 883
严州 528
严武 776
严显 883

严道县 528
巫者 1880
更卖田地 1874
束合食 1892
束子 1821
束带 1821
束南玉绀部 1052
两马家 1972
两丙离叱腊丹 708
两地供输人户 2006
两地供输民 2006
两地供输蕃部 2006
两师留后 1325
两当 106
两当县 106
两岔 57
两浙东路马步军都总管 1264
两浙东路马步军副都总管 1264
两浙东路兵马都监 1264
两浙西路安抚大使 1264
两浙安抚大使 1264
两浙盐运使司同知 1191
两浙盐使司同知 1191
两浙路安抚大使 1264
两路都巡检使 1404
辰巳 1886
辰星 1886
还州 528
来万德 640
来川 309
来子敬 598
来平砦 309
来母崖 668
来有行 640
来同堡 309，422
来远驿 445
来年 1886
来守顺 668
来守信 668
来远砦 309
来远寨 309
来远寨蕃官 1325
来远镇 309
来里 1939
来怀三 669
来怀正 669
来怀顺 669
来闰喜 669
来羌城 309
来羌城 422
来阿八赤 1052
来阿巴齐 1052
来承庆 883
来美 669
来都 669
来离族 1939，1972
来宾城 309，422
来禽氏 1939
来慕族 1939
来遵 669
来璘 669
扶风 106，422
扶风店 309
扶州 528
扶州刺史 1325
扶麻 708
抚平党项等使 1354
抚宁 309
抚宁县 106，528
抚宁和市场 309
抚宁城 37
抚宁砦 310
抚宁堡 310
抚宁寨 310
抚州路崇仁县达鲁花赤 1191
抚谕使 1404
抚谕副使 1404
拒灰蓧 1845
拒霜 1817，1845
拒霜荠 1845
抄 1092
折七移 640
折八军 669
折乜罗 640
折乜埋 669
折大山 753
折丈 753
折口黑 1892
折马山 669
折马山族 1939
折子明 753
折五 1832
折太君 753
折太尉 753
折中古 753
折仁理 669，753
折从阮 753
折公 753
折氏 669，753，1939
折文正 640
折文政 640
折文通 640
折文御 753
折允升 753
折世隆 754
折可大 754
折可与 754
折可久 754
折可卞 754
折可节 754
折可右 754
折可权 754
折可存 754
折可攻 754
折可求 754，755
折可表 755
折可规 755
折可直 755
折可育 755
折可变 755
折可宝 755
折可政 755
折可畏 755
折可适 755，756
折可复 756
折可矜 756
折可致 756
折可颁 756

折可通　756
折可著　756
折可常　756
折可绩　756
折可赋　756
折可褒　756
折可霖　756
折可懿　756
折平族　1940
折帅　757
折四　1832
折四族　1940
折令图　640，757
折尼追　1892
折师武　757
折则　1892
折仲古　757
折仲右　757
折仲安　757
折米　1845
折克仁　757
折克仪　757
折克行　757
折克净　757
折克俭　757
折克信　757
折克俊　757
折克宪　758
折克柔　758
折克隽　758
折克廉　758
折克静　758
折克禧　758
折克懃　758
折李族　1940
折别儿　1031
折希颜　1021
折枢　758
折枢密　758
折尚书　758
折罗遇　669
折知常　758
折侍郎　758
折庞　1892
折宗本　758
折参谋　758
折思族　1940
折保忠　669
折侯　758
折彦天璹　760
折彦文　758
折彦方　759
折彦正　759
折彦庄　759
折彦佑　759
折彦补　759
折彦环　759
折彦武　759
折彦玠　759
折彦若　759
折彦质　759，760
折彦祉　760
折彦珏　760
折彦奕　760
折彦袚　760
折彦袢　760
折彦袭　760
折彦辅　760
折彦野　760
折彦深　760
折彦琝　760
折彦琚　761
折彦裕　761
折彦瑀　761
折彦瑜　761
折彦禔　761
折彦璹　761
折彦璋　761
折彦瓒　761
折姜会　310
折姜砦　37
折姜寨　37
折将军　761
折宣判　761
折宪　761
折突厥移　761
折骄儿　640
折埋乞　669
折逋支　708
折逋阿喻丹　708
折逋俞龙波　708
折逋葛支　709
折逋喻龙波　709
折逋游龙钵　709
折逋嘉施　709
折高留　761
折海超　761
折家　1940
折家父　761
折家坪　493
折家河　493
折家族　1940
折继长　761
折继世　761
折继全　761
折继芳　761
折继闵　762
折继宣　762
折继祖　762
折继符　762
折继新　762
折继猷　762
折继麟　762
折勒厥麻族　1940
折惟中　762
折惟正　762
折惟宁　669
折惟让　762
折惟昌　762
折惟忠　763
折惟质　763
折惟信　763
折惟崇　763
折焕文　763
折密桑族　1940
折谏　763
折董会　669
折提刑　763
折遇乜　763

折遇明 640
折御乜 763
折御冲 763
折御昌 763
折御勋 763，764
折御卿 764
折嗣伦 764
折嗣祚 764
折嗣益 764
折满嘉施 641
折愿庆 642
折嵺俊乂 598
折端明 764
折儁 764
折德扆 764
折德源 764
折德愿 764
折遵正 764
折薑会 37
折薑寨 37
折磨布落 642
投生人户 2006
投状 1871
护川堡 422
护水砦 310
护军 1191
护国寺 1913
护国军节度使 1265
护国军承宣使 1265
护国镇安军节度使 1265
护国镇安保静军节度使 1265
把扬族 1972
把回海 1021
把色 1901
把羊族 1972
把羊族都管 1325
把关太尉 1092
把里公亮 598
把利氏 1940
把利步利 642
把京玉 37，305
把拶公原 310
把拶宗城 310
把拶桥 57
把思忠 1021
把班 709
把都关 493
把都河 493
把都河堡 493
把离谷 445
把德固 1021
报成使 1567
轩冕 1821
匣子 1821，1832
医人看验 1871
医书 1906
医治 1859
连奴 1940
连抄 1833
连佐省台 1191
连谷县 106，528
连狂羌 1972
连城 310
连香 642
连袂歌呼 1874
连埋伊也 669
连都敦信 598
连袋 1833
连彫山 445
连翘子 1859
连德沙 1052
求尚主 1882
求易州 528
步军都监 1265
步军都虞侯 1265
步军照望铺 37
步陀沟路 445
步驼沟 310，446
步奚 1092
步跋子 1926
坚多克 669
坚博 310
吥嘌州 37
吃移门 37
吹龙城 310
吹龙寨 310
吹东龙堡 310
吹宁 670
吹达尔济 670
吹迈 670
吹同山乞 598
吹同乞砂 598
吹折门 1940
吹罗 670
吹济鄂罗克 670
吹埒罗章 37
吹莽城 310
吹恭 670
吹呼罗章 38
吹凌结 670
吹凌密 670，709
吹资克 670
吹鄂特川 310
吹笛 1901
吹麻城 310
吹博迪 670
吹斯皦王阿噶 709
吹喇萨木罗 38
吹厮波 1972
吹錢谷 446
吹藏堡 310
岐山 477
岐子平 311
岐州 106
岐阳务 311
帐 1833
帐毡 1814
时乂 599
时节 1886
时雨 1920
时服 1821
时政记 1906
时常春 776
时德元 1021
别古思 1052
别古得 785
别吉 1092，1892
别帖木 1052
别怗木 1052

吴。每 1892
吴 548
吴十 1021
吴八章寨 38
吴儿堡 311
吴山 477
吴广堡 311
吴门 548
吴子正 599
吴友 883
吴日休 599
吴中復 883
吴氏 599，670
吴立礼 883
吴廷祚 883
吴仲举 883
吴名山 599
吴名革 599
吴充 883
吴州 484，528
吴守正 599
吴安宪 883
吴克荷 785
吴没兜 599
吴玠 883
吴拔泥 311
吴昊 599
吴国夫人 1265
吴国太夫人 1128
吴明契 599
吴岳山 477
吴庞 311
吴育 884
吴怗磨五 642
吴怡磨五 642
吴宗 599
吴祈 884
吴居厚 884
吴春卿 884
吴贲 884
吴茜 884
吴庞烽 446
吴奎 884
吴挺 884
吴保 311
吴保寨 38
吴亮 884
吴祐之 884
吴郡 548
吴郡太夫人 1265
吴埋保 599
吴真 884
吴恩 670，709
吴家族 1940
吴逵 884
吴移 38
吴移族 1940
吴猛 884
吴清 884
吴淑 884
吴朝谷 446
吴堡 38，311
吴堡两寨弓箭手 1590
吴堡津 446
吴堡砦 311
吴道纯 884
吴湛 785
吴蒨 885
吴雍 885
吴福圣腊 709
吴畛 1940
吴畛遂良 599
吴箇 599
吴稹 885
吴德昌 599
吴遵路 885
吴璘 885
呆儿族 1972
呆家 1972
足永镇 312
员元亨 599
员外置同正员 1121，1143，1325
员外置宿卫 1121
岗石路 446
岑保正 885
岑移族 1940
岚石州沿河都巡检使 1404
岚石都巡检司 1404
岚石路 106
岚石隰三州都巡检使 1404
岚石隰州沿边都巡检使 1404
岚石隰州都巡检司 1404
岚石隰州都巡检使 1404
岚石隰州缘边都巡检使 1404
岚石隰州督巡检使 1404
岚州 106，221
岚谷县 107
旱 1920
旱灾 1920
旱海 66，1920
旱海坪 38
县君 1325
县尉 1404
围芭 1856
围罗 312
园林 1814，1856
园林驿 312
园林堡 312，422
园林寨 312
里氏 562
里那 1892
里罗节砚 312
里玻默里乌 709
里乾谷 446
牡丹山 493
牡丹花 1920
针工 1866
针匠 1866
针线 1833
利月监太卿 1191
利州观察使 1265
利州统制 1404
利州都监 1404
利州路 107
利州路安抚 1405
利州路转运使 1405
利守信 599
利国监太卿 1191

利和县 528
利威堂 312
利亭镇 312
利珣 885
利恭县 528
乱山子 312
乱柴铺 493
告状 1871
告哀 1878
秃儿赤 1052
秃几筵厮哥 709
秃头岭 446
秃发 1821
秃发令 1871
秃弄歹 1052
秃尾河 494
秃逋 670
秃鲁花军百户 1191
秃鲁哈心阇赤 1191
秃满不花 1052
秃薛怯薛必阇赤 1191
秀才 1092
我友谷 57
佞令受 599
体工 1926
体量安抚使 1405
何子嵒 562
何中立 885
何公 599
何令图 599
何令柱 599
何令珣 599
何令谨 599
何令蕢 599
何权 885
何执中 885
何光隐 562
何庆 885
何次公 885
何伯翰 1052
何述 886
何泽 886
何郎业贤 709
何居录越 765
何绍文 562
何绍伦 562
何昱 886
何贵 886
何俊 886
何亮 886
何洋 886
何宪 600
何郯 886
何郯墓志 1906
何涉 886
何继昭 600
何常 886
何敏 562
何清朝 776
何渐 886
何维文 600
何黑奴 642
何遂隆 562
何嗣宗 600
何德遇 600
何德璘 562
何鲠 886
何灌 886
佐清道率府副率 1265
佑神观使 1265
作文法 1871
作户 1856
作坊使 1265
作家 1856
伯 1883
伯也伦 1053
伯不花 1053
伯牙兀歹 1053
伯牙伦 1053
伯鱼城 312
伯彦察儿 1053
伯都 1053
伯雅克 670
伯温 1053
伯德 600
伯颜 1053
伯颜普化 1053
你乜逋 670
你迎 1892
你思丁 600
你勒合 1032
你斯闷 600
你糀 1892
你糀合 1892
位丰县 528
位州 528
伺侯峰 312
伺候峰 446
伺候烽 38
伺堠烽 312
佛儿 709
佛口城 312
佛口呰 312
佛牙 1881
佛书 1906
佛平川 446
佛谷口 38
佛空平 312
佛空坪堡 312
佛经 1906
佛经一藏 1906
佛堂谷 312
佛堂堡 312
伽罗 312
伽罗总堡 313
伽哲庆 670
伽凌 670
伽裕勒 670
伽裕勒族 1940
伽裕额伊 670
伽强楚 670
兵马大元帅 1265
兵马军书 1906
兵马使 1092
兵马钤辖 1405
兵马都钤辖 1405
兵马都校 1265
兵马都监 1325，1405
兵马都部署 1390

兵马监押 1405
兵马留后 1325
兵迎 1892
兵事 1906
兵法 1871
兵部 1405
兵部员外郎 1265
兵部尚书 1191，1265
兵部侍郎 1191
兵戟 1833
皂矾 1867
皂郊堡 313
皂衫 1821
皂雕 1862
身体 1868
彻尔济勒尔威 1053
彻辰 600
彻里帖木儿 1053
彻彻帖木儿 1053
彻彻理威 600
彻勒 38
彻勒城 38
近侍 1191
近湫堡 313
近腻 670
余丁城 313
余川 446
余天心 1053
余公 1053
余左丞 1053
余龙琦 709
余廷心 1053
余迎 1892
余良 600
余良肱 886
余青阳 1054
余忠宣 1054
余忠愍 1054
余参政 1054
余相公 1054
余柱国 1054
余将军 1054
余都姑 785
余奘 709
余崇义 1021
余得臣 1054
余麻 1892
余深 886
余靓 785
余睹谷 477
余阙 1054
余靖 886
余阙 1054
余德生 1055
余德臣 1055
佥太常礼仪院事 1191
佥书枢密院事 1191
佥辽阳行枢密院事 1191
佥西蜀四川道肃政廉访司事 1191
佥行枢密院事 1191
佥行尚书省事 1191
佥江西行中书省事 1192
佥江西等处行中书省事 1192
佥江浙枢密院事 1192
佥枢密院事 1192
佥岭北湖南道肃政廉访司事 1192
佥河东山西道肃政廉访司事 1192
佥河东山西道廉访司事 1192
佥河东廉访司事 1192
佥河南廉访司事 1192
佥宣政院事 1192
佥都元帅府事 1192
佥浙东宪 1192
佥浙东道廉访司事 1192
佥浙西宪 1192
谷不登 1921
谷邛州 528
谷达 1021
谷雨 1921
谷和县 528
谷离镇 38
谷藏堡 313
岔道铺 494
岔道堝 494
希晏 887
希谢 1055
坐司主法 1871
坐朵殿上 1878
坐交砦 313
坐交堡 313
坐馆下 1878
鸠令结 670，704
鸠鸽 1863
狄 2006
狄天使 887
狄公 887
狄武襄 888
狄青 887
狄青园 494
狄青河 494
狄青原 494
狄青寨 313
狄侯 888
狄将军 888
狄部署 888
狄詷 888
狄詠 888
狄道 107
狄道 527
狄道州 494
狄道县 107，221
狄道城 313
肝肚 1869
肚迎 1892
肚带鞴 1821
彤撒城 313
邹县 548
邹显忠 600
邹胜 888
邹浩 888
删丹县 6
刨子 1833
𥿁线 1823
系年录 1906
系说 1906
角弓峪堡 494

角弓镇 494
角子 1817
角四瞎令结 709
角茶 1817，1845
角宿 1886
角厮波 670
角撒 671，704
角徵 1901
龟儿嶲镇 313
龟儿镇 313
龟兹 1646
龟兹师王国 1646
龟兹国 1646
龟蛙 1863
免药 1940
条床 1833
迎龙谷 446
迎那 1892
迎罗佶 671
迎逋 671
言泥族 1941
亨全 671
辛士虎 888
辛兴宗 888
辛叔献 888
辛叔詹 888
辛荣 600
辛毗陀罗 765
辛炳 888
辛睿 888
床川寨 313
床地掌 313
床啰 1941
库山 528
库延 1032
库利山 477
库库楞 1055
库舍 1814
库鲁克谷 446
应天军 70
应运法天神智仁圣至道广德光孝皇帝 1092
应里县 6
应奉翰林文字 1192
应理州 484
应接堡 313
庐子关 446
庐布津场 313
庐州万户府荅鲁合臣 1192
庐州蒙古汉军万户府达鲁花赤 1192
庐州路治中 1192
庐庸 1021
序州 528
怀 1821
怀化大将军 1265
怀化司戈 1235，1265，1325
怀化郎将 1265，1325
怀化将军 1143，1265，1266，1325，1326
怀化将军充本族指挥使 1326
怀化郡王 1326
怀宁顺化可汗王 1326
怀宁砦 313
怀宁寨 422
怀戎堂 314
怀戎堡 314
怀州 7
怀州防御使 1405
怀州浪 446
怀州渡 57
怀安县 221，529
怀安将军 1266
怀安砦 314
怀安路 314，446
怀安寨 314
怀安镇 314
怀安镇巡检 1266
怀远 314，423，548，1055
怀远大将军 1192
怀远军节度 1326
怀远军节度使 1326
怀远县 7，484，537，548
怀远驿 446
怀远城 314
怀远砦 314
怀远寨监押 1405
怀远镇 38
怀克 600
怀来堡 314
怀羌巡检使 1567
怀羌县 221
怀羌城 314
怀忠 671
怀和城 314
怀和砦 314
怀和寨 315
怀孟 548
怀孟卫辉等路新军万户 1193
怀威堡 315
怀顺 671
怀德司戈 1326
怀德军 7
怀德县 7，518，529
怀德城 315
怀德将军 1326
怀德郡 107
忻代都巡检使 1405
忻州 107
闰月 1886
闰西镇 315
闲厩使 1266
闲厩副使 1266
间起云冠 1821
灼蒙曹失卑陵 709
冷□缚 1892
冷水泉砦 315
冷谷 446
冷鸡朴 709
冷京 709
冷移四唱厮巴 765
冷窑子镇 494
冶方寨 315
冶坊县 221
冶坊堡 315
冶坊寨 315
冶坊寨监押 1405
冶坊镇 315
沣州同知 1193

洋州刺史 1143
汪三郎 600
汪可汗 1032
汪田丁零宗谷 446
汪奴哥 600
汪罕 1032
汪洛施族 1972
汪家族 1941
汪辅之 888
汪藻 888
汧水 477
汧阳郡 221
汧陇 507
汧源县 221
沅州、安庆、江陵、陕州四路达鲁花赤 1193
沐沟 494
沛国郡夫人 1128
沙山 484
沙井岭 315
沙宁浪 315
沙州 6，107，548，1647
沙州节度使 1326
沙州观察使 1362
沙州刺史 1326
沙州钤部 1092
沙州路 484
沙州镇王子 1326
沙克朔勒 315
沙谷津 446
沙谷砦 315
沙谷寨 315
沙阿寨 38，315
沙陀族 1972
沙青 1867
沙苑 108，1859
沙苑监 1405
沙峁头 494
沙使君 1055
沙狐 1863
沙狐皮 1845
沙剌八 1055
沙剌班 1055
沙剌臧卜 1055
沙剌藏卜 1055
沙威牌 315
沙览答里 1055
沙泉 1921
沙侯 1055
沙峰子山 446
沙家镇 494
沙葱 1817
沙黍浪 315
沙窗 1814
沙幕 1921
沙碛 1921
沙鼠浪 315
沙漠 1921
沙滩砦 315
沙滩寨 315
沙嘉室理 1055
汭水 446
沃协 671
沃裕正 600
沂州团练使 1266，1326
汾水镇 315
汾州 108，221
汾州团练使 1266，1326
汾州县 108
汾州都监 1406
汾河 446
泛使 1092
沟洫 1856，1921
没 1892
没儿雀 1941
没儿族 1941
没兀 600
没石子 1859
没宁令 1092，1892
没宁浪 316
没奴 1892
没讹 1892
没杏 1892
没邵族 1941
没罗埋布 600
没佶 671
没剂族 1941
没细好德 600
没细都 1941
没细族 1941
没细游成宁 600
没孤 765
没烟口 316
没烟后峡 316
没烟后峡寨 316
没烟后寨 316
没烟城 38
没烟峡 38
没烟峡口 38
没烟峡统制及转运司官 1406
没烟峡新砦 39
没烟峡寨 316
没烟峗头 39
没烟前口 316
没烟前峡 316
没烟前峡口 316
没烟前峡山寨 316
没烟砦 39
没烟新寨 39
没烟寨 316
没烟寨子 39
没啰卧沙 600
没崖 671
没移氏 600
没移皆山 600
没嘊拽于 709
没鲁 1893
没嘱拽于 709
没臧 600
没啰氏 601
没遮川 447
没藏大师 1092
没藏氏 601
没藏尼 601
没藏讹庞 601
没藏猧龙 601
没藏族 1941
汴梁 548
汴梁路治中骁骑尉 1193

沉香 1859
沈千族 1972
沈存中 889
沈希颜 889
沈言 889
沈阿当令 709
沈括 889
沈起 890
沈党征注彪 709
沈兼钱 709
沈舆 890
沈遵 710
沈遵太师 710
沈额特凌 709
沈興 890
沈邈 890
沁巴结 710
沁布 601，710
沁布结 710
沁布班堆 39
沁阳族 1941
沁威 601
沁裕 601
状川寨 316
状元 1899
状地掌 316
判永兴军府充陕西路经略安抚使 1406
判永兴军府兼马步军部署 1406
判并州 1406
判官 1193
判崑山州 1193
羌 2006，2007，2008，2009，2010，2011，2012
羌人 2012，2013
羌户 2013
羌戎 2013
羌地 2013
羌夷 2013，2014
羌虏 2014
羌城堡 316
羌胡 2014
羌酋 1590，2014
羌活 1845
羌语 1893
羌语“崖”为“惜”；“埋”为“富贵” 1893
羌贼 2014
羌部 2014
羌部巡检 1266
羌族 2014
羌寇 2014
羌落 2014
羌豪 2015
完者不花 1055
完颜太平 1021
完颜正臣 1021
完颜石柱 1032
完颜奴婢 1021
完颜达吉 1021
完颜伟 1021
完颜仲元 1021
完颜合达 1021
完颜守能 1021
完颜讹可 1021
完颜希尹 1021
完颜阿隣 1022
完颜纲 1022
完颜叔良 1022
完颜国家奴 1022
完颜忠 1022
完颜狗儿 1022
完颜胡失来 1022
完颜胡失剌 1022
完颜胡鲁 1022
完颜昱 1022
完颜思忠 1022
完颜思恭 1022
完颜闾山 1022
完颜衷 1022
完颜斜里虎 1022
完颜觌古速 1022
完颜蒲鲁虎 1022
完颜赛也 1022
完颜赛不 1022
完颜撒里合 1022
完颜履信 1022
完颜璘 1022
完颜燮 1022
宋 1647，1648，1649，1650
宋太初 890
宋太宗 890，891
宋太宗太平兴国□年三月 1686
宋太宗太平兴国二年 1685
宋太宗太平兴国二年二月 1685
宋太宗太平兴国二年七月 1686
宋太宗太平兴国二年三月 1686
宋太宗太平兴国七年 1687
宋太宗太平兴国七年二月 1688
宋太宗太平兴国七年闰十二月辛亥 1688
宋太宗太平兴国八年 1688
宋太宗太平兴国八年二月 1688
宋太宗太平兴国八年十二月 1688
宋太宗太平兴国八年九月十八日 1688
宋太宗太平兴国八年三月 1688
宋太宗太平兴国八年秋七月 1688
宋太宗太平兴国九年 1688
宋太宗太平兴国九年三月丁巳 1688
宋太宗太平兴国九年五月 1688
宋太宗太平兴国九年五月癸丑 1688
宋太宗太平兴国九年六月 1688
宋太宗太平兴国三年 1686
宋太宗太平兴国三年二月

1686
宋太宗太平兴国三年十一月　1686
宋太宗太平兴国三年五月　1686
宋太宗太平兴国三年六月　1686
宋太宗太平兴国之际　1685
宋太宗太平兴国元年　1685
宋太宗太平兴国元年五月　1685
宋太宗太平兴国五年　1686
宋太宗太平兴国五年十一月十三日　1687
宋太宗太平兴国五年十一月己酉　1687
宋太宗太平兴国五年三月　1686
宋太宗太平兴国五年四月　1687
宋太宗太平兴国五年闰三月　1687
宋太宗太平兴国五年闰三月二十六日　1687
宋太宗太平兴国中　1688，1689
宋太宗太平兴国壬午　1687
宋太宗太平兴国六年　1687
宋太宗太平兴国六年八月　1687
宋太宗太平兴国六年三月　1687
宋太宗太平兴国四年　1686
宋太宗太平兴国四年三月　1686
宋太宗太平兴国四年六月十九日　1686
宋太宗太平兴国四年岁次己卯八月二十一日　1686
宋太宗太平兴国间　1689
宋太宗太平兴国初　1685
宋太宗至道　1693
宋太宗至道二年　1694，1695
宋太宗至道二年七月　1695
宋太宗至道二年九月　1695
宋太宗至道二年三月　1695
宋太宗至道二年五月　1695
宋太宗至道二年六月　1695
宋太宗至道二年四月　1695
宋太宗至道二年春　1695
宋太宗至道三年　1696
宋太宗至道三年二月　1696
宋太宗至道三年十月　1696
宋太宗至道三年八月　1696
宋太宗至道三年三月　1696
宋太宗至道元年　1694
宋太宗至道元年十二月　1694
宋太宗至道元年十月　1694
宋太宗至道元年七月　1694
宋太宗至道元年三月　1694
宋太宗至道元年五月　1694
宋太宗至道元年五月二十日　1694
宋太宗至道元年六月　1694
宋太宗至道元年正月　1694
宋太宗至道元年正月二十八日　1694
宋太宗至道元年四月　1694
宋太宗至道元年初　1694
宋太宗至道五年六月二日　1696
宋太宗至道中　1696，1697
宋太宗至道后　1697
宋太宗至道间　1697
宋太宗至道初　1693，1694
宋太宗淳化　1691
宋太宗淳化二年　1691
宋太宗淳化二年十一月　1692
宋太宗淳化二年十二月　1692
宋太宗淳化二年七月　1692
宋太宗淳化二年七月丙午　1692
宋太宗淳化二年八月　1692
宋太宗淳化二年六月　1691
宋太宗淳化二年正月　1691
宋太宗淳化二年秋　1692
宋太宗淳化三年　1692
宋太宗淳化元年七月　1691
宋太宗淳化五年　1692，1693
宋太宗淳化五年十一月　1693
宋太宗淳化五年七月　1693
宋太宗淳化五年三月　1693
宋太宗淳化五年五月六日　1693
宋太宗淳化五年六月　1693
宋太宗淳化五年正月　1693
宋太宗淳化五年四月　1693
宋太宗淳化中　1693
宋太宗淳化四年　1692
宋太宗淳化四年十二月　1692
宋太宗淳化四年八月　1692
宋太宗淳化四年三月　1692
宋太宗淳化四年五月二十三日　1692
宋太宗淳化四年正月　1692
宋太宗淳化四年闰十二月　1692
宋太宗淳化四年夏　1692
宋太宗淳化初　1691
宋太宗雍熙、端拱间　1689
宋太宗雍熙二年　1689
宋太宗雍熙二年二月　1689
宋太宗雍熙二年十一月　1689
宋太宗雍熙二年七月　1689
宋太宗雍熙二年九月　1689
宋太宗雍熙二年三月　1689
宋太宗雍熙二年五月　1689
宋太宗雍熙二年六月　1689，1690
宋太宗雍熙二年四月　1689
宋太宗雍熙七年　1689
宋太宗雍熙三年　1689
宋太宗雍熙元年四月　1689
宋太宗雍熙中　1689
宋太宗雍熙六年　1689
宋太宗雍熙四年　1689
宋太宗雍熙四年八月二十一日　1689
宋太宗雍熙初　1689

宋太宗熙宁五年　1745
宋太宗端拱、淳化时　1691
宋太宗端拱二年　1691
宋太宗端拱二年十月　1691
宋太宗端拱二年四月　1691
宋太宗端拱元年　1690，1691
宋太宗端拱元年十月　1691
宋太宗端拱元年九月　1691
宋太宗端拱元年三月　1691
宋太宗端拱初　1690
宋太祖　891
宋太祖开宝二年　1684
宋太祖开宝二年十一月二十二日　1684
宋太祖开宝七年　1684
宋太祖开宝七年十一月　1684
宋太祖开宝八年　1684
宋太祖开宝九年　1685
宋太祖开宝三年　1684
宋太祖开宝三年二月　1684
宋太祖开宝三年三月　1684
宋太祖开宝元年　1684
宋太祖开宝元年二月二十二日　1684
宋太祖开宝元年十二月二十七日　1684
宋太祖开宝五年　1684
宋太祖开宝五年十二月　1684
宋太祖开宝中　1685
宋太祖开宝六年　1684
宋太祖开宝四年七月　1684
宋太祖开宝间　1685
宋太祖开宝初　1684
宋太祖建隆二年　1682
宋太祖建隆二年十一月　1683
宋太祖建隆三年　1683
宋太祖建隆三年正月　1683
宋太祖建隆三年秋　1683
宋太祖建隆元年　1682
宋太祖建隆元年十一月十三日　1682
宋太祖建隆元年十二月四日　1682
宋太祖建隆元年八月　1682
宋太祖建隆元年六月　1682
宋太祖建隆元年正月　1682
宋太祖建隆中　1683
宋太祖建隆以来　1682
宋太祖建隆四年　1683
宋太祖建隆四年九月九日　1683
宋太祖建隆间　1683
宋太祖建隆初　1682
宋太祖乾德二年　1683
宋太祖乾德二年十一月七日　1683
宋太祖乾德二年十二月十二日　1683
宋太祖乾德二年九月　1683
宋太祖乾德二年正月　1683
宋太祖乾德二年四月五日　1683
宋太祖乾德三年　1683
宋太祖乾德三年三月　1683
宋太祖乾德元年　1683
宋太祖乾德元年八月　1683
宋太祖乾德元年冬　1683
宋太祖乾德五年　1684
宋太祖乾德四年三月二十八日　1683
宋太祖乾德四年闰八月十三日　1684
宋仁宗　891
宋仁宗天圣二年十二月十六日　1715
宋仁宗天圣二年三月十七日　1715
宋仁宗天圣二年五月　1715
宋仁宗天圣二年六月　1715
宋仁宗天圣二年四月　1715
宋仁宗天圣十年　1716
宋仁宗天圣七年六月二十一日　1716
宋仁宗天圣八年　1716
宋仁宗天圣八年十一月　1716
宋仁宗天圣八年十月　1716
宋仁宗天圣九年十二月　1716
宋仁宗天圣九年十月　1716
宋仁宗天圣九年正月　1716
宋仁宗天圣三年二月　1715
宋仁宗天圣三年十二月四日　1716
宋仁宗天圣三年七月　1716
宋仁宗天圣三年三月　1715
宋仁宗天圣三年三月十八日　1715
宋仁宗天圣三年三月十三日　1715
宋仁宗天圣三年四月　1716
宋仁宗天圣元年　1715
宋仁宗天圣元年十一月　1715
宋仁宗天圣元年九月十九日　1715
宋仁宗天圣元年五月　1715
宋仁宗天圣元年六月　1715
宋仁宗天圣元年六月十九日　1715
宋仁宗天圣元年闰九月　1715
宋仁宗天圣五年　1716
宋仁宗天圣五年八月　1716
宋仁宗天圣中　1717
宋仁宗天圣六年　1716
宋仁宗天圣六年二月　1716
宋仁宗天圣四年　1716
宋仁宗天圣四年正月　1716
宋仁宗天圣初　1715
宋仁宗至和二年十月二十六日　1736
宋仁宗至和二年七月十九日　1736
宋仁宗至和三年　1736
宋仁宗至和元年　1735
宋仁宗至和元年二月　1736
宋仁宗至和元年六月　1736
宋仁宗庆历二年　1726，1727
宋仁宗庆历二年二月　1727
宋仁宗庆历二年二月十六日　1727
宋仁宗庆历二年十月　1727

宋仁宗庆历二年十月二十五日 1727
宋仁宗庆历二年八月十五日 1727
宋仁宗庆历二年五月 1727
宋仁宗庆历二年五月二十二日 1727
宋仁宗庆历二年六月二十六日 1727
宋仁宗庆历二年正月 1727
宋仁宗庆历二年春 1727
宋仁宗庆历十年 1733
宋仁宗庆历七年 1732
宋仁宗庆历七年二月 1732
宋仁宗庆历七年二月六日 1732
宋仁宗庆历七年十二月二十五日 1732
宋仁宗庆历七年十月七日 1732
宋仁宗庆历七年三月 1732
宋仁宗庆历八年 1732
宋仁宗庆历八年正月 1732，1733
宋仁宗庆历八年春正月 1733
宋仁宗庆历八年夏四月 1733
宋仁宗庆历三年 1727，1728
宋仁宗庆历三年二月 1728
宋仁宗庆历三年十一月 1729
宋仁宗庆历三年十二月八日 1729
宋仁宗庆历三年七月 1729
宋仁宗庆历三年三月 1728
宋仁宗庆历三年六月 1728
宋仁宗庆历三年正月 1728
宋仁宗庆历三年正月二十三日 1728
宋仁宗庆历三年四月 1728
宋仁宗庆历元年 1724，1725
宋仁宗庆历元年二月 1725
宋仁宗庆历元年十一月 1726
宋仁宗庆历元年十二月 1726
宋仁宗庆历元年十二月二十五日 1726
宋仁宗庆历元年十月 1726
宋仁宗庆历元年七月 1725
宋仁宗庆历元年八月 1725
宋仁宗庆历元年八月十九日 1725
宋仁宗庆历元年五月 1725
宋仁宗庆历元年六月 1725
宋仁宗庆历元年正月 1725
宋仁宗庆历元年辛巳 1725
宋仁宗庆历元年秋 1725
宋仁宗庆历五年 1730，1731
宋仁宗庆历五年二月 1731
宋仁宗庆历五年七月 1731
宋仁宗庆历五年七月二十日 1731
宋仁宗庆历五年正月 1731
宋仁宗庆历中 1733，1734
宋仁宗庆历六年 1731
宋仁宗庆历六年二月三日 1731
宋仁宗庆历六年十二月十五日 1732
宋仁宗庆历六年十月一日 1732
宋仁宗庆历六年九月 1732
宋仁宗庆历六年三月十一日 1731
宋仁宗庆历六年五月 1731
宋仁宗庆历六年五月二十一日 1732
宋仁宗庆历六年五月十九日 1732
宋仁宗庆历六年正月 1731
宋仁宗庆历六年四月 1731
宋仁宗庆历六年四月七日 1731
宋仁宗庆历六年四月九日 1731
宋仁宗庆历以后 1735
宋仁宗庆历四年 1729，1730
宋仁宗庆历四年十一月 1730
宋仁宗庆历四年十一月十四日 1730
宋仁宗庆历四年十二月 1730
宋仁宗庆历四年十月 1730
宋仁宗庆历四年七月 1730
宋仁宗庆历四年八月 1730
宋仁宗庆历四年九月 1730
宋仁宗庆历四年五月 1730
宋仁宗庆历四年正月 1730
宋仁宗庆历四年冬 1730
宋仁宗庆历四年春正月 1730
宋仁宗庆历后 1735
宋仁宗庆历间 1734，1735
宋仁宗庆历初 1724
宋仁宗明道二年 1717
宋仁宗明道二年四月 1717
宋仁宗明道元年 1717
宋仁宗明道元年十一月 1717
宋仁宗明道元年十一月二十四日 1717
宋仁宗明道元年十一月十九日 1717
宋仁宗明道元年十月 1717
宋仁宗明道初 1717
宋仁宗宝元 1718
宋仁宗宝元、康定间 1721
宋仁宗宝元二年 1720
宋仁宗宝元二年二月 1720
宋仁宗宝元二年二月七日 1720
宋仁宗宝元二年十二月 1721
宋仁宗宝元二年十月十一日 1720
宋仁宗宝元二年七月二十二日 1720
宋仁宗宝元二年九月 1720
宋仁宗宝元二年九月乙巳 1720
宋仁宗宝元二年九月丁未 1720
宋仁宗宝元二年三月 1720
宋仁宗宝元二年三月二十三日 1720
宋仁宗宝元二年六月 1720

宋仁宗宝元二年六月丙戌 1720
宋仁宗宝元二年四月 1720
宋仁宗宝元二年闰十二月 1721
宋仁宗宝元三年 1721
宋仁宗宝元三年正月 1721
宋仁宗宝元三年正月八日 1721
宋仁宗宝元元年 1719
宋仁宗宝元元年十二月 1720
宋仁宗宝元元年十月 1720
宋仁宗宝元元年九月十六日 1720
宋仁宗宝元元年冬 1720
宋仁宗宝元中 1721
宋仁宗宝元初 1718，1719
宋仁宗皇祐二年 1735
宋仁宗皇祐二年十二月十五日 1735
宋仁宗皇祐二年十月 1735
宋仁宗皇祐二年四月 1735
宋仁宗皇祐二年闰十一月二十八日 1735
宋仁宗皇祐元年 1735
宋仁宗皇祐元年十月 1735
宋仁宗皇祐五年 1735
宋仁宗皇祐五年闰七月二十三日 1735
宋仁宗皇祐末 1735
宋仁宗皇祐四年 1735
宋仁宗皇祐四年十月十二日 1735
宋仁宗皇祐四年正月 1735
宋仁宗皇祐初 1735
宋仁宗康定二年 1723
宋仁宗康定二年二月 1723
宋仁宗康定二年二月十日 1723
宋仁宗康定二年十二月八日 1723
宋仁宗康定二年七月 1723
宋仁宗康定二年八月 1723
宋仁宗康定二年正月 1723
宋仁宗康定二年四月 1723
宋仁宗康定二年秋 1723
宋仁宗康定元年 1722
宋仁宗康定元年十二月 1723
宋仁宗康定元年七月丁巳 1723
宋仁宗康定元年九月 1723
宋仁宗康定元年三月 1722
宋仁宗康定元年五月 1722
宋仁宗康定元年正月 1722
宋仁宗康定元年正月十二日 1722
宋仁宗康定元年四月 1722
宋仁宗康定元年冬 1723
宋仁宗康定元年春 1722
宋仁宗康定元年秋 1723
宋仁宗康定中 1723，1724
宋仁宗康定间 1724
宋仁宗康定初 1721
宋仁宗景祐 1717
宋仁宗景祐二年 1718
宋仁宗景祐二年十二月 1718
宋仁宗景祐二年十二月二十一日 1718
宋仁宗景祐元年 1717
宋仁宗景祐元年十二月一日 1718
宋仁宗景祐元年七月 1718
宋仁宗景祐元年六月 1718
宋仁宗景祐元年春 1718
宋仁宗景祐五年 1718
宋仁宗景祐五年二月七日 1718
宋仁宗景祐五年六月 1718
宋仁宗景祐中 1718
宋仁宗景祐甲戌 1718
宋仁宗景祐四年六月 1718
宋仁宗景祐四年正月九日 1718
宋仁宗景祐初 1717
宋仁宗嘉祐二年 1736
宋仁宗嘉祐二年二月 1736
宋仁宗嘉祐二年五月 1736
宋仁宗嘉祐十一年 1738
宋仁宗嘉祐七年 1737，1738
宋仁宗嘉祐七年春 1738
宋仁宗嘉祐八年 1738
宋仁宗嘉祐八年八月 1738
宋仁宗嘉祐八年三月 1738
宋仁宗嘉祐八年四月 1738
宋仁宗嘉祐三年 1736
宋仁宗嘉祐三年十月 1736
宋仁宗嘉祐三年五月 1736
宋仁宗嘉祐元年 1736
宋仁宗嘉祐元年十二月 1736
宋仁宗嘉祐元年九月 1736
宋仁宗嘉祐元年正月十二日 1736
宋仁宗嘉祐元年四月 1736
宋仁宗嘉祐五年八月 1737
宋仁宗嘉祐五年九月 1737
宋仁宗嘉祐五年正月二十八日 1737
宋仁宗嘉祐六年 1737
宋仁宗嘉祐六年五月 1737
宋仁宗嘉祐六年六月 1737
宋仁宗嘉祐六年秋 1737
宋仁宗嘉祐四年 1737
宋仁宗嘉祐四年二月 1737
宋仁宗嘉祐四年二月十日 1737
宋仁宗嘉祐四年十二月 1737
宋仁宗嘉祐四年十二月七日 1737
宋仁宗嘉祐四年冬 1737
宋仁宗嘉祐初 1736
宋史 1906
宋用臣 892
宋宁宗开禧二年正月二十日 1795
宋宁宗开禧元年 1795
宋宁宗嘉定二年 1795
宋宁宗嘉定十二年十二月 1795
宋宁宗嘉定十二年三月 1795

宋宁宗嘉定十三年八月 1795
宋宁宗嘉定十六年 1795
宋宁宗嘉定十四年正月 1795
宋宁宗嘉定七年夏 1795
宋宁宗嘉定四年七月三日 1795
宋宁宗嘉定四年八月五日 1795
宋永诚 892
宋师恭 892
宋光宗绍熙四年九月二十日 1794
宋光宗绍熙四年癸丑 1794
宋回 892
宋庆融 765
宋守约 892
宋守信 893
宋安道 893
宋祁 893
宋孝宗乾道八年 1794
宋孝宗乾道三年七月 1794
宋孝宗乾道三年五月 1794
宋孝宗乾道五年十二月二十九日 1794
宋孝宗乾道六年 1794
宋孝宗乾道六年正月五日 1794
宋孝宗乾道四年 1794
宋孝宗淳熙十二年二月 1794
宋孝宗淳熙十三年四月 1794
宋克忠 601
宋沆 893
宋宏 601
宋良 893
宋良臣 893
宋玠 893
宋英宗 893
宋英宗治平二年 1739
宋英宗治平二年十月二日 1739
宋英宗治平二年夏 1739
宋英宗治平三年 1739
宋英宗治平三年三月 1739
宋英宗治平元年 1738
宋英宗治平元年十二月十三日 1739
宋英宗治平元年十月十九日 1739
宋英宗治平元年七月 1738
宋英宗治平元年七月二十一日 1738
宋英宗治平元年九月二十六日 1739
宋英宗治平元年九月庚午 1739
宋英宗治平元年六月七日 1738
宋英宗治平元年正月 1738
宋英宗治平中 1740
宋英宗治平四年 1739
宋英宗治平四年二月 1739
宋英宗治平四年二月九日 1739
宋英宗治平四年十二月 1740
宋英宗治平四年十二月二十一日 1740
宋英宗治平四年八月十二日 1740
宋英宗治平四年三月 1740
宋英宗治平四年四月 1740
宋英宗治平四年四月十八日 1740
宋英宗治平四年冬 1740
宋英宗治平四年闰三月 1740
宋英宗治平四年闰三月十九日 1740
宋英宗治平间 1740
宋英宗治平初 1738
宋垂远 893
宋郊 893
宋城 893
宋思恭 893
宋钦宗 893
宋钦宗靖康元年 1791
宋钦宗靖康元年二月 1791
宋钦宗靖康元年三月 1791
宋钦宗靖康元年六月 1791
宋钦宗靖康元年四月 1791
宋钦宗靖康元年冬 1791
宋钦宗靖康元年闰十一月 1791
宋钦宗靖康元年秋 1791
宋钦宗靖康中 1791
宋钦宗靖康末 1791，1792
宋钦宗靖康初 1791
宋庠 893
宋神宗 893
宋神宗元丰二年 1752，1753
宋神宗元丰二年二月二十九日 1753
宋神宗元丰二年七月三日 1753
宋神宗元丰二年八月二十九日 1753
宋神宗元丰二年八月十二日 1753
宋神宗元丰二年三月一日 1753
宋神宗元丰二年三月二十二日 1753
宋神宗元丰二年六月 1753
宋神宗元丰十年 1761
宋神宗元丰七年 1759
宋神宗元丰七年二月三日 1760
宋神宗元丰七年十二月 1760
宋神宗元丰七年十月 1760
宋神宗元丰七年九月 1760
宋神宗元丰七年六月 1760
宋神宗元丰七年正月 1759
宋神宗元丰七年正月二十六日 1759
宋神宗元丰七年正月甲辰 1760
宋神宗元丰七年四月 1760
宋神宗元丰七年四月二日 1760
宋神宗元丰八年 1760
宋神宗元丰八年十二月 1761

宋神宗元丰八年十二月二十一日　1761
宋神宗元丰八年十二月五日　1761
宋神宗元丰八年十月　1761
宋神宗元丰八年七月　1760
宋神宗元丰八年九月十八日　1760
宋神宗元丰八年三月　1760
宋神宗元丰八年四月　1760
宋神宗元丰三年　1753
宋神宗元丰三年十一月二十一　1754
宋神宗元丰三年十月　1753
宋神宗元丰三年三月　1753
宋神宗元丰三年六月　1753
宋神宗元丰三年正月二十七日　1753
宋神宗元丰三年正月二十九日　1753
宋神宗元丰三年四月　1753
宋神宗元丰三年闰九月二十七日　1753
宋神宗元丰元年　1752
宋神宗元丰元年二月　1752
宋神宗元丰元年十月二十八日　1752
宋神宗元丰元年八月　1752
宋神宗元丰元年九月十九日　1752
宋神宗元丰元年六月　1752
宋神宗元丰元年六月九日　1752
宋神宗元丰元年闰正月　1752
宋神宗元丰五年　1756，1757
宋神宗元丰五年二月　1757
宋神宗元丰五年二月二十一日　1757
宋神宗元丰五年十一月十一日　1758
宋神宗元丰五年十二月　1758
宋神宗元丰五年十月二十九日　1758
宋神宗元丰五年十月十一日　1758
宋神宗元丰五年七月二十三日　1758
宋神宗元丰五年八月二十五日　1758
宋神宗元丰五年八月三日　1758
宋神宗元丰五年九月　1758
宋神宗元丰五年九月二十日　1758
宋神宗元丰五年九月十四日　1758
宋神宗元丰五年九月八日　1758
宋神宗元丰五年三月二十一日　1757
宋神宗元丰五年五月　1757
宋神宗元丰五年五月九日　1758
宋神宗元丰五年六月　1758
宋神宗元丰五年正月　1757
宋神宗元丰五年四月十五日　1757
宋神宗元丰中　1761，1762
宋神宗元丰六年　1758，1759
宋神宗元丰六年二月　1759
宋神宗元丰六年十月　1759
宋神宗元丰六年十月末　1759
宋神宗元丰六年七月　1759
宋神宗元丰六年八月六日　1759
宋神宗元丰六年五月　1759
宋神宗元丰六年五月一日　1759
宋神宗元丰六年五月二十日　1759
宋神宗元丰六年六月十三日　1759
宋神宗元丰六年闰七月　1759
宋神宗元丰六年闰六月　1759
宋神宗元丰以来　1762
宋神宗元丰末　1762
宋神宗元丰四年　1754，1755
宋神宗元丰四年十一月二十一日　1756
宋神宗元丰四年十一月七日　1756
宋神宗元丰四年十一月九日　1756
宋神宗元丰四年十一月三日　1756
宋神宗元丰四年十二月　1756
宋神宗元丰四年十月　1756
宋神宗元丰四年十月二十日　1756
宋神宗元丰四年十月二十四日　1756
宋神宗元丰四年十月十二日　1756
宋神宗元丰四年十月十五日　1756
宋神宗元丰四年十月七日　1756
宋神宗元丰四年七月　1755
宋神宗元丰四年八月　1756
宋神宗元丰四年九月　1756
宋神宗元丰四年九月二十七日　1756
宋神宗元丰四年九月二十八日　1756
宋神宗元丰四年九月十七　1756
宋神宗元丰四年九月十三日　1756
宋神宗元丰四年九月丙午　1756
宋神宗元丰四年九月四日　1756
宋神宗元丰四年三月十七日　1755
宋神宗元丰四年五月　1755
宋神宗元丰四年正月　1755
宋神宗元丰四年四月　1755
宋神宗元丰四年四月二十七日　1755

宋神宗元丰四年冬 1756
宋神宗元丰辛酉 1756
宋神宗元丰间 1762
宋神宗元丰初 1752
宋神宗景德四年七月 1706
宋神宗熙五年 1745，1746
宋神宗熙宁二年 1742
宋神宗熙宁二年二月 1742
宋神宗熙宁二年十二月 1743
宋神宗熙宁二年十月 1743
宋神宗熙宁二年七月二十五日 1743
宋神宗熙宁二年八月 1743
宋神宗熙宁二年九月 1743
宋神宗熙宁二年三月 1742
宋神宗熙宁二年六月 1742
宋神宗熙宁二年四月 1742
宋神宗熙宁十年 1750
宋神宗熙宁十年十一月 1751
宋神宗熙宁十年十二月 1751
宋神宗熙宁十年十月 1751
宋神宗熙宁十年八月 1751
宋神宗熙宁十年八月五日 1751
宋神宗熙宁十年六月 1751
宋神宗熙宁十年正月 1750
宋神宗熙宁十年四月八日 1751
宋神宗熙宁七年 1748，1749
宋神宗熙宁七年二月三日 1749
宋神宗熙宁七年五月 1749
宋神宗熙宁七年六月二十一日 1749
宋神宗熙宁七年正月十九日 1749
宋神宗熙宁七年四月十二日 1749
宋神宗熙宁七年四月十七日 1749
宋神宗熙宁七年四月十五日 1749
宋神宗熙宁七年四月十六日 1749
宋神宗熙宁七年四月十四日 1749
宋神宗熙宁八年 1749
宋神宗熙宁八年七月 1750
宋神宗熙宁八年三月 1750
宋神宗熙宁八年五月 1750
宋神宗熙宁八年冬 1750
宋神宗熙宁八年闰四月 1750
宋神宗熙宁九年 1750
宋神宗熙宁九年十一月 1750
宋神宗熙宁九年十二月 1750
宋神宗熙宁九年十月 1750
宋神宗熙宁九年正月 1750
宋神宗熙宁三年 1743，1744
宋神宗熙宁三年二月 1744
宋神宗熙宁三年二月二十八日 1744
宋神宗熙宁三年二月十一日 1744
宋神宗熙宁三年十一月二十四日 1744
宋神宗熙宁三年十二月 1744
宋神宗熙宁三年十二月二十九日 1744
宋神宗熙宁三年八月 1744
宋神宗熙宁三年九月 1744
宋神宗熙宁三年三月十八日 1744
宋神宗熙宁三年五月 1744
宋神宗熙宁三年六月 1744
宋神宗熙宁元年 1741
宋神宗熙宁元年二月 1741
宋神宗熙宁元年十二月 1742
宋神宗熙宁元年十月九日 1742
宋神宗熙宁元年七月 1742
宋神宗熙宁元年七月二十九日 1742
宋神宗熙宁元年八月十三日 1742
宋神宗熙宁元年三月 1741
宋神宗熙宁元年六月十四日 1742
宋神宗熙宁元年六月三日 1741
宋神宗熙宁元年正月 1741
宋神宗熙宁五年 1745
宋神宗熙宁五年二月 1746
宋神宗熙宁五年十一月 1747
宋神宗熙宁五年十二月 1747
宋神宗熙宁五年十二月二十六日 1747
宋神宗熙宁五年十二月十三日 1747
宋神宗熙宁五年十月 1747
宋神宗熙宁五年八月 1747
宋神宗熙宁五年九月 1747
宋神宗熙宁五年三月十六日 1746
宋神宗熙宁五年五月九日 1747
宋神宗熙宁五年六月 1747
宋神宗熙宁五年正月 1746
宋神宗熙宁五年四月 1747
宋神宗熙宁五年闰七月 1747
宋神宗熙宁中 1751，1752
宋神宗熙宁六年 1747
宋神宗熙宁六年十二月 1748
宋神宗熙宁六年十月十三日 1748
宋神宗熙宁六年十月三日 1748
宋神宗熙宁六年八月八日 1748
宋神宗熙宁六年三月四日 1747
宋神宗熙宁六年四月十七日 1748
宋神宗熙宁四年 1744，1745
宋神宗熙宁四年二月 1745
宋神宗熙宁四年十一月 1745
宋神宗熙宁四年十月 1745
宋神宗熙宁四年十月六日 1745
宋神宗熙宁四年八月 1745

宋神宗熙宁四年九月 1745
宋神宗熙宁四年正月 1745
宋神宗熙宁初 1740，1741
宋玙 895
宋恭 895
宋真宗 895
宋真宗（大中）祥符 1706
宋真宗大中祥符 1706
宋真宗大中祥符二年 1707
宋真宗大中祥符二年二月 1707
宋真宗大中祥符二年十一月 1708
宋真宗大中祥符二年三月二十五日 1707
宋真宗大中祥符二年六月 1707
宋真宗大中祥符二年六月二十七日 1707
宋真宗大中祥符二年正月 1707
宋真宗大中祥符二年四月 1707
宋真宗大中祥符七年 1709，1710
宋真宗大中祥符七年二月 1710
宋真宗大中祥符七年十一月 1710
宋真宗大中祥符七年十二月二十二日 1710
宋真宗大中祥符七年七月 1710
宋真宗大中祥符七年五月 1710
宋真宗大中祥符七年五月二十五日 1710
宋真宗大中祥符七年五月丁巳 1710
宋真宗大中祥符七年四月 1710
宋真宗大中祥符八年 1710
宋真宗大中祥符八年二月 1710
宋真宗大中祥符八年十一月 1710
宋真宗大中祥符八年十月 1710
宋真宗大中祥符八年七月 1710
宋真宗大中祥符八年九月 1710
宋真宗大中祥符八年五月 1710
宋真宗大中祥符八年秋 1710
宋真宗大中祥符九年 1710，1711
宋真宗大中祥符九年十二月 1711
宋真宗大中祥符九年十月 1711
宋真宗大中祥符九年八月十九日 1711
宋真宗大中祥符九年三月 1711
宋真宗大中祥符九年三月二十五日 1711
宋真宗大中祥符九年正月二十日 1711
宋真宗大中祥符九年四月七日 1711
宋真宗大中祥符三年 1708
宋真宗大中祥符三年十一月二十日 1708
宋真宗大中祥符三年十一月十八日 1708
宋真宗大中祥符三年十一月六日 1708
宋真宗大中祥符三年十二月 1708
宋真宗大中祥符三年十二月五日 1708
宋真宗大中祥符三年五月 1708
宋真宗大中祥符三年闰二月 1708
宋真宗大中祥符元年 1706
宋真宗大中祥符元年二月 1707
宋真宗大中祥符元年十一月 1707
宋真宗大中祥符元年十一月壬申 1707
宋真宗大中祥符元年十二月 1707
宋真宗大中祥符元年十二月二十三日 1707
宋真宗大中祥符元年十月十九日 1707
宋真宗大中祥符元年六月 1707
宋真宗大中祥符元年四月 1707
宋真宗大中祥符五年 1709
宋真宗大中祥符五年十一月 1709
宋真宗大中祥符五年十二月 1709
宋真宗大中祥符五年五月 1709
宋真宗大中祥符五年五月八日 1709
宋真宗大中祥符五年正月 1709
宋真宗大中祥符中 1711
宋真宗大中祥符六年 1709
宋真宗大中祥符六年二月 1709
宋真宗大中祥符六年十一月二十七日 1709
宋真宗大中祥符六年十二月 1709
宋真宗大中祥符六年九月 1709
宋真宗大中祥符末 1712
宋真宗大中祥符四年 1708
宋真宗大中祥符四年二月 1708
宋真宗大中祥符四年十一月

1709
宋真宗大中祥符四年十月 1709
宋真宗大中祥符四年七月一日 1708
宋真宗大中祥符四年八月 1709
宋真宗大中祥符四年三月 1708
宋真宗大中祥符四年六月 1708
宋真宗大中祥符四年正月 1708
宋真宗大中祥符四年四月 1708
宋真宗大中祥符间 1711
宋真宗大中祥符初 1706
宋真宗天禧二年 1712
宋真宗天禧二年二月 1713
宋真宗天禧三年 1713
宋真宗天禧三年二月 1713
宋真宗天禧三年三月 1713
宋真宗天禧三年五月二日 1713
宋真宗天禧三年春 1713
宋真宗天禧元年 1712
宋真宗天禧元年十一月 1712
宋真宗天禧元年七月 1712
宋真宗天禧元年九月 1712
宋真宗天禧元年三月 1712
宋真宗天禧元年六月二十九日 1712
宋真宗天禧元年正月 1712
宋真宗天禧元年四月 1712
宋真宗天禧五年 1714
宋真宗天禧中 1714
宋真宗天禧四年 1713
宋真宗天禧四年十二月 1713
宋真宗天禧四年十月 1713
宋真宗天禧四年七月 1713
宋真宗天禧四年三月 1713
宋真宗天禧四年三月九日 1713
宋真宗天禧四年五月 1713
宋真宗天禧四年正月 1713
宋真宗天禧后 1714
宋真宗天禧间 1714
宋真宗天禧初 1712
宋真宗咸平二年 1698
宋真宗咸平二年二月 1698
宋真宗咸平二年十一月十五日 1698
宋真宗咸平二年十月 1698
宋真宗咸平二年八月 1698
宋真宗咸平二年九月 1698
宋真宗咸平二年正月 1698
宋真宗咸平三年 1698，1699
宋真宗咸平三年十月 1699
宋真宗咸平三年五月 1699
宋真宗咸平元年 1697
宋真宗咸平元年十一月一日 1698
宋真宗咸平元年十一月十三日 1698
宋真宗咸平元年十一月六日 1698
宋真宗咸平元年十二月 1698
宋真宗咸平元年十月 1698
宋真宗咸平元年三月 1697
宋真宗咸平元年四月 1697
宋真宗咸平元年四月十四日 1698
宋真宗咸平五年 1700
宋真宗咸平五年十一月 1701
宋真宗咸平五年十二月 1701
宋真宗咸平五年十月 1700，1701
宋真宗咸平五年八月 1700
宋真宗咸平五年八月十一日 1700
宋真宗咸平五年三月 1700
宋真宗咸平五年六月八日 1700
宋真宗咸平五年四月 1700
宋真宗咸平五年四月七日 1700
宋真宗咸平中 1702
宋真宗咸平六年 1701
宋真宗咸平六年二月 1701
宋真宗咸平六年二月二日 1701
宋真宗咸平六年十一月 1702
宋真宗咸平六年八月 1702
宋真宗咸平六年九月五日 1702
宋真宗咸平六年三月 1701
宋真宗咸平六年五月 1701
宋真宗咸平六年六月 1701
宋真宗咸平六年六月六日 1701
宋真宗咸平六年正月 1701
宋真宗咸平六年四月 1701
宋真宗咸平六年四月二十四日 1701
宋真宗咸平六年四月十四日 1701
宋真宗咸平六年春 1701
宋真宗咸平末 1702
宋真宗咸平四年 1699
宋真宗咸平四年十一月 1700
宋真宗咸平四年十一月二十八日 1700
宋真宗咸平四年十二月 1700
宋真宗咸平四年十月 1700
宋真宗咸平四年七月 1699
宋真宗咸平四年八月 1699
宋真宗咸平四年九月 1699
宋真宗咸平四年闰十二月 1700
宋真宗咸平四年闰十月 1700
宋真宗咸平时 1703
宋真宗咸平初 1697
宋真宗咸平春 1698
宋真宗乾兴二年 1714
宋真宗乾兴九年 1714
宋真宗乾兴元年 1714
宋真宗乾兴元年十一月七日 1714
宋真宗乾兴元年五月 1714

宋真宗乾兴年间 1715
宋真宗乾兴初 1714
宋真宗景德二年 1704
宋真宗景德二年二月二十日 1704
宋真宗景德二年十二月 1704
宋真宗景德二年九月八日 1704
宋真宗景德二年三月二十五日 1704
宋真宗景德二年三月二十四日 1704
宋真宗景德二年五月 1704
宋真宗景德二年四月 1704
宋真宗景德二年春 1704
宋真宗景德三年 1704，1705
宋真宗景德三年十一月 1705
宋真宗景德三年十一月十三日 1705
宋真宗景德三年十二月 1705
宋真宗景德三年十二月十一日 1705
宋真宗景德三年十月庚午 1705
宋真宗景德三年九月 1705
宋真宗景德三年九月乙丑 1705
宋真宗景德三年九月丁卯 1705
宋真宗景德三年五月 1705
宋真宗景德三年五月一日 1705
宋真宗景德三年六月 1705
宋真宗景德三年六月七日 1705
宋真宗景德三年正月 1705
宋真宗景德元年 1703
宋真宗景德元年二月 1703
宋真宗景德元年十月 1704
宋真宗景德元年七月十三日 1703
宋真宗景德元年八月 1703
宋真宗景德元年九月 1704
宋真宗景德元年三月 1703
宋真宗景德元年五月二十四日 1703
宋真宗景德元年五月十日 1703
宋真宗景德元年六月 1703
宋真宗景德元年正月 1703
宋真宗景德元年正月二日 1703
宋真宗景德元年正月丁巳 1703
宋真宗景德元年四月 1703
宋真宗景德元年闰九月 1704
宋真宗景德中 1706
宋真宗景德四年 1705
宋真宗景德四年十二月 1706
宋真宗景德四年十月 1706
宋真宗景德四年三月十六日 1705
宋真宗景德四年五月 1705，1706
宋真宗景德四年六月二十一日 1706
宋真宗景德四年闰五月 1706
宋真宗景德间 1706
宋真宗景德初 1703
宋哲宗 895
宋哲宗元祐二年 1765
宋哲宗元祐二年十一月十二日 1766
宋哲宗元祐二年十月十三日 1766
宋哲宗元祐二年十月七日 1766
宋哲宗元祐二年七月 1766
宋哲宗元祐二年八月 1766
宋哲宗元祐二年八月二十一日 1766
宋哲宗元祐二年八月二十八日 1766
宋哲宗元祐二年八月八日 1766
宋哲宗元祐二年九月 1766
宋哲宗元祐二年九月二日 1766
宋哲宗元祐二年九月十二日 1766
宋哲宗元祐二年三月 1765
宋哲宗元祐二年五月二十一日 1766
宋哲宗元祐二年六月二十六日 1766
宋哲宗元祐二年以来 1766
宋哲宗元祐二年正月 1765
宋哲宗元祐二年四月十七日 1765
宋哲宗元祐二年闰九月 1766
宋哲宗元祐二年秋 1766
宋哲宗元祐七年 1769
宋哲宗元祐七年八月 1769
宋哲宗元祐七年三月十一日 1769
宋哲宗元祐八年 1769
宋哲宗元祐八年九月五日 1770
宋哲宗元祐八年四月 1770
宋哲宗元祐三年 1766，1767
宋哲宗元祐三年七月 1767
宋哲宗元祐三年八月二十四日 1767
宋哲宗元祐三年八月三日 1767
宋哲宗元祐三年八月五日 1767
宋哲宗元祐三年九月二十二日 1767
宋哲宗元祐三年三月 1767
宋哲宗元祐三年三月二十五日 1767
宋哲宗元祐三年六月 1767
宋哲宗元祐三年四月二十一日 1767
宋哲宗元祐三年四月二十二日 1767
宋哲宗元祐三年闰十二月十四日 1767

宋哲宗元祐元年 1762，1763
宋哲宗元祐元年二月 1763
宋哲宗元祐元年十一月二十一日 1765
宋哲宗元祐元年十一月十六日 1765
宋哲宗元祐元年十二月二十四日 1765
宋哲宗元祐元年十月 1765
宋哲宗元祐元年十月十八日 1765
宋哲宗元祐元年十月十五日 1765
宋哲宗元祐元年十月庚子 1765
宋哲宗元祐元年七月 1764
宋哲宗元祐元年九月 1764
宋哲宗元祐元年九月二十七日 1764
宋哲宗元祐元年三月 1763，1764
宋哲宗元祐元年五月 1764
宋哲宗元祐元年六月 1764
宋哲宗元祐元年六月二十一日 1764
宋哲宗元祐元年六月八日 1764
宋哲宗元祐元年正月 1763
宋哲宗元祐元年正月二十五日 1763
宋哲宗元祐元年正月十八日 1763
宋哲宗元祐元年四月 1764
宋哲宗元祐元年闰二月 1763
宋哲宗元祐元年闰二月二十八日 1763
宋哲宗元祐元年闰二月十一日 1763
宋哲宗元祐元年秋七月 1764
宋哲宗元祐五年 1768
宋哲宗元祐五年十二月 1768
宋哲宗元祐五年十月四日 1768
宋哲宗元祐五年七月 1768
宋哲宗元祐五年七月乙酉 1768
宋哲宗元祐五年八月 1768
宋哲宗元祐五年八月一日 1768
宋哲宗元祐五年六月 1768
宋哲宗元祐五年正月 1768
宋哲宗元祐中 1770
宋哲宗元祐六年 1769
宋哲宗元祐六年二月二十八日 1769
宋哲宗元祐六年十二月七日 1769
宋哲宗元祐六年七月 1769
宋哲宗元祐六年八月二十三日 1769
宋哲宗元祐六年八月十一日 1769
宋哲宗元祐六年九月 1769
宋哲宗元祐六年九月二十六日 1769
宋哲宗元祐六年九月十八日 1769
宋哲宗元祐六年五月 1769
宋哲宗元祐六年六月二十一日 1769
宋哲宗元祐六年六月二十六日 1769
宋哲宗元祐以来 1770
宋哲宗元祐四年 1767
宋哲宗元祐四年二月 1767
宋哲宗元祐四年十一月十日 1768
宋哲宗元祐四年十二月 1768
宋哲宗元祐四年十二月十五日 1768
宋哲宗元祐四年七月 1768
宋哲宗元祐四年八月 1768
宋哲宗元祐四年五月二十八日 1767
宋哲宗元祐四年六月 1768
宋哲宗元祐四年六月八日 1768
宋哲宗元祐四年正月 1767
宋哲宗元祐四年四月五日 1767
宋哲宗元祐间 1770
宋哲宗元祐初 1762
宋哲宗元符二年 1776，1777，1778
宋哲宗元符二年二月二十一日 1779
宋哲宗元符二年十二月 1780
宋哲宗元符二年十二月十六日 1780
宋哲宗元符二年十月五日 1780
宋哲宗元符二年七月 1779
宋哲宗元符二年八月十五日 1780
宋哲宗元符二年九月 1780
宋哲宗元符二年九月二十九日 1780
宋哲宗元符二年九月丁未 1780
宋哲宗元符二年三月 1779
宋哲宗元符二年三月十二日 1779
宋哲宗元符二年三月十七日 1779
宋哲宗元符二年五月 1779
宋哲宗元符二年五月二十一日 1779
宋哲宗元符二年五月二十七日 1779
宋哲宗元符二年五月十四日 1779
宋哲宗元符二年正月 1778
宋哲宗元符二年四月 1779
宋哲宗元符二年四月二十五日 1779
宋哲宗元符二年四月十七日 1779
宋哲宗元符二年闰九月 1780
宋哲宗元符二年闰九月四日

1780
宋哲宗元符二年春 1779
宋哲宗元符二年秋七月二十五日 1779
宋哲宗元符二年秋九月二十日 1780
宋哲宗元符二年夏六月 1779
宋哲宗元符三年 1780
宋哲宗元符三年二月 1781
宋哲宗元符三年二月二十一日 1781
宋哲宗元符三年二月二十四日 1781
宋哲宗元符三年十一月十四日 1781
宋哲宗元符三年十二月 1781
宋哲宗元符三年十月 1781
宋哲宗元符三年七月三日 1781
宋哲宗元符三年八月二十三日 1781
宋哲宗元符三年九月 1781
宋哲宗元符三年三月 1781
宋哲宗元符三年三月四日 1781
宋哲宗元符三年五月五日 1781
宋哲宗元符三年正月 1780
宋哲宗元符三年四月六日 1781
宋哲宗元符元年 1775，1776
宋哲宗元符元年二月十五日 1776
宋哲宗元符元年十二月 1776
宋哲宗元符元年十月三日 1776
宋哲宗元符元年七月 1776
宋哲宗元符元年七月八日 1776
宋哲宗元符元年八月一日 1776
宋哲宗元符元年八月七日 1776
宋哲宗元符元年三月十七日 1776
宋哲宗元符元年五月二十一日 1776
宋哲宗元符元年五月九日 1776
宋哲宗元符元年五月辛巳 1776
宋哲宗元符元年六月二十八日 1776
宋哲宗元符元年正月十七日 1776
宋哲宗元符中 1781
宋哲宗元符间 1781
宋哲宗元符初 1775
宋哲宗绍圣 1770
宋哲宗绍圣二年 1771
宋哲宗绍圣二年十一月二十七日 1771
宋哲宗绍圣二年十二月二十三日 1771
宋哲宗绍圣二年十月二十三日 1771
宋哲宗绍圣二年五月 1771
宋哲宗绍圣二年六月三日 1771
宋哲宗绍圣二年正月二十六日 1771
宋哲宗绍圣二年正月十八日 1771
宋哲宗绍圣二年正月十三日 1771
宋哲宗绍圣二年正月十六日 1771
宋哲宗绍圣二年四月三日 1771
宋哲宗绍圣三年 1772
宋哲宗绍圣三年二月二十五日 1772
宋哲宗绍圣三年十月 1773
宋哲宗绍圣三年十月二十二日 1773
宋哲宗绍圣三年七月 1772
宋哲宗绍圣三年七月十四日 1772
宋哲宗绍圣三年八月 1772
宋哲宗绍圣三年八月一日 1773
宋哲宗绍圣三年九月 1773
宋哲宗绍圣三年九月十三日 1773
宋哲宗绍圣三年九月十四日 1773
宋哲宗绍圣三年三月九日 1772
宋哲宗绍圣三年五月 1772
宋哲宗绍圣三年五月六日 1772
宋哲宗绍圣三年六月 1772
宋哲宗绍圣三年正月二十八日 1772
宋哲宗绍圣三年正月六日 1772
宋哲宗绍圣三年四月二十五日 1772
宋哲宗绍圣三年春 1772
宋哲宗绍圣三年秋 1773
宋哲宗绍圣元年 1770，1771
宋哲宗绍圣元年二月 1771
宋哲宗绍圣元年十月二十一日 1771
宋哲宗绍圣元年八月十五日 1771
宋哲宗绍圣元年三月八日 1771
宋哲宗绍圣元年五月十八日 1771
宋哲宗绍圣元年五月四日 1771
宋哲宗绍圣元年正月二十四日 1771
宋哲宗绍圣中 1774，1775
宋哲宗绍圣四年 1773，1774
宋哲宗绍圣四年二月 1774
宋哲宗绍圣四年二月二十八日 1774

宋哲宗绍圣四年十二月二十一日 1774
宋哲宗绍圣四年十二月八日 1774
宋哲宗绍圣四年七月一日 1774
宋哲宗绍圣四年三月二十七日 1774
宋哲宗绍圣四年六月二十三日 1774
宋哲宗绍圣四年六月十五日 1774
宋哲宗绍圣四年正月 1774
宋哲宗绍圣四年正月二十四日 1774
宋哲宗绍圣四年正月五日 1774
宋哲宗绍圣四年四月 1774
宋哲宗绍圣四年四月二十一日 1774
宋哲宗绍圣四年四月三日 1774
宋哲宗绍圣初 1770
宋高宗 896
宋高宗建炎二年 1792
宋高宗建炎二年八月 1792
宋高宗建炎二年正月 1792
宋高宗建炎三年 1792
宋高宗建炎三年二月 1792
宋高宗建炎三年七月 1792
宋高宗建炎元年 1792
宋高宗建炎元年十月 1792
宋高宗建炎元年七月二十七日 1792
宋高宗建炎元年九月 1792
宋高宗建炎元年六月十三日 1792
宋高宗建炎四年十月 1792
宋高宗建炎四年三月七日 1792
宋高宗建炎间 1792
宋高宗绍兴二十八年 1794
宋高宗绍兴二十九年 1794
宋高宗绍兴二年九月 1792
宋高宗绍兴十一年十二月 1793
宋高宗绍兴十一年九月 1793
宋高宗绍兴十一年六月 1793
宋高宗绍兴十七年 1794
宋高宗绍兴十八年 1794
宋高宗绍兴十三年 1793
宋高宗绍兴十三年三月 1793
宋高宗绍兴十五年八月 1793
宋高宗绍兴十六年 1793
宋高宗绍兴十四年 1793
宋高宗绍兴十四年三月 1793
宋高宗绍兴十年 1793
宋高宗绍兴十年三月 1793
宋高宗绍兴七年十月 1793
宋高宗绍兴七年正月 1793
宋高宗绍兴九年 1793
宋高宗绍兴九年十一月 1793
宋高宗绍兴九年十二月 1793
宋高宗绍兴九年十月 1793
宋高宗绍兴九年六月 1793
宋高宗绍兴三十一年 1794
宋高宗绍兴三十二年 1794
宋高宗绍兴三十年 1794
宋高宗绍兴元年十一月 1792
宋高宗绍兴元年八月 1792
宋高宗绍兴五年 1793
宋高宗绍兴四年十二月 1792
宋家 447
宋球 896
宋理宗宝庆二年春 1795
宋理宗宝庆三年 1795
宋理宗宝庆三年丁亥七月己丑 1795
宋理宗宝庆丙戌七月 1795
宋渊 896
宋深 896
宋绶 896
宋琪 896
宋湜 896
宋犀族 1941
宋搏 896
宋徽宗 896
宋徽宗大观□年□月□日 1787
宋徽宗大观二年 1786
宋徽宗大观二年十一月 1786
宋徽宗大观二年十一月二十四日 1786
宋徽宗大观二年九月二十九日 1786
宋徽宗大观二年六月 1786
宋徽宗大观二年正月 1786
宋徽宗大观二年四月□日 1786
宋徽宗大观七年七月六日 1787
宋徽宗大观三年 1786
宋徽宗大观三年二月 1786
宋徽宗大观三年己酉春 1786
宋徽宗大观三年正月二十九日 1786
宋徽宗大观元年 1785
宋徽宗大观元年八月 1785
宋徽宗大观元年六月 1785
宋徽宗大观元年四月 1785
宋徽宗大观中 1787
宋徽宗大观四年 1786
宋徽宗大观四年八月 1787
宋徽宗大观四年五月四日 1787
宋徽宗大观四年正月二十八日 1787
宋徽宗大观四年正月七日 1787
宋徽宗大观四年后 1787
宋徽宗建中靖国元年 1781, 1782
宋徽宗建中靖国元年二月 1782
宋徽宗建中靖国元年三月 1782
宋徽宗建中靖国元年五月 1782
宋徽宗建中靖国元年四月三日

1782
宋徽宗政和二年十一月十六日 1787
宋徽宗政和二年八月十二日 1787
宋徽宗政和二年四月 1787
宋徽宗政和七年 1789
宋徽宗政和七年六月 1789
宋徽宗政和七年正月八日 1789
宋徽宗政和八年 1789
宋徽宗政和八年八月八日 1789
宋徽宗政和八年九月 1789
宋徽宗政和八年五月五日 1789
宋徽宗政和三年 1787
宋徽宗政和三年二月 1788
宋徽宗政和三年三月 1788
宋徽宗政和元年 1787
宋徽宗政和元年二月七日 1787
宋徽宗政和元年十月 1787
宋徽宗政和元年十月十一日 1787
宋徽宗政和元年正月十日 1787
宋徽宗政和五年 1788
宋徽宗政和五年二月 1788
宋徽宗政和五年十月二十三日 1788
宋徽宗政和五年八月 1788
宋徽宗政和五年三月 1788
宋徽宗政和中 1789
宋徽宗政和六年 1788，1789
宋徽宗政和六年十一月 1789
宋徽宗政和六年十二月十四日 1789
宋徽宗政和六年六月 1789
宋徽宗政和六年春 1789
宋徽宗政和四年 1788
宋徽宗政和四年二月二十五日 1788
宋徽宗政和四年冬 1788
宋徽宗政和初 1787
宋徽宗宣和二年 1790
宋徽宗宣和二年三月 1790
宋徽宗宣和七年 1791
宋徽宗宣和三年六月 1790
宋徽宗宣和元年 1790
宋徽宗宣和元年十一月十三日 1790
宋徽宗宣和元年十月 1790
宋徽宗宣和元年六月十七日 1790
宋徽宗宣和元年四月十五日 1790
宋徽宗宣和五年八月 1790
宋徽宗宣和中 1791
宋徽宗宣和六年 1790，1791
宋徽宗宣和六年九月二十七日 1791
宋徽宗宣和四年二月 1790
宋徽宗宣和初 1789，1790
宋徽宗宣和初元 1790
宋徽宗崇宁二年 1782
宋徽宗崇宁二年二月七日 1783
宋徽宗崇宁二年十二月二十七日 1783
宋徽宗崇宁二年九月二十三日 1783
宋徽宗崇宁二年四月二十二日 1783
宋徽宗崇宁三年 1783，1784
宋徽宗崇宁三年二月 1784
宋徽宗崇宁三年五月 1784
宋徽宗崇宁元年 1782
宋徽宗崇宁元年十一月五日 1782
宋徽宗崇宁元年三月 1782
宋徽宗崇宁元年壬午岁 1782
宋徽宗崇宁元年六月二十九日 1782
宋徽宗崇宁五年 1785
宋徽宗崇宁五年七月 1785
宋徽宗崇宁中 1785
宋徽宗崇宁四年 1784
宋徽宗崇宁四年二月 1784
宋徽宗崇宁四年十一月 1784
宋徽宗崇宁四年十二月 1784，1785
宋徽宗崇宁四年正月一日 1784
宋徽宗崇宁四年闰二月 1784
宋徽宗崇宁间 1785
宋徽宗熙宁六年 1747
宋藩 2015
宏仁寺 1913
牢山 447
牢山驿 447
灾旱 1921
灾竿堡 316
穷边不产材 1921
诃诺木藏城 494
诃诺城 316
译者 1926
译语 1893
社正 671
社庆族 1941
社家掌 316
补细吃多巳 601
补细相公 601
罕山 529
启文 1055
启祖峰 316
启楼铺 57
良乜 39，317
良弓 1833
良恭县 494
良恭镇 317
良原县 108
良辅镇 317
良源县 221
张□□ 601
张力。 1893
张士元 897
张士逊 897
张大宁 897

张大钧 897
张万慕 897
张义论 897
张义甫 897
张义堡 317
张义寨 423
张义潮 765
张之谏 897，898
张小奇族 1973
张小哥 671
张子奭 898
张王族 1941
张天一 898
张天成 765
张天纲 1022
张天益 898
张天翼 898
张元 601
张元方 898
张太宁 898
张少卿 562
张中孚 898
张中彦 1022
张长吉 1055
张仁珪 898
张仁愿 898
张从 898
张从古 898
张从式 899
张从志 899
张从政 899
张公 776，899
张公甫 601
张公辅 601
张氏 562，601，765，1055
张文义 671，899
张文质 899
张文定公 899
张文显 601
张文谦 1032
张亢 899
张方平 899
张邓公 900
张玉 900
张去惑 900
张世永 900
张世安 900
张世规 900
张世昌 900
张世宗 900
张世矩 900，901
张世恭 601
张节 900
张可九 901
张主 901
张立 901
张玄遇 776
张永昌 901
张永和 901
张圭 901
张圭正 602
张吉 671
张吉堡 39
张亚之 901
张存 901
张师岭 447
张团练 602
张延 902
张延寿 602，902
张延洲 902
张延禄 765
张仲元 901
张仲文 602
张仲达 901
张仲英 902
张仲轲 1023
张仲宣 902
张仲谋 902
张仲谟 902
张伦 765
张自勉 776
张行 902
张行信 1023
张全操 902
张旨 902
张庄 902
张齐贤 902
张问 902
张兴 903
张汝弼 1023
张守约 902，903
张守荣 903
张守珪 776
张守恩 903
张守禁 903
张守德 903
张守遵 903
张安世 903
张安泰 903
张安道 903
张讷 1055
张讷儿潘 710
张聿正 602
张异 903
张观 903
张进 903
张进零 765
张孝纯 904
张志 903
张志言 903
张志清 904
张芸叟 904
张克恭 785
张苏 904
张村 317
张村保青窝村 548
张时庸 904
张利一 904
张佑 904
张伯通 904
张佛奴 785
张近 904
张希一 904
张希崇 782
张希道 602
张龟年 904
张免 904
张怀英 904
张怀忠 904

张怀宝 904
张怀暠 904
张怀瑾 904
张怀德 904
张灿 904
张沔 904
张灵州 602
张岊 671
张纳芝临占 671
张纶 905
张若水 905
张若讷 905
张若谷 905
张茂实 905
张直 905
张构 905
张杰 905
张述 905
张拔都 1032
张叔夜 905
张昌宜 776
张迪 905
张忠 905
张迥 905
张知谏 906
张佶 906
张匋 906
张庚 906
张泽 906
张宗永 906
张宗武 906
张宗诲 906
张宗卨 906
张宗谔 906
张宗道 906
张诚 906
张诚一 906
张诜 907
张诜 907
张询 907
张建武 782
张建侯 907
张居 907
张承鉴 907
张纮 907
张绍志 671
张政 907
张政思 602
张赴 907，908
张荛 907
张荣 907
张柄 907
张威 908
张奎 908
张显 908
张昭允 908
张昪 908
张贵 908
张思义 602
张香儿 671
张复延 765
张保 908
张信 908
张禹珪 908
张禹勤 908
张侯 1055
张俞 908
张勉 908
张庭坚 908
张彦泽 782
张洞 909
张洎 909
张诫 909
张祐 602，909
张说 776，909
张陟 602
张贺 909
张绛 602
张都衙 317
张恭 909
张真 909
张恩 909
张铁简 909
张造 909
张兼善 602
张浦 602
张浚 909
张家堡 317
张扆 1023
张继勋 909
张继能 909
张继堡 39
张继凝 909
张硕噶 671
张捷 910
张掖 548，1650，1973
张掖县 7
张掖河 494
张掖郡 7，108
张崇 910
张崇师 602
张崇质 910
张崇贵 910
张崇俊 910
张偻啰 671，710
张康国 910
张族 1973
张商英 910
张惟吉 910
张惟志 910
张惟清 910
张深 910
张宿 1886
张续 671
张琬 911
张琚 911
张琫 911
张超尔 672
张雄飞 1055，1056
张揆 911
张遇 911
张景元 911
张景宪 911
张嵓堡 317
张舜民 911
张詠 911
张斌 911
张翔 1056
张普 912

张遂 912
张翚 912
张献甫 776
张楙 912
张鉴 912
张煦 912
张瘐 912
张雍 912
张源 602
张福孙 1023
张殿丞 912
张僎 912
张肇 912
张觐 912
张暹龙 912
张德 912
张德温 912
张遵 912
张澍 912
张穆之 912，913
张凝 913
张禧 913
张璨 913
张璪 913
张濬 776
张藻 913
张灏 913
灵平城 317
灵平砦 317，423
灵平镇 317
灵台州 482
灵台县 108，221，529
灵芝歌 1901，1906
灵庆兵马副总管 1406
灵庆兵马副都部署 1406
灵庆路副都部署 1406
灵州 7，8，9，108，109，529
灵州大都督府长史 1354，1406
灵州川 39，317
灵州马步军部署 1406
灵州内外都巡检使 1406
灵州节度 1406
灵州节度使 1354
灵州四面都巡检使 1326
灵州西南都巡检使 1327
灵州西面巡检 1326
灵州西面沿边都大巡检使 1326
灵州西面都巡检使 1326
灵州西面缘边都大巡检 1327
灵州西面缘边都大巡检使 1327
灵州西面缘边都巡检使 1327
灵州观察使 1362
灵州两使留后 1354
灵州兵马都总管 1406
灵州兵马都部署 1406
灵州怀远镇驻泊 1406
灵州环庆清远军路马步军都总管 1406
灵州刺史 1121，1327
灵州图 1906
灵州河外五镇都巡检使 1266
灵州城 39
灵州都监兼五原镇都巡检使 1406
灵州都督 1121
灵州都督府 529
灵州监军司 1092
灵州部署 1406
灵州副帅 1406
灵州副部署 1406
灵州渡 57
灵州路巡检 1406
灵州路兵马都总管 1406
灵州路都部署 1406
灵州管内观察处置营田押蕃落使 1327
灵州管内观察处置营田押蕃落等使 1327
灵州管内观察使 1327
灵环十州军兵马都监兼巡检安抚使 1406
灵环十州军副都部署兼安抚副使 1406
灵环十州都部署 1407
灵环庆州清远军路监军 1407
灵环庆清远军四路都监 1407
灵环庆清远军后阵都监 1407
灵环观察处置度支温池榷税等使 1407
灵环排阵都监 1407
灵环清远十州军驻泊副都部署 1407
灵环等州马步军都总管 1407
灵环路 447
灵环路行营都部署 1407
灵环路钤辖 1407
灵武 10，529
灵武五蕃 2015
灵武节度 1327
灵武节度使 1354，1407
灵武州 11
灵武安西都护府 1407
灵武军节度使 1327
灵武城 39
灵武郡 11
灵武路 57
灵武镇 39
灵林 317
灵图寺 1913
灵宝 423
灵信镇 317
灵祐庙 1913
灵盐路 447
灵夏 507
灵夏节制 1327
灵夏四面行营招讨使 1407
灵夏等六道元帅 1355
灵璧县 549
迟延 1871
尾丁硙 39，318
尾丁嗺 39
尾马族 1941
尾宿 1886
尾落族 1941
局分 1093

局分大小 1093
君子 1874
君子有礼 1878
君玉 1056
陆中 913
陆师闵 913
陆佃 914
陆诜 914
阿儿不合 484
阿儿族 1941
阿力麻里 484
阿干堡 318，423
阿土罕 1023
阿山比精 602
阿千水 318
阿千镇 494
阿乞剌 1056
阿不罕德甫 1023
阿日丁 672
阿丹 710
阿丹一难 765
阿乌 710
阿勾 1056
阿六 1893
阿术 1056
阿术鲁 1032
阿匝尔 710
阿布雅 602
阿卢补 1023
阿史那州 529
阿史那思昧 776
阿史那思暕 776
阿史那献 776
阿令京 710
阿令骨 710
阿令结 710
阿令颠颡温 765
阿尔 318，1056
阿尔长普 1056
阿尔丹 1056
阿尔族 1941
阿尔嘉 710
阿兰鄯山 57
阿而布坦山 57
阿迈 603
阿华 1056
阿伊克 603，672
阿齐 672
阿讹 672
阿约勒 603
阿赤 1056
阿声 672
阿克节 672
阿克伊 603
阿克阿 603，672
阿克信 710
阿克袞族 1973
阿克凌 710
阿克密 672
阿芭阿麻 1893
阿苏 710
阿束 1032，1043
阿坚 710
阿里马 484
阿里骨 710，711
阿里海牙节制下军官 1193
阿里麻里城 484
阿里湫城 39
阿作 711
阿辛 765
阿沙 1032，1056
阿沙敢不 603
阿纳城 318
阿驴 711
阿耶阿娘 1883
阿拉克布济克 1056
阿拉克普济 1056
阿拉筛 57
阿拉善旗 494
阿罗 711
阿忽都董娥密竭笃 765
阿波古 1056
阿宜 672
阿弥湾 39
阿荣 1056
阿剌威 1056
阿剌思不剌思 57
阿剌恍 603
阿剌普济 1056
阿捞 1893
阿星 711
阿骨打 1023
阿香 672
阿笃 711
阿保机 785
阿客比纳结逋 711
阿珠 672
阿埋 603
阿埋族 1941
阿都关砦 318
阿都赤 1056
阿莲撒罗 765
阿哥 1893
阿哥阿姐 1883
阿酌 672
阿原烽 318
阿原堡 318，423
阿哩 603
阿息保多尔济 1057
阿翁寨 318
阿离补 1023
阿凌 712
阿诺 318
阿理 603
阿理骨 712
阿理撒米 672
阿勒台汗山 57
阿勒根和衍 1023
阿萨尔 712
阿萨兰回鹘 1973
阿啰 765
阿移 603
阿敏 603，712
阿密沁布寨 39
阿密阿特城 318
阿密鄂特城 318
阿密善正寨 39
阿斯鼎 672
阿葛之 765

阿雅卜 603，712
阿遇 603
阿答赤 1032
阿鲁 712
阿鲁带 1023
阿鲁保 1023
阿道 712
阿裕 603
阿裕尔 603，672
阿樫 1057
阿蒙 712
阿督 765
阿锡达 672
阿舅外甥 1883
阿斯兰汉 765
阿斯结 712
阿斯铎 672
阿鄰 672
阿墩族 1973
阿撒四 712
阿噜 1057
阿噜珲 1057
阿黎 672
阿磨 642
阿魏 1859
陇干县 110，221
陇干城 318
陇山 447
陇山一带弓箭手 1591
陇山县 110
陇山堡 318
陇川 447
陇水 494
陇水河 494
陇右 508，529
陇右专知教练兵马使 1355
陇右日录 1906
陇右节度 1355，1407
陇右节度使 1355
陇右同都巡检使 1407
陇右同都护 1407
陇右沿边安抚使兼沿边都巡检使 1407
陇右沿边安抚都巡检使 1407
陇右郡王 1327
陇右都护 1266，1327，1408
陇右都护府 1408
陇右道 529
陇右缘边安抚使兼都巡检使 1408
陇西 508
陇西节度 1408
陇西县 110
陇西县开国子 1143，1267
陇西郡 11，221
陇西郡王 1128
陇西郡开国公 1143，1267
陇西郡夫人 1193，1327
陇西郡公 1193
陇西寨 318
陇西镇 318
陇成县 110
陇朱 318
陇朱黑城 318
陇朱寨 318
陇关 447
陇州 110，111，221，529
陇州团练使 1408
陇州防御使 1408
陇州城 318
陇安 111
陇安军节度使 1567
陇安寨 423
陇阳城 318
陇阳堡 319
陇阪 319
陇阺 447
陇坻 447
陇波族 1973
陇宗 319
陇城 39，319
陇城川 448
陇城川堡 319
陇城关 495
陇城县 111，221
陇城砦 319
陇城寨 319
陇城寨主簿 1408
陇城寨兵马监押 1408
陇城镇 495
陇拶 712
陇竿城 319
陇泉县 111
陇逋了安 712
陇逋门 1941
陇逋族 1973
陇诺城 319
陇诺堡 319
陇通驴 712
陇谕药四 712
陈义方 914
陈夫人 1193
陈元 914
陈升之 914
陈从善 914
陈公 914
陈公辅 914
陈玉 914
陈永图 914
陈成之 914
陈执中 914，915
陈尧叟 915
陈尧咨 915
陈过庭 915
陈师古 603
陈师道 915
陈先得 915
陈并 915
陈兴 915
陈次升 915
陈安石 915
陈聿精 603
陈虬 916
陈告 916，1093
陈告司 1093
陈希亮 916
陈怀信 916
陈昆 603
陈纬 916

陈纮 916
陈规 1023
陈述古 916
陈叔度 916
陈国公 1267
陈迪 916
陈居正 765
陈临 916
陈昭 916
陈贵 916
陈钦寿 916
陈俊 916
陈彦长 916
陈洎 916
陈济美 917
陈说 917
陈绛 917
陈恭公 917
陈恕 917
陈惟信 917
陈淬 917
陈敢 917
陈尉使 1093
陈舜封 917
陈敦夫 917
陈敦復 917
陈湜 917
陈遘 917
陈鉴 917
陈德玄 917
陈慰使 1093
陈慰副使 1093
陈豫 917
陈橘皮 1859
陈瓘 917
阻卜 1973
阻卜都详稳 1362
阻大涧 1921
附国 1973
附排 1833
陀婆离 765
陀满胡土门 1023
妙娥 319
妙娥山 448
妙娥族 1941
妙敦 319
姊妹 1883
邵元吉 917
邵亢 917
邵伯温 917
邵良佐 917，918
邵叔元 918
邵溥 918
邵寨镇 319，423
邵鳙 918
努卜坚布 672
努卜诺尔 672
努扎 39，319
努扎山 448
努扎川 319
努扎峗堡 319
努扎堡 319
努孔 39
努札川 319
努玛族 1941
鸡 1863
鸡丁朴令骨 712
鸡川 39，320
鸡川水 448
鸡川县 221，529
鸡川谷 495
鸡川堡 320
鸡川寨 320
鸡子川 529
鸡犬 1863
鸡舌香 1845
鸡折 1893
鸡卵 1845
鸡罗瞎药 712
鸡冠花 1921
鸡靶岭 448
鸡觜堡 320
驱领 1093
驴 1817，1863
驴儿 1057
驴马 1863
驴彪 712
驴骡 1863
纯诚功臣 1143
纱 1821
纱线 1822
纱帽 1822
纱罩 1833
纲威岭 448
纲浪凌 603
纲朗威 603
纲裕玛 603
纳儿剥 712
纳木乞僧 672
纳木会 40
纳木沁 713
纳木依申 673
纳木萨勒宗城 320
纳木囊 320
纳木囊山 448
纳木囊山新寨 320
纳丹 765
纳本城 320
纳布克 713
纳叶 320
纳令河 1915
纳兰记僧 1023
纳兰伴僧 1023
纳吉 713
纳合买住 1023
纳合蒲剌都 1023
纳米镇 423
纳玛密戬 713
纳克垒城 320
纳克垒族 1973
纳克通 713
纳克淩结 713
纳克密 320
纳克隆川 320
纳克叠城 320
纳里日 1057
纳林心波 1023
纳述堡 320
纳旺穆砦 40

纳图儿 1032
纳质院 1408
纳命价 1871
纳怜站 484
纳药 673，1942
纳哈塔富拉塔 1023
纳迷山丹堡 320
纳迷川 448
纳迷川堡 320
纳迷城 320
纳迷砦 320
纳迷堡 320
纳麻抹毡 713
纳隆 673
纳幹堡 40
纳嘉德 1057
纳斡 603
纳斡堡 40
纳厮结 713
纸马 1833
纸匠 1866
纸钱 1875，1882
纸笔墨砚 1899
纽子 1822
纽卧文忠 604
纽尚德 604
纽尚德昌 604

八画

环庆 221
环庆马步军副都总管 1408
环庆永兴军路钤辖 1408
环庆行营 1408
环庆行营经略使 1408
环庆安抚 1408
环庆安抚司 1408
环庆走马 1408
环庆走马承受 1408
环庆走马承受公事 1409
环庆灵州清远军兵马都总管 1409
环庆灵州清远军部署 1409
环庆灵都部署 1409
环庆招讨司 1409
环庆招讨使 1409
环庆转运副使 1409
环庆府路 116
环庆沿边兼横山至宥州一带蕃部都巡检使 1143
环庆泾原两路钤辖 1409
环庆泾原都部署 1409
环庆泾原路部署司 1409
环庆经略司 1409
环庆经略安抚使 1409
环庆经略使 1409
环庆钤辖 1409，1410
环庆总管 1410
环庆秦凤副都部署 1410
环庆秦州缘边巡检安抚使 1410
环庆都钤辖 1410
环庆都总管 1410
环庆都监 1410
环庆都部署 1410
环庆部署 1411
环庆部署司 1411
环庆部署钤辖司 1411
环庆副总管 1411
环庆副将 1411
环庆副都总管 1412
环庆副都部署 1412
环庆副部署 1411，1412
环庆第七副将 1412
环庆清远军至灵州地图 1906
环庆等州都部署 1412
环庆等路总管 1412
环庆路 111
环庆路马步军总管 1412
环庆路马步军都部署 1412
环庆路马步军副总管 1412
环庆路马步军副都总管 1412
环庆路勾当公事 1412
环庆路计议措置边防 1412
环庆路权钤辖 1412
环庆路行营经略司 1412
环庆路行营经略都总管司 1412
环庆路安抚使 1412，1413
环庆路安抚经略使 1413
环庆路巡辖马递铺使臣 1413
环庆路走马司 1413
环庆路走马承受 1413
环庆路走马承受公事 1413
环庆路兵马钤辖 1413
环庆路兵马都钤辖 1413
环庆路兵马都监 1267，1398
环庆路兵马都部署 1413
环庆路兵马副都总管 1413
环庆路体量边事 1413
环庆路转运司 1414
环庆路转运判官 1414
环庆路知州部署 1414
环庆路承受公事 1416
环庆路驻泊兵马钤辖 1414
环庆路驻泊钤辖 1414
环庆路驻泊总管 1414
环庆路驻泊都监 1414
环庆路经略司 1414
环庆路经略司准备差使 1415
环庆路经略司准备将领 1415
环庆路经略司蕃部巡检 1267
环庆路经略安抚司 1415
环庆路经略安抚招讨使 1415
环庆路经略安抚使 1415
环庆路经略安抚使司 1415
环庆路经略安抚使兼马步军都总管 1415
环庆路经略安抚缘边招讨使 1415
环庆路经略使 1415，1416
环庆路经略都总管司机宜文字 1416
环庆路经略部署 1416
环庆路钤辖 1416，1417
环庆路钤辖司 1417
环庆路钤辖兼知邠州 1417
环庆路总管 1417
环庆路总管司 1417

环庆路统制 1417
环庆路都钤辖 1417，1418
环庆路都总管 1418
环庆路都总管司 1418
环庆路都监 1418
环庆路都部署 1418，1419
环庆路都部署经略安抚缘边招讨使 1416
环庆路部署 1419
环庆路部署司 1419
环庆路准备将领 1267
环庆路副总管 1419
环庆路副都总管 1419
环庆路副都部署 1419
环庆路副部署 1419
环庆路第二将 1419
环庆路第十将 1420
环庆路第七将 1267，1420
环庆路第三将 1267
环庆路第五将部将 1420
环庆路第四副将 1420
环庆路缘边巡检安抚使 1420
环庆路缘边兼横山寨至宥州一带蕃部都巡检使 1143
环庆路蕃官 1267
环庆路蕃官巡检 1267
环州 116，222
环州大拔寨主 1420
环州弓箭手 1591
环州弓箭手都指挥 1420
环州弓箭手都指挥使 1420
环州弓箭手都虞侯 1420
环州马步军都指挥使 1267
环州团练使 1420
环州军事判官 1420
环州军事推官 1420
环州苏家族巡检 1267
环州刺史 1093，1327
环州定边寨蕃官 1267
环州驻泊都监 1420
环州都巡检使 1420
环州都监 1420
环州通判 1420
环州缘边巡检 1420
环州路承受 1420
环州签书判官 1420
环州签判 1420
环州蕃部都虞侯 1267
环县 495
环路经略司 1421
青川堡 321
青冈 321
青冈川 40
青冈岭 448
青冈城 321
青冈峡 448
青冈峡口 321
青冈砦 321
青冈寨 321
青化 321
青化川 448
青化川口 448
青化砦 321
青化堡 321
青化寨 321
青化镇 321，495
青丹大首领 1591
青丹谷 448
青石岭 321，529
青石峡 321，448
青石峡口 321
青石崖堡 322
青龙族 1973
青卢移 322
青归兀邪 713
青归论征结 713
青归族 1973
青白池 40
青白两池榷盐制置使 1421
青白盐 1845
青白盐池 40
青吉斯 1032
青州 119
青讷纳森 322
青讷纳森心 322
青阳山 549
青阳先生 1057
青远军 322
青远堡 322
青岗川 448
青岗岭 448
青岗峡 322，448
青岗寨 322
青迎 1893
青迎结牟 713
青闰城 322
青羌 2015
青沙岘 322，449
青没怒川 449
青诐吉 713
青鸡 322
青鸡川 322，449
青鸡寨 322
青罗 673，713
青岭 322
青鱼河 57
青波 713
青宜可 713
青宜结毛 713
青宜结牟 713
青宜结果庄 713
青宜结鬼章 713
青宜奢罗 713
青宜赊罗 713
青宜赊啰阿角四 714
青南讷心 322
青南纳心 322
青秋 323
青美朗 323
青觉儿 714
青眉浪 323
青盐 1845
青盐地 323
青高山 449
青唐 508，1651
青唐一带并岷洮等州蕃部都巡检使 1328
青唐大首领 1328，1591
青唐王子 1591

青唐节度　1328
青唐西峡　449
青唐谷　449
青唐录　1907
青唐城　323
青唐峡　449
青唐峗　323
青唐族　1973
青海　509，530
青涧川　323，449
青涧城　323
青涧城都巡检　1421
青冢　231
青堂羌　1974
青麻子　1817
青淀　1867
青绿　1822
青斯巴　714
青塘城　323
青塘族　1974
青塚　231
青蒿　1845
青稞　1846
青塞堡　323
青厮扒　714
青藏　324
青藏川　449
青藏峡　324，449
表里　1822
表纸　1833
武元正　604
武功　119，324
武功大夫　1093，1094，1267，1268，1328
武功县　119，530
武功县开国子　1268
武功郎　1094，1268
武节大夫　1094，1095，1268
武平县　549
武平砦　324
武平寨　324
武用和　604
武宁　324
武宁保静宁国军节度使　1268
武休　324
武延　324
武延川　324，423
武延易藏川　449
武延咸泊川　324
武延鹹泊川　324
武州　11，222
武守琪　918
武安公　765
武安军节度观察留后　1268
武安军节度使　1268
武安军留后　1268
武安堡　324
武英　918
武周天授二年　1666
武周天授三年　1666
武周天授中　1666
武备司提点　1193
武备寺同判　1193
武备寺丞　1193
武备库提点　1193
武宗　1095
武定节度使　1121
武定关　495
武定军节度使　1128
武绍德　604
武经郎　1268
武经总要　1907
武城　324
武城川　495
武城寨　324
武威　11，549
武威王　1328
武威郡　11，119，480
武威郡王　1328
武威郡开国公　1121，1328
武威郡公　1328
武显大夫　1268
武信军节度使　1128，1421
武胜节度使　1235
武胜军　120
武胜军节度观察留后　1421
武胜军节度使　1235
武胜军留后　1421
武胜城　324
武恪　918
武宣　1193
武泰军节度副使　1421
武都　324
武恭　765
武烈皇帝　1095
武家坪　324
武略大夫　1268
武略郎　1268
武略将军　1193
武康公　918
武康军节度　1421
武康军节度使　1421
武骑尉　1328
武惠　918
武遂　918
武戡　918
武源川　324
武愍　1194
武愍公　1194
武愍公夫人　1194
武德郎　1268
武德将军　1194
武德将军兼管稻田　1194
武德将军海道都漕运万户府副万户　1194
武毅　1194
武翼大夫　1268
武翼郎　1268，1269，1329
武翼郎兼阁门宣赞舍人　1329
奉义保塞功臣　1329
奉天县　120，530
奉宁军承宣使　1269
奉训　1194
奉训大夫　1194
奉议　1194
奉议大夫　1194，1195
奉州　530
奉直大夫　1195
奉国上将军　1195

奉国军节度使 1269
奉国军承宣使 1269
奉承御前处分边防司 1421
奉政 1195
奉政大夫 1195
奉送宾客 1878
奉职 1269，1329
奉渡镇 324
奉德县 530
垅山 449
垅培 1856
垆朐河 428
坼候堡 325
坡岭 1921
枅桅岭 449
林广 919
林旦 919
林州 530
林坑山 549
林希 919
林明俊 776
林金城 325
林信 919
林洙 919
林莽 1921
林特 919
林堡 325
林摅 919
林擒城 325
林檎 1846
枝子平 325
枙栿 1814
枢使 1095
枢铭 1095，1893
枢密 1095
枢密同佥右卫亲军都指挥使 1195
枢密同佥右卫都指挥使 1195
枢密同知 1195
枢密行府前军都统制 1269
枢密直学士 1095，1096
枢密使 1096
枢密院 1096
枢密院判 1195
枢密院知院 1195
枢密院经历 1195
枢密院客省使 1195
枢密院都事 1195
枢密院都承旨 1269
枢密院都统制 1269
枢密院都案官 1096
枢密院断事官 1195
枢密院管勾 1195
枢密都丞旨 1269
枢密都丞旨兼都督府参谋官 1269
枢密都承旨 1096
枢密副都承旨 1096
枇杷叶 1859
柜子 1822
析利氏 1942
析章寨 40
板寸 1814
板井 325
板井口 423
板井川 449
板井旧庄 40
板榻 1814
松子岭 477
松木骨堆 325
松州 530
松州刺史 1329
松州都督府 530
松江 549
松花砦 325
松花寨 325
松林堡 40
松昌县 120
松柏 1846
松树梁 495
松炭 1846
松察克斯戬 714
枪 1833
枪杆 1833
构栏 1814
杭州 549
杭州路总管 1195
科栱 1814
枕毡 1822
杷杈 1856
卦斯敦 714
卦斯敦什宁 714
邽山 449
耶卜氏 1057
耶布移守贵 604
耶卑城 325
耶保族 1942
耶律大石 785
耶律王六 785
耶律元衡 786
耶律仁先 786
耶律化哥 786
耶律氏 604，1057
耶律汀 786
耶律兴老 786
耶律余都 786
耶律余覩 786
耶律沙 786
耶律阿海 786
耶律坦 1023
耶律宗睦 786
耶律宜新 786
耶律贯宁 786
耶律勃古哲 786
耶律俨 786
耶律侯哂 786
耶律独攧 786
耶律突吕不 786
耶律速撒 786
耶律敌古 786
耶律敌烈 786
耶律敌鲁古 786
耶律高十 786
耶律高家奴 787
耶律唐古 787
耶律益 787
耶律祥 787
耶律庶成 787
耶律觌烈 787

耶律答 787
耶律鲁不古 787
耶律鲁不姑 787
耶律楚材 1032
耶律慎思 787
耶律福 1023
耶律斡 787
耶律斡里 787
耶律觳 787
耶律德威 787
耶律翰 787
耶律裹里 787
耶律襄 787
取乐饮酒 1817
取问 1871
刺史 1096，1121，1329
直龙图阁 1269
直州 530
直罗 325
直罗县 120，222
直罗县砦 325
直罗路 449
直荡族 1942
直省舍人 1195
直祕阁 1269
直祕阁参军事 1270
直斜 1893
直敷文阁 1270
苦井 325
苦井路 449
苦水河 495
苦苣 1846
苦报无量 1881
苦参 1859
苦蕖 1846
苛岚军 222
若兰 325
若沮没移 714
茂巴尔斯 1057
茂州 530
苜蓿 1846
苗州 530
苗京 919
苗继宣 919
苗授 919
苗履 920
英文皇帝 1096
英州刺史 1270
英博 673
苽黎族 1974
范子功 920
范子仪 921
范子奇 921
范子谅 921
范元功 921
范太尉 921
范仁美 921
范公 921
范公井 449
范文正 921
范文正公 921
范正夫 921
范龙图 922
范圭 766
范老关 495
范百禄 922
范尧夫 922
范廷召 924
范仲淹 922
范仲熊 924
范全 924
范讽 925
范伯履 925
范希文 925
范希朝 776
范纯仁 925
范纯礼 925
范纯祐 926
范纯粹 926
范忠宣 927
范忠献公 927
范侍郎 927
范育 927
范宗师 928
范宗杰 928
范峋 928
范侯 928
范恪 928
范祖禹 928
范致能 928
范致虚 928
范资政 928
范祥 928
范雍 929
范愿 929
范镇 929
范德孺 929
范镗 929
茄子 1846
茄罗 673
茄罗族 1942
茄瓠 1846
茄越 325
茅女王子开道族 1974
茅女涡子族 1974
茅香 1859
昔儿吉思 1032
昔因行愿 1881
昔李公 1057
昔李氏 1942
昔李钤部 1057
昔李教化的 1057
昔里氏 1942
昔里钤部 1057
迺令思敬 605
迺令思聪 605
迺来思聪 605
述仆 604
述哥察儿 1057
或做佛法 1881
者龙族 1942
者达当 325
者达谷 449
者达堡 325
者谷 325
其地平 1921
事必咨母而后行 1875
枣 1846
枣阳县 120

枣阳镇 325
枣园 484
枣社镇 325，423
枣湾沟 495
雨伞 1833
雨谷 1921
雨泽 1921
雨降 1921
雨毡 1833
雨雹 1921
郁李仁 1860
郁金 1860
奈王川 449
奈王井 40
奈龙川 449
奈曼氏 1057
奔巴令阿昆 714
奔鞠 714
奇乌 673
奇罗朗口 58
奇塔特布济克 1057
奇鼎 714
奇鲁朗口 325
奇默特 714
顷亩 1856
顶合遏 1893
顶赤口罗 1893
顶直啰 1096
顶脑 1869
顶疾口罗 1893
抹令 714
抹邦 325
抹邦一带大首领 1591
抹邦山 449
抹耳水巴族 1974
抹牟岭 449
抹征 714
抹征遵 714
抹啰 673，714
拓元城 549
拓拔山 642
拓拔乞梅 642
拓拔元善 1057
拓拔氏 562，1942
拓拔宁丛 642
拓拔戎德 642
拓拔赤词 562
拓拔赤辞 562
拓拔谷 58
拓拔忠 673，930
拓拔承诲 642
拓拔承谦 642
拓拔细豆 642
拓拔思头 562
拓拔思恭 562
拓拔思敬 563
拓拔彦超 642
拓拔首领 1591
拓拔副叶 563
拓拔崇斌 563
拓拔琳沁 673
拓拔朝光 563
拓拔忠 930
拓硕族 1974
拓跋三娘 642
拓跋万诚 642
拓跋元昊 604
拓跋仁友 604
拓跋公政 642
拓跋氏 673，1942
拓跋失都儿忽 604
拓跋守礼 563
拓跋守寂 563
拓跋赤辞 563
拓跋怀光 642
拓跋改德仁 604
拓跋忠 673
拓跋忠义 642
拓跋忠敬 563
拓跋建宗 642
拓跋相公 563
拓跋思忠 563
拓跋思泰 563
拓跋思恭 563
拓跋须蕃邸 604
拓跋亮 604
拓跋部 1943
拓跋谅祚 604
拓跋乾顺 604
拓跋乾晖 563
拓跋遇 673
拓跋黑连 643
拓跋德仁 604
拓跋德明 604
拓跋澄岘 563
拓跋澄泌 563
拓跋澄澜 563
拓德迈 673
拓德遇 673
拔思母族 1974
拔都 1057
拔离速 1024
拔黄 673
拔黄太尉砦 231
拔揭州 530
拔掌 325
拔新族 1943
拔藏党令结 714
押十八州部落使 1121
押队首领 1591
押进 1096
押进甌匣使 1096
押进使 1096
押伴 1421
押伴使 1422
押班岭 325
押党项部落使 1355
押淳、恤等一十八州部落使 1121
押衙 1097，1128
押蕃部使 1422
押蕃落使 1422
押蕃落副使 1329
押蕃落等使 1329
抽口冷讹 1893
抽合那 1893
拖雷 1032
拍板 1901
抱龙川 495

抱罕 326
拄天山 478
拉尔 604
拉尔结玛族 1943
拉吉尔威 1058
拉旺 604
拉旺族 1943
拉家城 326
拉勒结玛族 1943
拦马堡 326
拂拭 1833
招讨太尉 1422
招讨使 1195，1362，1422
招讨南山平夏党项行营兵马都统 1355
招讨南山平夏党项行营兵马都统制置使 1355
招讨钤辖 1422
招讨都监 1422
招讨党项行营都统制置等使 1355
招讨党项使 1355
招讨副使 1422
招安驿 450，478
招安桥 495
招安砦 326
招安寨 326
招抚处置使 1270
招抚使 1097
招抚党项都制置等使 1355
招抚蕃落司 1422
招抚蕃落使臣 1422
招武县 530
披带班殿侍 1270
披毡 1822
披袄 1822
拨硙 1856
拨臧族 1943
拨藏族 1943
择气直舌辩者为之 1871
转运司判官 1422
转运司管勾文字 1422
转运安抚司 1422
转运判官 1423
转运使 1423
转运使司 1424
转运副使 1424
斩马刀 1833
软驴脚四 714
欧仔 930
欧阳文忠公 930
欧阳修 930
欧育 930
欧真 930
卧山台 423
卧瓦哆 604
卧牛山 495
卧牛峰 450
卧则啰 1097
卧羊梁劾特族 1974
卧利 1943
卧佛寺 1913
卧没 1943
卧尚庞 40
卧屈皆 604
卧勃哆 604
卧贵庞 40
卧香乞 604
卧浪己 605
卧啰娘 40
卧梁劾特族 1974
卧落绍昌 605
卧普令济 605
卧誉诤 605
卧德忠 605
瓯匣 1097
瓯匣使 1097
瓯柙使 1097
妻男 1883
妻其庶母、伯叔母、兄嫂、子弟妇 1882
妻眷男女 1884
歧州 120
叔尼卒 1893
叔姨姑舅 1884
齿牙 1869
卓午 1886
卓尔齐 1058
卓克索娄 40
卓罗 40
卓罗右厢一带蕃巡检 1144
卓罗右厢一带蕃部巡检 1144
卓罗右厢监军 1097
卓罗右厢监军司 1097
卓罗和南 1097
卓罗监军司 1097
卓贺 605
卓萨沁格 673，714
卓啰 40
卓啰监军 1097
卓望口铺 326
卓鼐凌 673
虎丹 1860
虎文灿 1058
虎文郁 1058
虎文炳 1058
虎文辉 1058
虎文焕 1058
虎仪 1058
虎头峁 495
虎皮翻披 1822，1875
虎谷镇 326
虎骨 1860
虎峪沟 495
虎益 1058
虎符管军万户 1196
虎睛 1860
虏 2015
虏人 2016
肾 1869
肾脏 1869
贤明巴乌公主 1329
贤明宝物公主 1329
尚文 1058
尚巴约 673
尚书 1097
尚书工部侍郎 1270
尚书左丞 1097
尚书右丞相 1196

尚书令 1097，1144
尚书兵部员外郎 1270
尚书省右丞相 1196
尚书省参知政事 1196
尚书砦 326
尚书断事官 1196
尚对乌扎 605
尚扬丹 673
尚志董星 643
尚杨丹 673
尚诅祝 1875
尚武 1875
尚武力 1875
尚奇 605
尚罗格依 673
尚罗族 1943
尚波于 673
尚宝丞 1196
尚实 605
尚品息赞磨 643
尚结息赞磨 643
尚格 674
尚监丞 1196
尚野息 643
尚悉东赞 643
尚婢婢 776
尚绮心儿 643
尚斯们 714
尚雄豪之气 1875
尚鬼 1893
尚堡岭 450
尚裕 674
尚锦 605
尚德 930
呵昔 714
呵罗 766
呵咱尔 714
呵遇 605
呸嘿川 450
呸曜川 450
呪羊 1875
咄当 40
呼尔敦 326
呼延州都督府 530
呼图克 787
呼图克特穆尔 1032
呼喇美 1024
鸣沙 12，40
鸣沙川 40
鸣沙会 41
鸣沙州 12，484
鸣沙县 12
鸣沙城 41
鸣砂川 41
鸣犊镇 326
呢啰朗 326
岭北行省平章 1196
岭北行省平章政事 1196
岭北行省参知政事 1196
岭北行省参政 1196
岭北湖南道肃政廉访司事 1196
岭耳 326
岭南广西道肃政廉访司副使 1196
岭南行省参政 1196
岭胜驿 326，450
岷山 450
岷州 120，530
岷州一带蕃部同巡检 1329
岷州一带蕃部巡检 1329
岷州一带蕃部钤辖 1330
岷州团练使 1424
岷州行营将 1424
岷州行营将官 1424
岷州青唐巡检 1424
岷州刺史 1330，1424
岷州都总领蕃兵 1424
岷州都督 1355
岷州第四将 1424
岷州铸钱监 1424
岷州缘边安抚使司 1424
岷州蕃兵将 1330
岷州蕃部钤辖 1330
岷南 510
岷洮州蕃部都巡检使 1330
帖木儿 1058
帖木儿不花 1058
帖信普 1058
帖穆 1058
帕克川 326
帕克巴 674
帕克巴原 326
帕美官道谷 450
帕勒布齐 715
账簿 1833
旺扎勒族 1943
旺氏 605
旺丹左城 41
旺布伊特满 605，674
旺令 605
旺约特和尔 605
旺奇卜 674，715
旺奇巴 674，715
旺罗附马 605
旺威族 1943
旺律 674
旺莽额 605
旺凌 605
旺家族 1943
旺善族 1943
旺裕勒宁 605
旺精 1097
旺遵 715
旺额族 1943
明 1651
明义 674，930
明太祖洪武间 1812
明太祖洪武初 1811
明日 1886
明世宗嘉靖 1812
明叶 674
明叶示 605
明叶示族 1943
明成祖永乐九年 1812
明成祖永乐间 1812
明成祖永乐初 1812
明朱族 1943
明州观察使 1270

明安达尔 1058
明安达耳 1058
明安帖木儿 1058
明安特穆尔 1059
明孝宗弘治中 1812
明沙戍 326
明威将军 1196
明宣宗宣德年间 1812
明宪宗成化十三年四月初一 1812
明神宗万历间 1812
明珠族 1943
明爱 674
明桑州 531
明理氏 1059
明堂川 41，450
明堂左厢 1097
明崖 674
明镐 930
虮虱 1863
岢岚水 450
岢岚军 122，222
岢岚军五谷巡检 1424
岢岚军兵马都监 1424
岢岚军草城川天窊村巡检使 1424
岢岚军都监 1425
岢河 450
岩州 122，531
岩谷 1921
岩谷险峻 1922
岩绿县 531
岪轲辘山 495
昊王古渠 495
昊天 1886
昊贼 605
昆山州 549
昌三 715
昌化郡 122
昌宁 606
昌州刺史 1330
昌里马乞 606
昌松县 122
昌移 674
昌塞州 531
昌厮鸡 715
易里马乞 606
易纳室理 1059
易浪升结 606
易难 766
易臧川 326
易臧州 326
易藏山 450
昂 1024
昂吉 1059
昂吉儿 1059
昂吉尔图 549
昂齐 1059
昂阿下水 423
昂阿秃 1059
昂聂 1097
昂宿 1886
旻天 1886
忠义人 1591
忠节 1196
忠训郎 1270
忠州团练使 1270
忠州防御使 1270
忠州刺史 1271，1330
忠壮 674，1270
忠定 1196
忠肃 1197
忠肃公 1197
忠显校尉 1197
忠顺 674
忠顺保德可汗王 1330
忠顺都督府 531
忠宣 1197
忠勇 1197
忠翊郎 1271，1330
忠翊校尉 1197，1330
忠惠 1197
忠惠公 1197
忠遂 1059，1197
忠愍公 1197
忠毅公 1097
忠襄 1197
忠襄公 1197
忠襄公夫人 1197
忠翼 606
罗咙 41
罗卜藏 715
罗儿 674
罗兀城 326
罗山 58
罗川 450
罗川水 450，478
罗韦 326
罗云州 531
罗瓦抹逋 326
罗瓦抹逋城 326
罗瓦城 326
罗日准 715
罗日堡 327
罗氏 606
罗巴 715
罗水县 531
罗甘 327
罗世昌 606
罗世晖 1024
罗汉奴 787
罗尼天王族 1944
罗合 1059
罗交驿 327，450
罗州刺史 1271
罗买 674
罗克密 327
罗围 41
罗帏 41，327
罗佑 674
罗沙 41
罗沙会 41
罗沟堡 327
罗阿 674
罗阿厮难撒温 766
罗和市 327
罗使 327
罗侈 674
罗帛 1822

罗忽都卢麦 766
罗泊川 327
罗泥天王 674
罗衫 1822
罗妹 675
罗承宪 931
罗面千多 766
罗拯 931
罗轻觜 41
罗骨 675
罗骨族 1944
罗保 675
罗保保乜 675
罗信 675
罗美 675
罗洛 41
罗垒族 1944
罗结 675，715
罗埋 675
罗莽 606，675
罗格 327
罗格城 327
罗格堡 327
罗索 1024
罗逋 606
罗逋川 41
罗家平 327
罗理 606
罗勒族 1944
罗萨尔会 41
罗啰 327
罗崖 675
罗渠 931
罗渠谷岭 58，327
罗密谷岭堡 327
罗密谷岭新寨 327
罗密谷岭寨 327
罗彭 41
罗斯结族 1974
罗斯结族都虞侯 1330
罗落 41
罗遇 675
罗舒克 606
罗舒克族 1944
罗邁 931
罗觜 327
罗锦杂幡 1822
罗源县 549
罗窟谷城寨 327
罗窟寨 327
罗斯温 766
罗睺星 1886
罗撒温 766
罗蝦独 643
罗遵 715
典国子监簿 1197
典集冷批浑 1097
典瑞院使 1197
迪儿威 1059
罔氏 606
罔永德 606
罔聿则 606
罔聿谟 606
罔聿𠷈 606
罔进忠 607
罔佐执中 607
罔育讹 607
罔荣忠 607
罔萌讹 607
罔越崖寨 41
罔敦信 607
罔豫章 607
国人敬爱 1899
国子上舍生 1197
国子生 1197
国子高等生 1198
国王 1097
国太夫人 1330
国主 1098，1144
国母 1098
国师 1098
国学 1899
国相 1098
固云沁巴 715
固始县达鲁花赤 1198
固原州 222，495
固原直隶州 495
固密族 1974
固新郎君 1024
固镇铁官提举 1198
图卜 675
图尔默格依城 41
图沙玛族 1974
果子 1846
果木 1846
果庄 715
果庄青宜结 715
果州团练使 1271
果州团练副使 1271
果州防御使 1330
果迎 1893
果毅 1235
果藏 715
牦牛 1817，1863
牦牛尾 1814，1846
牦牛宗谷 450
牦尾 1814
牧龙堡 327
牧地 1922
牧羊峰 327
牧放耕战之地 1922
牧隆城 327
物阿斯因 715
钏子 1822
钓鱼山 549
钗錍 1822
钗子 1822
钗花 1822
知万户府事 1198
知山北道边境事官 1362
知广州 1271
知丰州 1271
知中兴府 1098
知中兴府事 1098
知中兴府通判 1098
知见 1871
知丹州 1271
知归德府 1198
知代州 1304

知代州兼河东沿边安抚事 1425
知瓜州 1330
知瓜州军州事 1330
知兰州 1272
知汉阳府 1198
知宁岷兰环四州 1272
知永兴军府兼提举诸州兵甲 1425
知母 1860
知同州 1272，1304
知延州兼兵马都部署 1425
知延州兼鄜延驻泊部署 1425
知延州兼鄜延路部署司事 1425
知延州兼管内巡检 1425
知延州管勾鄜延路军马公事 1425
知行枢密院事 1198
知全州 1272
知庆州军州事 1425
知庆州兼管勾环庆路部署司事 1425
知并州兼河东路经略安抚缘边招讨使 1425
知江州 1272
知池州 1272
知安陆府 1198
知杨州 1272
知证分白 1871
知灵州兼兵马都部署 1425
知灵州兼都部署 1425
知环州兴平城 1425
知环州兼邠宁环庆路钤辖 1425
知枢密院事 1198
知侍仪事 1198
知侍仪使 1198
知府州 1272，1305
知河州兼洮西安抚 1425
知河州兼管勾洮西沿边安抚司公事兼第三将 1425
知临洮府事 1568
知临洮府兼本路兵马都总管 1568
知叙州 1272
知胜关寨 1272
知洪州 1272
知洮州 1330
知秦州兼两路沿边安抚使 1425
知秦州兼泾原仪渭镇戎缘边安抚使 1425
知秦州兼泾原路安抚使 1425
知秦州兼泾原路沿边安抚使 1425
知秦州兼秦凤路经略安抚使 1425
知秦州兼提举茶马 1426
知秦州兼缘边都巡检使 1426
知晋宁军 1273
知晋宁兼岚石路安抚使 1426
知真州 1273
知夏州 1098
知唐龙镇 1273
知通远军兼权熙河路总管 1426
知绥州 1273
知崑山州事 1198
知商州 1305
知雅州 1198
知鼎州 1273
知渭州军州事 1426
知渭州兼同管勾泾原路经略安抚部署司公事 1426
知渭州兼泾原路都部署经略安抚缘边招讨使 1426
知渭州兼管勾泾原路安抚都部署司事 1426
知湟州 1330
知湟州军州事 1330
知湟州兼陇右沿边同都巡检使 1426
知湟州兼陇右沿边都巡检使 1426
知湟州兼陇右都巡检使 1426
知鄜州军州事 1273
知福州 1273
知静江府 1273
知嘉定州 1198
知熙州军州事 1426
知熙州兼权发遣熙河兰会路经略安抚司事措置边事 1426
知熙州兼熙河兰岷路安抚都总管司公事 1426
知鄯州军州事 1330
知蕃汉公事 1273
知蕲州 1273
知镇戎军 1273
知镇戎军兼经略司统制官 1426
知镇江府 1273
知潭州 1273
知濠州 1273
知麟州建宁 1426
知麟州建宁砦 1426
知麟州建宁寨兼本地分巡检及汉蕃私市 1426
知麟州静羌寨 1426
和川镇 328
和义州 531
和风 1922
和文显 931
和尔川寨 328
和尔扬寨 328
和尔沁博 675
和尔阿木都 716
和尔济勤克伊实 766
和尔寨 328
和市 41
和宁州 531
和宁寨 328
和戎砦 328
和戎寨 328
和同县 531
和延进 766
和众 1901
和众辅国功臣 1273
和州防御使 1273

和苏 675
和罕王 766
和昔州 531
和林 549
和尚 1059
和尚原 328，423
和国公 1273
和实纳 1059
和诜 931
和政郡夫人 1273
和政寨 423
和诺克 328
和诺克族 1944
和铣 931
和断官 1871
和集县 531
和斌 931
和善县 531
和斡 1059
制义去邪 1098
制戎城 328
制羌城 328
制羌砦 328
制胜关 450
制勘熙河兰会路经略司使 1427
制置司 1273，1426
制置青白盐使 1426
制置青白盐使副 1426
制置使 1273，1427
制置泾原秦凤等路军马粮草司 1427
制置泾原秦凤路军马粮草 1427
制蕃字师 1893
委兀 1974
委乞族 1944
委布谷口 478
委哥宁令 607
季晗 1944
季卧 1944
季膺 607
迤逦约腊 607
垂手 1893
垂笛 1893
秉义郎 1273，1274，1330
秉义效忠著节佐治功臣 1198
秉忠执义威远功臣 1199
秉忠执德威远功臣 1199
侍卫马司 1274
侍卫马军都虞侯 1274
侍卫亲军马军都虞侯 1274
侍卫亲军步军副都指挥使 1274
侍中 1098，1121，1128，1144
侍仪使 1199
侍其臻 931
侍御史 1121，1128，1199
侍禁 1274，1331
佶移 675
供写南北章表 1098
供佛宝 1881
供奉官 1144，1274，1275，1331
供备库使 1098，1275，1331
供备库副使 1144，1275，1331
供养烧香 1881
使太府院事 1199
使仁虞院 1199
使典瑞院 1199
使持节西州刺史 1331
使持节达、洫等一十二州诸军事 1121
使持节沙州刺史 1331
使持节沙州诸军事 1331
使持节肃州诸军事 1331
使持节庭州团练使 1331
使持节洮州凉州刺史 1331
使持节洮州凉州诸军事 1331
使持节洮州诸军事 1331
使持节都督延州诸军事 1121
使持节都督灵州诸军事 1121
使持节都督夏州诸军事 1128
使持节凉州诸军 1332
使持节凉州诸军事 1332
使持节绥州诸军事 1128
使持节淳、恤等一十八州诸军事 1121
使持节鄯州防御使 1332
使持节鄯州诸军事 1332
使将作院 1199
使宣政院 1199
依法行谴 1871
依政县 531
版井川 451
的流族 1944
岳州防御使 1144
岳居戢 716
岱尔族 1974
岱岭 58
卑宁族 1944
卑州 531
征东行中书省左丞 1199
征东招讨使 1199
征东宣慰使 1199
征东宣慰使都元帅 1199
征行千户 1199
征原堡 423
征袍 1822
征通谷中路 451
往利氏 1944
欣悦 1901
郇逋 716
质州 531
质孤河 451
质孤堡 328，423
质孤寨 328
质俊 931
爬流沙 42，328
郄勋 931
乳六 1893
乳头 1817
乳香 1846，1860
乳骆河 451
乳浪 1893
乳浪寨 329
乳酪河 451

忿恨 1871
舍 1893
舍儿伯赤 1199
舍利 1881
舍利州 531
舍利威 1059
舍利族 1944
舍钦角四 716
舍钦波 675
舍钦脚 716
舍脊 1814
金 1651
金山 451，716
金川县 531
金卫绍王大安三年 1805
金卫绍王大安三年正月 1805
金卫绍王至宁元年 1805
金卫绍王至宁元年十一月 1805
金卫绍王至宁元年六月 1805
金卫绍王至宁末 1805
金卫绍王崇庆元年十二月 1805
金卫绍王崇庆元年三月 1805
金卫绍王崇庆元年正月 1805
金太宗 1024
金太宗天会二年十月 1796
金太宗天会二年三月 1795
金太宗天会二年正月 1795
金太宗天会二年闰三月 1795
金太宗天会十一年十月 1796
金太宗天会十一年正月 1796
金太宗天会十二年十月 1796
金太宗天会十二年正月 1796
金太宗天会十四年冬 1796
金太宗天会十年十月 1796
金太宗天会十年正月 1796
金太宗天会七年十月 1796
金太宗天会七年正月 1796
金太宗天会八年 1796
金太宗天会八年十月 1796
金太宗天会八年正月 1796
金太宗天会九年十月 1796
金太宗天会九年正月 1796
金太宗天会三年 1796
金太宗天会三年十月 1796
金太宗天会三年正月 1796
金太宗天会元年 1795
金太宗天会五年 1796
金太宗天会五年二月辛亥 1796
金太宗天会五年十月 1796
金太宗天会五年七月 1796
金太宗天会五年正月 1796
金太宗天会中 1796，1797
金太宗天会六年十月 1796
金太宗天会六年正月 1796
金太宗天会四年十月 1796
金太宗天会四年正月 1796
金太宗天会间 1797
金太祖 1024
金太祖天辅七年六月 1795
金太祖天辅六年 1795
金太祖天辅间 1795
金牛 1886
金乌 1886
金乌塔名钝噎似吴索温 766
金世宗 1024
金世宗大定二十一年八月 1802
金世宗大定二十一年三月 1802
金世宗大定二十一年正月 1802
金世宗大定二十一年四月 1802
金世宗大定二十二年 1802
金世宗大定二十二年九月 1802
金世宗大定二十二年三月 1802
金世宗大定二十七年 1802
金世宗大定二十七年十二月 1803
金世宗大定二十七年九月 1803
金世宗大定二十七年三月 1802
金世宗大定二十七年正月 1802
金世宗大定二十八年九月 1803
金世宗大定二十八年三月 1803
金世宗大定二十八年正月 1803
金世宗大定二十九年八月 1803
金世宗大定二十九年三月 1803
金世宗大定二十九年五月 1803
金世宗大定二十九年正月 1803
金世宗大定二十九年四月 1803
金世宗大定二十三年九月 1802
金世宗大定二十三年三月 1802
金世宗大定二十三年正月 1802
金世宗大定二十五年十一月 1802
金世宗大定二十六年八月 1802
金世宗大定二十六年三月 1802
金世宗大定二十六年正月 1802
金世宗大定二十四年二月 1802
金世宗大定二十四年十月 1802
金世宗大定二十四年八月 1802
金世宗大定二十四年三月 1802
金世宗大定二十四年五月

1802
金世宗大定二十四年正月 1802
金世宗大定二十年十二月丙午 1802
金世宗大定二十年十二月癸卯 1802
金世宗大定二十年九月 1802
金世宗大定二十年三月 1802
金世宗大定二十年正月 1802
金世宗大定二年十二月 1799
金世宗大定二年八月 1799
金世宗大定二年九月 1799
金世宗大定二年四月 1799
金世宗大定十一年八月 1801
金世宗大定十一年三月 1801
金世宗大定十一年正月 1801
金世宗大定十二年 1801
金世宗大定十二年十二月 1801
金世宗大定十二年九月 1801
金世宗大定十二年三月 1801
金世宗大定十二年正月 1801
金世宗大定十二年四月 1801
金世宗大定十七年 1801
金世宗大定十七年十一月 1801
金世宗大定十七年十二月 1801
金世宗大定十七年十月 1801
金世宗大定十七年九月 1801
金世宗大定十七年三月 1801
金世宗大定十七年正月 1801
金世宗大定十八年十二月 1801
金世宗大定十八年九月 1801
金世宗大定十八年三月 1801
金世宗大定十八年正月 1801
金世宗大定十八年四月 1801
金世宗大定十九年九月 1802
金世宗大定十九年三月 1802
金世宗大定十九年正月 1802
金世宗大定十三年九月 1801
金世宗大定十三年三月 1801
金世宗大定十三年正月 1801
金世宗大定十五年十二月 1801
金世宗大定十五年正月 1801
金世宗大定十五年闰九月 1801
金世宗大定十六年九月 1801
金世宗大定十六年三月 1801
金世宗大定十六年正月 1801
金世宗大定十四年九月 1801
金世宗大定十四年三月 1801
金世宗大定十四年正月 1801
金世宗大定十年 1800
金世宗大定十年十一月 1800
金世宗大定十年七月 1800
金世宗大定十年九月 1800
金世宗大定十年三月 1800
金世宗大定十年三月丁丑 1800
金世宗大定十年正月 1800
金世宗大定十年闰五月 1800
金世宗大定七年 1800
金世宗大定七年十二月 1800
金世宗大定七年九月 1800
金世宗大定七年三月己亥 1800
金世宗大定七年正月 1800
金世宗大定八年 1800
金世宗大定八年九月 1800
金世宗大定八年三月 1800
金世宗大定八年正月 1800
金世宗大定八年四月 1800
金世宗大定九年九月 1800
金世宗大定九年三月 1800
金世宗大定九年五月 1800
金世宗大定九年正月 1800
金世宗大定三年 1799
金世宗大定三年十月 1799
金世宗大定三年七月 1799
金世宗大定三年九月 1799
金世宗大定三年三月 1799
金世宗大定三年五月 1799
金世宗大定五年九月 1800
金世宗大定五年三月 1800
金世宗大定五年正月 1800
金世宗大定中 1803
金世宗大定六年 1800
金世宗大定六年十二月 1800
金世宗大定六年九月 1800
金世宗大定六年三月 1800
金世宗大定六年三月戊申 1800
金世宗大定六年正月 1800
金世宗大定六年四月 1800
金世宗大定四年十二月 1799
金世宗大定四年九月 1799
金世宗大定四年三月 1799
金世宗大定四年正月 1799
金世宗大定间 1803
金世宗大定初 1799
金龙山 451
金平 329
金印 1911
金主亶 1024
金匠 1866
金刚杵 1881
金延福 766
金池县 531
金汤川结明萨庄 329
金汤城 42，329
金汤砦 329
金汤族 1944
金汤路 451
金汤新寨 329
金汤寨 42，423
金汤镇 42，329
金字牌 1911
金字藏经 1907
金坛县达鲁花赤 1200
金村堡 329
金束带 1822
金吾卫上将军 1098，1200，1275
金佛 1881
金谷峗 329

金条 1822
金纸 1833
金柜镇 329，423
金齿等国安抚使 1200
金国 1653
金国通问使 1276
金明 329
金明巡检使 1275
金明巡检都监 1275
金明县 122
金明县兵马都监 1276
金明县都监 1276，1427
金明县都监兼新寨、解家河、卢关巡检 1276
金明县都监兼新寨、解家河、卢关路都巡检 1276
金明县监押 1276
金明驿 451
金明城 329
金明都巡检使 1276
金明都监 1276
金明砦 329
金明族 1944
金明寨 329
金帖镂冠 1823
金饰胡床 1833
金河 484
金肃州 70
金肃军 70，222
金肃军都部署司 1362
金肃城 231
金线 1823
金线乌弰弓 1833
金线乌梢弓 1833
金城 330
金城关 330，451
金城津 482
金城郡 123，222
金城堡 331
金带 1822，1823
金星 1886
金星石 1846
金星矾 1846
金星族 1944
金贴纸冠 1823
金哀宗正大二年十二月 1808
金哀宗正大二年十月 1808
金哀宗正大二年九月 1808
金哀宗正大三年 1808
金哀宗正大三年二月 1808
金哀宗正大三年十一月 1809
金哀宗正大三年十一月甲戌 1809
金哀宗正大三年十月 1809
金哀宗正大三年七月 1808
金哀宗正大三年正月 1808
金哀宗正大元年 1808
金哀宗正大元年十一月 1808
金哀宗正大四年 1809
金哀宗正大初 1808
金宣宗 1024
金宣宗元光二年 1808
金宣宗元光二年二月 1808
金宣宗元光二年四月 1808
金宣宗元光元年二月 1808
金宣宗元光元年十二月 1808
金宣宗元光元年十月 1808
金宣宗元光元年八月 1808
金宣宗元光元年三月 1808
金宣宗元光元年六月 1808
金宣宗元光元年正月 1808
金宣宗贞祐二年 1805
金宣宗贞祐二年十一月 1805
金宣宗贞祐二年八月 1805
金宣宗贞祐三年 1805
金宣宗贞祐三年二月 1806
金宣宗贞祐三年十一月 1806
金宣宗贞祐三年十月 1806
金宣宗贞祐三年九月 1806
金宣宗贞祐三年三月 1806
金宣宗贞祐三年正月 1805
金宣宗贞祐三年冬 1806
金宣宗贞祐元年 1805
金宣宗贞祐元年十一月 1805
金宣宗贞祐元年十二月 1805
金宣宗贞祐四年 1806
金宣宗贞祐四年十一月 1806
金宣宗贞祐四年十二月 1806
金宣宗贞祐四年十月 1806
金宣宗贞祐四年八月 1806
金宣宗贞祐四年五月 1806
金宣宗贞祐四年六月 1806
金宣宗贞祐四年四月 1806
金宣宗贞祐四年闰六月 1806
金宣宗贞祐初 1805
金宣宗兴定二年七月 1807
金宣宗兴定二年三月 1807
金宣宗兴定二年五月 1807
金宣宗兴定二年正月 1807
金宣宗兴定三年 1807
金宣宗兴定三年十二月 1807
金宣宗兴定三年三月 1807
金宣宗兴定三年四月 1807
金宣宗兴定三年闰七月 1807
金宣宗兴定元年 1806
金宣宗兴定元年八月 1807
金宣宗兴定元年九月 1807
金宣宗兴定元年五月 1806
金宣宗兴定元年正月 1806
金宣宗兴定五年二月 1807
金宣宗兴定五年十一月 1808
金宣宗兴定五年十月 1808
金宣宗兴定五年三月 1807
金宣宗兴定五年五月 1807
金宣宗兴定五年正月 1807
金宣宗兴定五年冬 1808
金宣宗兴定四年 1807
金宣宗兴定四年二月 1807
金宣宗兴定四年八月 1807
金宣宗兴定四年九月 1807
金宣宗兴定四年四月 1807
金宣宗兴定初 1806
金冠 1823
金起云冠 1823
金原县 531
金钱花 1922
金海陵王天德二年七月 1798
金海陵王天德二年正月 1798
金海陵王天德三年九月 1798

金海陵王天德三年正月 1798
金海陵王天德元年十二月 1798
金海陵王天德四年九月 1798
金海陵王天德四年正月丁酉 1798
金海陵王天德四年正月壬子 1798
金海陵王正隆二年九月乙丑 1799
金海陵王正隆二年正月戊辰 1799
金海陵王正隆二年正月癸未 1799
金海陵王正隆二年四月 1799
金海陵王正隆三年九月 1799
金海陵王正隆三年正月丁丑 1799
金海陵王正隆三年正月壬戌 1799
金海陵王正隆三年正月丙寅 1799
金海陵王正隆元年 1798
金海陵王正隆元年正月戊午 1799
金海陵王正隆元年正月癸卯 1799
金海陵王正隆五年正月乙未 1799
金海陵王正隆五年正月庚辰 1799
金海陵王正隆六年正月己丑 1799
金海陵王正隆六年正月甲戌 1799
金海陵王正隆末 1799
金海陵王正隆四年九月 1799
金海陵王正隆四年三月丙辰 1799
金海陵王正隆四年五月 1799
金海陵王正隆四年正月丙辰 1799
金海陵王正隆四年正月辛未 1799
金海陵王贞元二年十二月 1798
金海陵王贞元二年九月 1798
金海陵王贞元二年三月 1798
金海陵王贞元二年正月己巳 1798
金海陵王贞元二年正月甲寅 1798
金海陵王贞元三年五月 1798
金海陵王贞元三年正月己酉 1798
金海陵王贞元三年正月甲子 1798
金海陵王贞元元年 1798
金海陵王贞元元年九月 1798
金海陵王贞元元年元旦 1798
金海陵王贞元元年正月 1798
金涂银印 1911
金涂银束带 1823
金涂银带 1823
金涂银黑束带 1823
金家堡 331
金银 1823，1846
金银带 1823
金符千户 1200
金符朝列大夫 1200
金盘 1833
金章宗 1024
金章宗明昌二年八月 1803
金章宗明昌二年三月丁巳 1803
金章宗明昌二年三月丁卯 1803
金章宗明昌二年正月 1803
金章宗明昌三年八月 1803
金章宗明昌三年正月 1803
金章宗明昌元年八月 1803
金章宗明昌元年正月 1803
金章宗明昌五年八月 1803
金章宗明昌五年正月辛巳 1803
金章宗明昌五年正月癸亥 1803
金章宗明昌五年四月 1803
金章宗明昌六年八月 1803
金章宗明昌六年三月 1803
金章宗明昌六年正月 1803
金章宗明昌四年十一月 1803
金章宗明昌四年十二月 1803
金章宗明昌四年八月 1803
金章宗明昌四年九月 1803
金章宗明昌四年正月 1803
金章宗明昌初 1803
金章宗承安二年 1803，1804
金章宗承安二年十二月 1804
金章宗承安二年八月 1804
金章宗承安二年正月 1804
金章宗承安三年八月 1804
金章宗承安三年正月 1804
金章宗承安元年八月 1803
金章宗承安元年正月 1803
金章宗承安五年八月 1804
金章宗承安五年正月戊子 1804
金章宗承安四年八月 1804
金章宗承安四年正月 1804
金章宗泰和二年八月 1804
金章宗泰和二年正月 1804
金章宗泰和七年 1804
金章宗泰和七年八月 1804
金章宗泰和七年正月 1804
金章宗泰和八年十月 1805
金章宗泰和八年三月 1805
金章宗泰和八年五月 1805
金章宗泰和八年正月 1805
金章宗泰和三年八月 1804
金章宗泰和三年正月 1804
金章宗泰和元年 1804
金章宗泰和元年八月 1804
金章宗泰和元年三月 1804
金章宗泰和元年正月 1804
金章宗泰和五年正月 1804
金章宗泰和五年闰八月 1804
金章宗泰和六年十二月 1804
金章宗泰和六年七月 1804

金章宗泰和六年九月　1804
金章宗泰和六年三月　1804
金章宗泰和六年正月　1804
金章宗泰和六年正月癸未　1804
金章宗泰和四年八月　1804
金章宗泰和四年正月　1804
金章宗泰和间　1805
金宿城　495
金粟城　42
金紫公　607
金紫光禄大夫　1098，1121，1128，1145，1200，1332
金装山子笔格　1833
金渡黑银花香炉合　1833
金缕贴冠　1823
金觥　1833
金熙宗天会十三年正月　1796
金熙宗天会十五年正月己卯　1796
金熙宗天会十五年正月癸亥　1796
金熙宗天会十四年正月　1796
金熙宗天眷二年　1797
金熙宗天眷二年十月　1797
金熙宗天眷二年正月壬午　1797
金熙宗天眷二年正月戊戌　1797
金熙宗天眷三年九月　1797
金熙宗天眷三年正月丁丑　1797
金熙宗天眷三年正月癸巳　1797
金熙宗天眷元年正月戊子　1797
金熙宗天眷元年正月甲辰　1797
金熙宗天眷元年秋　1797
金熙宗皇统二年　1797
金熙宗皇统二年六月　1797
金熙宗皇统二年正月乙未　1797
金熙宗皇统二年正月辛亥　1797
金熙宗皇统七年　1798
金熙宗皇统七年正月乙丑　1798
金熙宗皇统七年正月辛巳　1798
金熙宗皇统八年　1798
金熙宗皇统八年正月丙子　1798
金熙宗皇统八年正月庚申　1798
金熙宗皇统九年正月甲申　1798
金熙宗皇统九年正月庚子　1798
金熙宗皇统三年　1797
金熙宗皇统三年正月乙未　1797
金熙宗皇统三年正月己丑　1797
金熙宗皇统元年　1797
金熙宗皇统元年正月丁巳　1797
金熙宗皇统元年正月壬寅　1797
金熙宗皇统元年正月辛丑　1797
金熙宗皇统五年正月丁未　1797
金熙宗皇统五年正月癸亥　1797
金熙宗皇统五年四月庚辰　1797
金熙宗皇统六年　1797
金熙宗皇统六年正月丁亥　1798
金熙宗皇统六年正月辛未　1798
金熙宗皇统四年正月己巳　1797
金熙宗皇统四年正月癸丑　1797
金熙宗皇统间　1798
金镀铁甲　1834
金精石　1846
金蹀躞　1823
命䩞䩞　1893
命子元　675
命奴　675
命资允　675
斧　1834
采木场　1926
采卖木植司　1927
觅诺族　1944
受纳　1098
受纳司　1099
受降城路　451
受承　1871
受罚　1871
受贿　1871
狐尾　1846
狐咩族　1944
狐路谷　451
狗儿厢主　607
狗泊　231
狗猪　1863
狗道岭　451
饰床　1834
肤公城　331
肤施　331
肤施县　123，222
肺胆　1869
股腿　1869
服勤翊卫功臣　1200
胁肋　1869
兔　1863
兔毛川　42
兔头川　451
兔年　1886
兔毫川　451
兔鹘　1847
鱼口砦　42
鱼苏　1860
鱼角蝉　716
鱼周询　931

鱼河堡 331
鱼骨 1860
鱼彦璘 675
鱼家庄 331
鱼斌 931
鱼鳖 1863
备边策 1907
忽三十 1024
忽里堆 331
忽剌出 1059
忽都不花 1059
忽都帖 1059
忽都帖木儿 1032
忽都城 331
忽都铁穆儿 1032
忽都答儿 1059
忽都答尔 1060
炙羊髀占吉凶 1875
炙勃焦 1875
枭波族 1974
枭篦寨 331
周 1653
周仁美 931
周氏 676，1060
周文质 932
周尹 932
周世昌 932
周永清 932
周兴 932
周聿 932
周好问 932
周良孺 932
周英 932
周国夫人 676，1276
周明 676
周易卜筮断 1907
周郁 1893
周宗义 607
周承瑨 932
周俊明 676
周彦崇 932
周美 932
周珪 932
周莹 933
周家族 1945
周家堡 331
周萨纳齐 716
周辅良 933
周惟德 933
周谔 933
周斯那支 716
周智光 776
周德威 782
周霖 933
迯讹 1945
飏聊 1856
郊坛 1878
刻口移 1893
刻叉 1834
京六口罗 1893
京尹 1200
京玉关 451，478
京东路宣抚使 1276
京西 510，554
京西左藏库副使 1332
京西监当 1276
京兆府 123，222
京兆府万年县令 1128
京兆府功曹参军 1128
京纱 1823
京城四面都统 1121
京城四壁守御使 1276
京城西北收复都统 1121
京城西旧染院 554
京城西面都统 1121
京臧 676
京畿广卫仓使 1200
京畿广衍仓使 1200
京畿河北西路淮北寿亳州招讨使 1276
京畿河北西路淮北寿亳州招讨使兼建康府驻扎 1276
京畿河北河东宣抚使 1427
京畿河北淮北寿亳州招讨使 1276
京畿都统 1121
京畿漕运副使 1200
夜间 1886
夜明沙 1860
夜举火 1875
夜洛隔 766
夜洛隔可汗王 1332
夜浪 1945
夜落纥 766
夜落隔 766
夜落隔归化 766
夜落隔通顺 766
夜篝火以为候 1875
兖州路同知 1200
庞龙图 933
庞庄敏公 933
庞青 676
庞青族 1945
庞迪 933
庞罗逝安 607
庞咩俞布安 607
庞拜族 1945
庞待制 933
庞颍公 933
庞静 1945
庞静师德 607
庞籍 933
店子平 331
庙儿山 495
庙儿湾 495
庙州铺 331
庎子 1847
庎穰砦 331
庎穰堡 332
庎穰寨 332
庎穰镇 332
庎穰 332，1834
庎穰寨 332
庎穰镇 423
府中 332
府主 1099
府主大王 1099
府主太师 1099
府州 123，222，484，531

府州八族 1945
府州八族都校 1332，1427
府州马步军都指挥使 1276
府州马步军都校 1277
府州马步军副总管 1427
府州五族 1945
府州宁边寨监押 1427
府州宁府寨兵马都监 1427
府州团练使 1235，1277
府州军马司 1427
府州防御使 1235，1277
府州观察使 1277
府州兵马监押 1427
府州刺史 1235，1277
府州知州 1277
府州驻泊都监 1427
府州界巡检 1277
府州总管 1277
府州都孔目官 1277
府州通判 1427
府州副使 1235
府州路经略使 1305
府州管界五族大首领 1277
府州蕃汉马步都指挥使 1277
府谷县 126，496，532
府谷镇 482
府城寨 332
府城镇 332
府胜等州观察处置等使 1235
府衙推 1145
底原州 126
底峨 1893
底宿 1886
底酩 1893
庚辛 1887
怯延兀兰 1060
怯里马赤 1201
怯怜口行营弓匠百户 1201
怯烈马赤 1201
怯烈氏 1060
怯陵 716
怯薛之长 1201
怯薛丹博鲁赤 1201
怛 1893
闹讹堡 42，332
闹罗 607
炒米 1817
炉安 1060
净瓶 1881
浅井 332
浅井川 332
浅水 58
法仙 766
法师 1099
法会 766
法直 332
法律 1871
法律书 1872
法崧 934
法喜 332
法鼓 1901
法满 716
河口镇 332
河中 549
河中同丹坊鄜延横岭蕃界都巡检使 1427
河中安抚使 1427
河中府 126
河中府知府 1201
河中府钤辖 1427
河中钤辖 1277
河中振武邠宁三节度 1355
河内 510
河右 66，510
河东 222，510
河东十二将 1427
河东山西道肃政廉访司事 1201
河东山西道肃政廉访使 1201
河东广锐兵 1427
河东牙将 1236
河东勾当公事 1277
河东节度使 1355，1427
河东永兴军节度使 1427
河东安抚司 1427
河东安抚使 1428
河东防城甲仗库 1428
河东县 127
河东兵马钤辖 1277，1428
河东体量安抚使 1428
河东环庆泾原秦凤熙河兰会路经略司 1428
河东转运司 1428
河东转运司勾当公事 1428
河东转运判官 1428
河东转运使 1429，1430
河东转运副使 1430
河东制置使 1277，1430
河东河北路宣抚副使 1277，1430
河东沿边安抚司 1430
河东沿边巡检使 1430
河东陕西五路经略司 1431
河东陕西经略司 1431
河东陕西宣抚 1431
河东陕西宣抚使 1431
河东陕西诸路招纳司 1431
河东陕西道肃政廉访使事 1201
河东陕西路经略司 1431
河东经制使 1431
河东经略司 1431
河东经略司勾当公事官 1432
河东经略安抚司 1432
河东经略安抚司准备差使 1432
河东经略安抚使 1432
河东经略安抚使司 1432
河东经略安抚使知并州 1432
河东经略安抚使兼马步军都总管 1432
河东经略安抚都总管司 1432
河东经略安抚缘边招讨使 1432
河东经略转运司 1432
河东经略使 1432，1433
河东经略都转运司 1433
河东宣抚使 1433
河东宣抚副使 1277

河东都运使 1433
河东都转运司 1434
河东都转运使 1433，1434
河东都总管司 1434
河东都部署 1434
河东诸路总管 1434
河东副总管 1434
河东第一将 1434
河东第一路副将 1434
河东第十一将 1434
河东第十一将队将 1434
河东第十二将 1277
河东第九副将兼沿边同都巡检使 1434
河东第三副将 1434
河东第六将 1434
河东第六副将 1435
河东第四副将 1435
河东提刑按察使 1201
河东提点刑狱 1435
河东提举弓箭手官 1435
河东等路总管 1435
河东缘边安抚司 1435
河东路 127，223
河东路干办公事 1277
河东路弓箭手司 1435
河东路劝农使 1435
河东路帅 1435
河东路司统制 1435
河东路权转运判官 1435
河东路安抚司 1435
河东路安抚使 1435
河东路招讨使 1435
河东路转运司 1435
河东路转运判官 1435
河东路转运使 1435
河东路转运副使 1436
河东路制置使 1436
河东路沿边安抚司 1436
河东路经略司 1436
河东路经略安抚司 1436
河东路经略安抚使 1436，1437
河东路经略安抚使兼马步军都总管兼知太原军府 1437
河东路经略安抚都总管司 1437
河东路经略安抚缘边招讨使 1437
河东路经略转运司 1437
河东路经略使 1437
河东路经略使司 1437
河东路总领军马 1437
河东路总管司 1437
河东路宣抚使 1437
河东路宣抚使司 1437
河东路统制 1437
河东路统制军马 1437
河东路都转运司 1438
河东路都转运使 1438
河东路都总管司 1438
河东路都统制 1438
河东路监司 1438
河东路措置司 1438
河东路提刑司 1438
河东路提刑兼权管勾经略司公事 1438
河东路提点刑狱公事 1438
河东路提举常平等事 1438
河东路察访司 1438
河东廉访使 1201
河东察访 1438
河北 510
河北东西南路都统制 1277
河北转运使 1099
河北河东沿边安抚司 1438
河北河东路安抚副使 1438
河北河东路制置使 1438
河北河东路制置副使 1438
河北河东路宣抚判官 1277
河北河东路宣抚使 1278，1438
河北河东路宣抚副使 1278
河北陕西河东路分都监 1438
河北第十八将 1438
河外 66，510
河外都同巡检 1438
河外都同巡检使 1438
河外都巡检使 1438
河外谘目 1907
河西 66，429，511，532，549，1653
河西《藏经》 1907
河西三族都监 1278
河西马步兵钤辖 1439
河西乌白池都钤辖 1439
河西节度 1332
河西节度使 1332，1333，1439
河西必吉 1099
河西回鹘 1653
河西行营 1439
河西行营马步军都总管 1439
河西行营都部署 1439
河西军 133，1927
河西军节度 1333
河西军节度使 1333，1439
河西军节度留后 1439
河西军左厢副使 1333
河西军右厢副使 1333
河西兵马钤辖 1439
河西兵马都监 1439
河西兵马都部署 1439
河西羌部 2016
河西陇右图 1907
河西驿 496
河西钤辖 1439
河西党项都将 1121
河西诸蕃 2016
河西教练使 1099
河西路 133
河西蕃部 2016
河西蕃部教练使 1099
河西蕃族 2016
河曲 513，532
河关路 451
河州 133，223，532
河州人谓佛“唵”，谓儿子“厮啰” 1893

河州团练使 1439
河州安乡关来羌城怀羌城主簿 1439
河州安抚使 1439
河州农田水利兵马钤辖 1439
河州防御使 1568
河州观察使 1278
河州巡检 1439
河州折博务 1439
河州兵马钤辖 1439
河州羌 2016
河州刺史 1333，1439
河州沿边安抚司 1439
河州驻泊兵马都监 1439
河州城 332
河州都总管领蕃兵将 1440
河州都监 1440
河州部落子巡检 1334
河州提控 1568
河州蕃兵将 1334
河州蕃部钤辖 1334
河池 332
河阳三城节度使 1278
河阳节度使 1278
河陇 513
河罗 43
河南 67，513，549
河南、四川、江浙等处行省参知政事 1201
河南王 1201
河南平章 1201
河南行省左丞 1201
河南行省平章政事 1201
河南行省郎中 1202
河南行省参知政事 1202
河南行省理问 1202
河南江北行省平章政事 1202
河南江北等处行中书省平章政事 1202
河南江北等处行中书省参知政事 1202
河南安抚司 1440
河南武宣王 1202
河南参政 1202
河南郡太夫人 1145
河南等处行中书省参知政事 1202
河南道行军都统 1362
河南蕃兵都总管 1334
河南蕃部总领 1334
河津堡 333
河套 496
河奘 716
河唐县 532
河朔 513
河朔久旱 1922
河朔盐利 1907
河浜堡 333
河诺城 333
河啰 716
河清军 12，70，136
河湟 514
河湟甘肃瓜沙路 451
河源军 136
河滨 333
河滨县 136
河滨堡 333
沮水 452，478
沮河 478
泪丁讹遇 607
泪丁讹裕 607
油平 43，333
油平寨 333
油炭灯草 1834
油饼 1817
油球 1817
油漆 1866
泗州同知 1202
沿边安抚公事 1440
沿边安抚司 1440
沿边安抚副使 1440
沿边巡检 1334
沿边招讨使 1440
沿边都巡检使 1440
沿河安抚使 1440
注丁擦令归 1945
注丝熟绫 1847
注梡 1834
注鹿原呰 333
注鹿原堡 333
注鹿堡 333
泥巾族 1945
泥也六族防御使 1236
泥也族 1945
泥中佶移 676
泥匠 1866
泥多谷 333
泥阳 333
泥阳镇 333
泥补 1814
泥舍 1814
泥香王子 643
泥埋 676
泥埋族 1945
泥棚障 333
波机 716
波若奴 1060
波罗谷 333
波济立埒克 43
波斯外道 1881
波斯宝毡 1847
波鲁土伯特 1974
泼皮 1060
泼喜 1894，1927
泽兰 1860
泾川 452
泾川县 223
泾水 452，478
泾州 136，223，532
泾州观察使 1440
泾州刺史 1355
泾州驻泊都监 1440
泾州驻泊部署 1440
泾州都监 1440，1441
泾州通判 1441
泾阳县 138
泾阳谷 452
泾河 452
泾河大川 452

泾定 333
泾原 223
泾原、环庆两路州军山川城寨图 1907
泾原节度使 1355
泾原东西路都巡检 1441
泾原帅司 1441
泾原仪渭同巡检 1441
泾原仪渭邠宁环庆清远军灵州路副都部署 1441
泾原仪渭邠宁环庆鄜延保安镇戎清远等州军安抚经略使 1441
泾原仪渭州镇戎军缘边安抚使 1441
泾原仪渭驻泊钤辖 1441
泾原仪渭驻泊部署 1441
泾原仪渭钤辖 1441
泾原仪渭都巡检使 1441
泾原仪渭都钤辖 1441
泾原仪渭路 144
泾原仪渭镇戎军钤辖 1441
泾原仪渭镇戎军都巡检 1441
泾原仪渭镇戎军部署 1441
泾原仪渭镇戎军路钤辖 1441
泾原仪渭镇戎德顺军马步军都部署 1441
泾原仪渭镇戎德顺军路 144
泾原西路同总管领蕃兵将 1441
泾原西路同总管蕃兵将 1362
泾原同巡检 1442
泾原行营都监 1442
泾原邠宁灵环都部署 1442
泾原邠宁环庆等州经略使 1442
泾原安抚使 1442
泾原防秋军马 1442
泾原巡检 1442
泾原走马承受 1442
泾原汧渭邠宁环庆鄜延保安镇戎清远等州军安抚经略使 1442
泾原环庆两路钤辖 1442
泾原环庆两路都部署兼安抚使 1442
泾原环庆秦凤鄜延路部署钤辖司 1442
泾原环庆都部署 1442
泾原环庆鄜延秦凤路经略都总管司 1442
泾原环庆鄜延秦凤路总管司 1442
泾原环庆熙河兰会路都大经制司 1442
泾原转运司 1442
泾原转运使 1442
泾原转运副使 1442
泾原驻泊都监 1442
泾原经略 1442
泾原经略司 1442
泾原经略安抚制置使 1443
泾原经略安抚使 1443
泾原经略招讨副使 1443
泾原经略使 1443
泾原经略使司统制官 1443
泾原经略使兼知渭州 1443
泾原钤辖 1443，1444
泾原总兵 1444
泾原总管 1444
泾原总管司 1444
泾原总管司承受文字 1444
泾原统制 1444
泾原统制官 1444
泾原秦凤安抚都监 1444
泾原秦凤两路沿边经略安抚使 1445
泾原秦凤两路经略安抚副使 1445
泾原秦凤经略安抚使 1445
泾原秦凤钤辖 1445
泾原秦凤副都部署 1445
泾原秦凤等路军马粮草司 1445
泾原秦凤路安抚使 1445
泾原秦凤路安抚都监 1445
泾原秦凤路巡检 1445
泾原秦凤路沿边经略安抚使 1445
泾原秦凤路经略使 1445
泾原秦凤路缘边经略安抚使 1445
泾原都巡检 1445
泾原都巡检司步军监押 1445
泾原都巡检司监押 1445
泾原都钤辖 1445
泾原都监 1445，1446
泾原都监兼知原州 1446
泾原都监第六将 1446
泾原都部署 1446
泾原部署 1446
泾原部署司 1446
泾原部署司事 1446
泾原部署钤辖司 1446
泾原副帅 1446
泾原副总管 1446，1447
泾原副都总管 1447
泾原副都部署 1447
泾原副部署 1447
泾原第十一将 1447
泾原第十二将 1447
泾原第七将 1447
泾原第九将 1447
泾原第三将 1278
泾原第六将 1447
泾原等四路都部署 1447
泾原等州节度观察处置等使 1355
泾原等州安抚经略使 1447
泾原等州军安抚经略使 1447
泾原渭节度观察等使 1355
泾原路 138
泾原路弓箭手 1591
泾原路马步军总管 1447
泾原路马步军都总管 1278，1447
泾原路马步军副总管 1447
泾原路马步军副都总管 1447
泾原路勾当公事 1447

泾原路权驻泊兵马钤辖　1448
泾原路同统制官　1448
泾原路行营总管　1448
泾原路行营总管司　1448
泾原路安抚司　1448
泾原路安抚制置司管勾机宜文字　1448
泾原路安抚使　1448
泾原路安抚副使　1448
泾原路巡检　1448
泾原路走马承受　1448
泾原路走马承受公事　1448
泾原路兵马钤辖　1278，1449
泾原路兵马钤辖兼知德顺军　1449
泾原路兵马钤辖兼第十一将　1449
泾原路兵马都钤辖　1449
泾原路兵马都监　1449
泾原路兵马都部署　1449
泾原路招讨经略安抚副使兼知泾州　1449
泾原路转运司　1449
泾原路转运判官　1449
泾原路转运副使　1449
泾原路制置司　1449
泾原路制置司行营总管　1449
泾原路京东第八将　1449
泾原路京东第八副将　1449
泾原路驻泊马步军都总管　1449
泾原路驻泊都钤辖　1450
泾原路驻泊都钤辖兼知渭州　1450
泾原路驻泊都监　1450
泾原路驻泊都监兼缘边巡检　1450
泾原路经制司勾当公事　1451
泾原路经略司　1450
泾原路经略司勾当公事　1451
泾原路经略司管机宜文字　1451
泾原路经略安抚司　1451
泾原路经略安抚招讨使　1451
泾原路经略安抚制置使　1451
泾原路经略安抚制置使司行营总管　1451
泾原路经略安抚使　1278，1451，1452
泾原路经略安抚使司　1451
泾原路经略安抚使兼马步军都总管兼知渭州军州事兼管内劝农使　1278
泾原路经略安抚使兼知渭州　1452
泾原路经略安抚副使　1452
泾原路经略招讨司　1452
泾原路经略招讨等使　1452
泾原路经略转运司　1452
泾原路经略制置司　1452
泾原路经略制置使　1452
泾原路经略使　1452，1453
泾原路经略总管司公事　1453
泾原路经略部署　1453
泾原路钤辖　1453，1454
泾原路钤辖司　1454
泾原路钤辖兼安抚都监　1454
泾原路钤辖兼知渭州　1454
泾原路钤辖兼知镇戎军　1454
泾原路钤辖兼第二将　1454
泾原路总管　1454，1455
泾原路总管司　1455
泾原路总管兼本路第一将　1455
泾原路总管兼第一将　1455
泾原路都钤辖　1455
泾原路都钤辖兼知渭州　1455
泾原路都总管　1455
泾原路都总管司　1455
泾原路都总管司走马承受　1455
泾原路都总管兼知谓州　1455
泾原路都监　1455，1456
泾原路都监司指使　1456
泾原路都部署　1456
泾原路部署　1456，1457
泾原路部署兼知渭州　1457
泾原路准备使唤　1457
泾原路准备差使　1457
泾原路准备将　1457
泾原路准备将领　1334
泾原路通安砦兵马监押　1457
泾原路副使都总管　1278
泾原路副总管　1457
泾原路副都总管　1278，1457
泾原路副都部署　1457
泾原路第十三将　1457
泾原路第十将　1457
泾原路第八将　1457
泾原路第八将队将　1458
泾原路第三将　1458
泾原路缘边都巡检使　1458
泾原路督总管司　1458
泾原路管勾招抚蕃落公事　1458
泾原路蕃落指挥　1458
泾原鄜延秦凤副总管　1458
泾原熙河兰会安抚制置使　1458
泾原镇戎军总管司　1458
泾源路制置司　1458
泾源路经略司　1458
治平　333
治平县　224
治平砦　333，423
治平寨　334
治戎精要　1907
治安城　43
治坊堡　334
治房砦　334
治源　1099
郑工部　934
郑元玮　777
郑元昭　782
郑仅　934
郑从政　934
郑氏　564
郑文宝　934
郑文肃　935

郑民宪 935
郑民瞻 935
郑延美 716
郑州防御使 1145
郑州观察使 1278
郑州刺史 1145
郑助 777
郑余寿 935
郑宏 564
郑国公 1278
郑居中 935
郑荣 935
郑敀 777
郑度 935
郑美 607
郑语 935
郑神佐 777
郑贺 777
郑晖 935
郑继隆 607
郑勗 607
郑谔 564
郑湜 935
郑翚 935
郑楫 935
郑雍 936
郑戬 936
郑遵度 936
郑獬 936
单于台 480
单州刺史 1145
单家集 496
宝刀 1834
宝山 1060
宝训 1907
宝州 532
宝兴军寨主 1458
宝寿奴 1060
宝库达噜噶齐 1202
宝鸡 144，532
宝物 1847
宝剑 1834
宝剑州 532
宝觉寺 1913
宝积山 452
宝座 1060
宝瓶 1887
宝童 1060
宝鉴 1834
宝藏 766
宗水 452
宗水桥 452
宗正府郎中 1202
宗回 676
宗丞 766
宗谷 452
宗谷寨 334
宗河 452
宗泽 936
宗亲 1099
宗真 787
宗哥大首领 1591
宗哥川 452
宗哥河 452
宗哥城 334
宗哥首领 1591
宗哥犕嘶罗 1653
宗哥族 1945，1974
宗家族 1945
宗辅 1024
宗望 1024
宗维 1024
宗雄 1024
宗隽 1024
宗弼 1024
宗幹 1024
宗歌 1654
宗噶尔川 334
宗噶尔族 1975
宗翰 1024
定川砦 334
定川堡 334，335
定川寨 335
定川寨主 1458
定平县 144，224
定平砦 335
定仙山 452
定仙岭 452，496
定边 12，496
定边川 452
定边军 144，224
定边军安抚司 1458
定边军安抚司公事 1458
定边县 12，144
定边城 335
定边城蕃部巡检 1278，1458
定边营 496
定边砦 336
定边寨 336，423
定边镇 336
定戎军 144
定戎军兼管天都寨主簿 1458
定戎砦 336
定戎堡 336
定戎寨 337
定戎镇 337，423
定西 337
定西州 224
定西县 224
定西城 337
定西城监押 1458
定西砦 338
定西堡 338
定西寨 338，423
定州 12，533
定州龙泉镇监酒 1278
定安县 144
定安郡夫人 1334
定安堡 423
定远 12
定远大首领 1145
定远军 533
定远军城 338
定远县 144，224
定远城 338
定远昭勇大将军 1202
定远砦 338，339
定远堡 339
定远寨 339，424

定远镇 339，496
定羌军 144
定羌城 339
定羌寨 339
定武军承宣使 1278
定者帖木儿 1060
定国军节度使 1294
定胡县 144
定胡寨 339
定陵 482
定难节军度 1145
定难节度 1128，1145
定难节度使 1121，1122，1128，1129，1136，1145，1458
定难军 12
定难军节度 1129，1145，1146
定难军节度行军司马 1146
定难军节度观察判官 1129
定难军节度观察留后 1146
定难军节度判官 1122
定难军节度押衙知进奏 1129
定难军节度使 1122，1129，1136，1146，1568
定难军节度副使 1129
定难军左都押衙 1129
定难军押衙 1146
定难军赵德明官告 1907
定难军留后 1146
定难军散都头 1129
定难军摄节度判官 1129
定难军管内都知蕃落使 1147
定难军管内都指挥使 1147
定难留后 1147
定朝关 452
定廉县 533
定塞都副兵马 1147
定蕃镇 339
宕州 145，533
宕昌 1975
宕昌县 145
宕昌城 339
宕昌寨 339
宕遵源 424
宜人 1202
宜川县 145，224
宜水 478
宜州 145，533
宜芳州 533
宜谷 339
宜君县 145，224
宜罗娥泊 339
宜定州刺史 1236
宜定州都督府 533
宜春 339
宜畜牧 1922
宜禄县 145，224
宜新 787
审刑 1099
审刑司 1099
官人寨店 550
官马川 339
官计司 1099
官地寨 424
官告使 1458
官屋 1814
官桂 1860
官渠 1856
宛平县 550
实卜沙谷 339，452
实布格 676
实宁巴 716
实宁巴李锡新 676
实吉 676
实录 1907
实垒卒 716
空俞族 1975
穹庐 1814
穹庐窟室 1814
学士 1099
学习文业 1899
学习圣典 1899
学校 1899
卷发深目，眉修而浓 1875
试大理司直 1147
试大理评事 1129，1147
试太常寺协律郎 1147
试太常寺奉礼郎 1129
试左武卫兵曹参军 1147
试右武卫长史 1147
试秘书省校书郎 1129
诘丹格 607
诚之 936
诚州团练使 1278
诚州刺史 1278
该朱城 43，339
该珠城 339
详稳 1362
祈安城 43
衬衣 1823
郎 1894
郎其贾 1894
郎沁沙 43
郎阿章 716
郎阿章族 1975
郎鬼章 1975
郎度推官 1099
郎将 1334
郎结毡 716
郎结戬 717
郎家族 1975
郎族 1975
郓国夫人 1278
肩背 1869
肩臂 1869
房子 1814
房当氏 1945
房州观察使 1278
房陵村 339
房宿 1887
房塔沟 496
弥川砦 340
弥川堡 340
弥川寨 340，424
弥川镇 424
弥陀洞 68
弥勒 340
弥勒川 340，452

弥勒河 496
弥勒砦 340
弥臧族 1945
弦管 1901
录军国重事 1202
录僧 1060
建子城 340
建宁军 145
建宁军节度 1458
建宁砦 340
建宁堡 340
建宁寨 340
建宁寨主 1458
建安堡 340
建武军节度使 1278
建昌路总管 1202
建康 550
建康军 145
建康府驻扎御前前军副将 1279
建康府驻扎御前诸军都统制 1279
建康府都统制 1279
建康府置司 1279
建康驻扎都统制 1279
建康都统制 1279
居延故城 480
居延海 452
居延塞 43
居室 1814
居戳 717
屈丁鸡 676
屈丁堡 340
屈力讹 676
屈乞村 340
屈之 1894
屈子 676
屈元 676
屈全乜 676
屈名 607
屈讹 1894
屈里乜 676
屈吴山 58，452
屈吴川 43
屈尾 676
屈金支山 453
屈闹 676
屈埋 676
屈都 677
屈逋浪嵬 677
屈烈 677，787
屈家南沟 496
屈理 677，936
屈野川 341，453
屈野河 453
屈移 608
屈悉保 1945
屈麻娘 677
屈遇 677
屈德宜 677
肃戎军 145
肃达 936
肃州 12，484，550
肃州达鲁花赤 1202
肃州团练使 1334
肃州防御使 1334
肃州刺史 1334
肃州钤部 1099
肃州路 484
肃州路世袭也可达鲁花赤 1202
肃州路达鲁花赤 1203
肃远山 533
肃远砦 341
肃远堡 341
肃远寨 341
肃远寨巡防 1458
肃定堡 341
肃政廉访使 1203
隶书石本 1907
陕右 514
陕西 145
陕西、河东北、京东西招讨使 1279
陕西二十三州图 1907
陕西马步军总管兼招讨使 1459
陕西马步军都总管 1459
陕西马步军都部署兼经略安抚缘边招讨使 1459
陕西马递铺 1459
陕西五路制置使 1459
陕西五路经略司 1459
陕西五路经略使 1459
陕西五路宣抚使 1279
陕西计度发运使 1459
陕西左丞 1203
陕西东路 156，225
陕西东路行省 1568
陕西四路马步军都总管 1459
陕西四路马步军都部署 1459
陕西四路马步军都部署兼经略安抚招讨使 1459
陕西四路安抚使 1459
陕西四路招讨经略都总管 1459
陕西四路招讨部署 1459
陕西四路沿边安抚使 1460
陕西四路沿边宣抚使 1460
陕西四路沿边都总管 1460
陕西四路驻泊钤辖 1460
陕西四路经略计置判官 1460
陕西四路经略司 1460
陕西四路经略安抚招讨使 1460
陕西四路经略安抚缘边招讨使 1460
陕西四路经略使 1460
陕西四路钤辖 1460
陕西四路总管 1460
陕西四路总管司 1460
陕西四路都总管 1460
陕西四路都总管司 1460
陕西四路都部署经略安抚招讨使 1460
陕西四路都部署经略安抚兼沿边招讨使 1460
陕西四路都部署缘边经略安抚招讨使 1460

陕西四路部署司勾当公事 1460
陕西四路缘边兵马都部署兼经略安抚招讨使 1461
陕西四路缘边都总管兼经略招讨等使 1461
陕西处置招讨使 1461
陕西西（四）路总管 1461
陕西西路 225
陕西西路行省 1568
陕西同制置解盐 1461
陕西同经略安抚招讨 1461
陕西同经略安抚招讨使 1461
陕西自夏不雨，大失秋望 1922
陕西行中书省平章政事 1203
陕西行台治书侍御史 1203
陕西行台监察御史 1203
陕西行台御史大夫 1203
陕西行省 1568
陕西行省右丞 1203
陕西行省平章政事 1203
陕西安抚司 1461，1568
陕西安抚使 1461
陕西安抚使司 1461
陕西安抚副使 1461
陕西防城甲仗库 1461
陕西买马司 1461
陕西运使 1462
陕西走马承受公事 1462
陕西攻守策 1907
陕西两河宣抚 1462
陕西抚谕使 1462
陕西抚谕使兼宣谕使 1462
陕西兵马钤辖 1462
陕西估马司 1462
陕西体量安抚使 1462
陕西体量蕃部公事 1462
陕西招讨 1462
陕西招讨使 1462
陕西招讨经略司 1462
陕西招讨等使 1462
陕西招抚使 1099
陕西转运 1462
陕西转运司 1462
陕西转运司干当官 1463
陕西转运司勾当公事 1463
陕西转运司管勾公事 1463
陕西转运司管勾文字 1463
陕西转运判官 1463，1464
陕西转运使 1464，1465，1466，1467
陕西转运使司 1467
陕西转运副使 1468
陕西制置青白盐使 1468
陕西制置使 1468
陕西制置解盐司 1468
陕西制置解盐判官 1468
陕西制置解盐使 1468
陕西河东六路经略司 1468
陕西河东招讨司 1468
陕西河东招讨使 1468
陕西河东制置青白盐使 1469
陕西河东河北宣抚使 1469
陕西河东河北宣抚使司 1469
陕西河东河北路宣抚使 1469
陕西河东河北路宣抚使司 1469
陕西河东经略司 1468
陕西河东经略安抚司 1469
陕西河东经略安抚都总管司 1469
陕西河东经略制置司 1469
陕西河东宣抚判官 1469
陕西河东宣抚使 1469
陕西河东诸路经略司 1469
陕西河东诸路经略制置使司 1470
陕西河东路招讨司 1469
陕西河东路经略司 1469
陕西河东路经略都总管司 1470
陕西河东路宣抚使 1469
陕西河东路宣抚使司 1470
陕西河东路宣抚副使 1470
陕西河东路监司 1469
陕西沿边州军蕃部 2016
陕西沿边招讨使 1470
陕西沿边驻泊都监 1470
陕西经制使 1470
陕西经略 1470
陕西经略司 1470
陕西经略司勾当公事 1470
陕西经略安抚 1470
陕西经略安抚司 1470
陕西经略安抚司判官 1470
陕西经略安抚判官 1470
陕西经略安抚招讨使 1470
陕西经略安抚招讨都监 1470
陕西经略安抚招讨副使 1470
陕西经略安抚使 1471
陕西经略安抚沿边招讨都监 1471
陕西经略安抚都总管司 1471
陕西经略安抚副使 1471
陕西经略安抚缘边招讨使 1471
陕西经略判官 1471
陕西经略招讨副使 1471
陕西经略转运司 1471
陕西经略制置使 1471
陕西经略使 1471，1568
陕西经略使司 1471
陕西茶马司 1471
陕西按察副使 1568
陕西钤辖 1471，1472
陕西钤辖兼巡警缘边州军 1472
陕西总制使 1472
陕西宣抚司 1472，1568
陕西宣抚使 1279，1472
陕西宣抚使司 1472
陕西宣抚副使 1472，1568
陕西宣谕使 1472
陕西统军使 1568
陕西统制 1472
陕西都大管勾走马承受公事 1473
陕西都招讨使 1473

陕西都转运司 1473
陕西都转运使 1473，1474
陕西都转运按察使 1474
陕西都钤辖 1474
陕西都总管 1474，1475
陕西都总管司 1475
陕西都统 1568
陕西都统司同统制军马 1475
陕西都统制 1475
陕西都监 1475
陕西都部署 1475
陕西都部署司 1475
陕西都部署司参谋军事 1475
陕西都部署司指使 1475
陕西都部署经略安抚使兼沿边招讨使 1475
陕西都部署兼经略安抚等使 1475
陕西都漕 1475
陕西逐路经略安抚司 1475
陕西逐路经略安抚使 1475
陕西监牧司 1475
陕西部押兵士 1475
陕西部署司 1475
陕西诸经略转运使 1475
陕西诸道行御史台监察御史 1203
陕西诸路 156
陕西诸路兵马总管 1475
陕西诸路兵马总管司 1476
陕西诸路转运司 1476
陕西诸路经略司 1476
陕西诸路经略安抚使 1476
陕西诸路经略使 1476
陕西诸路钤辖 1476
陕西诸路总管司 1476
陕西诸路都统 1568
陕西诸路部署司 1476
陕西诸路缘边蕃部使臣首领 1591
陕西通判 1476
陕西副都总管 1476
陕西副都总管兼缘边招讨使 1476
陕西副都部署兼经略安抚缘边招讨副使 1476
陕西常平司 1476
陕西随军转运使 1476
陕西提刑 1279
陕西提刑司 1476
陕西提点刑狱兼制置解盐事 1476
陕西提举弓箭手司 1476
陕西提举弓箭手官 1476
陕西提举买马监牧司 1476
陕西提举茶马官 1476
陕西提举铸钱司 1476
陕西等处行中书省右丞 1203
陕西等处行中书省平章政事 1203
陕西道廉访副使 1203
陕西缘边四路部署司 1476
陕西缘边安抚使 1476
陕西缘边体量安抚使 1477
陕西缘边招讨使 1477
陕西缘边制置青白盐使 1477
陕西缘边经略招讨司 1477
陕西缘边都部署司 1477
陕西路 145，224
陕西路弓箭手 1591
陕西路安抚使 1477
陕西路安抚经略招讨使 1477
陕西路运使 1477
陕西路招讨使 1477
陕西路转运司 1477
陕西路转运司官 1477
陕西路转运判官 1477
陕西路转运使 1477，1478
陕西路转运副使 1478
陕西路经略司 1478
陕西路经略安抚判官 1478
陕西路经略安抚招讨使 1478
陕西路经略安抚使 1478
陕西路宣抚判官 1478
陕西路宣抚使 1478
陕西路宣抚使司 1478
陕西路都转运司 1478
陕西路都转运使 1479
陕西路都总管司 1479
陕西路都统副使 1568
陕西路都漕兼河东察访 1479
陕西路蕃兵部伍取丁法 1872
陕西置制使 1479
陕西签书经略安抚判官 1479
陕西解盐司 1479
陕西漕臣 1479
陕州 156
陕州总帅 1568
陕州部署 1479
陕府 156
陕府西转运司 1479
陕府西转运使 1479
陕府西沿边安抚使 1479
陕府西都总管司 1479
陕府西路 156
陕府西路马步军兵马都总管 1479
陕府西路马步军都总管 1479
陕府西路转运司 1479
陕府西路转运司勾当公事 1479
陕府西路转运判官 1479
陕府西路转运使 1480
陕府西路制置解盐司 1480
陕府西路经略安抚使 1480
陕府西路都转运使 1480
陕河寨 341
妹轻 1945
妹勒 608，1945
妹勒都逋 608
姑要□罗 1894
姑皆 1894
姑臧县 156
妲连 787
始文英武兴法建礼仁孝皇帝 1099
始目州 533
拏孛□罗 1894
拏客 1894

拏诺 1894
拏羚角 1854
拏精 1894
驽 1834
驽扎堡 341
驽伊 677
驽舍额济 608
驽桩 1834
驽涉俄疾 608
驽箭 1834
迦凌 677
参议官 1279
参议都部署司军事 1480
参知政事 1099，1204
参政 1099，1204
参斜 1887
参宿 1887
参赞军事 1279
孤石山 453
驸马 1099
驸马都尉 1099，1136
骆駮 1863
驻扎第四将军马 1480
驻泊钤辖 1480
驻泊都监 1480
驼 1847
驼山 496
驼驼平 341
驼驼会 341
驼项堡 341
驼项寨 341
驼褐 1847
线䌷 1823
线罗 1823
练州城 43
练家流 43
细乜族 1945
细马 1847
细风氏 1945
细毋屈勿 608
细毋嵬名 608
细白氎 1847
细母族 1946
细辛 1860
细卧 1946
细狗 1847
细卷口 453
细封氏 1946
细封步赖 643
细巷口 341
细面 1817
细禹轻丁理 608
细浮图砦 341
细浮图寨 43，341
细惠川 453
细惠川口 342，453
细赏者埋 608
细遇 1946
细腰城 342
细腰葫芦峡城 342
绍古儿 1032
绍兴 550
绍兴府兵马钤辖 1279
绍兴录事 1204
绍兴录事参军 1204
绍兴路录事司达鲁花赤 1204
经且 342
经里鬲 1060
经沁伊达木凌节 717
经纳 43
经制司 1480
经制财用司 1480
经制熙河兰会路边防财用司 1481
经制熙河边防财用 1480
经制熙河边防财用司 1480
经制熙河边防财用司指挥 1481
经制熙河财利司 1480
经制熙河路边防司 1480
经制熙河路边防财用司 1480，1481
经制熙河路边防财用司干办公事 1481
经制熙河路边防财用司勾当公事 1481
经制熙河路边防财用等事 1481
经制管勾军马 1481
经略 1100
经略司 1100
经略司勾当公事 1481
经略司指使 1481
经略司准备差使 1279，1481
经略安抚 1481
经略安抚司勾当公事 1481
经略安抚判官 1481
经略安抚招讨使 1481，1482
经略安抚招讨都监 1482
经略安抚招讨副使 1482
经略安抚招讨等使 1482
经略安抚制置司 1482
经略安抚使 1482
经略安抚使兼知熙州 1482
经略安抚沿边招讨等使 1482
经略安抚都总管 1483
经略安抚都总管司 1483
经略安抚都部署司 1483
经略安抚副使 1482，1483
经略安抚缘边招讨使 1483
经略军 533
经略判官 1483
经略招讨安抚使 1483
经略招讨安抚等使 1483
经略招讨使 1483
经略招讨部署 1483
经略招讨副使 1483
经略招讨等使 1483
经略使 1483，1484，1485
经略故城 533
经略部署司 1485
经略副使 1485
经略副使仍同管勾都总管司事 1485
经斡穆 717
孟乜 43，342
孟门 43，342
孟门山 453，478
孟门镇 496

孟子　1908
孟天畤　1060
孟元　936
孟方　936
孟古特穆尔　1060
孟坝镇　496
孟志　936
孟伯达　608
孟昉　1060
孟香　677
孟真　677，936
孟渊　937
孟楷　777
孟颢　937
贯□□□　1060
承天寺　1914
承节郎　1279
承平川大路　453
承平州　43
承平呰　342
承平寨　342
承务郎　1204
承立　1024
承宁关　453
承旨　1100
承奉郎　1147
承直　1204
承直郎　1204
承直郎中　1204
承事郎　1205
承制　1279
承信郎　1279
承宣使　1280
承裕　1024
承裔　1024
承德　1205
承德郎　1205
承徽寺经历　1205
函关　482

九画

珂诺城　343
珍州刺史　1334
珍珠　1823
珍卿　1061
珊瑚　1824，1847
玻璃　1824
毒石鸡　717
契丹　1654，1975
契丹旧仪　1878
契丹主　788
契丹戎人　2016
契丹西南面行营马步都虞侯　1236
契丹西南面招讨使　1129
契州　533
契苾　1976
契苾通　777
契斯　1061
奏差　1205
春瓜　1847
春州刺史　1280
春兴　1061
春约　1100
春夏　1887
春桑　1976
项胸　1869
城　427
城平川寨　343
城平县　156
城桥关　343
城逋　608，677
城郭　1814
城寨　1927
标纳城　343
枯川县　533
枯柴谷　453
枯税　1894
柘刚州　533
柘州　533
柘县　533
柘枝　1901
柘钟州　533
栋宇　1814
栋怀义　677
栋栋谷　453
栋楝堡　343
栋锡　717
栋戳　717
相　1100
相□罗　1894
相公　1100
相扑　1901
相州观察使　1280
相兴都督府　533
相济乾川　453
柏子呰　343
柏子堡　343
柏子寨　343
柏州　43
柏谷　453
柏林山　453
柏林堡　343
柏株山　453
栀子仁　1860
枸杞子　1860
柳开　937
柳世雄　937
柳行村　550
柳阴河　454
柳谷川　58
柳谷堡　343
柳青平　343
柳拔川　343
柳泊岭　454
柳泉乡　343
柳泉镇　343，424
柳泉镇路　454
柳宿　1887
柳湖水　496
柳榆　1847
柳榆堡　343
柳镇路　344
柳箱　1834
柳灏　937
枹罕县　156
栎阳　344
柱国　1100，1129，1147，

1205，1206
柱脚 1814
柿子 1847
柿红 1867
栏干堡 344
栏马 344
栏马关 454
栏杆堡 496
栏栀 1814
栏竿岭 454
栏浪 43
枷在狱里 1872
柽杨沟 344
柽沟段大道 454
柽林砦 344
柽林堡 344
柽栅 344
树皆立枯 1922
树神 1881
树夥族 1946
故关路 454
故府寨 344
故经略军 533
故城务 344
故城镇 344
故砦堡 344
故镇铺 344
胡 2016
胡人 2016
胡士元 937
胡子常 937
胡什赉 1025
胡公山 454
胡世将 937
胡卢 344
胡卢川 43
胡卢河 454
胡卢河大川 454
胡卢河川 344，454
胡卢河川路 454
胡卢泉 344
胡田 344
胡仕清 937
胡宁 677，937
胡礼 1878
胡永锡 677，937
胡永德 677，937
胡则 937
胡守中 677
胡守忠 677
胡守清 677
胡守澄 937
胡芦河 454
胡芦泉 43
胡床 1834
胡怀节 678
胡证 777
胡直孺 937
胡服 1824
胡宗回 937
胡宗哲 938
胡经臣 678
胡经臣族 1946
胡饼 1817
胡盏 1025
胡恩 938
胡家川庄 344
胡家川寨 344
胡家门族 1946
胡继谔 678
胡黄连 1847
胡崖寨 496
胡族 1946
胡宿 938
胡瑗 938
胡锦 1847
胡僧孺 938
胡蹀躞 1824
封子八 344
封国公 1206
郝仁禹 938
郝从政 938
郝氏 608
郝平 938
郝廷玉 777
郝守素 678
郝进 938
郝亨 938
郝英 939
郝质 939
郝荣 939
郝贵 608，939
郝庭俊 608
郝沘 777
郝逊 939
郝家角 496
郝惟立 939
郝绪 939
郝普 939
荆芥 1847
荆湖 550
荆湖北道宣慰使 1206
荆湖南路安抚使兼知潭州 1280
荆湖宣慰使 1206
荆嗣 939
勃罗帖穆尔 1061
勃哆 678，717
剌思八朵儿只 1061
剌哈咱识理 1061
剌真 1061
剌麻朵儿只 1061
南口峰 454
南山 58，454
南山开道指挥使 1129
南山石峡 454
南山党项 1946
南山野狸 1946
南山堡 344，454
南川堡 344，424
南川寨 345
南王府 1362
南氏 608
南平王 1100
南平会 345
南平州 44
南平县 550
南平泺 44
南甲 496

南仙 608
南瓜 1847
南乐县子 1206
南乐县达鲁花赤 1206
南乐县君 1206
南市 1894
南市归顺蕃部都首领 1591
南市城 345
南头平 345
南台中丞 1206
南台经历 1206
南台架阁库管勾 1206
南台都事 1206
南台监察御史 1206，1207
南台御史 1207
南台御史大夫 1207
南台御史中丞 1207
南达堡 345
南迁录 1908
南华池镇 345
南行台监察御史 1207
南行省参知政事 1207
南会州都督 1355
南关 345
南关城 345
南关堡 345
南州 12
南安 345
南安寨 345
南阳 550
南阳川 346
南阳县荅鲁合臣 1207
南阳府同知 1207
南阳路判官 1207
南牟 44
南牟会 44，346
南牟会新城 346
南牟谷口 346，454
南牟驿 455
南谷 346
南冷牟 346
南宋 1656
南纳支 717
南枣 1847
南和州 533
南使 1894
南使城 346
南京 550
南京副留守 1280
南宗 44
南宗岭 346
南宗堡 346，347
南宗寨 347
南栅店 347
南威州 13
南面招讨使 1362
南面都统 1122
南院大王 1362
南院宣徽使 1100
南都统 1100
南峰寨 347
南倍韮谷 347
南粉 1867
南陵县达鲁花赤 1207
南朝 1656
南舜城 347
南蛮 2016
南路都统 1100
南厮罗川 455
南鼐摩 347
南撒宗城 347
南錢族 1976
茸褐 1847
荜豆 1817，1847
草土臣 1100
草川 347
草木青白 1922
草木茂盛 1922
草头达靼 1657
草头税 1927
草场山 496
草舍 1814
草城 347
草城川 347
草城川贼路 429
草香 1847
草庵 1814
草梁山 496
草履 1824
茵蔯 1847
莿刀 1856
茱萸 1860
荞麦 1848
荞豆 1848
茯苓 1860
荅儿麻八剌 1061
荅加沙 608
荅里麻 1061
荅哈兀 1061
荅察儿 1061
茶山 44
茶山村 44
茶臼 1834
茶酒班殿侍 1280，1485
茶铫 1834
茶寒 1061
茗乜族 1946
茇村 347
茇村巡检 1280
茇村族 1946
茇村等族巡检 1280
茇草 1834
茇萡 1856
荒土平 347
荒旱 1922
荒堆 347
荒堆三泉 347
荒堆寨 347
荒歉 1922
荡了族 1946
荡羌砦 347
荡羌寨 347，424
荩臣 766
莜麦城 348
荔川寨 348
荔子寨 348
荔茂先 608
荔枝 1860
荔原川 348

荔原砦　348
荔原堡　348，424
荔原堡都监　1485
荔原路　455
茳花　1867
茳豆　1860
药乜　1946
药乜永诠　608
药元福　782
药氏　564
药令家族　1976
药令族　1976
药邦硖　348
药物　1848
药香　1848
药彦稠　782
药珰　939
药家族　1976
药菊　1894
药厮逋　717
药厮哥　678，717
药熟　608
革瓦孃　608
革州　482
革罗城　44
革罗朗　44
奈家族　1946
奈嗗三家族　1946
查路　348
荣州团练使　1280，1334
荣州刺史　1280，1335
荣国公　1280
荣河郡　348
荣经县　534
荣弱　1875
荣禄大夫　1207
荥阳郡　555
带河县　534
带星岭　455
带银牌天使　1100
带牌天使　1100
带牌天使　1911
带牌伪天使　1100
带御器械　1280
要子　1834
要册砦　44
要册湫　348
要关镇　424
迺来　1946
迺税　1946
赵九皋　939
赵士龙　939
赵士隆　939
赵大有　939
赵山遇　608
赵义　939
赵及　939
赵子几　939
赵开　939
赵元昊　608
赵从诲　939
赵公良　610
赵公直　610
赵氏　678，766，1061
赵正　940
赵世长　717
赵世良　678
赵世昌　717
赵世忠　678
赵世宗　678
赵世恭　678
赵世隆　940
赵世朝　717
赵世勤　678
赵令京　678
赵兰毡厮鸡　720
赵宁国　717
赵永吉　717
赵永寿　717
赵永顺　717
赵永保　717
赵永福　717
赵吉　940
赵朴　940
赵存忠　718
赵成　940
赵师古　718
赵师民　940
赵光祚　610
赵光祥　610
赵光朝　718
赵光嗣　610
赵伋　940
赵庆朝　718
赵宇　940
赵守忠　940
赵安　1061
赵安国　718
赵防　1025
赵好　610
赵约之　940
赵旴　777
赵钊　940
赵怀义　718，940
赵怀明　678
赵怀忠　718
赵怀顺　610，674
赵怀恭　718
赵怀恩　718
赵怀德　718
赵闲　940
赵良　610
赵良嗣　610，940
赵阿令结　720
赵纯忠　718
赵纵　777
赵林砦　348
赵国夫人　1208
赵国公　1100，1208
赵昌朝　719
赵明　679
赵忠　719
赵忠顺　719
赵秉义　719
赵秉文　1025
赵秉常　610
赵法温　719
赵宗本　940
赵宗杰　678

赵宗彦 678
赵宗祐 679
赵宗锐 679，940
赵定 940
赵绍忠 719
赵荣 940
赵柬之 788
赵咸 940
赵拱朝 719
赵挺之 941
赵显朝 719
赵思忠 719
赵钤辖 719
赵顺忠 719
赵保宁 611
赵保吉 612
赵保忠 612
赵禹 941
赵衍 612
赵律 941
赵亮祚 613
赵庭睦 788
赵彦中 941
赵彦博 941
赵济 941
赵济忠 719
赵津 941
赵说 679，941
赵郡王 719
赵结成玛 720
赵珣 941
赵素 941
赵起 942
赵振 942
赵哲 942
赵卨 942
赵恩忠 679
赵铁哥 719
赵秘丞 943
赵馀庆 679
赵馀德 679
赵资睦 788
赵家山 455
赵家族 1946，1976
赵谅祚 613
赵继升 943
赵继志 679
赵继忠 719
赵梅 1025
赵离神道碑 1908
赵崇道 614
赵康朝 719
赵族 1976
赵翊朝 719
赵惟吉 719
赵惟清 943
赵惟简 943
赵隆 943
赵辉 943
赵遇 943
赵景浮 679，943
赵善约特 614
赵普 944
赵湘 943
赵滋 944
赵隙 944
赵瑜 944
赵戡 944
赵简 944
赵亶 944
赵福 766，944
赵福堡 348
赵福新堡 348
赵蔺毡厮鸡 720
赵熙朝 720
赵哆 1946
赵醇忠 720
赵镕 944
赵稹 944
赵德明 614
赵德明旌节官告使 1485
赵德宣 944
赵毅 720
赵潜 944
赵遹 944
赵璞 944
赵璘 944
赵翰林 945
赵赞 945
赵瞻 945
剋山军主 1237
剋山族 1946
剋丝 1824，1900
剋胡山砦 349
剋胡砦 349
剋胡寨 349
殄羌砦 349，424
殄羌寨 349
研龙川 455
研龙城 44，349
研州 534
砖井堡 496
砗磲 1824
砌垒 1866
砂中生草 1922
砂深三尺 1922
砂碛 1922
硇砂 1848
斫龙 44，349
斫龙谷 58
斫龙城 44，349
斫龙龊哆城 44
斫斯博城 349
斫鞍堡 349
奎宿 1887
歪头 1061
厘日 1061
厚朴 1860
咸宁王 1208
咸宁郡 225
咸宁郡君 1335
咸地松实 1848
咸安郡夫人 1280
咸阳 157
咸杖 1848
咸河 478
咸泊 349
咸泉戍 349
威川砦 349

威川寨 424
威布 679
威仪 1878
威宁王 1208
威宁郡君 1208
威宁砦 349
威宁堡 349
威尼族 1946
威尼族巡检 1280
威边砦 349
威边寨 424
威戎军 157
威戎县 225
威戎城 349
威戎堡 350，424
威戎寨 350
威伊特族 1947
威名沙克 615
威多寨 350
威州 13，157，482，534
威州兵马都监 1335
威州刺史 1485
威州监军司 1100
威约卜寨 44
威玛 615
威玛族 1947
威远军 13，157
威远砦 350
威远寨 350
威远镇 350
威克约族 1947
威伽崖密 615
威羌城 350
威羌砦 350
威羌寨 350
威沁 615
威灵仙 1860
威武军节度使 1280
威武军承宣使 1281
威武奉宁军节度使 1281
威武将军 1281
威武堡 350
威尚对 617
威明 615
威明氏 1947
威明正赛 615
威明布哆聿玠 616
威明叶云 616
威明吉鼐 616
威明伊特允凌 616
威明约默 616
威明玛乌 616
威明吾祖 616，1100
威明怀 616
威明阿乌 616
威明阿迈 616
威明阿密 616
威明科荣 616
威明律凌 616
威明济寨 616
威明特克济山 616
威明特克济沙 616
威明特克济沙克 616
威明硕统 616
威明密 616
威明善 616
威明裕默 616
威明寨 617
威明鼐济特沙克 617
威明噶勒丹嘉纳克多凌星 617
威明噶勒藏 617
威明墨沁威 617
威明興则 617
威弥氏 1061
威经山 58
威科卜 617
威胜州 157
威胜军 157，225
威凌幹 679
威章巴 350
威章巴实尔固多 44
威密烈圭 617
威密特 679
威塞节度使 1147
威塞州 70
威塞军节度使 1147
威塞砦 351
威塞堡 351
威塞寨 351
威福军 13，1100
威噶尔宁 617
威德军 157
威德军节度使 1147
面 1817
面什罗蒙 720
面额 1869
持节洮州诸军事 1335
持节都督夏州诸军事 1147
持节都督夏国诸军事 1147
持节凉州诸军事 1335
持节淳、恤等十八州诸军事 1122
持节琳州诸军事 1335
持节鄯州诸军事 1335
持持理威 617
持碾 1856
拱卫大夫 1281
拱州 534
挞辣 1025
挞懒 1025
挟舍 1814
挟河砦 351
挟河堡 351
拽木岔 351
拽臼 617
拽利 617
拽利王子族 1977
拽利氏 617
拽罗钵 679，720
拽剌详稳 1362
拽浪南山 679
拽浪撩黎 617
拽浪獠黎 617
拽浪潦黎 617
拽厥嵬名 617
拽厥嵬名乜皆 617
拽税 1947
拽税守节 617

搜藏族 1947
指爪 1869
指示寂知 1881
指头 1869
指挥 1100
指挥局分 1872
指挥使 1100，1281，1335，1485
按巴 1061
按陈 1032
按滩妻 1062
搒□黑 1894
搒赤 1894
搒吴 1894
搒南 351
搒家族 1977
搒啰啞 351
搒啰咙 351
轸果 1894
轸宿 1887
轻车都尉 1209
轻生重死 1875
轻宁 1947
轻泥嚷侧 617
轻啰浪 44
轻啰浪口 58
轻啰朗 44
轻清泊 351
鸥 1848
鸥鹭 1848
鸦儿路 455
鸦青 1867
鸦鹘 1863
皆买 680
皆我 1894
皆迎 1894
皆移 680
皆赏罗 680
战车 1834
点察 1101
背水 351
背水川 351
背罔川 44，351
背索 1834
背嵬 1101，1591，1592，1894
虐泥呰 351
虐泥堡 351
临川呰 351
临川堡 351
临邛郡 534
临平山 455
临州刺史 1281
临州都督府 534
临江呰 351
临江寨 351
临县 157
临羌 352
临羌呰 352
临羌寨 352
临汾 157
临河 44
临河县 534
临河镇 44
临泾县 157，225
临泾镇 352
临宗呰 352
临泉水 455
临泉县 157，225，534
临洮 158，534
临洮尹 1568
临洮军 158
临洮县 158
临洮府 225
临洮河 455
临洮城 352
临洮郡 158，225，534
临洮堡 352
临洮路 225
临洮路总管 1568
临津县 534
临晋县 158
临真 352
临真县 158，225
临夏寨 352，424
临高原 352
临溪县 534
临滩堡 352，424
临塞城 534
临塞堡 352
临塞堡指使 1485
临塞堡监押 1485
临潭县 534
临潼 158，353，424
临翼郡 534
竖石盘亙 1923
省台左章 1209
省视陵寝使 1281
省章东峡 455
省章峡 455
省章峡口堡 353
省章寨 353
省嵬山 58
省嵬城 44
哑儿峡 353
哑儿峡寨 353
哑儿硖 455
哑儿堡 353
咽喉 1869
咱尔隆 353
咱伊 680
咱家族 1977
咱隆族 1947
响水堡 496
哈屯额克江 58
哈石 1062
哈石霸都儿 1062
哈老徒 484
哈达逊 1062
哈苔儿 1062
哈剌 1062
哈剌兀速 497
哈剌哈孙 1062
哈剌鲁氏 1062
哈思罕 550
哈萨而 1032
哈密峡 497
哈斯呼 1062
哈喇台 550

思义州 535
思乐州 535
思乐州刺史 1122，1236
思州观察 1335
思州刺史 1281
思安县 535
思顺 680
思顺佐理功臣 1209
思顺族 1947
思帝州 535
思璧州 535
骨节 1869
骨延岭 456
骨朵寨 353
骨谷城 353
骨谷镇 354
骨尾族 1947
骨郝川 354
骨咩族 1948
骨都歹 1062
骨咩族 1948
骨被 680
骨堆 45
骨勒 1947
骨勒文昌 618
骨勒茂才 618
骨盖 766
骨婢 1947
骨婢井 45
骨雄 945
骨鞠门 680，1025
骂泊 45
迴乐 45
迴乐州 535
拜寺口 58
拜延 1063
拜住 1063
拜锡相公 618
钟传 945
钟利房 643
钟伯达 618
钟鼎臣 618
钤令结 721
钤令结笃 721
钤部 1101
钤部李公 1063
钤辖 1101，1281，1335，1486，1487，1488
钤辖兼安抚都监 1488
钦令征 721
钦波结 721
钦奖 721
钦彪阿成 721
钦盘 721
钦察 1657
种山谷 456
种公井 497
种世衡 946
种古 946
种朴 947
种师中 947
种师古 947
种师极 947
种师道 947
种旨 948
种州 535
种羌 2016
种诂 948
种诊 948
种建中 948
种莳 1856
种谊 948
种谔 949
种落 2016
种詠 951
种彝叔 951
秋山堡 424
秋韦川 45
秋冬 1887
秋苇川口堡 354
秋苇川堡 354
秋苇川寨 354
秋苇平新砦 354
秋苇驿 456
秋旱 1923
秋灾伤 1923
秋林村 354
复仇 1875
香山乡 550
香子城 354
香子城钤辖 1488
香布 619，680
香叶族 1948
香玛 680
香谷 354
香沟寨 354
香柏砦 354
香埋 680
香埋也 680
香都 619，680
香桓 354
香桓楼 354
香逋 619
香爱 721
香菜 1848
香崖 619
笃丁峗 354
笃龙峗头 354
笃龙峗关 456
笃罗川 456
笃信机鬼 1875
笃都 766
笃鲁迷失 1063
笃耨 1848
选锋军统制 1281
选锋统制 1281
选锋都统制 1281
看都川 456
看逋 721
毡 1824
毡毛山 354
毡巴柯族 1977
毡盾 1834
毡冠 1824
毡冠红里 1824
毡袜 1824
毡帽 1824
毡毯 1848
毡褐 1848

重元　788
重环　1824
重复仇　1875
重栿　1815
重然诺　1875
重福　1063
重覆山　478
便于骑战　1923
便粗克　680
便哆　1948
便嘱　680
保于沟　353
保大、定难节度使　1122
保大节度　1122
保大节度使　1122
保大军　158
保大军节度　1488
保大军节度使　1122，1237，1470，1488，1549，1568
保大军节度使判官事　1488
保大军节度使掌书记　1488
保大军兵马留后　1122
保大军承宣使　1488
保大定难节度使　1122，1147
保大留后　1122
保大馆　424
保川城　354
保义节度使　1236
保义郎　1281，1282
保义副尉　1209
保平军节度观察留后　1488
保平军节度推官　1488
保宁军节度使　1488
保宁县　535
保宁武胜两军节度使　1488
保宁寨　354
保宁镇　355
保寺族　1948
保成军　158
保州　535
保安　1063
保安、镇戎军榷场　1489
保安北路巡检　1488
保安军　158，225
保安军弓箭手押官　1488
保安军小湖族都虞侯　1282
保安军小蕃族都虞侯　1282
保安军子城　355
保安军北巡检　1282，1471
保安军北番官巡检　1488，1489
保安军判官　1489
保安军顺宁寨主　1489
保安军顺宁寨蕃官巡检　1282
保安军签书判官事　1489
保安军榷场　1927
保安军蕃族贫阙单丁弓箭手　1592
保安军稻田务　1489
保安县　497
保安城　355
保安顺宁寨寨官　1489
保安砦　355
保住　1063
保青窝村　550
保定　550
保定县　160，225
保定路同知安州事　1210
保定路总管　1209
保细吃多已　619
保细族　1948
保细唆　680
保香族　1948
保顺节度使　1335
保顺军　160
保顺军节度　1335
保顺军节度观察留后　1335
保顺军节度使　1336
保顺军留后　1336
保顺河西节度　1336
保顺河西等军节度使　1336
保顺郎将　1282，1336
保保　1063
保信军节度使　1282，1471，1489
保胜砦　355
保胜寨　355
保泰军　13，1102
保家族　1948，1977
保族　1948，1977
保敦谷　355
保敦岭　355
保童　1063
保善州　535
保靖节钺　1282
保靖县　13
保塞州　535
保塞军　482
保塞砦　355
保静宁武宁国军节度使　1282
保静宁国军节度使　1282
保静军节度　1489
保静军节度判官　1282
保静军节度使　1282，1471，1472，1489，1549，1568，1569
保静军节度副使　1489
保静军承宣使　1489
保静县　13
保静城　482
保静镇　45
保德军　160
保德遇瓌　619
保毅义军　1489
促勒锡卜　721
俄彻县　535
俄枝军营　45，355
俄枝盘堆　355
俄易儿　619
俗尚酋豪，力恃刚悍　1875
信州路达鲁花赤　1210
信安君夫人　1282
信阳万户　1210
信阳军万户　1210
信垒堡　355
信岔堡　355
信陵都　619
信埈源　45
侯氏　1063

侯可 951
侯竹贵 951
侯延广 951
侯秀 951
侯询 951
侯临 951
侯蒙 951
侯赟 951
修行观心 1881
修武郎 1283
修城女墙法式 1872
修造 1815
修造舍屋 1815
修盖寺舍 1914
修塔寺小监 1102
顺义郡王 1336
顺天门 555
顺天路达鲁花赤 1210
顺化功臣 1336
顺化州 535
顺化郡王 1336
顺宁路 456
顺宁塞主 1489
顺宁寨 355，424
顺宁寨将官 1489
顺成谷 456
顺成懿孝皇后 1147
顺州 13
顺州刺史 1147，1283，1336，1337
顺安 356
顺安驿 456
顺安砦 356
顺安寨 356
顺昌 1063
顺城 356
顺律坚戬 721
顺律党依 721
顺祖 1063
顺通堡 356
顺德军节度使 1147
顺德郡王 1147，1148
顺德路总管 1210
段义 951
段木岭 456
段少连 951
段伟 952
段守伦 952
段志玄 777
段思恭 952
段遇 952
皈名 356
皈名、平戎道 456
皇女 1102
皇子 1102
皇天 1887
皇太后 1102
皇母 1102
皇华四达记 1908
皇华原 550
皇后 1102
皇妃 1102
皇甫川 456
皇甫旦 952
皇甫讹移 564
皇甫进 782
皇甫店 356
皇甫继明 952
皇甫翼 777
皇侄 1102
皇城 1102
皇城司 1102
皇城使 1283，1337
皇城副使 1337，1338
皇帝 1102
皇帝阿舅 1875
泉水渠 484
泉府卿 1210
泉原 1923
追干连人 1872
迫讹 680
禹余良 1860
禹职六族 1977
禹臧花麻 619
禹臧苑麻 619
禹臧结逋药 619
禹藏讷令支 721
禹藏花麻 619
禹藏郢成四 619，721
鬼 1881
鬼芦族 1977
鬼驴 721
鬼驴耳族 1948
鬼胪族 1977
鬼留 680
鬼留家 1977
鬼通砦 356
鬼啜尾 681
鬼族 1977
鬼章 721
鬼章青宜结 723
鬼宿 1887
衍饬 1063
律 1872
律晶 1102
叙州防御使 1148
叙州兵马监押 1338
叙州刺史 1284
剑 1834
剑州 535
剑南道 535
剉子山 58
俞龙 723
俞龙七 723
俞龙珂 723
俞龙潘 681
俞平 952
俞充 952
俞辛 952
俞献卿 952
食肉饮酪 1817
食盐 1848
狨毛 1848
狨锦 1848
狮子 1863，1887
狮子崖 497
狮子梁 356
独车形 356
独车形谷 356

独吉温　1025
独孤氏　619
独战山　478
独活　1860
独峰无峰橐驼　1848
独峰驼　1848
独家原　356
独家堡　356
独崖　681
独移庄岭　456
独辕弓　1834
独辕弓箭　1835
狱家　1102
饶州路　550
饶州路达鲁花赤　1210
饶州路总管　1210
饶阳县达鲁花赤　1210
饶咩浪　357
胪令结　723
胆八　1063
胜州　13，161，535
胜州团练使　1338
胜州刺史　1284，1338
胜如川　357
胜如堡　357
胜如堡巡检　1489
胜如寨　357
胜羌堡　357
胜羌寨　357
胜灵堡　357
胜罗默隆　45
胜宗隘　456
胜铎谷　357
胫骨　1869
急随钵子　1835
昝插　643
逃亡法　1872
施护　952
施昌言　952
亭口镇　424
亭子　1815
亲兵首领　1592
亲校　1102
亲家母　1884
亲家翁　1884
亲戚大小　1884
音乐　1901
音摩族　1948
彦晖　1063
彦豪　1063
彦忠　1063
帝师　1102
帝原水　497
度支银州营田使　1356
度量　1835
疮瘇　1860
恃胡　1948
恃强凌弱　1875
恒州　161
恒星昼见　1887
恒香县　535
恤于真山　535
恤争　1894
恤州　535
恤治民庶　1872
恰　1894
恰布　45
恰布砦　357
恰凌　723
惀精龙　357
闻见录　1908
闻喜堡　357
间儿　1064
间川砦　357
间川寨　358
间马　1064
间芳堡　497
间间　1064
间家峡　456
间精谷　456
阁川水　424
阁门　1102
阁门司　1102
阁门使　1338
阁门看班祗侯　1284
阁门宣赞舍人　1284，1326
阁门祗侯　1148，1284，1285
阁使　1102
阎疃　358
炳灵寺　358，1914
炮手　1835
炮台　1835
洼普　619
洪、宥、韦三州总都统军　1102
洪川县　535
洪门　358
洪门镇　45
洪门镇使　1148
洪中孚　952
洪文敏　952
洪水　1923
洪老子　952
洪州　13，161，535
洪范　1064
洪和城　536
洪河　456
洪保　1064
洪夏军　13
洪崖坞　358
洪得寨　358
洪湛　953
洪德大川路　456
洪德砦　358，424
洪德砦寨主　1489
洪德寨巴特玛族族巡检　1285
洪德寨白马鼻族巡检　1285
洪德寨主　1489
洒水　358
洒水平寨　358
洒金平　358
洿谷镇　358
浇水　456
浇灌　1856
浊水岭　58
浊轮川　457
浊轮谷　58
浊轮砦　358
浊轮寨　358

浊轮寨钤辖 1489，1490
浊流寨 45
洞儿堰 359
洗纳本令波族 1977
洗纳阿结 723
洗纳族 1977
洗京比啰厮鸡 723
洗族 1948
洺州防御使 1285
洛才族 1948
洛川 359
洛川水 457
洛川县 226
洛门 359
洛水 457
洛水汛溢 1923
洛平县 536
洛交县 162，226
洛交郡 162
洛州防御使 1285
洛阳 550
洛阳沟 478
洛吴 723
洛谷 359
洛苑使 1148，1285，1286
洛苑副使 1286
洛郊 359
洛河 58，458
洛河川 458
洛河川入西界金汤镇大路 458
洛宛使 1285
洛施 359
洛施军令结 723
洛施军笃 723
洛索 1025
洛原城 359
洛原故城 359
洛浦峡 58
洛盘镇遏使 1122
洛稽县 536
洮山 457
洮山路 457
洮山寨 359
洮川 457
洮水 457
洮东 515
洮东安抚 1490
洮东安抚司 1490
洮东沿边安抚司 1490
洮西 515
洮西安抚 1338，1490
洮西安抚司 1490
洮西安抚司蕃勇敢 1338
洮西安抚使 1490
洮西沿边安抚 1490
洮西沿边安抚司 1490
洮西沿边安抚使 1491
洮西缘边安抚司 1491
洮州 161，225，536
洮州汉蕃钤辖 1338
洮州观察处置押蕃落等使 1338
洮州刺史 1338，1569
洮州城 359
洮州钤辖 1338
洮州都首领 1338
洮州凉州刺史 1338
洮州凉州管内观察处置押蕃落使 1338
洮州凉州管内观察处置押蕃落等使 1338
洮州管内观察处置押藩落等使 1338
洮州管内观察处置等使 1339
洮州管内巡检使 1569
洮州蕃部巡检 1491
洮州蕃部钤辖 1339
洮阳城 536
洮岷军节度留后 1339
洮河 457
洮河安抚司 1491
洮河总管 1491
洮河缘边安抚司 1491
洮城 359
济义原堡 359
济义堡 45
济北郡夫人 1339
济宁路金乡县务司提领 1210
济实木 723
济桑 359
济裕 681
浐水河 458
洴州 226
浑 1977
浑日进 777
浑光中 619
浑州川 458
浑州寨 359
浑进忠 619
浑垂山 484
浑货 1948
浑脱 1835
浑嵬名遇 619
浑瑊 777，953
津庆川 45
津州 536
将东诸侯王射士制 1210
将仕郎 1129，1148，1210
将台堡 497
将军峪 497
将克节 359
将作大匠 1122
将作使 1210
将作院使 1210
将鸡砦 359
将萨川 59
叛使 1102
籽子 1848
前卫亲军百户 1210
前石门 359
前年 1887
前军统制军马 1286
前军都统制 1286
前军准备将 1286
前控大川 1923
酋 1592，2016
酋长 1592，2016
酋帅 1593

酋和州　535
酋首　1593
酋领　1593
酋豪　1593，2016
首阳镇　359
首赊吼岭　359
首领　1594，1604
总制江浙、江西、湖广三省军马　1210
总制熙河路边防财用司　1491
总领岷州蕃兵将　1491
总领河西军马　1491
总领新置蕃兵将　1491
总领熙州蕃兵将　1491
总领蕃兵　1491
总管　1102，1491
总管司　1491
总噶尔河　458
总噶尔城　359
总噶尔族　1948，1977
宣人　1210
宣化府　13
宣文阁博士　1210
宣抚　1286
宣抚处置使司干办官　1286
宣抚司干当公事　1286
宣抚司勾当公事　1492
宣抚司参谋　1286
宣抚司参谋官　1286
宣抚司都统　1286
宣抚判官　1286
宣抚制置司　1492
宣抚使　1286，1492
宣抚河东　1492
宣抚陕西　1492
宣抚陕西四路　1492
宣抚陕西河东　1492
宣抚都统制　1286
宣抚党项使　1356
宣抚副使　1286，1492
宣武明成宣威将军　1210
宣武将军　1211
宣忠效力翊戴功臣　1211
宣忠斡罗思扈卫亲军指挥使　1211
宣城录事　1211
宣政、会福院使　1211
宣政公　1064
宣政院使　1211
宣政院副使　1211
宣威城　360
宣威将军　1211
宣威砦　360
宣威寨　360
宣差巩州规措官　1569
宣差弹压　1158
宣敕　1908
宣敕告身　1908
宣谕使　1492
宣德功臣　1148
宣德郎　1102，1103，1104，1148
宣慰　1211
宣慰灵夏以北党项使　1356
宣慰使　1211
宣穆惠文皇后　1104
宣徽　1104
宣徽南院使　1104
宣徽院使　1211
宣徽副使　1212
宥州　14，162，536
宥州正监军　1105
宥州节度使　1105
宥州团练侍者　1105
宥州团练使　1105
宥州观察使　1105
宥州刺史　1105，1122，1148，1339
宥州城　45
宥州监军司　1105
宥州路　15
宥州嘉宁　1105
宥罪侯　1148
室韦　1657，1978
室屋　1815
室宿　1887
室腊丹　766
宫马川　360
宫马川堡　360
宫池　360
宫苑使　1286
宫宛使　1339
宫商　1901
宪成皇后　1105
宪州　162
客。悟　1894
客厅　1815
客户族　1948
客台津　360
客省使　1339
客昧　1894
客痆　1894
客厮铎　619
染齐　1064
染杖谷　360
染枝谷　458
觉来玛斯多卜　723
觉勒玛斯多卜　723
突阵指挥使　1105
突厥　1657，1978
突厥川　458
突厥罗　681
突撚补㩆　1025
穿山甲　1860
美巴　45
美水草　1923
美克　681
美里吉台　1064
美利砦　45
美利寨　360
美英多吉　619
美泥砦　360
美泥堡　360
美原　536
姜伯通　1025
姜晦　777
娄　45
娄吴　723
娄和斯族　1978

娄城 360
娄城堡 360
娄室 1025
娄都尔逊 766
娄宿 1025，1887
娄博贝监军司 1105
奖州团练使 1339
送与沿房 1883
送伴官 1492
迷子寨 45
迷令马斤 766
迷般嘱族 1948
迷桑族 1978
举人 1900
举子 1105
举立沙 1064
养马城 360
养贤 1105
养贤务 1105，1927
养迷般嘱 619，1948
诵经作西竺语 1894
祜安 1064
祐州 536
祐安 1064
祐童 1064
祖平 360
祖逋领 360
祖儒 1105
祖儒 1894
神木马儿族 1948
神木县 163，226
神木营 497
神木砦 360，424
神木堡 361
神木寨 361
神木寨结当族巡检 1286
神乌县 163
神龙卫四厢都指挥使 1286
神劲弓 1835
神鸡流 45
神武 1105
神武秘略 1908
神林 361
神林北路 58
神林砦 361
神林铺 497
神林堡 361，424
神林堡城 361
神波族 1978
神宗 1105
神宗国史 1908
神树堡 361
神泉 361
神泉砦 361，425
神泉寨 361
神勇军 1105
神堆 361
神堆府 15
神堆驿 59
神堂砦 361
神堂堡 362
神堂寨 362
神崖馆 425
神臂弓 1835
神臂弓火箭 1835
神臂弓箭 1835
祝州 536
祝真普 1064
祝能 1105
祝谘 953
祝厮给四每 723
祕阁修撰 1286
祠神 1881
衲袄 1824
袄子 1824
冠子 1824
冠军大将军 1339
冠金贴起云镂冠 1824
冠冕 1824
扁江新寨 362
弭药 1948
段充 953
郡大夫人 1339
郡王 1105
郡夫人 1339
郡太夫人 1148
郡太君 1339
郡君 1327
郡学教授 1106
昼扬沙 1875
昼举烟扬尘 1875
费州团练使 1287
费州刺史 1287
费听氏 1948
屋 1815
屋地目族 1978
屋地因族 1978
屏风谷 458
退浑 1978
陛下 1106
胥偃 953
胥鼎 1025
眉毛 1869
姚大虫 953
姚内斌 953
姚内赟 953
姚古 953
姚可久 954
姚平仲 954
姚师闵 954
姚师雄 954
姚仲 954
姚仲孙 954
姚进 766
姚志 954
姚杜庄 497
姚兕 954
姚希晏 954
姚评 954
姚武之 954
姚宝 954
姚贵 954
姚祐 955
姚家川 362
姚家堡 362
姚家堡十将 1492
姚家堡左第一指挥十将 1492
姚雄 955
姚嗣宗 955

姚爽 955
姚毅夫 955
姚麟 955
怒迎 1894
怒舍 1895
架麻平 362
贺九言 619
贺义忠 620
贺子原 45
贺从勉 620
贺从勖 620
贺从勗 620
贺文密 956
贺正旦 1878
贺正旦使 1106
贺正使 1106
贺兰 68，1064
贺兰山 59
贺兰军 16
贺兰谷 59
贺兰原 45
贺兰蕃部 2017
贺永正 620
贺永年 620
贺永珍 620
贺州刺史 1339，1493
贺守文 620
贺寿圣节 1878
贺英 620
贺罗口 425
贺罗川 425
贺罗平 45
贺罗原 45
贺真 620
贺浪啰 620
贺家原 425
贺家寨 362
贺朗赉 620
贺鲁州 536
贺登宝位 1878
贺嘉祐四年正旦使副 1106
贺遵安使 1106
矜戎堡 362
勇丁丹溪 723
勇敢 1604
垒子 1835
垒严州 163
柔元寨 425
柔远川 362
柔远城 362
柔远砦 362
柔远砦兵马监押 1493
柔远堡 362
柔远寨 362
柔远寨主 1493
柔远寨巡检 1493
柔远寨兵马监押 1493
柔远寨都巡检使 1287
柔远寨监押 1493
柔远寨蕃部巡检 1287
柔远寨蕃部都巡检使 1493
柔远蕃部巡检 1287
柔远镇 362
柔思义 620
柔狼山 458
癸宗 362
骆元光 777
骆永安 620
骆驼 1863
骆驼城 46，363
骆驼巷 46，363
骆驼巷城 363
骆驼堰 536
骆家寨 363
结吼捉 724
结吼龊 724
结兀 723
结兀龊 723
结瓦 724，1866
结瓦那征 724
结日卜聚 724
结中龙川 458
结什角 724
结公城 363
结布 724
结布伊朗布 724
结叱兀 724
结叱吼 724
结令乾 724
结丝匠 1866
结成丹 724
结成抹 724
结当族 1949
结齐罗 643
结约 724
结约特 724
结赤木 724
结吴叱腊 724
结吴延征 724
结吴那征 725
结呃 724
结呃捉 724
结呃龊 724
结邻 725
结沟堡 363
结阿堡 363
结纳克 46
结耶觜川 425
结明爱 620
结明萨庄 363
结金 725
结河 458
结河一带蕃部巡检 1339
结河川 363
结河川口 458
结河族 1978
结河堡 363
结宗城 363
结药 725
结药密 725
结星 364，620，725
结毡 725
结毡厖餞 725
结胜 364，621
结施心擦把擦 725
结施卒 725
结施揽哥 725
结施温 725
结珠 364

结珠龙　46，364
结珠龙川　364
结珠龙川，西人语谓十八为结珠，谓谷为龙　1895
结珠龙川城　364
结珠龙峗　364
结珠龙寨　364
结逋脚　725
结凌　725
结诺　766
结菊　725
结彪　725
结啰城　364
结绾　1866
结堪布伽　725
结博约特　681，725
结彭族　1949
结舒　681
结斡延正　725
结锦　725
结嘉沁扎实　726
结斡延正　725
结斡沁　725
结斡恰尔　725
结斡磋　725
结厮鸡　726
结厮鸡柯族　1978
结察斡　726
结厮鸡　726
结摩约肆　726
结默　726
结藏城　425
给逋　726
绛州　163
绝少林木　1923
绝漠　1923
统万城　46，364
统万镇　481
统州　536
统安城　46，364
统军　1106，1212
统军司　1106
统制四路军马　1493
统制军马　1494
统制官　1287，1493，1494
统制熙秦两路军马　1494
统将　1106
统领官　1340，1494
缾金　1824
逊星　1887
逊都台　1064

十画

艳奴　681
艳般　681
珪布默玛　621
珪年岭　46，458
珪年族　1949
珪年族军主　1287
珪罗族　1978
珪威　681
珪族　1978
珠玉　1848
珠龙川　364
珠苏威家　1949
珠旺　46，364
珠城　364
珠特尔威　1064
珞璭　1824
顽羊　1863
耕牛　1863
耕耘　1856
耕耨　1856
耙磨　1856
敖保　621
素齐　1107
素赍　1107
盏饽　1817
蚕州　536
秦川　459
秦王井　46，364
秦王井驿　459
秦中　515
秦凤路第一副将　1287
秦凤凤路副都总管兼知秦州　1494
秦凤防秋军马　1494
秦凤沿边安抚司　1494
秦凤泾原路驻泊都监　1494
秦凤经略　1494
秦凤经略司　1494
秦凤经略司机宜文字　1494
秦凤经略安抚司　1494
秦凤经略安抚使　1494
秦凤经略使　1494，1495
秦凤钤辖　1495
秦凤总管　1495
秦凤都钤辖　1495
秦凤都监　1495
秦凤部署　1495
秦凤部署司　1495
秦凤部管司　1495
秦凤副总管　1495
秦凤副都部署　1496
秦凤副部署　1496
秦凤提刑　1496
秦凤提点刑狱　1496
秦凤等路转运司　1496
秦凤等路转运副使　1496
秦凤等路都转运使　1496
秦凤等路提点刑狱　1496
秦凤等路提举买马监牧司　1496
秦凤等路提举保甲司　1496
秦凤等路提举营田　1496
秦凤等路提举常平　1496
秦凤缘边安抚司　1496
秦凤路　163，226
秦凤路马步军副总管　1497
秦凤路马步军副都总管　1497
秦凤路计议措置边事　1497
秦凤路队将　1497
秦凤路安抚司　1497
秦凤路军马司公事　1497
秦凤路买马场　1497
秦凤路走马承受　1497
秦凤路走马承受公事　1497
秦凤路兵马钤辖兼第三将

1497
秦凤路招讨使 1497
秦凤路招抚蕃落使 1497
秦凤路招纳司 1497
秦凤路转运司 1497
秦凤路转运司纲运所 1498
秦凤路转运判官 1498
秦凤路转运副使 1498
秦凤路制置粮草 1498
秦凤路沿边安抚 1498
秦凤路沿边安抚司 1498
秦凤路经略 1498
秦凤路经略司 1498
秦凤路经略司管勾机宜 1498
秦凤路经略机宜文字 1499
秦凤路经略安抚司 1498
秦凤路经略安抚司勾当公事 1498
秦凤路经略安抚招讨使 1498
秦凤路经略安抚使 1498，1499
秦凤路经略安抚使司 1499
秦凤路经略安抚使陕西诸路都统制 1499
秦凤路经略安抚使兼知秦州 1499
秦凤路经略使 1499
秦凤路钤辖 1499，1500
秦凤路钤辖兼第一将 1500
秦凤路总管 1500
秦凤路总管司 1500
秦凤路都转运司 1500
秦凤路都转运使 1500
秦凤路都钤辖 1500
秦凤路都总管司走马承受公事 1500
秦凤路都监 1500
秦凤路都监兼知甘谷城兼第三将 1500
秦凤路都部署经略安抚缘边招讨使 1500
秦凤路部署 1501
秦凤路部署司 1501
秦凤路副总管 1501
秦凤路副都总管 1501
秦凤路副都部署 1501
秦凤路第九将 1501
秦凤路提点刑狱 1501
秦凤路提举弓箭手 1502
秦凤路缘边司勾当公事 1502
秦凤路缘边安抚司 1502
秦凤路缘边安抚司勾当公事 1502
秦凤路置制勾当公事 1502
秦凤路察访司 1502
秦凤熙河路计议措置边事 1502
秦凤熙河路计议措置边事司 1502
秦平堡 364
秦市川 478
秦吉 956
秦州 166，226，536
秦州三阳砦主 1502
秦州甘谷城驻扎本路第三将 1502
秦州节度判官 1502
秦州东城 364
秦州司马 1502
秦州西城 364
秦州团练使 1502
秦州回鹘 1657
秦州防御使 1287，1502，1569
秦州观察判官 1502
秦州观察使 1287，1502，1503
秦州买马务 1503
秦州走马承受 1503
秦州兵马钤辖 1503
秦州陇城寨监押 1503
秦州鸡川寨蕃官首领 1340
秦州刺史 1356，1503
秦州制勘所 1503
秦州制勘院 1503
秦州沿边弓箭手 1604
秦州驻泊钤辖 1503
秦州驻泊都监 1503
秦州经略司 1503
秦州经略使 1356，1503
秦州钤辖 1340，1503
秦州总管 1503
秦州都巡检使 1503
秦州都部署 1503
秦州都督府 536
秦州部署 1503，1504
秦州兼管勾秦凤经略安抚都管司 1504
秦州通判 1504
秦州推勘官 1504
秦州清水监军 1504
秦州缘边走马承受公事 1502
秦州路 459
秦州管内观察使 1287
秦州蕃官军主 1340
秦安县 226
秦安城 425
秦安砦 364
秦希甫 956
秦陇 515，536
秦陇凤翔阶成六州军马步都部署 1504
秦陇凤翔阶成州路 171
秦陇凤翔阶成州路驻泊步军都总管 1504
秦陇州凤翔府阶成州路马步军都部署 1504
秦陇州凤翔府阶成州路驻泊马步军都总管 1504
秦陇州巡检 1504
秦陇防御使 1356
秦陇路兵马钤辖 1504
秦陇路招安蕃落使 1504
秦国夫人 1212，1287
秦国太夫人 1148，1328，1340
秦国公 1212，1287
秦岭山 478
秦店 364

秦勃 956
秦贵 956
秦亭 364
秦庭 365
秦隆诺城 365
秦渤 956
秦渡 365
秦弼 956
秦翰 956
泰宁军节度观察留后 1287
泰宁军节度使 1287，1504
泰宁军承宣使 1287
泰宁军留后 1287
泰州军事衙推 1130
泰安王夫人 1212
泰陵 1915
泰陵录 1908
埋乜已 681
埋马皆 621
埋井峰 459
埋井烽 365
埋井寨 365
埋香 681
埋保 681
埋都统 681
埋浪庄 365
埋移香 621
埋厮族 1949
埋摩 643
埒丹鄂特裕勒 621
埒克节 365
埒克章 726
埒克遵 726
桂山海牙 1064
桂川县 537
桂心 1860
桂枝 1860，1887
桂摩 726
桔槔 1856
桔槔峰 365
桔槔砦 365
桔槔寨 365
栲栳 1856
栲栳砦 365
栲栳寨 365
栲栳寨主 1510
核栅 1815
郴州路达鲁花赤 1212
桓州 550
桓宗 1107
桓勇都尉 1212
栖云阁 497
栖霞县达鲁花赤 1212
框档 1815
栧厥嵬名 621
桥山 459
桥子 366
桥子谷 459
桥子谷寨 366
桥子砦 366
桥子堡 366
桥州 537
桥店子平 366
桦泉 366
桦泉骨堆 366
格内步枪法 1872
格乌 726
格布锡 726
格众 621
格虎山新寨 366
格埒克 621，678
格埒班珠尔 682
格隆谷 459
格隆族 1949，1979
格隆族都虞侯 1288
格登族 1949
格登族军主 1288
格登族副军主 1288
格斡宁 621
格噜 766
桃 1848
桃条 1848
桃堆平 46
桃梅 1849
校具 1835
样丹族 1949
椋匙 1836
桠树涧 497
根聒 1872
梣啰咙 366
耿友谅 957
耿仁思 957
耿仁恩 957
耿全斌 957
耿南仲 957
耿焕 957
耿傅 957
耿斌 957
耿端彦 957
耿毅 957
豇豆 1849
配岗 366
都大勾当镇夷郡正 1107
都大经制并同经制 1504
都大经制熙河兰会路边防财用 1504
都大经制熙河兰会路边防财用司 1504
都大经制熙河路边防财用司 1504
都大经制熙河路边防财用事 1504
都大首领 1604
都大提举成都府利州陕西路茶事 1504
都大提举成都府熙河兰湟秦凤等路榷茶司干当公事 1504
都大提举成都府熙河兰廓秦凤等路茶事兼提举陕西等路买马监牧公事专一总领四川财赋 1505
都大提举茶马兼川陕宣抚使司参议 1288
都大提举熙河路营田弓箭手 1505
都大提举熙河路营田弓箭手公事 1505
都大管勾走马承受 1505
都子 681

都元帅 1212
都元帅兼领尚书省事 1212
都水大监 1212
都水监官 1212
都水庸田使 1212
都卢山 459
都头 1107
都同巡检 1505
都同总领河州南蕃兵将 1505
都网都格 46
都庆 681
都军 11076
都军主 1288，1328，1340，1604
都军使 1130
都巡检 1288，1505
都巡检司指使 1505
都巡检使 1288，1505
都克沁族 1949
都护 1288，1505
都护府 1506
都尾 621
都纲都格 366
都枢密 1107
都押衙 1130
都招讨 1107
都转运 1506
都转运使 1506
都转运盐使 1213
都迪尔威 1064
都罗马尾 621
都罗氏 621
都罗乌□吃铁木尔 1064
都罗重进 621
都罗摩尼扬昌 681
都知兵马使 1107，1148
都府兵马钤辖 1340
都威 621
都指挥 1213
都指挥使 1288
都按官 1107
都贶 957
都钤辖 1107，1506
都钤辖兼第一将 1506
都香 681
都亭西驿 459，1506
都亭驿 459
都首领 1340，1604，1605
都总领河南兵将 1340
都总领河南蕃兵将 1340
都总领通远军蕃兵 1506
都总管 1506，1507
都总管司 1507
都总管司走马承受 1507
都总管岷州蕃兵将 1507
都总管经略司事 1507
都统 1107，1288，1356，1569
都统制 1288，1489，1507
都统制官 1507
都统朔方邠宁鄜坊节度事 1356
都统领 1507
都逋 621
都监 1107，1288，1340，1507，1508，1509，1510
都部署 1510
都资 681
都案 1107
都案判凭 1872
都案案头 1107
都勒玛斡 621
都勒满登 681
都啰 621，677，681，1949
都啰马尾 621
都啰重进 621
都啰啰族 1949
都啰漫丁 682
都啰漫娘昌 682
都提举 1288
都提举市易司 1510
都提举熙河路买马 1510
都嵬寨 46
都督山 459
都督府 1356
都督府参谋 1288
都督府参谋军事 1289
都督府参谋官 1289
都督夏州诸军事 1136
都虞侯 1289，1340，1510
都锡城 365
都漕运使 1213
真乡川 497
真乡县 16，537
真宁县 171
真州 537
真州达鲁花赤 1213
真罗县 171，222
真乳香 1849
真定府元氏县尉 1289
真定府定州等路副都总管 1510
真珠 1849
真珠山 59
真珠盘龙衣 1824
真卿流 46
真卿流部 46
真符县 537
真德秀 957
袁氏 1065
袁继忠 958
袁瑀 957
壶口山 459
荳蔻 1860
莽乜 682
莽布 726
莽布玛喇斡 682
莽布赛 621
莽约克 682
莽沁 366
莽沁公 1340
莽沁族 1979
莱州防御使 1340
莲华山 497
莲华堡 366
莲花 1923
莲花山 497
莲花古城 497
莲花池 498

莲花城　498
莲花原　498
莫门军　171
莫末移　682
莫州　537
莫州守　1213
莫违条法　1872
莫你　1895
莫要住滞　1872
荷叶川　459
获水寨　366
获耕堡　366
恭人　1213
恭门镇　498
恭化郡　537
恭迈族　1949
恭州　537
恭罗们　1107
恭肃章宪皇后　1107
恭噶关　366
索九思　622
索干九族　1949
索与妻眷　1883
索川州　537
索子　1835
索氏　622
索匠　1866
索京州　537
索家平　46
索诺木　726
索诺木卜凌斡　682
索诺木丹忥　726
索诺木节　726
索诺木纳木扎勒　726
索诺尔　622
索渠州　537
索鼎　682
索湘　958
索温守贵　766
索斡　682
索斡九族巡检　1289
索斡族　1949
索斡族都虞侯　1289
索遵德　622
盐　1849
盐川砦　366
盐川堡　366
盐川寨　366
盐川镇　366
盐井　1927
盐井川　367
盐井城　367
盐水县　537
盐场　1107
盐州　16，537
盐州川　46
盐州节度使　1356
盐州防御使　1340，1341
盐州兵马使　1356
盐州刺史　1289，1356
盐州府　16
盐州郡　16
盐池　46
盐池城　485
盐泽　498
盐官镇　367
盐城镇　46
盐泉县　537
盐泉砦　367
盐院　367
盐夏路　59
盐堆城　367
盍可道　958
盍州　537
哥龙谷　459
哥吴　726
哥诺城　367
哥崖岭　459
哥崖岭堡　367
哥鲁葛波古　1025
聂山　958
聂子述　958
聂天骥　1025
聂尔布　1065
聂宁　682
聂农族　1979
聂辰　1065
聂希古　958
聂昌　958
聂客　1895
聂家山　459
晋　1657
晋山军　171
晋宁州　226
晋宁军　171，226
晋州　171
晋州清边弩手　1605
晋安堡　425
晋阳　70，226
晋昌县　172
晋昌郡　16
晋桥店　367
恶言伤人　1875
恶雨雪　1876
恶疮　1869
栗杏　1849
栗亭　367
栗铭　1107
贾人义　726
贾仁义　726
贾从礼　958
贾文元　958
贾庆　958
贾昌运　958
贾昌言　958
贾昌朝　958
贾炎　958
贾宗元　958
贾宗谅　958
贾宗望　958
贾宗谔　958
贾胡疃　367
贾祐　958
贾恩　959
贾家　367
贾继隆　959
贾逵　959
贾翊　959
贾塔剌浑　1033

贾落 1895
贾嵒 959
贾德用 959
贾默 959
贾辩 959
贾辧 959
贾黯 959
逋讹 682
逋质 766
逋宗城 367
逋胜拉蠲 727
逋祖岭 459
逋祖岭平 367
逋速鹘鹦 727
逋撒 727
速不台 1033
速古儿赤 1213
速别额台 1033
速哈特 1033
速哥 622
起云银帖纸冠 1824
起兵符契 1911
起身宿卫 1213
起复云麾将军 1130，1146，1148，1289
起复翊卫大夫 1289
起荦谷 485
尅胡县 172
殊羌寨 367
破丑 682
破丑夫人 564
破丑氏 564，620，1949
破丑重遇贵 622
破他岭 459
破故纸 1860
破啰川 459
砒石 1849
恧恧世忠 622
恧恧存忠 622
烈山县 538
夏 1622
夏人 2017
夏人不慕中国，习俗自如 1876
夏人率十而指一 1872
夏王 1107，1136，1148，1158
夏王城 46
夏元几 959
夏元机 959
夏元亨 959
夏元昊祖墓 1915
夏元象 959
夏太尉 959
夏仁宗人庆 1664
夏仁宗大庆 1664
夏仁宗天盛 1664
夏仁宗乾祐 1664
夏仁宗乾祐二十三年岁次壬子 1664
夏仁宗乾祐二十四年 1664
夏仁宗乾祐七年 1664
夏仁宗乾祐三年 1664
夏仁宗乾祐庚戌二十一年 1664
夏氏 1065
夏主 1108，1149，1158
夏主生日使 1569
夏台 68，1626
夏戎 2021
夏州 16
夏州牙内指挥使 1130
夏州牙将 1122，1130
夏州节度 1149，1356
夏州节度判官 1510
夏州节度使 1122，1130，1149，1356
夏州节度留后 1130
夏州左都押衙 1130
夏州团练使 1149
夏州延州行营 1510
夏州行军司马 1130
夏州防御使 1149
夏州观察支使 1149
夏州观察判官 1149
夏州观察使 1356
夏州巡检使 1510
夏州进奉使 1108
夏州进奉教练使 1108
夏州医博士 1130
夏州刺史 1123，1130，1149，1343，1356
夏州押衙 1108
夏州都指挥使 1149，1492，1510
夏州都督 1357
夏州留后 1130，1149，1344，1357
夏州教练使 1108，1149
夏州祭奠使 1510
夏州路马步军都部署 1510
夏州路行营都部署 1510
夏州衙内指挥使 1149
夏州管内蕃部越名都指挥使 1130
夏州蕃驿 1510
夏州蕃落使 1149
夏州蕃落指挥使 1150
夏守赟 960
夏安期 960
夏阳镇 367
夏防 960
夏旱 1923
夏兵 2022
夏羌 2022
夏英公 960
夏枢密 960
夏虏 2022
夏国 1626
夏国大王 1108
夏国小大王 622
夏国王 1108，1136，1150，1158，1159
夏国夫人 1213
夏国太夫人 1213
夏国公 1123，1136，1150，1213
夏国书 1908
夏国右厢监军 1108

夏国生日使 1569，1570，1571
夏国主 1108，1150，1151
夏国主印 1911
夏国边官将 1108
夏国母 1108
夏国母祭奠使 1511
夏国母梁氏祭奠使 1510
夏国进奉使 1108
夏国报成使 1571
夏国旱灾 1923
夏国告哀使 1108
夏国陈慰使 1108
夏国陈慰副使 1109
夏国枢要 1908
夏国图 1908
夏国使 1109
夏国泾原环庆熙河路对镜图 1908
夏国宝剑 1835
夏国经略使 1109
夏国奏举书 1908
夏国封册使 1511
夏国皇帝 1136
夏国首领 1605
夏国贺登宝位进贡使 1109
夏国起兵木契 1912
夏国请睦使 1109
夏国敕祭慰问使 1571
夏国祭奠使 1511
夏国鞑靼沿边招讨 1571
夏使 1109
夏居厚 960
夏俨 960
夏侯合 960
夏侯观 960
夏侯峤 960
夏酋 1605
夏宣徽 960
夏神宗光定 1665
夏神宗光定己卯 1665
夏桓宗天庆 1664
夏桓宗天庆七年 1664
夏桓宗天庆八年 1664
夏桓宗天庆九年 1665
夏桓宗天庆三年 1664
夏桓宗天庆元年 1664
夏桓宗天庆五年 1664
夏桓宗天庆四年 1664
夏贼 2022
夏倚 960
夏部 2023
夏家寨子 498
夏绥节度使 1123，1344，1357
夏绥行营 1511
夏绥银节度使 1123，1344，1357
夏绥银宥节度使 1123
夏绥银宥等节度使 1357
夏绥银宥等州节度使 1123，1344
夏绥银宥等州节度营田观察处置押蕃落安抚平夏党项等使 1357
夏绥银等州节度 1357
夏绥路马步军都总管 1511
夏绥麟府州兵马都总管 1511
夏绥麟府州钤辖 1511
夏绥麟府州都部署 1511
夏崇宗大德 1664
夏崇宗天仪治平 1663
夏崇宗天祐民安 1663
夏崇宗天祐民安五年 1663
夏崇宗元德 1663
夏崇宗正德 1663
夏崇宗正德戊申 1664
夏崇宗永安 1663
夏崇宗永安二年 1663
夏崇宗贞观 1663
夏崇宗贞观癸巳十三年 1663
夏崇宗雍宁 1663
夏银府绥都巡检使 1289
夏银绥观察使 1357
夏银绥宥等州观察支使 1130，1150
夏银绥宥等州观察支使 1152
夏银绥宥等州观察衙推 1152
夏银绥宥等州押蕃落使 1130
夏银绥宥静等州观察处置押蕃落使 1152
夏银绥宥静等州观察处置押蕃落等使 1152
夏银绥宥静等州观察押蕃落等使 1152
夏银绥宥静等州押蕃落等使 1130
夏银绥宥静等州管内观察处置押蕃落使 1152
夏银绥宥静等州管内观察处置押蕃落等使 1152
夏银绥静等州观察处置押蕃落使 1152
夏偶 960
夏寇 2023
夏随 961
夏惠宗大安 1663
夏惠宗大安二年 1663
夏惠宗大安八年 1663
夏惠宗天安礼定 1663
夏惠宗天赐礼盛国庆 1663
夏惠宗天赐礼盛国庆五年 1663
夏惠宗乾道 1663
夏景宗大庆 1662
夏景宗大庆二年 1662
夏景宗大庆元年 1662
夏景宗广运 1662
夏景宗广运三年 1662
夏景宗开运 1662
夏景宗天授 1662
夏景宗天授礼法延祚 1662
夏景宗天授礼法延祚二年十二月 1662
夏景宗天授礼法延祚元年 1662
夏景宗显道 1662
夏竦 961
夏献宗乾定 1665

夏毅宗天祐 1662
夏毅宗天祐垂圣 1663
夏毅宗延嗣宁国 1662
夏毅宗拱化 1663
夏毅宗福圣承道 1663
夏毅宗䪺都 1663
夏襄宗皇建 1665
原川子 367
原川镇 425
原平 367
原州 172，226
原州五井堡弓箭手指挥使
1511
原州防御使 1511
原州驻扎第三将 1511
原州驻泊都监 1511
原安砦 367
原安寨 367
原渭仪都巡检使 1511
原渭路 173
逐水草牧畜 1876
振武 173，1511
振武节度押蕃落使 1357
振武节度使 1236
振武军 71，174，538
振武军节度使 1236
振武军缘河五镇都知兵马使
1236，1289
振武麟胜节度 1357
振武麟胜节度使 1357
捉马洛 727
捉生 1605
捉生指挥使 1357
捉吃 1895
捉剥兵龙毡 727
捉厮鸡族 1979
捉厮结特 727
换住 1065
顿埋 727
致祭使 1511
热嵬浪布 622
哲卜尊 727
哲伊 622
哲图堡 367
柴绍 777
柴胡 1849
柴炭 1835
柴稜沟 46，460
柴植 682
柴栅 1860
柴稜沟 46
虔州观察使 1152，1341
紧丝 1824
监龙兴路 1214
监当 1511
监庆州粮料院 1511
监军 1109，1511
监军司 1110
监军司牙吏 1110
监军巡检使 1511
监军使 1110
监押 1512
监尚御用物 1214
监国 1110
监岷州白石镇 1512
监府 1110
监修都大勾当三司正 1110
监秦州陇城寨酒税 1512
监晋州盐税 1289
监察御史 1131，1152，1214，
1215，1341
监潭州南岳庙 1289
监藏班臧卜 1065
党□浪 1895
党儿 622
党儿族 1949
党万 962
党支 727
党世昌 1025
党龙耳江 367，460
党平族 1949
党失卑 727
党失卑陵 727
党令支 727
党令征 682
党师经 962
党州 538
党羌 1949
党罗原 367
党征丹 727
党征斯鸡 727
党宗族 1949
党项 1950
党项大首长 1123
党项军 1927
党项折家族五镇都知兵马使
1236
党逋城 367
党留族 1979
党移 682
党移赏浪 622
党移赏粮 622
党德敬 622
党遵叱腊青 727
唛移 622，678
哺争 1895
咩布移则 622
咩讹埋 622
𠲎咩族 1952
哨马营 367
哩日 1065
哩那没桑 622
哩沁城 368
哩努卜密桑 622
哩旺扎布 622
哩旺族 1979
哩恭宗堡 368
哩恭族 1979
哩硕琳布齐 682
哩博晋巴 622
哩穆先 622
唤端 1025
唃氏 1979
唃族 1979
唃厮波 682
唃厮啰 727
唃厮啰首领 1606
唃摩 728
峨和县 538

峨嵋　68
峰州刺史　1341
峰帖峡寨　368
峰贴城　498
峻陵原　47
晒厮温厮岭　460
晔州　538
贼　1895，2023
贼马　2023
贼六　1895
贼迁　622
贼迎　1895
贼昊　623
贼鱼骨　1860
贼界　2023
鸭　1863
鸭子翅　485
鸭绿　1867
鸭觜箭　1835
蚖蛇　1863
蚊蚋　1863
晁文元　962
晁立　962
晁直信　623
晁宗悫　962
晏元宪　962
晏元献公　962
晏朋　962
晏殊　962
晕锦袄子　1824
罝木沁　728
罝勒斯赉　728
恩宁普　1065
恩州团练使　1341
恩州观察使　1289，1329
恩州刺史　1289
恩安县　538
恩顺　682
圆川砦　368
圆子堡　368
圆州堡　368
圆堡　368
圁水　59，482
圁阳县　481
圁阴　538
特丹　1860
特进　1123，1136，1152，1153，1215，1236，1341
特你族　1952
特郎　1895
特啰　1952
特穆尔巴哈　1065
钱中孚　962
钱归善　962
钱即　962
钱若水　963
钱明逸　963
钱昂　963
钱逋犹赞普，羌语讹为钱逋　1895
钱逸　963
钱惟演　963
钱盖　963
钱景恪　963
钱景祥　963
钱塘　550
钱勰　963
钱遹　963
钱顗　963
钳宗翊　963
钹里　1033
铁巾　368
铁山　460
铁门关　59，485
铁门砦　368
铁木儿忏察关　485
铁木真　1033
铁不得国　1657
铁毛山　60
铁爪篱　1835
铁甲　1835
铁甲皮　1836
铁仞城　368
铁边山　498
铁匠　1866
铁迈赤　1033
铁州　174
铁伞山　60
铁冶川　460
铁冶务　1927
铁冶沟　460
铁冶镇　368
铁茄平　368
铁茄岭路　60
铁茄驿　60
铁炉骨堆　368
铁炉骨堆新寨　368
铁城子　368
铁城堡　368
铁原砦　368
铁理　1065
铁铛　1836
铁铧　1856
铁笳平　47
铁骑　1927
铁堠子岭　460
铁蒺藜　1836
铁窟砦　369
铁碣山　460
铁鹞子　1927
铁额子　1836
铁攫　1836
铃　1901
铎龙桥　460
铎论　728
铎厮那　682
铎厮那族　1979
铎精族　1979
秣邦一带巡检　1341
秣米　1849
积石　369
积石山　460
积石州　20，226
积石州刺史　1571
积石军　174，226
积石岭　60，369
积石河　60
积石砦　369
积庆寺　1914

积贮 1856
积觳 1860
秘书大监 1215
秘书少监 1110
秘书监 1110，1216
秘书监丞 1216
秘书监校书郎 1216
秘书卿 1216
敌楼马面团敌法式 1872
笄头山 478
笓篱 1836
笔手 1110
笔匠 1866
笔架山 498
笔谈 1908
笔篥川 369
笔篥城 369
笊篱 1836
笏 1824
笋蕨 1849
透贝 1825
透蝎尾马黄弩桩 1836
乘风桥 498
乘善马 1876
借职 1289，1341
俺伯 1065
倾吴堆盘 47
倒淋砦 369
倒塌 1815
俱千 963
候草木以记岁时 1887
候桥川 369
倍韮 369
射草缚人 1876
射香堡 425
皋兰山 460
皋兰县 498
皋兰堡 369
皋兰镇 369
臬司宪部椽 1216
息利族 1953
息简礼 1065
徒杓六心 728
徒役 1872
徒单牙武 1025
徒单丑儿 1025
徒单仲华 1025
徒姑且 1025
徐丁台 369
徐亿 964
徐子安 964
徐正 964
徐处仁 964
徐兴 964
徐余立 623
徐忠憨 964
徐勋 964
徐禹臣 964
徐彦孚 964
徐敏宗 623
徐堡寨 47
徐復 964
徐舜卿 623
徐湜 964
徐镇 964
徐德占 964
徐禧 964
徐徽言 965
殷贵 965
般擦 1606
般擦首领 1606
颁历于夏国 1887
豺狼 1863
豹虎 1863
爹爹 1884
爹爹娘娘 1884
耸昌厮均 728
奚胡失海 1026
奚起 965
爱申阿失剌 1026
爱州团练使 1341
爱鲁 1065
脊背 1869
卿典牧 1216
狸家族 1953
狸族 1953
狼 1863
狼山 369
狼井堡 369
狼牙箭 1836
狼水砦 369
狼阿章 729
狼道坡 538
狼道峡 538
馎州 538
饿宜 1895
胭脂 1825
胸前 1869
胶莱海道漕运使 1216
鸱枭城 369
鸱鸮 369
枭城 370
枭篦寨 370
留正 965
留守 1110
留住 1066
留修城 370
鸳鸯 1863
鸳鸯泊 425
鸳鸯泺 425
桀黠难制 1876
旄牛城 370
效节宣忠翊戴功臣 1216
效忠翊运保德功臣 1216
郭 1895
郭干苏 729
郭马砦 370
郭马堡 370
郭子仪 777
郭公彦 965
郭氏 766，1052
郭允迪 965
郭劝 965
郭正 623
郭世及 965
郭北平 47，370
郭申锡 965
郭宁 966
郭成 966

郭廷桂 966
郭延珍 966
郭伦 966
郭自明 966
郭庆 966
郭庆宗 966
郭充迪 966
郭守文 966
郭守恩 966
郭那正威 623
郭进 966
郭志高 966
郭苏达勒 682
郭时亮 966
郭亨 967
郭纶 683，967
郭茂询 967
郭茂恒 967
郭茂恂 967
郭英 967
郭固 967
郭忠诏 967
郭忠绍 967
郭忠嗣 967
郭罗克族 1979
郭知运 778
郭知章 967
郭京 967
郭宗颜 967
郭承迁 967
郭绍忠 967
郭栅寨 370
郭贵 967
郭虾蟆 1026
郭思 968
郭咩族 1953
郭拜 683
郭信之 968
郭胜 968
郭彦钦 782
郭祖德 968
郭载 968
郭莽寺 1914
郭莽族 1953
郭振 968
郭恩 968
郭峭 564
郭浩 766，968
郭家族 1953
郭祯 968
郭祥 968
郭逵 968
郭勒敏族 1953
郭晞 778
郭敏 969
郭惟贤 969
郭密 969
郭谘 969
郭堡平 370
郭愔 778
郭幹苏都 683
郭厮敦 683，729
郭厮敦族 1979
郭需 969
郭詷 969
郭稹 970
郭遵 970
郭壁寨 47
郭邈山 970
郭霭 970
部长 1606
部曲 1927
部曲嘉伊克 623
部细皆移 623
部酋 1606
部首领 1606
部族 2023
部族都巡检 1290
部落本族同巡检 1341
部落军使 1342
部道族 1953
部署 1513
部署司 1513
高士 970
高士才 970
高士充 970
高士言 970
高大节 623
高大伦 623
高大亨 623
高万金 782
高川 47
高卫 970
高太尉 970
高车 1836
高升 970
高长寿 1066
高化 970
高化军 970
高氏 564
高文玉 683
高文忠 1066
高文峌 683
高文俊 683
高尹 970
高允权 782
高玉 643
高玉林 1066
高世才 683，970
高世昌 623
高世忠 683
高世亮 683
高平 370
高平县 174
高平岭 460
高平郡 174
高平郡开国公 1290
高平砦 370
高平堡 370
高平寨 370
高令公 623
高头平 370
高永年 683，970
高永坚 684
高永亨 684，970
高永昌 623
高永贵 684
高永能 684，970
高永锡 971

高永德 684
高永翼 971
高奴 370
高奴县 481
高台寺 1914
高当川 538
高延德 623
高州团练使 1290
高州刺史 1290
高守忠 623
高安安 1066
高阳关副总管 1290
高阳关路马步军副总管 1290
高阳关路兵马副总管 1290
高防 971
高志宁 971
高希甫 1026
高怀正 623
高良夫 971
高良惠 623
高君举 684
高妨 971
高纳璘 1066
高纳麟 1066
高若讷 971
高昌 1657
高昌言 971
高昌国 1657
高昌祚 684
高昌朝 684
高昌裔 684
高昌磨榆国 1657
高忠 971
高罗跛臧族 1953
高岭 370
高知方 971
高和尚砭 498
高岳 623
高岳文 1066
高店 371
高学究 972
高宗益 564
高宜 971
高承恭 778
高政 972
高荣 972
高栋 972
高品 972
高泉山 478
高俊英 623
高祖 778
高骈 778
高琎 1066
高素 972
高峰岭 478
高峰堡 371
高峰镇 425
高益 972
高涣 972
高家园 498
高家脊 498
高家堡 371
高家湾 371
高谊 972
高继元 972
高继升 684
高继忠 972
高继勋 972
高继宣 972
高继崇 972
高继隆 972
高继嵩 972
高崇仪 973
高崇德 623
高敏 973
高逸 623
高惟几 973
高惟和 973
高獄 623
高遇 684
高智耀 1066
高慎言 624
高福 684
高福进 684
高睿 1067
高端礼 788
高德崇 624
高遵一 973
高遵义 624
高遵治 973
高遵惠 973
高遵裕 973
高璘 685
高甑生 778
亳州防御使 1153
亳寿招讨使 1290
离王族 1979
离石水 460
离石县 174
离思曲 371
衮都宗托卜德 624
畜养家宅 1815
栾川镇 371
栾竹步人排 1836
旁当氏 1953
旁泥埋 685
席旦 974
席红河堡 47
席贡 974
席苇平城 371
席鸡子 1817，1849
席鸡城砦 371
席鸡草子 1849
席径岭堡 371
席涓 975
席羲叟 975
座主 1110
唐 1657
唐兀 1953
唐兀卫 1927
唐兀卫佥兼枢密院事 1216
唐兀卫指挥副使 1216
唐兀卫亲军都指挥使司 1216
唐兀歹 1067
唐兀公 1067
唐兀氏 1067，1953
唐兀台 1067
唐兀军 1927
唐兀秃鲁花千户 1216

唐兀带 1067
唐兀亲军都指挥使 1216
唐兀亲军副都指挥使 1216
唐兀彦国 1067
唐兀海牙 1067
唐兀惕 1954
唐义问 975
唐太宗 778
唐太宗贞观二年 1665
唐太宗贞观三年 1666
唐太宗贞观五年 1666
唐太宗贞观六年 1666
唐太宗贞观四年 1666
唐太宗贞观至高宗上元间 1666
唐太宗贞观年间 1666
唐太宗贞观初 1665
唐中宗神龙三年 1666
唐中宗景龙三年 1666
唐介 975
唐文宗大和、开成之际 1670
唐文宗大和中 1670
唐文宗大和末 1670
唐文宗开成之际 1670
唐文宗开成元年五月 1670
唐文宗开成元年中 1670
唐文宗开成元年六月 1670
唐文宗开成末 1670
唐古 1954
唐古氏 1954
唐古忒 1954
唐古亲军都指挥使 1216
唐古特 1954
唐古部 1979
唐龙镇 47
唐龙镇羌族 1954
唐龙镇将 1290
唐史 1908
唐代宗 778
唐代宗大历三年 1669
唐代宗大历末 1669
唐代宗广德二年九月 1669
唐代宗广德元年 1668
唐代宗广德元年十月 1669
唐代宗广德元年九月 1669
唐代宗广德初 1668
唐代宗永泰元年 1669
唐代宗永泰元年三月 1669
唐代宗永泰后 1669
唐代宗永泰初 1669
唐代宗宝应元年十二月 1668
唐代宗宝应后 1668
唐代宗宝应初 1668
唐玄宗开元二十八年 1667
唐玄宗开元二十四年 1667
唐玄宗开元十二年 1666
唐玄宗开元十年 1666
唐玄宗开元中 1666
唐玄宗天宝二年 1667
唐玄宗天宝元年 1667
唐玄宗天宝中 1667
唐玄宗天宝末 1667
唐玄宗天宝初 1666
唐奴族 1954
唐州 538
唐来 60
唐武宗 778
唐武宗会昌初 1670
唐国夫人 1290
唐忠 975
唐宗寿 975
唐询 975
唐肃宗 778
唐肃宗上元二年 1668
唐肃宗上元三年 1668
唐肃宗上元元年 1668
唐肃宗上元元年冬 1668
唐肃宗上元间 1668
唐肃宗至德二年 1667
唐肃宗至德元年 1667
唐肃宗至德中 1667
唐肃宗至德末 1668
唐肃宗至德后 1667
唐肃宗乾元二年 1668
唐肃宗乾元三年 1668
唐肃宗乾元元年 1668
唐肃宗乾元间 1668
唐肃宗乾元初 1668
唐括合达 1026
唐括阿忽里 1026
唐括昉 1026
唐括鹘鲁 1026
唐昱 975
唐昭宗天祐中 1671
唐昭宗乾宁二年 1671
唐昭宣帝天祐七年 1671
唐重 975
唐哀帝天祐二年 1671
唐彦超 624
唐宣宗大中三年 1670
唐宣宗大中五年 1670
唐宣宗大中四年 1670
唐宣宗大中年间 1670
唐宣宗大中时 1670
唐宪宗元和十五年十一月 1669
唐宪宗元和十五年七月 1669
唐宪宗元和九年 1669
唐宪宗元和九年五月 1669
唐宪宗元和后 1669
唐高宗龙朔后 1666
唐高宗仪凤二年 1666
唐高宗永徽 1666
唐高宗永徽后 1666
唐高宗显庆元年 1666
唐高宗麟德二年 1666
唐高宗麟德中 1666
唐高祖武德二年 1665
唐高祖武德七年 1665
唐高祖武德元年 1665
唐高祖武德六年 1665
唐推堡 371
唐隆镇 47
唐敬宗宝历初 1670
唐斌 975
唐福 975
唐僖宗 778
唐僖宗中和二年 1670
唐僖宗中和元年四月 1670

唐僖宗光启初 1671
唐僖宗乾符年 1670
唐德宗贞元二年 1669
唐德宗贞元十三年 1669
唐德宗贞元十五年二月 1669
唐德宗贞元三年 1669
唐德宗贞元三年十二月 1669
唐穆宗长庆二年六月 1670
唐懿宗咸通末 1670
病患 1869
疾利沙 1067
疾战沙漠 1923
疾病 1860
悖乜乩尾 685
悖家族 1954
悖家族都虞侯 1290
悟儿思齐 624
悟空寺 1914
悞移赏都 624
悔性亡义 1876
悦州 538
阅将 1908
烧饼 1817
烟知 1895
烟脂 1867
剡毛族 1954
凌占 729
凌占结结 729
凌吉讹遇 624
凌吉讹裕 624
凌罗 1110，1895
凌罗指挥 1110
凌持打拷 1872
凌结阿约勒 624
凌结鄂遇 624
凌结鄂裕 624
凌结溪丹 729
凌结摩 729
凌珪族 1979
凌啰策木多 685
准备勾当 1290
准备食馔 1817
准觉斯 685
凉王 1216
凉州 20，174，538，551
凉州一带蕃部都巡检钤辖 1110
凉州观察使 1513
凉州刺史 1342
凉州城 371
凉州教练使 1342
凉州管内观察处置押蕃落等使 1342
凉州管内观察处置等使 1342
凉甸 47
凉笠 1825
凉棚砦 371
凉棚堡 371
涛江 551
涝池堡 498
浦洛河 60
浦洛峡 460
酒 1817
酒务 1111
酒泉 20，175
酒智清 624
酒税务 1111
酒税务官 1513
酒樽 1836
浙水 551
浙东 551
浙东佥宪 1216
浙东总管 1290
浙东副总管 1290
浙东道肃政廉访司佥事 1216
浙东廉访佥事 1216
浙东廉访副使 1216
浙西 551
浙西大帅 1290
浙西元帅府椽 1216
浙西行省参政 1216
浙西安抚 1290
浙西安抚大使 1290
浙西安抚大使兼扬楚等州宣抚使 1291
浙西安抚大使兼知镇江府 1291
浙西安抚兼知镇江府 1291
浙西道肃政廉访使 1217
浙西道廉访司事 1217
浙西廉访司经历 1217
浙西廉访使 1217
浙西廉访封授 1217
涅剌奥隗部 1980
浩亹河 478
浩叠府 175
浩亹 460
浩亹水 460
浩亹河 461
海川 1067
海子井 498
海末堡 371
海东青 1849
海北海南道肃政廉访使 1217
海北海南道廉访使 1217
海宁砦 371
海西 551
海西辽东哈思罕等处打捕鹰房怯怜口万户府达鲁花赤 1217
海里 788
海沟 47
海泗州宣抚 1291
海泗宣抚使 1291
海波流 371
海城 498
海陵 1026
海棠花 1923
海喇 371
海喇都城 371
海蛤 1825
海道都漕运万户 1217
海道都漕运万户府监 1217
海道都漕运万户府副万户 1217
海螺 1901
海螺城 47
涂香 1849
涂洒 1856

浮州 538
浮图 372
浮图岔 47
浮图学 1881
浮图法 1881
浮图城 47
浮图砦 372
浮图堡 372
浮图寨 47，372
浮图寨监押 1513
浮梁 372
浮屠寨 372
流井堡 372，425
流江口 372
流那 1895
流沙 372，555，1923
流星弩 1836
润水 551
润努川 372
浪□能 1895
浪王族 1954
浪吉族 1954
浪讹 1954
浪讹元智 624
浪讹文广 624
浪讹进忠 624
浪讹遇移 624
浪讹德光 624
浪买 685
浪沁沙 47
浪尾 685
浪抽 1895
浪埋 624，681
浪郭 1895
浪家族 1954
浪黄族 1954
浪梅娘 624
浪爽平 372
浪悉讹族 1954
浪密 624
浪遏 1895
浪斡 624
浪哆 685
浪黎厮江 1980
浚州 551
浚州达鲁花赤 1217
浚州荅鲁合臣 1217
羖 1863
瓶形寨 373
瓶盏 1836
粆袋 1836
粉 1825
粉刺 1860
粉碧 1867
朔风 1923
朔方 68，538
朔方大总管 1357
朔方王 1123，1131
朔方节度 1342，1357
朔方节度使 1342，1357，1358，1513
朔方节度副使 1358
朔方号 175
朔方先锋兵马使 1358，1345
朔方军大总管 1358
朔方军节度 1342
朔方军节度大使 1358
朔方军节度使 1123，1135，1136，1330，1342，1358，1513
朔方军节度使印 1912
朔方军节度副使 1123
朔方军留后 1358
朔方军副大总管 1358
朔方县 21，539
朔方县令 1153
朔方兵马使 1358
朔方灵盐丰夏绥银节度都统 1358
朔方灵盐定远城节度副大使 1358
朔方陇右河西安西北庭诸节度使 1358
朔方河中绛邠宁庆兵马副元帅 1358
朔方郡 539
朔方郡王 1123，1131，1153
朔方都虞侯 1358
朔方留后 1358
朔方道节度 1358
朔方道行军大总管 1358
朔方道行军总管 1358
朔方道防御讨击大使 1358
朔宁 373
朔州 227，539
朔州刺史 1236
朔州路 71
朔武 373
剜刀 1866
益立山 1067
益机滩新堡 373
益州 175
益州写金银字经一藏 1908
益怜质班 1067
益怜真 1067
益都上万户 1217
益都般阳万户 1217
益都淄莱万户 1217
益都淄莱上万户 1217
益都淄莱本军万户 1217
益都淄莱军民都达鲁花赤 1217
益都淄莱两路军职 1218
益都淄莱等路管军万户 1218
益都淄莱路新军万户 1218
益都淄莱新军万户 1218
益都等路宣慰使 1218
益麻党征 729
益智 1860
益德 1067
兼钱 729
兼鏠 729
宽州 21，175
宽州川 461
宽裤 1825
家口族 1954
家令丞 1218
家禁 1111
宾草堡 373

宾铁刃剑　1836
宾铁剑甲　1836
宾德军　175
宾德军节度使　1513
宰牙　1067
宰相　1111
宰率　1895
案检判凭　1872
窄土峡　425
窄袴　1825
窊邑改　624
容州防御使　1291
容州刺史　1111，1123
容族　1980
容鲁族　1954
拳手　1869
浆水谷　461
资州团练使　1291
资政大夫　1218
资善　1111
资善大夫　1218
资德大夫　1218
递角　1927
诸天佑助　1881
诸处为婚　1883
诸司告状　1872
诸戎　2024
诸军总管　1219
诸佛菩萨　1881
诸侯　1111
诸葛亮城　373
诸道回回军　1927
诸路军马事都督府参谋　1291
诸暨　551
诺川县　539
诺尔　624
诺尔沁旺布　685
诺尔斯多　729
诺尔鼎佐　624
诺州　539
诺海　1067
诺麻　1895
诺摩罕　1067
祏　1825
祥祐军　1111
祥祐军　21
袜头　1825
袜肚　1825
袜鞫　1825
袍带　1825
被衣　1825
被褥　1849
袈袋　1825
朗口　47
朗布　685
朗伊　685
朗阿　685
朗阿克章　729
朗珪律　729
朗格占　729
朗家族　1980
朗族　1980
朗密　685
朗密囊　625
朗幹　625
朗霄　625
朗额依　685
冢山寺　1914
扇子　1836
弱水　60
屑耳为　1067
陵井　373
陵头村　373
陵美　47
陵结鄂裕　625
陶节夫　975
陶雅　778
陷山砦　373
陷道口铺　373
陷蕃人口　2024
陪戎校尉　1342
陪州　539
娥知进　625
娥敬万　625
娥景稠　564
娘娘　1884
娘娘谷　461
娘𨰻城　373
挐迎　1895
难得井泉　1923
预旺城　498
能。1895
能力　1895
能尼贵　1895
能合[口]罗　1895
能$_{合}$诺　1895
能家川　461
能麻　1895
畚插　1836
桑[口]冷讹　1895
桑节　1067
桑白皮　1860
桑如珪　778
桑昆　1033
桑怿　975
桑逋寺　1914
桑哥八剌　1067
桑哥实理　1068
桑哥荅思　1068
桑哥答思　1068
桑麻　1857
桑湛　975
桑湜　975
通川县　539
通川堡　373
通天柱　498
通化县　539
通化堡　373
通引官　1513
通归堡　373，425
通四寨　373
通边县　227
通边城　373
通边砦　373
通边堡　498
通边寨　373，425
通边寨巡检　1513
通西　373
通西故城　498

通西砦 374
通西寨 374
通轨县 539
通过堡 374
通过堡子 374
通会关 374
通会堡 374
通庆城 374
通问使 1111
通关堡 374，425
通州防御史 1513
通安砦 374
通安寨 374
通远大路 461
通远州 177
通远军 175，176
通远军节度使 1571
通远军节度副使 1571
通远军使 1513
通远军通判 1513
通远军密栋族巡检 1343
通远军密顿族巡检 1343
通远军榆木岔巡检 1513
通远军蕃兵将 1513
通远县 177，227
通远砦 374
通谷堡 374，425
通怀堡 374，425
通判 1111，1513
通判熙州 1513
通奉大夫 1219
通事 1513
通岷砦 374
通陕寨 375
通政院判 1219
通斫令城 375
通峡 374
通峡荡羌寨主簿 1513
通峡砦 374
通峡寨 375，425
通泉堡 375
通泉寨 375
通济桥堡 375
通济监 1111
通津堡 375，425
通秦 375
通秦砦 375，425
通秦堡 375，425
通秦寨 375，426
通晋堡 426
通婚 1883
通绰克古城 375
通渭县 177
通渭城 498
通渭砦 375，376
通渭堡 376
通渭寨 376
通湟寨 376
通犀 1849
通塞川 461
通塞谷 376
通塞堡 376
通塞路 461
骕骦 1863
绢丝 1825
绢帛 1825
绣龙帐 1825
绣复 1825
绣院 1111
绣袺 1825
绣袴 1825
绣锦 1825
绥平城 376
绥平砦 376
绥平堡 376
绥平寨 377
绥宁县 177
绥宁砦 377
绥宁堡 377
绥宁寨 377
绥边砦 377
绥戎砦 377
绥戎堡 377，426
绥州 22，177，482
绥州太保夫人 1131
绥州牙校 1153
绥州长史 1131，1153
绥州左都押衙 1131
绥州团练使 1153，1513
绥州军事判官 1131
绥州羌部军使 1153
绥州刺史 1123，1131，1153
绥州城 47，376
绥州都知番落使 1131
绥州监军司 1111
绥州砦 377
绥州路部署 1513
绥州衙内指挥使 1131
绥安砦 377
绥远关 377
绥远砦 377
绥远寨 377
绥和 378
绥城 378
绥银夏麟府等州钤辖 1514
绥银等州新归明诸族巡检 1291
绥移 625
绥德 177
绥德州 177，227
绥德军 227
绥德把截 1514
绥德里 47
绥德县 177
绥德城 378
绥德城都监 1514
绥德总管 1291
绥德副总管 1291
绥德副将 1291
绥德路马步军副总管 1291
绥德路兵马钤辖 1291
绥德路副总管 1291
绥德寨 379

十一画

琏赤 1068
球场寨 379
理 1895

理问官　1219
理安　1068
琉璃水精器　1836
琉璃钟　1836
琉璃堡　379
琉璃器　1836
麸金　1849
彗出西方　1876
彗星　1876，1887
舂捣　1857
堎地平堡　379
堆沙堡　379
彬州路达鲁花赤　1219
梧桐　1860
梧桐律　1849
梧桐梁　1849
梅圣俞　975
梅回　379
梅讹宇文　625
梅红　1867
梅花　1923
梅谷堡　379
梅怀德　685，975
梅询　976
梅重信　685
检校工部员外郎　1343
检校工部尚书　1131，1153，1236，1343
检校太子宾客　1131，1343
检校太师　1131，1137，1153，1236，1291，1343
检校太保　1131，1132，1154，1236，1291，1292，1343
检校太尉　1132，1154，1236，1343，1344
检校太傅　1132，1154，1292，1344
检校少保　1292
检校少傅　1292
检校仆射　1236
检校左仆射　1123
检校左常侍　1123
检校左散骑常侍　1132
检校右仆射　1132
检校右常侍　1123
检校右散骑常侍　1132
检校礼部尚书　1154
检校司空　1123，1132，1292，1344
检校司徒　1123，1132，1154，1236，1292，1344
检校刑部尚书　1344
检校吏部尚书　1124
检校兵部尚书　1344
检校尚书　1132，1236
检校尚书左仆射　1124，1344
检校尚书右仆射　1236
检校尚书库部郎中　1124
检校国子监祭酒　1124，1344，1345
检校国子祭酒　1132，1345
检校国子祭酒兼监察御史　1345
检校官　1345
检校秘书少监　1132
检校部落使　1124
检察御史　1345
梓州路　178
梓夔路钤辖　1514
梯楪　1857
梡匙　1836
桶　1836
桶匠　1866
聊城　551
教化　1068
教化的　1068
教动乐　1901
教坊　1111
教练使　1111，1124
敕牓　1908
敕黑河龙神碑　1909
乾川谷　461
乾川堡　379
乾川寨　379
乾州　178，227，539
乾州刺史　1571
乾州堡　379
乾兴砦　379
乾兴堡　426
乾兴寨　379
乾兴寨主　1514
乾谷　461
乾谷川路　461
乾谷峗　379
乾谷堡　379
乾沟堡　379
乾河　461
乾河堡　380
乾封州　539
勘同　1111
勒　1895
勒口罗　1895
勒马尾族　1954
勒瓦　1954
勒讹　1896
勒阿拉雅赛　625
勒鸡平　47
勒金字处置牌　1912
勒鲳　1896
勒波　1901
勒珍鲁　47
勒皈台　380
勒㾦　1896
勒浪树李儿门　1955
勒浪族　1955
勒浪嵬女儿门　1955
勒浪嵬族　1955
勒难平　380
勒啰　1955
勒崖原　380
勒厥　625
勒厥麻族　1955
勒喀玛　625
勒嵬　1896
勒额藏渠怀氏　625
副万户　1219
副元帅　1111
副军　1111，1292
副军主　1292，1345，1514，

1606
副军都主 1346
副兵马使 1112，1154，1292，1514
副使 1112，1219，1514
副钤辖 1112
副首领 1606
副总管 1514
副将 1514
副统军 1112
副统制 1514
副都元帅 1219
副都军主 1292，1345
副都护 1514
副都总管 1292，1515
副都统 1124，1514
副都部署 1515
副监军 1112
副部署 1515
副部管 1515
鄄城县 551
萌山 625，685
萌门 48
萌门寨 380
萌井 48，380
萌邪门三岔新城 380
萌讹 625
萌逋 685
萌盖河 461
萝卜 1849
萝泊川 461
萝蒲 1849
萳草 1861
菜园 380
菜园川 48
菜园川路 60
菜园砦 380
菜园堡 380
菜蔬 1849
菊儿可汗 1033
菊儿罕 1033
菊心 1068
菊百 1896
菊花 1861
菊花河 461
菊濯 1896
菩提涅盘 1881
菬 1825
菠薐 1849
菪莨 1861
萧士元 976
萧友括 788
萧中立 1026
萧爻括 788
萧氏 1068
萧庆 1026
萧关 60，461，479
萧关县废城 380
萧关故城 380
萧汝贤 976
萧玛伊克隘 48，462
萧孝友 788
萧孝忠 788
萧孝诚 788
萧良 788
萧英 788
萧忠孝 788
萧迭里得 788
萧金镇 499
萧注 976
萧定基 976
萧革 789
萧胡靓 788
萧药师奴 789
萧昭彦 789
萧保先 789
萧愯 778
萧恭 1026
萧特末 789
萧谊忠 1026
萧陶隗 789
萧偕 789
萧得里底 789
萧惟信 789
萧彭哥 1026
萧惠 789
萧普达 789
萧蒲奴 789
萧慈氏奴 789
萧滴冽 789
萧撒抹 789
萧镇 380，426
萧德 789
萧德崇 789
萧磨移隘 48，462
萧禧 789
萨卜赛 729
萨本 767
萨里川 485
萨里罕 1026
萨沁 625
萨纳坦 730
萨逋歌 685
营田使 1124
营田堡 499
营吕则 625
营国公 1292
营盘山 499
营墙峁 499
黄乜族 1955
黄女族 1955
黄元道 976
黄友 976
黄屯 685
黄世宁 976
黄石池 380
黄石河 462
黄石河路 462
黄石河镇 380
黄石渠 380
黄卢芭 1861
黄仕成 685，976
黄头 1068
黄头女真 1980
黄头回纥 1659
黄戌 779
黄师闵 730
黄伊特 625
黄庆基 976

黄羊 1850，1863
黄羊平 48
黄州家 976
黄芩 1861
黄芦 48
黄芦讹庞 625
黄连 1850
黄谷 1850
黄亨 976
黄苓 1861
黄矾 1850
黄罗 685
黄罗部 1955
黄罗滂 625
黄河 60，429，462，479，485
黄河九渡 68
黄河头 466
黄河渡口 466
黄经 976
黄经臣 976
黄胡绢 1850
黄贵 976
黄保镇 380
黄诰 976
黄莲 1861
黄桦乌梢金线弓 1836
黄桦神臂弓 1836
黄铎 976
黄绥 976
黄堆山 499
黄砦 231
黄帷寨 380
黄移都 625
黄敏用 976
黄麻 1850
黄族 1955
黄绵胡帽 1825
黄琮 977
黄赏怡 977
黄鹂子 1863
黄道元 977
黄蓍 1861
黄鼠食稼 1923
黄廉 977
黄蜡 1850
黄察 977
黄德和 977
黄鹤岔 426
黄履 977
焉支山 466
曹洓 980
曹万通 767
曹义全 767
曹元忠 767
曹太尉 977
曹介 625
曹公达 626
曹公庄 380
曹氏 564，625
曹文斌 626
曹仪 977
曹记僧 1026
曹司堡 380
曹光实 978
曹延恭 767
曹延晟 767
曹延继 767
曹延敬 767
曹延禄 767
曹延瑞 767
曹价 626
曹州 551
曹守贵 686
曹克明 978
曹利用 978
曹佛留 1026
曹评 978
曹玮 978
曹武穆 979
曹英 979
曹贤顺 767
曹贤惠 768
曹宝臣 980
曹宗久 768
曹宗寿 768
曹宗道 980
曹南院 980
曹轸 980
曹信 768
曹勉 626
曹度 980
曹都 768
曹勍 626
曹调 980
曹彬 980
曹偃 980
曹偶 626
曹瑛 980
曹琮 980
曹普贤 1026
曹弼 980
曹颖叔 980
曹福 768
曹僖 980
曹谱 980
曹遵 730
曹穆 980
曹璨 980
基阶 1815
埜仙普化 1068
埜尔吉尼 1068
梦阿郎 730
梦积 1896
梵觉经 1909
硕尔族 1955
硕尔族巡检 1293
硕克威浪布 626
硕克威族 1955
硕阿苏 730
硕隆赞 730
硖口堡 380
硖川县 539
硖石堡 380
硖源县 539
硙舍 1815
硃砂 1850
硇沙 1850
硇砂 1850，1861

瓠子 1850
瓠子岭 466
瓠芦河 466
奢延水 481
奢延县 481
奢俄 1896
奢俄寨 48，380
聋盲 1861
龚夬 981
龚德 981
盔盘 1837
盛佶 626
盛度 981
盛陶 981
厢官 1112
雪山 466，485，499，539
雪山党项 1955
雪山镇 380
雪不台 1033
雪泥堡 381
捧日天武四厢都指挥使 1293
捧龙川 466
措置陕西缘边四路边防 1515
措置陕西缘边四路边防公事司 1515
措置陕西缘边四路边防事 1515
措置熙河兰会路经制财用 1515
措置熙河兰会路经制财用司 1516
措置熙河兰会路经制财用司事 1516
措置熙河兰会路经制财用事 1516
措置熙河边防财用 1516
措置麟州路军马 1516
措置麟府军马事 1516
措置麟府路军马 1516
措置麟府路军马司 1516
捺龙川 381
捺龙谷 466
捺吴川 381
捺罗部 1980
捺移 48
捺哆 48
排阵都监 1516
推忠开济翊运功臣 1219
推忠佐运功臣 1219
推忠佐命宣力功臣 1219
推忠佐理功臣 1219
推忠保义翊戴功臣 1154
推忠保节功臣 1219
推忠保顺亮节翊戴功臣 1154
推忠宣德崇仁保顺纯诚亮节协恭守正佐运翊戴功臣 1154
推忠宣德崇仁保顺纯诚亮节协恭守正翊戴 1154
推忠宣德崇仁保顺纯诚亮节协恭守正翊戴功臣 1154
推忠宣德崇仁保顺纯诚亮节协恭赞治佐运守正翊戴功臣 1154
推忠宣德崇仁保顺纯诚亮节守正翊戴功臣 1154
推忠效顺启圣定难功臣 1137
推忠翊戴功臣 1219
推忠靖远功臣 1220
推官 1516
推诚顺化功臣 1346
推诚顺化忠亮翊戴功臣 1346
推诚亮节崇德赞治功臣 1220
推诚宣力功臣 1220
推诚翊运功臣 1220
採林 381
捻崖天子 643
捻塑 1866
掠子 1825
接应堡 381
接状只关 1872
探长堡 381
探长寨 381
探那州 539
掘丈余则有水 1923
掘地以贮雨水 1924
掘娘 686
辄移 626
辅国上将军 1220
呰山 499
呰主 1516
呰浪骨堆 381
虚空 1887
虚宿 1887
彪抹 730
彪逋 730
雀子 1864
嵬德元 626
嵬德昭 626
堂 1815
常八斤 1068
常马 1850
常丑丹波 730
常平县 539
常乐县 178
常乐郡开国公 1346
常乐郡公 1346
常乐堡 499
常宁寨 381，426
常州监军司 1112
常安民 981
常阳族 1980
常芬县 539
常希古 981
常侍 1132
常例马 1850
常家山 466
常家族 1980
常理堡 381
常葱 1850
常鼎 981
常尊 730
喏嵬 686
唱名法 1900
唱喏 1878
唱喔 626
唱嗺 626
啰兀 381
啰兀城 381
啰兀城堡 382

啰瓦城 382
啰尔干 382
啰叽抹通城 382
啰严谷岭 61
啰严城 382
啰没宁堡 382
啰述族 1955
啰庞山 61，499
啰庞岭 61
啰庞界 48
啰庞领 48
啰泊川 48
啰胡 686
啰树族 1955
啰迷谷口 382
啰埋 686
啰逋山 61
啰逋川 48，61
啰朗吹裕勒 686
啰朗威族 1955
啰朗族 1955
啰通州 48
啰税火 48
啰哆守忠 626
啰哆思忠 626
啰遵 686
唾涕 1869
啳逋 686
啜□ 686
啜讹 686
啜克泥 686
啜尾 686
啜佶 686
啜泥 686
啜香 686
啜娘族 1955
啜訇俟友 644
啜啫 686
崐山 551
崞县 178
崆峒 382
崆峒山 466
崆峒山寺 1914
崆爱 686
崆裕勒族 1980
崌州 539
晚夕 1887
晚蚕沙 1861
畦氏 1068
眼眶 1869
略州 540
略阳 382
蛆虫 1864
蚰蜒 1864
蚯蚓 1864
蛇皮 1861
蛇尾 382
蛇尾掊 382
野 1896
野人关 466
野儿和尚族 1955
野力氏 626
野丈人 1861
野勺口 467
野也浪啰 626
野马 1955
野马族 1955
野氏 686
野乌裕实克 626
野龙族 1955
野由氏 564
野仙普化 1069
野吴谷 467
野乱氏 1956
野利 626，686
野利王 1112
野利仁荣 626
野利氏 627，1956
野利龙儿 1956
野利当 627
野利刚 643
野利刚浪凌 627
野利刚浪崚 627
野利州 540
野利秃罗都 643
野利旺荣 627
野利族 1956
野利越诗 1956
野利厥律 1956
野利遇乞 627
野利景庭 643
野谷 479
野鸡谷 61
野鸡峰 61
野鸡第七门族 1956
野鸡族 1956
野鸡塞 382
野货 1956
野狐 1864
野狐岭 551
野狐硖 540
野戾刚浪崚 627
野韭 1818
野韭川 61
野战歌 1901，1909
野虽族 1956
野毡 730
野俚族 1956
野恤 1896
野速普花 1069
野狸 382
野狸坞 382
野狸族 1956
野离王子 643
野痆 1896
野海 1956
野家店 382
野家族 1956
野家族蕃部指挥使 1293
野豚 1864
野兽 1864
野韮川 382
野遇克忠 627
野遇思文 627
野鹊 1864
野鹊馆 426
野蒲氏 1956
野蒲甘卜 1069
野蒲昂吉儿 1069

野罨 1896
野辞氏 1956
野溪族 1957
野窣 1957
野㕑 382
野堨 382
鄂云 686
鄂尔宁山 61
鄂齐儿 627
鄂州 551
鄂约达勒 1069
鄂伽族 1957
鄂尚绷 48
鄂迪 627
鄂钦 687
鄂济尔 687
鄂特丹卓麻 627
鄂特丹卓勒玛 627
鄂特伽 627
鄂特结 627
鄂特凌 730
鄂特凌古 730
鄂特凌叶 687
鄂特凌敦 730
鄂特桑 687
鄂特彭裕勒星寨 48
鄂朗吉 627
鄂桑格 627
鄂鄂尔 730
鄂博 628
鄂普凌济 628
鄂德 731
鄂摩克谷 467
鄂摩克谷堡 382
鄂摩克族 1957
崖 1896
崖石 382
崖块 628，1896
崖罗 687
崖埋 628，1896
崔元佐 628
崔元略 779
崔仁遇 687，981
崔从 779
崔氏 564，1069
崔宁 779
崔达 981
崔光远 779
崔旴 779
崔君会 779
崔纲 981
崔知温 779
崔昭用 981
崔顺孙 981
崔保罗 687
崔彦曾 779
崔宣 981
崔恩 981
崔皋 981
崔悉波 731
崔象先 981
崔朝 982
崔遇 982
崔懿 982
崩坏 1815
崇义书院主讲席 1220
崇仁功臣 1155
崇仁县达鲁花赤 1220
崇化坊 467
崇文赞治功臣 1220
崇仪使 1293，1346
崇仪副使 1293，1346
崇宁边略 1909
崇圣寺 1914
崇奇城 382
崇宗 1112
崇信 768
崇信乡 48
崇信军节度使 1155，1293
崇信军承宣使 1293
崇信县 178，227
崇班带巡检 1155
崇喜 1069
崇福司管勾 1220
崇夔 1026
累胜寨 426
匙筯 1837
圈马城 499
圈纱 1825
犄㖞罗 731
铙钹 1901
铛 1837
铛盖 1837
铜印 1912
铜记 1912
铜青 1867
铜城 499
铜城山 467，479
铜城军 178
铜银 1825
铜符 1912
铜绿 1867
铜鼓 1902
铜鍮 1850
铠弩 1837
铳节 1069
铭赛 1112
银川 382
银川河 499
银川驿 499
银川城 383
银川郡 23，178，540
银川监牧使 1358，1359
银川监使 1359
银川砦 383
银川寨 383
银水 61，499
银甲 1825
银匠 1866
银戍寨 383
银光禄大夫 1155
银吕口 479
银州 23，178
银州川 61
银州牙校 1112
银州长史 1132，1155，1345，1359
银州左都押衙 1155
银州团练使 1346

银州关 499
银州防御、度支营田等使 1133
银州防御判官 1133
银州防御使 1124
银州观察 1155
银州观察使 1155
银州刺史 1124，1155，1359
银州监牧马副使 1359
银州监牧使 1359
银州营田判官 1133
银州廉察 1155
银州管内观察使 1155
银冶 383
银冶务 383
银冶关 61
银纸 1837
银纸帖冠 1825
银青光禄大夫 1133，1155，1334，1346，1347
银青荣禄大夫 1220
银枪 1837
银瓮 383
银瓮口 479
银瓮族 1957
银城 383
银城县 178，482，540
银城河 467
银城砦 383
银城寨 383
银带 1825，1826
银贴间金镂冠 1826
银贴纸冠 1826
银夏节制 1155
银夏节度 1347
银夏节度使 1359
银夏兵马钤辖 1516
银夏钤辖 1516
银夏都巡检 1516
银夏都部署 1516
银夏绥府都巡检使 1516
银夏绥宥都巡检使 1516
银夏绥宥等州观察处置等使 1137
银夏绥麟府丰宥州都巡检使 1516
银夏等州节制 1347
银埿 1867
银椀 1837
银牌 1912
银牌天使 1912
银装交椅 1837
银褐 1867
移卜淖 628
移公城 383
移勿乜 628
移市 48
移则 1112
移卑陵山 1957
移剌宁 1026
移剌成 1026
移剌郁 1026
移剌塔不也 1026
移剌答不也 1026
移剌窝斡 1026
移剌熙载 1027
移香 687
移逋 628
移逋族 1957
移昪 628
移唆河 61
移湖族 1957
移邈族 1957
甜井子 383
甜井觜 383
甜井寨 383
甜水 499
甜水谷 467
甜水河 499
甜水堡 48，383
甜馅 1818
敏尔珠族 1957
敏珠尔 687
敏珠尔族 1957
敏珠族 1957
敏楚克巴族 1957
笼干 383
笼子 1826
笼床 1837
笼竿川 467
笼竿城 383，384
笼竿城弓箭手巡检 1516
笼竿城巡检 1516
笼竿城监押 1516
笼落川 467
笛 1902
笛子 1902
笙 1902
笙簧 1902
符宝郎 1220
符承翰 982
符骨笃末 768
符惟忠 982
第一、第二将 1517
第一至第七将 1516
第一将 1516，1517
第一部将 1293
第二将 1517
第十一将 1517
第十二副将 1517
第十七堡 384
第十三将部将 1517
第十将 1517
第七将 1517
第八将 1517
第八将兼堡事 1518
第九将 1518
第三将 1518
第三副将 1293
第五将 1518
第五将城 384
第六正将 1293
第六将 1518
第六将军马 1518
第六副将 1518
第四将 1518，1519
第四将营 1571
笤箒 1857
笾江川 467

笓江寨 384
梨 1850
梨州 540
梨果 1850
梨梅 1850
犁铧 1857
犁耧 1857
傀儡 1902
偏头砦 384
偏关 499
偏江川 467
偏挨甲 1837
假 1896
假木岭 467
假玉 1826
阜家族 1957
兜牟 1837
兜罗绵 1850
兜罗绵毯 1851
兜岭 61
兜答 384
得士 1069
得达圣道 1881
得胜 384
得胜寺 1914
得胜砦 384
得胜堡 384，426
得胜路 467
得胜寨 384
得胜寨主 1519
得铁砦 384
得铁堡 384
衔铁 1837
盘龙服 1826
盘曲 384
盘陀 384
盘泊 385
盘堆 385
盘觜砦 385
领末 1896
领卢 1112
领行尚书省事 1221
领兵千户 1221
领典瑞院事 1221
领泾原路经略公事 1519
领经制财用司 1519
领唐兀卫 1221
领悟 1896
领淮西行中书省事 1221
领襟 1826
翎毛 1851
斜也（杲） 1027
斜卯毛良虎 1027
斜卯阿土 1027
斜卯和尚 1027
斜卯掴剌 1027
斜里吉不花 1033
斜谷 385
斜轸 789
斜褐 1851
彩画 1866
彩帛 1826
彩裳 1826
龛州 540
龛谷 385
龛谷川 48，61，647
龛谷县 227
龛谷副统 1571
龛谷砦 385
龛谷族 1957
龛谷提控 1571
龛谷堡 385
龛谷寨 385
龛波给家族 1980
悉多州 540
悉州 540
悉那 644，1896
悉邮 644
悉利族 1957
悉败 1896
悉郁 644
悉命族 1957
悉唐 540
猪 1818，1851
猪豕 1864
猪觜镇 426
猫儿 1864
猫牛城 385
猫狗 1864
猧娘 687
猛火油 1851
馆伴 1519
脚胫 1869
脚根 1869
脖脐 1869
脱仑 1033
脱因 1069
脱因茌 1069
脱欢 1069
脱栾 1033
脱脱 1069
脱脱木儿 1069
脘钏 1826
斛豆 1851
象牙 1851
象齿 1851
象熊 1864
祭天 1881
祭奠使 1519
祭旗坡 385
祭厮坚谷口 385
逸的氏 1957
逸的察罕 1069
旌节官告使 1519
旌旗 1837
旌德县达鲁花赤 1221
族长 1606
族汝 1112
族帐 2024
族首领 1606
族部 2024
旋风 1924
旋风炮 1837
旋蔔花 1861
翊卫大夫 1293
翊卫功臣 1221
翊卫司 1112
翊卫郎 1293
翊戴功臣 1133

孰嵬 1957
孰嵬英 628
商州 178，227
商馆铺 385
商税 1112
商衡 1027
率尼则 1896
率块 1896
章山堡 386
章川堡 386
章子厚 982
章龙峡石 386
章罗谒兰冬 731
章质夫 982
章威 628
章迷族 1957
章埋族 1957
章爱哩乌 386
章鄂特 687，731
章得象 982
章惇 982
章密族 1958
章堡 386
章献钦慈皇后 1112
章楶 983
章穆辖卜 731
望乡岭 61
望狼堆 386
望梅原 386
麻 1851
麻七讹赏 687
麻乜 1958
麻乜娘 386
麻乜族 1958
麻川寨 386
麻也乞寨 48
麻也吃多讹寨 48
麻也讹赏 687
麻也娘 386
麻也族 1958
麻也遇崖寨 48
麻女陀多革 628
麻女喫多革 628
麻子 1851
麻子川 467
麻元伯 984
麻长台 386
麻仁 1861
麻令一缩 731
麻务镇 386
麻永宗 984
麻奴绍文 628
麻州 540
麻苎 1851
麻谷 386
麻谷寨 386
麻没 1896
麻英 687，984
麻宗山 467
麻宗永 984
麻宗道 731，984
麻线 1837
麻孟桑 628
麻胡 783
麻骨进德 628
麻骨德懋 628
麻毡族 1958
麻饼 1818
麻亭寨 386
麻家平 49
麻家堡 386
麻娘 1896
麻黄 1861
麻梼 1837
麻累山 467
麻谋族 1958
麻稗 1851
麻魁 1112，1896
麻窟 386
麻黠滩 49
庸咙城 386
康山人 628
康元爽 628
康从 984
康文义 628
康世基 984
康古 386
康古族 1958
康古堡 386
康古寨 386
康乐县 178，227
康乐城 387
康乐寨 387
康宁军 178
康奴卜族 1958
康奴族 1958
康团圆 628
康延义 628
康延美 768
康延祚 628
康州团练使 1347
康州防御使 1293
康州刺史 1293，1347
康进 985
康均 985
康里氏 1069
康里郡君 1069
康里真氏 1070
康谷 387
康识 985
康努族 1958
康固寨 387
康忠义 628
康定堡 426
康香成 628
康香香儿 628
康香重 628
康待宾 644
康铁头 644
康诺族 1958
康陵 1915
康继英 985
康谓 985
康蒙 731
康靖 1221
康靖公 1221
康靖皇帝 1112
康福 783
康福香 628

康愿子　644
康德用　985
康德舆　985
康赞元　985
康穆　628，1221
康藏星罗结　731
康懿　1221
鹿儿原　426
鹿遵　731
鹿麞　1864
痊瘥　1861
惟永　629
惟序　629
惟亮　629
惟烈川　61
惟精山　61
惊讹失罗　731
阎　629
阎日新　985
阎仁武　985
阎令　985
阎佶　985
阎承翰　985
阎倍　986
阎翁栅路　467
阎精堡　387
阎藏　687
烽火平　49
凑铭　1112
减井子　387
减泊口　387
减波把波　629
减隈寨　387
减猥　49，387
减猥川　387
减猥城　387
清川堡　499
清化县　540
清化砦　387
清风　1924
清水曲　1818
清水县　178，227
清水谷　467
清水谷掌　387
清水河　61，467，499
清水河城　387
清水河新城　387
清水城　387
清水堡　387
清水镇　388
清石岭　468
清平　388
清平关　388
清平郡王　1113
清平砦　388
清平堡　49，388，499
清平寨　388
清平镇　388
清宁观　1914
清宁都督府　540
清边砦　388
清边寨　388，499
清边镇　49
清圣祖康熙十七年　1812
清江山　468
清远军　25，179
清远军节度副使　1293
清远军兵马都总管　1519
清远军都监　1519
清远军监军　1519
清远城　388
清远寨　388
清远镇　388
清岗峡　468
清苑县　551
清岩砦堡　388
清河　555
清河城　426
清河郡　555
清泉镇　388，426
清卿　1070
清流县　551
清涧川　482
清涧县　227
清涧城　388，426
清涧砦　389
清涧渡　389
清望峡　61，468
清道县　540
清源　500
清塞堡　389
添儿　1070
添令　731
添令下族　1980
添令族　1980
添孙　1070
添受　1070
鸿胪卿　1124
鸿嘉努　1070
渎□黑　1896
渎氏　564
渎百　1896
渎庆　1896
渎罗驮　564
淖河　61
混胪谷　389，468
淮东马步军副总管　1293
淮东左副都元帅　1221
淮东西招抚使　1293
淮东宣抚使　1293
淮东宣慰使　1221
淮东道肃政廉访使　1221
淮西　551
淮西太平州宣抚使　1294
淮西行中书省事　1221
淮西行省参知政事　1221
淮西江北道肃政廉访使　1221
淮西安抚使　1294
淮西佥宪　1221
淮西招抚使　1294
淮西制置使　1294
淮西制置使司参议官　1294
淮西南路宣抚使　1294
淮西宣抚司统制官　1294
淮西宣抚使　1294
淮西宣慰　1221
淮西宣慰使　1221
淮西宣慰使都元帅　1222
淮西宣慰副使　1222

淮西都统制 1294
淮西等处行枢密院事 1222
淮西道宣慰使 1222
淮西路招抚使 1294
淮西路宣抚使 1294
淮西路兼太平州宣抚使 1294
淮西路兼京畿河西淮北路招讨使 1294
淮西廉访副使 1222
淮安 389
淮安东西谷 468
淮安寨 389
淮安镇 389
淮安镇六族都军主 1294
淮安镇和诺克烽子 1294
淮安镇界六族都军主 1294
淮安镇都监 1519
淮安镇监押 1519
淮南 551，555
淮南、江北等处行中书省平章政事 1222
淮南左丞 1222
淮南平章 1222
淮南平章政事 1222
淮南东路宣抚使兼营田使 1294
淮南东路副总管 1294
淮南西路太平州宣抚使 1294
淮南西路兵马钤辖 1294
淮南西路招抚使 1294
淮南西路制置使 1294
淮南西路宣抚使 1295
淮南西路兼太平州宣抚 1295
淮南扬楚等州宣抚使 1295
淮南行中书平章 1222
淮南行省左丞 1222
淮南行省右丞 1222
淮南行省平章政事 1222
淮南行省参知政事 1222
淮南招抚使 1295
淮南制置使 1295
淮南京东路安抚使 1295
淮南京东路宣抚使 1295
淮南京畿京东河北招讨使 1295
淮南省平章 1222
淮南省参知政事 1222
淮南宣抚使 1295
淮南诸州宣抚使 1295
淮南路宣抚使 1295
淮省都事 1222
淮康节度使 1295
淮康军节度使 1295
涅剌族 1980
淫秽蒸报 1876
淳化 389
淳化县 179，227
淳州 540
淡黄 1867
深井 500
深冬苦寒 1924
深柏坞 389
深柏堰 389
淄川军民总管 1222
淄州都达鲁花赤 1222
淄莱路安抚司郎中 1222
淄莱路奥鲁总管 1222
粘㓤毛 1815
羚羊角 1851
粘罕 1027
粘割忠 1027
粘割胡上 1027
粘割斡特剌 1027
粗儿原 389
断头山 468
断事官 1222，1223
断道坞 390
剪刀 1837
剪子 1826
寇士元 986
寇平仲 986
寇宁 986
寇成 986
寇伟 986
寇顺之 986
寇准 986
寅卯 1887
寄僧 1070
宿州 551
宿州观察使 1295
宿州判官 1223
宿寿 986
宿绫 1851
密卜尊 731
密木关 62
密日族 1958
密内部 49
密什克族 1958
密乌成尾 629
密乌玛 629
密本族 1959
密本族开道使 1295
密多台 390
密州儒学正 1223
密克默特下杳家族 1980
密克默特氏 629
密吹 629
密补族 1959
密纳克裕勒威 687
密拉 687
密官捉作 731
密栋族 1980
密威族 1959
密骨德 789
密香 629，687
密党族 1959
密院 1113
密恭县 540
密桑族 1959
密鄂充 390
密鄂充、柳阴河趋葫芦河大川 468
密章谷 468
密章堡 390
密章渡 468
密斯噶 687
密叠族 1980
密厮哥 687
密厮歌 687

密臧门族 1959
密臧族 1959
密臧福罗 629
密藏大师 1113
密藏氏 629
密藏尼 629
密藏罗滂 629
密藏鄂特彭 629
密藏族 1959
密藏堡 390
密藏渡 468
着青衣如中国道服，然以薄青纱幂首 1826
盖兀 731
盖氏 1070
盖龙峗 390
盖龙嵬 390
盖朱城 49，390
盖朱峗 49
盖传 986
盖州 540
盖村 390
盖呃 731
盖佚 986
盖谔 986
盖横 986
渠井 1857
渠帅 1606
渠河 1857
渠富绥荣 768
梁 1659
梁乙埋 629
梁乙逋 629
梁大王 1113
梁乞埋 630
梁子美 986
梁子雅 986
梁王 1113
梁元辅 630
梁介 630
梁从吉 986
梁从政 986
梁氏 564，627，630，768，1070，1958
梁叶普 630
梁永能 630
梁圣台 49
梁成 987
梁同 987
梁仲堪 987
梁行者乜 631
梁伊特迈 631
梁州刺史 1359
梁宇 631
梁守谦 779
梁安礼 987
梁讹哆 631
梁进用 779
梁坚 987
梁阿革 631
梁国太夫人 1133
梁国公 1223
梁国正献王 1113
梁迥 987
梁知诚 987
梁版谷 468
梁店 390
梁宗吉 987
梁实 987
梁相公 631
梁哆唛 631
梁适 987
梁适墓志 1909
梁泉县 179
梁彦通 987
梁祖 783
梁格嵬 631
梁致诚 987
梁家族 1958
梁焘 988
梁崇赞 988
梁惟忠 631
梁鼎 988
梁寔 988
梁谦 988
梁兢 988
梁德枢 631
梁德懿 631
梁额叶 631
梁颢 988
婆卢火 1027
婆温 768
涩匠 1866
谋宁光祖 631
谋宁好德 631
谋朱城 390
谋迎 1896
谋良虎 1027
谋郎 1896
谋略 1896
谋率 1896
谒典 1113
谔格什 49
谔勒哲布哈 1070
谛剌 687
弹压 1223
弹筝峡 468
敢战斗 1876
敢勇 1606
尉厥里族 1980
隋 1659
隋文帝开皇十六年 1665
隋文帝开皇五年 1665
隋文帝开皇四年 1665
隋炀帝大业三年 1665
随州观察使 1295
随军转运使 1519
随使左都押衙 1133
随路都总管 1519
隈才浪罗 631
隈敏修 631
隗衍党项部节度使 1362
隗敏修 631
隃麋泽 426
隆云 390
隆木罗 49
隆中族 1980
隆吉卜 731
隆伦约斯 731

隆伊克 687
隆伊克美克 1959
隆州 25，227
隆和族 1959
隆城 500
隆咱尔 731
隆珠 390
隆诺特堡 390
隆诺堡 390
隆隆府 228
隆博罗安 731
隆博部 1980
隆博族 1980
隆登 631
隆德县 227
隆德府 179，228
隆德府宣抚司 1519
隆德城 390
隆德砦 390，426
隆德寨主 1519
隆赞 731
隐藏 1872
颇忠族 1980
颇超氏 1959
颇酬 687
骔马岭 468
骐骥使 1347
骑都尉 1295
绫子窠 391
绫罗 1826
续本洛 732
续资治通鉴 1909
绰尔结 732
绰克宗 688
绰罗 1070
绰罗川 391
绰部州 540
绰绣 1826
绯衣 1826
绯红 1867
绯鱼袋 1133，1826
绯窄袍 1826
绳索 1857
维川郡 540
维扬 552
维州 540
维郡伯 1070
维移 688
绵贝 1826
绵帽 1826
绿豆 1851
巢氏 688
巢延渭 688
巢迷族 1959
巢寨谷 426

十二画

琳州刺史 1347
琳州管内观察处置等使 1348
琳沁格 631
琥珀 1826，1851
琥珀盏 1837
斑鸠 1864
琮州 541
琊车 391
琵琶 1902
琴 1902
琶琵 1902
博儿赤 1223
博子 1837
博伊克 688，732
博州防御使 1155
博州刺史 1295
博罗齐 732
博罗鼐 391
博罗鼐新寨 391
博恭县 541
博啰齐 732
博望堡 391
博锡 391
堪坡 391
堪威 631
堪哥平 49
塔儿山 500
塔儿忽台 1070
塔子平榷场 426
塔子岔 391
塔子岔、泥棚障贼马来路 468
塔子鼐 391
塔子鼐、泥棚障贼马来路 468
塔不台 1070
塔出 1070
塔坦 1659，1981
塔坦国 1659
塔南城 391
塔海 631，1071
塔海绀孛 631
塔塔 1659，1981
塔塔出 1071
塔塔里军民万户府百户 1223
塔塔里军民屯田万户府百户 1223
堤塹 1857
棋子 1837
椅子 1837
椒 1851
棹子 1837
棍棓 1837
酥 1851
酥酪 1818
鹁鸽 1864
鹁鸽谷 479
鹁鸽泉 391
鹁鸽泉砦 391
鹁鸽原 391
斯丹南 391
斯节博族 1981
斯吉特布 688
斯吉温族 1981
斯多 688，732
斯多正 732
斯多伦 688
斯多格 732
斯多特 732
斯多展 732
斯伯勒 391

斯伯勒川 391
斯鸡彪龙哥令 732
斯纳阿结 732
斯纳家 392
斯纳家族 1981
斯纳族 1981
斯结木磋 732
斯班 732
斯博格族 1981
斯鲁丹 392
斯敦巴 688，732
斯满 732
斯噜丹 392
期戬泊 49
欺丁磨彪苏南兰逋叱 732
欺巴温 732，733
欺当族 1981
欺南陵温籛逋 733
散八昌郡 733
散马 1851
散木觧 1071
散户 2024
散巴昌郡 733
散关 541
散兵马使 1133
散舍 1815
散茶 1818，1851
散唱 1902
敬之 1071
敬嗣晖 1027
敬简 1223
敬穆皇帝 1113
韩川 988
韩亿 988
韩王 1133
韩五押 790
韩公 988
韩公城 392
韩氏 644
韩玉 1027
韩世忠 988
韩令琮 988
韩老峰 631
韩存宝 989
韩师正 632
韩师朴 989
韩则顺 989
韩全义 779
韩守英 989
韩观察 989
韩丞相 989
韩进 989
韩村 392
韩伯容 632
韩怀亮 632
韩良臣 989
韩国王 790
韩国夫人 1295
韩昇 989
韩昉 790
韩忠彦 989
韩忠献公 990
韩忠嗣 989
韩质 990
韩周 990
韩宗谨 990
韩承庆 632
韩绍芳 790
韩经略 990
韩绛 990
韩晋卿 991
韩铎 991
韩资 991
韩家讷 1071
韩家堰 500
韩跂 991
韩崇训 991
韩绪 991
韩维 991
韩琦 991
韩琦家传 1909
韩朝宗 779
韩道喜 632
韩道善 632
韩遂 993
韩游瑰 779
韩献肃公 993
韩廉 993
韩缜 994
韩嘉讷 1071
韩嘉纳 1071
韩德威 790
韩德容 632
韩潭 779
韩魏公 994
朝夕趋利 1876
朝凤州 541
朝议大夫 1113，1296
朝议郎 1133
朝列大夫 1223
朝廷 1113
朝州 541
朝那 392
朝那水 468，479
朝那湫 468
朝贺仪 1878
朝请大夫 1133，1223
朝请郎 1155，1296
朝散大夫 1124，1133，1155
朝靴 1826
彭氏 1071
彭布锡卜萨 733
彭州 541
彭池原 426
彭汝砺 994
彭阳县 180
彭阳府 228
彭阳城 392
彭阳堡 426
彭孙 994
彭孝义 995
彭杰 995
彭忠 995
彭城 392
彭城县开国子 1296
彭城郡开国公 1296
彭城郡开国侯 1296
彭城郡夫人 1223，1296
彭城郡侯 1223

彭城砦 392
彭城寨 392
彭保 995
彭原 392
彭原县 180
彭原府 228
彭原郡 180
彭逵 995
彭崇一 768
喜同 1071
喜报仇 1876
喜娘 564
喜盗窃 1876
葫卢河大川 468
葫卢河川 468
葫芦川 49
葫芦河 469
葫芦河川 49
葫芦峡 469
葫芦峡城 500
葫芦泉 392
葫芦寨 392
葫泸河川 469
葫桃 1852
葫萝葡 1852
葫椒 1852，1861
惹都 688
韭 1852
募窟泉 392
葺平砦 392
葺褐 1852
葛氏 688
葛尼 1896
葛怀敏 995
葛陂汤 392
葛征 1896
葛宗古 996
葛宗晟 996
葛逻支 768
葛霸 996
萼尼追 1896
萼领 1896
董士廉 996
董氏 1071
董正封 996
董正叟 996
董古 733
董仙 996
董礼 1071
董成 996
董行谦 996
董讷支兰毡 733
董讷支蔺毡 733
董志镇 392，426
董谷 733
董龟正 997
董沔 997
董纳芝临占 733
董和那蓬 644
董采 997
董经臣 997
董城镇 392
董矩 733
董毡 733
董哥平砦 393
董家砦 393
董家堡 393
董家寨 393
董菊 734
董偲运 779
董裕 734
董谦 997
董颖叔 997
董戬 734
董愿 997
董遵诲 997
葩俄族 1981
葱梅官道谷 469
葱蒜 1852
落川 393
落门 393
落门谷 469
落门镇 500
落吴县 541
落思城 49
落珠崖 500
落雁木 1852
落稽县 541
落藜 1852
蒋之奇 997
蒋氏 1071
蒋用 998
蒋贲 998
蒋偕 998
蒋颖叔 998
萱草花 1924
葭州 228
葭芦山 469
葭芦川 469，479
葭芦西岭 62
葭芦戍 393
葭芦吴堡寨缘边都巡检使 1520
葭芦河 500
葭芦砦 393
葭芦寨 49，393
葵花 1924
森摩氏 735
森摩乾展 735
森摩族 1981
森摩温吉 735
森摩斡滩 394
粟 1852
粟邑镇 394
煮丝 1826
惠丁堡 394，427
惠宁 394
惠宁西坊 469
惠宁堡 394
惠民堡 394
惠宗 1113
惠定堡 394
惠逢 998
惠崇 768
惠银寨 394
惠慈敦爱皇后 1113
焚尸 1883
裁礼之九拜为三拜 1878
裁详 1872

裁缝 1826
裁截 1815
越王 1113
越瓜 1852
越民考 1071
越州兵马钤辖 1348
越买 688
越国夫人 1296
越国公 1296
越都 688
越移 688
越移族 1959
越绪布 1852
越嵬 688
越置 688
越厮 688
越黜 688
越黜族 1981
趋迎 1879
超没堠 394
超诸 632
超然台 394
雄边 394
雄州防御使 1348
雄武军节度 1520
雄武军节度使 1348
雄勇津 469
雄勇津路 469
雄勇镇 394
雄黄 1867
硝坑堡 394
硝河城 500
硫黄 1861
厨舍 1815
厨庖 1815
雁 1852，1864
雁头寨 394
厥屯副军主 1296
厥屯族 1959
厥屯族军主 1296
厥保砦 49
搭令波 735
提木 1815
提刑 1113
提点 1113
提点河东路刑狱公事 1520
提点夏国鞑靼两国市场 1571
提点族帐事 1296
提点熙河兰岷等路汉蕃弓箭手 1520
提点熙河兰岷等路汉蕃弓箭手司 1520
提点熙河蕃部司 1520
提举 1113
提举一行事务 1296
提举万寿观 1296
提举义勇保甲 1520
提举弓箭手 1520
提举弓箭手司 1520
提举弓箭手官 1520
提举永兴军等路常平 1520
提举永兴军等路常平等事 1520
提举永兴军路常平等事 1520
提举永兴秦凤等路义勇保甲 1520
提举永兴秦凤等路保甲 1520
提举台州崇道观 1296
提举西京嵩山崇福官 1296
提举成都府利州秦凤熙河等路茶场公事 1520
提举成都府利州秦凤熙河等路茶场司 1520
提举江州太平兴国宫 1296
提举佑神观 1296
提举使司一行事务 1296
提举河东义勇保甲 1521
提举河东路弓箭手司 1521
提举河东路勾当等事 1521
提举河东路保甲 1521
提举河东路营田司 1521
提举河北东西路义勇保甲 1521
提举泾原环庆路军须等事 1521
提举泾原路弓箭手 1521
提举泾原路弓箭手司 1521
提举泾原路沿边新弓箭手官 1521
提举建宁府武夷山冲佑观 1297
提举陕西买马司 1521
提举陕西买马监牧 1521
提举陕西买马监牧司 1521
提举陕西河东路弓箭手 1521
提举陕西等买马监牧公事 1521
提举陕西等路买马公事 1521
提举陕西等路买马监牧公事 1521
提举陕西等路买马监牧司 1521
提举临安府洞霄官 1297
提举秦凤弓箭手 1521
提举秦凤等路监牧 1521
提举秦凤路刑狱 1521
提举秦州西路蕃部及市易司 1522
提举教马军所 1522
提举营田 1522
提举崇明州盐场 1224
提举崇明州监课 1224
提举崇道观 1297
提举御营使司一行事务 1297
提举编排环庆路马递急脚铺 1522
提举鄜延路弓箭手 1522
提举熙河兰会路弓箭手 1522
提举熙河兰湟路弓箭手 1522
提举熙河兰湟路牧马司 1522
提举熙河营田蕃部司 1522
提举熙河等三路弓箭手营田蕃部 1522
提举熙河等路弓箭手营田蕃部 1522
提举熙河等路弓箭手营田蕃部司 1522
提举熙河路买马 1522
提举熙河路买马司 1522

提举熙河路营田弓箭手 1522
提举蕃部司 1522
提调武备寺 1224
提控 1571
提辖 1857
揭家族 1959
揭家族副军主 1297
搜寻文字 1896
搜嵬堡 394
握散 688
揆吴 49，395
揆吴川 395
揆哆 395
揆移 395
雅仁结族 1981
雅布移守贵 632
雅尔 688
雅尔乌谷 469
雅尔旺营 632
雅尔峡 395，469
雅尔鼐族 1959
雅州 541
雅克沁 689
雅克青哈 395
雅里 790
雅奇 1071
雅奏 1902
雅星明 735
雅密 735
紫山寺 1914
紫衣 1827
紫皂 1867
紫皂地绣盘球子花旋襕 1827
紫苑 1861
紫炁星 1887
紫罗毡冠 1827
紫金鱼袋 1827
紫河 469
紫河汉 470
紫旋襕 1827
紫旋襕六袭 1827
紫硬 1861
凿子箭 1837
凿井 1857
凿锯 1837
辉和尔 1981
辉河尔 1981
辉德 541
赏乞 632
赏云丹 689
赏罗讹乞 689
赏屈 632
赏都卧誟 632
赏样丹 689
赏逋岭砦 395
赏逋岭寨 395
赏啰讹乞 689
赏移 689
赏移口 49
赏赐 1879
赏堡岭川 395
赏厮门 735
掌乌族 1959
掌书记 1133
掌扒令 735
掌牟杓拶遵厮鸡 735
掌禹锡 998
掌野坞 470
掌野狸坞 395
喷洙 395
喷珠 395
喎咛 632
喇呼 689
喇勒喇斡 1071
喝邻半祝 689
喝装 689
喝强山 689
喻汝砺 998
喻陟 998
啼啰岭 395
嗟移 689
嗟厮波 689
嗟鹘谷 470
喽和斯族 1981
喀木 395，689
喀木族 1981
喀木滂 395
喀托克 50
喀托克邛州堡 395
喀托克印州堡 395
喀沁郭特 395
喀努羌 1959
喀罗 395
喀罗川 395
喀罗谷 395
喀罗城 50
喀结桑 632
喀喇乌苏 485
嵯州 541
帽子 1827
幄风 1837
幄峰堡 395
赐绯 1113
赐绯鱼袋 1133，1155，1156
赐紫金鱼袋 1124，1133
蛤蚧 1861
跋焦 1876
嵬 1897
嵬心 632
嵬尼足 1897
嵬名 632，1897，1959
嵬名乙遇唛 632
嵬名乜屈 689
嵬名山 632
嵬名乞遇唛 633
嵬名元昊 633
嵬名公 1071
嵬名公辅 633
嵬名氏 1959
嵬名布哆聿介 633
嵬名令公 633
嵬名守全 633
嵬名聿 633
嵬名聿正 633
嵬名聿则 633
嵬名吾祖 633，1113
嵬名怀普 633
嵬名阿埋 633
嵬名妹精嵬 633

嵬名革常 633
嵬名科逋 633
嵬名律令 633
嵬名济 633
嵬名济迺 633
嵬名济寨 633
嵬名姚麦 633
嵬名挨移 633
嵬名特克济沙 634
嵬名浪遇 634
嵬名家 1959
嵬名诸部 1960
嵬名麻胡 634
嵬名族 1960
嵬名密 634
嵬名谕密 634
嵬名谟铎 634
嵬名寨 634
嵬名察罕 1072
嵬名嚷 634
嵬名嚷寨 634
嵬名瓌 634
嵬名瓌荣 634
嵬多聿则 634
嵬你 1897
嵬伽崖妳 634
嵬迎 1960
嵬的 1072
嵬鱼骨 1897
嵬郎 1897
嵬迦 634
嵬咩 634
嵬咩思能 634
嵬咩族 1960
嵬砦仁显 634
嵬砦世安 634
嵬砦彦 634
嵬迷裂皈 634
嵬逋 689
嵬逋族 1960
嵬恧执忠 634
嵬宰师宪 634
嵬通 689
嵬桑 1897
嵬理 634，1897
嵬梅 1897
嵬啰嵬悉 634
嵬啰嵬悉俄 634
嵬崖妳 634
嵬悉逋 644
嵬啄执信 634
最重年节与寒食，兼以十二月为岁首 1876
量。贾 1897
景山 479
景山镇 395
景讷 998
景青宜党令支 736
景宗 1113
景询 634
景思立 998
景思忠 999
景思谊 999
景骨城 427
景亮 768
景泰 999
景珣 635，999
景琼 768
景福 1072
景遵 736
鼎 1837
鼎州观察使 1348
鼎里 1113
鼎利 1113
鼎努 1113
鼎罗 1113
鼎凌宗 395
鼎理 1113
鼎新 1909
黑儿寨 395
黑口子 1072
黑山 62，429，485
黑山岭 62
黑山威福 1113
黑山营 396
黑牛川 396
黑风 1924
黑水 50，396，481，485
黑水川路 470
黑水女真 1659，1981
黑水安定堡路 470
黑水河 470
黑水城 50
黑水砦 396
黑水堡 396
黑水寨 396
黑水镇燕 1113
黑玉 1852
黑龙潭 500
黑鸟 1864
黑汗王 768
黑豆 1852
黑谷 396
黑林平 50
黑松林 396
黑河 429
黑河桥 500
黑泊寨 396
黑城 396
黑牵牛 1861
黑冠 1827
黑神 50
黑党项 1960
黑砦沟 396
黑绿 1867
黑韩王 768
黑禅和尚 1072
黑厮 1072
黑漆弓 1837
黑漆冠 1827
黑鞑靼 1981
遇乜布 635
遇兀 689
遇乞 635
遇讹 635
遇忠辅 635
遇埋 689
遇家族 1960
遇崖 689

遇惟德 635
遏尼足口罗 1897
遏云 1902
遏岌 768
遏暮口罗 1897
遗书 1909
遗老传 1909
犊奴川 396
犊特 1864
铸锷 1866
铺心谷 396
铺主 1960
铺帛 1827
铺撒四 736
销金 1866
锁住 1072
锄田 1857
锭子 1827
短刀 1827
短小幞 1827
短靿 1827
嵇仲 999
嵇琴 1902
程之邵 999
程公济 635
程进 999
程陈僧 1027
程迪 999
程宗楚 779
程顺奇 999
程信 999
程俊 999
程唐 999
程琳 1000
程博古 1000
程谟 1114
程戡 1000
程德元 1000
程德玄 1000
税河州 541
鹅 1864
鹅毛瓦都城 396
鹅枝谷 50
鹅鸭 1864
鹅黄 1868
黍米 1852
黍稷 1852
等觉妙觉 1881
筑坛 1879
策卜腾沁沙克 635
策卜腾善沁 635
策木多 689
策木多伊克 635
策木多莽 635
策木多格 690，736
策木多族 1960
策丹族 1960
策多克新 635
策拉 690
策拉诺尔 736
策旺族 1960
策凌 736
策凌扎卜 736
策凌城 396
策凌结 736
策凌班珠尔 690
策桑 736
策缴丕勒堡 397
筚篥 1902
筚篥川 397
筚篥城 397
筛子 1837
筛金平 397
筌厮波 736
答儿麻八 1072
答加沙 635
答那寺 1914
答里麻 1072
答针州 541
答茶儿 1072
答剌罕忠献王 1224
答哈兀 1072
筋髓 1869
筝 1902
甃牛城 396
智固 397
智固河 470
智固堡 397
智海 769
傅永 1000
傅尧俞 1000
傅求 1000
傅良弼 779
傅季明 1001
傅孟恭 779
傅亮 1001
傅偃 1001
傅翊 1001
傅谏 1001
傅雱 1001
傅遵道 1001
傅潜 1001
牌印 1912
皓峰 50
集川县 541
集庆 552
集庆军节度使 1297
集贤大学士 1224
集贤直学士 1224
集贤侍读学士 1224
集贤经历 1224
集星究 736
焦山 470
焦元昌 635
焦文贵 635
焦用诚 1001
焦守节 1001
焦安节 1001
焦政 1001
焦显祖 690
焦思 1001
焦思元 635
焦彦坚 1001
焦家坪 500
焦继勋 783
焦景颜 635
焦遂卿 1001
焦蒿寨 50
焦颖叔 1001

焦赞 1001
焦蹈 635
奥鲁赤 1033
奥敦良弼 1027
堡川城 397
堡子山 397
堡子中塢 500
堡子谷 470
堡子砦 397
堡宁寨 397
堡铺把截监押 1522
堡铺桥巡检等使臣 1523
堡敦谷 397
堡静 25
街子河 500
街市 1114
御马 1852
御史 1114，1224
御史大夫 1114，1124，1133，1134，1225，1348
御史中丞 1114，1225
御史台 1114
御史台译史 1225
御史西台 1225
御戎十策 1909
御戎书 1909
御戎论 1909
御戎要略 1909
御庄 68
御安堡 397
御围内六班 1114
御帐前首千户 1225
御制攻守图 1909
御泥布族 1960
御前巡卫军都统制 1297
御前忠锐正将 1297
御前忠锐军正将 1297
御前忠锐第五副将军 1297
御前选锋军统制 1297
御前前军副将 1297
御前统制兼枢密院都统制 1298
御前都统制 1298
御营先锋都统制 1297
御营使司专一提举一行事务 1297
御营使司都统制 1297
御营使司提点一行事务 1297
御营使司提举一切事务 1297
御营使司提举一行事务 1297
御营副使 1297
御谋山城 397
御谋城 397
御集 1909
循化城 397
循法 1879
释氏经 1909
貂鼠皮 1852
貂鼠裘 1827
舒州 552
舒苏玛勒 690
舒城 552
舒亶 1001
番 2024
番人 2024
番书 1909
番禾县 180
番汉合时掌中珠 1910
番字 1897
番和县 180
番官 1607
番贼 2025
番部 2025
番家铺 397
番族 2025
逾龙波 736
猥才族 1960
猥货 635
腊儿 635
腊月 1887
腊家砦 397
脾肝 1869
脾胃 1869
颍昌钤辖 1348
鲁旺 397
鲁国夫人 1298
鲁宗道 1001
鲁经 1001
鲁侯宗岱 1072
鲁郡太夫人 1298
鲁结族 1981
鲁结族巡检 1348
鲁逊满达勒 50
鲁班崖 470
鲁格特堡 397
鲁卿 1072
鲁尊 736
鲁港 552
鲁福 1002
鲁黎族 1981
敦巴城 398
敦武郎 1298，1348
敦武校尉 1225
敦岭 470
敦波 398
敦善王 644
敦煌 25，180
敦煌郡 25，180
敦煌郡王 1348
敦煌郡开国公 1348
童儿 1072
童师礼 1002
童贯 1002
童家堡 398
蛮 2025
蛮夷 2025
蛮姜 1861
阑干堡 398
阔°左 1897
阔°危 1897
阔水 541
阔尼长 1897
阔州 541
阔狭 1815
阔阔出 1072
阔源县 541
阔精谷堡 398
阔精堡 398
湖广、江西等省平章 1226

湖广左丞　1225
湖广行中书省右丞　1226
湖广行中书省事　1226
湖广行省左右司郎中　1226
湖广行省左丞　1226
湖广行省左丞相　1226
湖广行省右丞　1226
湖广行省平章政事　1226
湖广行省郎中　1226
湖广行省参知政事　1226
湖广省左丞　1226
湖广省丞相　1226
湖广省参知政事　1226
湖广等处行中书省右丞　1226
湖广等处行中书省平章政事　1226
湖广等处行尚书省右丞　1226
湖州路同知　1226
湖南　555
湖南节度使　1134
湖南北安抚使　1298
湖南安抚使　1298
湖南宣慰使　1226
湖南道肃政廉访司佥事　1227
湖南湖北两道廉访使　1227
减揽井　50
温王　736
温玉　736
温布　690，736
温布且　736
温布察克置　736
温龙彪　736
温叶隘　398
温必鲁扬　736
温台等处运粮千户　1227
温仲舒　1002
温州军民总管　1227
温江　552
温讷支郢成　736
温讷支郢成四　736
温声腊抹　737
温希　737
温希结　737
温阿旺格　737
温阿明　737
温鸡心　737
温纳木扎尔颖沁萨勒　737
温迪罕思敬　1027
温郢成俞龙　737
温泉　470
温逋　690，737
温逋其　737
温逋奇　737
温逋欺　737
温家畔　500
温家湾　500
温敦永昌　1027
温敦斡喝　1027
温普　1003
温裕勒　737
温埸波讷令支　737
温锡沁　737
温溪心　737
温溪沁　738
温僧拉摩　738
温遵　738
渴东　690
渴失纳余龙　738
渴迎　1897
渴驴岭　470
渭川堡　398
渭川路　471
渭牙川水　479
渭水　471，479
渭水砦　398
渭平寨　427
渭北　515
渭北节度　1359
渭北节度使　1359
渭北行营兵马使　1359
渭仪都巡检使　1523
渭州　180，228，541
渭州瓦亭寨监押　1523
渭州西路巡检　1523
渭州坊州军事推官　1523
渭州兵马都监　1523
渭州驻泊都监　1523
渭州指使　1523
渭州钤辖　1523
渭州都监　1114，1523
渭州监押　1523
渭州推官　1523
渭州路招讨安抚等使者　1523
渭州蕃族首领　1348
渭州蕃落指挥使　1523
渭州德胜砦主　1523
渭河　471
渭城　398
渭南　515
渭南镇　398
渭桥　541
渭原城　398
渭源县　184
渭源城　398
渭源堡　398
渭滨堡　398
渭寨　398
滑州　552
湫水　471
湫西堡　398
湫谷水　500
湫谷桥　500
湟川管界巡检　1523
湟中　399，516
湟水　471
湟水军　184
湟水县　184
湟州　184，228
湟州观察使　1523
湟州管下部族同都巡检使　1348
湟城　399
游师雄　1003
游说　1879
游骑将军　1124
滁和濠太平州无为军江宁府界招捉盗贼制置使　1298
滁和濠州江宁府界招捉盗贼制置使　1298

滁濠太平州无为军江宁府制置使 1298
翔庆军 25
割牛城 399
割皮滴血以试验其骨 1876
割踏城 399
割踏砦 399
曾子宣 1003
曾公亮 1003
曾布 1003
曾巩 1004
曾孝序 1004
曾孝宽 1004
曾纮 1004
曾致尧 1004
曾肇 1004
善水草 1924
善布 1072
善安 1072
善约 635
善约特 635
善征泊伯 399
善治堡 399
善居 1073
善卿 1073
善鄂 1960
善阐安抚使 1225
普川刺史 1298
普化 1073
普乐河 62
普达失里 1073
普达失理 1073
普达实理 1073
普州刺史 1298
普克多木 769
普没 1897
普结勒斡 690
普润县 541
普萨 690
普密族 1960
普密额珠族 1960
普颜 1073
尊宁 738
尊毡磨壁余龙 690
尊麻 738
尊溪结 738
寒水石 1861
寒岭 399，471
寒食 1880
富文忠公 1005
富平 399，542
富平县 481
富宁库提举 1227
富州达鲁花赤 1227
富州刺史 1298
富丞相 1005
富韩公 1005
富弼 1005
甯子宁 635
窝阔台 1033
粪灰 1857
道儿 1073
道口务镇 399
道光谷 471
道光都隔 50
道先都隔 399
道州防御使 1156
道安 1073
道信 1006
道童 1073
道路巡检主管 1523
道路宽平 1924
道德 1114
道德录 1114
遂宁郡太夫人 1348
遂州达鲁花赤 1225
遂州驻泊都监 1523
谟宁 1114
谟宁令 1114
谟固 1114
谟程 1114
谟箇 1114
谢兰 1073
谢仲温 1073
谢育 1006
谢泌 1006
谢亮 1006
谢恩使 1114
谢能 1006
谢景温 1006
谢睦欢 1033，1073
谢罪表状 1910
谢德方 1006
谢德权 1006
谢麟 1006
谦下 1879
禅师 1115
禅衣 1827
禄大 1027
禄同 1033，1073
禄胜 769
禄童 1073
禄尊 738
禄厮结家族 1960
禄厮结族 1981
禄厮结族都虞侯 1349
裕木扎卜沁 738
裕木攀 636
裕民馆 427
裕罗勒齐 738
裕宗东宫必阇赤 1227
裕陵 738，1915
裕勒沁族 1960
裕勒星 690
裕勒凌族 1981
裕勒榜族 1960
裕勒藏纳克凌结 738
裕勒藏哈木 636
裕勒藏族 1981
裕勒藏喀木 636
裕啰格勒 738
裕噜族 1960
裕噩格勒 738
裕藏颖沁萨勒 739
裙袴 1827
弼鼻 1870
强川堡 427
强扬族 1982
强酋 1607

十三画

獖芭 1868
蒺藜 1861
蒺藜 1852
蒲川河 472，479
蒲水 472
蒲奴隐 790
蒲加心 769
蒲江县 542
蒲苇 1924
蒲卣 1006
蒲谷水 479
蒲沙乙 769
蒲苦 1838
蒲罗来贡 769
蒲宗闵 1007
蒲宗孟 1007
蒲宗敏 1007
蒲思郝 769
蒲桃 1852
蒲桃山 62
蒲桃谷 400
蒲萄山 62
蒲麻勿陀婆离 769
蒲鲁合野 636
蒲察 1028
蒲察贞 1028
蒲察阿里不孙 1028
蒲察秉铉 1028
蒲察秉彝 1028
蒲察郑留 1028
蒸米 1818
蒸饼 1818
蒙兀 1982
蒙兀氏 1961
蒙兀汉军都元帅 1227
蒙兀汉军管军万户 1227
蒙兀军万户 1227
蒙兀翰林院应奉 1227
蒙氏 690
蒙古 1660
蒙古不花 1033
蒙古主 1034
蒙古汉军总管 1227
蒙古汉军都元帅 1227
蒙古侍卫百夫长 1227
蒙古城 50
蒙古唐兀军民达鲁花赤 1227
蒙古堡 501
蒙布 690
蒙吉布 690
蒙异保 690
蒙罗角 690，739，1982
蒙罗觉 690，739，1982
蒙城 501，552
蒙括仁本 1028
蒙塔塔里军民万户府百户 1227
禁坑 427
禁奢侈 1872
楚 1660
楚王 1115
楚州驻扎 1298
楚州都监 1298
楚克密族 1961
楚村 401
楚陇城 401
楚国夫人 1298
楚国公 1298
楚建中 1007
楚栋陇堡 401
楚密克族 1961
楚鼐裕勒囊 636
楚默 690
碛 1924
碓场 1815
碓硙 1857
碎金谷 472
碎金谷巡检 1524
碎金镇 501
鹌鹑 1864
感恩县 185
感谢 1879
感德节度使 1156
感德军节度使 1156，1349
雷州路总管 1227
雷秀 1007
雷周 1007
雷周式 1007
雷胜 1007
雷家寨 501
雷雹 1924
雷嗣文 1007
雷简夫 1007
零口镇 401
雾露 1924
摄定难军节度馆驿巡官 1156
摄夏州长史 1156
摄夏州医博士 1156
摄移坡 50
摄提 1888
摄集 1815
摅诚守正清忠谅节功臣 1227
搠罗县 25
搠思吉 1073
搠思吉朵儿只 1073
搠思吉朵而只 1074
搠斡儿合 485
搠斡儿合惕 485
摊粮城 50
裘褐 1827
辔 1838
肆州 542
觜宿 1888
訾虎 1007
訾斌 1007
督六族 1961
督府 69
虞儿堡 401
虞允文 1007
虞侯 1134
虞豹 1864
虞家庄 401
虞家堡 401
虞策 1007
嗓泥族 1961
嗓咩族 1961
暖泉山 401
暖泉峰 472
暖泉砦 401

暖泉堡　427
暖泉寨　401，427
暖帽　1827
暗伯　1074
暗普　1074
睦阳川　427
睡泥族　1961
睡袄　1827
蜗牛　1864
蛾州　542
蜂蝶　1864
蜣蜋　1864
跨钹拂　1828
跨臀　1870
跌跌州　542
路乜族　1961
路才族　1961
路氏　769
路尼长　1897
路昌衡　1007
路罗甘　401
路诜　1007
路甚平易　1924
路钤辖　1524
路修篁　636
路都监　1524
路监　1524
路琮　1008
路嗣恭　779
路福　1008
路哆　1961
路黎奴　739
跳镫弩　1838
鹍鹏　1864
嗣武城　401，427
嗣武砦　401
嗣肱　783
歇头仓　69
嵩店　401
罨　1897
罨子砦　401
罪衍　1872
照川砦　401
照川堡　401
照管泾原路经略司一行军马　1524
照管泾原路经略制置司一行军马　1524
照管修赞纳克城军马　1524
遣将媒人　1883
犏牛　1852
错凿城　401
锡丹族　1961
锡巴衮　739
锡令结牟　739
锡尔噶城　402
锡里族　1961
锡利族　1961
锡罗萨勒　739
锡实　1074
锡都儿郭　636
锡都尔固汗　636
锡桂城　402
锡哩　636
锡铁　1852
锡勒　739
锡勒噶尔城　402
锡硕克监军　1115
锡硕克鄂则尔　636
锡喇卜萨木丹　739
锡喇乌苏　485
锡鲁苏　739
锡斡井　402
锡镴　1828
锦尼　690
锦州团练使　1298
锦州刺史　1349
锦星　636
锦星族　1961
锦袍　1828
锦绣　1852
锦罽　1852
锦襈　1852
錍子　1828
錍花　1828
矮床　1838
稜美　402
稗子　1853
辞让　1879
歃血　1879
筋　1838
签书仪州判官　1524
签书枢密　1299
签书枢密院事　1227，1299
签书枢密院事兼权参知政事　1299
签书泾原路经略司事　1525
签书陕西经略安抚判官　1525
签书陕西经略安抚判官公事　1525
签书经略司事　1525
签书保安军判官事　1525
签书秦州观察判官　1525
签书秦州观察判官厅公事　1525
签行枢密院　1228
签判　1115
签枢密院事　1228
签将作院事　1228
签牌　1912
签署泾原秦凤两路安抚判官公事　1525
签署泾原秦凤两路经略安抚判官公事　1525
签署陕西判官公事　1525
签署陕西经略安抚判官　1525
简州团练使　1299
简州刺史　1299
魁可　636
魁皆　690
魁保　690
魁罨　1897
衙内　1156
衙内都指挥使　1134，1156，1299，1349
衙内都虞侯　1156
衙队都副兵马使　1156
衙头　69，1897
衙头背嵬　1115，1897

衙前厅直指挥使　1156
衙前将副兵马使　1156
衙前都知兵马使　1156
衙前虞侯　1134
衙校　1115
遥里特末哥　1028
遥郡团练使　1299
遥郡刺史　1299，1349
遥领福建道正使　1228
腰绳　1828
腰膝　1870
腽肭脐　1853
腮令　1897
腹肚　1870
颖沁萨勒　691，739
解义　1910
解元忠　1008
解州防御使　1299
解池　402
解县　185
解板沟　402
解卖鞍马道　472
解宗道　1008
解政　1008
解结锥　1828
解盐　1853
解锥　1828
鲍中和　1008
鲍老旗　1838
煞执直　636
煞进德　636
靖川堡　402
靖化堡　402
靖宁塞　402
靖边县　501
靖边寨　402
靖边镇　402
靖安砦　402，427
靖安堡　402
靖安寨　402
靖远县　501
靖远营　501
靖夏城　402
靖难军节度使　1525
靖康军　185
鹑觚原　403
新土砦　403
新川县　542
新门　403
新门砦　403
新门寨　403
新井　403
新开路　472
新历　1910
新内　69
新水谷寨　403
新水堡　403
新平县　185，228
新平郡　185
新旧水谷　403
新归明诸族都巡检　1299
新市城　403
新市镇　403
新关　403
新州　552
新州刺史　1299
新兴县　25
新兴堡　403
新兴镇　427
新安东镇　403
新安边　501
新安边营　501
新安驿　472
新安城　552
新安砦　403
新安寨　403
新军万户　1228
新纪　1910
新伯　403
新附军万户　1228
新昌州达鲁花赤　1228
新罗结　739
新和市　50
新店　403
新店驿　472
新泽砦　403
新城县　542
新城堡　403，427
新城镇　403
新皇后　1115
新泉城　427
新泉砦　404
新泉寨　404
新结沟　404
新秦　481
新秦县　185，542
新秦郡　542
新都喇不丹　636
新样　1868
新勒堡　404
新砦　404
新砦解家河卢关路巡检　1299
新堡　404
新渭州　185
新衙　69
新寨　404
新寨解家河卢关巡检　1299
新寨解家河卢关路巡检　1299
新寨解家河卢关路都巡检　1299
鄜王　1299
鄜延中路统制军马　1525
鄜延节度使　1359
鄜延帅臣　1525，1571
鄜延西路巡检　1525
鄜延邠宁环庆泾原仪渭秦州等路巡抚使　1525
鄜延邠宁环庆路副部署　1525
鄜延安抚　1525
鄜延安抚经略司　1525
鄜延巡检使　1525
鄜延走马　1525
鄜延走马承受　1525，1526
鄜延岐雍经略安抚使　1115
鄜延岐雍等路经略安抚使　1115
鄜延兵马都监　1299
鄜延环庆两路同经略司　1526
鄜延环庆两路沿边经略安抚使

1526
鄜延环庆两路副都总管 1526
鄜延环庆泾原三路经略司 1526
鄜延环庆泾原秦凤路经略司 1526
鄜延环庆泾原路部署 1526
鄜延环庆副都部署 1526
鄜延环庆路同安抚使 1526
鄜延环庆路行营经略司 1526
鄜延环庆路安抚使 1526
鄜延环庆路转运司 1526
鄜延环庆路沿边安抚司 1526
鄜延环庆路沿边经略安抚使 1526
鄜延环庆路经略使 1526
鄜延环庆路副总管 1527
鄜延环庆路副都总管 1527
鄜延环庆路缘边经略安抚使 1527
鄜延招讨使 1527
鄜延转运司 1527
鄜延驻泊都监 1527
鄜延经略司 1527
鄜延经略司勾当公事 1527
鄜延经略安抚使 1527
鄜延经略安抚都总管公事兼知成州 1527
鄜延经略使 1527，1528
鄜延经略副使 1529
鄜延钤辖 1300，1528，1529
鄜延钤辖司 1529
鄜延钤辖兼两路都巡检使 1529
鄜延总管 1529
鄜延宣抚使 1529
鄜延都钤辖 1529
鄜延都总管 1529
鄜延都监 1300，1529
鄜延都部署 1529
鄜延部署 1529，1530
鄜延部署司 1530
鄜延部署钤辖司 1530
鄜延副帅 1530
鄜延副总管 1530
鄜延副都总管 1530
鄜延副都部署 1530，1531
鄜延副都部署缘边安抚使 1531
鄜延副部署 1531
鄜延第一将 1531
鄜延第一副将 1531
鄜延第二副将 1531
鄜延第三副将 1531
鄜延第四将 1300，1531
鄜延掌机宜 1531
鄜延路 186，228，542
鄜延路马步军总管 1531
鄜延路马步军都总管 1531
鄜延路马步军副总管 1300，1531
鄜延路马步军副总管兼第一将 1531
鄜延路马步军副都总管 1300，1531
鄜延路马步军副都总管兼第一将 1531
鄜延路马步军副督总管 1300
鄜延路计议边事 1531，1532
鄜延路计议边事司承受文字 1532
鄜延路计议官 1532
鄜延路帅臣 1532
鄜延路行营军马 1532
鄜延路行营经略司 1532
鄜延路安抚使 1532
鄜延路走马 1532
鄜延路走马承受 1532
鄜延路走马承受公事 1532
鄜延路兵马钤辖 1300，1533
鄜延路兵马都监 1300，1533
鄜延路转运司 1533
鄜延路转运判官 1533
鄜延路转运使 1533
鄜延路转运副使 1533
鄜延路沿边安抚司 1533
鄜延路定立界至官 1533
鄜延路承受 1534
鄜延路驻泊马步军副都部署 1533
鄜延路驻泊兵马都总管 1533
鄜延路驻泊兵马都监 1533
鄜延路驻泊兵马部署 1533
鄜延路驻泊都监 1534
鄜延路驻泊部署 1534
鄜延路经略 1534
鄜延路经略司 1534
鄜延路经略司准备差使 1300
鄜延路经略安抚司 1535
鄜延路经略安抚判官 1535
鄜延路经略安抚使 1535，1536
鄜延路经略安抚使兼知延安府 1536
鄜延路经略安抚副使 1536
鄜延路经略招讨使 1536
鄜延路经略转运司 1536
鄜延路经略使 1536
鄜延路经略副使 1537
鄜延路指使 1537
鄜延路钤辖 1537
鄜延路钤辖司 1538
鄜延路钤辖兼第一将 1538
鄜延路钤辖兼第三副将 1300
鄜延路总管 1300，1538
鄜延路总管司 1538
鄜延路统制官 1538
鄜延路都钤辖 1538
鄜延路都钤辖司 1538
鄜延路都总管 1538
鄜延路都总管司 1538
鄜延路都监 1300，1538，1539
鄜延路都监兼本路第六将 1539
鄜延路都监兼副将 1539
鄜延路都部署 1539
鄜延路都部署经略安抚招讨使 1539

鄜延路都部署兼知延州 1539
鄜延路部署 1539
鄜延路部署司 1540
鄜延路部署司指使 1540
鄜延路准备差使 1540
鄜延路副总管 1300，1540
鄜延路副都总管 1540
鄜延路副都部署 1540
鄜延路副部署 1541
鄜延路第一将 1541
鄜延路第二将 1541
鄜延路第七将 1541
鄜延路第九将 1541
鄜延路第三将 1541
鄜延路第五将 1541
鄜延路第六将 1541
鄜延路第四将 1541
鄜延路掌机宜 1541
鄜延路缘边安抚使 1541
鄜延熙河兰岷路经略司 1541
鄜延麟府路行营经略措置司 1541
鄜州 192，228，542
鄜州元帅 1571
鄜州节度使 1124，1154，1156
鄜州兵马使 1359
鄜州刺史 1359
鄜州招讨使 1541
鄜州招箕使 1124
鄜州制勘公事 1541
鄜州制勘院 1541
鄜州部署 1529，1530
鄜州副都部署 1541
鄜坊 542
鄜坊丹延节度 1359
鄜坊丹延节度使 1359
鄜坊丹翟等州观察使 1124
鄜坊节度副使 1360
鄜坊等州观察处置等使 1237
鄜坊等州观察使 1360
鄜坊道军粮使 1360
鄜武僖王 1300
鄜城 404
鄜城县 193
鄜夏节度使 1124
鄜畤 193
禀正朔 1888
雍王 1228
雍州 193
雍州防御使 1349
雍国公 1300
廓川县 542
廓州 25，193，228，542
廓州团练使 1349
廓州防御使 1541
廓州刺史 1349
廓州城 404
廓厮敦 691，739
廉千 1008
廉州刺史 1300
廉访使 1228
慎州节度 1300
阗人 769
满丁川 50
满志行 1008
满济彭 472
满峪 485
满朗 50
满堂 51，1074
满堂川 62
满堂川路 472
满裕克 1633
满裕克家 1634
溥乐 404
溥华 1074
溧阳知州 1228
滔山寨 404
滔山镇 404
滔河 472
溪丁朴令骨 739
溪心 739
溪巴乌 739
溪巴温 739
溪兰宗山 472
溪兰宗堡 404
溪邦贝昌 740
溪邦彪铉 740
溪州 553
溪论儿 740
溪苏邦彪铉 740
溪罗 691，740
溪栋巴 691
溪毡 691，740
溪哥城 51，404，427
溪哥路 479
溪展 740
溪赊罗撒 740
溪赊罗撤 740
溪斯多特 740
溪鼎谙邦 740
溪鲁尔 740
溪尊勇丹 740
溪嘉斯博邦贝昌 740
溪遵允丹 741
溢机堡 405
滨草堡 405
粳米 1853
粮米 1853
鹈鸿 1864
数百里无草木 1924
数年荐饥 1924
甍梡 1838
甍棕 1838
慈州 542
塞门川 472
塞门驿 501
塞门砦 405
塞门路 472
塞门寨 51，405
塞门寨主 1542
塞安寨 406
塞安寨钤辖 1542
塞岭 406
窦长裕 1008
窦轨 779
窦志充 1008
窦玭 1008
窦赵儿 1028

窦信岔堡 406
窦信堡 406
窦神宝 1008
窦珪祐 636
窦惟吉 636
窦琼 1008
窦舜卿 1008
窦解 1008
窟儿堡 406
窟谷寨 406
窟野河 472
窟野河路 472
窟啰堡 406
窟薛岩 406
窟薛岭 62，406
窟薛岭寨 406
酱檄 1838
福大全 1074
福山 636
福乐坪 501
福宁寨 407
福庆川 407
福州观察使 1300
福州路 552
福州路治中 1228
福安 1074
福寿 1074
福国夫人 1300
福昌县太君 1300
福建右丞 1228
福建行省参知政事 1228
福建江西行省郎中 1228
福建参政 1228
福建宣慰使 1228
福建路马步军副总管 1300
福建廉访司佥事 1228
福章 1074
福清县太君 1300
福童 1074
福禄县 25
褚下箕 691
褚实奇 691
裺心 1828
辟谷 1882
群牧司 1115
群牧判官提举买马 1542
殿中侍御史 1156，1228
殿直 1156，1301，1350
殿侍 1301，1350
殿前 1115
殿前马步军太尉 1115
殿前太尉 1115，1116
殿前司 1116
殿前司右军统制 1301
殿前司选锋军统制 1301
殿前司准备使唤 1301
殿前承旨 1301
殿前选锋军都统制 1301
殿前都指挥使 1301
殿前都虞侯 1301
殿前副都指挥使 1301
嫁与他人 1883
叠川县 542
叠州 194，543

十四画

瑠璃 1853
静川郡 543
静化堡 407
静方县 543
静宁 407
静宁州 501
静边州都督 1125，1346，1360
静边州都督府 543
静边芳池相兴三州都督 1360
静边府 26
静边砦 407
静边堡 407
静边寨 407，427
静边寨主 1542
静边镇 51，408
静戎郡 543
静戎砦 408
静州 26，543
静州刺史 1350
静安寨 408
静羌砦 408
静羌堡 408
静羌寨 408
静居县 543
静南节度使 1542
静胜堡 408
静难节度使 1125，1237，1360，1523，1542
静难军节度 1156
静难军节度使 1125，1156，1237，1523，1542，1571
静难军承宣使 1116
静寇镇 231
静塞军 26，1116
静塞城 408
静塞都督府 543
静塞砦 408
静塞堡 408
碧云骢 1910
碧珊 1828
碧珊珠 1853
碧绿 1868
墙圈 1815
榛子 1853
模赧山 429
槟榔 1861
赫连 1660
赫连台 482
赫连青弁 1008
赫矩鲁越 769
赫闾 1074
赫斯公 1074
鞞药 1897
鞞怒 1897
酸馅 1818
斡尼则□罗 1897
斡习罗 790
斡扎箦 1074
斡仁通 1074
斡玉伦徒 1074
斡古得 790

斡札箦 1074
斡只 1074
斡耳朵 1075
斡朵儿赤 1075
斡赤 1075
斡克庄 1075
斡罗儿 552
斡罗孩 51
斡罗孩城 51
斡宗圣 637
斡特剌 1028
斡离不 1028
斡海樵 1075
斡勒牙剌 1028
斡萼 1897
斡鲁 1028
斡鲁母 790
斡尊 741
斡道冲 637
斡道明 1075
斡楚 408
斡楚峡 408，472
斡斡 1075
斡歌歹 1075
戬伊特楚 1075
戬章会 51
嘉卜卓 741
嘉木 51
嘉木扎寨 408
嘉木布 741
嘉木卓城 408
嘉木卓等四城巡检 1350
嘉木卓寨 408
嘉木错 741
嘉木磋沙卜哩 741
嘉且舍鄂 644
嘉议大夫 1228，1229
嘉伊 51
嘉州刺史 1301
嘉兴 552
嘉兴等处运粮千户 1229
嘉兴路总管 1229
嘉沁扎实 741
嘉岭山 472
嘉定路达鲁花赤 1229
嘉定路总管府达鲁花赤 1229
嘉诚县 543
嘉祐七年正旦进奉人 1116
嘉陵 1916
嘉勒氏 1982
嘉勒族 1982
嘉勒斯赉 741
嘉勒斯博 691
嘉勒斡多叶族 1961
嘉勒摩 741
嘉勒藏族 1961
嘉舒克顺族 1961
嘉麟县 194
橐驼路 473
黪树罗家 1961
黪移 691
蔷薇水 1853
暮讹 1897
慕化 691
慕兴 1009
慕奈神祠 1914
慕洧 637
慕恩 691
慕恩族 1961
慕家白子 691
慕家族 1961
慕容三藏 780
慕容氏 769
慕容令仪 769
慕容令问 769
慕容休明 780
慕容伏允 644
慕容延钊 1009
慕容将美 1009
慕容洧 637
慕容德丰 1009
慕濬 637
蔓菁 1853
蔓菁菜 1853
蔑里吉氏 1075
蔑武 51
蔑密裕 637
蔡子正 1009
蔡子厚 1009
蔡天申 1009
蔡从 1009
蔡氏 1075
蔡卞 1009
蔡旦 1009
蔡令 1961
蔡延庆 1009
蔡充明 1009
蔡州刺史 1302
蔡抗 1010
蔡园川 409
蔡京 1010
蔡承禧 1010
蔡经国 1010
蔡持正 1010
蔡挺 1010
蔡奕 1011
蔡驷 1011
蔡烨 1011
蔡绦 1011
蔡詠 1011
蔡肇 1011
蔡朦 1011
蔡襄 1011
蔺征隔 637
蔺毡讷支 741
蔺毡纳支 741
蔺毡兼卒 741
蔺逋叱 741
蔺家堡 409
蔚如水 501
蔚汾水 473
蔚茹河 473
蓼子 1853
聚卜结隆 409
聚卜结隆川 409
聚卜结隆川，西人语谓十八为聚卜结，谓谷为隆 1898
聚卜结隆城 409
聚卜结隆崰 409

聚会 1879
聚米图经 1910
聚星泊 51
截原砦 409
截原寨 409
趙家族 1976
磚碌 1857
碱河 473
碱泊 409
碱泊口 473
碱泊川 473
碱隈 409
碱隈川 409
碱隈寨 409
磋迈 1116
磋藏丹贝叶公 1982
厮 1898
厮归丁兰宗堡 409
厮归丁南宗堡 409
厮邦族 1961
厮乩 1876
厮多罗潘 637，741
厮多逋丹 691
厮那叱 691
厮没 742
厮陁完 742
厮鸡 742
厮鸡波 691
厮鸡波族 1982
厮纳族 1982
厮剌馆 427
厮郁叱 742
厮波结 742
厮结四 742
厮哥罗川 409
厮铎心 691
厮铎正 742
厮铎奴 742
厮铎论 691
厮铎那 692
厮铎完 742
厮铎毡 742
厮铎麻令 742
厮铎搭 742
厮铎督 692，742
厮啰 742
厮敦 692
厮敦琶 692，742
臧卜 1075
臧希让 780
臧征 51
臧征扑哥 742
臧底河 63
臧底河城 51
臧逊 1011
臧嵬 637
臧精布固 742
摧沙木峡 409
摧沙堡 409
搽石 1853
搽罗部 1982
搽珠谷 473
搽珠堡 409
搽哆 51
摘星堡 409
摘星楼 409
辖马 790
辖乌延正 742
辖乌纳克戬 742
辖乌察 743
辖正 743
辖扬乌 743
辖扬乌尔 743
辖约 743
辖约格罗 692，743
辖奇鼎摩正 743
辖征首领 1607
辖结策丹乌沁 743
辖索诺木布摩 743
辖凌结 743
辖萨斯鼎 743
辖智 743
辖裕勒族 1961
辖戬 743
誓诏 1910
熙兰经略司 1542
熙兰路 197
熙宁砦 409
熙宁棚 410
熙宁编敕 1910
熙宁寨 410，427
熙宁寨硝坑堡巡检 1542
熙延渭秦四路钤辖 1542
熙州 194，229
熙州市易司 1556
熙州观察使 1350
熙州经略使 1556
熙州城 410
熙州推官 1556
熙州镇洮军节度 1556
熙河勾当公事 1542
熙河北关守把兼制置司译语 1542
熙河帅臣 1542
熙河兰巩路 202
熙河兰巩路马步军副都总管 1542
熙河兰巩路经略安抚使 1542
熙河兰巩路经略安抚使兼知熙州 1542
熙河兰会勾当公事 1542
熙河兰会安抚副使 1542
熙河兰会经略 1543
熙河兰会经略司 1543
熙河兰会经略安抚司 1543
熙河兰会经略安抚制置司 1543
熙河兰会经略安抚制置司勾当公事 1543
熙河兰会经略安抚制置使 1543
熙河兰会经略制置司 1543
熙河兰会经略使 1543
熙河兰会钤辖 1302，1543
熙河兰会都监 1543
熙河兰会副总管 1543
熙河兰会措置边事司 1543
熙河兰会路 202
熙河兰会路干当公事 1543

熙河兰会路勾当公事 1543
熙河兰会路司 1543
熙河兰会路边防财用司 1543
熙河兰会路同措置边事 1543
熙河兰会路安抚司 1543
熙河兰会路安抚副使 1544
熙河兰会路安抚副使兼知兰州 1544
熙河兰会路走马承受公事 1544
熙河兰会路财用事所 1544
熙河兰会路兵马都监 1544
熙河兰会路兵马都监兼知河州 1544
熙河兰会路制置司 1544
熙河兰会路制置使 1544
熙河兰会路制置使司 1544
熙河兰会路经制司 1544
熙河兰会路经制财用司 1544
熙河兰会路经略司 1544
熙河兰会路经略司勾当公事 1545
熙河兰会路经略安抚 1545
熙河兰会路经略安抚司 1545
熙河兰会路经略安抚制置司 1545
熙河兰会路经略安抚制置使 1545
熙河兰会路经略安抚制置使司 1545
熙河兰会路经略安抚使 1545
熙河兰会路经略安抚使勾当公事 1545
熙河兰会路经略安抚副使 1545
熙河兰会路经略判官 1545
熙河兰会路经略制置司 1545
熙河兰会路经略制置使 1545
熙河兰会路经略使 1545，1546
熙河兰会路钤辖 1350，1546
熙河兰会路钤辖兼陇右沿边安抚都巡检使 1546
熙河兰会路都大经制司 1546
熙河兰会路都钤辖 1546
熙河兰会路都总管司 1546
熙河兰会路都监 1546
熙河兰会路都监兼本路钤辖 1546
熙河兰会路副总管 1546，1547
熙河兰会路措置边事司 1547
熙河兰州路 202
熙河兰岷经略司 1547
熙河兰岷等路汉蕃弓箭手司 1547
熙河兰岷路 202
熙河兰岷路走马承受 1547
熙河兰岷路经略司 1547
熙河兰岷路经略安抚司 1547
熙河兰岷路经略安抚判官 1302，1547
熙河兰岷路经略安抚使 1547
熙河兰岷路经略安抚使司 1547
熙河兰岷路经略安抚都总管 1547
熙河兰岷路经略判官 1547
熙河兰岷路经略使 1302，1547，1548
熙河兰岷路钤辖 1548
熙河兰岷路都钤辖 1548
熙河兰岷路都总管 1548
熙河兰岷路都监 1548
熙河兰岷路副都总管 1548
熙河兰岷路蕃部司 1548
熙河兰湟运使 1548
熙河兰湟秦凤路经略安抚制置使 1548
熙河兰湟秦凤路经略安抚制置使司 1548
熙河兰湟秦凤路宣抚使 1548
熙河兰湟等路经略安抚使 1548
熙河兰湟路 203
熙河兰湟路经略司 1548
熙河兰湟路经略安抚使 1548
熙河兰湟路经略安抚使司 1548
熙河兰湟路经略安抚使兼马步军都总管 1548
熙河兰湟路经略使司书写机宜文字 1549
熙河兰湟路都转运使 1549
熙河兰湟路第三将部将 1549
熙河兰路制置使司 1549
熙河兰廓路 203
熙河兰廓路马步军总管 1549
熙河兰廓路安抚制置使 1549
熙河兰廓路兵马钤辖 1549
熙河兰廓路经略 1549
熙河兰廓路经略司 1549
熙河兰廓路经略司属官 1549
熙河兰廓路经略安抚使 1549
熙河兰廓路副总管 1549
熙河兰鄜路经略安抚使 1549
熙河州部落子将 1350
熙河安抚司 1549
熙河运司 1549
熙河走马承受 1549
熙河转运副使 1549
熙河岷兰经略司 1549
熙河泾原安抚副使 1549
熙河泾原都统 1549
熙河经制 1549
熙河经制司 1549
熙河经略 1550
熙河经略司 1550
熙河经略安抚 1550
熙河经略安抚司 1550
熙河经略安抚司干当公事 1550
熙河经略使 1305，1550
熙河经略总管司 1550
熙河钤辖 1550，1551
熙河将佐 1551
熙河统制 1551
熙河秦凤泾原三路应副粮草官 1551

熙河秦凤路买马场 1551
熙河都大经制司 1551
熙河都钤辖 1551
熙河都监 1551
熙河都监第二将 1551
熙河通远军西路蕃汉都巡检 1551
熙河副总管 1551
熙河副将 1551
熙河副都总管 1551
熙河第一将 1551
熙河第二副将 1551
熙河第三将 1551
熙河第三副将 1551
熙河第五将 1552
熙河道 473
熙河湟廓路 203
熙河路 197,229
熙河路马步军总管 1552
熙河路勾当公事 1552
熙河路市易司 1552
熙河路市易司同提举买马 1552
熙河路训练军马 1552
熙河路同统制官 1552
熙河路同统领岷州蕃兵将佐 1552
熙河路安抚司 1552
熙河路买马场 1552
熙河路走马承受 1552
熙河路走马承受公事 1552
熙河路财用司 1552
熙河路转运判官 1552
熙河路承受公事 1552
熙河路经略司 1552,1553
熙河路经略司干当公事 1553
熙河路经略司与提举弓箭手司 1553
熙河路经略司勾当公事 1553
熙河路经略司指使 1553
熙河路经略司管勾机宜文字 1553
熙河路经略安抚司 1553
熙河路经略安抚司干当公事 1553
熙河路经略安抚判官 1553
熙河路经略安抚制置司 1553
熙河路经略安抚使 1553
熙河路经略制置 1553
熙河路经略使 1305,1553
熙河路经略总管司 1554
熙河路经略都总管司 1554
熙河路茶马司 1554
熙河路相度营田所勾当公事 1554
熙河路钤辖 1302,1554
熙河路钤辖兼第二将 1554
熙河路总管 1554
熙河路洮西安抚司 1554
熙河路都大经制司 1554,1555
熙河路都大经略司 1555
熙河路都巡检 1555
熙河路都转运使 1555
熙河路都转运使兼川陕茶马 1555
熙河路都总管 1555
熙河路都总管司 1555
熙河路都总管司走马承受公事 1553
熙河路都监 1555
熙河路监牧所指使 1555
熙河路部将 1555
熙河路准备差使 1555
熙河路营田弓箭手公事 1555
熙河路营田司 1556
熙河路副总管 1555
熙河路副都总管 1555
熙河路第一副将 1556
熙河路第七部将 1556
熙河路提点刑狱司 1556
熙河路照管军马事宜 1556
熙河路察访司干办公事 1556
熙河路蕃汉都巡检 1556
熙河管界巡检 1556
熙河漕司 1556
熙河镇洮军节度 1556
熙秦路 229
熙秦路总管府 1572
熙渭都统制 1556
雌黄 1868
睿宗 1028,1034
裴大雅 1011
裴天下 692
裴永昌 637
裴庄 1011
裴识 780
裴昱 1011
裴济 1011
裴家山 473
裴家垣 410
裴家垣寨 410
裴得一 1011
裴得象 1011
裴满胡刺 1028
裴满钦甫 1028
裴溢的 769
裴福 769
翡翠 1853
嗘勿乜 637
嗘令 1962
嗘名昌 692
嗘讹 637
嗘都 637
嘛嘜 743
嶂州 543
蜻蜓 1864
蜡 1853
蜡烛 1853
蝇 1864
蝇蚋 1864
蜘蛛 1864
蝉壳 1861
颗盐 1853
鹘巴鲁 1028
鹘突姑 790
鹘揽支 644
锹 1838
锹镢 1838

锹镢川 410
锹镢川口 427
锹镬 1857
锹镬川 410
锹镬川中路堡 410
输石 1828
稳便 1879
劄万多移族 1962
箕宿 1888
箧子 1828
算只儿威 1075
算尔威 1075
算智尔威 1075
箇罗 692
管 1898，1902
管干龛谷胜如两堡弓箭手公事兼道路巡检 1556
管内马步军都知兵马使 1134
管内劝农事 1229，1337
管内权农事 1350
管内安抚使 1302
管内押蕃落使 1156
管内蕃汉都军指挥使 1156
管内蕃汉都指挥使 1134
管内蕃部都指挥使 1157
管内蕃部越名都指挥使 1157
管内蕃落使 1157，1229
管勾二寨弓箭手道路巡检使臣 1556
管勾兰会路沿边安抚司公事 1302
管勾永兴军一路都部署安抚使司机宜文字 1556
管勾永兴军等路常平等事 1556
管勾机宜 1556
管勾机宜文字 1556
管勾机密文字 1556
管勾延州东路蕃部事 1557
管勾邠宁环州驻泊兵马 1556
管勾军马 1557
管勾来远驿 1557
管勾冶坊堡供奉官 1557
管勾环庆军马 1557
管勾环庆路机宜文字 1557
管勾环庆路部署司事兼知庆州 1557
管勾招抚属户 1557
管勾和市 1116
管勾河东沿边安抚司事 1557
管勾河东缘边安抚司 1557
管勾河州西原堡 1557
管勾河州农田水利 1557
管勾沿边安抚使 1557
管勾泾原路军马事 1557
管勾泾原路兵马 1557
管勾泾原路兵马公事 1557
管勾泾原路沿边安抚司公事 1557
管勾泾原路沿边安抚司公事兼第五将 1557
管勾泾原路经略安抚部署司 1557
管勾泾原路经略部署司事 1557
管勾泾原路部署司事 1558
管勾屈野河西北界 1558
管勾陕西转运司 1558
管勾陕西路营田 1558
管勾洮东沿边安抚司公事 1558
管勾洮东沿边安抚使司公事兼第四将 1558
管勾洮西安抚司公事 1558
管勾洮西沿边安抚司公事 1558
管勾洮西沿边安抚司公事兼第三将 1558
管勾秦凤缘边安抚司 1558
管勾秦凤路军马事 1558
管勾秦凤路沿边安抚司 1558
管勾秦凤路沿边安抚司公事 1558
管勾秦凤路经略司机宜文字 1558
管勾秦凤路经略机宜文字 1559
管勾秦凤路部署司事 1558
管勾秦凤路部署司事兼知秦州 1559
管勾秦凤路缘边安抚司 1558
管勾秦州路行营都总管 1559
管勾起发鞍马事 1558
管勾都亭西驿 1559
管勾部族事 1302
管勾随军粮料 1559
管勾鄜延屯兵 1559
管勾鄜延经略司机宜文字 1559
管勾鄜延总管安抚司机宜文字 1559
管勾鄜延等路经略安抚招讨司机宜文字 1559
管勾鄜延路军马公事 1559
管勾鄜延路经略司 1559
管勾鄜延路部署司事 1559
管勾鄜延路蕃部公事 1559
管勾静边寨弓箭手巡检 1559
管勾熙州北关堡 1559
管勾熙河兰会经略司机宜文字 1559
管勾熙河兰会路经略司 1559
管勾蕃部司公事 1559
管勾镇戎军蕃汉都指挥使事 1559
管勾麟府马军 1559
管勾麟府州军马司 1560
管勾麟府军马 1559，1560
管勾麟府军马公事 1560
管勾麟府军马事 1560
管勾麟府路马军司 1560
管勾麟府路军马 1560
管勾麟府路军马公事 1560
管勾麟府路军马司 1560
管勾麟府路军马事 1560，1561
管勾麟府路兵马公事 1560
管布 1075
管师仁 1011

管军万户 1229
管军万户虎符 1229
管军千户 1229
管固儿加哥 1075
管界缘边都巡检使 1559
管洮西沿边安抚司公事 1561
箜篌 1902
箫 1902
舞绾 1902
僚礼 1116
僧人 1116
僧正 1116
僧正会 769
僧立遵 743
僧兰毡单 743
僧吉陀 1075
僧吉祥 769
僧伽奴 1075
僧吝毡声 743
僧判 1116
僧法光 769
僧法轮 769
僧法胜 769
僧法渊 769
僧法淳 1012
僧官 1116
僧格实哩 1075
僧副 1116
僧惠藏 769
僧智圆 769
僧智缘 744
僧蔺毡 744
僧蔺毡单 744
僧翟 769
僧澄雅 1012
鼻舌 1870
鼻家族 1962
貌儿 1898
貌奴族 1962
镦子山 52
锥铢 1857
馒头 1818
疑冬花 1861
鲜于之武 1012
鲜于师中 1012
鲜于侁 1012
鲜卑 1982
鲜卑讹答 637
鼐尔温 744
鼐旺井 51
鼐宗城 410
鼐宗堡 410
鼐博坡 51
鼐摩会 51，410
旗 1838
旗鼓 1838
旗鼓山 501
竭诚奉化功臣 1350
蝙江州 52
端午坪 410
端正平 410
端正北原 52
端正树 52
端明殿学士 1302
端整树 52
辣韦疆 52
辣浪 52
彰义军节度 1237
彰化军 203
彰化军节度使 1572
彰化军节度副使 1572
彰武军节度使 1134，1561
彰武军总管府 1572
彰武留后 1134
彰德节度使 1157
彰德军节度使 1157
豪酋 1607
豪首 1607
膏雨 1924
瘊子甲 1838
瘖症 1861
遮羊堡 411
遮阳堡 411
遮鹿 52
熢火 1876
漆水 473
漂浪木 411
漫哆口 411
漫哆隘 411
漫咩 637
滴儿雪开城 52
滴水崖 473
演州刺史 1302
演说法门 1882
精方 1116
精勒泊 52
精野寨 52
精移堡 52
精鼎 1116
鄜州 203
鄜州防御使 1302，1350
鄜州刺史 1350
鄜州管内观察处置押蕃落等使 1350
鄜州管内观察处置等使 1350
鄜城县 204
鄜湟等州都护 1561
寨乜 692
寨门寨 411
寨户 1607
寨主 1561，1607
寨主簿 1561
寨西山 501
寨沟 501
寨官 1561
赛里 1028
赛补 1028
赛珍 1076
寡妇山 501
寡阜砦 501
察卜巴觉 744
察儿皇后 637
察合 637
察纳喇勒智 744
察哥郎君 637
察速秃山 485
蜜 1853
蜜蜂 1864
蜜蜡 1853

劗心城　411
槊直腯鲁华　1034
谭加震　1012
谭嘉震　1012
谭積　1012
谯县开国子　1350
谯县男　1350
谯国王　1351
谯郡王　1351
谯郡开国侯　1351
谯郡太夫人　1125
谯郡公　1351
谯郡男　1351
褙子　1828
褙心　1828
褐布　1828
褐衫　1828
褐绿黑皮　1853
褊东城　411
褊江三　411
褊江川　411，473
嫚书　1910
翟士彦　1012
翟大泰　769
翟延顺　770
翟守素　1012
翟进　770
翟来著　770
翟信　770
翟胜　1012
翟恩　1012
翟继恩　1012
翟符守荣　770
翟福　770
翠岩铺　411
鹙鹭鹤　1864
熊本　1012
骠骑卫上将军　1229
骡　1865
缩砂　1861

十五画

璎珞　1828
璎珞数珠　1828
璋州　543
氂牛城　411
犛牛　1853
犛牛尾　1853
犛牛城　411
髯耍　637
增子堡　411
横山　63，473
横山至宥州一带都巡检使　1157
横山砦　411
横山寨　411
横山寨至宥州一带蕃部都巡检使　1157
横山寨宥州蕃部都巡检使印　1912
横川　52，543
横水涧　411
横戎堡　411
横扬寨　411
横全　692
横州总管府达噜噶齐　1229
横阳川　411，474
横阳河　474
横阳河川　474
横阳堡　411
横阳寨　412
横杨寨　412
横吹　1902
横谷砦　412
横岭　412
横岭水　474
横岭砦　412
横岭堡　412
横河平　412
横廊　1815
横渠　204
横赐使　1572
横赐夏国使　1572
横赐高丽夏国使　1572
樱桃　1854
橡子　1868
豌豆　1854
醋　1818
鞋邪谷　474
鞋韈　1828
鞑靼　1660，1982
鞑靼国　1660
鞑靼蕃　1660
鞍匠　1866
鞍辔　1838
敷川县　204
敷文县　204
敷政县　204，229
敷施县　204
蕤毛觜　412
蕉蒿堡　412
蕃　2026
蕃丁　1607，2029
蕃人　2029
蕃弓箭手　1607
蕃弓箭手副指挥使　1302
蕃中管兵首领　1607
蕃户　2030
蕃户不得与汉人婚姻　1883
蕃书　1898
蕃生口　2030
蕃禾县　204
蕃乐人　1902
蕃主　2030
蕃市　1927
蕃市城　412
蕃汉弓箭手　1607
蕃汉文字　1898
蕃汉贼员　1608
蕃汉教授　1116
蕃汉职员　1608
蕃汉熟户弓箭手　1608
蕃礼　1879
蕃民　2030
蕃戎　2030
蕃臣　1608，2030

蕃夷 2031
蕃字 1898
蕃字书 1898
蕃军 2031
蕃巡检 1351
蕃花蕈 1854
蕃兵 1608，2031
蕃兵法 1872
蕃兵总领权知洮州 1561
蕃兵将 1608
蕃兵将官 1351
蕃译院 1561
蕃国 2032
蕃使 2032
蕃服 1828
蕃卒 2032
蕃学 1900
蕃官 1608，1610
蕃官首领 1610
蕃官都巡检 1302
蕃城族 1982
蕃酋 1610，2032
蕃将 1610，2032
蕃客 2032
蕃语 1898
蕃勇敢 1611
蕃捉生 1611，2033
蕃贼 2032
蕃部 2033
蕃部有罪，输羊钱入官 1876
蕃部同巡检 1351
蕃部军使 1116
蕃部巡检 1302，1562
蕃部刺史 1351
蕃部指挥使 1116，1562
蕃部钤辖 1351
蕃部首领 1611
蕃部都指挥使 1116，1562
蕃部都虞侯 1351，1562
蕃部落军使 1351
蕃脚 2038
蕃族 2038
蕃商 1928，2039
蕃寇 2039
蕃敢勇 1611
蕃骑 2039
蕃落 2039
蕃落马军十指挥 1562
蕃落使 1157
蕃落指挥 1562
蕃落监押 1302
蕃装 1829
蕃属 2040
蕃徭人 2040
蕃僧 2040
蕃熟户 2040
蕲水县 552
蕲州防御使 1302
蕳蓬 1868
碾场 1857
碾伯县 204
碾草 1839
震武军 204
震武城 412
震威城 412
撒儿塔兀 1982
撒儿塔兀勒 1982
撒马儿罕 501
撒母 1028
撒而塔郭勒 1982
撒里知兀解三摸合拔都鲁 1028
撒里曷 1028
撒里畏吾特勒 1983
撒拇 1029
撒虏毋 1029
撒宗城 412
撒逋口 412
撒逋达宗城 52
撒逋宗城 52
撒逋格 692
撒逋渴 692
撒离曷 1029
撒离喝 1029
撒海 1029
撒勒只兀惕 1983
撒麻耳干 486
撒温讹 770
撒割 790
撒厮金 744
撒懒 790
播丁 1898
播青 1898
播逋 692
撞令郎 1898，1928
踧哆城 52
噶干（斡） 744
噶家城 412
噶勒斡 412
噶硕克关 474
嘣移 638
嘣嵬 638
幞头 1829
幞头帽子 1829
幡竿 1857
幢幡花幔 1829
颙颔 1870
瞎三牟 744
瞎木征 744
瞎比牟 744
瞎比牟蔺毡 744
瞎毛巴 744
瞎叱牟兰毡 744
瞎叱牟蔺毡 744
瞎令古 52
瞎令古城 412
瞎约 744
瞎里结 744
瞎吴叱 744
瞎征 744
瞎衫 745
瞎药 692，745
瞎药鸡罗 692，745
瞎毡 745
瞎毡溪角厮彪邦彪錢 745
瞎养吼 745
瞎养吼儿 745
瞎养兀 745
瞎养呃 745

瞎养呃族 1983
瞎隻欺丁 746
瞎欺丁兀錢 746
瞎欺丁木征 746
瞎欺米征 746
瞎厮铎心 746
瞎撒欺丁 746
瞎颠 692，746
蝴蝶 1865
蝼蛄 1865
蝦蟆 1861
蝦蟆砦 52
蝦蟆族 1962
踪迹见有 1873
踏白城 413
踏床 1839
踏南寺 1914
踏碓 1857
影戏 1902
墨离军 482
墨麻 1898
镊子铃 1839
镇川堡 413
镇川寨 413
镇子峁 413
镇化台 1076
镇边砦 413
镇边堡 413
镇边寨 413，428
镇戎西路巡检 1562
镇戎州 229
镇戎军 205，229
镇戎军弓箭手 1611
镇戎军节度使兼太尉 1562
镇戎军西路巡检 1562
镇戎军西路都巡检 1562
镇戎军西路都巡检使 1562
镇戎军巡检 1562
镇戎军沿边安抚司 1562
镇戎军沿边都巡检使 1562
镇戎军定川寨弓箭手巡检 1562
镇戎军定川寨都监 1562
镇戎军驻泊都监 1562
镇戎军故砦 413
镇戎军指使 1562
镇戎军都监 1562
镇戎军原渭州蕃落指挥 1563
镇戎军监押 1562，1563
镇戎军就粮蕃落都指挥使 1563
镇戎都监 1563
镇戎砦 413
镇西节度 1360
镇西节度使 1360
镇西军 208
镇西军节度使 1303
镇西城 413
镇西堡 413
镇西楼 516
镇夷郡 26
镇夷郡王 1117
镇州刺史 1351
镇江 552
镇江府路总管兼府尹 1229
镇江总管兼管内劝农事 1229
镇江路同知 1230
镇江路判官 1230
镇江路通政院同知 1230
镇安城 414
镇军大将军 1157
镇远军 229
镇羌砦 414
镇羌堡 414
镇羌寨 414
镇青堡 414
镇国上将军 1230
镇国夫人 1303
镇国军节度使 1563
镇罗堡 502
镇空平堡 414
镇威城 414
镇洮 208，414
镇洮军 208
镇洮军节度 1563
镇洮军节度观察留后 1351
镇洮军节度使 1563
镇洮军河西一带蕃部钤辖 1351
镇洮军留后 1351
镇洮河西一带蕃部钤辖 1351
镇洮城 414
镇原县 502
镇朔楼 516
镇海军节度使 1303
镇靖堡 502
镑 1839
稽古录 1910
稻田 1924
稻麦 1854
稻谷 1854
箱子 1829
箭 1839
箭笴 1839
箭牌 1839
黎阳山 552
德古 414
德庆府总管 1230
德庆路总管 1230
德州 229，552
德安 1076
德安关 502
德安砦 414
德安寨 428
德青 414
德明雅卜 638
德明境内歉旱 1924
德固砦 414
德威城 414
德威砦 414
德威堡 414
德威寨 414
德顺州 229
德顺军 208，229
德顺军中安堡巡检 1563
德顺军巡检 1563
德顺军指挥使 1563
德顺军第十七堡巡检 1563
德胜堡 414

德胜寨 414
德恭 1013
德通城 415
德密族 1962
德靖 52
德靖砦 415，428
德靖寨 415
德靖镇 415
德静县 26，543
德静砦 415
德静寨 415
磐塘 415
虢川镇 415
虢王 1135
虢州 210，229
虢县 210
虢国王 1135
鹞子城 416
鹞子隘 416，474
麄马 1854
樊玉 1012
樊兴 780
樊泽 1028
樊家族 1962
樊家族九门都首领 1351
樊诸族 1962
膔哥 416
膔哥城 416
膔哥堡 416
滕元发 1013
滕达道 1013
滕州 552
滕甫 1013
滕国夫人 1230
滕国公 1230
滕宗谅 1013
颜氏 1076
毅宗 1117
毅敏 1230
毅敏公 1230
熟仓族 1962
熟户 2040
熟户酋长 2043
熟户蕃部 2043
熟夷 2043
熟羊城 416
熟羊砦 416
熟羊堡 416
熟羊寨 416，428
熟羌 2043
熟嵬族 1962
熟藏族 1962
熟魏族 1962
摩丹当博 746
摩正 746
摩古勒族 1962
摩灭族 1962
摩足师 770
摩呵末 770
摩罗木丹 746
摩宗城 416
摩垒 746
摩格 1117
摩旃族 1983
摩勒博 692
摩移克氏 638
摩移克结星 638
摩雅克族 1983
摩温济特 746
摩戬 746
潜江县 552
潮州 553
潮州路总管 1230
潭州 553
潭州路安化县达鲁花赤兼劝农使 1230
潛江县荅鲁合臣 1230
潘七布 638
潘也布 638
潘水 479
潘失吉 746
潘谷 474
潘罗支 746
潘罗谿兼篯 747
潘征 692
潘定 1013
潘美 1013
潘班 1013
潘原县 210
潘原县 229
潘逢 1013
潘啰支 747
潘族 1962
潘湜 1013
潘璘 1013
潼关 474，479，486
澄州团练使 1351
澄州刺史 1303
澄城 543
额化强山 638
额尔吉纳 1076
额尔吉纳威 1076
额芬 692
额里合牙 52
额里海牙 53
额伯尔 638
额济纳 486
额勒齐乌楚肯偻僇 638
额勒克色 416
额勒克色会 416
额勒济格城 416
额勒锦族 1983
额啰爱克 692
额琳沁 747
额森 638，1076
额森特穆尔 1076
寮黎 1117
遵化主簿 1230
遵巴 747
遵兰毡边朱 747
遵宁 747
遵玛 747
遵波厮鸡 747
遵博纳芝 747
遵博斯吉 747
遵朝典 1879
遵阑毡结逋 747
遵锥格 747
遵锥满丕伊胡 692

褥子　1829
熨斗　1839
熨斗平堡　416
熨斗坪堡　416
劈阵刀　1839
劈通川堡　416
劈通流　416
豫王城　502
豫旺故城　502
豫章　553，747
缬罗　1829
缴巴沁鼐　747

十六画

髭鬌　1870
樵采稍远　1924
橑　1854
橘子　1854
醎松子　1818，1854
醎蓬子　1818，1854
翰林　1117
翰林文字　1230
翰林应奉　1231
翰林直学士　1231
翰林侍讲学士　1231
翰林学士　1117，1231
翰林学士承旨　1231
翰林学士院　1117
翰林修撰　1231
翰林待制　1231
鞘鞦　1866
颠耳关　475
颠倒堡　417
融洮州　543
縠子　1829
薛万均　780
薛万彻　780
薛义　1013
薛马寨　53
薛文仲　1014
薛仪　1014
薛老峰　638
薛向　1014
薛赤兀儿　1034
薛伾　780
薛彻干　1076
薛彻秃　1076
薛昌朝　1014
薛宗道　638，1014
薛绅　1014
薛孤吴儿　780
薛城县　543
薛奎　1014
薛昭　1014
薛贻廓　1014
薛迷昔十里　553
薛迷思干　553
薛宥　1014
薛埋　638
薛娘　692
薛逵　780
薛族　1962
薛惟吉　1014
薛阇干　1076
薛塔剌海　1034
薛嗣昌　1015
薄备香　644
薄备撒罗　644
薄备撤罗　644
薄骨律镇　481
薄荷　1854
薄家庄　417
燕　1660
燕人衣服饮食以中国为法
　1877
燕山　1076
燕子　1865
燕达　1015
燕孟初　1076
燕南廉访使　1231
燕度　1015
燕珠　1854
燕涣　1015
燕雀　1865
燕復　1015
橐驰路　64
橐驼　1854
橐驼口　64
檠子　1839
霍丙　1015
霍达　1015
霍翔　1015
擗笄　1877
擗算　1877
冀安　1076
冀城　417
螅蜊峪　417
蹀躞　1829
蹉库　417
蹉鹘　417
鹦鹉　1865
默正　747
默宁　417，1117
默拉都克布　638
默星族　1983
默音峡　475
默特　53
默隆庄　417
默锡勒罗密克　748
默戬觉　748
默戬觉族　1983
默穆氏　638
器皿　1839
器仗军使　1135
器用金银　1877
器械　1839
圜水　475，480
镟匠　1866
镟剪　1866
镜子　1829
镲窟　1857
穆什族　1962
穆尔济达　1076
穆尔瑞巴族　1983
穆尔锡里库　748
穆宁　417
穆齐好德　638
穆苏和勒　1076

穆苏和勒善 1076
穆纳僧格 638
穆衍 1015
穆赉多卜 639
穆楞川 417
篴筝 1902
钱怀义 748
钱罗结 748
錢南 417
錢南谷 475
錢南城 417
錢南族 1983
钱党征 748
篕中朝侍从官 1231
篱渭县 544
箩箕 1857
赞长堡 417
赞占堡 417
赞纳克城 417
赞皇县达鲁噶齐 1231
赞普 1611
儒州 229，544
儒林 1231
儒林县 26，210，544
儒林郎 1135
衡家堡 417
獭肝 1862
膈家城 417
雕阴郡 544
雕剋 1866
雕巢堡 417
雕窠铺 417
雕燕 1865
鲵皮鞍 1839
鲸鲵 1865
鹧鸪 1865
磨山县 544
磨卢家 1962
磨讹 1962
磨毡角 748
磨美勃儿 639
磨唎隘 64
磨脐口 53
磨脐隘 64
磨娟族 1962
磨勘 1117
磨勘司 1117
磨梅部落 644
磨啰瞎力骨 748
磨崖寨 53
磨移隘 53
磨媚族 1962
磨哆口 53，64
磨哆隘 53，64
磨哆隘口 53
磨縻族 1962
懒家族 1963
燉煌郡开国公 1351
羱羚角 1854
甑 1839
褦襶 1829
壁赤 1816
壁宿 1888
避太宗讳 1877
避父讳 1877
避晦日 1877
避暑宫 69，1816
隰川县 210
隰州 211
隰州防御使 1563
颣额 1870
缴壁 1839

十七画

檐栿 1816
檩 1816
檀香 1855，1862
檀倬 1016
磵州 544
藏才三族都判 1303
藏才山 64
藏才中族 1963
藏才东族 1963
藏才西族 1963
藏才族 1963
藏丹河 475
藏氏河城 53
藏安哥 748
藏经 1910
藏怎巴特噶尔 748
藏擦勒中族 1963
藏擦勒西族 1963
藏擦勒族 1963
磬钟 1902
螯厔 544
懃启楼堡 417
戴王井 417
戴休颜 780
戴兴 1016
戴金环大首领 1611
戴宗荣 1016
戴荣 1016
戴原寨 417
戴钺 1016
戴嗣良 1016
霜雪 1925
霞州 485
擦父族 1963
擦公原 371
擦珠堡 417
擦也香 693
擦珠川 53
擦珠谷堡 417
擦珠堡 417
豳国公 1232
曙鸡岭寨 428
镢 1839
镢杴 1839
镪斯狐川 418
镫 1839
魏 1660
魏元忠 1016
魏公 1077
魏文义 1016
魏平镇遏使 1135
魏庆 1016
魏庆宗 1016
魏钊 1016

魏奇 1016
魏国夫人 1232，1293，1303
魏国公 1232，1293，1303
魏芜 780
魏昭昞 1016
魏昭炳 1016
魏庭坚 1016
魏郡太夫人 1303
魏郡伯 1232
魏埋 693
魏埋族 1963
魏真 1016
魏琼 1016
魏智 1017
魏璋 1017
魏璪 1017
黏没喝 1029
黏罕 1029
鵂鶹 1865
黛青 1862
黛黛岭 64
魍魎 1865
徽州 544
徽州路荅鲁合臣 1232
徽猷阁学士 1117
徽猷阁待制 1303
豁丁族 1983
爵 1899
邈二族 1963
邈川 211，1661
邈川一带都巡检使 1352
邈川一带蕃部都巡检使 1352
邈川大首领 1352，1612
邈川城 418
邈川酋长 1612
邈川首领 1352，1612
邈川唃族 1983
邈川蕃部同巡检 1352
邈川蕃部都巡检使 1352
邈龙拘掠族 1983
邈奔 748
邈拏王子 770
邈孥王子 1983
邈拿王子 693
獯州 544
鲙鲅 1865
襄乐县 212，230
襄阳军马万户 1232
襄阳录事司达鲁花赤 1232
襄宗 1117
襄敏 1232
襄敏公 1017，1232
襄愍 1232
襄愍公 1233
襄樊 553
糜子 1855
糜粥 1818
濮州 544，553
濮州平准行用库提领 1233
濮阳县 553
濮阳县君 1233
濮阳郡 555
濮阳郡夫人 1157，1233
濮阳监尹 1233
濠州 553
濠州同知 1233
濠州团练使 1303
濯巾水 480
濯巾河 480
濯筋水堡 418
蹇周辅 1017
翼水县 544
翼只水 429
翼州 544
翼宿 1888
总噶尔族 1978

十八画

鏊子山 65
檩珠 418
檽实子 1862
鞦辔 1866
藩臣 1612，2043
藩国 2043
藩辅 2043
礓石寨 53，418
礓诈砦 418
礓诈寨 418
嚷挨黎 1117
曜州 212
蟠线 1829
蟠冢山 480
黠羌 2043
黟县达鲁花赤 1233
鹭鸶 1865
镮子 1829
镰刀 1857
镰刀砦 418
镰锄 1857
簟子 1839
鹰鹞 1865
鹰雕 1865
癞 1899

十九画

孽娘 693
攒昂 1888
蟾羊山 53，475
蟾牟山 475
蟾牟山堡 418
巅耳关 475
簸箕 1857
簿备家族 1963
魑魅 1865
攀胸鞦 1839
攀密布 639
攀鞍 1839
膔哥堡 418
麒麟 1865
麒麟沟 1916
麒麟竭 1862
靡由媒妁 1883
靡是 770
糯米 1855
瀚海 69，1925
鳖甲 1862

二十画

壤地 1857
瓒州 544
醴州 212，213
蘡儿族 1963
耀州 213，230
耀州节度使 1157
耀州观察使 1303
耀武镇 418，428
耀密楚美 639
耀密滂 639
耀德 53
耀德镇 418
巍名济赖 639
镴纸 1839
籍遇 693
糯米 1855

二十一画

霸州 544
霸都儿 1077
露骨山 475
露蜂坊 1862
霹雳 1925
曩霄 639
麝香 1855
麝香堡 418
麝脐 1855
夔州路兵马都监兼知黔州 1303

二十二画

懿州 544
懿怜真班 1077
囊 1839
囊加台 1077
囊加真 1077
饕餮 1879

二十三画

罐 1839
麟州 213，230，544
麟州弓箭手 1612
麟州飞骑指挥 1563
麟州宁远寨主 1563
麟州防御使 1157
麟州兵马都总管 1303
麟州兵马都监 1303，1563
麟州阿尔族都巡检 1303
麟州环庆两路都巡检使 1563
麟州刺史 1237，1352，1360
麟州转运司 1563
麟州屈野河界图 1910
麟州经略使 1563
麟州指使 1563
麟州都巡检 1303
麟州都监 1304，1563
麟州都督府司马 1360
麟州通引官 1563
麟州通判 1563
麟州通津堡兵马都监 1304
麟州清远军都监 1563
麟州路 475
麟州管勾军马司 1564
麟州横阳堡兵马监押 1564
麟府 545
麟府二州图 1911
麟府二州绢图 1911
麟府丰州都巡检 1564
麟府并旧丰州缘边同巡检 1564
麟府州驻泊 1564
麟府州钤辖 1564
麟府州浊轮砦路都部署 1564
麟府州道路巡检 1564
麟府州缘边都巡检使 1564
麟府州管界都巡检使 1304
麟府军马司 1564
麟府走马承受 1564
麟府兵马钤辖 1564
麟府兵马都总管 1304
麟府驻泊 1564
麟府钤辖 1564
麟府钤辖司 1564
麟府总管 1304，1564
麟府浊轮部署 1564
麟府浊轮副部署 1564
麟府浊轮寨巡检使 1304
麟府浊轮寨兵马钤辖 1564
麟府浊轮寨都巡检使 1304
麟府都巡司准备勾当 1304
麟府都巡检使 1304
麟府都监 1564
麟府部署 1565
麟府部署钤辖司 1565
麟府副部署 1565
麟府等州浊轮寨钤辖 1565
麟府路 215，230
麟府路安抚使 1304
麟府路军马 1565
麟府路军马司 1565
麟府路军马司指挥 1565
麟府路军马事 1565
麟府路走马承受 1565
麟府路走马承受公事 1565
麟府路兵马钤辖 1304，1565
麟府路兵马都监 1565
麟府路体量安抚 1565
麟府路体量安抚司 1565
麟府路承受 1566
麟府路驻泊兵马钤辖 1304
麟府路驻泊都监兼沿边都巡检使 1566
麟府路经略使 1305
麟府路指使 1566
麟府路钤辖 1566
麟府路浊轮砦都部署 1566
麟府路浊轮寨都部署 1566
麟府路都巡检使 1304
麟府路诸寨都巡检使 1566
麟府路措置司军马 1566
麟府路缘边都巡检使 1566

后　　记

《党项西夏文献研究——词目索引、注释与异名对照》是教育部人文社科重点研究基地重点项目与全国高校古籍整理委员会直接资助项目，前后历时六年。参加研究工作的有宁夏大学西夏学研究院五个年级的研究生和部分研究人员，他们是2004级侯爱梅、潘洁、王培培、郭良，2005级王亚莉、徐悦、九桦、王艳梅、高辉、孟爱华，2006级刘永刚、侯子罡、孙广文、贺宁宁、苏建文，2007级翟丽萍、李晓玉、王盼、杨彦彬，2008级王娜、李丹，以及杜建录、彭向前、佟建荣、许伟伟、王丽莺等研究人员。他们有的参与一年，有的参与两年，有的参与三年，有的参与五、六年。此外，2009级的李晓明、张建强、高仁等参与了部分地理词条的校对工作。

在分工索引的基础上，彭向前、李晓玉负责地理卷编校，潘洁、佟建荣负责人物卷编校，杜建录、翟丽萍负责职官卷编校，杜建录、刘永刚、翟丽萍、彭向前负责国名纪年与社会风俗卷编校，佟建荣、潘洁负责宗族卷编校，杜建录、李晓玉、潘洁、佟建荣、翟丽萍、刘永刚负责表格卷编校。

全书体例、词条注释、异名对照与统稿定稿由杜建录负责，词条索引由彭向前负责（参与前期体例拟定），出版印刷由高国祥负责，联络协调先后由刘永刚、翟丽萍承担。

著名西夏学家史金波先生和著名民族史学专家陈育宁先生拨冗作序，为本书增色。宁夏大学“211”重点工程学科项目和甘肃省古籍文献整理编译中心重大整理项目给予出版经费支持，中华书局李静女士，甘肃省古籍文献整理编译中心高国祥先生，王晓燕、霍海珊、王娟、翟芮女士作了大量编辑、排版与校对工作。在此谨向参与本书撰写、编辑、校对以及鼓励、支持课题研究的专家、领导表示衷心的感谢！

杜建录

二〇一一年五月二十日